國家語委甲骨文等古文字研究與應用專項資助集刊
會科學引文索引（CSSCI）來源集刊

鄔文玲　戴衛紅　主編

簡帛研究

二〇二一·春夏卷·

中國社會科學院簡帛研究中心
中國社會科學院古代史研究所秦漢史研究室

廣西師範大學出版社
GUANGXI NORMAL UNIVERSITY PRESS
·桂林·

簡帛研究
JIANBO YANJIU

圖書在版編目（CIP）數據

簡帛研究．二〇二一．春夏卷 / 鄔文玲，戴衛紅主編．—
桂林：廣西師範大學出版社，2021.6
ISBN 978-7-5598-4148-3

Ⅰ.①簡… Ⅱ.①鄔… ②戴… Ⅲ.①竹簡—中國—文集
②帛書—中國—文集 Ⅳ.①K877.54-53

中國版本圖書館 CIP 數據核字（2021）第 161609 號

廣西師範大學出版社出版發行
（廣西桂林市五里店路 9 號　郵政編碼：541004
網址：http://www.bbtpress.com）
出版人：黄軒莊
全國新華書店經銷
廣西廣大印務有限責任公司印刷
（桂林市臨桂區秧塘工業園西城大道北側廣西師範大學出版社
集團有限公司創意産業園内　郵政編碼：541199）
開本：889 mm × 1 194 mm　1/16
印張：25　　字數：550 千字
2021 年 6 月第 1 版　　2021 年 6 月第 1 次印刷
印數：0 001～1 200 册　定價：118.00 元

目 録

上博簡《詩論》“《小明》不”後補字及詩本義、思想闡釋

□ 華中師範大學歷史學院　王杰

内容提要　上博簡《詩論》第25簡“《小明》不”後宜補“得歸”兩字。通過補字并結合前人研究也可知《小明》的詩本義爲久仕不歸之意。該詩的寫成時間應該是周宣王後期。篇名“小明”二字之由來更有可能是源於篇首。《詩論》對《小明》詩的評論,與孔子的主張相一致,理應包含在孔子的思想體系之内。

關鍵詞　詩論　小明　孔子

上博簡《孔子詩論》(下簡稱《詩論》)第25簡“《小明》不”後有較大的空白(見圖一),諸多學界前賢以爲其後應當有字,但對具體宜補爲何字尚有較大的分歧。我們在拜讀前人研究成果的基礎上,以爲“不”字當作本字講,且以黄懷信先生所補“得歸”兩字爲宜,并且補字也有助於我們對《小明》一詩本義的探討。《小明》詩的寫成時間最有可能是在周宣王後期,而非前人原以爲的幽王或夷王時。篇名“小明”二字之由來更有可能是取篇首兩字,并與《大雅》中同名詩篇相區分。《詩論》對《小明》詩的論述,反映了孔子愛惜民力的主張,這一點在《論語》中可以得到印證。兩者雖有差异,但還在《論語》“民”的範疇之内。下文詳論之。

一　簡文“不”後可補“得歸”二字

上博簡《詩論》第25簡原文:

《腸腸》小人。《有兔》不逢時。《大田》之卒章,知言而有禮。《少(小)明》不[1]

該簡末尾在“不”字之後殘缺,并有一小段的文字空白(圖一)。

下面我們先對《詩論》簡文做一初步的介紹,作爲後文補字的依據。《詩論》簡共有完殘簡 29 枚,上、中、下三道契口。簡 2 是《詩論》中唯一的一枚完簡,長 55.5 厘米,上契口距中契口 19.2 厘米,中契口距下契口 19.5 厘米,“每簡寬度在 0.6 厘米,厚度爲 0.1 至 0.14 厘米”。[2] 介紹了形制,隨之而來的是竹簡編聯和繕寫孰先孰後的問題。陳夢家先生早年分析武威出土的竹木簡《儀禮》和王杖十簡時認爲“都是先編後寫,所以凡編繩所過之處空格不寫”。[3] 賈連翔先生分析清華簡後也認爲,先編後寫的竹簡“在編痕、契口的位置發生避讓的情况”。[4] 實際上,綜觀《詩論》全部竹簡,契口處的上下文字之間多處有較大空間,如簡 22 的中契口被定在“以”和“禦亂”之間,兩者之間有一小段空白;簡 24 的上契口被定在“後稷之”與“見貴也”之間,兩者之間同樣如此。[5] 據此,我們可以推測《詩論》簡文應該是抄手在編聯好的簡册上書寫的,即先編後寫,而非先寫後編。只有這樣纔能解釋《詩論》竹簡各契口處出現小段空白。

馬承源先生將本簡與簡 26 相連,[6]簡 26(圖二)爲首的是一“忠”字,则此处是説“《小明》不忠”。黄懷信先生甚至認爲兩簡“有可能本屬同簡”“加起來二簡之間當缺 5 字左右”。[7] 但是諸家多有异説。如晁福林先生以爲“《小明》詩意與‘不忠’相距甚遠,因此‘忠’字不大可能與 25 簡的末字相連”。[8] 這是很有道理的。此外,我們還可以從竹簡形制上看兩簡并不存在綴合爲整簡的可能性。《小明》篇所在的簡 25 是枚殘簡,僅留存文字 22 個,其中重文 1 個。“忠”字所在簡是第 26 簡,也是枚殘簡,今留文 22 個。若是兩者相加,文字有 44 個左右,表面上看與 54 個字左右的完簡在數量上并不矛盾,似乎是可以拼接。但細想之下,實不可從。因爲簡 25 留存的簡文中,并没有明顯的編繩痕迹,説明原來的竹簡契口當在留文的上方或下方。考慮到上博簡《詩論》上契口到上端的字數與下契口到下端字數最多不超過 10 個,那麼就排除了這兩種可能。故而,這 22 個文字當位於上契口和中契口之間或者是

① 馬承源主編:《上海博物館藏戰國楚竹書(一)》,上海古籍出版社,2001,37 頁,釋文見 155 頁。

② 馬承源、朱淵清:《馬承源先生談上博簡》,朱淵清、廖名春主編《上博館藏戰國楚竹書研究》,上海書店出版社,2002,5 頁。

③ 陳夢家:《由實物所見漢代簡册制度》,收入其著《漢簡綴述》,北京:中華書局,1980,296 頁。

④ 賈連翔:《戰國竹書形制及相關問題研究——以清華大學藏戰國竹簡爲中心》,上海:中西書局,2015,234 頁。

⑤ 參見馬承源主編《上海博物館藏戰國楚竹書(一)》,151-153 頁。

⑥ 參見馬承源主編《上海博物館藏戰國楚竹書(一)》,155-156 頁。

⑦ 黄懷信:《上海博物館藏戰國楚竹書〈詩論〉解義》,北京:社會科學文獻出版社,2004,10 頁。

⑧ 晁福林:《“渾厚”之境:論上博簡〈詩論〉第 25 號簡對於〈詩·小明〉篇的評析》,收入其著《上博簡〈詩論〉研究》,北京:商務印書館,2013,1009-1010 頁。

中契口與下契口之間。濮茅左先生根據簡文的形制，將本簡的下契口定於“不”字之後，[1]其說可從。簡 26 在“柏”與“舟”兩字之間有契口痕迹（兩字相隔距離較大），濮茅左先生也將該簡的上契口位置定於此處。[2] 那麽，若將簡 25 和簡 26 兩簡銜接，兩個契口間的字數僅有區區三個字，即使加上黄先生補的五字也遠不够相鄰兩契口間的字數（至少十八個字）。這在《詩論》簡的形制上是不可能成立的。綜上，簡 26 的“忠”字接在簡 25 的“不”字之後難以説通。

此外，晁福林先生提出新見，以爲“不”字後殘簡有較大空白，“大約近兩個字的範圍爲空簡，所以不大可能有缺文”。[3] 若依其所言，那麽，“不”單字是對《小明》一詩的評論，這個字“可能音假讀若‘負’”。負字意爲承擔、負責任。“負”是説，“《小明》一詩表現了對於國事和友人負責任的精神”。[4] 其説可圈可點，議論恢宏，可是在一些地方也是可商的。先秦文獻中“負”有承擔、負責任之義。文獻中也有此類例證，但多爲負字之後加賓語的結構，罕有單字表示一個獨立意義。如前人文中提到的《管子·兵法》“五教各習，而士負以勇矣”。[5]《吴越春秋·勾踐陰謀外傳》言“重負諸臣”。[6] 先生有此意的初衷，是因爲認定僅僅以“不”單字評價《小明》詩。其實，這是可以商榷的。因爲簡 25“不”字之後存在的小段空白，完全是因爲契口編繩的原因，使得抄手在書寫時，跳過編繩再接着書寫，但恰巧契口以下竹簡殘損，這樣纔會看起來有較大的缺字空間。

圖一　《詩論》簡 25

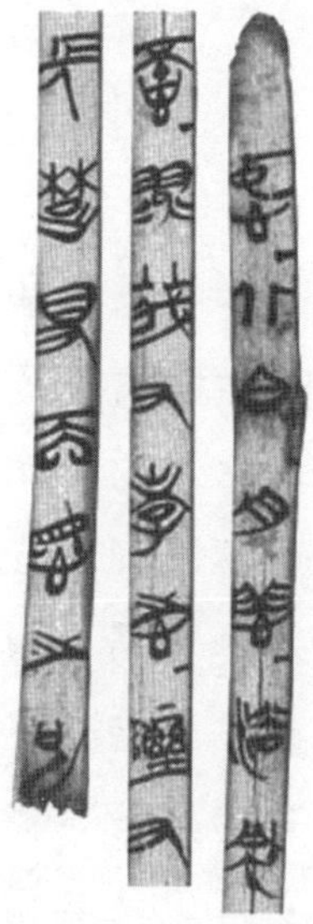

圖二　《詩論》簡 26[7]

---

① 參見濮茅左《〈孔子詩論〉簡序解析》，朱淵清、廖名春主編《上博館藏戰國楚竹書研究》，上海書店出版社，2002，46 頁。

② 參見濮茅左《〈孔子詩論〉簡序解析》，朱淵清、廖名春主編《上博館藏戰國楚竹書研究》，46 頁。

③ 晁福林：《“渾厚”之境：論上博簡〈詩論〉第 25 號簡對於〈詩·小明〉篇的評析》，收入其著《上博簡〈詩論〉研究》，1010 頁。

④ 晁福林：《上博簡〈詩論〉研究》，225 頁。

⑤ ［唐］房玄齡注，［明］劉績補注，劉曉藝校點：《管子》卷六，上海古籍出版社，2015，111 頁。

⑥ ［漢］趙曄撰，薛耀天譯注：《吴越春秋譯注》卷九，天津古籍出版社，1992，337 頁。

⑦ 圖一、二參見馬承源主編《上海博物館藏戰國楚竹書（一）》，37-38 頁。

黄懷信先生在"不"字之後據"詩意"補上"得歸"二字,認爲《小明》一詩寫的是"一個在外服役而不得回家之人所唱的怨歌。所以《詩論》'不'下所闕當爲'得歸'二字"。① 晁福林先生以爲"其説頗有啓發意義"。② 這是有道理的。其緣由詳下述之。

首先,據上文所述并結合濮茅左先生的意見,簡文"《小明》,不"字之後屬下契口,那麽,此處原有文字至少約七個,補上兩個字的空間實在是綽綽有餘。

其次,"不得歸"三字可與《小明》詩句相印證。詩中前三章先後有"豈不懷歸? 畏此罪罟""豈不懷歸? 畏此譴怒""豈不懷歸? 畏此反覆"三句,其意大致爲"難道不想回家鄉? 只怕得罪觸法""難道不想回家鄉? 怕人惱怒説短長""難道不想回家鄉? 只怕無辜受災難"。詩中三處均有一"畏"字,以表示朝廷徭役的繁重、社會罪責的嚴酷以及自身對社會的無可奈何。詩人只好藉以咒罵上天來疏解心中的怨意,因爲這些因素最終導致了詩人的"不得歸"。

最後,所補之字與古人對本詩詩旨的分析一致。如朱熹以爲此詩表主人公"自言其畏罪而不敢歸"。③ 明代梁寅認爲《小明》是"大夫西征未得歸而賦之"。④ 那麽簡文徑直爲"不得歸"作評,可謂合宜。

二　《小明》詩本義研討

《小明》一詩見於今《詩經·小雅·谷風之什》篇,共五章四十八句,其文詳下:

> 明明上天,照臨下土。我征徂西,至於艽野。二月初吉,載離寒暑。心之憂矣,其毒大苦。念彼共人,涕零如雨。豈不懷歸? 畏此罪罟!
>
> 昔我往矣,日月方除。曷云其還? 歲聿云莫。念我獨兮,我事孔庶。心之憂矣,憚我不暇。念彼共人,睠睠懷顧! 豈不懷歸? 畏此譴怒。
>
> 昔我往矣,日月方奥。曷云其還? 政事愈蹙。歲聿云莫,采蕭穫菽。心之憂矣,自詒伊戚。念彼共人,興言出宿。豈不懷歸? 畏此反覆。
>
> 嗟爾君子,無恒安處。靖共爾位,正直是與。神之聽之,式穀以女。
>
> 嗟爾君子,無恒安息。靖共爾位,好是正直。神之聽之,介爾景福。⑤

---

① 黄懷信:《上海博物館藏戰國楚竹書〈詩論〉解義》,110-111頁。

② 晁福林:《"渾厚"之境:論上博簡〈詩論〉第25號簡對於〈詩·小明〉篇的評析》,收入其著《上博簡〈詩論〉研究》,1010頁。

③ [宋]朱熹注,王華寶校點:《詩集傳》卷一三,南京:鳳凰出版社,2007,176頁。

④ [明]梁寅:《詩演義》卷一三,文淵閣《四庫全書》本,上海人民出版社,1986,第78册,163頁。

⑤ [漢]毛亨傳,[漢]鄭玄箋,[唐]孔穎達等疏:《毛詩正義》卷一三,李學勤主編《十三經注疏》標點本,北京大學出版社,2000,934-940頁。

從内容上看,本詩是在邊遠之地服役的官員久役不歸,而懷念親友的詩歌。首章是以"明明上天"開頭,向上天訴苦抱怨。次章是説久服役而不得歸,又不得已再服役以免獲罪。第三章是對故鄉和親朋好友的思念。第四章是與同僚互相慰藉,盡人事聽天命,無可奈何之情溢於言表。其實,歷代關於本詩的詩旨論述與我們以上的分析不謀而合。如姚際恒以爲"此詩自宜以行役爲主,勞逸不均,與《北山》同意"。[①] 吴闓生以爲"此詩明爲行役怨困之詩,詞義甚明"。[②] 程俊英先生以爲《小明》詩是官吏自述久役思歸及念友的詩。[③] 可見,本詩的久仕不歸之意,在古今人中已有認識。又從簡文"不得歸"三字的評價來看,與上文的詩旨分析也是一致的。

此外,前人關於本詩的詩旨分析或有不同於上文者。如《毛詩序》以爲本詩是大夫悔仕於亂世。[④]《鄭箋》解釋道"我冒亂世而仕,自遣此憂,悔仕之辭"。[⑤] 胡承珙《後箋》説"君子仕於亂世,凜凜畏罪,然其勢不可去也,則惟敬共以聽天命而已。"[⑥]漢代三家詩無异義。然漢唐時期的分析,早已有人懷疑。如清儒姚際恒不同意《毛序》的"悔仕"之説,他認爲"詩中'自詒伊戚'一語摹擬爲此説,非也。士君子出處之道早宜自審,世既亂,何爲而仕?既仕,何爲而悔?進退無據,此中下之人,何足爲賢而傳其詩乎?蓋'自詒伊戚'不過自責之辭,不必泥也"。[⑦] 方玉潤《詩經原始》進一步發揮此説,找出"悔仕"説的不通之處。他認爲,依《詩序》説法,"詩方勉人以'靖共',已顧自悔其出仕,有是理哉?"[⑧]這是很有道理的。并且,上博簡《詩論》中"不得歸"三字與漢唐學者認可的"士大夫悔仕之作"是有較大距離的。

綜上,通過上博簡《詩論》中對《小明》的評述,可知在孔子時代本詩詩旨很有可能就是官員久役不歸的抱怨之辭。《詩論》引用《小明》詩篇,實際上是諷刺國家勞役繁重,臣工超時不得而歸,怨氣難平,是怨上之作。這與宋人朱熹所認爲的"變雅"之説是一致的。

三　本詩成於宣王後期

關於《小明》的寫作時間。東漢鄭玄以爲是西周幽王之時,[⑨]但詩中并無明確證據可依。先秦文獻中的引詩論詩之處,也并没有史料可證該詩的確切寫成時間。謹慎起見,後人對《小明》詩進行解釋時,并未言其成詩時間。晁福林先生分析《小明》詩時,推測《小明》詩作

① [清]姚際恒:《詩經通論》卷一一,北京:中華書局,1958,227頁。
② 吴闓生:《詩義會通》,北京:中華書局,1959,175頁。
③ 程俊英:《詩經譯注》,上海古籍出版社,2012,228頁。
④ [漢]毛亨傳,[漢]鄭玄箋,[唐]孔穎達等疏:《毛詩正義》卷一三,李學勤主編《十三經注疏》標點本,934頁。
⑤ [漢]毛亨傳,[漢]鄭玄箋,[唐]孔穎達等疏:《毛詩正義》卷一三,李學勤主編《十三經注疏》標點本,935頁。
⑥ [清]胡承珙撰,郭全芝校點:《毛詩後箋》卷二〇,合肥:黄山書社,1999,1072頁。
⑦ [清]姚際恒:《詩經通論》卷一一,227頁。
⑧ [清]方玉潤撰,李先耕點校:《詩經原始》卷一一,北京:中華書局,1986,428頁。
⑨ [漢]毛亨傳,[漢]鄭玄箋,[唐]孔穎達等疏:《毛詩正義》卷一三,李學勤主編《十三經注疏》標點本,935頁。

於西周中期偏晚的孝夷時期。其論述理由詳見如下：

> 詩中所述情况，周王朝的勢力還比較强盛，影響力達到了較遠的地方，所以詩作者才能自謂“我征徂西，至於艽野”……并非是末世的周幽王時的社會情境。然而，此時“政事愈戚”（筆者按：晁文引“戚”字有誤，本字爲“蹙”），政局亦不容樂觀。①

此外，晁福林先生還結合古本《竹書紀年》的記載，指出周夷王時雖然國力趨弱，但仍然控制着太原地區。厲王之後，周王室纔失去對其的控制。

晁福林先生對本詩作於西周孝夷時期的認識，主要是從《小明》詩的思想綫索而得出的，又結合史實加以印證。其議論恢弘，頗具價值。但這種説法能否成立，有待驗證。此外，晁文認爲的西周王室對“太原”邊地的征伐，在詩中并沒有明確印證。

我們以爲《詩經》的成書并非是一蹴而成的，而是經過不斷地整理，一批批地成篇。每一次的整理成文，都必然帶有當時的時代印記，只要找到這些時代印記，就可以大致推出其寫成時間。這樣，《詩經》中的句子或關鍵字語，就成爲天然的標識。西方學界在對《荷馬史詩》等文本的分析中，提出過一種“套語”的理論方法，②曾被廣泛使用。國内學界早已有人介紹和應用，并且取得了不斐的成績。如有的學者利用該理論，論述新發現文獻的成篇時間和性質。③ 受其啓發，我們也可以借此來論述《小明》詩的確切寫成時間。下文以表格的形式列出與《小明》詩存在套語關係的詩句。每行表格中，先列《小明》中的詩句，再寫與前文存在“套語”關係的詩句，并於後括注其所屬詩篇。

表 1　《詩經》中與《小明》詩存在“套語”關係的詩句

《小明》詩句	與前文存在“套語”關係的詩句
明明上天	明明在下（《大明》）明明天子（《江漢》）赫赫明明（《常武》）在公明明（《有駜》）明明魯侯（《泮水》）

① 晁福林：《“渾厚”之境：論上博簡〈詩論〉第 25 號簡對於〈詩 · 小明〉篇的評析》，收入其著《上博簡〈詩論〉研究》，1015 頁。

② “套語”理論，在西方稱爲口頭程式理論，亦名“帕里—洛德理論”。將此理論應用於《詩經》研究的開創者爲美籍華人王獻雅。王先生在其大作《鐘與鼓：詩經的套語及其創作方式》（謝謙譯，成都：四川人民出版社，1990）一書中，將《詩經》中的“套語”成分，分爲“全行套語”和“套語式短語”。書中，王氏指出，《詩經》中的整句套語占總詩句的 21%，若是考慮到“套語式短語”，其比例會更高。高於西方學界認定的口頭套語 20% 的創作門檻。這就爲我們後文利用“套語”程式理論來分析《小明》詩的寫成時間奠定了基礎。

③ 如陳鵬宇利用西方“口頭程式”理論的文本分析，將清華簡中的《耆夜》《芮良夫毖》和《周公之琴舞》三篇文獻的創作年代分别定爲戰國早期，“國人之變”前，以及周初。參見陳鵬宇《清華簡中詩的套語分析及相關問題》，清華大學博士學位論文，2014。

續表

《小明》詩句	與前文存在"套語"關係的詩句
至於艽野	至於涇陽。至於大原。(《六月》)至於海邦(《閟宫》)至於頓丘(《氓》)
念彼共人	念彼周京。(《下泉》)念彼不迹(《沔水》)
我征徂西	我征聿至（《東山》)
豈不懷歸	豈不懷歸（《四牡》)
日月方奧 日月方除	日月陽止(《杕杜》)日月告凶(《十月之交》)日居月諸(《日月》)瞻彼日月(《雄雉》)日月其除。日月其邁。日月其慆。(《蟋蟀》)
歲聿云莫	歲聿其莫(《蟋蟀》)
心之憂矣	心之憂矣(《瞻卬》)心之憂矣(《沔水》)心之憂矣(《正月》)心之憂矣(《小弁》)心之憂矣(《苕之華》)心之憂矣(《柏舟》)心之憂矣(《緑衣》)心之憂矣(《有狐》)心之憂矣(《園有桃》)心之憂矣(《蜉蝣》)
自詒伊戚	自求伊祜(《泮水》)自詒伊阻(《雄雉》)
畏此罪罟。畏此譴怒。畏此反覆	畏此簡書(《出車》)
嗟爾君子	嗟爾朋友(《桑柔》)
靖共爾位	虔共爾位(《韓奕》)
好是正直	好是稼穡(《桑柔》)好是懿德(《烝民》)
式穀以女	式穀似之(《小宛》)作爲式穀(《桑柔》)
神之聽之	神之聽之(《伐木》)
介爾景福	介爾景福(《既醉》)以介景福(《旱麓》) 以介景福(《大田》)以介景福(《楚茨》)

資料來源:《毛詩正義》。

通過上文表格的列舉,我們發現在《詩經》中有很多詩篇與《小明》詩句存在着"套語"的關係。這些詩篇分布在今本《詩經》的風、雅、頌各篇之中,除去重復後數量有 34 篇之多。只要從中選取出可以確定其時間範圍的詩篇,①就可以大致確定出《小明》詩的成篇時間。

經過我們的分析和考索,在成篇時間上,這 34 首詩篇可分爲三大類:

① 關於各詩成篇時間的依據,文中主要依據馬銀琴先生的《兩周詩史》(北京:社會科學文獻出版社,2006)來確定。該書中,馬先生將與《詩經》相關的古代文獻以及考古資料結合起來,運用語言學、歷史學、考古學等方法,爲"詩三百"篇作品的斷代提供了較爲可靠的依據。該書問世之後,影響頗大,得到中國《詩經》理事林祥徵先生的高度評價。參見林祥徵《山登絶頂我爲峰——讀馬銀琴〈兩周詩史〉》,《貴陽學院學報(社會科學版)》2010 年第 4 期。

第一類，除《既醉》被判定是在周穆王時代外，其餘均成篇於西周晚期。《桑柔》是厲王之時。《蟋蟀》爲周召共和時期所作。《江漢》《常武》《六月》《沔水》《韓奕》《烝民》《大田》《七月》《楚茨》《出車》《伐木》《四牡》《杕杜》《東山》十四篇是宣王之時。《十月之交》《瞻卬》《正月》《小弁》《小宛》《柏舟》等詩馬銀琴先生認爲是幽王及兩周之際寫成。

第二類，是在春秋時期成篇。即：《氓》《日月》《緑衣》《蜉蝣》《雄雉》《園有桃》六詩成篇於春秋初期；《有狐》成於春秋中期；《下泉》是春秋後期作品。

第三類，是没有確切成篇時間的詩。即《旱麓》《有駜》《泮水》《閟宫》。

經過上文的分類及分析，可以發現除部分詩没有明確的成篇時間外，與《小明》存在"套語"關係的詩篇目絶大多數在西周晚期，尤其是周宣王之時。故我們可以推測該詩很有可能成篇於這段時期。之前形成的《既醉》等詩篇，其"套語"組合後代完全可以因循。此外，我們之所以不考慮春秋時期成篇，除了與該詩"套語"聯繫相對較少之外，主要是因爲該類中的八首詩篇均不單獨與《小明》詩句存在"套語"關係。如"念彼共人"句雖與《下泉》詩句存在着"套語"關係，但和《沔水》詩也有同樣的"套語"，而後者的成篇時間早於前者。

此外，《小明》"以享以祀，以介景福"一句作爲祈福套語，其變體廣泛見於西周中晚期的銘文之中，如魯遵鐘"魯遵乍龢鐘用亯（享）考（孝）"（《集成》00018）；[①]仲師父鼎"其用亯（享）用考（孝）于皇且（祖）帝（嫡）考"（《集成》02743）；[②]辛中姬皇母鼎"子子孫孫用亯（享）孝于宗老"（《集成》02582）等。[③]

綜上，《小明》詩只可能最早成篇於西周晚期，而不可能在這之前。如果上文的論述可從，那麼，晁福林先生所認爲的孝夷時期之説就不攻自破了。此外，從前文的分析中，可以知道，西周晚期尚有宣王、幽王之别，到底是哪個時期更加合理，需要再行分析。在這一點上，我們以爲不能忽視晁福林先生對文義的分析。晁福林先生的觀點有兩點需要注意：一是此時的西周王朝還在對外不斷征服，但外出戍邊的大臣長期駐守，不敢回家，説明此時的王命征伐已成强弩之末，無力舉兵再行征服。二是此時的政局不穩，已有王朝末世之象。

晁福林先生指出"詩意表明，外出的大臣，一定要聽命於王朝指揮，不敢擅自行動，否則就會有'罪罟'之苦，有'譴怒'之責，可見周王朝此時力量尚强盛，并非是末世的周幽王時的社會情境。"[④]結合史實，幽王之時，廢嫡立庶，導致王室内亂，天子身死國滅，根本就談不上對外的征伐，朝中大臣忙於保命，遑言駐留邊地。所以，幽王之時似乎不太可能出現《小明》詩中的情景。此外，本詩屬《小雅》，據《詩序》："言天下之事，形四方之風，謂之雅。雅者，正

---

① 中國社會科學院考古研究所編：《殷周金文集成》（修訂增補本），北京：中華書局，2007，第 1 册，18 頁，本文簡稱《集成》。

② 中國社會科學院考古研究所編：《殷周金文集成》（修訂增補本），第 2 册，1412 頁。

③ 中國社會科學院考古研究所編：《殷周金文集成》（修訂增補本），第 2 册，1302 頁。

④ 晁福林：《"渾厚"之境：論上博簡〈詩論〉第 25 號簡對於〈詩·小明〉篇的評析》，收入其著《上博簡〈詩論〉研究》，1015 頁。

也,言王政之所由廢興也。"[①]《雅》詩主要體現王室之事。東遷之後,王室自保尚難爲之,遑論對外征伐。分析再三,我們以爲該詩更有可能是在西周宣王之時成篇。下文詳述。

首先,宣王繼位之初,勵精圖治,多次派尹吉甫等人對外征討,西周國力一度轉盛,史稱"宣王中興",這與晁福林先生據"我征徂西,至於艽野"而得出的"周王朝勢力還比較强盛"[②]的説法是一致的。如《六月》的"薄伐玁狁,至于大原,文武吉甫,萬邦爲憲",[③]這是對尹吉甫北征玁狁獲勝的歌頌。《出車》的"赫赫南仲,薄伐西戎",[④]是在歌頌南仲奉宣王命北伐玁狁的勝利。此外,據兮甲盤:"唯五年三月既死霸,王初格伐玁允於噐盧"(《集成》10174),[⑤]"噐盧"兩字,據王國維先生考證,即春秋時期的彭衙,今陝西白水縣東北。[⑥] 據銘文可知,宣王五年(前823)時,曾伐玁狁於今陝西東北一帶。

其次,宣王雖在對外軍事上取得勝利,但在内政上却没有取得與之匹配的成就,這就注定其所開創的"中興"局面只能是曇花一現。尤其是在統治後期,王室控制的人力越來越少,不得不有"料民"之舉。《國語·周語》:"宣王既喪南國之師,乃料民於太原。仲山父諫曰:民不可料也。""三十二年春,宣王伐魯,立孝公。""三十九年,戰於千畝,王師敗績於姜氏之戎。"[⑦]又,《國語·晋語》:"昔隰叔子违周难於晋國。"[⑧]《墨子·明鬼下》:"(四十三年)周宣王殺其臣杜伯而不辜。"[⑨]如此高頻率的戰争與動亂,怪不得駐守大臣長時間不能回家,也無怪乎會有"政事愈蹙"之歎。這與前文晁福林先生所以爲的内政不興也是符合的。

綜上,我們借用西方學術界的"套語"理論,找出與本詩聯繫最緊密的詩篇,并加以分析,可知《小明》一詩的成篇時間是在西周晚期,不太可能提前到周夷王之時。并且,結合史料及晁福林先生的分析,我們大致可以推測,此詩更有可能是宣王後期作品。

四　篇名之由來

關於本詩何以名之曰"小明",前人有兩種不同的觀點。鄭玄主要是從文意内容角度考量的,"名篇曰《小明》者,言幽王日小其明,損其政事,以至於亂"。[⑩] 歐陽修雖不同意漢人之

---

① [漢]毛亨傳,[漢]鄭玄箋,[唐]孔穎達等疏:《毛詩正義》卷一,李學勤主編《十三經注疏》標點本,19–20頁。
② 晁福林:《"渾厚"之境:論上博簡〈詩論〉第25號簡對於〈詩·小明〉篇的評析》,收入其著《上博簡〈詩論〉研究》,1015頁。
③ 程俊英:《詩經譯注》,185頁。
④ 程俊英:《詩經譯注》,176頁。
⑤ 中國社會科學院考古研究所編:《殷周金文集成》(修訂增補本),第7册,5483頁。
⑥ 王國維:《王國維手定觀堂集林》,杭州:浙江教育出版社,2014,315頁。
⑦ [戰國]左丘明:《國語》卷一,上海古籍出版社,2015,15–16頁。
⑧ [戰國]左丘明:《國語》卷一四,307頁。
⑨ [清]畢沅校注,吴旭民標點:《墨子》卷八,上海古籍出版社,1995,105頁。
⑩ [漢]毛亨傳,[漢]鄭玄箋,[唐]孔穎達等疏:《毛詩正義》卷一三,李學勤主編《十三經注疏》標點本,935頁。

説，但還是堅持認爲“古之人於詩多不命題，而篇名往往無疑例，其或有命名者，則必述詩之意。”[①]今或有人從之，以爲“小明”之稱與其詩旨是直接相關的，而非“了不關於詩義”。[②] 與此不同的是，自宋代開始就有人對其説有所懷疑，他們以爲“明”字源於篇中文字，至於其前的“小”字是與《大雅·大明》相區分。如蘇轍指出，“《小旻》《小宛》《小弁》《小明》四詩皆以小名篇，所以别其爲《小雅》也。其在《小雅》者謂之小，故其在《大雅》者謂之《召旻》《大明》，獨《宛》《弁》闕焉。意者孔子删之矣。雖去其大，而其小者猶謂之小，蓋即用舊也。”[③]其説認爲《大雅》與《小雅》詩中有相同篇名者，前必加以“大”“小”二字以作區别。吕祖謙也認同蘇轍之説，認爲《小明》篇題之命名，“了不關詩義”。[④] 今人洪湛侯先生在其專著《詩經學史》中，也持這種觀點。[⑤]

應該説，兩説從不同側面論述了《小明》篇題來源的可能性，并且兩種説法在《詩經》中都有印證。前者如《巷伯》《常武》之類，後者如《關雎》《鹿鳴》等詩中可見。前人曾對《詩三百》的篇名體例分爲四類來分析，或爲取自詩文整句，或是截取詩中數個文字，或摘字摘句加區别字者，或是不取詩中文字而另起篇名。[⑥] 其中前三類占據絶大多數，第四類僅有六篇詩文。

我們以爲，兩者相較還是蘇轍等人的説法似乎更加可從。因爲據前文所論，《小明》詩作於西周宣王之時，而非鄭玄以爲的幽王時。并且從詩文中也没有看出“亂”的苗頭。故“以至於亂”之言無從説起。其次，從先秦篇題命名慣例上看，篇目多非出於詩文作者之手，而是後人命之。如余嘉錫先生指出“周秦古書，皆不題撰人。俗本有題者，蓋後人所妄增”。[⑦] 且在篇題來源上多“摘首句二字以題篇”。[⑧] 回到《小明》一詩，首句爲“明明在下”，故摘首句兩字以名之。但《大雅》中又另有《大明》詩，首句爲“明明在上”，若是篇題均取自首句前兩字，則很有可能導致同名异篇，最終使得指代混亂。并且，前人在對詩篇題目的命名上總結出一個原則，即“同一單位之有相同篇名者，必須加以區别”。[⑨] 這樣，分别在《小雅》《大雅》中的同名詩篇前加上一“小”“大”字以作區分。但需要指出的是，相同篇名前加“大”或“小”并非“雅”詩的特例，如《鄭風》詩中本有兩篇《叔於田》，便在其中一篇題前加上“大”字，成《大叔於田》。

---

① ［宋］歐陽修：《詩本義》卷七，文淵閣《四庫全書》本，上海人民出版社，1986，第 70 册，234 頁。

② 晁福林：《“渾厚”之境：論上博簡〈詩論〉第 25 號簡對於〈詩·小明〉篇的評析》，收入其著《上博簡〈詩論〉研究》，1019 頁。

③ ［宋］蘇轍：《詩集傳》卷一一，文淵閣《四庫全書》本，上海人民出版社，1986，第 70 册，432 頁。

④ ［宋］吕祖謙：《吕氏家塾讀詩記》卷二二，收入其著《吕祖謙全集》，杭州：浙江古籍出版社，2008，第 4 册，480－481 頁。

⑤ 參見洪湛侯《詩經學史》，北京：中華書局，2002，31 頁。

⑥ 洪湛侯：《詩經學史》，723 頁。

⑦ 余嘉錫：《余嘉錫講目録學》，南京：鳳凰出版社，2009，135 頁。

⑧ 余嘉錫：《余嘉錫講目録學》，140 頁。

⑨ 洪湛侯：《詩經學史》，729 頁。

五　對《小明》的評價源於孔子的思想

簡文關於《小明》詩的論述也是與孔子的思想有很大相似性的。簡文"不得歸",實際上是官員久役不歸的抱怨之辭。《詩論》論述《小明》詩篇,實際上是諷刺國家勞役繁重,臣工超時不得而歸,怨氣難平。孔子思想中與此相應的有多處。首先,孔子認爲君主對待百姓要愛惜民力,勿奪農時。如,子曰:"道千乘之國,敬事而信,節用而愛人,使民以時。"①子謂子産:"有君子之道四焉:其行己也恭,其事上也敬,其養民也惠,其使民也義。"②并且,孔子主張在爲政上,寬鬆以待,對待民衆不要用過多的强力。如孔子對子張問仁的回答爲"恭、寬、信、敏、惠",其中"寬則得衆",③也見於《堯曰》篇。可見,孔子對"寬"的重視程度。孔子主張仁,仁是孔子理念的核心,"己所不欲,勿施於人",④同樣,仁的思想也反映在了他對待民衆的態度上,如孔子主張,"民之於仁也,甚於水火。水火吾見蹈而死者矣,未見蹈仁而死者也。"⑤"因民之所利而利之,斯不亦惠而不費乎?擇可勞而勞之,又誰怨?"⑥此外,施政以寬的原則也是孔子以來宣導的中庸之道的内在要求。"中庸之爲德也,其至矣乎!民鮮久矣。"⑦既然大家對中庸之道是如此渴求,那麽君子施政以中也就勢在必行了,"君子之於天下也,無適也,無莫也,義之與比。"⑧另外,孔子也借堯對舜的告誡來説明"執中"的道理,"天之歷數在爾躬,允執其中。四海困窮,天禄永終。"⑨只有堅守中庸之道,君主統治纔能長治久安。

此處有兩點需要特别强調一下:首先,《詩論》簡文與《論語》在説明君主愛惜民力時的角度有很大的不同,甚至可以説是完全針鋒相對。《詩論》更加側重於從反面加以諷刺,而《論語》中是從正面的角度加以勸説。《詩論》説國家勞役繁重,臣工超時不得而歸,是從官員的角度出發,是站在君主的對立面的,官員也是職役繁重的受害者。而《論語》的相關篇章,却更多的是孔子對君主的期盼與告誡。儒家希望通過自己的勸導能够致君堯舜上,爲君者愛惜民力,這與儒家自孔子以來對自身的意識和活動有着密切的關係。儒家一直以來不僅僅是對高尚人格的追求,更重要的是迫切追求一種"從政者"的目標,這從孔子的游仕經歷便可明之。

---

① 楊伯峻:《論語譯注》,北京:中華書局,2006,4頁。
② 楊伯峻:《論語譯注》,53頁。
③ 楊伯峻:《論語譯注》,206頁。
④ 楊伯峻:《論語譯注》,188頁。
⑤ 楊伯峻:《論語譯注》,191頁。
⑥ 楊伯峻:《論語譯注》,236頁。
⑦ 楊伯峻:《論語譯注》,72頁。
⑧ 楊伯峻:《論語譯注》,40頁。
⑨ 楊伯峻:《論語譯注》,233頁。

其次,《詩論》評《小明》的主體是官員,或是臣工;而《論語》等傳世文獻中立脚點却是"民"。我們以爲這兩者并不相互矛盾,而是統一的。到孔子之时,"民"字的含義發生了變化,不再僅指地位低下的階層,其與别字組詞也表示地位較高的人。如,《禮記·坊記》:"《詩》云:先民有言,詢於芻蕘。"鄭玄注:"先民,謂上古之君。"[①]"民"字的指代範圍也更廣,甚至超脱貴賤之别,與"人""衆"等義無别。在《論語》中,有6處"民"字與"人"字無异,如"民鮮久矣"。[②] 此外,如果我們回看整篇《詩論》簡文,可以發現文中多次出現"民性固然"或單個"民"字,則《詩論》簡文"反映了以孔子爲代表的早期儒家民本思想的一面"是很有道理的。[③] 可見,《詩論》中的官員,自然也可以包括在《論語》中的"民"的範圍之內。那麽,我們可以説對《小明》詩的評價與孔子的思想有很大的契合性,再結合《詩論》全文中六次出現"孔子"兩字,則其思想很有可能源於孔子。

結語

總之,上博簡《詩論》第25簡末句宜爲:《小明》不[得歸]。結合簡文,《小明》詩的本義是官員久仕不歸。該詩的寫成時間應是在周宣王後期。篇名"小明"二字之由來更有可能是篇首兩字。《詩論》對《小明》詩的論述,反映了孔子愛惜民力的主張,理應包含在孔子的思想體系之內。先秦時的"作者"與後代的"撰人"有較大不同,前者更注重從思想上來考量,而後者僅僅是最後形成文本形態的人,前者的意義遠遠高於後者。[④]《詩論》書名前所加"孔子"二字,許多學者認爲不該加,因爲并非所有文字都出於孔子之手。李零、盧盛江、徐正英等先生對這類批評有所反駁,[⑤]我們認爲從思想來源上説,加上"孔子"二字也未嘗不可。

附記　感謝匿名審稿專家的寶貴意見!

① [漢]鄭玄注,[唐]孔穎達疏:《禮記正義》卷五〇一,李學勤主編《十三經注疏》標點本,北京大學出版社,2000,1643頁。

② 楊伯峻:《論語譯注》,72頁。

③ 盛莉:《上博簡〈詩論〉民之情性思想解讀》,鄧正兵主編《人文論譚》第4輯,武漢出版社,2012,65頁。

④ 余嘉錫:《余嘉錫講目録學》,133-139頁;李零:《簡帛古書與學術源流》(修訂本),北京:生活·讀書·新知三聯書店,2008,211頁。

⑤ 李零:《上博楚簡校讀記——〈子羔〉篇"孔子詩論"部分》,李國章、趙昌平主編《中華文史論叢》總第68輯,上海古籍出版社,2002,5頁。盧盛江:《上博楚簡〈詩論〉與〈毛詩序〉淺思録》,《創作評譚》2004年第4期。徐正英:《上博簡〈詩論〉作者復議》,《中州學刊》2004年第6期。

上博竹書《卉茅之外》補釋*

□ 江蘇師範大學國際學院 李桂森
□ 江蘇師範大學語言科學與藝術學院 劉洪濤

内容提要 上博竹書《卉茅之外》“艸茅之閒,役敢乘行”應是反問句,以環境惡劣喻賢才不得任用。“舊位不眷,措足焉寘”義爲不顧念故舊之臣,使民無所措手足。“多貌寡情,民故弗敬”義爲統治者重外表而輕情實,致使民衆做事不敬。“敬戒以持,幹常其若兹”義爲敬戒地持守,邦家最根本之法應該如此。竹書内容多與孔子思想相合,應該是儒家作品。

關鍵詞 《艸茅之閒》 舊位不眷 多貌寡情 儒家

《簡帛》第18輯發表了曹錦炎先生《上博竹書〈卉茅之外〉注釋》一文,同時附有上博竹書《卉茅之外》的圖版資料。[①]拜閲之後有一些不同想法,提出來就教於曹先生和學界同好。

一 卉(艸)茅之外(閒),设(役—緊)敢承(承—乘)行?

“卉茅之外”,曹錦炎先生讀爲“草茅之外”,認爲指“除了在野未出仕之人之外,也就是説是位於朝廷的人”。“役”訓爲事情、勞役,“承”訓爲接受、擔任,“行”訓爲做、從事。整句話的意思爲位於朝廷之人,勞役之事要敢於擔任和從事。程浩先生讀爲“草茅之創,役敢承

* 本文受教育部人文社科青年項目“出土文獻參照下的《説文》釋義牽合字形現象研究”(20YJC740021)、國家社科基金一般項目“出土文獻參照下的古漢字同音合并研究”(18BYY134)資助。

① 曹錦炎:《上博竹書〈卉茅之外〉注釋》,武漢大學簡帛研究中心主辦《簡帛》第18輯,上海古籍出版社,2019,1-11頁。下文所引曹先生説,皆出此文。

行”,解釋爲“待翦除茅草的農事完成之後,纔可以興起徭役”。[①]董珊先生讀與曹先生同,但解釋爲“在農事(艸茅謂田野之農事)之外,國家勞役之事纔可以承農事而施行。這句説以農事爲本”。[②]孟蓬生先生讀爲“草茅之閒,役敢承行”,認爲“草茅之閒”即草茅之中,“役敢承行”當爲“敢承行役”,是爲押韻而變换語序,解釋爲“我身處民間,豈敢承行王事”。[③]李發先生讀與孟先生同,但把“敢”訓爲冒昧,解釋爲“自己雖處於民間,地位卑微,但冒昧諷諫,承行王事”。[④]胡寧、丁宇二先生認爲“卉茅之外”猶言“卉茅之遠”,“役敢承行”一句看法與孟先生同,認爲整句話是説“因爲不在朝廷之上,本無承擔行役(爲君主效勞)的機會”。[⑤]我們認爲上述説法皆有可商。

其實,《簡帛》第18輯書訊在古文字微刊等網絡媒體上剛一發布,即有學者在微信朋友圈評論中指出,所謂“卉茅之外”應該讀爲“艸茅之閒”。[⑥] 其説早於孟蓬生先生。我們認爲這種看法是非常正確的。“卉”,即“艸”字异體。學者早已指出,古文字往往單複無别,因此“中”“艸”“卉”“茻”等都是“艸”字的异體。舜父名“瞽瞍”,“瞍”字在上博簡《子羔》1號中作“宎”,[⑦]在郭店簡《唐虞之道》9、24號中作“寞”,[⑧]我們曾綜合前人的研究,指出前者所从之“卉”讀音爲“艸”,後者所从之“莫”旁應分析爲从“日”“茻”聲,“茻”讀音也爲“艸”,是二者的聲符,以音近用作“瞍”。[⑨]後來發表的上博簡《陳公治兵》2號也有“寞”字,[⑩]用作地名蒲騷之“騷”。上古音“騷”“瞍”都屬心母幽部,古音很近,可證我們對《唐虞之道》所謂“寞”字的分析是正確的。[⑪] 這就從讀音上最終證實“中”“艸”“卉”“茻”等都是古“艸”字。“外”,應讀爲“閒”。《説文》“閒”字古文作“閖”,[⑫]中山王方壺銘文(《集成》9735)“簡”字作“笷”,皆是其證。“艸茅之閒”,即“草茅之中”。《管子・戒》:“是故身在草茅之中而無懾意,南面聽天下而無驕色。”[⑬]郭店簡《唐虞之道》15-17號:“夫古者舜居於艸茅之中而不憂,升爲天子

---

① 程浩:《上博逸詩〈卉茅之外〉考論》,清華大學出土文獻研究與保護中心網站,2019年7月3日;又題《上博竹書逸詩〈卉茅之外〉考論》,中國古文字研究會、河南大學甲骨學與漢字文明研究所編《古文字研究》第33輯,北京:中華書局,2020,520-522頁。下文所引程先生説,皆出此文。

② 董珊:《上博簡〈艸茅之外〉的再理解》,先秦秦漢史公衆號,2019年7月28日。下文所引董先生説,皆出此文。

③ 孟蓬生:《上博簡〈艸茅之外(閒)〉初讀(一)》,語言與文獻公衆號,2019年7月30日。按孟先生後來看法有所改變,把“我身處民間”一段話删去,看孟蓬生《上博簡〈艸茅之外(閒)〉初讀》,語言與文獻公衆號,2019年9月21日。

④ 李發:《上博佚詩〈艸茅之外〉讀後》,語言與文獻公衆號,2019年8月2日。下文所引李先生説,皆出此文。

⑤ 胡寧、丁宇:《上博簡〈卉茅之外〉試解》,復旦大學出土文獻與古文字研究中心網站,2019年8月7日。下文所引胡、丁二先生説,皆出此文。

⑥ 朋友圈更新太快,一時無法查到出處,特此説明。

⑦ 馬承源主編:《上海博物館藏戰國楚竹書(二)》,上海古籍出版社,2002,33、184-185頁。

⑧ 荆門市博物館編:《郭店楚墓竹簡》,北京:文物出版社,1998,39-40、157-159頁。

⑨ 劉洪濤:《郭店楚簡〈唐虞之道〉“瞽瞍”補釋》,《江漢考古》2010年第4期。

⑩ 馬承源主編:《上海博物館藏戰國楚竹書(九)》,上海古籍出版社,2012,40、171頁。

⑪ mpsyx(網名):《郭店簡〈唐虞之道〉的“瞽叟”之“叟”可以論定了》,簡帛網簡帛論壇,2013年1月8日。

⑫ [漢]許慎撰,[宋]徐鉉校訂:《説文解字》,北京:中華書局,2015,249頁。

⑬ 黎翔鳳撰,梁運華整理:《管子校注》卷一〇《戒》,北京:中華書局,2004,510頁。

而不驕。居艸茅之中而不憂,知命也。升爲天子而不驕,不流也。”[①]

“艸茅之閒,役敢承行”,疑跟下文“疾(喉)肻(舌)宔(宅—堵)賽(塞),安(焉)能聣(聰)明”和“舊立(位)不拳(卷),昔(措)足安(焉)寘(寘)”二句并列,都是反問句,形成排比句式。下句“喉舌堵塞,焉能聰明”意思是喉舌被堵塞了,人又怎麼能又聰又明呢?是用器官堵塞使人不聰不明,比喻言路堵塞,人主不能兼聽則明。據此,此句大意應是身處草茅之中,又怎麼敢乘車及行走呢?大概是用環境惡劣使人無法通行,比喻士進之路壅蔽,賢才得不到任用。疑“承”應讀爲“乘”。上古音“承”屬禪母蒸部,“乘”屬船母蒸部,[②]二字韻部相同,聲母同屬舌音,音近故通。《戰國策·燕策二》“燕王悔,懼趙用樂毅承燕國之弊以伐燕”,鮑彪本“承”作“乘”,[③]《史記·樂毅列傳》引亦作“乘”,[④]是其例。“乘”是乘車,跟“行”是步行相對。關鍵是“役”字如何解釋。如果上面的分析合理的話,那麼其用法應與“豈”字相當,是一個表反問的虛詞。我們曾研究過楚系文字和晋系文字中的“役”字,其中上博簡《孔子見季桓子》26號“(夫子)仰天而歎曰:‘役!不奉□,不味酒肉……”的“役”字,[⑤]我們讀爲“繄”,認爲是句首語氣詞,并引《方言》卷一〇“欸、譬,然也。南楚凡言然者曰欸,或曰譬”[⑥]爲證。[⑦]現在看來,也許應該斷讀爲“役不奉□,不味酒肉……”,意思是仁人豈不奉□、豈不喝酒喫肉呢,言仁人與邪僞之民在喝酒喫肉等方面無异,二者的區别不在此。上博簡《魯邦大旱》5-6號:“孔子曰:‘嗚呼!公豈不飯粱食肉哉,抑亡如庶民何?’”[⑧]“豈不飯粱食肉”與“役不味酒肉”説法相似,可證此“役”字用法確實與“豈”字相當。疑“役”應讀爲“繄”。“繄”本是句首助詞,能够加强語氣。《左傳》隱公元年魯隱公對潁考叔説“爾有母遺,繄我獨無”,[⑨]如果是感歎語氣,可以翻譯爲“你有母親可以給留好喫的,可我竟偏偏没有”;如果語氣再强烈一點,可以翻譯爲“你有母親可以給留好喫的,怎麽我就偏偏没有”,就有點像是反問了。“役(繄)”表示反問,大概是受句子語氣影響的結果。

二 舊立(位)不拳(卷),昔(措)足安(焉)寘(寘)?

曹錦炎先生讀爲“舊位不捲,措足焉奠”,解釋爲“宗廟中舊的祖先神位不收去,新增的

① 荆門市博物館編:《郭店楚墓竹簡》,40、157-159頁。
② 唐作藩編著:《上古音手册(增訂本)》,北京:中華書局,2013,20頁。
③ [漢]劉向集録:《戰國策》卷三〇《燕策二》,上海古籍出版社,1998,1102頁。
④ 《史記》卷八〇《樂毅列傳》,北京:中華書局,點校二十四史修訂本,2013,2948頁。
⑤ 馬承源主編:《上海博物館藏戰國楚竹書(六)》,上海古籍出版社,2007,58、224頁。
⑥ 華學誠:《揚雄方言校釋匯證》,北京:中華書局,2006,701頁。
⑦ 劉洪濤:《戰國文字考釋兩篇》,中國文化遺産研究院編《出土文獻研究》第12輯,上海:中西書局,2013,81頁;後收入其著《形體特點對古文字考釋重要性研究》,北京:商務印書館,2019,269頁。
⑧ 馬承源主編:《上海博物館藏戰國楚竹書(二)》,55-56、209-210頁。
⑨ 《春秋左傳正義》卷二,[清]阮元校刻《十三經注疏》,北京:中華書局,1980,1716頁。

神位將置足何處去祭奠他們呢”。網友“抱小”讀爲“久立不倦,措足安奠”,解釋爲“久立不倦,將如何置足”。[1]程浩先生讀爲“久立不倦,措足安定”,解釋爲“只有長久站立不感到疲倦,纔能安身立命”。董珊先生讀與程先生同,但解釋爲“之所以長久站立而不疲倦,是因爲足趾有安定的位置。這句説不在其位則不謀其政”。孟蓬生先生讀爲“久立不踡,措足焉定”,解釋爲“久立而不攣縮,腿脚纔能够站得穩”。[2]何義軍先生讀與程先生同,解釋爲“王公貴族長久地處在其工作位置上而不感到倦怠,普通民衆纔會安放好脚而安定下來”。[3] 胡寧、丁宇二先生讀爲“久立不捲,措足安奠”,解釋爲“站在安穩的地方就能站得久,比喻政權有牢靠的根基纔能長久”。我們的理解跟上述觀點皆不相同。

古人很重視善待故舊之臣。《國語·晋語四》:“昭舊族,愛親戚,明賢良,尊貴寵,賞功勞,事耈老,禮賓旅,友故舊。”[4]《論語·泰伯》:“君子篤於親,則民興於仁。故舊不遺,則民不偷。”又《微子》:“周公謂魯公曰:‘君子不施(弛)其親,不使大臣怨乎不以。故舊無大故,則不弃也。無求備於一人。’”[5]疑“舊立不拳”應讀爲“舊位不眷”,意思是不眷顧故舊之臣,即“遺”“弃”故舊之臣,是儒家所不取的一種行爲。

“舊位”,指故舊之臣或故舊之人。《漢書·杜周傳》“延年愚,以爲丞相久故,及先帝用事,非有大故,不可弃也”,顔師古注:“言在位已久,是爲故舊,又嘗及仕先帝而任事也。”[6]此所記爲杜延年諫止霍光治罪丞相車千秋事,所用理由即化用上揭《論語·微子》“故舊無大故,則不弃也”。如果車千秋被誅罰,那就是“舊位不眷”了。

“拳”,原文“手”旁寫在“龹”旁左側,既有可能收捲之“捲”的异體,也可能是拳脚之“拳”的异體。“拳”“眷”二字皆从“龹”聲,故可通用。《尚書·召誥》“天亦哀于四方民,其眷命用懋,王其疾敬德”,孫星衍《尚書今古文注疏》曰:“眷者,《説文》云:‘顧也。’”[7]《文選》卷五七潘岳《哀永逝文》“想孤魂兮眷舊宇,視倏忽兮若髣髴”,吕延濟注:“眷,顧。”[8]

“奠”,又見於清華簡《邦家處事》3號“子立代父,自奠於後事”和秦詛楚文“内之則暴虐不辜,刑戮孕婦,幽約親戚,拘圉其叔父,奠(寘)諸冥室櫝棺之中”,[9]我們在未刊稿《詛楚文釋文注釋》中曾做過如下注釋:

---

① 抱小(網名):《讀上博簡〈卉茅之外〉札記》,復旦大學出土文獻與古文字研究中心網站,2019年5月30日。

② 孟蓬生:《上博簡〈艸茅之外(閒)〉初讀(二)》,語言與文獻公衆號,2019年7月31日;孟蓬生:《上博簡〈艸茅之外(閒)〉初讀》,語言與文獻公衆號,2019年9月21日。

③ 何義軍:《上博簡〈艸茅之外〉試解一則》,語言與文獻公衆號,2019年7月31日。

④ 徐元誥撰,王樹民、沈長雲點校:《國語集解》卷一〇《晋語四》,北京:中華書局,2002,350頁。

⑤ 《論語注疏》卷八《泰伯》、卷一八《微子》,[清]阮元校刻《十三經注疏》,2486、2530頁。

⑥ 《漢書》卷六〇《杜周傳》,北京:中華書局點校本,1962,2663、2664頁。

⑦ [清]孫星衍撰,陳抗、盛冬鈴點校:《尚書今古文疏》卷一八《召誥》,北京:中華書局,1986,396頁。

⑧ [梁]蕭統編:《六臣注文選》卷五七《哀永逝文》,北京:中華書局,1987,1067頁。

⑨ 清華大學出土文獻研究與保護中心編,李學勤主編:《清華大學藏戰國竹簡(捌)》,上海:中西書局,2018,62、128、130-131頁。郭沫若:《石鼓文研究 詛楚文考釋》,《郭沫若全集》第9卷,北京:科學出版社,1982,296、360-307、317、323、328-329頁。

今按:根據漢字結構的一般規律,"寞"字應該分析爲从"宀"、"奠"聲。"奠"、"寘"音近古通。例如:《左傳》昭公四年"使寘饋於個而退",《釋文》:"寘,本或作奠。"《考工記·輪人》"稹理而堅",鄭玄注引鄭司農:"稹,讀爲奠祭之奠。"《禮記·檀弓上》"主人既祖填池",鄭注:"填池,當爲奠徹,聲之誤也。"所以"寞"應即"寘"之別構。又按:古文字"奠"、"真"二字字形相近,"寞"也可能是"寘"字的誤摹。

由於當時只注意到詛楚文一條材料,還是流傳千餘年的摹本,難免有誤,所以一方面論證"寞"是"寘"之异體,一方面又疑心"寞"是"寘"之誤摹。現在此字又出現兩次,而且還是楚系文字,則誤摹之説可以取消了。《詩·小雅·谷風》"將恐將懼,寘予于懷",鄭箋:"寘,置也。"[①]《邦家處事》"寘於後事"就是文獻中的"置後"。《新書·立後議》:"今以爲知子莫若父,故疾死置後者,恣父之所以。"[②]張家山漢簡《二年律令》有《置後律》。[③]《卉茅之外》上半句"舊位不眷"是講不行善政,遺弃故舊,下半句"措足焉寘"是講所造成的惡果,人民放脚將要往哪裏放,即民無所措手足。《論語·子路》:"名不正則言不順,言不順則事不成,事不成則禮樂不興,禮樂不興則刑罰不中,刑罰不中則民無所錯手足。"[④]表述與此相近。

三 多宙(廟—貌)㬋(顧—寡)情,民古(故)弗敬

曹錦炎先生讀爲"多廟寡情,民故弗敬",把"廟"訓爲宗廟,"情"訓爲情感,并説"廟是用來祭祀祖先的場所,需要人民敬肅,故人民'弗敬'是有其原因的(即'多廟寡情')",認爲這種説法在先秦文獻中首見,并分析説:"宗廟之敬,是人本來具有的天性,也是禮之所本。然而廟的數量增多即'多廟'現象的産生,必然會導致'寡情'即分散或減少祭祀者之間的情義,因此簡文的結論是'民故弗敬',也就是説因此得不到人民的敬肅,從而也就失去了'禮之本'。由此分析,不排除簡文的作者是對這種禮制的一種批評意見。"程浩先生讀與曹先生同,認爲指淫祀無度的行爲。網友"抱小"讀爲"多貌寡情",把"貌""情"分别訓爲外貌與内心,認爲指治政者有表裏不一的表現。[⑤]董珊先生從之,解釋説:"因爲居上位的人做樣子太多,而情實少,所以民對君上不尊敬。'情'訓爲'實'。這句説言行要統一。"胡寧、丁宇二先生亦從之。

---

① 《毛詩正義》卷一三《小雅·谷風》,[清]阮元校刻《十三經注疏》,459頁。

② [西漢]賈誼撰,閻振益、鍾夏校注:《新書校注》,北京:中華書局,2000,408頁。

③ 張家山二四七號漢墓竹簡整理小組編:《張家山漢墓竹簡[二四七號墓]》,北京:文物出版社,2001,37-39、182-185頁。

④ 《論語注疏》卷一三《子路》,[清]阮元校刻《十三經注疏》,2506頁。

⑤ 抱小:《讀上博簡〈卉茅之外〉札記》,復旦大學出土文獻與古文字研究中心網站,2019年5月30日。抱小:《上博簡〈卉茅之外〉補證二則》,復旦大學出土文獻與古文字研究中心網站,2019年8月4日。後引"抱小"説皆出此二文。

今按:“抱小”等説法可從,“多窗㝃情”應該讀爲“多貌寡情”。“窗”,“廟”字异體,數見於古文字。“㝃”,“顧”字表意初文,古文字中多用作“寡”。李家浩先生曾寫過一篇文章,把郭店簡《語叢一》88 號“寘(賓)客,青淳(廟)之閔(文)也”的“青廟”讀爲“情貌”,[①]其説如下:

古書中有語詞“情貌”。例如:《荀子·禮論》:“故情貌之變,足以别吉凶、明貴賤親疏之節。”又:“君之喪所以取三年,何也? 曰:君者,治辨之主也,文理之原也,情貌之盡也,相率而致隆之,不亦可乎?”《後漢書·郭太傳》:“故深厚之性,詭於情貌。”嵇康《答釋難宅無吉凶攝生論》:“聖人鈞疾,而禱不同。故於臣弟,則周公請命;親其身,則尼父不禱。所謂禮爲情貌者也。”上古音“青廟”與“情貌”音近可通。“情”从“青”得聲,故“青”與“情”相通很容易看出,但是“廟”與“貌”相通就不容易看出,需要作點説明。上古音“廟”屬明母宵部,“貌”屬明母藥部,二字聲母相同,韻部陰入對轉。《釋名·釋宫室》:“廟,貌也,先祖形貌所在也。”《毛詩·周頌·清廟序》鄭玄箋:“廟之言貌也,死者精神不可得而見,但以生時之居立宫室,象貌爲之耳。”此皆以“貌”爲“廟”的聲訓。《荀子·禮論》:“疏房、檖額、越席、床笫、几筵,所以養體也”,楊倞注:“額,古貌字……貌,廟也。”《尚書·吕刑》有“惟貌有稽”之語,《説文》糸部“緢”字説解引“貌”作“緢”。《説文》古文“廟”作“庿”,與“緢”皆从“苗”得聲。這些例子都可以説明“廟”、“貌”音近可通。疑簡文“青廟”應該讀爲“情貌”。[②]

李先生還指出,郭店簡《性自命出》20 號“致頌(容)窗(貌)所以閔(文),即(節)也”,63 號“窗(貌)欲莊而毋拔”,[③]二“窗”字皆用作“貌”,是二者相通的直接例證。竹書“多窗寡情”以“多”與“寡”相對,“窗”與“情”相對,則“窗”亦應讀爲“貌”。“多貌寡情”義爲多外表形式而少内在情實。孔子很反對這種只注重形式的偏頗,曾極力批評和糾正。《禮記·表記》:“子曰:‘君子不以色親人,情疏而貌親,在小人則穿窬之盗也與。’”[④]“情疏而貌親”即“多貌寡情”。又《檀弓上》:“子路曰:‘吾聞諸夫子:喪禮,與其哀不足而禮有餘也,不若禮不足而哀有餘也。祭禮,與其敬不足而禮有餘也,不若禮不足而敬有餘也。”鄭注:“喪主哀,祭主敬。”孔疏:“〔喪〕禮有餘,明器衣衾之屬也。〔祭〕禮有餘,謂俎豆牲牢之屬多也。”[⑤]《論語·八

① 荆門市博物館編:《郭店楚墓竹簡》,84、197 頁。
② 李家浩:《説“青廟”——關於郭店竹簡〈語叢一〉88 號的解釋》,臺灣大學中國文學系編《2007 中國簡帛學國際論壇論文集》,臺北:臺灣大學中國文學系,2011,52 頁。
③ 荆門市博物館編:《郭店楚墓竹簡》,62、66、179、181、182、184 頁。
④ 《禮記正義》卷五四《表記》,[清]阮元校刻《十三經注疏》,1644 頁。
⑤ 《禮記正義》卷七《檀弓上》,[清]阮元校刻《十三經注疏》,1285 頁。

佾》:"林放問禮之本。子曰:'大哉問！禮,與其奢也,寧儉;喪,與其易也,寧戚。'"①這裏的"色""禮""奢""儉""易"等都是"貌",爲孔子所不取,他更看重"哀""敬""戚"等"情"。《論語·顏淵》:"君子之德風,小人之德草,草上之風,必偃。"②上行必下效,因在上位者之多貌而寡情,致使一般之民也不重情实,因此纔做任何事都不敬,不是不敬在上位者。

竹書《卉茅之外》對"多貌寡情""舊位不眷"的批評,跟《論語》《禮記》等所記孔子的言論相合,可證這是一篇儒家文獻。

四　敬戒㠯(以)時(持),榦(幹)祟(常)亓(其)若笲(兹)

"時",曹錦炎先生讀爲"待";"抱小"讀爲"持",李發、胡寧、丁宇三位先生從之;程浩先生讀爲"時",董珊先生從之。按"時"在古文字中習見,有"詩""持""侍""待""時""志"等多種用法,當與品德有關的詞搭配時,一般用作"持"。例如上博簡《從政》甲 12 號"敦行不倦,時(持)善不厭,雖世不察,③必或知之",④上博簡《慎子曰恭儉》4 號"時(持)德而秉義",⑤等等。⑥此跟"敬戒"搭配,顯然也應該讀爲"持"。《吕氏春秋·慎大》孔子曰"勝非其難者也,持之其難者也",高誘注:"持,猶守。"⑦《戰國策·燕策二》"百官持職,群臣效忠",鮑彪注:"持,猶守也。"⑧

"榦常",又見於上博簡《三德》5 號"邦失榦常,小邦則殘,大邦過傷",⑨程浩先生讀爲"憲常",董珊先生從之。按應從曹錦炎先生讀如本字。"榦",从"木""倝"聲,一般把"倝"旁隸定作"旟"是不正確的。⑩"祟",原作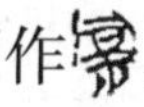,曹錦炎先生以爲下部从"示"。按楚簡有一種从

---

① 《論語注疏》卷三《八佾》,[清]阮元校刻《十三經注疏》,2466 頁。

② 《論語注疏》卷一二《顏淵》,[清]阮元校刻《十三經注疏》,2504 頁。

③ "察",一般釋讀爲"識"。我們認爲其字很可能是上博簡中習見的用作"察"之字的訛體,相關字形見饒宗頤主編《上海博物館藏戰國楚竹書字匯》,合肥:安徽大學出版社,2012,761-762 頁。這個字我們認爲應釋爲"剗",參看劉洪濤《叔弓鐘及鎛銘文"剗"字考釋》,中國文字編輯委員會編《中國文字》新 35 期,臺北:藝文印書館,2010,179-187 頁;《談古文字中用作"察、淺、竊"之字的考釋》,中國古文字研究會、中山大學古文字研究所編《古文字研究》第 30 輯,北京:中華書局,2014,341-346 頁;《形體特點對古文字考釋重要性研究》,137-142、210-217 頁。

④ 馬承源主編:《上海博物館藏戰國楚竹書(二)》,70、225 頁。

⑤ 馬承源主編:《上海博物館藏戰國楚竹書(六)》,99、279-280 頁。

⑥ 黄德寬主編:《古文字譜系疏證》,北京:商務印書館,2007,94-95 頁。徐在國:《上博楚簡文字聲系(一—八)》,合肥:安徽大學出版社,2013,238-240 頁。白於藍:《簡帛古書通假字大系》,福州:福建人民出版社,2017,70-71 頁。

⑦ 許維遹撰,梁運華整理:《吕氏春秋集釋》卷一五《慎大》,北京:中華書局,2009,362 頁。

⑧ [漢]劉向集録:《戰國策》卷三〇《燕策二》,1099 頁。

⑨ 馬承源主編:《上海博物館藏戰國楚竹書(五)》,上海古籍出版社,2005,131、291 頁。

⑩ 劉洪濤:《釋"韓"》,中國古文字研究會等編《古文字研究》第 31 輯,北京:中華書局,2016,140-143 頁;後收入其著《形體特點對古文字考釋重要性研究》,190-195 頁。

“市”的“常”字异體作(清華簡《子犯子餘》7)、[1](葛陵簡3.207),[2]竹書《卉茅之外》“常”字也可能是這種寫法的“常”字之變。《國語·越語下》“無忘國常”,韋昭注:“常,舊法。”[3]《墨子·非命上》“上帝山川鬼神必有幹主”,孫詒讓曰:“《後漢書·竇憲傳》李注云:‘幹,主也。或曰古管字。’《漢書·食貨志》顔注云:‘斡,讀爲管同,謂主領也。’漢隸‘斡’、‘榦’皆作‘幹’,經典多通用。但此‘幹’字似當讀如字。《説文》木部:‘榦,本也。’榦者,本榦,對枝言之也。”[4]竹書作“榦常”,與“幹主”同例,可證孫説是。“榦常”是偏正結構,意思是最根本之法,相對尋常之法而言。

“亓若𢇍”,曹錦炎先生讀爲“其若哉”,胡寧、丁宇二先生從之;“抱小”讀爲“其若兹”,程浩先生、董珊先生從之。後説可從。《楚辭·離騷》:“覽椒蘭其若兹兮,又况揭車與江離。”[5]又作“其若此”“其若是”。《左傳》襄公二十九年:“美哉,周之盛也!其若此乎!”[6]《孟子·梁惠王上》:“其若是,孰能禦之?”[7]下文“不智亓若𢇍”,應讀爲“不智其若兹”,義爲其不智慧若此。

“敬戒以持,榦常其若兹”,意思是敬戒地執守,邦家最根本之法應該如此吧!

2019年7月

2020年1月

附記一　本文文獻核對即將完成之時,讀到董珊先生大作《上博簡〈艸茅之外〉的再理解》,并通過該文得知“抱小”《讀上博簡〈卉茅之外〉札記》、程浩先生《上博逸詩〈卉茅之外〉考論》二文,始知學術界對《卉茅之外》早已有研究,這是不該有的疏失。拙作“貌”“持”“兹”等字的釋讀,“抱小”早已有相同觀點,理應刪去。但考慮到“抱小”文論證過於簡略,具體解釋與拙文又頗多不同,且觀點未得到程浩、董珊等先生的支持(“持”都不支持,“貌”程浩不支持),故拙文一仍其舊,相關論述權作“抱小”文的補充。2019年7月31日。

附記二　根據審稿專家的意見,已把“抱小”、程浩、董珊等先生及此後所發表的相關研究論著補入正文,并根據《簡帛研究》的體例做了若干技術調整,觀點和材料都没有改變。2020年1月4日又記。

---

① 清華大學出土文獻研究與保護中心編,李學勤主編:《清華大學藏戰國竹簡(柒)》,上海:中西書局,2017,193頁。
② 張新俊、張勝波:《新蔡葛陵楚簡文字編》,成都:巴蜀書社,2008,149頁。
③ 徐元誥撰,王樹民、沈長雲點校:《國語集解》卷二一《越語下》,582頁。
④ [清]孫詒讓撰,孫啓治點校:《墨子閒詁》卷九《非命上》,北京:中華書局,2009,268頁。
⑤ [宋]洪興祖撰,白化文等點校:《楚辭補注》卷一《離騷》,北京:中華書局,1983,41頁。
⑥ 《春秋左傳正義》卷三九,[清]阮元校刻《十三經注疏》,2008頁。
⑦ 《孟子注疏》卷一下《梁惠王上》,[清]阮元校刻《十三經注疏》,2671頁。

上博藏楚簡五補釋三則*

□ 國家語委漢字文明傳承傳播與教育研究中心
□ 鄭州大學古文字與華夏文明傳承創新研究中心
俞紹宏

内容提要 對上博藏楚簡《鮑叔牙與隰朋之諫》簡 2“堋”、簡 8“雩”,《三德》“毋虐床”之“虐床”進行考辨,疑“堋”或可讀“本”,意思是探究、推原,以爲“雩”用作語助詞,“虐床”可能義爲獨身無配偶。

關鍵詞 楚簡 堋 雩 虐床

一

《鮑叔牙與隰朋之諫》:有夏氏觀其容以使,及其亡也,皆爲其容。殷人之所以代之,觀其容,聽其【鮑 1】言,堋其所以亡,爲其容,爲其言。周人之所以代之,觀其容,聽其言,名字迿倚者使,堋其所以衰亡,忘其迿倚也。二三子勉之,寡人將迿倚。【鮑 2】①

學者或以爲“堋”讀“堋”,《説文》“喪葬下土也”,借爲“崩”。或讀爲剖析之“剖”,探究、分析;“剖其所以亡”、下文“剖其所以衰亡”,意指分析殷、周二朝滅亡的原因。或讀“逢”。或讀“馮(憑)”,依據。或以爲“堋”是“不”的音變,可能有指示作用,“朋其所以亡”猶言“夫其所以亡”。或讀“憑”,滿足;或讀“馮”,即《禮》“馮尸” 。或讀“朋”,訓比,“比”有及、至義,因而“朋”有及、至義。

---

* 本文爲國家社科基金重大項目“楚系簡帛文字職用研究與字詞合編”(批准號:20&ZD310)的階段性成果。

① 本文三條簡文釋文系綜合了諸家之説,這裏不再一一作注説明,具體可參俞紹宏、張青松編著《上海博物館藏戰國楚簡集釋》,北京:社會科學文獻出版社,2019。本文以下羅列、徵引學者諸説及上博藏楚簡簡文而不加注者同此。

至於“爲”字,或訓解作表現爲、表現出來;或以爲讀“僞”;或讀“化”,易也。

尚賢否定了以上“逻”讀“比”“逢”“剖”“夫”諸説。以爲:“逻”讀“凡”。古書裏“凡…… 所以……,爲……”的句子,之間可以插入别的成分。“所以”有的也作“所爲”,“……所以……”是探究某種行爲動作發生原因。後面的“爲……”常又作“以……”“以”“爲”都表示原因,導致一種行爲動作有某種結果的原因往往可以是多種多樣的,“凡”所標誌的主題都含有“量多”的特點,“凡”的作用就是對這一特點的總括。何樂士指出這一類“凡”字句有表示“判斷”的功能。前面的“凡……所以……”與後面的“爲……”之間可以畫等號。簡文“凡其所以亡,爲其容,爲其言”可以變换成“其所以亡,皆爲其容,爲其言”,推測説話者本來就有“凡其所以亡,多也,皆爲其容”的意思。“朋”讀“凡”大概是齊方言的反映。

我以爲尚賢之説當不無道理。至於學者所論“朋”有及、至義,事實上“比”訓“及”爲比及義,“朋”有“比”的朋比義,却無“比”的比及義。

不過“凡……所以……,爲……”文例中的“爲”若表示“因爲”,其與前文“及其亡也,皆爲其容”中的“爲”用法應當是一樣的,“皆爲其容”前面没有“凡……所以……”,且簡文這裏的三個“爲”讀“僞”,解爲僞飾,於文意很切合,或當從學者讀“僞”之説。如此則這裏的“逻”或也存在其他用法的可能。

“逻”從“堋”得聲,第二册《容成氏》簡 49“文王堋”,第三册《仲弓》簡 19“山有堋”、簡 25“所學皆堋”,“堋”皆用作“崩”。楚簡“堋”可能是“崩”字异體,從“土”也可表示崩塌、崩陷義。“崩”古音屬於幫紐蒸部,“本”古音屬於幫紐文部。古音文、蒸二部有相通之例,如《書·盤庚下》“尚皆隱哉”,《漢石經》“隱”(影紐文部)作“乘”(船紐蒸部);《周禮·職幣》“振掌事者之餘財”,鄭玄注“振(章紐文部),猶抍(書紐蒸部)也”。[①] 又《禮記·文王世子》“始立學者,既興器用幣,然後釋菜”,鄭玄注“興當爲釁字之誤也。禮樂之器成,則釁之”。[②]“興”“釁”分屬蒸部、文部,這裏若是錯字,則顯然屬於音同音近而誤。滬簡一《緇衣》簡 13“恭以涖之,則民有悐心”,滬簡六《天子建州》甲簡 10、乙簡 9“畚俎不制事”,滬簡七《郑子家丧》簡 5“使子家梨木三萻”,“悐”“畚”“萻”以“弁(媵/倂字初文)”(余紐蒸部)爲聲,分别讀“愻/遜”(心紐文部)、“尊”(精紐文部)、“寸”(清紐文部);滬簡七《凡物流形》甲簡 9“足將至千里,必從弁始”,“弁”讀“寸”;滬簡六《慎子曰恭儉》簡 5“送畎服畝”,“送”以“弁”爲聲,學者或讀“遵”(精紐文部),或讀“蹲”(從紐文部)。清華簡五《命訓》簡 1“立明王以訓之”,簡 12“倂之以禮”,前者讀“訓”之字從“倂”聲,整理者讀“訓”(曉紐文部),今本作“順”(船紐文部),後者“倂”整理者讀“訓”。[③] 清華簡六《子産》“行以悐令”“子産用尊老先生之俊”,

---

① 張儒、劉毓慶:《漢字通用聲素研究》,太原:山西古籍出版社,2002,84—85 頁。

② [漢]鄭玄注,[唐]孔穎達疏,龔抗雲整理,王文錦審定:《禮記正義》,《十三經注疏》整理委員會整理《十三經注疏》,北京大學出版社,2000,739 頁。

③ 李學勤主編:《清華大學藏戰國竹簡(伍)》,上海:中西書局,2015,125-126 頁。

前者“尜”讀“尊”,後者讀“尊”之字原簡從“灷(媵字初文)”聲。[①] 疑簡文中的“逕”或也可讀“本”,可訓爲探究、推原,如《管子·正世》“本治亂之所生”之“本”,[②]《墨子·天志中》“本察仁義之本”中的前一個“本”,[③]均爲探究、推原義。當然,楚簡中自有“本”字,不過楚簡中有本字而用假借字的例子多見,如本篇篇名中“諫”用本字(見鮑簡 9),而鮑簡 5“臣雖欲諫”、競簡 7“近臣不諫”之“諫”均借用“訐”字;滬簡三《仲弓》簡 20“難以納諫”之“諫”借用“柬”字。再如“聞”字楚簡多用《説文》之古文本字“䎽”,[④]如滬簡一《性情論》簡 14“聞笑聲”之“聞”,而同簡“聞歌謠”之“聞”則借用“昏”字。而“逕”若讀“凡”,楚簡中的“凡”字則更爲多見。

二

《鮑叔牙與隰朋之諫》簡 8:是歲也,晋人伐齊。既至齊地,晋邦有亂,師乃歸。雩坪地至膝,復,日瑀亦不爲災,虹煇亦不爲害。

我們所要討論的是簡文中的“雩”字。或以爲“雩”爲求雨之祭名。或讀“雩坪”爲“與平”,或讀“雩坪地”爲“於坪地”“於平阿”。或以爲“雩”讀“雨”,簡文讀爲“雨平地至膝”,形容雨大;或以爲“雩坪地”連讀爲“雨滂沱”。

我以爲,“雩”讀“雨”可能存在問題。

第一,古文字材料中“雲”“雨”“風”類字形似較爲固定,可能除“風”在甲骨文中主要假借“鳳”爲之外,其他似均有本字,罕見有假用它字者。

第二,“復”義本爲復歸,即從哪裏來回到哪裏去的意思,新蔡簡數見“王復於某地”,即復歸某地。雨從天降,若“雩”讀“雨”,“雨平地至膝復”則意味着至膝的雨水要返回天上,顯然有違常識。

第三,學者所舉文獻中“雨平地”之類表述的文例中,均是“水”“雪”平地厚(深)多少尺(丈)。由於雪無論是飄在天空還是落在地上,只要不融化,都稱之爲“雪”,故有“雪平地厚(深)多少尺(丈)”這樣的説法。而在漢語中,“雨”字主要是指天氣現象,一是當動詞用,指下雨、下雪、下雹等;二是當名詞用,指從雲層中降下的、處於下落過程中的水,即在空中飄落爲雨,落地後就是水。因此古籍中不易找到“雨平地厚(深)多少尺(丈)”這樣的文例。

綜上,簡文中的“雩”可能不讀“雨”。

---

① 可參白於蓝《簡帛古書通假字大系》,福州:福建人民出版社,2017,939、942 頁。

② 黎翔鳳撰,梁雲華整理:《管子校注》,北京:中華書局,2004,919 頁。

③ [清]孫詒讓撰,孫啓治點校:《墨子閒詁》,北京:中華書局,2001,199 頁。

④ [漢]許慎撰,[宋]徐鉉校訂:《説文解字》,北京:中華書局,1962,250 頁。

"雩"見盂鼎等青銅器銘文,吴大澂、王國維以爲即"粵"古文。① 這裏"雩"應視爲"粵"古文,爲句首語助詞,無實義,與《書·堯典》"曰若稽古"之"曰"同,"曰""粵""越"古音通,"曰若"亦作"粵若"。② 有學者以爲"雩/粵"作爲句首語助詞是西周時期的用法,對於戰國時期是否有句首語助詞"雩/粵"置疑。董珊引蔣善國《尚書綜述》之説,以爲現代學者多以爲《堯典》《舜典》"多是春秋以來的文辭","所述的社會情形和政治制度,也都根據周、秦間的社會情形和政制"。③ 則《堯典》或可視爲春秋以後的文獻,其文例中的句首語助詞"粵"應屬於春秋以後的用法。《漢語大詞典》"粵"字句首語助詞用法條下收録有《史記·周本紀》"我南望三塗,北望嶽鄙,顧詹有河,粵詹雒伊,毋遠天室",《漢書·翟義傳》"粵其聞日,宗室之儁有四百人,民獻儀九萬夫,予敬以終於此謀繼嗣圖功",此外還收有北周庾信《哀江南賦》序"粵以戊辰之年"、宋蘇軾《賜宰相吕公著上第一表乞致仕不允批答》"粵自拱把,至於棟梁"、清錢大昕《十駕齋養新録·永樂大典》"粵以伏羲氏始畫八卦"等文例。④《漢語大字典》除録有《説文》所引《周書》"粵三日丁亥"、上列《漢書》文例外,還收録唐李白《化城寺大鍾銘》"粵有唐宣城郡當塗縣化城寺大鍾者,量函千盈"文例。⑤ 可見從西周到清代,"粵"作爲句首語助詞一直存在。本篇簡文講述鮑叔牙與齊桓公之事發生於春秋前半期,從本篇簡文中稱齊桓公爲"公"來看,帶有親近的意味,其祖本很可能是當時齊人所寫,⑥這裏的"雩/粵"完全有可能是句首語助詞。此类用法的"雩/粵"文獻中也記寫作"于""越",⑦《書·武成》"惟一月壬辰,旁死魄。越翼日癸巳,王朝步自周,于征伐商",⑧"越"顯然也是句首語助詞,敦煌寫本斯 799"越"作"粵","粵"爲"粵"俗體。"雩""于""越"音可通,清華簡《越公其事》"越邦"之"越"作"雩"。⑨ 這類句首語助詞也可記寫作"曰",如《書·微子》"殷遂喪,越至于今",⑩敦煌寫本伯 2643"越"作"粵",伯 2516"越"作"曰"。

"平地至膝"從李學勤説,即後世占書中所謂地自長。"復"指"平地至膝"後又恢復原狀,即平地長到膝部又退了回去。地自長是發生在地上的詭异現象,正好與前文"日璚""虹煇"相對。

---

① 吴大澂説見其著《説文古籀補》卷五"粵"字條、卷一一"雩"字條,可參俞紹宏《〈説文古籀補〉校讀》相關字條,北京:綫裝書局,2012,32 頁。王國維説可參周法高主編《金文詁林》,香港中文大學,1975,6457 頁。

② 屈萬里:《尚書釋義》,臺北:中國文化大學出版社,1980,23 頁。

③ 董珊:《〈鮑叔牙〉篇的"考治"與其歷史文獻背景》,簡帛網,2007 年 7 月 16 日;又載武漢大學簡帛研究中心主辦《簡帛》第 7 輯,上海古籍出版社,2012,27-32 頁。

④ 漢語大詞典編輯委員會、漢語大詞典編纂處編:《漢語大詞典》,上海:漢語大詞典出版社,1994,第 9 册,211 頁。

⑤ 漢語大字典編輯委員會編:《漢語大字典》,成都:四川辭書出版社,武漢:湖北辭書出版社,1986,3147 頁。

⑥ 董珊《〈鮑叔牙〉篇的"考治"與其歷史文獻背景》一文以爲本篇簡文與《周禮》《大戴禮記·文王官人》《逸周書·官人》有關,《周禮》可能成書於戰國初,且是齊地文獻,後兩者也是戰國文獻。

⑦ 可參宗福邦、陳世鐃、蕭海波主編《故訓匯纂》,北京:商務印書館,2003,1702、2204 頁。

⑧ 屈萬里:《尚書釋義》,243 頁。

⑨ 可參李學勤主編《清華大學藏戰國竹簡(柒)》,上海:中西書局,2017,114 等頁。

⑩ 屈萬里:《尚書釋義》,87 頁。

三

《三德》簡10:毋爲角言,毋爲人倡。毋作大事,毋殘常。毋壅川,毋斷岡。毋滅宗,毋虚牀。毋改敔,毋變事。毋煩故叟,毋【10】恥父兄。毋傲貧,毋笑刑。毋揣淵,毋度山。毋逸其身,而侈其言。居毋惁,作毋康。善勿滅,不祥勿爲。入虚毋樂,登【11】丘毋歌。所以爲天禮。

這裏所要討論的是簡文“毋虚牀”的含義。或以爲“毋虚牀”含義待考;或讀作“毋虚藏”。或以爲讀“虚壯”,猶言絶壯;或讀“虚葬”,猶言“無葬”“絶葬”;或據“人所坐卧曰牀。牀,裝也,所以自裝載也”,以爲承載統治者地位的是庶民。

這裏前後簡文每兩句爲一對,每一對兩句之間意義具有相關性。因此“虚牀”與“滅宗”語義也應相關。“滅宗”,學者以爲其義指滅絶宗廟祭祀。我以爲可從,“滅宗”即宗祀斷絶,也就是現在所説的斷子絶孫、斷香火。“虚牀”或指空虚其牀,也就是現在常説的守空房、睡空牀,即單身無配偶。後世或用“空牀”一語來喻指獨身無配偶或配偶不在身邊,如《古詩十九首·青青河畔草》“昔爲倡家女,今爲蕩子婦;蕩子行不歸,空牀難獨守”。[①]《孟子·離婁上》“不孝有三,無後爲大”,根據趙岐的注解,在不孝的三種情形中,以“不娶無子,絶先祖祀”爲大。[②] “不娶”就是睡“空牀”,也即“虚牀”。獨卧空牀自然不會得子嗣,因而就會“滅宗”,也即“絶先祖祀”。而要不絶宗祀,就要子孫綿長,因此不能“虚牀”。

到了一定年齡單身不結婚,就是“虚牀”。本篇强調人要順應“天禮”“天常”,如這裏簡文“所以爲天禮”,簡1“順天之常”,簡5“故常不利,邦失幹常……”,簡2“是謂天常”,簡10“毋剗常”。男女婚姻也屬於“天常”範疇。《大戴禮記·本命》:

> 分於道,謂之命;形於一,謂之性,化於陰陽,象形而發,謂之生;化窮數盡,謂之死。故命者,性之終也,則必有終矣。
>
> 人生而不具者五:目無見、不能食、不能行、不能言、不能化。三月而徹眗,然後能有見;八月生齒,然後食;期而生臏,然後能行;三年暿合,然後能言;十有六情通,然後能化。
>
> 陰窮反陽,陽窮反陰。辰故陰以陽化;陽以陰變。故男以八月而生齒,八歲而毀齒,一陰一陽,然後成道;二八十六,然後情通,然後其施行。女七月生齒,七歲而毀;二七十四,然後化成。合於三也,小節也。中古男三十而娶,女二十而嫁,合於五也,中節也。太古男五十而室,女三十而嫁,備於三五,合於八十也。八者,維剛也,天地以發明,故聖

① [梁]蕭統編,[唐]李善注:《文選》,上海古籍出版社,1986,1344頁。

② [宋]朱熹:《四書章句集注》,北京:中華書局,1983,286-287頁。

人以合陰陽之數也。①

相似的内容也見於《孔子家語·本命解》:

魯哀公問於孔子曰:"人之命與性何謂也?"

孔子對曰:"分於道謂之命,形於一謂之性,化於陰陽,象形而發謂之生,化窮數盡謂之死。故命者性之始也,死者生之終也,有始則必有終矣。人始生而有不具者五焉,目無見、不能食、不能行、不能言、不能化。及生三月而微煦,然後有見;八月生齒,然後能食;三年顋合,然後能言;十有六而精通,然後能化。陰窮反陽,故陰以陽變;陽窮反陰,故陽以陰化。是以男子八月生齒,八歲而齔;女子七月生齒,七歲而齔,十有四而化。一陽一陰,奇偶相配,然後道合化成,性命之端,形於此也。"

公曰:"男子十六精通,女子十四而化,是則可以生人矣。而禮男子三十而有室,女子二十而有夫也,豈不晚哉?"

孔子曰:"夫禮言其極,不是過也。男子二十而冠,有爲人父之端,女子十五許嫁,有適人之道,於此而往,則自婚矣。群生閉藏乎陰,而爲化育之始,故聖人因時以合偶男女,窮天數之極,霜降而婦功成,嫁娶者行焉。冰泮而農桑起,婚禮而殺於此。"②

兩相比較,前者"則必有終矣"與後者"死者,生之終也,有始則必有終矣"相對應,知前者文字有脱訛。

可見人之生老病死、婚喪嫁娶,都受制于"道"。"道"即自然規律,也即天常。因此男女婚姻也是符合天常的。正是因爲如此,古人對於適齡而未婚男女之間相會野合與私奔往往持寬容態度。如下文所引《周禮·地官·媒氏》:"中春之月,令會男女。於是時也,奔者不禁。"③《墨子·明鬼》:"燕之有祖,當齊之社稷,宋之有桑林,楚之有雲夢也,此男女之所屬而觀也。"④燕、齊、宋、楚都有男女相會的地方。《國風·桑中》:

爰采唐矣?沬之鄉矣。云誰之思?美孟姜矣。期我乎桑中,要我乎上宫,送我乎淇之上矣。

爰采麥矣?沬之北矣。云誰之思?美孟弋矣。期我乎桑中,要我乎上宫,送我乎淇之上矣。

---

① [清]王聘珍撰,王文錦點校:《大戴禮記解詁》,北京:中華書局,1983,250-252頁。標點符號與原書有小异。
② [清]陳士珂輯:《孔子家語疏證》,上海書店根據商務印書館1940年版複印,1987,170頁。
③ 楊天宇:《周禮譯注》,上海古籍出版社,2004,205頁。
④ [清]孫詒讓撰,孫啓治點校:《墨子閒詁》,229頁。

爰采葑矣？沫之東矣。云誰之思？美孟庸矣。期我乎桑中，要我乎上宫，送我乎淇之上矣。①

男婚女嫁是順應天常，因此《三德》篇要人"毋虛牀"，否則就是違反天常，而違反天常就會"遇凶殃"。《周禮·地官·媒氏》：

媒氏掌萬民之判。凡男女自成名以上，皆書年月日名焉。令男三十而娶，女二十而嫁。凡娶判妻入子者，皆書之。中春之月，令會男女。於是時也，奔者不禁。若無故而不用令者，罰之。司男女之無夫家者而會之。凡嫁子娶妻，入幣純帛，無過五兩。②

這是運用法律手段懲處獨身不婚者。齊桓公不僅頒布法律，還采取遣散宮女的方式以解決宮中怨女、民間曠夫的婚配問題，如《韓非子·外儲說·右下第三十五》：

齊桓公微服以巡民家，人有年老而自養者，桓公問其故。對曰："臣有子三人，家貧，無以妻之，傭未反。"桓公歸，以告管仲。管仲曰："畜積有腐弃之財則人飢餓，宮中有怨女則民無妻。"桓公曰："善。"乃論宮中有婦人而嫁之。下令於民曰："丈夫二十而室，婦人十五而嫁。"

一曰。桓公微服而行於民間，有鹿門稷者，行年七十而無妻。桓公問管仲曰："有民老而無妻者乎？"管仲曰："有鹿門稷者，行年七十矣而無妻"桓公曰："何以令之有妻？"管仲曰："臣聞之，上有積財則民臣必匱乏於下，宮中有怨女則有老而無妻者。"桓公曰："善。"令於宮中女子未嘗御出嫁之。乃令男子年二十而室，女年十五而嫁。則内無怨女，外無曠夫。③

使怨女有歸、曠夫有室，從而解決了他們的"虛牀"問題，這也是順應"天禮"與"天常"的做法。

補記　何義軍《上博竹書字詞釋讀補正》（西南大學碩士學位論文，2020，19、20、68 頁）堅持"雩"讀"雨"説，以與前文鮑叔牙"蓋將水"這一預言對應。其説不無道理。不過前文出現的預言後文不一定会實現，如上博簡六《平王問鄭壽》簡 3 鄭壽關於"君王與楚邦懼難"的預言就没有實現。

① ［漢］毛亨傳，［漢］鄭玄箋，［唐］陸德明音義，孔祥軍點校：《毛詩傳箋》，北京：中華書局，2018，69－70 頁。
② 楊天宇：《周禮譯注》，205 頁。
③ 引文參考了陳奇猷校注《韩非子新校注》，上海古籍出版社，2000，835－837 頁。

戰國竹簡《有皇將起》《鶹鷅》二篇的性質

□ 臺灣中山大學中國文學系 黄冠雲

内容提要 《有皇將起》《鶹鷅》屬於先秦秦漢關於周公的一個龐大的論述傳統，可與《尚書·金縢》等文獻對讀，通過對若干關鍵字詞的重新解釋，可以對二篇的性質做出新的判斷。

關鍵詞 出土文獻 上博簡 周公 金縢

《有皇將起》《婁(鶹)栗(鷅)》是兩篇收録在《上海博物館藏戰國楚竹書》第八册的戰國文獻。① 如同過去研究已指出的，它們的形式特徵、字迹與修辭風格（均爲四字或五字一句，再加上雙音節語氣詞"含可"）都相當一致，實屬一篇。② 經過重新綴合，前者六支簡（1a，3+1b，2，4，5，6），後者一支簡（1+2），現存一共七支簡。然而，這七支簡無一完整，它們是否連讀，究竟有多少缺字，都很難確認。此外，若干疑難字詞没有獲得正確的釋讀，對進一步的研究造成阻礙，連帶也使得二篇的性質顯得撲朔迷離。

下面我希望可以移除上述的障礙，復原二篇一部分内容的内在結構，對若干關鍵字詞提出解釋。我的討論從《鶹鷅》開始。爲了方便，對每一段話，我都提供兩個釋文：一個盡量嚴格，一個相對簡易，不僅删除反覆出現的雙音節語氣詞"今可"，且以英文字母 A、B、C、D 分句。

下面是《鶹鷅》的簡 1 和簡 2：

① 馬承源主編：《上海博物館藏戰國楚竹書（八）》，上海古籍出版社，2011。

② 程少軒：《上博八〈鶹鷅〉與〈有皇將起〉編册小議》，《中國文字》新 38 期，2012，113－120 頁。邴尚白：《上博楚竹書〈有皇將起〉新探》，"出土文獻的語境"會議論文，臺灣新竹清華大學，2014；陳民鎮、鍾之順、萬德良、張彩華：《上博簡楚辭類文獻研究》，臺北：花木蘭文化出版社，2014，157－226 頁。

1 ……子遠余鶹鷅含可鶹鷅之止含可欲衣而亞槑含可鶹鷅之羽含可子可舍=含可鶹鷅翻飛含

2 可不戠而欲衣含可■

A ……,子遺余鶹鷅。

B 鶹鷅之止,欲衣而惡枲。

C 鶹鷅之羽,子何舍余。

D 鶹鷅翩飛,不織而欲衣。

如此一來,文本的結構一目瞭然。可以看出,除了殘去的部分,A 句與 C 句相互對應,都提到主人翁被授予“鶹鷅”,而授予的動作分別以“遠(遺)”“舍”表示,兩個詞語的意思相當。此外,B 句與 D 句也是平行關係,都提到鶹鷅在“欲衣”的同時,却“惡(槑)枲”“不織”。這暗示同屬 B 句與 D 句的“止”與“翻(翩)飛”詞性相同:前者描述鳥的止息狀態,後者描述其飛行狀態,正好相反。在主題上,B、D 二句都揭示鶹鷅并非善類:它好逸惡勞,成天想着如何不勞而獲。

有關禽鳥不勞而獲的主題,我們可以在《詩・鴟鴞》看到另外一個例子。《鴟鴞》云:“鴟鴞鴟鴞,既取我子,無毀我室”,描述的是一隻鳥被鴟鴞侵奪巢穴的情境,而下文則有關於此鳥如何辛勤築巢的叙述:“迨天之未陰雨,徹彼桑土,綢繆牖户。”[①]事實上,如同陸璣在《詩・旄丘》下所説的:“流離,梟也,自關西謂梟爲流離;其子適長大,還食其母。”[②]所謂“流離”之於上博簡的“鶹鷅”,就如同“梟”之於“鴟鴞”。當然,《鴟鴞》説的是一隻鳥如何捍衛其巢,而上博二篇着重的是一隻鳥如何好逸惡勞。不過,顯然它們都涉及同一主題,是一枚硬幣的兩面。

繼續我的結構分析,可以看看《有皇將起》最難理解、也是討論相對較少的第 6 支簡:

6 ……也含可詓三夫之旁也含可膠膰秀余含可蜀詓三夫含可膠膰之腈也含可詓夫三夫之精也含可

A (缺)

B ……也,捨三夫之謗也。

C 膠膰誘余,獨捨三夫。

D 膠膰之清也,捨三夫之竫也。

---

① 《毛詩正義》,李學勤主編《十三經注疏》標點本,北京大學出版社,2000,599-606 頁。

② 《毛詩正義》,李學勤主編《十三經注疏》標點本,182-188 頁。相關的記載見《爾雅・釋鳥》:“鳥少美長醜爲鶹鷅”,見[清]郝懿行《爾雅義疏》,濟南:齊魯書社,2010,3728-3729 頁。《説文解字》“鶹”字下有相同的訓釋,見《説文解字》卷四上,1873 年刻本,北京:中華書局,1963,20 頁。

同樣的,如此的處理使得文本的結構顯得更爲清楚。這裏我假設 A 句整句與 B 句前半都殘缺了。①

從我所謂 B 句的"誝"字開始,此字的釋寫,可以通過上述《鶹鷅》簡 1"舍"字的比較,得到確認。② 後者義爲"賜予",而從"言"的"誝"我認爲是"放弃"的意思,顯然添加的部件有區別詞義的作用。B 句後半的意思是應該置"三夫"之誹謗於不顧。同樣的,按照我主張的結構分析,我們可以對照 B 句與 D 句,認爲第一,"諭""誝"字形相近,前者是後者的誤寫;第二,將"諭〈誝〉夫三夫之靕也"的第一個"夫"字視作衍文;第三,因爲 D 句"靕"字對應的是 B 句的"旁(謗)",可據後者推測前者的涵義。

我認爲"靕"應讀 jìng,意謂"花言巧語",在文獻可以寫作"静""靖""竫"等字形。《尚書・堯典》,堯目共工"静言庸違,象恭滔天",孔安國注以"謀"訓"静",説的是共工以花言巧語陰奉陽違的行徑。③《管子・侈靡》:"曲静之言,不可以爲道",提供以"静"表達花言巧語的另一用例。④ 此外,《鬼谷子・權》:"静言者,反而干勝",所謂"反"的術語下文解釋云:"先分不足以窒非者,反也",意即一個人不自省其不足,反倒致力攻擊他人過失,也是同樣的用法。⑤《公羊傳・文公十二年》根據《秦誓》,有如下關於秦穆公的討論:"惟諓諓善竫言,俾君子易怠","竫"又是花言巧語的另一表現。⑥ 最後,《左傳・文公十八年》描述所謂"窮奇"之傳説人物的惡行:"靖譖庸回,服讒蒐慝,以誣盛德",雖然"靖"有時候被解釋作"安"的意思,然而比照上述例子,可見此處仍釋以花言巧語爲優。⑦《左傳》一語與前引《堯典》的承襲關係,學者多有討論;請注意它明確提到讒言的主題,而讒言當然也是花言巧語的一種。上述文例無論寫的是"静""靖"或"竫",都具有"争鬭"之"争"的共同意思。⑧

相對於此,D 句前半的"腈"字,我認爲可讀爲"清",意即清白,正與下文的"靕(竫)"及 B 句的"旁(謗)"形成對比。至於具有"腈(清)"的屬性的"膠膰",必然是一正面的人或物。C 句説其"秀(誘)余"以"蜀(獨)靕〈誝〉(捨)三夫",所謂"蜀(獨)"與多數的"三夫"形成對比,意思是面對衆聲喧嘩,我踽踽獨行,大略是"横眉冷對千夫指"一類的涵義。

"膠膰"究爲何物?相對鶹鷅,它清白高節,倍受推崇,我認爲應該相當文獻記載的"焦明"。"膰"是并紐元部($*p^{h}ar$)、"明"是明紐陽部($*mraŋ$),都是唇音聲母,韻母都可以構

---

① 由於簡 6 的結尾是雙音節語氣詞"含可",也有可能此處我認爲殘缺的句子出現在緊接在簡 6 後頭的下文,而不是之前。這樣的可能對我的討論有一些影響,但不妨礙我指出的文本特徵,亦即隔行的平行關係。我所謂的 B、D 二句,即使改稱 A、C,平行的關係仍然不變。

② 此字釋"誝",上揭邴尚白文有更多的舉證。

③ 《尚書正義》,李學勤主編《十三經注疏》標點本,北京大學出版社,2000,46-53 頁。

④ 黎翔鳳:《管子校注》,北京:中華書局,2004,425-426 頁。

⑤ 許富宏:《鬼谷子集校集注》,北京:中華書局,2008,131-134 頁。

⑥ 《公羊傳注疏》,李學勤主編《十三經注疏》標點本,347-349 頁。

⑦ 楊伯峻:《春秋左傳注》,北京:中華書局,1981,639 頁。

⑧ 參考[清]朱駿聲《説文通訓定聲》卷一七,臺北:藝文印書館,1975,14 頁。

擬主要元音 ＊a。[①] 其音近相通的情形,可以從明聲系字與番聲系字都分別跟緐聲系字相通的情形得知,此不贅述。[②] 至於"膠"是見紐幽部(＊[k]ˁriw)、"焦"是精紐宵部(＊S.tew),乍看似乎距離甚遠。不過《説文解字》云:"鸈,鳥大雛……一曰雉之莫子爲鸈。"[③]所謂"鸈"是一種小雞,可以聯繫《方言》:"雞雛,徐魯之間謂之秋。"[④]此外,揚雄《羽獵賦》有形容鳥鳴聲的象聲詞"噍噍",《文選》李善注:"噍與啾同"。[⑤] 换句話説,如果a("鸈")等於b("秋"),而b("啾")等於c("噍"),那麼a("膠")就等於c("焦")。

如此聯繫"膠膰"與"焦明"的好處,是我們可以在文獻找到相當數量的證據。《法言·問明》:

> 或問"君子。""在治曰若鳳,在亂曰若鳳。"或人不諭。曰:"未之思矣。"曰:"治則見,亂則隱。鴻飛冥冥,弋人何慕焉?鷦明遴集,食其絜者矣;鳳鳥蹌蹌,匪堯之庭。"[⑥]

此處"鷦明"是與鳳相類的一種禽鳥,所謂"食其絜者",正好跟《有皇將起》用以描述"膠膰"的"腈(清)"互相呼應。這是以"鷦明"比附"膠膰"的第一個理由。[⑦]

"焦明"又見司馬相如的《上林賦》。[⑧] 張守節《史記正義》説它"非幽閑不集,非珍物不食",這種高尚的屬性也是"清"的一個表現。[⑨] 這是第二個理由。與此相關,請注意張守節的描述與《莊子·秋水》關於"鵷鶵"的描述十分相似:"夫鵷鶵,發於南海而飛於北海,非梧桐不止,非練實不食,非醴泉不飲。"[⑩]此處"鵷鶵"顯然回到前引《説文》"鳥大雛……一曰雉之莫子爲鸈"的説解。看來"鸈""鵷鶵""焦明"等不同名稱的背後,都有一個共通的禽鳥的

---

① 上古音構擬取自 Axel Schuessler, *Minimal Old Chinese and Later Han Chinese: A Companion to Grammata Serica Recensa*. Honolulu, University of Hawai'i Press, 2009,其主要依據是白一平(William H. Baxter)早期的著作:*Handbook of Old Chinese Phonology*.Berlin, Mouton de Gruyter, 1992。

② 高亨:《古字通假會典》,濟南:齊魯書社,1989,217-218頁。

③ 《説文解字》卷四上,13頁。《爾雅》亦云:"雉之暮子爲鷚",郭璞注:"晚生者,今呼少雞爲鷚",見[清]郝懿行《爾雅義疏》,3727-3728頁。

④ 華學誠:《揚雄方言校釋匯證》,北京:中華書局,2006,578-579頁。"秋"字原作"秋侯子",不過多位清代和現代學者都認爲應校訂作"秋",一個主要的依據是《廣雅》訓"秋"爲"雛",跟前引《説文》《爾雅》等處的記載相符;見[清]王念孫《廣雅疏證》卷一〇下,1796年刻本,南京:江蘇古籍出版社,2000,44頁。高誘在《淮南子·原道》下亦訓"秋"爲"秋雞",見何寧《淮南子集釋》,北京:中華書局,1998,11頁。

⑤ 《文選》,上海古籍出版社,1986,396頁。《楚辭·招隱士》:"蟪蛄鳴兮啾啾",王逸注:"悲嘹噍也",所謂"嘹噍"是聲訓;見[宋]洪興祖《楚辭補注》,北京:中華書局,1983,233頁。

⑥ 汪榮寶:《法言義疏》,北京:中華書局,1987,194-197頁。

⑦ 參考《法言·寡見》,見汪榮寶《法言義疏》,228-229頁。

⑧ [日]瀧川資言、[日]水澤利忠:《史記會注考證附校補》卷一一七,49頁;[清]王先謙:《漢書補注》,上海古籍出版社,2008,4140頁;《文選》,373頁。

⑨ 司馬相如在《難蜀父老》也提到同一種鳥,見[日]瀧川資言、[日]水澤利忠《史記會注考證附校補》卷一一七,74-75頁。王先謙:《漢書補注》,4172頁;《文選》,1995頁。

⑩ 王叔岷:《莊子校詮》,臺北:"中研院"歷史語言研究所,1988,633頁。

論述傳統。①

回到上博二篇,現在我們可以更全面地考慮其内容。如《有皇將起》簡 1 所揭示的,這首詩是主人翁對王子("保子")的教誨。一方面,他以"仁"的德行教導王子;另一方面,他懇請王子與自己一道清除"同莽(邦)异心"(簡 2)的邪惡勢力。此外,這首詩兩次提到改過自新的主題。②

比較上博二篇與古代有關周公的故事,其相似的程度是十分驚人的。上博二篇的主人翁相當於周公,王子相當於成王,主人翁所提倡的"仁"是周公故事反復出現的一個主題。③所謂"同邦异心"指的既是管、蔡等叛逆,又是成王因爲誤信讒言所導致的後果,再清楚不過。至於改過自新的主題,這指的是成王對周公所産生的誤解。如同我們在《金縢》所看到的,周公作《鴟鴞》的目的正是爲了化解此誤解,而成王最後也的確認識到自己錯怪了周公。

上述的觀點,或許引來如下的質疑:我嘗試牽攏上博二篇與周公的故事,是否過度解讀了?是否先有結論再隨意擷取證據?是否望文生義?然而,倘若不是如此提出,我們又如何解釋《有皇將起》簡 6 的"諗(捨)三夫之旁(謗)"?此處"三夫"無疑就是散播謡言的"三監",文獻習見,最早的例子是清華簡《繫年》。④ 當然,"三夫"可能只是一個多數的泛稱;至於"三監"本身,學者也對他們的具體身份有多種不同的説法。⑤ 不過,有鑒於上文所指出,關於上博二篇和周公故事的衆多對應,倘若一定要説"三夫"與"三監"毫不相干,我認爲那也未免審慎過頭了。事實上,文獻中出現有關"三監"具體身份的衆多説法,除了顯示當時所涉人數不止三人,還説明一點:此類論述必定不是一人一時的創舉,而是一個更爲廣泛流傳的話題。這個話題應該也是上博二篇的一個背景。

討論一開始,我提到陸璣在《詩·旄丘》下所説的:"流離,梟也,自關西謂梟爲流離;其子適長大,還食其母。"與此相關的是古代幾家注釋在《詩·小毖》"肇允彼桃蟲,拚飛維鳥"一語下所作的討論。⑥ 毛傳云:"桃蟲,鷦也,鳥之始小終大者",顯然跟"其子適長大,還食其母"的"流離"有相應之處,主題都是某種鳥成長後所發生的突變,一個體積的增加不成比例,一個逆反倫常,竟然弑殺其母。至於鄭玄所説的"鷦之所爲鳥,題肩也,或曰鴞,皆惡聲之

① 除了前引的幾則文獻,關於"焦明"的記載還有下列幾處:《楚辭·九懷·株昭》和《九嘆·遠游》,見洪興祖《楚辭補注》,279、310 頁;《樂叶圖徵》,見[日]中村璋八、[日]安居香山《緯書集成》,石家莊:河北人民出版社,1994,560-561 頁;《説文解字》卷四下,19 頁;[清]王念孫:《廣雅疏證》卷一〇下,48-49 頁。

② 如上所述,因爲上博二篇的七支簡不能連讀,所以此處我的綜述也比較跳躍。

③ 比如《淮南子·齊俗》:"周公放兄誅弟,非不仁也,以匡亂也。"(何寧:《淮南子集釋》,816 頁)《泰族》亦云:"夫觀逐者於其反也,而觀行者於其終也。故舜放弟,周公殺兄,猶之爲仁也。"(1409 頁)更多的例證和相關討論,請看拙作《周公、〈金縢〉與〈鴟鴞〉》,清華大學出土文獻研究與保護中心編《清華簡研究》第 2 輯,上海:中西書局,2015,232-237 頁。

④ 李學勤主編:《清華大學藏戰國竹簡(貳)》,上海:中西書局,2011,第三章,簡 13。

⑤ 除了管、蔡,還有武庚、霍叔等人選。王引之認爲管、蔡與武庚的組合最早;見[清]王引之《經義述聞》卷三,南京:江蘇古籍出版社,2000,50-53 頁。

⑥ 《毛詩正義》,李學勤主編《十三經注疏》標點本,182-188 頁。

鳥”,更明確地將“桃蟲”或“鷦”,與鴟鴞聯繫起來。事實上,郭璞云:“鷦鷯,桃雀也,俗名爲巧婦;鷦鷯小鳥,而生鵰鴞者也”,我認爲所謂“鵰鴞”就是清華簡《金縢》與“鴟鴞”相當的“周(雕)鴞”。最重要的,鄭玄在注釋中也以周公故事比附《小毖》,認爲所謂“還食其母”的流離,指的是管、蔡等人:

> 肇,始;允,信也。始者信以彼管、蔡之屬,雖有流言之罪,如鷦鳥之小,不登誅之,後反叛而作亂,猶鷦之翻飛爲大鳥也。

相關的問題,爲了避免枝節太繁,此處我只有點到爲止。對於本文而言,關於《小毖》的注釋一方面説明“流離”與周公故事的聯繫,并非事出偶然,一方面透露古代關於禽鳥的傳説既複雜且豐富,值得深入研究。

最後,可以簡單説一下上博二篇與《金縢》的關係,我認爲應該是平行并列的,不一定能分出孰先孰後。倘若上博二篇提到《金縢》,那麽或許我們可以將它視作一種基於《金縢》、帶有韻文的注釋,就如同趙岐《孟子章句》的某些部份之於《孟子》那樣。然而它們没有,或者説現存的七支簡都没有如此提及,所以我認爲透露的是另一信息:二篇所載之詩與《金縢》都反映當時關於周公故事的論述傳統,并且都借鑒在古代流傳甚廣、關於鴟鴞或流離一類禽鳥的傳説軼聞。兩者的差别在於上博二篇用韻,而《金縢》不用。如果用韻反映的是更接近口述、表演或通俗的傳統,那麽上博二篇所展現的就是某種更貼近普羅大衆的内涵,有别於戰國時代已被奉爲經典的《詩・鴟鴞》,可以引發許多順此方向的進一步申述與聯想。

清華簡《趙簡子》初探*

□ 山東師範大學齊魯文化研究院 張少筠 代生

内容提要 清華簡《趙簡子》記載了有關趙簡子的兩則軼事，其一是范獻子對趙簡子擔任竆將軍時的"進諫"，結合冠禮以及冠禮後的勸誡話語可以推知，此時趙簡子的年齡不會太大，范獻子的勸諫并無惡意。其二是趙簡子與成鱄的對話，趙簡子所問"齊政得失"體現出他對得國而不"或罪"的高度關注，成鱄以儉奢及禮作答，既反映了晋人重儉的傳統，也是他對統治者個人修養的思考與寄望。兩則軼事都包含着對趙簡子的教導，主題一致；從後世的材料看，這些話語對趙簡子重視人才、節儉其身的作風産生過一定的影響。

關鍵詞 《趙簡子》 師保 儉奢 由禮

清華大學藏戰國竹簡（簡稱"清華簡"）第七册有一篇擬題爲《趙簡子》的文獻，全篇共11支竹簡，記録了有關晋國大臣趙簡子的兩則軼事。整理者趙平安先生在竹簡編連、文字考釋和文獻疏通等方面做了大量工作，還發表《成鱄及其與趙簡子的問對》一文，[①]較爲詳細地討論了趙簡子與成鱄對話的相關問題，爲學界研究打下了良好的基礎。《趙簡子》發布後受到學者的廣泛關注并引發了熱烈討論，梳理相關文獻，筆者認爲還有一些問題值得探討，特不揣譾陋，試作分析，祈望方家指正。

一 范獻子"進諫"趙簡子

《趙簡子》篇中的首則軼事是春秋晚期晋國政治家范獻子（士鞅）對趙簡子的"進諫"：

---

* 本文係鄭州中華之源與嵩山文明研究會課題"清華簡鄭國史料整理與研究"（Y2020-1）階段性成果。

① 趙平安、石小力：《成鱄及其與趙簡子的問對——清華簡〈趙簡子〉初探》，《文物》2017年第3期。

趙簡子既受𡨦將軍，在朝，范獻子進諫曰：“昔吾子之將方少，如有過，則非子之咎，師保之罪也。就吾子之將長，如有過，則非子之咎，傅母之罪也。今吾子既爲𡨦將軍已，如有過，則非人之罪，將子之咎。子始造於善，則善人至，不善人退。子始造於不善，則不善人至，善人退。用由今以往，吾子將不可以不戒已！”①

（一）范獻子進諫是趙簡子受命儀式後的“戒勉”

趙簡子受𡨦將軍後，在朝堂之上見到范獻子，范獻子有一番“進諫”之辭。與趙簡子相比，范獻子不僅年紀長，職位也高，這裏的“進諫”似乎不合邏輯，趙平安、石小力先生認爲：“很明顯，簡文所謂‘進諫’實爲‘告誡’，實際上是范獻子給趙簡子上‘緊箍咒’……趙氏和范氏是晉國政壇上的冤家，范獻子對趙簡子的進諫折射出二氏之間的微妙關係。”②這一見解，從趙、范家族争權的政治局勢看，不無道理，但筆者以爲，范獻子所言也未必是“緊箍咒”。

可以作爲參照的是《國語·晋語六》所記趙文子與諸卿大夫對話。趙文子是趙簡子的祖父，他在冠禮之後，依照“乃易服，服玄冠玄端爵韠，奠摯見於君，遂以摯見於鄉大夫”的禮俗，③拜見卿大夫欒武子、中行宣子、范文子、郤駒伯、韓獻子、智武子、苦成叔子、温季子及張老九人，卿大夫分别給予“寄言”。

諸大夫所言，有諷刺、排擠、漠不關心，也有耐心教導和“肺腑之言”，其中多人的勸誡可與《趙簡子》中范獻子的話相對照，如范文子説：“而今可以戒矣。夫賢者寵至而益戒，不足者爲寵驕。故興王賞諫臣，逸王罰之。吾聞古之言王者，政德既成，又聽於民，於是乎使工誦諫於朝，在列者獻詩使勿兜，風聽臚言於市，辨祅祥於謡，考百事於朝，問謗譽於路，有邪而正之，盡戒之術也。先王疾是驕也。”④這是要求趙文子不能恃寵而驕，而應戒懼謹慎，與范獻子要求趙簡子承擔起應有的責任相似。再看韓獻子的勸誡：“成人在始，始與善，善進善，不善蔑由至矣。始與不善，不善進不善，善亦蔑由至矣。”⑤這與簡文范獻子“子始造於善，則善人至，不善人退。子始造於不善，則不善人至，善人退”可謂如出一轍，都告誡對方親近善人，遠離不善人。張老認爲“韓子之戒可以成”，⑥聽從韓獻子的勸誡可以建功立業。忠言逆耳，即使欒武子對趙文子父親提出批評，也是出於善意。不難看出，范獻子對趙簡子的“進諫”，確爲“告誡”，但未必帶有敵意。

就情勢而言，位低者接受一項職務或任務時，位高者給予“祝賀”或“誡勉”都是正常的，

① 李學勤主編：《清華大學藏戰國竹簡（柒）》，上海：中西書局，2017，107 頁。按，部分字詞釋讀或依個人見解改動。
② 趙平安、石小力：《成鱄及其與趙簡子的問對——清華簡〈趙簡子〉初探》，85-86 頁。
③ ［漢］鄭玄注，［唐］賈公彦疏：《儀禮注疏》卷二《士冠禮》，［清］阮元校刻《十三經注疏》，北京：中華書局，1980，2057 頁。
④ 徐元誥撰，王樹民、沈長雲點校：《國語集解》，北京：中華書局，2002，387-388 頁。
⑤ 徐元誥撰，王樹民、沈長雲點校：《國語集解》，388 頁。
⑥ 徐元誥撰，王樹民、沈長雲點校：《國語集解》，389 頁。

因此在《趙簡子》中，作爲年長而位尊的范獻子提出"勸誡"是合乎禮儀的做法，從其勸誡的内容看，當是善意的教誨。學者認爲"由於此時范獻子爲執政卿，因此范獻子所稱'善'或'不善'實際上是讓趙簡子選擇立場、陣營，即追隨范獻子即是'善'，不追隨即'不善'"。[①]似屬過度引申，并無太多道理。

（二）對師保的重視與趙氏的發展

范獻子的勸諫，談到了趙簡子的"師保和傅母"，這涉及先秦時期的師保制度，《大戴禮記·保傅》記載："昔者周成王幼在襁褓之中，召公爲太保，周公爲太傅，太公爲太師。保，保其身體；傅，傅其德義；師，導之教順，此三公之職也。於是爲置三少，皆上大夫也，曰少保、少傅、少師，是與太子宴者也。"[②]這一制度雖不可確考，但學者已在周代青銅器銘文中找到了與"保""師""傅"有關的官職，與教育有關，[③]説明《保傅》篇所言不虚。根據《大戴禮記·保傅》記載，在周王以下，設有保傅輔弼之官，且主要是針對太子設立的。隨着時代的發展，王室貴族、諸侯等也延請師保，逐漸形成了一項教育制度，師保制度的形成，是王室貴族培養合格接班人的需要。除禮書外，目前文獻所見春秋時代師保資料最多的是晋、楚、齊三國，這與他們的强大不無關係。而隨着"禮崩樂壞"、政權下移，諸侯卿大夫也越發重視師保教育，卿大夫之師保傅也更多地活躍在政治舞臺上。

有意思的是，范獻子談及趙氏的師保，傳世文獻記載有關卿大夫師保資料最爲詳盡的也是趙簡子，見於《國語·晋語九》：

> 趙簡子使尹鐸爲晋陽，曰："必墮其壘培。吾將往焉，若見壘培，是見寅與吉射也。"尹鐸往而增之。簡子如晋陽，見壘怒，曰："必殺鐸也而後入。"大夫辭之，不可，曰："是昭余讐也。"郵無正進，曰："昔先主文子少釁於難，從姬氏於公宫，有孝德以出在公族，有恭德以升在位，有武德以羞爲正卿，有温德以成其名譽，失趙氏之典刑，而去其師保，基於其身，以更復其所。及景子長於公宫，未及教訓而嗣立矣，亦能纂修其身以受先業，無謗於國，順德以學子，擇言以教子，擇師保以相子。今吾子嗣位，有文之典刑，有景之教訓，重之以師保，加之以父兄，子皆疏之，以及此難。夫尹鐸曰：'思樂而喜，思難而懼，人之道也。委土可以爲師保，吾何爲不增？'是以修之，庶曰可以鑑而鳩趙宗乎！若罰之，是罰善也。罰善必賞惡。臣何望矣！"簡子説，曰："微子，吾幾不爲人矣！"以免難之賞賞尹鐸。初，伯樂與尹鐸有怨，以其賞如伯樂氏，曰："子免吾死，敢不歸禄 。"辭曰："吾爲主圖，非爲子也。"怨若怨焉。[④]

① 子居：《清華簡七〈趙簡子〉解析》，中國先秦史網 ，2017 年 5 月 29 日。

② [清]孔廣森撰，王豐先點校：《大戴禮記補注》卷三《保傅》，北京：中華書局，2013，62 頁。

③ 張亞初、劉雨：《西周金文官制研究》，北京：中華書局，1986，1-6 頁。

④ 徐元誥撰，王樹民、沈長雲點校：《國語集解》，448-449 頁。

從晉大夫郰無正的勸諫可以知道，諸卿大夫聘任師保由來已久，只是趙氏中衰，趙文子未得師保之輔助，但依靠其奮發努力，實現了趙氏的再次興盛。簡子父趙景子，尚未接受師保教育就已嗣位，他也十分重視教育問題，“順德以學子，擇言以教子，擇師保以相子”，這裏的“子”皆指趙簡子，是説趙景子遵從道德教育、擇取“善言”來教導、選擇合適的師保來輔佐趙簡子。郰無正强調，之所以有中行、范氏之難，在於趙簡子嗣位後，雖然有祖上遺澤、師保輔助，但“皆疏之”，尹鐸念及此點，認爲“委土可以爲師保”，晉陽城外的壁壘對保障晉陽城有重要作用，而師保之於趙簡子具有相同的作用，故而增修壁壘。郰無正此番勸諫起到了良好效果，也得到趙簡子的認同。

《趙簡子》中，范獻子之所以提出勸告，恰恰説明師保在趙簡子成長中起到了重要作用。趙景子以良苦用心教導趙簡子，無非是希望趙氏的興盛與繁榮，結合以上資料觀之，趙簡子享有的師保傅母教育，在當時應是負有盛名的事情。范獻子所言“如有過，則非子之咎，師保之罪也。就吾子之將長，如有過，則非子之咎，傅母之罪也”，有學者認爲是有意責讓趙簡子，其實未必，[①]《吕氏春秋・自知》記載説：“故天子立輔弼，設師保，所以舉過也。”[②]由此可知，師保的職責之一就是“舉過”，趙簡子有過，如若保傅不能及時糾正，恰是師保的責任，這再次説明范獻子所言符合實際，看不出有什麽惡意。

少年時的師保，在主君成年嗣位後即成爲其謀臣，趙氏在簡子時代的發展過程中，師保、謀臣起到了重要作用，上述郰無正、尹鐸所言可爲例證，趙簡子尊賢納士，文獻所見就有董安于、郰無正、周舍、原過、楚隆、尹鐸等諸人，學者指出“善於收羅人材的卿大夫往往在兼并鬥爭中獲得勝利，趙氏數及於難而没有敗亡，與養士衆多有密切關係”。[③] 從趙文子開始，趙景子的精擇師保，到趙簡子廣招賢士，都成爲趙氏發展并攫取國政的重要法寶。

二　趙簡子問於成鱄

《趙簡子》篇中的第二則是趙簡子向晉大夫成鱄問政，其中也有問題值得討論，先將原文録之如下：

> 趙簡子問於成剸曰：“齊君失政，陳氏得之，敢問齊君失之奚由？陳氏得之奚由？”成剸答曰：“齊君失政，臣不得聞其所由，陳氏得之，臣亦不得聞其所由。抑昔之得之與失之，皆有由也。”趙簡子曰：“其所由豊（禮）可聞也？”成剸答曰：“昔吾先君獻公是居，掌有二宅之室，以好士庶子，車甲外，六府盈，宮中六竈并六祀，然則得輔相周室，亦知諸侯

① 李學勤主編：《清華大學藏戰國竹簡（柒）》，107頁。
② 許維遹：《吕氏春秋集釋》卷二四《自知》，北京：中華書局，2009，647頁。
③ 李孟存、常金倉：《晉國史綱要》，太原：山西人民出版社，1988，129頁。

之謀。就吾先君襄公,親冒甲胄,以治河濟之間之亂。冬不裘,夏不帳箑,不食濡肉,宫中六竈并六祀,然則得輔相周室,兼霸諸侯。就吾先君平公,宫中三十里,馳馬四百駟,[illegible]其衣裳,飽其飲食,宫中三臺,是乃侈已,然則失霸諸侯,不知周室之……儉之侈……侈之儉乎?"①

(一)趙簡子所問應爲"由禮"

文中的"豊"字,整理者釋爲"禮",并指出:"《論語·爲政》:'道之以德,齊之以禮。'禮,指某種制度和行爲的規範。一説'豊'是'豈'的訛字,訓爲'其'。"②可見,除了釋爲"禮"外,還存在另一種意見,在第七册《子犯子餘》第七簡中有"天豊謀禍於公子"一句,該篇整理者即指出"豊,疑爲'豈'之誤",③可見這種説法也有道理。不過,筆者認爲釋"禮"更爲妥當。

其一,"由禮"一詞,古書常見,尤見於戰國秦漢間的《禮記》《荀子》《孔子家語》等文獻。這裏的"由"指經過、遵循,"由禮"即通過禮、符合禮。《禮記·禮器》説"欲察物而不由禮,弗之得矣"。④《孔子家語·禮運》篇記載孔子所言"禮之所興,與天地竝。如有不由禮而在位者,則以爲殃"。⑤《禮記·經解》也有"是故隆禮、由禮謂之有方之士"的記載,⑥可見"由禮"是時人所慣用之語。

其二,成鱄正是以"禮"來回答趙簡子問題的。成鱄所論晋獻公、襄公"宫中六灶并六祀"屬於祭禮没有問題,他論述的侈、儉也是禮的範疇。《禮記·哀公問》記載了魯哀公向孔子問"大禮何如",經過再三追問,孔子回答説:

> 丘聞之,民之所由生,禮爲大。非禮無以節事天地之神也,非禮無以辨君臣、上下、長幼之位也,非禮無以别男女、父子、兄弟之親,昏姻、疏數之交也。君子以此之爲尊敬然。然後以其所能教百姓,不廢其會節。有成事,然後治其雕鏤、文章、黼黻以嗣。其順之,然後言其喪筭,備其鼎俎,設其豕、腊,修其宗廟,歲時以敬祭祀,以序宗族,即安其居,節醜其衣服,卑其宫室,車不雕幾,器不刻鏤,食不貳味,以與民同利。昔之君子之行禮者如此。⑦

末句"即安其居,節醜其衣服,卑其宫室,車不雕幾,器不刻鏤,食不貳味,以與民同利。昔之

① 李學勤主編:《清華大學藏戰國竹簡(柒)》,107頁。按,文獻中的"成鱄",清華簡作"成剸"。
② 李學勤主編:《清華大學藏戰國竹簡(柒)》,109頁。
③ 李學勤主編:《清華大學藏戰國竹簡(柒)》,96頁。
④ [清]孫希旦撰,沈嘯寰、王星賢點校:《禮記集解》卷二四《禮器》,北京:中華書局,1989,658頁。
⑤ 楊朝明、宋立林主編:《孔子家語通解》卷七《禮運》,濟南:齊魯書社,2013,365頁。
⑥ [清]孫希旦撰,沈嘯寰、王星賢點校:《禮記集解》卷四八《經解》,1256頁。
⑦ [清]孫希旦撰,沈嘯寰、王星賢點校:《禮記集解》卷四八《哀公問》,1258-1259頁。

君子之行禮者如此”,《孔子家語·問禮》作“即安其居,以綴恩義,卑其宫室,節其服御,車不雕璣,器不雕鏤,食不二味,心不淫志,以與萬民同利。古之明王,行禮也如此”。① 顯然,孔子將居處、生活方式納入禮的範疇,在禮之用上,更注重節儉。《論語·八佾》載林放問禮之本,孔子説:“禮,與其奢也,寧儉;喪,與其易也,寧戚。”②也説明孔子主張在行禮之時,應以節儉爲主,不可奢侈。《荀子·修身》説:“食飲,衣服、居處、動静,由禮則和節,不由禮則觸陷生疾;容貌、態度、進退、趨行,由禮則雅,不由禮則夷固僻違、庸衆而野。故人無禮則不生,事無禮則不成,國家無禮則不寧。”③荀子認爲由個人行爲到國家事務,都要符合禮的要求,“由禮”一詞出現四次,可知禮的重要性。禮作爲古人行事的準則,又有着内在的道德約束,“昔之君子”“古之明王”行禮也如此,正説明成鱄所論晋君的儉奢節儉是禮的重要組成部分,是一項重要“規則”。故而,趙簡子所問當是“由禮”,成鱄所答也是“由禮”。

(二)趙簡子爲何問以“禮”

要確認是否“禮”,還要解答另一個問題,即趙簡子爲何問以“禮”?下面我們略作分析。

其一,“禮”是曾經困擾趙簡子的重要問題。春秋時期,雖然僭越禮制現象時有發生,但禮仍被看做是衡量貴族行爲的重要準則,不知禮、不守禮時常被人所鄙夷,尤其在公共場合,哪怕一次外交儀式上“歌詩不類”也會引發國家間的戰争。《左傳》昭公七年載“孟僖子病不能相禮,乃講學之,苟能禮者從之。及其將死也,召其大夫,曰:‘禮,人之幹也。無禮,無以立。’”④可見,諸卿大夫特别重視“禮”。《左傳》昭公二十五年記載趙簡子年輕時就曾向鄭國執政子大叔問禮:

> 子大叔見趙簡子,簡子問揖讓、周旋之禮焉。對曰:“是儀也,非禮也。”簡子曰:“敢問,何謂禮?”對曰:“吉也聞諸先大夫子産曰:‘夫禮,天之經也,地之義也,民之行也。’天地之經,而民實則之。……爲君臣上下,以則地義……”簡子曰:“甚哉,禮之大也!”對曰:“禮,上下之紀、天地之經緯也,民之所以生也,是以先王尚之。故人之能自曲直以赴禮者,謂之成人。大,不亦宜乎?”簡子曰:“鞅也,請終身守此言也。”⑤

子大叔闡發鄭卿子産之言加以教導,使得趙簡子明白了禮的“真諦”,趙簡子聽後如“醍醐灌頂”,直言“鞅也,請終身守此言也”。實際上,趙簡子也是這樣做的,即在不違背自身利益的前提下盡力維護禮制,如在討伐范氏、中行氏之亂的鐵之戰前,趙簡子發表戰前誓詞:“范氏、

① 楊朝明、宋立林主編:《孔子家語通解》卷一《問禮》,49 頁。
② [清]劉寶楠撰,高流水點校:《論語正義》卷三《八佾》,北京:中華書局,1990,82 頁。
③ [清]王先謙撰,沈嘯寰、王星賢點校:《荀子集解》卷二《修身》,北京:中華書局,1988,23 頁。
④ 楊伯峻:《春秋左傳注》(修訂本),北京:中華書局,1990,1294-1295 頁。
⑤ 楊伯峻:《春秋左傳注》(修訂本),1457-1458 頁。

中行氏反易天明，斬艾百姓，欲擅晋國而滅其君。寡君恃鄭而保焉。今鄭爲不道，弃君助臣，二三子順天明，從君命，經德義，除詬恥，在此行也。"①趙簡子指責他們"欲擅晋國而滅其君"，就是從捍衛君權的角度出發的，雖然是一種"旗號"，但仍是在維護"君臣上下"的禮制。

其二，卿大夫秉國政與禮之"别君臣上下"。趙簡子之前，時人即有關於齊國國政"得失"的討論，那就是《左傳》昭公三年所記叔向、晏嬰論季世的對話，地點就在晋國，叔向以晋平公之奢靡、好色論及晋國失霸，國政喪失；晏嬰以陳氏樂善好施，通過拉攏民心來增强勢力，而國君的做法則相反，從而導致國柄的傾斜。兩位賢大夫討論的話題，可謂人所共知，趙簡子也自然明曉。既然如此，趙簡子爲何還要向成鱄發問？

與此相類的是趙簡子就魯國的政治形勢向史墨請教，《左傳》昭公三十二年載趙簡子問於史墨曰："季氏出其君，而民服焉，諸侯與之；君死於外而莫之或罪，何也？""莫之或罪"恰是趙簡子最爲關心的。史墨"民不知君，何以得國，是以爲君，慎器與名，不可以假人"的回答肯定給趙簡子不少啓發。②

再回到齊國問題上來，"陳氏得政"更爲直接的討論見於《左傳》昭公二十六年：

> 齊侯與晏子坐于路寢。公歎曰："美哉室！其誰有此乎？"晏子曰："敢問何謂也？"公曰："吾以爲在德。"對曰："如君之言，其陳氏乎！陳氏雖無大德，而有施於民。豆、區、釜、鍾之數，其取之公也薄，其施之民也厚。公厚斂焉，陳氏厚施焉，民歸之矣。……"公曰："善哉！是可若何？"對曰："唯禮可以已之。在禮，家施不及國，民不遷，農不移，工賈不變，士不濫，官不滔，大夫不收公利。"公曰："善哉！我不能矣。吾今而後知禮之可以爲國也。"對曰："禮之可以爲國也久矣，與天地并。君令、臣共，父慈、子孝，……"公曰："善哉！寡人今而後聞此禮之上也！"對曰："先王所稟於天地以爲其民也，是以先王上之。"③

如果説晏嬰與叔向論季世，還屬於竊議國政，那齊景公與晏嬰的問答則將此話題放在了"臺面"上，足以説明陳氏得政的大勢已經形成。此節記載的前半部分，和晏子與叔向的對話内容并無二致。此時，齊景公已然意識到了國政將傾的嚴重性，遂向晏嬰討問對策，晏子回答"唯禮可以已之"，這是把禮作爲行爲規範來約束陳氏，使其不得僭越禮制而竊取國政。同時，晏嬰還勸諫國君守禮，以禮"别君臣上下"。然而，陳氏最後仍得政權，晏子所謂以禮爲國的方針并没有奏效，未能避免陳氏代齊的結局。

春秋晚期，晋、魯、齊等國卿大夫秉國政，國君們也不是一味聽之任之，同樣采取了一些

① 楊伯峻：《春秋左傳注》（修訂本），1613-1614 頁。
② 楊伯峻：《春秋左傳注》（修訂本），1519-1520 頁。
③ 楊伯峻：《春秋左傳注》（修訂本），1480-1481 頁。

措施避免被架空，晏嬰所言、鄭卿子大叔所言“禮”以及當初孔子爲齊國所開的治國良策“君君臣臣，父父子子”都有相似之處，孔子在魯國推行“墮三都”等改革，就是想用禮的辦法改變“禮樂征伐自大夫出”的局面。趙簡子自然深諳此道，既然國君以“禮”來要求、約束卿大夫，爲何陳氏得國没有受到譴責？其中“由禮”“合禮”的因素是什麽？這正是趙簡子想要“借鑒”的，因爲作爲同樣的貴族，趙氏也逐漸掌控晋國的權柄。

（三）成鱄爲何答以“儉奢”

儉奢本爲個人修養，但將其放在政治領域，則更具有了禮的内涵。統治階級爲了取得長治久安，自然注意自身的修養，節儉就成爲一項重要表現形式。

從文獻記載來看，晋人確實較早關注統治階級的儉奢與禮行爲，如《詩經·唐風·蟋蟀》篇學者認爲是刺晋僖公，即《史記》所記西周晋釐侯，《毛詩序》解讀説：“《蟋蟀》，刺晋僖公也。儉而不中禮，故作是詩以閔之，欲其及時以禮自虞樂也。”[①]這是説行儉要在遵循禮的前提下，而不能違背禮的本義。

《趙簡子》中成鱄只是將晋獻公、襄公的節儉守禮與稱霸聯繫起來，似乎不具“代表性”，真正成爲“霸主”的晋文公也注重儉，在流亡楚國時，令尹子玉曾想殺掉他，但被楚王制止，理由就是“晋公子廣而儉，文而有禮”，[②]可見“儉而守禮”是文公重耳安身立命之本。執政後，晋文公又將儉的主張推廣開來，如《尹文子·大道上》載“昔晋國苦奢，文公以儉矯之，乃衣不重帛，食不兼肉，無幾時，人皆大布之衣，脱粟之飯”。[③]《説苑·反質》則記晋文公盟諸侯之辭曰：“吾聞國之昏，不由聲色，必由姦利。”[④]實際是以“儉”約束諸侯，這些記載都可與成鱄所言對照。

到了春秋晚期，諸侯、卿大夫徹底打破傳統，僭越禮制，無論從居家日用還是到喪葬都日漸奢靡，成鱄所諷晋平公就是奢靡驕縱的代表，叔向也認爲此時爲晋國“季世”。在此風氣之下，漸握國柄的趙簡子又是怎樣呢？我們不妨通過幾則材料進行分析。

《韓非子·外儲説左下》記載説：

> 趙簡子謂左右曰：“車席泰美。夫冠雖賤，頭必戴之；屨雖貴，足必履之。今車席如此，大美，吾將何屩以履之？夫美下而耗上，妨義之本也。”[⑤]

---

① 按，清華大學藏戰國竹簡《耆夜》就有周公作《蟋蟀》詩，不僅標題相同，内容聯繫也頗多，李學勤先生根據晋侯墓地相關銘文認爲晋僖公“絶不是儉嗇的人，而是耽於逸樂，愛好田游和美味的豪奢貴族。《詩序》所講恐怕不是史實”。説見李學勤《論清華簡〈耆夜〉的〈蟋蟀〉詩》，《中國文化》第33輯，2011年春季號。雖然如此，我們認爲，至少戰國時代起，學者即以刺僖公作解，其中儉奢的道理成爲學術史的重要組成部分。

② 楊伯峻：《春秋左傳注》（修訂本），409頁。

③ ［戰國］尹文撰，［漢］仲長統校定：《尹文子》卷上《大道上》，諸子百家叢書本，上海古籍出版社，1990，5頁。

④ ［漢］劉向撰，向宗魯校證：《説苑校證》卷二〇《反質》，北京：中華書局，1987，526頁。

⑤ ［清］王先慎撰，鍾哲點校：《韓非子集解》卷一二《外儲説左下》，北京：中華書局，1998，299-300頁。

趙簡子所言“美下而耗上,妨義之本也”,可見他并不注重外在的物質享受,而是以“義”節奢,主張“由禮”。這是他的一貫主張嗎?未必,《吕氏春秋·驕恣》篇説:

> 趙簡子沈鸞徼於河,曰:“吾嘗好聲色矣,而鸞徼致之。吾嘗好宫室臺榭矣,而鸞徼爲之。吾嘗好良馬善御矣,而鸞徼來之。今吾好士六年矣,而鸞徼未嘗進一人也,是長吾過而絀善也。”故若簡子者,能厚以理督責於其臣矣。以理督責於其臣,則人主可與爲善,而不可與爲非;可與爲直,而不可與爲枉;此三代之盛教。[①]

從趙簡子的自述可以看出,最初他也曾縱情聲色,好宫室臺榭,重奢靡,與成鱄所述晋平公做法有相似之處,後來纔“改邪歸正”,注重節儉并招徠賢才。趙簡子對儉奢態度的明顯變化,如果聯繫《趙簡子》記載看,或許與成鱄的勸諫問對相關。

《説苑·反質》篇説:

> 趙簡子乘弊車腹(引者按:同“瘦”)馬,衣羖羊裘,其宰進諫曰:“車新則安,馬肥則往來疾,狐白之裘温且輕。”簡子曰:“吾非不知也。吾聞之,君子服善則益恭,細人服善則益倨;我以自備,恐有細人之心也。傳曰:周公位尊愈卑,勝敵愈懼,家富愈儉,故周氏八百餘年,此之謂也。”[②]

這也是一則趙簡子注重節儉的材料,他的答語更爲深刻。由是不難獲知趙氏能够得國絶非偶然,與其奉行節儉、戒懼謹慎有重要關係,趙簡子所言“傳曰……周氏八百餘年”,而《趙簡子》篇成鱄認爲“不知周室之……儉之侈……侈之儉乎”,雖然後者竹簡殘損,但二者都由趙簡子而論及儉奢與周室興衰的關係,所言或有共同淵源。

餘論

晋國六卿之間,并非一味的争鬥,也有合作與交流。范氏與趙氏,既是“冤家”也有互相依傍、利用,前文所引《國語》載范文子(范獻子祖父)對趙文子(趙簡子祖父)的告誡,就是誠摯的教誨;《左傳》昭公二十九年記載“冬,晋趙鞅、荀寅帥師城汝濱,遂賦晋國一鼓鐵,以鑄刑鼎,著范宣子所爲刑書焉”。[③] 趙鞅遵從范宣子(范獻子父)的治國理念,把他所製刑書鑄造在刑鼎之上,都説明不能僅以敵對眼光看待范獻子的告誡。范獻子在擔任執政卿以前,還

① 許維遹:《吕氏春秋集釋》卷二〇《恃君覽》,576-577頁。

② [漢]劉向撰,向宗魯校證:《説苑校證》卷二〇《反質》,525-526頁。

③ 楊伯峻:《春秋左傳注》(修訂本),1504頁。

是盡力爲晉國操勞的,與其他卿族關係也較爲融洽;不過,在他擔任執政以後,開始一門心思發展范氏,對趙簡子的打壓更加突出,尤其是魯定公六年"扣押樂祁"事件後,[①]范、趙兩大家族真正結怨。如以上推測成立的話,范獻子"進諫"時,趙簡子年紀不大,兩大家族的關係尚可,這番對話似乎還談不上是惡意的打壓。《國語·晉語九》載郵無正指出趙簡子師保、父兄之教誨"皆疏之",[②]可知范獻子的告誡是有道理的。所以我們認爲,范獻子所言即便不是長者的諄諄教導,至少也是禮節性的"告誡"。

如前所述,儉奢成爲衡量統治者德行的一項重要標準而備受先秦諸子關注。《説苑·反質》篇"采録了先秦漢初的二十六則軼事,中心人物都是出於統治階級上層的帝王、諸侯、卿大夫等,内容則主要是反對奢侈、淫靡,提倡質實簡樸。作者還把這個問題提到關係國家興亡的高度,兼用儒、道、墨諸家求實、尚樸、節用的思想來加以强調"。[③] 其中就分别記載了晉平公之奢與晉文公、趙簡子之儉,形成鮮明對比,對深入考察成鱄、趙簡子的對話具有啓發意義。該篇中孔子及其弟子事例最多,似乎與儒家學説的盛行(所謂"顯學")有關;其次則是三晉事例,共有五則,占了重要比例。爲何如此?《漢書·地理志》提供了重要信息:

> 河東土地平易,有鹽鐵之饒,本唐堯所居,《詩·風》唐、魏之國也。……至成王滅唐,而封叔虞。唐有晉水,及叔虞子燮爲晉侯云,故參爲晉星。其民有先王遺教,君子深思。小人儉陋。故《唐詩·蟋蟀》《山樞》《葛生》之篇曰:"今我不樂,日月其邁";"宛其死矣,它人是媮";"百歲之後,歸于其居"。皆思奢儉之中,念死生之慮。吴札聞《唐》之歌,曰:"思深哉!其有陶唐氏之遺民乎?"[④]

季札觀"唐風"所言"思深哉!其有陶唐氏之遺民乎",班固從地理風俗、歷史沿革的角度進行了分析,點明了晉地關注儉奢的淵源,頗有道理。由此可知,成鱄以儉奢、守禮作答,既有歷史淵源,又有現實意義,相較而言,他更看中的是統治者的個人修養,他所論儉奢與禮可以説是對趙簡子的"引導"。

通過以上分析可知,清華簡《趙簡子》所記兩則軼事看似相對獨立、不相聯屬,實則不然,范獻子勸誡趙簡子勇於承擔責任,同時注重近善親善,遠離不善之人;成鱄以國政之轉移説明要注重節儉,戒除奢靡,都是對趙簡子的"教誨",這與趙簡子廣納賢才、節儉其身、謹慎處事作風的形成可能相關。兩則軼事主題一致,或許正是該篇"作者"將其書寫在一起的重要原因。

---

① 楊伯峻:《春秋左傳注》(修訂本),1558-1559頁。

② 徐元誥撰,王樹民、沈長雲點校:《國語集解》,448-449頁。

③ 王鍈、王天海譯注:《説苑全譯》,貴陽:貴州人民出版社,1992,871頁。

④ 《漢書》卷二八《地理志》,北京:中華書局,1962,1648-1649頁。

清華簡《命訓》與傳世本對比研究*
——兼論清人校注的得失

□ 重慶大學新聞學院 張峰

内容提要 通過對清華簡《命訓》與今本《逸周書・命訓》的對讀可以發現,今本存在一些形誤字、衍奪字,致使許多地方文義不清。雖然清人做了很多卓有成效的校注工作,但多存在明顯的錯誤,而且整理者的某些意見亦有不可取之處。通過對讀,不但可以糾正這些錯誤,還能對《命訓》進行正確釋讀,也能審視清人校注的得失。從總體上看,簡本與今本异文差异很小,顯示二者有共同祖本,屬於同一流傳系統。

關鍵詞 清華簡 《命訓》 校注 得失

清華簡中已發表的《尚書》《逸周書》類文獻接近十篇,其中發表於第一册中的《金縢》《皇門》《祭公》以及第五册中的《命訓》均可與傳世本(今本)相對照,前者見於《尚書》,後三者見於《逸周書》。學者曾專文論述過《金縢》《皇門》《祭公》《命訓》與傳世本之間的异文,

* 本文係中央高校基本科研業務費重點項目"楚文字分化研究"(2017CDJSK)階段性成果。

也有學者據簡本《皇門》《祭公》《命訓》重新審視清人校注《逸周書》的得與失。[①] 單以《命訓》來看，學者對异文（包括成因）的研究、對清人校注的得失分析還不够深入，未能完全揭示《命訓》的字詞含義，也没有進一步據异文論述簡、傳本的關係。所以本文主要分四個部分，對這些問題進行論述。第一部分擬簡要分類列舉簡本與今本之間的异文；第二部分是本文的重點，主要對重點异文進行詳細説解，并引述清人校注《逸周書・命訓》的相關成果，[②] 對簡本的相關釋讀提出己見。第三部分主要對清人校注《命訓》的得失進行論述。第四部分主要據第一、二部分的論述對簡本與今本《命訓》之間的關係作一討論。

一

通過對簡本與今本《命訓》的對比可知，异文除了無實際意義的虚詞、代詞外，多數屬於無義可説的形誤、音通、義同（或義近）、衍奪字（誤增減不改變文義的字）。

1.形誤

簡 3"夫民生而恥不明，上以明之，能無恥乎"，今本作"夫民生而醜不明，無以明之，能無醜乎"，顯然今本文義不協，故劉師培疑"無以明之"的"無"爲誤字。[③] 整理者劉國忠據簡本指出，"無"爲"上"的形近誤字。[④] 訛誤原因是"無"本作"亡"，與"上"形近，故誤。[⑤] 下文"無以穀之""無以畏之"的"無"同。

簡 7-8 的"［六］7 方三述，其極一，弗知則不行"，今本作"六方三述，其極一也，不知則不存"。孔晁注："一者，善之謂也。不行善，不知故也。"丁宗洛、朱右曾均據孔注改"存"爲

① 如魏慈德《從出土的〈清華簡・祭公之顧命〉來看清人對〈逸周書・祭公〉篇的校注》，《厦大中文學報》第 3 輯，厦門大學出版社，2016，3-29 頁；魏慈德《從出土的〈逸周書・皇門〉〈祭公〉篇看清人的校勘研究》，《古籍整理研究學刊》2016 年第 3 期；魏慈德《從出土的〈清華簡・皇門〉來看清人對〈逸周書・皇門〉篇的校注》，李學勤主編《出土文獻》第 7 輯，上海：中西書局，2015，63-89 頁；馮勝君《肺腑而能語 醫師色如土——以〈皇門〉爲例檢視前人校讀古書的得失》，《首届新語文學與早期中國研究國際研討會論文集》，澳門大學，2016，83-95 頁；魏慈德《從傳本〈命訓〉與〈清華簡・命訓〉的對讀來看清人校注的幾個問題》，《"出土文獻與傳世典籍的詮釋"國際學術研討會論文集》，復旦大學，2017，345-350 頁；李昭陽《利用出土文獻審視清代學者校勘古書之得失——以〈逸周書〉爲例》，吉林大學碩士學位論文，2018；李昭陽《從清華簡〈逸周書〉篇目看唐大沛校勘成果》，《第八届出土文獻研究與比較文字學全國博士生學術論壇論文集》，西南大學，2018，53-59 頁。

② 本文所引清代學者校注成果主要包括盧文弨校定《逸周書》、王念孫《讀書雜志》之《逸周書雜志》、潘振《周書解義》、郝懿行《汲冢周書輯要》附注、陳逢衡《逸周書補注》、丁宗洛《逸周書管箋》、唐大沛《逸周書分編句釋》、朱右曾《逸周書集訓校釋》（以及朱右曾引陸麟書説）、俞樾《群經平議》卷七《周書》、孫詒讓《周書斠補》、劉師培《周書補正》，其中凡引盧文弨、潘振、郝懿行、陳逢衡、丁宗洛、唐大沛、朱右曾（及朱右曾引陸麟書）説法以及《逸周書・命訓》孔晁注的，均參見黄懷信、張懋鎔、田旭東《逸周書彙校集注（修訂本）》，上海古籍出版社，2011，20-40 頁。不再詳細出注。

③ 劉師培：《周書補正》，收入其著《劉申叔遺書》，南京：江蘇古籍出版社，1997，727 頁。

④ 參見清華大學出土文獻研究與保護中心編，李學勤主編《清華大學藏戰國竹簡（伍）》，上海：中西書局，2015，127 頁。下文所引整理者意見均出自此書 125-132 頁，不再出注。

⑤ 劉國忠：《清華簡〈命訓〉初探》，《深圳大學學報（人文社會科學版）》2015 年第 3 期。

“行”,潘振、陳逢衡、唐大沛均按“存”字理解。今對比簡本,“存”確爲“行”之誤。

簡13“權之屬也”之“權”,今本作“攘”,潘振、丁宗洛、朱右曾均將今本“攘”改爲“權”。

簡14“[害]不知死”的“知”,今本作“如”,孔晁注作“知”,潘振改爲“知”。同簡“藝淫則害於才”的“於”,今本作“于”,陳逢衡、丁宗洛改爲“於”。

2.音通

簡7“市冒”,今本作“紼絻”,朱右曾認爲,紼“字本作‘市’,又作‘韍’,通作‘黻’、‘芾’。‘絻’者‘冕’之或體”。“市”通“紼”,但“冒(帽)”與“絻(冕)”音不近,屬於下文要説的義近。[①] 故“市冒”可與“紼絻”對應。

3.義同(或義近)

義同的如簡3的“能無”、簡4的“能毋”,今本并作“能無”。“無”“毋”意義相同。簡3、4、5中的四個“如”字今本均作“若”,[②]簡8的“弗”今本作“不”,簡10的“復”今本作“報”,均屬義同。

簡本7個“佴(恥)”,今本全部作“醜”(如簡3“夫生民而佴不明”之“佴”),整理者認爲“佴”即“恥”,與“醜”義通。陳逢衡云:“醜,恥也。”[③]邴尚白認爲楚簡{恥}作“恥”,不作“佴”。今本的“醜”應從劉師培訓爲“類”,指“貴賤之等”,“佴”也是此義,引司馬遷《報任安書》“僕又佴之蠶室”李善注引如淳“佴,次也。若人相次也”爲證。[④] 按,首先,小徐本《説文·人部》:“佴,次也。”[⑤]即“次第”之義,與“次等”不同,且文獻也未見“佴”用爲“次等”。所以,邴尚白將簡本“佴”理解爲“貴賤之等”不確。漢代出土資料中的“佴”即“恥”,先秦秦漢文獻中的多例“佴”也都是“恥”,包括邴尚白所引的《報任安書》之“佴”。[⑥] 楚簡{恥}作“佴”可以講通。[⑦] 其次,“貴賤之等”放在“夫民生而恥不明,上以明之,能無恥乎?如有恥而

① 義近説參見蔡一峰《讀清華簡〈命訓〉札記三則》,武漢大學簡帛研究中心主辦《簡帛》第13輯,上海古籍出版社,2016,66-69頁。高佑仁認爲二者音近,參見高佑仁《〈清華伍〉書類文獻研究》,臺北:萬卷樓圖書股份有限公司,2018,622-624頁。

② 但今本也有不作“若”的,如簡5“正人莫如有極,道天莫如無極”的兩個“如”,今本亦均作“如”。

③ 出土與傳世文獻多見“醜”訓爲“恥”,如馬王堆帛書《戰國縱横家書·蘇秦謂齊王章(四)》第132行:“是故事苟成,臣雖死不醜。”參見裘錫圭主編《長沙馬王堆漢墓簡帛集成(叁)》,北京:中華書局,2014,224頁。《管子·大匡》:“夫君以怒遂禍,不畏惡親,聞容昏生,無醜也。”參見[清]黎翔鳳撰,梁運華整理《管子校注》,北京:中華書局,2004,336頁。

④ 邴尚白:《清華伍〈命訓〉補釋》,《楚文化與長江中游早期開發國際學術研討會論文集》,武漢大學,2018,上册,548-550頁。

⑤ [南唐]徐鍇:《説文解字繫傳》卷一五,北京:中華書局,1987,163頁。

⑥ 參見裘錫圭《墨經“佴”“諞”“廉”“令”四條校釋》,收入其著《裘錫圭學術文集》第4卷《語言文字與古文獻卷》,上海:復旦大學出版社,2012,423-424頁;裘錫圭《考古發現的秦漢文字資料對於校讀古籍的重要性》,收入其著《裘錫圭學術文集》第4卷《語言文字與古文獻卷》,372頁。

⑦ 也可能楚文字的“佴”代表的是楚文字的{醜}。

恒行”中并不通，尤其是“如有恥而恒行”句。[①]

義近的如簡4的“痛”整理者訓爲“怨痛”，與今本“惡”意義相近。簡11“多詐”，今本作“貪詐”，“多”可訓爲“重”，重視義，如《漢書・張耳陳餘傳》：“張王已出，上多足下，故赦足下。”[②]與“貪”義近。簡14的“不功”，今本作“寡功”，“不”“寡”義近。

4.衍、奪字

衍字如簡3“如有恥而恒行”，今本作“若有醜而競行不醜”，衍“不醜”。

奪字如簡4“如勸以忠信”，“忠信”今本作“忠”。從簡文前後同位置均爲兩字——“悔過”“恒行”“承教”來看，今本奪“信”字。簡4－5的“夫民生而樂生穀，上以穀之，能毋勸乎？……夫民生而痛死喪，上以畏之，能毋恐4乎？”其中的“生穀”“死喪”今本分別作“生”“死”，少一“穀”和“喪”。從簡文看，這兩句話意思是相對的，讀爲“穀”的字原簡作“㝅”，整理者訓爲“禄”（劉師培早有此説），後又改訓爲“養”。[③] 還有學者如字讀“㝅”，引《説文》訓爲“乳也”，認爲與“生”義近。[④] 高佑仁直接訓爲“生”。[⑤] 按，今本這兩句話唐大沛認爲承《度訓》“生物是好，死物是惡”而言，他説：“生，好物，凡養生之物皆是；死，惡物，凡致死之物皆是。”陳逢衡也説：“生物，如飲食、衣服之類；死物，如鈇鉞刀鋸之類。”[⑥]從這一點看，“生穀”的“穀”訓爲“養”是有道理的。至於下文“無〈上〉以穀之”的“穀”似乎不應同訓，當從劉師培訓爲“禄”，與“無以畏之”的“畏”相對。[⑦] “上以穀之，能毋勸乎”即“上以生穀之物禄民，民則勸勉”的意思，類似《管子・明法解》“明主之治也，縣爵禄以勸其民”“無爵禄則主無以勸民”，[⑧]與簡13牧民要“勸之以賞”同。在簡本流傳過程中，因爲“生穀”意義相近，或先奪“穀”，“死喪”爲了與“生”相對，進而奪“喪”字；或者先奪“喪”，後又奪“穀”。

二

簡本與今本《命訓》也有很多异文不易理解，原則上説，這些异文也應屬於上述四類。但

① 牛鴻恩將今本此處的“醜”理解爲“恥”，而將後文“人有醜”“極醜”理解爲“貴賤之等”（牛鴻恩：《新譯逸周書》，臺北：三民書局，2015，13頁注9、18頁），顯然也是看到了此處用“貴賤之等”解釋并不通，但其將今本前後的“醜”理解爲不同意思則不可從。

② 《漢書》卷三二《張耳陳餘傳》，北京：中華書局，1962，1842頁。

③ 劉國忠：《清華簡〈命訓〉中的命論補正》，《中國史研究》2016年第1期。

④ 參見華東師範大學中文系出土文獻研究工作室《讀〈清華大學藏戰國竹簡（伍）〉書後（三）》，簡帛網，2015年4月17日。

⑤ 高佑仁：《清華伍〈命訓〉考釋》，《第二十七屆中國文字學國際學術研討會論文集》，臺灣臺中教育大學，2016，381頁。高佑仁：《〈清華伍〉書類文獻研究》，臺北：萬卷樓圖書股份有限公司，2018，604－605頁。

⑥ 參見黄懷信、張懋鎔、田旭東《逸周書彙校集注（修訂本）》，8頁。

⑦ 劉師培：《周書補正》，收入其著《劉申叔遺書》，727頁。

⑧ ［清］黎翔鳳撰，梁運華整理：《管子校注》，1208頁。

是整理者或未申言，或訓釋有誤；且清人的校注衆説紛紜。通過對這些异文的研究，不但能够準確理解它們的含義，還能辨别清人校注的孰是孰非。

簡 2-3：夫司德司義，而賜之福，福禄在人，人能居，如不居而守義，則度至于極。或司不義而降之禍，禍過在人，人 2[能]毋懲乎？如懲而悔過，則度至于極。

今本：夫司德司義，而賜之福禄，福禄在人，能無懲乎？若懲而悔過，則度至于極。夫或司不義而降之禍，在人，能無懲乎？若懲而悔過，則度至于極。

首句，今本較簡本多一"禄"字，整理者指出爲衍文。此句與下文"降之禍"相對，衍文的原因當是今本所據底本於"禄"下誤增重文符號。當然今本也有誤奪重文符號的，如"降之禍，在人，能無懲乎"，簡本作"降之禍，禍過在人，人[能]毋懲乎"，於"禍""人"下均有重文符號，今本均奪；且因隸楷文字"過"與"禍"形近，又奪"過"字。唐大沛已經指出"在人"上應增"禍"字，孫詒讓亦有此説。[①] 另外，今本上文"小命日成"、下文"明王昭天信人以度，功地以利之"中的"日""成""功"下，簡本也都有重文符號，今本則於"日""功"下奪。

今本"司德"，又見於開篇"天生民而成大命，命司德，正之以禍福"，簡本均作"司德"。孔注及清代學者對其理解不一，或訓爲"主德"，或以爲神名。如今本"命司德，正之以禍福"句，孔晁注："司，主也。以德爲主，有德正以福，無德正以禍。"潘振云："司，主也。主之者鬼神也。"陳逢衡云："司德，天神，如司命、司中之類。"整理者則引孔注爲訓。而今本"夫司德司義，而賜之福禄"句，潘振説："此司德指人君。"整理者又引之爲訓。可見整理者對"司德"的理解前後并不一致。後來，整理者意識到兩處"司德"當同義，進而都改從陳逢衡説。[②] 高佑仁也對"司德"做過研究，先是理解爲"神名"，[③]後來又改將"司"訓爲"主"。[④] 看來這個問題還需要進一步厘清。按，"夫司德司義"與下文"或司不義"對文，如果理解爲"主德"，則無法解釋"或司不義"爲何省略"司德"，只有理解爲神名作主語承前省略纔能説通。孫詒讓在誤解文義的基礎上曾將今本"司不義"改爲"司不德不義"，認爲如此纔與上文"司德司義"協。[⑤] 現在看來，顯然是不確的。實際上，今人黄懷信、牛鴻恩都已將今本"司德"理解爲神名，[⑥]只是整理者最初未加注意。

今本"能無懲乎？若懲而悔過"，簡本作"人能居，如不居而守義"，與今本完全不同。當是抄手在抄完"在人"之後，本應抄"人能居，如不居而守義"，但下文"人[能]毋懲乎？如懲

① ［清］孫詒讓撰，雪克點校：《大戴禮記斠 補附尚書駢枝 周書斠補 九旗古誼述》，濟南：齊魯書社，1988，62 頁。
② 劉國忠：《清華簡〈命訓〉中的命論補正》，25-26 頁。
③ 高佑仁：《清華伍〈命訓〉考釋》，《第二十七届中國文字學國際學術研討會論文集》，368-369 頁。
④ 高佑仁：《〈清華伍〉書類文獻研究》，561 頁。
⑤ ［清］孫詒讓撰，雪克點校：《大戴禮記斠補附尚書駢枝周書斠補九旗古誼述》，62 頁。
⑥ 黄懷信：《逸周書校補注譯（修訂本）》，西安：三秦出版社，2006，8-9 頁。牛鴻恩：《新譯逸周書》，14 頁。

而悔過”前面也是“在人”，抄手看錯位置，[1]將其誤抄在了此處，進而變成今本的“能無懲乎？若懲而悔過”。

簡 5：六極既達，九迁俱塞。達道道天以正人。正人莫如有極，道天莫如無極。

今本：六極既通，六間具塞。通道通天以正人，正人莫如有極，道天莫如無極。

今本“通道通天以正人”，丁宗洛云：“二‘通’字據下‘莫如無極’句皆衍。”俞樾亦有相同看法。[2] 陳逢衡則説：“通道者，達道也。”今對照簡本，今本不誤。整理者已指出“通”“達”互訓，《説文·辵部》：“通，達也。”[3]《玉篇·辵部》：“達，通也。”[4]今本“通道”即簡本“達道”，今本“六極既通”即簡本“六極既達”。“通”“道”亦互訓，《左傳·襄公三十一年》：“不如小決使道。”杜注：“道，通也。”[5]今本“通天”即簡本“道天”。簡本“達道”，整理者認爲即見於《中庸》的“和也者，天下之達道也”，似不確。唐大沛解釋今本這句話説：“通此六者至中之道，以通乎天道，則能修道以正人。天人之道本合，然正人與道天則异。禮樂法度所以正人，必當有整齊劃一之則。若言天道，則神明變化，不可端倪，不可思議，無有窮盡，豈得謂之有極？”“通道”（或“達道”）即其所云“通此六者至中之道”，亦即潘振所説“六極皆道”。這句話的意思是，通（或達）六極之道，以之“道天以正人”，道天無極，正人有極。

“九迁”今本作“六間”，整理者讀爲“九間”，云：“義不詳，疑當從今本作‘六間’。”今本“六極既通，六間具塞”孔晁注云：“六中之道通，則六間塞矣。”顯然將“間”看作“間隙”，潘振、陳逢衡、唐大沛亦如此認爲，如唐大沛云：“六極之道既貫通而無不至，則六者之間隙無不塞矣。”按，簡本“九”在楚簡及其之前的古文字中與“六”不近，無緣致誤。我們知道，楚簡的{間}基本都用“刖”（如《郭店·老子甲》23）、“閒”（如《上四·曹沫之陣》14）、“閑”（如《上二·容成氏》6）表示，[6]而不是“迁”（或從“干”之字）。所以“迁”讀爲“間”非常可疑。再者，三《訓》（《度訓》《命訓》《常訓》）處在《逸周書》之首，地位相當重要，雖然主旨各异，但思想和内容多有相通之處，故唐大沛曾疑三篇“本係一篇，而後人分爲三篇”。[7] 今天我們單從三篇文句上看，亦有很多相似之處，如（1）《命訓》“夫民生而醜不明，無〈上〉以明之，能無醜乎？”與《常訓》“明王自血氣耳目之習以明之醜”義近。（2）《命訓》“夫民生而樂生……夫民

---

① 夏含夷：《清華五〈命訓〉簡傳本异文考》，中國古文字研究會等編《古文字研究》第 31 輯，北京：中華書局，2016，379 頁。

② 俞樾：《群經平議》卷七《周書》，《續修四庫全書》，上海古籍出版社，2002，第 178 册，104 頁。

③ ［漢］許慎：《説文解字》卷二下，北京：中華書局，1978，40 頁。

④ ［梁］顧野王撰，吕浩點校：《大廣益會玉篇》卷一〇，北京：中華書局，2019，348 頁。

⑤ ［晋］杜預注，［唐］孔穎達疏：《春秋左傳正義》卷四〇，［清］阮元校刻《十三經注疏》，北京：中華書局，1980，2016 頁。

⑥ 分别參見荆門市博物館編《郭店楚墓竹簡》，北京：文物出版社，1998，112 頁；馬承源主編《上海博物館藏戰國楚竹書（四）》，上海古籍出版社，2004，252 頁；馬承源主編《上海博物館藏戰國楚竹書（二）》，上海古籍出版社，2002，254 頁。

⑦ 參見黄懷信、張懋鎔、田旭東《逸周書彙校集注（修訂本）》，41 頁。

生而惡死”,與《度訓》所説的“凡民生而有好有惡。小得其所好則喜,大得其所好則樂;小遭其所惡則憂,大遭其所惡則哀。凡民之所好惡,生物是好,死物是惡”一致。(3)《命訓》“樂不滿,哀不至”,就是《常訓》“哀樂不淫”。(4)《常訓》“權數以多,多難以允,允德以慎。慎微以始而敬,終乃不困”,唐大沛云:“權必錯綜,其數且有不止於三五者,故其數多。多難以允,難去聲。多爲辨難,以求允當而適中。即《度訓》言分微在明,《命訓》言權以知微之義。”(5)最重要的是,《常訓》提到:“六極不服,八政不順,九德有奸。九奸不遷,萬物不至。”“六極:命、聽〈醜〉、福、賞、禍、罰。六極不贏,八政和平。八政:夫妻、父子、兄弟、君臣。八政不逆,九德純恪。”[①]“六極”即《命訓》之“六極”,與“八政”均有綱目,唯“九姦無目,蓋九德之僞者皆姦也”(朱右曾語)。[②] 簡本的“九迁”即“九奸”,[③]雖然簡文前文未言“九奸”,但從三《訓》作爲一個整體而言,《常訓》認爲“六極不服”(唐大沛訓“服”爲“行”),則“九德有奸”(“九奸”),那麽“六極既通”,則“九奸俱塞”矣。今本作“六間”,是後人誤改又誤讀的結果。

簡 8-10:極命則民墮乏,乃曠命以弋其上,殆於亂矣。極福則民禄,民禄干善,干善韋則不行。極禍 8 則民畏,民畏則淫祭,淫祭疲家。極恥則民[illegible],民[illegible]則傷人,傷人則不義。極賞則民賈其上,賈其上則無讓,無讓則不順。極罰則民多詐,多詐則 9 不忠,不忠則無復。

今本:極命則民墮,民墮則曠命,曠命以誡其上,則殆於亂。極福則民禄,民禄則干善,干善則不行。極禍則民鬼,民鬼則淫祭,淫祭則罷家。極醜則民叛,民叛則傷人,傷人則不義。極賞則民賈其上,賈其上則民無讓,無讓則不順。極罰則民多詐,多詐則不忠,不忠則無報。

這段話唐大沛云:“皆言過中之害。”今本的“墮”,潘振、朱右曾讀爲“惰”。簡本“墮乏”整理者未破讀,應讀爲“惰乏”。簡本無“民墮則曠命”一句,應是後人誤以爲此處論述“極命”格式應如下文論述“極福”“極禍”等一樣,即在“民禄”“干善”以及“民畏”“淫祭”等下均有合文符號,形成頂針格式,故在“民墮”“曠命”下分别加重文符號。實際全篇討論“命”時所用的句式,與“福”“禍”等句式并不完全一樣。下文言“命”云“大命世罰,小命罰身”,而“福”“禍”等則用“某莫大於某某”的排比句式,就是例證。

今本的“誡”歷來解釋不同,陳逢衡、唐大沛訓爲“告誡”,朱右曾訓爲“警備”,丁宗洛疑

① 上引《常訓》參見黄懷信、張懋鎔、田旭東《逸周書彙校集注(修訂本)》,45-46、49、50、52-53 頁。《度訓》參見黄懷信、張懋鎔、田旭東《逸周書彙校集注(修訂本)》,8 頁。

② 朱右曾:《逸周書集訓校釋》,《萬有文庫》本,上海:商務印書館,1937,8 頁。

③ 參見清華大學出土文獻讀書會《清華簡第五册整理報告補正》,清華大學出土文獻研究與保護中心網,2015 年 4 月 8 日。高佑仁:《〈清華伍〉書類文獻研究》,610-611 頁。

“詆”訛,潘振疑當作“逃”。今人蔡升奕讀爲“試”,認爲與《韓非子・揚權》“下匿其私,用試其上”的“試”含義相同,“自擅”的意思(而不是“弑殺”或“試探”的意思)。[①] 此字對應簡本作“弋”,整理者讀爲“代”,訓爲“更”。邴尚白認爲當從今本讀爲“誡”,從朱右曾訓爲“警備”。[②] 高佑仁讀爲“代”或“賊”。[③] 吴琪讀爲“試”,今本的“誡”爲“試”字之訛,均應從舊説訓爲“嘗試”義,而不是改訓爲“自擅”。[④] 按,簡本、今本均應按蔡升奕讀爲“試”,今本的“誡”,因爲與“試”音、形(隸楷階段)俱近,故訛。《楚辭・天問》:“何試上自予,忠名弭彰?”洪興祖《楚辭補注》:“試,一作誡。”[⑤]可證。蔡升奕將“試”訓爲“自擅”是有道理的,就是“專”的意思。如《管子・君臣上》:“爲人臣者,上共專於上,則人主失威。”[⑥]但正像吴琪所説的,文獻中除了“試君”、“試上”外,還有“試民”等説法,如《清柒・越公其事》簡59:“王乃犾(試)民。”[⑦]那麼從舊説統一理解成“試探”可能要好。

簡本“干善韋則不行”,整理者引唐大沛云:“干,求也。民既心繫於禄,必將違道以干譽,是干善也。干善者飾其善,非真能行善也。”其中的“韋”字,今本無,整理者讀爲“違”,引《説文》訓爲“相背”。夏含夷認爲“韋則不行”應是“不做違法的行爲”意思,但與上下文均表示消極的結果含義相反,所以,“韋”爲衍文。[⑧] 按,“韋”不是衍文,整理者讀爲“違”似有意對應唐大沛説中的“違道”,涉嫌增字解經。疑“韋”讀爲“徽”,馬王堆帛書《周易・習坎》21行下“上六,係用諱纆”之“諱”,[⑨]今本就作“徽”。[⑩]《爾雅・釋詁第一》:“徽,善也。”[⑪]《尚書・舜典》:“慎徽五典,五典克從。[⑫] “干善徽則不行”意爲,干善,善則不行,與孔注“不行善也”相合。簡文已在“善”下置重文符號,故此處爲了避復并未再用“善”字,而是變换文字用同義的“韋徽”代替。

與今本“民鬼”的“鬼”對應的簡文作“槼”,整理者在釋文中將“槼”括注爲“畏”,注釋中則引唐大沛説云:“禍以懲惡,若降禍過多,則民思免禍,求媚於鬼神。巫祝祈禱之事盛行曰淫祭。弊其財以冀無禍,其家必至罷憊。”這種解釋容易讓人産生誤解,以爲整理者在簡本“畏”和今本“鬼”之間游移不定。楚簡文字“槼”未見直接讀爲“鬼”之例,整理者括注爲

① 蔡升奕:《〈逸周書〉若干校注疏證》,《語文研究》2000年第4期,15頁;蔡升奕:《説“試”的“自擅”意》,《韶關學院學報(社會科學版)》2001年第11期,21-23頁。
② 邴尚白:《清華伍〈命訓〉補釋》,《楚文化與長江中游早期開發國際學術研討會論文集》,武漢大學,2018,上册,551頁。
③ 高佑仁:《〈清華伍〉書類文獻研究》,639-640頁。
④ 吴琪:《清華竹書訓詁拾遺》,《勵耘語言學刊》2018年第1輯,北京:中華書局,2018,247-250頁。
⑤ [宋]洪興祖撰,白化文等點校:《楚辭補注》,北京:中華書局,2012,118頁。
⑥ [清]黎翔鳳撰,梁運華整理:《管子校注》,553頁。
⑦ 清華大學出土文獻研究與保護中心編,李學勤主編:《清華大學藏戰國竹簡(柒)》,上海:中西書局,2017,145-146頁。
⑧ 夏含夷:《清華五〈命訓〉簡傳本异文考》,中國古文字研究會等編《古文字研究》第31輯,384、387頁。
⑨ 裘錫圭主編:《長沙馬王堆漢墓簡帛集成(叁)》,19頁。
⑩ [魏]王弼注,[唐]孔穎達疏:《周易正義》卷三,[清]阮元校刻《十三經注疏》,42頁。
⑪ [清]郝懿行:《爾雅義疏》,上海:商務印書館,1934,9頁。
⑫ [漢]孔安國傳,[唐]孔穎達疏:《尚書正義》卷三,[清]阮元校刻《十三經注疏》,125頁。

"畏"是正確的,今本的"鬼"也應讀爲"畏",無關鬼神。文義可參考《韓非子·解老》:"人有禍則心畏恐,心畏恐則行端直。"[1]《晏子春秋·内篇問下·晏子使晋晋平公問先君得衆若何晏子對以如美淵澤第十五》:"今君大宫室,美台榭,以辟飢渴寒暑,畏禍敬鬼神。"[2]所以簡文説的是,極禍則民畏,民畏則大敬鬼神(淫祭),必會疲其家財。

簡10:凡是六者,政之所殆。

今本:凡此六者,政之始也。

簡本讀爲"是"的字原作,整理者隸定爲"氒(厥)",網友"暮四郎"和高佑仁改釋爲"氏(是)"。[3] 此字又見簡13"凡此物,權之屬也",今本作"凡此物,攘〈權〉之屬也",整理者同樣釋爲"氒(厥)"。按,楚簡標準"氏"和"氒"分别作(《上四·曹沫之陣》64)、(《清伍·厚父》6),[4]形體很近,""應釋爲"氏"。整理者之所以直接釋爲"厥"是因爲在已發表的清華簡中都用爲"厥"。嚴格來説,這些所謂的"厥"都是"氏"之訛,已有積非成是之勢。[5] 簡本的"氏"應讀爲"是",《廣雅·釋言》:"是,此也。"[6]如《清伍·湯處於湯丘》6:"能其事而得其食,是名曰昌。"[7]與今本"此"同義。[8] 而簡13的"氏"應是"氒(厥)"之訛,用於句首作助詞,無義。

今本的"始",盧文弨據文義校改爲"殆"。簡本與之對應之字作"(訇)",整理者讀爲"殆"。夏含夷指出,楚簡"訇"從來都没有讀爲"殆"的,本篇簡8的"殆"作"(忽)",與此也不同。所以今本"政之始也"也可以講得通,只是稍微難理解些。[9] 按,從字形上看,根據楚

① [清]王先謙撰,鍾哲點校:《韓非子集解》,北京:中華書局,2003,135頁。
② 吴則虞:《晏子春秋集釋》,北京:中華書局,1962,264頁。
③ 參見《清華伍〈命訓〉初讀》,簡帛論壇。下引網友意見均出自此,不再出注。高佑仁:《〈清華伍〉書類文獻研究》,661頁。
④ 字形參馬承源主編《上海博物館藏戰國楚竹書(四)》,圖版155頁。清華大學出土文獻研究與保護中心編,李學勤主編《清華大學藏戰國竹簡(伍)》,上海:中西書局,2015,放大圖版29頁。
⑤ 參見張峰《楚文字訛書研究》,上海古籍出版社,2006,293-301頁。
⑥ [清]王念孫:《廣雅疏證》卷五上,北京:中華書局,1983,138頁。
⑦ 清華大學出土文獻研究與保護中心編,李學勤主編:《清華大學藏戰國竹簡(伍)》,135頁。
⑧ 《大戴禮記·保傅》:"凡是其屬太師之任也……凡是之屬太傅之任也……凡此其屬太保之任也。"參見[清]王聘珍撰,王文錦點校《大戴禮記解詁》卷三,北京:中華書局,1983,56-57頁。"凡是"與"凡此"同義。
⑨ 夏含夷:《清華五〈命訓〉簡傳本异文考》,中國古文字研究會等編《古文字研究》第31輯,387頁。

簡用字習慣,"訂"用爲"始"極其常見(如本篇簡15的"始"即是),但用爲"殆"也有,只是極少。[①] 從文義上看,"訂"無論如何似乎只能理解爲"殆"。故盧校可從。[②] 今本作"始"應是隸楷階段與"殆"形近致誤,而不是誤讀。

簡10-11:天故昭命以命力曰:"大命世罰,小命命身。"福莫大於行,禍莫大於淫祭,恥莫大於10傷人,賞莫大於讓,罰莫大於多詐。是故明王奉此六者,以牧萬民,民用不失。

今本:明王是故昭命以命之曰:"大命世罰,小命罰身。"福莫大於行義,禍莫大於淫祭,醜莫大於傷人,賞莫大於信義,讓莫大於貫上,罰莫大於貪詐。古之明王奉此六者,以牧萬民,民用而不失。

簡本"天",今本作"明王",整理者認爲當以簡本爲是。簡本的"力",今本作"之",整理者認爲"力"爲"之"訛。至於爲什麼訛,夏含夷認爲字形有點形近。[③]

按,此句均當從簡本。首先,古文字"力"與"之"字形不近,無緣致誤。網友"明珍"讀"力"爲"敕"或"飭"。讀爲"敕"可從,文獻或作"勑"。[④]《尚書·皋陶謨上》:"天叙有典,勑我五典五惇哉。"孫星衍《尚書今古文注疏》:"勑同敕,《説文》云:'誡也。'"[⑤]《廣韻·映韻》:"命,教也。"[⑥]"命力(敕)"猶言"教敕",《漢書·江充傳》:"非愛車馬,誠不欲令上聞之,以教敕亡素者。"[⑦]

其次,今本"明王是故昭命以命之",是誤解簡本"天故昭命以命力"而改。這種誤改很可能受到今本"明王昭天信人以度,功地以利之"影響,以爲主語爲"明王",并將"力"(來母職部)改爲音近的"之"(章母之部),以爲與"利之"及前文"立明王以順之"的"之"同義,指"民"。陳逢衡就是這麼理解的:"前云'立明王以順之,曰大命有常,小命日成',蓋天以命命王者之意。此是王者承天命以申命之。"實際從今本開篇的論述中可以得出:天成大命,命令

① 如《郭店·性自命出》簡26-27:"其居次也久,其反善復始也26慎,其出入也順,訂其德也。"參見荆門市博物館編《郭店楚墓竹簡》,180頁。"訂",沈培讀爲"殆",訓爲"大概",可從。參見沈培《説説郭店楚簡〈性自命出〉關於賚、武、韶、夏之樂一段文字中的幾個詞》,張光裕主編《第四屆國際中國古文字學研討會論文集——新世紀的古文字學與經典詮釋》,香港中文大學中國語言及文學系,2003,226頁。至於《清陸·鄭武夫人規孺子》簡14的"訂",整理者也讀爲"殆",訓爲幾、近。參見清華大學出土文獻研究與保護中心編,李學勤主編《清華大學藏戰國竹簡(陸)》,上海:中西書局,2016,108頁注45。因爲竹簡下文殘斷,整理者的釋讀未必可信。

② 李昭陽認爲作"始"可從,盧改不確,"始"可以讀爲"殆"。詳見李昭陽《利用出土文獻審視清代學者校勘古書之得失——以〈逸周書〉爲例》,2018,60頁。不可從。

③ 夏含夷:《清華五〈命訓〉簡傳本异文考》,中國古文字研究會等編《古文字研究》第31輯,379頁。

④ 二者相通,參見高亨纂著,董治安整理《古字通假會典》,濟南:齊魯書社,1989,402頁。

⑤ [清]孫星衍撰,陳抗、盛冬鈴點校:《尚書今古文注疏》,北京:中華書局,1986,85頁。

⑥ 《宋本廣韻》去聲卷四,北京:中國書店,1982,409頁。

⑦ 《漢書》卷四五《江充傳》,2178頁。

司德降賜禍福(即小命),而且天通過選立明王訓誡民衆,讓他們懂得大命有常、小命日成。大命在天,小命在人。天是最高發令者,司德、明王只是天藉以宣揚大命、小命的媒介。天與其選立的明王教誡民衆不同,其對象具有普遍性,故不言"之"。簡文言"天故昭命以命力",主語爲"天",符合全篇對"命"的論述,所以後文纔説"明王奉此六者,以牧萬民"。若依今本,既然訓誡乃"明王"發出,後文就不應再説"明王奉此六者"。丁宗洛曾將今本"是故"移到"明王"上,顯然也是不正確的。

簡本"小命命身",原簡在"命"下有重文符號,作"小命₌身",對應今本作"小命罰身"。整理者認爲今本是,高佑仁則認爲簡本是。[①] 孟躍龍指出簡文的"命₌"不應讀爲"命命",當讀爲"命罰",重文符號指代的是上面的"罰"字。[②] 按,簡本當不誤,是否如孟氏所説,待考。

"福莫……",今本與簡本中間部分出入較大。盧文弨云:"'行義',當依上文作'干善'。又'莫大於信義讓'六字當爲衍文。此皆約上文而言,上云'無讓',此安得云'讓'? 所謂六者,兼'命'而言也。其語義非以干善爲福,淫祭爲禍。所謂'莫大',正申言極之害大耳。與《孝經》'罪莫大於不孝'之語不同。後人以'福莫大於干善,賞莫大於賈上'語勢似不順,遂爾改之。"陳逢衡云:"此言極福、極禍、極醜、極賞、極罰之害,不言'極命'者,上已言'大命世,小命身',故不復言也。"[③]按,確實應如盧文弨、陳逢衡所説,"奉此六者"應兼言"命",故今本"福莫大於行義,禍莫大於淫祭,醜莫大於傷人,賞莫大於信義,讓莫大於賈上,罰莫大於貪詐"六句必有一句衍文,且上文未言"讓"如何如何,故盧文弨以爲"賞莫大於信義,讓莫大於賈上"兩句應作"賞莫大於賈上"一句。又,盧、陳皆以爲此段"申言極之害大",[④]首句"福莫大於行義"非言"極之害大",應改作"福莫大於干善"。至此全句應作:"福莫大於干善,禍莫大於淫祭,醜莫大於傷人,賞莫大於賈上,罰莫大於貪詐。"[⑤]

但對照簡文,可知盧改并不完全正確,尤其是正面詞"福""賞"簡文亦從正面論述,即"福莫大於行""賞莫大於讓"。由此可知,此段并不是説"極之害大"。因爲上文已言"極之害大",此段正是説"極之害大"的對立面,即命、福、禍、恥、賞、罰要中正,即前文所謂的"至于極(中)"。只有如此,纔是明王治理萬民之道。"莫大"應與《孝經》"罪莫大於不孝"之語相同,盧文弨認爲不同,不確。大命則世罰,小命則罰及身,行善爲最大的福,淫祭爲最大的禍,傷人爲最大的恥,謙讓爲最大的賞,詐僞爲最大的罰。明王如果懂得此六者,治理百姓,則民用不失。後人不明此義,以爲所言"六者"并不包含"命",故而改動,遂致今本産生訛誤。

---

① 高佑仁:《〈清華伍〉書類文獻研究》,669 頁。

② 孟躍龍:《清華簡〈命訓〉"少命₌身"的讀法——兼論古代抄本文獻中重文符號的特殊用法》,武漢大學簡帛研究中心主辦《簡帛》第 13 輯,上海古籍出版社,2016,71-77 頁。

③ 此處所引盧文弨、陳逢衡原文亦來自《逸周書彙校集注(修訂本)》,33-34 頁,但引用時標點有改動。

④ 唐大沛也説此段"皆申言極之害大,以示反覆丁寧之意"。

⑤ 牛鴻恩按照盧説徑改,參見牛鴻恩《新譯逸周書》,16 頁。

簡 11-13:娱之以樂,11 訓之以禮,教之以藝,正之以政,動之以事,勸之以賞,畏之以罰,臨之以中,行之以權。權不法,中不忠,罰[不服,賞]12 不從勞,事不震,政不盛,藝不淫,禮有時,樂不繡,哀不至,均不一,惠必忍人。

今本:娱之以樂,慎之以禮,教之以藝,震之以政,動之以事,……臨之以忠,……忠不忠,……事不震,政不成,……樂不滿,……惠不忍人。

今本"慎之以禮",唐大沛云:"禮有節文,度數不可違失,使民慎之。""慎",劉師培讀爲"順",引《左傳・文公二年》"禮無不順"爲證。[1] 對應簡本作"𢒫",整理者讀爲"訓",高佑仁有詳細論證。[2] 按,讀爲"訓"應可從,文義可參看《禮記・曲禮上》:"教訓正俗,非禮不備。"[3]若依今本,顯然説的應是"以禮慎民",而唐大沛理解成了"民慎之(禮)",并不符合文義。劉師培引的"禮無不順"説的是禮要講求順序,用在文中不通,除非理解成"順從"。[4] 但前文説"極賞……則不順",高佑仁已指出此處不應再讀爲"順"。[5]

今本"震之以政",陳逢衡解釋説:"震之以政則民不敢玩。"將"震"理解爲"震恐",唐大沛同。朱右曾則訓爲"動"。對應簡本作"正之以政",程浩認爲今本"'震'字當爲'正'字之誤"。[6] 按,此句與三《訓》之《常訓》"明王於是生〈立〉政以正之"文義相同,[7]《左傳・桓公二年》也説:"禮以體政,政以正民,是以政成而民聽。"[8]故當以簡本爲是,今本將"正"讀爲"震"屬於誤讀。

對於今本"臨之以忠""忠不忠"之"忠"字的讀法和訓解,説法不一。陳逢衡分别解釋云:"臨之以忠則民不敢欺""忠不忠,忠於内者必忤於外也"。朱右曾訓"忠不忠"云:"小忠非忠。"顯然他們均依今本"忠"字解。唐大沛則與陳、朱意見不同,其將"臨之以忠""忠不忠"改爲"臨之以中""中不中",進而分别解釋説:"忠、中古字通,下文'忠不忠',并當作'中'。觀末段'從中'及'不必中'句可知。上文十事皆臨民之道,而立法必以中爲准。用中之道非執一也,必權而得中乃可行之""中無定在,權之斯得,執中無權,猶爲執一,故中不可泥於一定之中"。丁宗洛亦云:"不忠,浮山校據後文'賞不必中'語定作'不中'。洛案:子莫執中,不足言中,故以'不中'爲善。"

---

① 劉師培:《周書補正》,收入其著《劉申叔遺書》,727 頁。

② 高佑仁:《〈清華伍〉書類文獻研究》,684-685 頁。

③ [漢]鄭玄注,[唐]孔穎達疏:《禮記正義》卷一,[清]阮元校刻《十三經注疏》,1231 頁。

④ 牛鴻恩就如此理解,參見牛鴻恩《新譯逸周書》,20 頁。

⑤ 高佑仁:《〈清華伍〉書類文獻研究》,685 頁。

⑥ 程浩:《釋清華簡〈命訓〉中對應今本"震"之字——兼談〈歸藏〉、〈筮法〉的"震"卦卦名》,李學勤主編《出土文獻》第 6 輯,上海:中西書局,2015,222 頁。

⑦ 參見黄懷信、張懋鎔、田旭東《逸周書彙校集注(修訂本)》,43 頁。其中"生政",陳逢衡、丁宗洛均改爲"立政"。

⑧ [晉]杜預注,[唐]孔穎達疏:《春秋左傳正義》卷五,[清]阮元校刻《十三經注疏》,1743 頁。

今對照簡本,可知當作“臨之以中”“中不忠”。另外,今本下文“以法從中則賞,賞不必中”對應簡本作“以中從忠則賞,賞不必中”。整理者對簡本這些“中”“忠”的處理方法是,將“臨之以中”“中不忠”的“中”讀爲“衷”,其餘均如字讀。我們認爲,今本的“中”“忠”均應按照簡本理解,且簡本均不需破讀。唐大沛的校改部分正確,丁宗洛的校改則錯誤。

從字形上看,雖然“中”和“忠”相通已經見於戰國文字(尤其是璽印及温縣盟書多見“中”讀爲“忠”),傳世文獻亦很常見,但是對於整個楚簡文字來説,“中”“忠”已經完成分化,用法極少混淆。[①] 簡本《命訓》4 和 10 兩見“忠”,均如字讀。可見在《命訓》中,“忠”與“中”區别清楚。楚簡中的“中”似未見確切讀爲“衷”的例子,[②]且讀爲“衷”不如如字讀好解釋,故整理者的意見不可從。

從文義上看,前文我們已經指出,三《訓》關係密切,《度訓》中多次提及“中”,如“明本末以立中”“和非中不立,中非禮不慎”等,[③]即本篇的“中”。“臨之以中”即是臨民以中正之道。簡本“權不法,中不忠”對應後文的“以中從忠則賞,賞不必中;以權從法則不行,行不必法”。《説文解字注·心部》:“忠,敬也。盡心曰忠。”[④]“中不忠”意思應是中正之道不應泥於“忠”,即不應受束於“忠”。《漢書·董仲舒傳》云:“乃其不正不直,不忠不極。”顔師古注:“極,中也。”[⑤]“不忠”與“不極(中)”可以是并列關係,也可以是遞進關係,故小“忠”含於大“中”之中,即“中”者必“忠”,但“中”不應泥於“忠”。“以中從忠則賞,賞不必中”意思是,如果“中”依從“忠”是要奬賞的,但這樣的賞未必會中正。[⑥] 言外之意是,“以中從忠”不是真

① 當然也存在分化不徹底的現象,但例子極少,如《郭店·性自命出》40–41:“智類五,唯 40 義道爲近忠。”《上一·性情論》34“忠”作“中”。《郭店·尊德義》30:“或由宔出,或設之外。”《郭店·語叢一》19–21:“或由中出,或 19 由外入。20 由中出者,仁、忠、信。”參見荆門市博物館編《郭店楚墓竹簡》,180、174、194 頁;馬承源主編《上海博物館藏戰國楚竹書(一)》,上海古籍出版社,2001,269 頁。陳來認爲二者文字相對應,參見陳來《郭店竹簡儒家記説續探》,姜廣輝主編《中國哲學》第 21 輯,沈陽:遼寧教育出版社,2000,80、87–88 頁。那麽“宔”應讀爲“中”。這兩個例子好像“中”“忠”并無區别,實則不然,不能據之否定普遍現象。上舉《語叢一》“中”與“忠”同時出現却用字不同,區别已很明顯。

② 《上七·吴命》3 正:“昔上天不中,降禍於我二邑。”“中”上博簡整理者讀爲“衷”,訓爲“善”。詳見馬承源主編《上海博物館藏戰國楚竹書(七)》,上海古籍出版社,2008,310 頁。諸家多從。對比《尚書·吕刑》:“非天不中,惟人在命。”孫星衍《尚書今古文注疏》云:“言非天之降罰不中正也,惟人受天命以生,違天則自取其咎耳。”詳見[清]孫星衍《尚書今古文注疏》,541 頁。可見讀爲“衷”并不一定準確,當如字讀。《清柒·越公其事》12:“天賜中于吴,右我先王。”整理者釋文括注爲“忠”,注釋中則引《國語·吴語》“今天降衷於吴,齊師受服”,認爲“中”可讀爲“衷”,但又指出“或以爲與清華簡《保訓》之‘中’相近,有更多的文化内涵”。詳見清華大學出土文獻研究與保護中心編,李學勤主編《清華大學藏戰國竹簡(柒)》,119、120 頁注 11。按,似當以簡本作“中”爲是,《吴語》誤讀爲“衷”,訓爲善;當然《吴語》“衷”也可看作“中”之借,文獻中常見。校按,即使讀爲“衷”,也得不出簡文《命訓》也讀爲“衷”。

③ 黄懷信、張懋鎔、田旭東:《逸周書彙校集注(修訂本)》,2、14 頁。

④ [漢]許慎撰,[清]段玉裁注:《説文解字注》,上海古籍出版社,1981,502 頁。

⑤ 《漢書》卷五六《董仲舒傳》,2498 頁。

⑥ 《上四·曹沫之陣》簡 44–45 記載莊公問曹沫“既戰有忌乎?”曹沫回答説:“有,其賞鮮且不中,其誅重且不察。”參見馬承源主編《上海博物館藏戰國楚竹書(四)》,272–273 頁。可見賞應中正纔是行之有效的方法。

忠,故“中”不應泥於“忠”(即前文的“中不忠”)。①

簡本“繡”整理者讀爲“伸”,訓爲“放恣”。對應今本作“滿”,潘振云:“滿,樂之過也。”陳逢衡云:“樂不滿者,情不可極也。”按,簡文是説在上者治理人民應該“娱之以樂”,做到“樂不繡”,如果“樂繡”,則“荒”(簡 14)。顯然“繡”是描述“樂”的,不是描述人民的,對比潘、陳理解今本“滿”義便知。“放恣”一般表示人的態度,形容“樂”似欠妥。“繡”即“紳”字,疑讀爲“勝”。② “勝”有“過”“多”“益”等義項,③與“滿”義近。簡 14“樂繡(勝)則荒”,今本作“樂滿則荒”。唐大沛云:“樂過情則無厭而流於荒亂。”《禮記・樂記》云:“樂勝則流,禮勝則離。”首句與簡文記載相似,孔穎達正義:“勝,猶過也。若樂過和同而無禮,則流慢,無復尊卑之敬。若禮過殊隔而無和樂,則親屬離析,無復骨肉之愛。”④

今本“惠不忍人”,唐大沛説:“《寶典篇》言明刑曰‘惠而能忍,尊天大經’,知‘不’字是衍文。觀下節‘惠而不忍人’句,與此一正一反可見。”對應簡本作“惠必忍人”,知唐大沛校勘接近事實。今本的“不”,整理者認爲乃“必”之訛,可從。⑤ 雖然“不”“必”字形不是很近,但相同訛誤文獻有其例,如《墨子・經説上》:“實,其志氣之見也,使人如己,不若金聲玉服。”又:“信,不以其言之當也,使人視城得金。”孫詒讓指出,兩“不”字爲“必”訛。⑥

簡本“惠必忍人”何解?先來看清人對今本“忍”字的解釋,潘振云:“忍,堅忍也。謂必與之。”丁宗洛云:“忍謂隱忍,言姑息也,非殘忍之謂。”朱右曾亦云:“不忍人,姑息爲愛,婦人之仁也。”解釋不盡相同。上文已經提到唐大沛認爲這句話與《逸周書・寶典》“惠而能忍”含義相同,其句釋後者説:“能愛人者能惡人刑有罪,是能忍也。”⑦解釋非常正確。類似的文句在文獻中也常見,如睡虎地秦簡《爲吏之道》開篇簡 30-36 論述“爲吏之道”要做到“怒能喜,樂能哀,智能愚,壯能衰,勇能屈,剛能柔,仁能忍”,⑧《淮南子・人間》記載:“丘能仁且忍,辯且訥,勇且怯。”⑨簡文“惠必忍人”(《説文・叀部》“惠,仁也”⑩)應該就是“仁能忍”“仁且忍”,這也是明王要做到的,正像爲吏要做到的一樣。“忍”與“仁”相對,即殘忍。⑪

---

① 高佑仁對簡文的“中”與“忠”也有詳細的解釋,我們與之理解有些地方很不同,讀者可參見高佑仁《〈清華伍〉書類文獻研究》,694 頁。

② 二者相通,參見高亨纂著,董治安整理《古字通假會典》,85-86 頁。雖然簡 13 已有“𠃬(勝)”,但此處讀爲“勝”也不是不可能。

③ 參見宗邦福、陳世鐃、蕭海波主編《故訓匯纂》,北京:商務印書館,2003,253 頁。

④ [漢]鄭玄注,[唐]孔穎達疏:《禮記正義》卷三七,[清]阮元校刻《十三經注疏》,1529 頁。《史記》卷二四《樂書》有與《樂記》相同記載,張守節《正義》云:“勝猶過也。”(北京:中華書局,1959,1188 頁)

⑤ 牛鴻恩認爲“不”是“而”之訛,參見牛鴻恩《新譯逸周書》,13 頁。應不可信。

⑥ [清]孫詒讓撰,孫啓治點校:《墨子閒詁》,北京:中華書局,2001,335-336 頁。引文亦參見《墨子閒詁》。

⑦ 黄懷信、張懋鎔、田旭東:《逸周書彙校集注(修訂本)》,286 頁。

⑧ 睡虎地秦墓竹簡整理小組編:《睡虎地秦墓竹簡》,北京:文物出版社,1990,167 頁。

⑨ 何寧:《淮南子集釋》,北京:中華書局,1998,1287 頁。

⑩ [漢]許慎:《説文解字》(附檢字)卷四下,84 頁。

⑪ 參見高佑仁《〈清華伍〉書類文獻研究》,709-711 頁。

簡文要求明王"撫之以惠","惠必忍人",如果"惠而不忍人",則會導致"人不勝[害,害]不知死"。也就是説,明王要撫民以仁愛,做到能仁能忍,不可一味仁愛,那樣會導致"人不勝害"。

簡 14-15:以賞從勞,勞而不至;以 14[罰從]服,服而不釻;以中從忠則賞,賞不必中;以權從法則不行,行不必法。法以知權。

今本:以賞從勞,勞而不至;以法從中則賞,賞不必中;以權從法則行,行不必以知權。

對於今本,清代校勘學者均指出有問題,并試着進行復原。如盧文弨云:"'以法從中'以下數句有脱誤,以上文推之,'賞'之以下當言罰言忠,然後終於權也。"丁宗洛云:"'以賞從勞'下六句皆有顛倒錯訛。如'勞而不至',語意欠圓。'以法'之法,必係罰字音訛。二'賞'字必誤。二'中'字必有一爲'忠'訛。上段言權以不法爲善,此言'以權從法則行',亦誤也。似應作'以賞徒勞,勞而賈。以罰從贖則不至,忠不必中。以權從法則不行,行以知權'。"唐大沛改"以法從中"以下數句爲"以罰使服,服而不悦。以法從中,中不必中。以權從法則行,行以知權"。朱右曾很是謹慎,只云:"此節有脱誤,當缺疑。"

按,與簡本對比可知,今本應在傳抄的過程中出現了嚴重訛奪文,具體爲:"以法〈罰〉[從服,服而不釻;以中]從中〈忠〉則賞,賞不必中;以權從法則[不]行,行不必[法,法]以知權。"可見,清人難復原貌,但也有可圈點者,如丁宗洛所云"以法"的"法"爲"罰"音訛,"以權從法則行"有誤。前文云"權不法",故"以權從法則不行";如果作"以權從法則行",文義正好相反。黄懷信也指出今本作"則行"不通,當作"則不行",但認爲"不"字誤衍到下文"行不必以知權"中的"行"字下,[①]則是錯誤的。簡本"釻",今本訛脱,整理者讀爲"恥",不確。網友"蚊首"改讀爲"戴",可從。唐大沛補入"悦",雖然不確,但文義對了。

三

從上文的論述可以看出,清代學者在校注《逸周書·命訓》的時候,確實有很多卓識,校正了很多訛誤,但也有很多失誤。

---

① 黄懷信:《逸周書校補注譯》,16 頁。

初步統計,清人校注《命訓》正文文字的共有16處。[①] 通過與簡本對比可知,16處當中有4處今本不誤,學者誤校。即(1)"廣以敬命,則度至于極",潘振認爲"以"當作"與",陳逢衡、丁宗洛改"于"爲"於"。(2)"極福則民禄,民禄則干善,干善則不行","干"諸本或作"于",郝懿行進而認爲"于"當作"迂"。(3)"權不法,忠不忠",唐大沛、丁宗洛認爲"不忠"當作"不中"。(4)"大命世罰,小命罰身",孔晁注:"遺大命則世受罰,犯小命則罰身。"盧文弨據《大戴禮記·本命》盧辯注引《周書》"大命世,小命身",認爲當删二"罰"字,各家均從。簡本作"大命世罰,小命=身",雖然還不清楚"小命罰身"如何與簡本對應,但可以肯定清人的校注是有問題的。[②] 還有1處今本與簡本屬於義近關係,學者誤校。即本文第二部分提及的"通道通天以正人",丁宗洛、俞樾均認爲二"通"字衍文。

剩餘的11處清人校注《命訓》的地方,與簡本對比可知,確實存在這樣或那樣的錯誤。雖然清人意識到了錯誤所在,但校注的結果却有得有失。其中完全正確的4處,完全錯誤的2處,正誤摻雜的5處。完全正確的如本文第一部分"形誤"提及的改"存"爲"行"、改"攘"爲"權"等,雖然并未得到清人的一致認可,但與簡本相合,毫無疑問是正確的。得到清人一致認可的僅有1處,即"凡此六者,政之始也",盧文弨改"始"爲"殆",諸家均從。因爲今本此類錯誤僅是單個字形的訛誤,且發生時代較晚,若能對照孔晁注和正確分析文義,校正起來還是相對簡單的。

完全錯誤的如今本"福禄在人,能無懲乎? 若懲而悔過,則度至于極",丁宗洛疑"福禄"爲衍文,"悔過"當改作"遷善"。唐大沛認爲"懲而悔過"的"懲"涉下文而誤,當爲"勸","懲而悔過"文義當改爲"勸而爲善"。首先,丁、唐認爲此句有誤已經比其他諸家進步得多。其次,丁宗洛看到了下文"在人"上并未有他字,故此處與之相似文句"福禄在人"的"福禄"理應爲衍文。又因爲"若懲而悔過"與下文"若懲而悔過"語句完全相同,但文義顯然一正一反,故此處文義當與人向善有關,遂改。此句對應簡本作:"福禄在人,人能居,如不居而守義,則度至于極。"可見,丁、唐即便意識到今本有誤,但因錯誤太甚,要想復原,不太可能。

實際上,在清人的校注成果中,更多的是正誤摻雜者,既有可取之處,也有很多臆改。臆改的原因多是對文義等的理解有誤。如本文第二部分提到的今本"賞莫大於信義,讓莫大於

---

① 16處是按照黄懷信、張懋鎔、田旭東《逸周書彙校集注(修訂本)》所録《命訓》每個獨立小段(也就是每個完整句意)劃分的,同一小段當中可能清人不止校正了一個文字,如"夫或司不義而降之禍,在人,能無懲乎? 若懲而悔過,則度至于極"這一獨立小段,清人不但校正了"不義"上當有"不德"二字,還校正了"在人"上應有"禍"字。統計的時候僅算一處。另外,今本兩個"惠不忍人",因爲文義相關,統計時僅算一處。

② 《大戴禮記·本命》:"殺人者,罪止其身。"方向東《大戴禮記彙校集解》引孫詒讓:"孫校云:'《逸周書·命訓解》:大命世爵,小命罰身。'"詳見《大戴禮記彙校集解》,北京:中華書局,2008,1308頁。牛鴻恩據此認爲:"一'爵'一'罰'纔是'兼福禍兩層言',兩'罰'字只説了一層,而删兩'罰'亦誤,孫校當是。"詳見《新譯逸周書》,17頁。按,孫詒讓這句話出自《大戴禮記斠補》卷下,引孫説《逸周書·命訓》原文作"大命世罰,小命罰身",并未出現"爵"字。詳見《大戴禮記斠補附尚書駢枝周書斠補九旗古誼述》,258頁。牛鴻恩據之認爲《命訓》當作"大命世爵,小命罰身"、且認爲兼禍福兩層言,是對文義的誤解,不可從。

賈上”,盧文弨、陳逢衡、唐大沛、陸麟書、朱右曾都認爲此二句本爲一句,簡本作“賞莫大於讓”,正是一句。但由於他們對文義理解有誤(詳參本文第二部分),導致校改并不正確。如盧文弨校改成“賞莫大於賈上”,認爲“莫大於信義讓”六字爲衍文;丁宗洛認爲“‘莫大於信義讓’六字定係首句錯在中間,然尚有訛字也”;陸麟書則以爲“讓莫大於賈上”六字爲衍文。雖然看法各异,但都有悖於事實。

今本“夫民生而醜不明,無以明之,能無醜乎”“夫民生而樂生,無以穀之,能無勸乎”“夫民生而惡死,無以畏之,能無恐乎”三句中的第一個“無”,本文第一部分已經説明,本應作“上”。以第一句爲例,意思是説,民生而醜不自明,在上者(明王)應該使民明白,這樣的話民纔能知醜。但是清代學者囿於今本,基本都將“無以×之”的主語理解成民,而將“能無×乎”主語理解成在上者。如盧文弨説:“無以明之,民不能自明也。在上者能無醜乎,謂旌別淑慝也。”這樣理解看似可通,但與下文“若有醜而競行不醜”分明指的是民知醜,所以纔競行不醜相矛盾。唐大沛意識到了知醜者爲民,所以他説:“民愚職暗,不能自明也,君上能無彰善癉惡以明其醜乎?”所説的“君上……明其醜”應該就是君上使民明醜,但顯然屬於增字解釋“能無醜乎”。到了晚清劉師培,纔將這句話理解清楚,提出“無”可能是誤字,非常正確。但并未指出是何字的誤字,又顯得非常可惜。其實,如果劉師培仔細琢磨“無以畏之,能無恐乎”孔晁注“以死亡恐民,使奉上易教”的話,也許會推測出“以死亡恐民”的主語應是“上”,[①]“無”乃“上”的誤字。

清人王念孫在校勘學方面的貢獻不言而喻,其校注《命訓》的僅有一處,即今本“惠不忍人,人不勝害,害不如死”。王念孫云:“‘惠而不忍人’[②]當作‘惠而忍人’,此反言之以申明上文也。上文言‘惠不忍人’,故此言‘惠而忍人’,則‘人不勝害’。……今本作‘惠而不忍人’,‘不’字即涉上文‘惠不忍人’而衍。”[③]後來的潘振、陳逢衡、丁宗洛均與王氏觀點相同。

王念孫提到的上文作:“藝不淫,禮有時,樂不滿,哀不至,均不壹,惠不忍人”。從文義上看,兩個“惠不忍人”意思一正一反,所以王念孫認爲“此反言之以申明上文”這一點是正確的。那麼二者必有一誤。理論上説,前文的“惠不忍人”或後文的“惠不忍人,人不勝害,害不如死”之“惠不忍人”都存在錯誤的可能。王念孫之所以認爲後文“惠不忍人”有誤,其原因之一應是前文“藝不淫,禮有時,樂不滿,哀不至,均不壹,惠不忍人”中基本都有“不”字,句式整齊。原因之二很可能將“忍”理解爲“隱忍”“姑息”之類。[④] 依照王氏的理解,下文的

① 牛鴻恩曾認爲“無以明之”指的是“在上者不能爲民分别善惡”,顯然已經將“無以×之”的主語理解成“在上者”了。詳見《新譯逸周書》,13 頁注 10。

② 王念孫所據本作“惠而不忍人”。我們所據本爲黄懷信、張懋鎔、田旭東《逸周書彙校集注(修訂本)》無“而”字,詳見《逸周書彙校集注(修訂本)》,39 頁。該書所據底本是《四部叢刊》影印明嘉靖二十二年四明章檗校刊本,但清代校刊者如朱右曾《逸周書集訓校釋》所據底本都有“而”字,當是。詳見朱右曾《逸周書集訓校釋》,6 頁。

③ [清]王念孫:《讀書雜志》之《逸周書雜志》,南京:江蘇古籍出版社,1985,2 頁。

④ 雖然王氏并未解釋“忍”爲何義,但從丁宗洛的理解可以看出,具體看本文第二部分的論述。

"惠不忍人"顯然應該作"惠而忍人",纔會導致"人不勝害"。但從簡本可知,"惠不忍人"的做法是《命訓》作者反對的,而"惠而忍人"則是作者提倡的,也是正面的意思,"忍"應訓爲"殘忍"(參看本文第二部分),王念孫正好將文義理解反了。所以錯誤的應該是上文的"惠不忍人"。王念孫之後的學者如唐大沛、陸麟書、朱右曾已經指出了這一點,如唐大沛删"不"字,陸麟書、朱右曾認爲"不"下脱"不"字,作"惠不不忍人"。意思都理解對了,只是離正確答案"不"爲"必"訛還有差距。

從以上對清人校注《命訓》得失的分析來看,校正正確的地方多是單純的文字訛誤,今本稍顯複雜的錯誤,清人雖然在具體分析的過程中,有些可取意見,但最終的校注結論基本都是錯誤的。從單個學者的貢獻來看,盧文弨在彙校文字方面、唐大沛在文義訓釋方面貢獻較多。今天我們依照簡本重新審視清人的校注,不但可以對他們的校注得失進行總結,還可以從中分析得失原因,爲我們今後校注古書提供理論指導。

四

本文開篇已述,清華簡《金縢》《皇門》《祭公》發表後,很多學者也進行過异文比較工作,尤其是《金縢》,簡本、傳本文本差异較大,李學勤認爲簡本與傳本"應分屬於不同的流傳系統"。[①] 程浩總結各説,認爲簡本與今本《金縢》各有損益,簡本有删節、脱簡,今本則"歷經周秦之變,變動與訛誤自然要更多一些"。[②] 魏慈德則説:"《金縢》屬今文尚書,照理來説,在流傳的過程中,没有經過僞造,但因爲其被收入儒家百篇之前,就已被改編整理,故與今日所見戰國中期的簡本内容有所不同。"[③]二者説法雖有差异,但都認爲今本經過改動、整理,遂導致與簡本差异很大。相比於《金縢》,《皇門》异文差别較小,程浩認爲簡本與今本屬於同一流傳系統,有着共同的祖本。[④] 而《祭公》簡本與今本之間的异文大小,介於《金縢》《皇門》之間,屬於同一流傳系統應無异議。

簡本與今本《命訓》,通過上文的比較,可以看出,(1)簡本更多保存原貌,更優於今本,尤其是整理者認爲簡本有誤或不如今本好理解之處,通過上文的分析,基本都可以得到合理解决,故不存在確定的今本某些地方優於簡本之處。(2)絶大多數异文基本都可以從形誤、音通、義同(或義近)、衍奪字等方面得到合理解釋,甚至某些簡本與今本异文如"如"與"若""母(毋)"與"無""弗"與"不""復"與"報""恥"與"醜"等也存在於《皇門》《祭公》的异文系

---

① 李學勤:《清華簡九篇綜述》,《文物》2010 年第 5 期。

② 程浩:《"書"類文獻先秦流傳考——以清華藏戰國竹簡爲中心》,清華大學博士學位論文,2015,41-42 頁。

③ 魏慈德:《楚地出土戰國書籍抄本與傳世文獻同源异本關係試探——以與〈尚書〉有關的篇章爲主》,李學勤主編《出土文獻》第 9 輯,上海:中西書局,2016,115 頁。

④ 程浩:《"書"類文獻先秦流傳考——以清華藏戰國竹簡爲中心》,61 頁。

統中。可見這些异文實際是《逸周書》轉寫(或傳寫)用字造成的,具有普遍性,并不代表簡本與今本差异很大或有不同的來源。(3)從目前楚簡已發表的能與傳世本《逸周書》對讀的成篇文獻看,《命訓》的异文最小,故它們屬於同一祖本同一流傳系統毫無疑問。甚至可以説,今本就是簡本的後世流傳本。當然今所發表的楚簡尤其是上博簡中有很多内容相同的甲乙抄本,如《天子建州》《鄭子家喪》《君人者何必安哉》《凡物流形》。簡本與今本《命訓》也不排除在戰國時期屬於甲乙本的關係,它們所據抄本當爲同一底本,[①]簡本流傳止於戰國,今本經過世代的傳抄,相繼産生一些訛誤與主觀人爲改動,流傳至今。

這些訛誤及主觀改動在上文第一和第二部分中已有所述,如第一部分“形誤”中提到的幾例,其中今本“無以明之”的“無”字訛誤應發生在漢簡文字階段及之前。[②]“不知則不存”中的“存”、“害不如死”中的“如”形誤當發生在孔晁注之後,而“政之始也”“惠不忍人”“攘之屬也”中的“始”“不”“攘”形誤似也應發生在孔晁之後。因爲三者文義不通,却未見孔晁作注,可以推測,孔晁時期未誤。主觀人爲改動如第二部分提到的“明王是故昭命以命之”,是誤解簡本“天故昭命以命力”而誤改的結果。還有一些屬於誤以句式一致而統改,如“無以明之”“無以穀之”“無以畏之”中的“無”應是一處最先訛爲“上”,後爲了句式統一,將另外兩處統改爲“無”。還如“極命則民墮,民墮則曠命,曠命以誡其上”,句式爲頂針格式,但是簡本作“極命則民墮乏,乃曠命以弋其上”,不爲頂針格式。因爲下文論述“極福”“極禍”等均爲頂針格式,故今本此處亦統改。當然也有改動屬於畫蛇添足的,如簡本“如有恥而恒行”“福莫大於行”,今本在“行”後分别誤補足文義而加“不醜”“義”,完全屬於多餘。

總之,簡本與今本《命訓》异文差别很小,它們來自共同的祖本,屬於同一流傳系統。對《命訓》异文的研究,不但能够理解文本的真實含義,認識到清人校注的得與失,而且啓示我們《逸周書》等“書”類文獻在後世的不斷流傳過程中亦有保存完好者,顯示出與祖本的高度一致。

---

① 《清陸・鄭文公問太伯》亦有甲乙本,内容相同,但所用字有的不同,整理者認爲甲乙本抄自兩個底本。參見清華大學出土文獻研究與保護中心編,李學勤主編《清華大學藏戰國竹簡(柒)》,118頁;馬楠《清華簡〈鄭文公問太伯〉與鄭國早期史事》,《文物》2016年第3期。理論上説,簡本與今本《命訓》也不排除屬於這種關係,但它們的最初底本是一致的。

② 楚文字中的“亡(無)”與“上”字形很近,漢簡中亦近,如(銀雀山漢簡852“亡”)、(銀雀山漢簡727“上”)。參見駢宇騫編著《銀雀山漢簡文字編》,北京:文物出版社,2001,404、6頁。

附録　清華簡《命訓》與今本《逸周書・命訓》對照表①

清華簡《命訓》	《逸周書・命訓》
［天］生民而成大命，命司德，正以禍福，立明王以訓之，曰："大命有常，小命日成。"日成則敬，有常則廣，廣以敬命，則度 1［至于］極。	天生民而成大命，命司德，正之以禍福，立明王以順之，曰："大命有常，小命日成。"成則敬，有常則廣，廣以敬命，則度至于極。
夫司德司義，而賜之福，福禄在人，人能居，②如不居而守義，③則度至于極。	夫司德司義，而賜之福禄，福禄在人，能無懲乎？若懲而悔過，則度至于極。
或司不義而降之禍，禍過在人，人 2［能］毋懲乎？如懲而悔過，則度至于極。	夫或司不義而降之禍，在人，能無懲乎？若懲而悔過，則度至于極。
夫民生而恥不明，上以明之，能無恥乎？如有恥而恒行，則度至于 3 極。	夫民生而醜不明，無以明之，能無醜乎？若有醜而競行不醜，則度至于極。
夫民生而樂生穀，上以穀之，能毋勸乎？如勸以忠信，則度至于極。	夫民生而樂生，無以穀之，能無勸乎？若勸之以忠，則度至于極。
夫民生而痛死喪，上以畏之，能毋恐 4 乎？如恐而承教，則度至于極。	夫民生而惡死，無以畏之，能無恐乎？若恐而承教，則度至于極。
六極既達，九迁俱塞。達道道天以正人。正人莫如有極，道天莫如無極。道天有極則不威，不威 5 則不昭；正人無極則不信，不信則不行。夫明王昭天信人以度功，功地以利之，使信人畏天，則度至于極。	六極既通，六間具塞。通道通天以正人。正人莫如有極，道天莫如無極。道天有極則不威，不威則不昭；正人無極則不信，不信則不行。明王昭天信人以度，功地以利之，使信人畏天，則度至于極。
夫天道三，6 人道三：天有命、有福、有禍，人有恥、有市冒、有斧鉞。以人之恥當天之命，以其市冒當天之福，以其斧鉞當天之禍。［六］7 方三述，其極一，弗知則不行。	夫天道三，人道三：天有命、有禍、有福，人有醜、有紼絻、有斧鉞。以人之醜當天之命，以紼絻當天之福，以斧鉞當天之禍。六方三述，其極一也，不知則不存。

① 《逸周書・命訓》來自黄懷信、張懋鎔、田旭東《逸周書彙校集注（修訂本）》，20-40 頁。標點符號引用時有部分改動，對照表中字下加下劃綫的爲异文。

② 夏含夷、高佑仁均指出此處漏掉"乎"字（詳見夏含夷《清華五〈命訓〉簡傳本异文考》，中國古文字研究會等編《古文字研究》第 31 輯，379 頁；高佑仁《清華伍〈命訓〉考釋》，《第二十七屆中國文字學國際學術研討會論文集》，373-374 頁；高佑仁《〈清華伍〉書類文獻研究》，580-581 頁），不確（參見邴尚白《清華伍〈命訓〉補釋》，《楚文化與長江中游早期開發國際學術研討會論文集》，上册，546-547 頁）。

③ 讀爲"守"的字作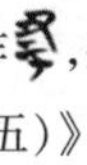，整理者認爲從又、主聲，讀爲重。詳見清華大學出土文獻研究與保護中心編，李學勤主編《清華大學藏戰國竹簡（伍）》，127 頁。蔡一峰、蘇建洲、高佑仁均認爲是"肘"字，讀爲"守"。詳見蔡一峰《讀清華簡〈命訓〉札記三則》，武漢大學簡帛研究中心主辦《簡帛》第 13 輯，63-65 頁；蘇建洲《清華簡第五册字詞考釋》，李學勤主編《出土文獻》第 7 輯，上海：中西書局，2015，156-158 頁；高佑仁《〈清華伍〉書類文獻研究》，581-583 頁。後説是。

續表

清華簡《命訓》	《逸周書·命訓》
極命則民墮乏，乃曠命以弋其上，殆於亂矣。極福則民祿，民祿干善，干善韋則不行。極禍 8 則民畏，民畏則淫祭，淫祭疲家。① 極恥則民，②民則傷人，傷人則不義。③ 極賞則民賈其上，賈其上則無讓，無讓則不順。極罰則民多詐，多詐則 9 不忠，不忠則無復。凡是六者，政之所殆。 天故昭命以命力曰："大命世罰，小命命身。"福莫大於行，禍莫大於淫祭，恥莫大於 10 傷人，賞莫大於讓，罰莫大於多詐。是故明王奉此六者，以牧萬民，民用不失。 撫之以惠，和之以均，斂之以哀，娛之以樂，11 訓之以禮，教之以藝，正之以政，動之以事，勸之以賞，畏之以罰，臨之以中，行之以權。權不法，中不	極命則民墮，民墮則曠命，曠命以誡其上，則殆於亂。極福則民祿，民祿則干善，干善則不行。極禍則民鬼，民鬼則淫祭，淫祭則罷家。極醜則民叛，民叛則傷人，傷人則不義。極賞則民賈其上，賈其上則民無讓，無讓則不順。極罰則民多詐，多詐則不忠，不忠則無報。凡此六者，政之始也。 明王是故昭命以命之曰："大命世罰，小命罰身。"福莫大於行義，禍莫大於淫祭，醜莫大於傷人，賞莫大於信義，讓莫大於賈上，罰莫大於貪詐。古之明王奉此六者，以牧萬民，民用而不失。 撫之以惠，和之以均，斂之以哀，娛之以樂，慎之以禮，教之以藝，震之以政，動之以事，勸之以賞，畏之以罰，臨之以忠，行之以權。權不法，忠不忠，罰不服，賞不從勞，事不震，政不成，藝不淫，禮

① 簡文原作"皮"，夏含夷認爲可讀爲"破"或"披"，文義更好理解（參見夏含夷《清華五〈命訓〉簡傳本异文考》，中國古文字研究會等編《古文字研究》第 31 輯，381 頁）。不確。

② 此字整理者釋爲"只"，讀爲"枳"，訓爲害。楚簡"只"及"枳"字作（《上三·彭組》4）、（《清壹·楚居》5）、（《上五·鬼神之明》4）、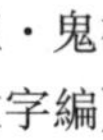（《清三·芮良夫毖》19）（字形參見李守奎、曲冰、孫偉龍編著《上海博物館藏戰國楚竹書（1-5）文字編》，北京：作家出版社，2007，106、292 頁。李學勤主編，沈建華、賈連翔編《清華大學藏戰國竹簡（壹-叁）文字編》，上海：中西書局，2014，60、153 頁），字形并不十分相似，且訓爲"害"與今本"叛"意義不近。網友金宇祥釋爲"孑"，網友王寧認爲是"皮"的簡省，均讀爲"叛"。徐在國釋爲"丆"之訛，讀爲"叛"。詳見徐在國《清華伍〈命訓〉""字試析》，《清華簡〈繫年〉與古史新探學術研討會會議論文集》，清華大學，2015，91-92 頁。邴尚白認爲是"皮"之訛，讀爲"叛"。詳見邴尚白《清華伍〈命訓〉補釋》，《楚文化與長江中游早期開發國際學術研討會論文集》，上册，551-552 頁。按，諸説於字形、語音上均有不好解釋之處，尤其是釋"皮"之説，同簡上文"皮（疲）"字不省、不訛，此處簡省、寫訛的可能性不大。闕疑待考。

③ 讀爲"義"的字作，整理者釋爲"刈"，認爲從乂聲，讀爲"義"。網友"暮四郎"認爲可能是"義"的訛體。按，乂，疑母月部；義，疑母歌部。此從整理者。

續表

清華簡《命訓》	《逸周書·命訓》
忠，罰［不服，賞］12 不從勞，事不震，①政不盛，②藝不淫，禮有時，樂不縟，哀不至，均不一，惠必忍人。凡此物，③氏〈厥〉權之屬也。 惠而不忍人，人不勝 13［害，害］不知死。均一不和，哀至則匱，樂縟則荒，禮［無時］則不貴，藝淫則害於才，政成則不長，事震則不功。以賞從勞，勞而不至；以 14［罰從］服，服而不釱；以中從忠則賞，賞不必中；以權從法則不行，行不必法。法以知權，權以知微，微以知始，始以知終。15	有時，樂不滿，哀不至，均不壹，惠不忍人。凡此物，攘之屬也。 惠不忍人，人不勝害，害不如死。均一則不和，哀至則匱，樂滿則荒，禮無時則不貴，藝淫則害于才，政成則不長，事震則寡功。以賞從勞，勞而不至；以法從中則賞，賞不必中；以權從法則行，行不必以知權，權以知微，微以知始，始以知終。

附記 拙文定稿於 2017 年下半年，後作爲會議論文提交第十四届全國古代漢語學術研討會（2018 年 8 月 14－16 日於西安）。之後查詢到幾位學者在此之前或之後都對簡傳本《命訓》做過研究，尤其是高佑仁的《〈清華伍〉書類文獻研究》（萬卷樓圖書股份有限公司，2018）甚是詳細。拙文與他們的某幾個觀點相合，但亦有不同者，且拙文在討論的時候還兼顧評述清人校注得與失，并且推測了簡傳本之間的關係，故而斗膽拿出來發表。至於觀點相合的地方，我們均以注釋的方式進行了徵引。另，匿名審稿專家指出了拙文幾處錯誤，并建議增加拙文第三部分，衷心感謝。又，看校樣時，檢索到鍾舒婷《清華簡〈命訓〉與今本〈命訓〉異文對比整理》（《學行堂語言文字論叢》第 6 輯，北京：科學出版社，2018，82－92 頁），馮勝君《清華簡〈命訓〉釋讀掇瑣（四則）》（《出土文獻研究》第 17 輯，北京：中西書局，2018，68－72 頁）也有對《命訓》的研究，因拙文已出清樣，他們的個别意見及尚有疏漏的其他學者意見均無法吸入正文，特此致歉。

① 此字原作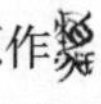，又見於簡 14，對應今本均作“震”。趙平安釋爲“耕”，讀爲“震”。詳見趙平安《釋清華簡〈命訓〉中的“耕”字》，《深圳大學學報（人文社會科學版）》2015 年第 3 期。金宇祥同，詳見金宇祥《據清華伍釋讀楚文字二則》，《第二十七届中國文字學國際學術研討會論文集》，臺灣臺中教育大學，2016。程浩認爲從“來”聲，讀爲“理”，其“懷疑《命訓》篇更早的本子裏面此字原是寫作‘振’的，表示‘治理’之義，而今本用了通假字‘震’，清華簡則用了同義訓詁字‘𦓤’”。詳見程浩《釋清華簡〈命訓〉中對應今本“震”之字——兼談〈歸藏〉、〈筮法〉的“震”卦卦名》，李學勤主編《出土文獻》第 6 輯，上海：中西書局，2015，222 頁。侯乃峰釋爲“耒”，連同今本的“震”皆讀爲“累”。詳見侯乃峰《釋清華簡（伍）〈命訓〉篇的“耒”字》，《戰國文字研究的回顧與展望國際學術研討會論文集》，復旦大學，2015，141－146 頁。王逸清認爲從來從力從田，讀爲勑，訓爲治。詳見王逸清《清華簡〈命訓〉中的“勑”字》，李學勤主編《出土文獻》第 8 輯，上海：中西書局，2016，131－138 頁。按，暫從趙説。

② 此字原簡作“成”，整理者引朱右曾説讀爲“盛”。高佑仁《〈清華伍〉書類文獻研究》700－702 頁亦有詳説，可從。類似用法楚簡多見，參見白於藍《戰國秦漢簡帛古書通假字彙纂》，福州：福建人民出版社，2012，722－723 頁。

③ 整理者將“物”屬下讀，應不確。今本孔晁注：“物，事。”潘振云：“總括其大概曰凡。屬，類也。言此十一事皆行權之類也。”參見黄懷信、張懋鎔、田旭東《逸周書彙校集注（修訂本）》，37 頁。

清華簡“少鄂”與兩周之際申國史地再考

□ 北京師範大學歷史學院 蘇浩

内容提要 兩周之際,參與周王室動亂的申國當在今南陽地區。古本《竹書紀年》及新出清華簡《繫年》中的“西申”實爲南陽之申。清華簡《繫年》“少鄂”地望的確定可以與兩周之際平王奔申的史事相聯繫。考古資料表明,清華簡中的“少(小)鄂”亦當在南陽,而不是晋國的鄂地。兩周之際南陽地區的申、鄂相距不遠,結合考古發現與文獻記載,將“少(小)鄂”地望定在南陽理據更加充分,少鄂地望的確定爲“南申”説提供了新的證據。

關鍵詞 清華簡 少鄂 兩周之際 西申 南陽

兩周之際,社會動蕩,在變局中具有特殊影響的申國歷來受到人們的矚目。然而由於史籍缺載,有關申國的地望問題,却素來聚訟紛紜,南申説和西申説各執一詞,莫衷一是。[①] 近年來,隨着一批相關出土材料的面世,這一問題再次進入人們的視野。

平王所走(奔)之申,《史記》《國語》記作“申”,而古本《竹書紀年》與近出清華簡《繫年》則俱謂“西申”。於是,有些學者據《繫年》“西申”之載,斷定兩周之際周平王所奔之申在鎬京以西,似乎西申説已成定論。然而,這一觀點值得再推敲。清華簡《繫年》記載:“晋文侯乃逆平王于少鄂。”[②]是説在兩周之際的動蕩局面中,晋文侯從“少鄂”迎立周平王。這一記載值得重視,因爲它爲瞭解申國地望提供了新的參照。本文在參考學者研究成果的基礎上,結合相關文獻與清華簡所記,就兩周之際申國相關史地問題加以考論。

① 徐少華先生《“平王走(奔)西申”及相關史地考論》(《歷史研究》2015年第2期)一文對“申”的地望問題進行了較爲全面的回顧。

② 清華大學出土文獻研究與保護中心編,李學勤主編:《清華大學藏戰國竹簡(貳)》,上海:中西書局,2011,138頁。

一　西申還是南申

兩周之際的申國在周王室動亂中扮演了重要的角色，但這個申國究竟是西戎之申還是南陽之申，文獻記載語焉不詳。《史記・周本紀》記載：

> 三年，幽王嬖愛褒姒，褒姒生子伯服，幽王欲廢太子。太子母申侯女，而爲后。後幽王得褒姒，愛之，欲廢申后，并去太子宜臼，以褒姒爲后，以伯服爲太子……又廢申后，去太子也。申侯怒，與繒、西夷犬戎攻幽王。幽王舉㷭火徵兵，兵莫至。遂殺幽王驪山下，虜褒姒，盡取周賂而去。於是諸侯乃即申侯而共立故幽王太子宜臼，是爲平王，以奉周祀。平王立，東遷于雒邑，辟戎寇。[①]

從這段記載可以看出，周幽王所娶爲申侯之女，申后被廢後，申侯聯合繒、西夷犬戎攻殺幽王。諸侯與申侯共立太子宜臼，即周平王。這裏雖未明言周平王出奔申，但“去太子也”暗示太子宜臼已離開國都，奔往申國。這樣纔有後來的“諸侯乃即申侯而共立故幽王太子宜臼”之事。

關於太子奔申，《國語》的記載與《史記》是一致的。《國語・晋語一》記：“太子出奔申，申人、鄫人召西戎以伐周，周於是乎亡。”[②]同書《鄭語》又記“王欲殺太子以成伯服，必求之申，申人弗畀，必伐之。若伐申，而鄫與西戎會以伐周，周不守矣。”[③]在《史記》《國語》中，均記載太子所奔之地爲“申”。然而，古本《竹書紀年》所記與《史記》《國語》有不合之處，云：

> 平王奔西申，而立伯盤以爲大子，與幽王俱死于戲。先是，申侯、魯侯及許文公立平王於申，以本大子，故稱天王。幽王既死，而虢公翰又立王子余臣於攜。周二王并立。二十一年，攜王爲晋文公（按：公當爲侯）所殺。以本非適，故稱攜王。[④]

這段記載與《史記》《國語》相比，明顯的區别是：（一）平王所奔之地，《國語》《史記》均稱“申”，而古本《竹書紀年》則明確稱爲“西申”；（二）關於申侯與諸侯立平王事，《史記》的記載是：“諸侯乃即申侯而共立故幽王太子宜臼，是爲平王”，未言諸侯具體所指。而古本《竹

---

① 《史記》卷五《周本紀》，北京：中華書局，1959，147-149頁。

② 徐元誥：《國語集解》（修訂本），北京：中華書局，2002，251頁。

③ 徐元誥：《國語集解》（修訂本），475頁。

④ 《左傳》昭公二十六年“正義”引《汲冢書紀年》，[晋]杜預注，[唐]孔穎達疏：《春秋左傳正義》，[清]阮元校刻《十三經注疏》，北京：中華書局，1980，2114頁。

書紀年》則明確指出"申侯、魯侯及許文公立平王於申",記載了與申侯共同立平王的是魯侯和許文公;(三)古本《竹書紀年》記載了"周二王并立"的事情,這點在《史記》《國語》中均隻字未提。[①] 因"周二王并立"事非本文討論重點所在,順帶提及,只想説明從以上幾處記載差异來看,《史記》《國語》與古本《竹書紀年》明顯有不同的史料來源。

關於周平王所走(奔)之申的地望,《國語》韋昭注:"申,姜姓之國,平王母家也。"[②]未明確指出申國的地望所在。清代以來的學者多認爲太子宜臼(即周平王)所奔即南陽之申。[③] 與之相比,少有學者信從古本《竹書紀年》所記"平王奔西申"的説法。[④] 然而,清華簡《繫年》明確記載了平王所走(奔)之申爲"西申"。清華簡《繫年》公布後,由於這段簡文與兩周之際史事密切相關,且可與《史記》《國語》以及古本《竹書紀年》相對照,故引起學者們對兩周之際申國問題的熱烈討論。[⑤] 然而,關於申國的地望問題,并没有徹底解决。

爲方便進一步討論,現將相關簡文俱引於下(盡量以通行字轉寫):

> 王與白(伯)盤逐平王,平王走西申,幽王起師圍平王于西申,申人弗畀,曾人乃降西戎,以攻幽王,幽王及白(伯)盤乃滅,周乃亡。邦君諸正乃立幽王之弟余臣于虢,是攜惠王。立廿(二十)又一年,晋文侯仇乃殺惠王于虢。周亡王九年,邦君諸侯焉始不朝于周。晋文侯乃逆平王于少鄂,立之于京師。[⑥]

由於清華簡《繫年》所記"平王走西申"可與古本《竹書紀年》對照,於是一些學者重新審視古本《竹書紀年》"平王奔西申"的問題,認爲平王所奔之"申"即西戎之申。[⑦] 但值得思考的是,"東西南北"作爲方位名稱,不管是古代還是現代,都是一個相對的概念。學者們見"西申"

---

① 關於"周二王并立"的相關史事,專家學者已做了較爲深入的研究,詳參晁福林《論平王東遷》,《歷史研究》1991 年第 6 期。

② 徐元誥:《國語集解》(修訂本),251 頁。

③ 如顧炎武《日知録》:"申伯,宣王之元舅也……其孫女爲幽王后,無罪見黜,申侯乃與犬戎攻殺幽王。"其後,徐元誥、吕思勉、錢穆、楊寬、郭沫若、王玉哲等學者在其相關論著中均持此説。詳參徐元誥《國語集解》,北京:中華書局,251、461、475 頁;吕思勉《先秦史》,上海古籍出版社,1982,148 頁;錢穆《史記地名考》,北京:商務印書館,2001,574 頁;楊寬《西周史》,上海人民出版社,1999,574 頁;郭沫若主編《中國史稿》,北京:人民出版社,1976,第 1 册,291-292 頁;王玉哲《中華遠古史》,上海人民出版社,2000,733-736 頁。

④ 童書業、石泉等先生先持申在南陽説,後拋弃這一説法,均認爲兩周之際平王所走之申在鎬京以西。參見童書業《春秋史》,上海古籍出版社,2003,57 頁;石泉《古代荆楚地理新探》,武漢大學出版社,1988,88 頁。其後,晁福林先生、李峰先生也都持相同看法,詳參晁福林《論平王東遷》,《歷史研究》1991 年第 6 期;晁福林《清華簡〈繫年〉與兩周之際史事的重構》,《歷史研究》2013 年第 6 期;李峰《西周的滅亡:中國早期國家的地理和政治危機》,上海古籍出版社,2007,252-260 頁。

⑤ 詳參晁福林《清華簡〈繫年〉與兩周之際史事的重構》;徐少華《"平王走(奔)西申"及相關史地考論》。

⑥ 清華大學出土文獻研究與保護中心編,李學勤主編:《清華大學藏戰國竹簡(貳)》,138 頁。

⑦ 參見徐少華《"平王走(奔)西申"及相關史地考論》;蘇建洲《〈清華二 · 繫年〉中的"申"及相關問題討論》,《古文字與古代史》第 4 輯,臺北:"中研院"歷史語言研究所,2015。

即默認爲西戎之申國,這裏會不會有一種概念上的認識誤區?我們認爲,古本《竹書紀年》和《繫年》所記的“西申”,并不一定指向西周王都鎬京以西的申國。

當然,首先要指出,西周初年鎬京以西地區確實存在一個古申國,《逸周書·王會解》記西周初年成周之會,“西申以鳳鳥”爲周王獻禮,[①]這裏的西申應當就是鎬京以西的申國。此外,《史記·秦本紀》也記載:“申侯之女爲大駱妻,生子成爲適。申侯乃言孝王曰:‘昔我先酈山之女,爲戎胥軒妻,生中潏,以親故歸周,保西垂,西垂以其故和睦’”。[②] 關於這裏的申,顧頡剛先生結合《秦本紀》記載,推測:“似申國本在周西,即今陝西西部,至宣王世以開闢南土,乃遷之于河南者。”[③]蒙文通先生根據《山海經·西山經》中多次提到“申山”“上申之山”“申首之山”“申水”等,認爲:“則安塞米脂以北,西連中衛,爲申戎之國,所謂西申也。”[④]徐少華先生據諸多文獻記載及考古資料,對上引《西山經》中的“申山”“上申之山”“申首之山”“申水”及相關諸地地望進行了詳盡考察,認爲:“古申人、申侯之國位於今甘肅平涼、鎮原以北。”[⑤]以上諸位先生所推論的申國地望雖不盡相同,但其位置都在鎬京以西。1972 年甘肅靈台白草坡西周早期墓地出土“㝉伯”諸器,[⑥]據李守奎先生考證,“㝉”字爲“西申之‘申’的早期用字。”[⑦]此地亦在鎬京之西。諸多證據表明,西周早中期,鎬京以西確曾存在過一個古申國。

但在周宣王時,爲加强對南土的控制,已將申國遷到今南陽地區,《詩經·大雅·崧高》對此有詳細的記載:

> 亹亹申伯,王纘之事。于邑于謝,南國是式。王命召伯,定申伯之宅。登是南邦,世執其功……王遣申伯,路車乘馬。我圖爾居,莫如南土。錫爾介圭,以作爾寶。往近王舅,南土是保。申伯信邁,王餞于郿。申伯還南,謝于誠歸。王命召伯,徹申伯土疆。以峙其粻,式遄其行。[⑧]

從詩文看,周王這次册封申伯極爲隆重,規格很高,在這首詩中,“南國”“南邦”“南土”多次

① 黄懷信、張懋鎔、田旭東:《逸周書彙校集注》,上海古籍出版社,2007,858 頁。
② 《史記》卷五《秦本紀》,177 頁。
③ 顧頡剛:《西周的王朝》,《顧頡剛古史論文集》,北京:中華書局,1988,第 2 册,353 頁。
④ 蒙文通:《古族甄微》,成都:巴蜀書社,1993,63 頁。
⑤ 徐少華:《“平王走(奔)西申”及相關史地考論》,150–155 頁。
⑥ 參甘肅省博物館文物隊《甘肅靈台白草坡西周墓》,《考古學报》1977 年第 2 期。
⑦ 李守奎:《清華簡〈系年〉中的“䋎”字與西申》,《歷史語言學研究》第 7 輯,北京:商務印書館,2014,第 175 頁。
⑧ [漢]鄭玄箋,[唐]孔穎達疏:《毛詩正義》,[清]阮元校刻《十三經注疏》,北京:中華書局,1980,566–567 頁。

出現,[①]周王將申伯封在謝地的政治目的非常明確,即"南國是式""南土是保"。"式"諸家多訓爲"法",鄭箋:"南方之國皆統理施其法度。"孔疏:"令往作邑於謝之地,以統理南方之國,於是施其法度以治之。"[②]就是説,申國南封,協助周王室以法度統理南方之國,并保衛周的南土。詩文説:"登是南邦,世執其功""我圖爾居,莫如南土",説明申國本不在周之南土。又説:"申伯信邁,王餞于郿。申伯還南,謝于誠歸。""郿",毛傳:"地名。"鄭箋:"時王蓋省岐周,故于郿云。"孔穎達正義:"於漢屬右扶風,在鎬京之西也。"又曰:"申在鎬京之東南,自鎬適申,塗不經郿。解其得餞郿之意,時宣王蓋省視岐周,申伯從王至岐。自岐遣之,故餞之於郿也。"[③]郿在鎬京之西,宣王在郿爲申伯餞行,是否因省岐周已不可知,但宣王往西親自爲即將南封的申伯餞行,一方面説明了其對申伯南封的重視,同時,這也證明,這個南封之申的始居地正是鎬京以西的申國。

這個南封的申伯被稱爲"王之元舅",可見其具有很高的政治地位。自周宣王此次遷申之後,文獻中不見關於西申的記載,聯繫《崧高》所描述的這個邑謝之申顯赫的政治地位,可以推測西申已經遠離故土,向南遷徙。而幽王所娶之申,即是這個南遷的邑謝之申。這個申一直存續到春秋時期,《左傳》隱公元年記載:"初,鄭武公娶于申,曰武姜。"杜預注:"申國,今南陽宛縣。"[④]《漢書·地理志》"宛"下注:"故申伯國。"[⑤]《史記·楚世家》正義引《括地志》:"故申城在鄧州南陽縣北三十里"。[⑥] 又《左傳》莊公六年:"楚文王伐申,過鄧。"[⑦]此申在鄧北,爲南陽之申無疑。《左傳》哀公十七年追叙其事:"子穀曰:'……彭仲爽,申俘也。文王以爲令尹,實縣申、息,朝陳、蔡,封畛於汝。"根據"實縣申、息"的記載可以判斷,這個南陽之申國滅於春秋早期的楚文王時期,[⑧]申從此成爲楚國的一個縣。

1975年3月河南南陽市西關煤場發現春秋早期申公彭宇墓葬,[⑨]出土申公彭宇簠(《銘圖》05958),其銘文爲:

---

① 據朱鳳瀚先生研究,在周人觀念中,"南國"與"南土"二者有别。"南土"是指周王國南方的國土,而"南國"則更在其南,大致在今淮水流域、南陽盆地南部與漢淮間平原一帶,"南國"不宜被理解爲周人之國土,它大體上可以認爲是西周王國的附屬區。詳參朱鳳瀚《論西周時期的"南國"》,《歷史研究》2013年第4期。

② [漢]鄭玄箋,[唐]孔穎達疏:《毛詩正義》,[清]阮元校刻《十三經注疏》,566頁。

③ [漢]鄭玄箋,[唐]孔穎達疏:《毛詩正義》,[清]阮元校刻《十三經注疏》,567頁。

④ [晋]杜預注,[唐]孔穎達疏:《春秋左傳正義》,[清]阮元校刻《十三經注疏》,1715頁。

⑤ 《漢書》卷二八上《地理志上》,北京:中華書局,1962,1563頁。

⑥ 《史記》卷四〇《楚世家》,1696頁。

⑦ [晋]杜預注,[唐]孔穎達疏:《春秋左傳正義》,[清]阮元校刻《十三經注疏》,1764頁。

⑧ 關於南陽申國的滅亡時間,何浩先生曾據《左傳》所記,推斷在楚文王三年至楚文王六年。參何浩《楚滅國研究》,武漢出版社,1989,207頁。近來蘇建洲先生結合清華簡《繫年》所載楚滅息時間,認爲"'南申'被滅的時間當在楚文王六年(前687)之後,最遲是楚文王七年(前683)。"參見蘇建洲《〈清華二·繫年〉中的"申"及相關問題討論》,456頁。其説可信。

⑨ 詳見王儒林、崔慶明《南陽市西關出土一批春秋青銅器》,《中原文物》1982年第1期。

唯正十又一月，申公彭宇自作湽簠，宇其眉壽，萬年無疆，子子孫孫，永寶用之。①

同墓還出土有彭伯壺一件，殘蓋銘文：“彭伯自作醴壺，其子子孫孫永寶用之。”其壺頸内亦有銘文：“……醴壺，其子子孫孫永寶用之。”證明春秋早期，楚文王滅申後，《左傳》中所記楚文王令申俘彭仲爽爲令尹，“實縣申、息”的“申”確曾在南陽地區。據相關介紹，此彭伯壺“銘文前有明顯的刮銼痕迹”，②經過刮銼的彭伯壺出現在申公彭宇墓中，關於二人的關係，學者們多有討論，推斷此彭伯當在申公彭宇之前，可能是申公彭宇的某位先祖。彭仲爽以申俘身份爲楚令尹，此申公彭宇很可能是楚滅申後，“實縣申、息”的第一任申公。

其後，2003年3月，南陽市文物考古研究所在南陽市物資城發掘一座春秋墓（發掘者稱爲一號墓），③出土“彭公之孫無所鼎”（《銘圖》02158），其銘文爲：“彭公之孫無所自作湯鼎，眉壽無期，永保用之。”同墓所出另一件鼎銘文爲：“申公之孫無所自作𩱦鼎。”根據其形制、紋飾，學者推斷“其年代也屬於春秋晚期”。④ 其後南陽市文物考古研究所又在一號墓南約50米發現春秋晚期的申公壽墓，⑤出土有四件簠，其中兩件簠器蓋同銘，其銘文爲：“申公壽擇其吉金，自作飤簠，其眉壽無期，永保用之。”另兩件簠器蓋同銘，其銘文爲：“彭子壽擇其吉金，自作飤簠，其眉壽無期，永保用之。”由於四簠爲同墓所出，“申公壽”應該就是“彭子壽”，其情況與一號墓出土鼎銘“彭公之孫”又作“申公之孫”相同。根據李長周、田成方兩位先生的考證，此“申公壽”即《左傳》中的“申公壽餘”，其活動年代在春秋晚期晚段，⑥其説可從。南陽市物資城陸續發現多座彭氏家族墓葬，時代從春秋早期一直延續到春秋晚期，而目前比較明確的是彭宇和彭子壽均當過申公。⑦ 可以推測自春秋早期楚文王滅申後，申主要是由彭氏家族成員作爲申公進行統治的。

在南申之外，還有一個鄭地之申。《左傳》文公八年記載：“晋侯使解揚歸匡、戚之田于衛，且復致公壻池之封，自申至于虎牢之竟。”這個申，杜預注：“申，鄭地。”認爲是在鄭國境

① 銘文參吴鎮烽先生主編《商周青銅器銘文暨圖像集成》（以下簡稱《銘圖》，如無特殊説明，本文所引銘文皆出自該書，不再另行注出）。《銘圖》將申公彭宇簠定在春秋早期，而《河南南陽春秋楚彭射墓發掘簡報》則認爲墓葬時間爲“春秋中期早段”（《文物》2011年第3期，30頁）。

② 尹俊敏：《南陽出土的彭伯壺》，《文物》1997年第12期，58頁。

③ 董全生、李長周：《南陽市物資城一號墓及其相關問題》，《中原文物》2004年第2期。

④ 林麗霞、王鳳劍：《南陽市近年出土的四件春秋有銘銅器》，《中原文物》2006年第5期，9頁。吴鎮烽先生《銘圖》亦定爲春秋晚期。蘇建洲先生認爲其時代在“春秋中期偏晚。”參見蘇建洲《〈清華二·繫年〉中的“申”及相關問題討論》，479頁。由於銘稱“申公之孫”，這個“申公”可能即是申公彭宇或彭宇之後的某位申公，其時代在春秋中晚期大致不誤。

⑤ 李長周：《從南陽申公壽墓的銘文説起》，《中國文物報》2012年12月7日第6版。

⑥ 參見李長周《從南陽申公壽墓的銘文説起》；田成方《東周時期楚國宗族研究》，武漢大學博士學位論文，2011，150頁。

⑦ 南陽彭氏家族墓葬相關發掘簡報尚未完全整理公布，據《河南南陽春秋楚彭射墓發掘簡報》（《文物》2011年第3期）：“從目前發掘的墓葬材料看，這裏是一處彭氏家族墓地，所知的彭氏墓已有五代人，最早的是彭宇墓，最晚的是彭啓墓。該墓地北邊的時代早，往南漸晚。已發掘的五代人的墓葬中，有四代人的墓中隨葬五鼎四簠，爲楚國高級貴族。從銘文看，彭宇和彭子壽曾任過申縣的縣公。”

内。楊伯峻先生據《欽定春秋傳説匯纂》"當在鄭州汜水縣界"，認爲此申"當在今河南省鞏縣東、滎陽西之汜水境。"[①]此申與虎牢地近，杜注鄭地當無誤。陳槃先生認爲："此申與申伯之申，其間關係未知何如。疑申伯舊居在是，宣王'定申伯之宅'，欲使之式是南國，故申伯然後遷南陽耳。"[②]裘錫圭先生亦作此推測。[③] 但鄭國之申，文獻乏載，這與《崧高》所記申伯的顯赫地位以及遷封的盛大場面極不相符。且《崧高》明言："申伯信邁，王餞于郿。""郿"在鎬京以西，鄭國之申地在洛陽之東，如果鄭國之申爲申伯故地，很難解釋周王去鎬京以西的郿爲其餞行。因此，鄭地之申當爲鄭國的地名，應該與兩周之際的申國無涉。

據文獻記載，在上述申地之外，周代南土還有一個申。《詩經・王風・揚之水》記載：

> 揚之水，不流束薪。彼其之子，不與我戍申……彼其之子，不與我戍甫……彼其之子，不與我戍許。

關於這裏的"申"，鄭箋謂："平王母家申國在陳、鄭之南，迫近强楚。"[④]"陳鄭之南"自然不是南陽，而是在信陽地區。一些學者據鄭箋認爲在信陽地區亦存在一個申，即所謂的"東申"。[⑤] 但由於這一説法所引材料較爲晚出，缺乏堅實證據，故學界信者寥寥。可是，我們認爲，鄭玄素以博學著稱，他所説申在陳、鄭之南當非空穴來風，而應有所本，説明至遲在漢代，信陽地區是被經學家當作故申國所在的。鄭玄之説值得重視，因爲從一些文獻中，我們可以找到信陽亦曾被稱作申的蛛絲馬迹。

後世典籍中有將信陽稱作申的。《隋書・地理志下》記："義陽郡：齊置司州。梁曰北司州，後復曰司州。後魏改曰郢州，後周改曰申州，大業二年爲義州。"[⑥]此"義陽"即今信陽。據此，文獻記載較早將信陽稱爲"申州"是在後周時期。樂史《太平寰宇記》亦曰："信陽軍，本申州也。春秋時屬楚，即古申國之地也。周宣王封舅之國……後魏既得司州，乃改爲郢州。至周武帝改郢州爲申州。"[⑦]杜佑《通典》義陽郡"申州"條云："申州，今理義陽縣。春秋時申國之地，或曰申國在今南陽郡南陽縣。"[⑧]樂史所謂的"周宣王封舅之國"在今南陽地區

---

① 楊伯峻：《春秋左傳注》，北京：中華書局，2016，619頁。

② 陳槃：《春秋大事表列國爵姓及存滅表撰异》（三訂本），上海古籍出版社，2009，269頁。

③ 詳參裘錫圭《談曾侯乙墓鐘磬銘文中的幾個字（與李家浩合著）》，《裘錫圭學術文集》第3卷，上海：復旦大學出版社，2012，57頁。

④ ［漢］鄭玄箋，［唐］孔穎達疏：《毛詩正義》，［清］阮元校刻《十三經注疏》，331頁。

⑤ 參見顧鐵符《信陽一號楚墓的地望與人物》，《故宫博物院院刊》1979年第7期；鄔錫非《也談西周申國的有關歷史問題》，《杭州大學學報》1992年第1期；艾延丁《申國之謎之我見》，《中原文物》1987年第5期。何浩先生開始亦持信陽爲"東申"説，後認爲"原來申人居地在今滎陽一帶，似較合理。"詳參何浩《西申、東申與南申》，《史學月刊》1988年第5期。

⑥ 《隋書》卷三一《地理志下》，北京：中華書局，1973，894頁。

⑦ ［宋］樂史：《太平寰宇記》，北京：中華書局，2007，2599頁。

⑧ ［唐］杜佑：《通典》，北京：中華書局，1988，4873頁。

而不在信陽,這已是多數學者的共識。但將信陽稱作"申國之地",當反映了春秋某一時期的事實。"信陽"之"信"與"申國"之"申"古通用,典籍多見。如《晏子春秋·内篇·雜上》:"而申乎知己",①《史記·管晏列傳》引作"而信于知己",《索隱》:"信讀爲申,古《周禮》皆然也。"②那麽,信陽之申與南陽之申是什麽關係呢?我們認爲,南陽之申可能又支分到今信陽地區。但這個信陽之申的始封不會太早。《詩經·大雅·崧高》説南陽之申的始封是在宣王之時,其目的如上所説,即協助周王管理南土。而支分到信陽的申,目的類似,其時代應在春秋時期。信陽之申的出現,使得"申"的稱呼問題複雜了。由於南陽在信陽之西北方向,因此,爲别于信陽之申,一些文獻將南陽之申稱作"西申",這應當就是古本《竹書紀年》以及清華簡《繫年》中的"西申",實際上指南陽之申。

信陽之申,也早已爲學者所注意。顧鐵符先生據《左傳》中常以"申、息"并提的現象,結合相關記載,認爲:"'申、息'的申只可能在息的附近信陽,而絶不可能遠在四五百里以外的南陽。從這些情況看來,申國的確是有兩個,一個是'申、吕'或者'申、曾'的申,是在南陽地區。另一個是'申、息'的申,是在信陽一帶。"③《左傳》昭公十三年記:"楚之滅蔡也,靈王遷許、胡、沈、道、房、申於荆焉。平王即位,既封陳、蔡,而皆復之,禮也。"杜注:"滅蔡在十一年,許、胡、沈,小國也。道、房、申皆故諸侯,楚滅以爲邑。"④何浩先生通過排比此次楚靈王所遷諸國之地望,并結合當時吴楚相争的形勢,認爲:"靈王所遷之'申',只可能是指淮北的信陽之'申'……楚文王滅申後,故申國宗族曾被東遷到今信陽境内"。⑤ 徐少華先生亦認爲:"南陽之申是申國故地(即西周晚至春秋早期的申伯之國),而信陽一帶,既不是宣王以前的所謂東申之國,亦非宣王時的申伯所封,而是春秋早期楚文王取申并于南申故地設縣之後,將申國貴族和臣民遷往今信陽一帶安置的結果。"⑥這些説法,都應當是符合當時的實際情況的。

1990年,湖北鄖縣肖家河發現春秋晚期楚墓,⑦墓中出土有銘(器蓋同銘)銅器叔姜簠(《銘圖》05897),其銘文爲:

> 申王之孫叔姜,自作飤簠,其眉壽無期,永保用之。

---

① 吴則虞:《晏子春秋集釋》,北京:中華書局,1962,353頁。

② 《史記》卷六二《管晏列傳》,2135頁。

③ 顧鐵符:《信陽一號楚墓的地望與人物》,77頁。

④ [晋]杜預注,[唐]孔穎達疏:《春秋左傳正義》,[清]阮元校刻《十三經注疏》,2073頁。

⑤ 詳參何浩《西申、東申與南申》,7-8頁。另南宋羅泌、近人蒙文通、楊伯峻、徐少華等均認爲楚靈王、平王時,申仍然存在。詳參羅泌《路史·國名紀一》、蒙文通《周秦少數民族研究》、楊伯峻《春秋左傳注》、徐少華《周代南土歷史地理與文化》。

⑥ 徐少華:《周代南土歷史地理與文化》,武漢大學出版社,1994,35頁。徐少華先生還注意到,南陽地區申、謝、吕、武城關係密切,而在信陽地區亦有這一套地名出現,根據地名隨人遷徙的規律,這似可爲南陽之申遷往信陽提供新的旁證。

⑦ 鄖陽地區博物館:《湖北鄖縣肖家河春秋楚墓》,《考古》1998年第4期。

銘文徑稱“申王”,從金文中“某之孫”的文例看,此“申王”當爲叔姜的某位先祖。而“叔姜”的稱謂表明這個申就是姜姓的申國。可以推測,春秋晚期之前,姜姓申國曾有過稱王的舉動。

2002年,黄錫全先生又介紹了一件有關申國的名爲“申文王之孫州桒簠”的銅器材料,[1]其銘文爲:

唯正十月初吉庚午,申文王之孫州桒,擇其吉金,自作食簠,永保用之。

這裹又稱“申文王之孫”,兩器同屬春秋晚期,叔姜簠中的“申王”可能即此“申文王”之省稱。兩器銘中的“申(文)王”之稱説明,申國在春秋晚期之前的某段時間,確曾有過稱王之舉。[2]而從南陽彭氏家族墓地的相關發掘可知,至少有兩任彭氏家族成員是當過申公的。這兩任申公一個在春秋早期,一個當在春秋晚期,[3]説明春秋早期,楚文王“縣申”後,南陽地區應該就是楚國的一個縣,依靠縣公進行統治,未有稱王之舉。[4] 如果據這兩件銘文所記,春秋晚期之前的申確實有過稱王舉動的話,那這個稱王的申有可能即是信陽地區的申。據傳申文王之孫州桒簠出自河南靠近安徽處,與信陽地望相合。由於信陽之申的相關信息史書缺載、材料匱乏,這一推測還需要更多材料來印證。

叔姜簠蓋銘拓本

申文王之孫州桒簠銘拓本

① 據介紹,此器出自河南靠近安徽處,時代在春秋晚期,原器不知下落。詳參黄錫全《申文王之孫州桒簠銘文及相關問題》,《古文字研究》第25輯,北京:中華書局,2004。此器拓片後收入吴鎮烽先生主編的《商周青銅器銘文暨圖像集成》。

② 徐少華先生曾指出叔姜器稱“申王”有兩種可能性:一是南土之“申”確曾一度稱王,與其同宗近鄰的吕國銅器自稱“吕王”“吕王之孫”的情況相同,二是申國并未稱王,叔姜器銘“申王之孫”是對其先君的溢美之辭。詳參徐少華《從叔姜簠析古申國歷史與文化的有關問題》,《文物》2005年第3期。

③ 上文所提及的春秋早期的申公彭宇簠(《銘圖》05958)爲目前明確的南陽申公,而另一申公彭子壽,其墓發掘簡報尚未公布,據《河南南春秋陽楚彭射墓發掘簡報》(《文物》2011年第3期):“從銘文看,彭宇和彭子壽曾任過申縣的縣公。”。另據喬保同、李長周《南陽發現蔡侯申簠》(《中原文物》2009年第2期)一文,2000年9月南陽市文物考古研究所物資總公司院内發現一座春秋晚期的彭子壽墓,該墓出土有表示墓主人身份的五鼎四簠等,其中一銅簠有銘文“彭子壽擇其吉金”。而44號墓出土有蔡侯申簠,“與彭子壽爲夫妻异穴合葬墓”。

④ 田成方先生曾指出:“楚文王取申設縣以後,申國降爲楚人附庸,形式上保留了‘申伯’的名號,并一度稱王,但實際上有名無實。”參見田成方《東周時期楚國宗族研究》,武漢大學博士學位論文,2011,168頁。從南陽彭氏家族墓地看,楚滅申後,南陽之申是由彭氏申公進行統治的。田先生的説法恐值得商榷。

周宣王遷申伯于南陽後,文獻中不見鎬京以西之申的明確記載,就目前而言,不管是考古材料還是文獻記載,没有確鑿證據表明,在周宣王遷申之後,在西申故土還存在一個申國。徐少華先生亦説:"今後若能在陝北地區發現與古申戎相關的考古遺存,將有助於對這一學術問題的定讞決疑。"①如果周平王所走(奔)的是西戎之申的話,根據文獻記載,兩周之際申國在擁立平王的過程中,起到了極爲重要的作用,很難想像這樣一個申國在周平王東遷後從此消失,不管是文獻還是目前的考古發現,都不見這一時期"西申"的信息。有學者以青銅器銘文中出現的"南申"字樣來推測兩周之際還存在一個西申,則證據不足,恐難成立。

1981 年,河南南陽北郊磚瓦廠出土有銘仲爯父簋(《集成》4189),其銘文爲:

南𤔲伯太宰仲爯父厥辭,作其皇祖考夷王、監伯尊簋。用享用孝,用易眉壽,屯右康勵,萬年無疆,子子孫孫永寶用享。(蓋銘)

仲爯父太宰南𤔲厥辭,作其皇祖考夷王、監伯尊簋。用享用孝,用易眉壽、屯右康勵,萬年無疆,子子孫孫永寶用享。(器銘)

仲爯父簋蓋銘拓本

仲爯父簋器銘拓本

仲爯父鼎銘拓本

同墓亦出土仲爯父鼎(《集成》02529),其銘文爲:仲爯父作寶鼎,其萬年子子孫永用享孝。

仲爯父簋,李學勤先生定爲西周晚期器,②劉雨先生定爲春秋早期器。③ 銘文中的"𤔲"字,裘錫圭先生始釋爲"申",④得到學界普遍認可。對於其中"南申"的理解,牽涉到對"申"地望的認識與判定。仲爯父簋出來後,因爲有"南申"字樣,於是一些學者據此認爲南陽之申

① 徐少華:《"平王走(奔)西申"及相關史地考論》,155 頁。

② 參見李學勤《論仲爯父簋與申國》,《中原文物》1984 年第 4 期。

③ 參見劉雨《南陽仲爯父簋不是宣王標準器》,《古文字研究》第 18 輯,北京:中華書局,1992,394-397 頁。

④ 參見裘錫圭《史牆盤銘解釋》及《談曾侯乙墓鐘磬銘文中的幾個字(與李家浩合著)》,《裘錫圭學術文集》第 3 卷,7、54-60 頁。

既稱“南申”,則可以斷定此時另有一個“西申”。[①] 但值得注意的是,此器、蓋銘文首句語序有很大不同,一稱:“南申伯大宰仲爯父厥辭”,一稱:“仲爯父大宰南申厥辭”,僅從“南申”的字樣即斷定南陽之申被稱作“南申”,由此認爲另有一“西申”與此區别,則顯得過於武斷。在這兩處表述中,“大宰”爲官名,學者們無异議。李學勤先生認爲“本銘的大宰是申國之相……‘仲爯父厥辭’是大宰的名字。”[②]劉雨先生通過對銘文再釋讀,結合墓葬規格與大宰身份的對比,認爲器主仲爯父非南申國大宰,而是南申國大宰的下屬,這樣的身份纔符合墓葬規格。[③] 兩位先生對仲爯父身份的認識不同,但都將“南申”釋爲國名,其後的多數學者也都持相同意見。

但細審兩處銘文,如果將“南申”釋爲國名,可以解釋通蓋銘中“南申伯大宰仲爯父厥辭”的話,那器銘中“仲爯父大宰南申厥辭”,將“南申”放在“大宰”之後、“厥辭”之前的語序就頗令人費解。[④] 因此,如果將“南申”當作國名,“南申伯大宰”似不符合常見的稱謂習慣。按照這樣理解,同器銘文,既説“南申伯大宰”,又説“仲爯父大宰”,勢必引起表述上的自相矛盾和混亂。且據《史記·鄭世家》:“武公十年,娶申侯女爲夫人,曰武姜”,[⑤]此南封之申,其爵爲“侯”,而不是“伯”。孔穎達《正義》亦説:“且申伯雖舊是伯爵,今改封之後,或進爵爲侯。”又引《史記·周本紀》所記:“申侯與西戎共攻幽王。”認爲:“彼申侯者,不過是此申伯子之與孫耳。明此時得進爲侯。”[⑥]王應麟《詩地理考》説:“申伯舊是伯爵,今改封之後或進爵爲侯。”[⑦]顧棟高《春秋大事表·春秋列國爵姓及存滅表》亦以申爲“侯”爵。[⑧] 朱鳳瀚先生認爲:“西周時期王朝封侯的主要考慮,不是以‘侯’的地位來優待姬姓封君,而更重要的考慮是命‘侯’承擔軍事職責,這與‘侯於某’之‘某’地的地理位置均是周初周人向東、北、南三方開拓擴展的前沿地帶,以及防衛周邊异族進擾的戰略要地也是相應的。”[⑨]《詩經·大雅·崧

---

① 參見徐少華《“平王走(奔)西申”及相關史地考論》;趙燕姣、謝偉峰:《仲爯父簋銘與申國遷徙》,《中國歷史地理論叢》2012年第3輯。另,李學勤先生雖然也指出:“銘文之所以在‘申伯’前冠以‘南’字,可能是爲了與‘西申’相區别。”但李學勤先生同樣認爲《左傳》昭公二十六年所引《紀年》:“平王奔西申,而立伯盤以爲太子”是錯誤的,“平王(即幽王太子宜臼)所奔是在南陽的申,所以申、魯、許等諸侯在申擁他即位,很難理解爲奔于西申。”詳參李學勤《論仲爯父簋與申國》,《中原文物》1984年第4期。

② 李學勤:《論仲爯父簋與申國》,31頁。

③ 劉雨:《南陽仲爯父簋不是宣王標準器》,390-397頁。

④ “大宰”作爲官名,金文中多有出現,如表示某人之“大宰”,則爲“人名+大宰”,如西周晚期邢姜太宰巳簋(《銘圖》04852):邢姜大(太)宰蟲(巳)鑄其寶簋。但如果表述某國太宰,均爲“國名+太宰+太宰名”這樣的形式。如春秋早期器魯太宰原父簋(《集成》03987)銘文:“魯太宰原父作季姬牙媵簋。”

⑤ 《史記》卷四二《鄭世家》,1759頁。

⑥ [漢]鄭玄箋,[唐]孔穎達疏:《毛詩正義》,[清]阮元校刻《十三經注疏》,566頁。

⑦ 王應麟撰,張保見校注:《詩地理考校注》,成都:四川大學出版社,2009,195頁。

⑧ [清]顧棟高:《春秋大事表》卷五,北京:中華書局,1993,571頁。

⑨ 朱鳳瀚:《關於西周封國君主稱謂的幾點認識》,陝西省考古研究院、上海博物館編《兩周封國論衡——陝西韓城出土芮國文物暨周代封國考古學研究國際學術研討會論文集》,上海古籍出版社,2014,274頁。

高》明確説:“王命申伯,式是南邦”“往近王舅,南土是保”,[①]不難看出,此次南封之申,確實承擔着爲西周王朝保衛南土的軍事職責。雖在詩中仍稱“申伯”,但這是“申”在西土的舊稱,此後即進爵爲“侯”。因此,如果把仲爯父簋中的“南申”讀爲國名的話,從稱謂上看,此時也不應稱“伯”,而是“侯”。

金文中也有少量在職官名稱前加“伯”“仲”的例子,如“伯大(太)師”(伯太師盨《銘圖》05561)、“仲大(太)師”(仲太師小子休盨《集成》04397)等,關於其結構,李學勤先生認爲:“好像是排行下加職官,文獻未見其例,還有待研究。”[②]如果“伯太宰”連讀的話,從“南申伯太宰仲爯父厥辭”這句話看,“伯太宰”指的是“仲爯父”,同一個人,既稱“伯”又稱“仲”,這也是不太可能的。

陳絜先生將此簋銘文中的“䌳”讀爲動詞,以“太宰南”爲器主,[③]擺脱了將銘文中的“南申”解爲國名的傳統説法,以之解釋銘文“仲爯父太宰南申厥辭”,很融洽,但如果用來解釋“南申伯太宰仲爯父厥辭”,“伯太宰”放在“仲爯父”前面,似又略顯齟齬。并且,不管是傳世文獻還是銅器銘文中,都缺乏“申辭”連用的例證。[④] 長期以來,多數學者僅關注銘文中“南申伯太宰仲爯父厥辭”一句,却忽略同器中的“仲爯父太宰南申厥辭”,兩句意思一樣,必須都能給出較爲合理的解釋纔算融洽,不能僅僅根據“南申”字樣即斷定此爲南陽之申的國名稱謂。并且,傳世文獻中也從來没有將南陽之申稱作“南申”的。《左傳》隱公元年所記“鄭武公娶于申”,徑言“申”而不稱“南申”。因此,從現有材料看,將仲爯父簋銘中的“南申”作爲南陽之申國名講,證據不足。且此“南申”亦不足以證明其時在鎬京以西另有一“西申”存在。

如上所論,宣王時期,爲加强對南土的控制,已將鎬京以西的申國南遷至南陽地區。其後,文獻不見西申的任何記載,没有確鑿證據表明西申南遷之後在其故土仍有一個申國。古本《竹書紀年》以及近出清華簡《繫年》所載“平王奔(走)西申”中的“西申”,有可能是文獻書寫的時代已經有南陽和信陽兩個申的存在,由於南陽在信陽之西,書寫者爲作區别,故稱

---

① ［漢］鄭玄箋,［唐］孔穎達疏:《毛詩正義》,［清］阮元校刻《十三經注疏》,566-567頁。

② 李學勤:《先秦人名的幾個問題》,《歷史研究》1991年第5期,107頁。

③ 陳絜先生指出:“銘文所謂‘䌳厥司’者,或可與西周金文中習見‘今余唯䌳先王命’之詞相比況,只是有受動與施動之别。而大意是講器主‘太宰南’被身爲大夫的家主‘仲爯父’再次册命,所以鑄造祭祀祖父夷王、先父監伯之禮器,并祈求長壽永命云云。”參見陳絜《應公鼎銘與周代宗法》,《南開學報(哲學社會科學版)》2008年第6期,16頁。

④ 古人名與字含義多有關聯,王引之《春秋名字解詁》對此有充分論述。在此篇銘文中,“南申”和“厥辭”似爲名與字的關係。“申”字本作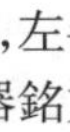,隶作“䌳”,“辭”爲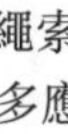,不難看出,兩字所從意符相同,含義相關。據裘錫圭先生研究,“䌳”字右半本从“田”,爲聲旁,左半像兩手持絲或繩索形,“應該就是申束之‘申’的本字。”又“‘申’字在古書中除訓爲約束外,又多訓爲‘重’。銅器銘文中的‘䌳’字也多應訓爲‘重’。”毛公鼎有:“今余唯䌳(申)先王命”。“辭”,《禮記·表記》:“故仁者之過易辭也。”鄭玄注:“辭,猶解説也。”《孟子·公孫丑上》:“我於辭命則不能也”,焦循《正義》引《禮記·表記》注亦作此解。參見［漢］鄭玄注,［唐］孔穎達疏《禮記正義》,［清］阮元校刻《十三經注疏》,1980,1640頁;［清］焦循《孟子正義》,北京:中華書局,1987,213頁。

“西申”,實指南陽之申。考慮到將南陽地區所出仲爯父簋铭中的“南申”解爲國名也存在一些問題,且銘文中的“南申”字樣不足以證明其时另存在一個“西申”。這一點,可以從清華簡《繫年》所記“少鄂”獲得論據。

二　鄂國地望的變遷

清華簡《繫年》中“晉文侯乃逆平王于少(小)鄂”一則材料爲傳世文獻所無,但是它所透露出來的歷史訊息值得深入思考。

細繹這段簡文可知,平王奔申後,幽王起師圍攻平王,“申弗畀”,一直到“晉文侯乃逆平王于少鄂”這段時間,簡文未記平王再有移居别處的舉動,可以推知,在其後的王室動亂中,平王當一直遠離政治中心,處在申國勢力範圍内,也只有在此纔是最安全的。直到周亡王九年“邦君諸侯焉始不朝于周”,晉文侯纔從“少鄂”將其迎接回來,“立之于京師”,重新確立新的王統。可以推斷晉文侯所迎平王的“少鄂”其地當距申不遠。因此“少鄂”地望的確定對於明確兩周之際參與王室動亂的申國之所在至關重要。

關於這裏的“少(小)鄂”,整理者認爲:“少鄂,地名,疑即《左傳》隱公六年之晉地鄂,在今山西鄉寧。”①春秋時期,位於山西的晉國確有鄂地,即《左傳》隱公六年:“翼九宗五正頃父之子嘉父逆晉侯于隨,納諸鄂,晉人謂之鄂侯。”②但將《繫年》中的“少鄂”定位在山西,却有不妥之處。晁福林先生在《清華簡〈繫年〉與兩周之際史事的重構》一文中,已經提出兩點疑問:一是兩周之際此地尚未稱鄂;二是根據當時“二王并立”的形勢,“‘天王’與攜王矛盾極爲尖鋭。周平王當不會退縮到黄河以東的偏遠山區,而將關中地區拱手讓與攜王。”③也有一些學者從其他方面否定了“少鄂”在晉地的説法。④ 縱使當時山西有一“鄂”地,清華簡又緣何稱其爲“少鄂”呢? 在當時政治局勢極爲緊張的情況下,周平王似乎没有理由兩次跨過黄河跑到晉國的一個較爲邊遠的地區去。總之,從當時的實際情況考量,將清華簡中的“少鄂”定位在山西是缺乏依據的。

那麼,如果清華簡中的“少鄂”不在山西境内的話,有可能在什麼地方呢? 筆者認爲,這

---

① 清華大學出土文獻研究與保護中心編,李學勤主編:《清華大學藏戰國竹簡(貳)》,139 頁。

② [晋]杜預注,[唐]孔穎達疏:《春秋左傳正義》,[清]阮元校刻《十三經注疏》,1731 頁。

③ 晁福林:《清華簡〈繫年〉與兩周之際史事的重構》,159-160 頁。

④ 如《清華簡〈繫年〉集釋》引老悶(網名)的説法:“少鄂當不在晋地,否則晋文侯無須往其地逆(迎)平王。平王的母家是申,申侯乃滅周之發起者。周滅後,平王即便暫未得立,也當居於申侯之勢力範圍纔是。”(參李松儒《清華簡〈繫年〉集釋》,上海:中西書局,2015,59 頁)清華簡“晋文侯乃逆平王于少鄂”後面緊跟“立之于京師。三年,乃東徙,止于成周。”董珊先生將“少鄂”與下文的“京師”相聯繫,認爲:“‘少鄂’,應區别於‘鄂’,鄂是京師。少鄂是另一地名……平王先在少鄂,晋文侯應立之於晋之京師,三年以後纔徙至成周。”(參董珊《讀清華簡〈繫年〉》,復旦大學出土文獻與古文字研究中心網,2011 年 12 月 26 日)如果這裏的“鄂”指晋國的京師,文獻乏證,和當時的禮制和形勢都難以相合,仍應參照李學勤等先生觀點,將“京師”理解爲“宗周”爲妥。

裹的“少鄂”當在南陽境内,也就是學界長期爭論的“西鄂”“東鄂”中的“西鄂”。杜勇先生在《新出金文與鄂國史地問題考辨》一文中,結合南陽夏餉鋪新出鄂國青銅器,較早提出了這一看法,認爲:“周厲王在滅鄂之後,始别立新君,遷其遺民於南陽夏餉鋪附近,清華簡《繫年》稱其爲‘少(小)鄂’。”①其説甚確,今試結合兩周之際平王奔申的史事,以申論之。

據文獻記載,商末即存在鄂國。《戰國策·趙策三》記:

> 昔者,鬼侯(之)鄂侯、文王,紂之三公也。鬼侯有子而好,故入之於紂,紂以爲惡,醢鬼侯。鄂侯爭之急,辨之疾,故脯鄂侯。②

《史記·殷本紀》又記:“以西伯昌、九侯、鄂侯爲三公。九侯有好女,入之紂。九侯女不熹淫,紂怒,殺之,而醢九侯。鄂侯爭之强,辨之疾,并脯鄂侯。”③這裹的“鄂”,《集解》引徐廣曰:“一作‘邘’,音于。野王縣有邘城。”④野王縣在今河南沁陽地區。由於没有過多的直接證據,千百年來,學者們對《集解》所引徐廣關於商末鄂國地望的説法,或信或疑,莫衷一是。1975年,湖北隨州安居公社社員在羊子山農田建設中發現四件青銅器,其中一件鄂侯弟曆季尊(又名噩侯弟尊),⑤年代爲西周早期後段。2007年,安居羊子山M4墓葬中又出土一批鄂侯青銅器,學者們將墓葬年代定在西周早期。⑥ 由於以上西周早期鄂國青銅器皆有明確出土地點,另有安州六器中甗“在鄂師次”、静方鼎“在曾鄂師”等昭王南征相關銘文,多數學者認爲西周鄂國“其中心應在漢東隨州一帶”。⑦ 但據禹鼎銘文記載,周厲王時,鄂侯馭方聯合南淮夷叛亂,給西周王朝造成極大的恐慌,周王下令“勿遺壽幼”。之後這個鄂國便從文獻中消失了,學者們據銘文中“勿遺壽幼”的記載,多認爲此時的鄂國已經滅國。

但2012年在南陽市新區新店鄉夏餉鋪發現西周晚期至春秋早期鄂國貴族墓葬,出土有關鄂侯的带銘青銅器多件,相關發掘報告認爲這批墓葬中,“M5、M6在墓地範圍内時代應爲最早的,而M5、M6的時代初步推斷爲西周晚期晚段。”⑧而新近公布的南陽夏餉鋪鄂國墓地M19、M20發掘簡報則指出:“根據墓葬位置關係、出土器物形制特徵及組合關係等分析,可推測M19、M20爲夫妻异穴合葬墓,M19爲鄂侯墓,M20爲鄂侯夫人墓。墓葬年代爲春秋早

---

① 杜勇:《新出金文與鄂國史地問題考辨》,《寶雞文理學院學報(社會科學版)》2018年第2期,8頁。

② 諸祖耿:《戰國策集注匯考(增補本)》,南京:鳳凰出版社,2008,1039頁。

③ 《史記·魯仲連鄒陽列傳》亦有相關内容,表述稍不同。

④ 《史記》卷三《殷本紀》,107頁。

⑤ 同銘銅器另有十九世紀五十年代末六十年代初上海博物館收集的鄂侯弟曆季卣以及洛陽市博物館藏鄂侯弟曆季卣。

⑥ 隨州市博物館:《隨州出土文物精粹》,北京:文物出版社,2009,3頁。

⑦ 李學勤:《由新見青銅器看西周早期的鄂、曾、楚》,《文物》2010年第1期。另見張昌平《論隨州羊子山新出噩國青銅器》,《文物》2011年第11期。黄鳳春、陳樹祥、凡國棟《湖北隨州葉家山新出西周曾國銅器及相關問題》,《文物》2011年第11期。

⑧ 崔本信、王偉:《南水北調中綫工程南陽夏餉鋪鄂國貴族墓地發掘成果》,《中國文物報》2013年1月4日第8版。

期早段。”①這説明,南陽之地至少在西周晚期已有鄂的存在。夏餉鋪鄂國墓地的發現表明,周厲王時期的鄂國并没有被滅族,而是被向西北遷到了南陽地區,以加强對其遺民的監視。

傳世鄂國銅器有鄂侯簋(《銘圖》04828),其銘文爲:“鄂侯作王姞媵簋,王姞其萬年子子孫永寶。”記載了鄂侯之女嫁於周天子爲王妃,鄂侯爲其女兒作媵器的史事。鄂侯之女稱“王姞”,按“禮婦人稱國及姓”的記載和媵器稱字習慣,“王”指周王,姞爲鄂國之姓。此器郭沫若先生定爲穆王時,唐蘭先生定爲夷王時,而吴鎮烽先生《銘圖》則認爲在西周晚期。考慮到禹鼎所記周厲王時與鄂國關係惡化,此鄂侯簋年代在厲王伐鄂之前的西周中晚期之際當大致不誤。此鄂侯簋銘文一方面表明鄂國爲姞姓,另一方面還説明這一時期的鄂國與周王室還保持着聯姻關係。西周中晚期,鄂國之女嫁於周王爲夫人,鄂與周王室的這層聯姻關係應該是厲王時鄂國未被滅國的一個原因。

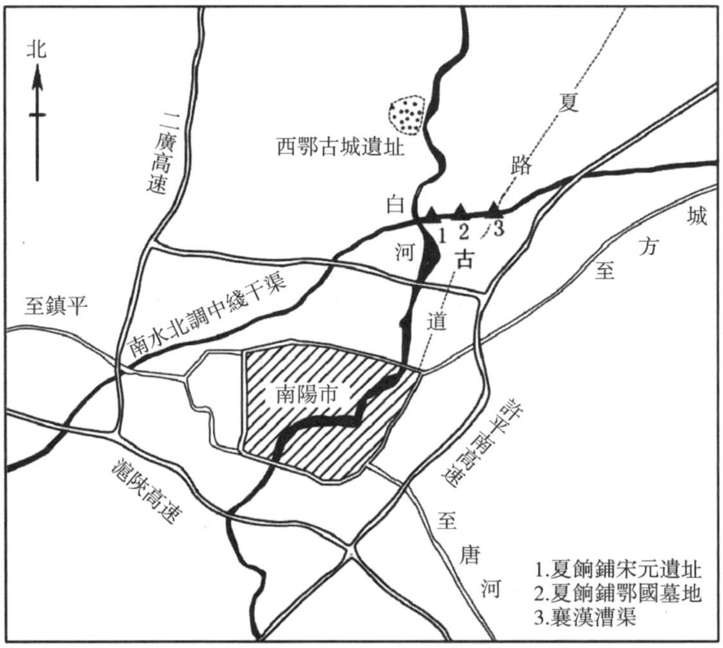

《河南南陽夏餉鋪鄂國墓地 M19、M20 發掘簡報》所繪的夏餉鋪鄂國墓地示意圖

新公布的《河南南陽夏餉鋪鄂國墓地 M19、M20 發掘簡報》中,還披露了 M19 號墓出土的一件銅壺(M19:10),其蓋口外側邊緣銘文爲:“鄂侯作孟姬媵壺。”上文所提的傳世鄂侯簋銘文表明鄂爲姞姓,此銅壺中的“孟姬”自非鄂侯之女,而鄂侯却爲之作媵器。這種爲异姓女子作媵器的情況在金文中多有出現,相關銅器如春秋早期器陳侯簠(《集成》04606):“陳侯作孟姜㛗媵簠”,陳爲嬀姓,却爲姜姓女子作器。關於這種情況,曹定雲先生曾指出:“此‘孟

① 河南省文物局南水北調辦公室、南陽市文物考古研究所:《河南南陽夏餉鋪鄂國墓地 M19、M20 發掘簡報》,《江漢考古》2019 年第 4 期。

姜’有可能是陳侯之‘兒媳’或‘養女’,也有可能是陳侯親友之女。”[①]這種爲异姓女子作媵器的情况,一定程度反映了兩國之間親密友好的關係。南陽夏餉鋪鄂國墓地發掘報告指出M20號墓爲鄂侯夫人墓,墓中出土一件銅簠(M20:9),其器内底部銘文爲:“鄂姜作寶簠永寶口”,鄂侯夫人稱“鄂姜”,表明其爲姜姓。這個姜姓鄂侯夫人很有可能就是來自同在南陽地區的申國。

M19號鄂侯墓出土的銅壺(M19:10)和M20號鄂侯夫人墓出土的銅簠(M20:9)銘文表明,兩周之際被遷到南陽地區的姞姓鄂國與周圍的姬、姜諸國關係密切。發掘報告指出:“墓葬年代爲春秋早期早段”,那麽M19號墓墓主鄂侯與姜姓國(很可能是申國)的聯姻肯定在兩周之際。因此,在兩周之際的混亂局面中,周平王處在其母舅申國的羽翼之下,其後晉文侯從申國附近的鄂地將其迎回,亦在情理之中。綜合以上,南陽之地有鄂,此鄂在邑謝之申(即南陽之申)的西北方向,正是晉文侯“逆平王于少(小)鄂”的“少鄂”之所在。

M19號鄂侯墓出土的銅壺(M19:10)[②]

M19號鄂侯墓出土的銅壺銘文拓本(M19:10)

M20號鄂侯夫人墓出土的銅簠(M20:9)

M20號鄂侯夫人墓出土的銅簠銘文拓本(M20:9)

① 曹定雲:《周代金文中女子稱謂類型研究》,《考古》1999年第6期。

② M19號鄂侯墓出土的銅壺照片和拓片及以下M20號鄂侯夫人墓出土的銅簠照片和拓片均采自夏餉鋪鄂國墓地M19、M20發掘報告,詳參河南省文物局南水北調辦公室、南陽市文物考古研究所《河南南陽夏餉鋪鄂國墓地M19、M20發掘簡報》,《江漢考古》2019年第4期。

清華簡將之稱爲“少鄂”,似乎也透露出此即西周晚期的南陽之鄂。歷史上,常有一國滅而復立或一國分爲二而取相同名號的,時人或後世文獻常在後起之國名前冠以“少”或“小”字,以作區別。如兩周時期的“梁”與“少梁”,《史記·太史公自序》:“晋中軍隨會奔秦,而司馬氏入少梁。”《索隱》:“古梁國也。秦滅之,改曰少梁,後名夏陽。”[①]梁國爲秦所滅,在其故土建少梁。又如春秋時期“邾”與“小邾”,《春秋》經莊公五年:“秋,郳犁來來朝。”杜預注:“附庸之國也。”同年《左傳》孔穎達疏:“郳之上世出於邾國。”又引《世本》宋仲子注:“邾顔别封小子肥於郳,爲小邾子。”又引杜預《世族譜》:“小邾,邾俠之後也。夷父顔有功于周,其子友别封爲附庸,居郳。”[②]再如虢與小虢,《史記·秦本紀》載:“(秦武公)十一年,初縣杜、鄭,滅小虢。”《正義》引《括地志》:“故虢城在岐州陳倉縣東四十里,次西十餘里又有城,亦名虢城。《輿地志》云此虢文王母弟虢叔所封,是曰西虢。”張守節又加按語:“此虢滅時,陝州之虢猶謂之小虢。”[③]清華簡中“少(小)鄂”的得名,極可能也是周厲王滅鄂侯御方後,將其餘衆遷至南陽地,即今南陽夏餉鋪一帶,因滅國復立,故在清華簡中又被稱爲“少(小)鄂”。

值得注意的是,清華簡中雖稱“少(小)鄂”,却不代表其國名爲“少(小)鄂”。如上舉“小邾”,《左傳》等傳世文獻中雖稱“小邾”,却不是其正式國名。王獻唐先生曾論:“小邾一稱,亦非國名之正。立國不自稱小,鄰邦亦不能以小呼之。時人以非舊邾,而原出於邾,於邾上加小爲别。習俗相沿,史家因之,遂號小邾,小邾非其正名也……小邾雖爲别封,非以别封之故,起號小邾。”[④]2002年山東棗莊東江村發現的小邾國墓地所出小邾國器,其銘文均稱“邾”或“郳”,如“邾公子害自作簠”(邾公子害簠《銘圖》05908)、“郳慶作秦妊羞鬲”(郳慶鬲《銘圖》02868),而從不稱“小邾”,可證王獻唐先生卓識。清華簡中稱南陽之鄂爲“少(小)鄂”,亦與此“小邾”之稱同理,是因爲南陽之鄂出自厲王伐鄂之前居於今隨州地區的鄂國,故在其國名前加一“少(小)”字區别。M19號墓出土的銅壺(M19:10)銘文:“鄂侯作孟姬媵壺。”説明其國名仍爲鄂。

因此,聯繫當時形勢,平王所走(奔)之申,正是南陽之申。在兩周之際“二王并立”的那段時間,周平王一直處在其母舅之國申的羽翼之下。而此時,鄂國與申國及周邊的姬姓國家保持着親密關係。周亡王九年,晋文侯在南陽申國附近的少鄂將平王迎接回國。如此,平王走申所牽涉到的兩個重要地名就可以得到落實。

在兩周之際的政局變遷中發揮重要作用的國家,除了申國外,《國語》中還提到了鄫,古本《竹書紀年》有魯和許,清華簡《繫年》則提及了晋,通過對兩周之際政治地理格局的考察,亦能對申國相關問題得出更加客觀的認識。

---

① 《史記》卷一三〇《太史公自序》,3286頁。

② [晋]杜預注,[唐]孔穎達疏:《春秋左傳正義》,[清]阮元校刻《十三經注疏》,1764頁。

③ 《史記》卷五《秦本紀》,183頁。

④ 王獻唐:《春秋邾分三國考·三邾疆邑圖考》,濟南:齊魯書社,1982,5頁。

上引清華簡有提到申國的重要盟國—曾(鄫)國:“曾(鄫)人乃降西戎,以攻幽王”,① 《國語・晋語一》亦有相似記載:“申人、鄫人召西戎以伐周,周於是乎亡。”②這裏的“鄫”,韋昭注:“鄫,姒姓,禹後也。鄫與西戎素與申國婚姻同好。”③《史記》作“繒”,張守節《正義》引《括地志》:“繒縣在沂州承縣,古侯國,禹後。”④關於此“鄫”之地望,學者多有爭論,但均不出山東與河南境内。⑤《國語・鄭語》關於這段記載,除提到鄫國外,還提到申國的另一個重要盟國——吕:“繒與西戎方將德申,申、吕方强,其隩愛大子,亦必可知也。”⑥此處之“吕”,當即《國語・鄭語》所記:“當成周者,南有荆蠻、申、吕、應、鄧、陳、蔡、隨、唐”之“吕”。⑦ 成周即洛陽,申、吕均在其南。《史記・齊世家》記吕尚:“其先祖嘗爲四嶽,佐禹平水土甚有功。虞夏之際封於吕,或封於申,姓姜氏。”裴駰《集解》引徐廣曰:“吕在南陽宛縣西。”⑧申國的盟國鄫在河南或山東一帶,而吕亦距南陽不遠,從三國的密切關係看,這個兩周之際參與王室動亂的申國也應該在河南而不是遠在西戎。

古本《竹書紀年》還記:“申侯、魯侯及許文公立平王於申”,⑨這一信息對於斷定申國的地望極爲重要。魯國地在以今曲阜爲中心的山東中南部,而許國則與申國爲同姓。《左傳》隱公十一年:“夫許,大岳之胤也。”⑩《國語・周語》:“齊、許、申、吕由太姜。”⑪諸文獻均言,許爲大岳之後,姜姓。相關青銅器有仲原父匜(《銘圖》14889),銘文記:“仲原父乍(作)許姜寶匜。”證明許確爲姜姓,而其地望在今河南許昌一帶。近出清華簡有《封許之命》一篇,記載了有關周初分封許國的重要内容,可與傳世文獻相補充印證。

申、吕、許同爲姜姓之國,故關係密切,在兩周之際的王室動亂中,結爲同盟。周幽王寵幸褒姒,廢嫡立庶,同樣引起恪守周禮的魯國的不滿,而申侯爲太子宜臼(周平王)之母舅,故太子被廢奔申後,申侯、吕侯及許文公共同立周平王于申。許和魯一在河南許昌,一在山東

---

① 清華大學出土文獻研究與保護中心編,李學勤主編:《清華大學藏戰國竹簡(貳)》,138 頁。
② 徐元誥:《國語集解》(修訂本),251 頁。
③ 徐元誥:《國語集解》(修訂本),251 頁。
④ 《史記》卷四《周本紀》,149 頁。
⑤ 楊伯峻先生以鄫“故城在今山東省嶧縣東八十里。”(《春秋左傳注》,378 頁)清人高士奇則認爲西周之繒與南陽接近,應在《左傳》中方城以外的“繒關”附近。參見其著《春秋地名考略》卷一四,臺北:臺灣商務印書館,1983,661 頁。而丁山先生認爲鄫在河南的澮水流域。參見其著《甲骨文所見氏族及其制度》,北京:中華書局,1988,105-108 頁。
⑥ 徐元誥:《國語集解》(修訂本),475 頁。
⑦ 徐元誥:《國語集解》(修訂本),461 頁。
⑧ 《史記》卷三二《齊太公世家》,1477 頁。
⑨ 關於古本《竹書紀年》此處“魯侯”之“魯”,有學者疑爲訛字,如楊寬先生疑爲“曾”之訛,王玉哲先生疑爲“鄭”之訛,王雷生先生疑爲“吕”之訛,而白國紅、劉國忠先生則疑爲“晋”之訛。參見楊寬《西周史》,上海古籍出版社,1999,575 頁。王玉哲《周平王東遷乃避秦非避犬戎説》,《古史集林》,北京:中華書局,2002,362 頁。王雷生《論驪山之役與西周的滅亡》,《人文雜志》1995 年第 4 期。白國紅、劉國忠《〈春秋〉始於隱公新解——以清華簡〈繫年〉爲切入點》,《中國史研究》2019 年第 4 期。
⑩ [晋]杜預注,[唐]孔穎達疏:《春秋左傳正義》,[清]阮元校刻《十三經注疏》,1736 頁。
⑪ 徐元誥:《國語集解》(修訂本),46 頁。

曲阜,很難想像在兩周之際,兩國越過動亂的鎬京,向西與申國共立周平王。因此,這個申應當離魯、許不遠,位於南陽地區,纔符合當時的政治地理形勢。

前文提到,申國在周平王之立的過程中發揮了關鍵的作用,可謂功不可没,如果這個申是鎬京以西的"西申",那很難想像其從此以後不見於文獻記載。而在春秋時期,儘管南陽之申國在相關文獻中出現亦不多,但從記載來看,至少在春秋初期,南陽之申地位顯赫,這與其在平王之立過程中的功勞是對應的。《左傳》隱公元年記載:"初,鄭武公娶于申,曰武姜。"鄭武公所娶之申爲南陽之申,學者無异議。鄭武公爲鄭國始封君鄭桓公之子,論輩分爲周宣王之侄,其娶申女亦在兩周之際。《史記·六國年表》記:"(鄭武公十年)娶申侯女武姜。"①《詩經·大雅·崧高》中記載了申國南封的盛大場面,周宣王稱申侯爲"元舅",平王之立,申侯起了决定作用。其後,晉國和鄭國在護送周平王東遷的過程中,亦功勳卓著,《左傳》隱公六年周桓公言于周桓王:"我周之東遷,晉鄭焉依。"②可以説,申國和鄭國在周室東遷中都扮演了重要的角色,其在這一時期的地位是相當的。周幽王破壞了姬姜聯姻的既有政治同盟關係,造成動亂,西周覆滅,平王東遷後,功勳卓著、地位相當的申、鄭兩國延續以往姬姜聯姻的傳統,亦在情理之中。

通過以上分析,我們可以大致勾畫出兩周之際的政治地理格局:西周晚期,南土的一些小國開始不聽王命,叛服無常。周厲王時,南方的鄂國開始叛亂,引起周王室極大恐慌,厲王下令鎮壓,"勿遺壽幼"。新發現的南陽夏餉鋪鄂國墓地表明,這個鄂國并没有被滅國,而是被北遷到了今南陽一帶,以加强控制。到宣王時期,又將其母舅申侯遷到南陽地區,以幫助周王室監視新遷來的鄂國以及蠢蠢欲動的南方諸國,也就是《崧高》詩中所説的"南國是式""南土是保"。周宣王暫時穩住了局面,但昏庸的周幽王寵幸褒姒,廢嫡立庶,破壞了姬姜聯姻的政治同盟關係,於是申侯聯合同爲姜姓之國的許以及恪守周禮的魯國新立太子宜臼,并利用之前在西土時與西戎的密切關係,聯合西夷犬戎,左右夾擊,攻破鎬京,殺幽王於驪山下。晉文侯從申國附近的鄂地將周平王迎接回京師,與諸侯共同護送平王東遷,定鼎郟鄏。

結語

綜合以上,儘管古本《竹書紀年》和新出清華簡《繫年》均記"平王奔(走)西申",但這并不足以否定兩周之際參與王室動亂的申在南陽之説。我們應當考慮到古本《竹書紀年》和清華簡《繫年》書寫的年代距離兩周之際已經過去好幾百年,書寫者筆下的"西申"具體所指未必就是鎬京以西的申國,在判定申國地望時,還應充分考慮方位名詞在地名中的相對性,僅

① 《史記》卷一四《六國年表》,536頁。

② [晉]杜預注,[唐]孔穎達疏:《春秋左傳正義》,[清]阮元校刻《十三經注疏》,1731頁。

憑“西申”字樣就將“申”定在鎬京以西,則可能存在一定的概念誤解,理據并不充分。南陽夏餉鋪西周晚期至春秋早期鄂國墓地的發現表明,厲王時期南方的鄂國并没有滅國,而是被遷到今南陽地區。周宣王時,爲監視和管理南方諸國,將申國遷到南陽一帶,清華簡《繫年》中的“少(小)鄂”是南陽之鄂,而不是山西之鄂。清華簡《繫年》“晉文侯乃逆平王于少(小)鄂”的記載可爲平王所奔之申爲南陽説提供一個新的證據。

附記　本文寫作過程中承蒙羅新慧先生、黄國輝先生指導并提出建設性修改意見,深表謝忱！同時,匿名審稿專家爲本文修改完善提供了諸多寶貴建議,謹致誠摯謝意！

清華簡《廼命》釋文訂補*

□ 華東師範大學中國文字研究與應用中心 周悦

内容提要 本文在諸家研究基礎上,將清華簡《廼命一》簡7"閈謙"讀作"姦險";《廼命一》簡8"逋"讀作"專",訓擅,將"欲卲"讀作"廟朝"。

關鍵詞 清華簡《廼命一》 《廼命二》

清華簡第九册《廼命一》簡7-8中有一句話,整理者釋文如下:

> 母(毋)或外救(求)閈(間)謙(嗛),以爲亓(其)請,査(樹)言倉(創)訇(辭),复(復)【簡7】交争戩(鬬)戭(鬩),以相逋(傳)於欲卲(詔)。①

該段簡文大體文意是可以把握的。簡文"母(毋)或外救(求)閈(間)謙(嗛),以爲亓(其)請,査(樹)言倉(創)訇(辭)"説的是爲某類人或事求請,而至樹言創辭;簡文"交争戩(鬬)戭(鬩),以相逋(傳)於欲卲(詔)"説的大概是黨争一類的事。不過,關於《廼命一》的竹簡編聯,學界存在分歧。李松儒先生指出,《廼命二》使用了兩種形制的竹筒,其中,使用同一竹筒的竹簡簡背劃痕順序爲:

> 《廼二》簡9→(約缺兩隻簡劃痕)→《廼二》1→《廼二》2→《廼二》3→《廼二》4→

---

* 本文係教育部、國家語委甲骨文等古文字研究與應用專項重點項目"戰國秦漢簡帛文獻通假字集成及數據庫建設"(YWZ-J030)中期成果。

① 清華大學出土文獻研究與保護中心編,黄德寬主編:《清華大學藏戰國竹簡(玖)》,上海:中西書局,2019,171頁。

《廼二》5→《廼二》6→《廼二》10→《廼二》8。①

顯然簡 10 簡背劃痕與同篇簡 6、簡 8 連續，而簡 7 簡背劃痕則與《廼命一》簡 6、簡 8 連續，《廼命一》簡 7 則與同篇簡 9、簡 10 連續：

其劃痕順序是：《廼一》11→《廼一》12→《廼一》1→《廼一》2→《廼一》3→《廼一》4→《廼一》5→《廼一》6→《廼二》7→《廼一》8→《廼一》9→《廼一》7→《廼一》10。②

可見，原簡序與簡背劃痕順序并不相合，李松儒先生主張《廼命一》簡 7 與《廼命二》簡 7 位置應對調。其認爲，由於《廼命》篇簡號"七"與"十"的寫法相近，書手在書寫原意是［《廼二》簡 7］的竹簡内容的時候，③應該使用《廼二》簡 10 的竹簡，但是他錯拿閒置的《廼一》簡 7，而其原本打算寫［《廼二》簡 7］的《廼二》簡 10 則用來書寫《廼二》簡 10。④

按，比對簡背劃痕以及簡號的書寫，李松儒先生的編聯應該是可信的。⑤ 如此一來，原來編聯在一句的"母（毋）或外救（求）閖（間）謙（嗛），以爲亓（其）請，查（樹）言倉（創）訠（辭）""交争戰（鬭）戕（閱），以相速（傳）於欲卲"分列兩段。不妨將調整過簡序的兩段簡文列於下方：

母（毋）或不共公事，而速（専）剌涇〈淫〉居，【廼命二簡 7】交争戰（鬭）戕（閱），以相速（傳）於欲卲（詔）。【廼命一簡 8】

母（毋）或外救（求）閖（間）謙（嗛），以爲亓（其）請，查（樹）言倉（創）訠（辭），復（復）【廼命一簡 7】貫償（儥），印（抑）獄訟，加寵伓（倍）大，以子員（云）于外。【廼命二簡 8】⑥

這兩段簡文，仍有不少值得商榷的地方。其中，關於簡文"欲卲"二字，整理者將"欲"讀爲"誚"，訓爲"責讓"，將"卲"讀爲"詔"，訓"誥"。⑦ 網友"ee"（單育辰）認爲"卲"實從"刃"，所

① 李松儒：《清華簡〈廼命〉的書寫、製作與編聯》，《出土文獻》2020 年第 1 期。

② 李松儒：《清華簡〈廼命〉的書寫、製作與編聯》。

③ 爲防止與整理者編號混淆，書手原意要寫的竹簡序號用［ ］表示。

④ 李松儒：《清華簡〈廼命〉的書寫、製作與編聯》。

⑤ 具體的簡背划痕情況請參見李松儒《清華簡〈廼命〉的書寫、製作與編聯》。

⑥ 其中"速（専）剌涇〈淫〉居"句從李松儒説，參見李松儒《清華簡〈廼命〉的書寫、製作與編聯》。其他暫從整理者説，參見清華大學出土文獻研究與保護中心編，黄德寬主編《清華大學藏戰國竹簡（玖）》，171、176 頁。

⑦ 清華大學出土文獻研究與保護中心編，黄德寬主編：《清華大學藏戰國竹簡（玖）》，173 頁。

謂的“誚詔”疑讀爲“小人”。[①] 重新編聯後,李松儒先生亦贊同網友“ee”(單育辰)的觀點。[②]

按,整理者認爲“欲”從“少”聲,可從。至於“卲”字,原簡作“”,清華簡《治政之道》簡43中亦有“卲”字,作“”,“”與“”相比,確實從“刃”。[③] 不過,古文字中,“刀”旁常用“刃”旁來表示,如包山簡中,“卲(昭)王”之“卲(昭)”既作“”(簡200)、“”(簡240),又作“”(簡203);[④]侯馬盟書中,“邵壁”之“邵”既作“”(156:22),又作“”(156:21)。[⑤] 其例衆多,兹不備舉。故簡文“”字與《治政之道》“(卲)”字當即一字,整理者的釋字可從。但整理者將“卲”讀作“誥”,則不確。簡文“欲”“卲”似同義連用,而“誥”無責讓義。且《廼命一》《廼命二》整篇幾乎皆以“毋或……以……”的排比句組成,“毋或”表示不要做某種負面行爲,“以……”則表示此種行爲背後的不良目的或可能導致的負面後果。“嬖御”“交争鬬鬩”顯然會引起不利於君王或朝政的局面。循此思路,筆者認爲,簡文“逋”似當讀作“專”,表擅也,“欲卲”似當讀作“廟(庿)朝”。

先來看“逋”字。“逋”與“專”皆從“叀”聲,例可相通。清華簡《厚父》:“肄(肆)女(如)其若龜筮之言,亦勿可逋(專)改。”[⑥]即其例。可見簡文“逋”字當可讀作“專”。

“專”古有專擅義。《國語·周語上》:“夫榮夷公好專利而不知大難。”韋昭《注》:“專,擅也。”[⑦]《大戴禮記·本命》:“是故無專制之義。”王聘珍《解詁》:“專,擅也。”[⑧]《管子·君臣上》:“爲人臣者上共專於上則人主失威。”《集校》引朱長春:“專者,擅奪上勢。”[⑨]

至於“欲”字,可讀作“廟(庿)”。“廟”,《説文》:“尊先祖皃也,从广朝聲。”其古文作“(庿)”。[⑩]《金文形義通解》指出:

> 金文“廟”字从广,朝聲,與小篆形聲同……以今人歸納先秦古音系統,“朝”“廟”雖宵部疊韻,然聲紐分在舌音與唇音,發聲似相隔不通……然“朝”“廟”詞義相關密切,朝祖之所在即廟也,西周趞簋,乖伯簋皆以“朝”爲“廟”,且“朝”“廟”同部疊韻,故“廟”必爲“朝”之孳乳字,以語言説之,二者爲同源詞……中山王錯鼎字改朝聲爲苗聲,爲《説

---

① ee:《清華九〈廼命一〉初讀》1樓,簡帛網“簡帛論壇”,2019年11月22日。
② 李松儒:《清華簡〈廼命〉的書寫、製作與編聯》。
③ 清華大學出土文獻研究與保護中心編,黄德寬主編:《清華大學藏戰國竹簡(玖)》,71頁。
④ 參見李守奎、賈連翔、馬楠《包山楚墓文字全編》,上海古籍出版社,2012,369頁。
⑤ 參見山西省文物工作委員會編《侯馬盟書》,北京:文物出版社,1976,267-268頁。
⑥ 清華大學出土文獻研究與保護中心編,李學勤主編:《清華大學藏戰國竹簡(伍)》,上海:中西書局,2015,110頁。
⑦ 徐元誥撰,王樹民、沈長雲點校:《國語集解》卷一《周語上》,北京:中華書局,2002,13頁。
⑧ [清]王聘珍撰,王文錦點校:《大戴禮記解詁》卷一三《本命》,北京:中華書局,1983,254頁。
⑨ 郭沫若、聞一多、許維遹撰:《管子集校》卷三〇《君臣上》,北京:科學出版社,1956,467頁。
⑩ [漢]許慎撰,[宋]徐鉉校定:《説文解字》卷九下,北京:中華書局,2013,191頁。

文》古文所本。音符之改换,正反映語音之變遷。[①]

《金文形義通解》認爲“朝”和“苗”均充當“廟(庿)”的聲符,可信。除了引文所舉金文以“朝”爲“廟”的用例外,楚簡中還有以“苗”聲字爲“朝”“廟”的,如郭店簡《語叢四》:“聖(聽)君而會,視庿(朝)而内(入)。”[②]上博簡《平王問鄭壽》:“競坪(平)王豪(就)奠(鄭)壽,䛩(稽)之於屎(禰)庿(廟)。”[③]皆其例。故“廟(庿)”可分析爲從“朝”聲或“苗”聲。

“欲”從“少”聲,“廟(庿)”從“朝”聲或“苗”聲,而從“少”聲之字與“朝”聲字、“苗”聲字皆可相通。上古音“少”屬禪母宵部,“朝”屬定母宵部,兩字聲母均屬舌音,韻則疊韻,例可相通。如,甲骨文中有字作“”,[④]何景成先生認爲金文、楚簡中從斗少聲的“”(《集成》10373)、“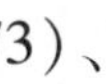”(上博《緇衣》簡15)等字即從該字演變而來,則“”字讀音當與“少”聲相近,進而將該字讀爲“廟”,[⑤]可信。至於從“少”聲之字可與從“苗”聲之字相通的問題,上古音“少”屬禪母宵部,“苗”屬明部宵部,韻部疊韻,聲母則一屬舌音,一屬唇音,看似遠隔,然從“少”聲之字往往轉入明母,如“眇”“杪”等,上古音皆屬明母宵部。且典籍中,從“少”聲之字可與從“苗”聲之字相通,如北大簡《蒼頡篇·魚部》:“端直準繩,媌(訬)噲(獪)菁華。”[⑥]即其例。因此,從“少”聲之“欲”當可讀作“廟(庿)”。

至於“卲”字,可讀作“朝”。上古音“卲”屬禪母宵部,“朝”,屬定母宵部,兩字聲母皆爲舌音,韻則疊韻,例可相通。“卲”從“召”聲,典籍中,從“召”聲之字可與“朝”或“朝”聲字相通。《左傳·昭公十五年》:“蔡朝吴出奔鄭。”[⑦]《公羊傳》“朝吴”作“昭吴”。[⑧]《晏子春秋》:“未幾朝韋囧解役而歸。”俞樾《諸子平議》:“朝與昭通,故亦與召通。”[⑨]故簡文“卲”字當可讀作“朝”。

因此,簡文“欲卲”似可讀作“廟(庿)朝”。“廟(庿)”除了可以表示設置先祖牌位以供祭祀的宗廟外,還可以表示聽政之所,進而可以是“朝廷”的代稱,[⑩]朱駿聲《説文通訓定聲·孚部》:“古者行禮必於廟,謀事必於廟……凡國功曰廟算、廟謨也。”[⑪]《商君書·戰法》:“若

① 張世超、孫凌安、金國泰、馬如森:《金文形義通解》,京都:中文出版社,1996,2320-2321頁。

② 荆門市博物館:《郭店楚墓竹簡》,北京:文物出版社,1998,218頁。

③ 馬承源主編:《上海博物館藏戰國楚竹書(六)》,上海古籍出版社,2007,256頁。

④ 見《甲骨文字編》4055號,參見李宗焜《甲骨文字編》,北京:中華書局,2012,397-399頁。

⑤ 何景成:《試釋甲骨文中讀爲“廟”的“勺”字》,《文史》2015年第1輯。

⑥ 北京大學出土文獻研究所編:《北京大學藏西漢竹書(壹)》,上海古籍出版社,2015,101-102頁。

⑦ [晋]杜預注,[唐]孔穎達等正義:《春秋左傳正義》卷四七,[清]阮元校刻《十三經注疏》,北京:中華書局,2009,4510頁。

⑧ [漢]何休解詁,[唐]徐彦疏:《春秋公羊傳注疏》卷二三,上海古籍出版社,2013,965頁。

⑨ [清]俞樾:《諸子平議》卷七《晏子春秋》,北京:中華書局,1954,127頁。

⑩ 參見漢語大字典編輯委員會編《漢語大字典(第二版)》,武漢:崇文書局,成都:四川辭書出版社,2010,967頁。

⑪ [清]朱駿聲:《説文通訓定聲》卷六,北京:中華書局,2016,259頁。

其政出廟算者,將賢亦勝,將不如亦勝。”①而“朝”除了可指聽政之所,亦可代指朝廷,《莊子·雜篇·徐無鬼》:“招世之士興朝。”成玄英疏:“推薦忠良,招致人物之士,可以興於朝廷也。”②故“廟(庿)”“朝”同義連用,指朝廷。“廟(庿)朝”見於典籍:

> 《戰國策·秦三》:臣今見王獨立於廟朝矣,且臣將恐後世之有秦國者,非王之子孫也。③
>
> 《吕氏春秋·正名》:使若人於廟朝中,深見侮而不鬭,王將以爲臣乎?④
>
> 《孔子家語》:敬叔與俱至周,問禮於老聃,訪樂於萇弘,歷郊社之所,考明堂之則,察廟朝之度。⑤

因此,簡文“速於欲卲”當可讀作“專於廟(庿)朝”,表示專擅於朝廷。典籍中,有近臣寵嬖專擅於國家朝廷的相關描寫:

> 《漢書·佞幸傳》:賢質性巧佞,翼姦以獲封侯,父子專朝。⑥
>
> 《後漢書·宦者列傳》:顥等遂專朝争權,乃諷有司奏誅樊豐,廢耿寶、王聖,及黨與皆見死徙。⑦
>
> 《後漢書·楊震列傳》:今妾媵嬖人閹尹之徒,共專國朝,欺罔日月。⑧
>
> 《春秋繁露·王道》:周衰,天子微弱,諸侯力政,大夫專國,士專邑,不能行度制法文之禮。⑨
>
> 《管子·明法解》:故無能之士上通,邪枉之臣專國。⑩

簡文“交争戰(鬭)戕(鬩),以相速(傳)於欲(廟)卲(朝)”描述的正是寵臣嬖御互相争鬭從而專擅於朝廷的情形,與上引《後漢書·楊震列傳》“專朝争權”正可相參。《三國志·吴書·吴主傳》亦有一句話可與簡文參照,其云:“廊廟之議,王者所不得專。”⑪“廊廟”亦指朝

---

① 蔣禮鴻撰:《商君書錐指》卷三《戰法》,北京:中華書局,1986,70頁。
② [晋]郭象注,[唐]成玄英疏,曹礎基、黄蘭發點校:《莊子注疏》,北京:中華書局,2011,439頁。
③ [漢]劉向集録:《戰國策》卷五《秦策三》,上海古籍出版社,1998,194頁。
④ 許維遹撰:《吕氏春秋集釋》卷一六《正名》,北京:中華書局,2009,428頁。
⑤ 《孔子家語》卷三《觀周》,上海古籍出版社,1990,29頁。
⑥ 《漢書》卷九三《佞幸傳》,北京:中華書局,1962,3739頁。
⑦ 《後漢書》卷七八《宦者列傳》,北京:中華書局,1965,2514頁。
⑧ 《後漢書》卷五四《楊震列傳》,1780頁。
⑨ 蘇輿:《春秋繁露義證》卷四《王道》,北京:中華書局,1992,107頁。
⑩ 黎翔鳳:《管子校注》卷二一《明法解》,北京:中華書局,2004,1210頁。
⑪ 《三國志》卷四七《吴書·吴主傳》,北京:中華書局,1959,1125頁。

廷。這句話雖所言之人指君主,但君主都不得專擅於朝廷議政,何況臣下。而國君對臣下弄權專朝保持警惕、進而明言警誡,是符合現實情境的,亦與《廼命》篇告誡約束"嬖御"的文本内涵相合。

至於原與"交争戰(鬭)戝(鬩)"句編聯的簡文,重新調整簡序後,亦有不少地方不好理解。這裏不妨將重新編聯的簡文再列於下方:

> 毋(毋)或外救(求)𨳡(間)謙(嗛),以爲亓(其)請,查(樹)言倉(創)罰(辭),𣪊(復)【廼命一簡7】貫償(債),印(抑)獄訟,加寵伓(倍)大,以子員(云)于外。【廼命二簡8】

末句"以子員于外"争議頗多,暫無定論,"𣪊貫償(債)"亦不好理解。不過,首句"毋(毋)或外救(求)𨳡(間)謙(嗛),以爲亓(其)請,查(樹)言倉(創)罰(辭)"表示爲某類人或事求請的意思應該還是明確的。其中,關於簡文"𨳡嗛",整理者云:

> 𨳡,讀爲"間",謙,讀爲"嗛",訓爲"銜恨"。或説"外""𨳡"皆讀爲"間","間求間兼",參與求取、銜怨之事。句謂毋或求取、銜恨,爲其請於上,創立言辭……①

按,"𨳡",即《説文》"閒"字古文"𨳡(𨳡)"。② "𨳡"楚簡中常用作"間"(或寫作"閒","間""閒"爲一字异體)。如,上博簡《容成氏》簡6"昔堯凥(居)於丹府與藋陵之𨳡(閒)",③《莊王既成》簡3"四與五之𨳡(閒)虖(乎)",④皆是。故整理者將"𨳡"讀爲"間",在讀音上是可行的。但整理者的釋讀有兩個不合理之處:其一,"𨳡""謙"應當皆爲"外求"的賓語,兩者應共同表示一類事物,"謙(嗛)"若表示"銜恨","𨳡"應該表示類似的意義;其二,"以爲亓(其)請"之"其",顯然應代指"𨳡嗛",因而簡文"𨳡嗛"表示某一類"人物"的可能性相當大,否則無法爲"其"找到合理的指代對象。因此,筆者認爲,"𨳡謙"似當讀作"姦險",表示姦惡邪險(之人)。

從讀音上來看,"𨳡"可用作"間(閒)",上古音"間(閒)""姦"皆屬見母元部字,雙聲疊韻,例可相通。典籍中,"間(閒)"字與"姦"字可相通。《公羊傳·昭公二十二年》:"大蒐于昌姦。"陸德明《釋文》:"昌姦,二傳作昌閒。"⑤這是傳世文獻中的例子。又《戰國縱横家書》

① 清華大學出土文獻研究與保護中心編,黄德寬主編:《清華大學藏戰國竹簡(玖)》,173頁。
② [漢]許慎撰,[宋]徐鉉校定:《説文解字》卷一二上,249頁。
③ 馬承源主編:《上海博物館藏戰國楚竹書(二)》,上海古籍出版社,2002,254頁。
④ 馬承源主編:《上海博物館藏戰國楚竹書(六)》,245頁。
⑤ [漢]何休解詁,[唐]徐彦疏:《春秋公羊傳注疏》卷二三,981頁。

第二十五章:"燕使蔡鳥股符胠璧,姦(閒)趙入秦,以河閒十城封秦相文信侯。"①這是出土文獻中的例子。又《説文》"姦"字段玉裁注:"姦,俗作奸。"②而"奸"從干聲,出土文獻中"閒(閒)"字可與從"干"聲之字相通。清華簡《命訓》:"六亟(極)既達,九迁(閒)具(俱)寒(塞)。"③即其例。故簡文"閉"當可讀作"姦"。

再來看"谦"字。"谦"從"兼"聲,上古音"兼"爲見母談部字,"險"爲曉母談部字,兩字聲母皆屬喉音,韻則疊韻,例可相通。《左傳·襄公二十九年》:"險而易。"④朱駿聲《説文通訓定聲·謙部》:"險,又爲隒。"⑤可見從"兼"聲之字可與"險"字相通。又《説文》:"厱,讀若藍。"⑥《説文》:"獫,讀若檻。"⑦可見從"僉"聲之字與從"兼"聲之字均可與從"監"聲之字相通。又,《説文》:"隒,讀若儼。"⑧《詩·小雅·采薇》:"靡室靡家,玁狁之故。"⑨陸德明《釋文》:"玁本或作獫,音險。"⑩《尚書·説命上》:"得諸傅巖。"⑪《史記·殷本紀》"傅巖"作"傅險"。⑫ 可見從"僉"聲之字與從"兼"聲之字亦均可與從"嚴"聲之字相通。可見,簡文之"谦"亦當可讀作"險"。

故簡文"閉嗛"當可讀作"姦險"。"姦"字古有邪惡之義。《楚辭·招魂》:"多賊姦些。"王逸《注》:"姦,惡也。"⑬"險"字古亦有邪惡之義。《左傳·哀公十六年》:"以險徼幸者,其求無饜。"杜預《注》:"險,猶惡也。"⑭簡文"姦險"同義連用,表示姦惡邪惡。"姦險"見於典籍:

> 《商君書·慎法》:此其勢正使汙吏有資而成其姦險,小人有資而施其巧詐。⑮
>
> 《潛夫論·德化》:是故世主誠能使六合之内,舉世之人,咸懷方厚之情,而無淺薄之惡,各奉公正之心,而無姦險之慮。⑯

---

① 裘錫圭主編:《長沙馬王堆漢墓簡帛集成(叁)》,北京:中華書局,2014,259頁。
② [漢]許慎撰,[清]段玉裁注:《説文解字注》卷一二下,上海古籍出版社,1981,626頁。
③ 清華大學出土文獻研究與保護中心編,李學勤主編:《清華大學藏戰國竹簡(伍)》,125頁。
④ [晉]杜預注,[唐]孔穎達等正義:《春秋左傳正義》卷三九,[清]阮元校刻《十三經注疏》,4357頁。
⑤ [清]朱駿聲:《説文通訓定聲》卷四,129頁。
⑥ [漢]許慎撰,[宋]徐鉉校定:《説文解字》卷九下,191頁。
⑦ [漢]許慎撰,[宋]徐鉉校定:《説文解字》卷一〇上,203頁。
⑧ [漢]許慎撰,[宋]徐鉉校定:《説文解字》卷一四下,307頁。
⑨ [漢]鄭玄箋,[唐]孔穎達等正義:《毛詩正義》卷九《小雅·采薇》,[清]阮元校刻《十三經注疏》,882頁。
⑩ [唐]陸德明:《經典釋文》,北京:中華書局,1983,76頁。
⑪ [漢]孔安國傳,[唐]孔穎達等正義:《尚書正義》卷一〇《説命上》,[清]阮元校刻《十三經注疏》,369頁。
⑫ 《史記》卷三《殷本紀》,北京:中華書局,1959,102頁。
⑬ 黄靈庚疏證:《楚辭章句疏證》卷一〇《招魂》,北京:中華書局,2007,2003頁。
⑭ [晉]杜預注,[唐]孔穎達等正義:《春秋左傳正義》卷六〇,[清]阮元校刻《十三經注疏》,4731頁。
⑮ 蔣禮鴻:《商君書錐指》卷三《慎法》,137頁。
⑯ [漢]王符著,[清]汪繼培箋,彭鐸校正:《潛夫論箋校正》卷八《德化》,北京:中華書局,1985,381頁。

《三國志·吴書·潘濬傳》:濬每進見,無不陳壹之姦險也。①

《三國志·蜀書·黄皓傳》:及鄧艾至蜀,聞皓姦險,收閉,將殺之,而皓厚賂艾左右,得免。②

簡文"姦險"當是形容詞用作名詞,指姦惡邪險之人。"外求姦險"指向外謀求姦惡邪險之人。

綜上,簡文"母(毋)或外救(求)閑(姦)謙(險),以爲亓(其)請,查(樹)言倉(創)訠(辭)"大概是説,不要謀求奸惡邪險之人,爲其請托,樹言創辭。

附記 匿名審稿專家對本文提出了寶貴的修改意見,謹致謝忱!

① 《三國志》卷六一《吴書·潘濬傳》,1399頁。
② 《三國志》卷三九《蜀書·黄皓傳》,987頁。

安大簡《詩經》"矦風""魏風"及其相關問題小識*

□ 黄岡師範學院文學院 周建邦

内容提要 安大簡《詩經》的"矦風"所收均見於今本《魏風》,"魏風"所收除首篇見於今本《魏風·葛屨》,餘皆見於今本《唐風》。本文從歷史地理、編排方式,推知簡本《詩經》可能源於魏侯爲了與韓、趙争取正統而編定的版本,形成既收今本《魏風》的"矦風",以及將今本《唐風》稱爲"魏風"。至於簡本僅收有七國之風詩的原因,從其與《左傳》賦詩采用的國風高度重合,疑似與墓主用於練習外交辭令有關。

關鍵詞 安大簡《詩經》 矦風 魏風 唐風

安大簡《詩經》在《周南》《召南》《秦》風與某風後,接下來的編排次序是《矦》風、《甬》風及《魏》風。簡 83 標明"矦 六",所收六首詩均見於今本《毛詩·魏風》,除了獨缺今本《魏風》首篇《葛屨》,且簡本篇序也與今本稍有不同。簡 117 標記"魏九 葛婁",但所收實有十首詩。其中首篇即原爲今本《魏風》首篇的《葛屨》,其餘九首均見於今本《唐風》。此外,簡本比今本漏收三篇,篇序也略有不同。①

目前針對"矦風"提出看法有下列數種:(一)《王風》説,如安大簡整理者。② (二)《魏

* 本文爲上海市教育委員會科研創新計劃重大項目"漢以前典章名物圖纂匯釋集成——以《詩經》、《楚辭》爲主例"(2017-01070005-E0051)、貴州省 2019 年哲學社會科學規劃國學單列課題一般項目"新出土戰國漢代簡帛經部典籍研究"(19GZGX10)階段性研究成果。

① 黄德寬、徐在國主編:《安徽大學藏戰國竹簡》,《前言》,上海:中西書局,2019,3-4 頁。

② 黄德寬、徐在國主編:《安徽大學藏戰國竹簡》,《前言》,2-3 頁。

風》説,如子居、胡平生、胡寧。[①]（三）"晋詩"説,如夏大兆。[②]（四）《鄶風》説,如王化平。[③]然而,諸説各自有其缺陷:第一説的問題在於"矦風"當中,并未收録今本《王風》任何一篇詩作;第二説無論是認爲侯等同於魏,或將侯改讀爲"句",乃安邑之别名,或先改讀爲"維"再改讀爲"魏"。問題在於簡本另有"魏",説"矦"指魏文侯或魏武侯,未免前後抵捂;第三説則將簡本直接視爲《詩經》原貌,簡本《魏》風,即今本《唐風》,纔是真正的《魏》風,簡本《侯》風,"侯"乃晋國自稱,過度推崇簡本;第四説僅用今本國風次序,就認定"侯"爲《鄶風》,判斷稍嫌粗率。有鑒於此,筆者針對某些疑點提出質詢,試圖給予"矦風"相對圓融的解説,就正於方家。

一　安大簡《詩經》的斷代問題

整理者用兩種方式檢測這批竹簡的時代,但彼此存在較大的誤差範圍。北大加速器質譜實驗室對竹簡、竹笥殘片和漆片所做的年代檢測,從 1950 年算起,測定其年代距今 2280 年左右,約當已臻戰國中期的公元前 330 年。[④] 國家文物局荆州文物保護中心又對該批竹簡進行化學檢測分析,確認時代相當於戰國早中期。[⑤] 然而,不論按照《史記・六國年表》將戰國時代訂於公元前 476 年,戰國早中期之際約公元前 390 年;或以三家分晋(前 453)作爲限斷,戰國早中期約公元前 375 年,均與公元前 330 年多達四十年到六十年的差距。

目前公認《詩經》編寫年代最晚的一首,應是《曹風・下泉》。當中提到"四國有王,郇伯勞之",指的是荀躒平亂,并納敬王入於成周、令戍成周期間(前 520–前 515)之事。曹人皆與焉,故作美郇伯之詩。[⑥] 就算把安大簡原始版本的寫成時代提早到公元前 390 年,照理經過上百年,《詩經》已有固定版本,更不該出現今本《魏風》在簡本稱作《侯》風,今本《唐風》在簡本寫作《魏》風的异常現象。

二　從歷史地理角度考察"矦風""唐風"之歸屬

"矦風"之確切歸屬,需從歷史地理角度進行考察。簡本"矦風"所收十首,其中六首見

---

① 子居:《安大簡〈詩經〉"侯"風及清華簡"厚父"試説》,中國先秦史,2017 年 10 月 21 日;胡平生:《安大簡〈詩經〉"矦"爲"魏風"説》,西南大學漢語言文獻研究所微信公衆號"語言與文獻",2019 年 9 月 30 日;胡寧:《安大簡〈詩經〉"侯六"及相關問題析論》,上大古代文明研究中心 SHAUCRC 公衆號,2019 年 10 月 1 日。

② 夏大兆:《安大簡〈詩經〉"侯六"考》,《貴州師範大學學報(社會科學版)》2018 年第 4 期。夏大兆:《安大簡〈詩經〉"侯六"續考》,徐在國主編《戰國文字研究》第 1 輯,合肥:安徽大學出版社,2019,93–108 頁。

③ 讀書班:《安大簡〈詩經〉討論紀要》,西南大學漢語言文獻研究所微信公衆號"語言與文獻",2019 年 9 月 29 日。

④ 黄德寬:《安徽大學藏戰國竹簡概述》,《文物》2017 年第 9 期。

⑤ 黄德寬、徐在國主編:《安徽大學藏戰國竹簡》,《前言》,1 頁。

⑥ 屈萬里:《詩經詮釋》,臺北:聯經出版事業公司,1993,259 頁。

於今本《魏風》。根據《左傳》桓公三年記載:"芮伯萬之母芮姜惡芮伯之多寵人也,故逐之,出居于魏",[①]古本《竹書記年》亦云:"晋武公七年,芮伯萬之母芮姜逐萬,萬出奔魏",[②]可見芮國與魏國距離相當近。近年考古發現芮國位於今陝西省韓城市梁帶村,魏國位於距離芮國約 87 千米的山西省芮城縣一帶無誤。魏國後與霍、耿同爲晋獻公十六年(前 661)所滅,改封給其功臣畢萬。[③]

簡本"魏風"所收十首,除首篇出於今本《魏風·葛屨》,其餘九首見於今本《唐風》。唐國鄰近於澮水,在今山西省翼城、襄汾一帶,是以學者多將襄汾陶寺遺址認定作唐堯故都。相傳周初滅唐後,遷之於杜,改封叔虞於此地。近年發現的堯公簋銘云:"堯公作妻姚簋,遘于王命昜伯矦于晋,唯王廿又八祀",指出西周早期中段,相當於成王時期,改封唐伯叔虞爲晋矦。[④]《史記》云梁惠王三十一年(前 340),因安邑"近秦,始徙治大梁",[⑤]古本《竹書紀年》則指出"惠王之六年(前 364),[⑥]自安邑遷於大梁",此後於金文及其所鑄布幣皆稱梁,不再稱魏。[⑦]

注意到戰國早中期唐、魏兩地的所在位置,上述問題即迎刃而解。三家分晋,魏國共有兩任侯,分别是文侯及其子武侯。武侯二年(前 385)加固魏都安邑與王垣,鄰近的魏地始終在魏侯轄内,[⑧]但古本《竹書紀年》則云在"武侯十一年(前 385),城洛陽及安邑、王垣"。[⑨] 不管如何,據《爾雅·釋詁上》"侯,君也",邢昺《疏》云"公、侯,惟謂諸侯,餘皆通稱",[⑩]可知今本《魏風》在簡本被稱作"侯風"的時代,約在魏始稱侯至梁惠稱王(前 403-前 370)之前的這段期間。

唐地可分作南、北兩部分。古本《竹書紀年》記載武侯"二十二年(前 374),[⑪]晋桓公邑哀侯于鄭",[⑫]韓侯起先定都靠近襄汾的平陽,就近看管晋公宗室,占有唐地的北部。魏武侯九年(前 378)于唐地南部的澮爲翟所敗,此後澮應屬於趙地。[⑬] 是以梁惠王九年(前 362)敗

---

① 楊伯峻:《春秋左傳注(修訂本)》,北京:中華書局,2000,99 頁。

② 方詩銘、王修齡:《古本竹書紀年輯證(修訂本)》,上海古籍出版社,2005,74 頁。

③ 楊伯峻:《春秋左傳注(修訂本)》,258-259 頁。

④ 朱鳳瀚:《䣄公簋與唐伯侯于晋》,《考古》2007 年第 3 期,64-69 頁。

⑤ 《史記》卷四四《魏世家》,北京:中華書局,2003,1847 頁。

⑥ 太史公指出秦燒"諸侯史記尤甚","而史記獨藏周室,以故滅。惜哉!惜哉!獨有秦記,又不載日月,其文略不具"(《史記》卷一五《六國年表》,686 頁)。因此,本文所標諸侯在位年代與相應之公曆,暫依中華書局版《六國年表》,若有更正,則另行説明。例如惠王六年不當列爲公元 365 年,見方詩銘編著《中國歷史紀年表》,上海人民出版社,2007,26 頁。

⑦ 方詩銘、王修齡:《古本竹書紀年輯證(修訂本)》,118-119 頁。

⑧ 《史記》卷四四《魏世家》,1842 頁。

⑨ 方詩銘、王修齡:《古本竹書紀年輯證(修訂本)》,106 頁。魏武侯十一年亦當公元前 385 年,見方詩銘編著《中國歷史紀年表》,26 頁。

⑩ [晋]郭璞注,[宋]邢昺疏:《爾雅注疏》卷一《釋詁上》,[清]阮元校刻《十三經注疏》,臺北:藝文印書館,1979,7 頁。

⑪ 方詩銘編著:《中國歷史紀年表》,26 頁。

⑫ 方詩銘、王修齡:《古本竹書紀年輯證(修訂本)》,109、112-113 頁。

⑬ 《史記》卷四四《魏世家》,1842 頁。

韓、趙於澮,十年(前361)伐取澮之側的"趙皮牢"。[①] 可見今本《唐風》在簡本稱作"魏風"的時代,約在魏始稱侯至武侯據有唐地南部這段期間(前403-前378)。

表1 與安大簡《詩經》原始版本相關之大事年表

B.C.484	孔子返魯,整頓風雅頌
B.C.476	戰國時代
B.C.453	三家分晋
B.C.403	三家始爲侯
B.C.385	魏武侯加固安邑與王垣
B.C.378	魏武侯于澮爲翟所敗
B.C.370	梁惠王繼位稱王
B.C.361	梁惠王伐取趙皮牢
B.C.403-B.C.378	簡本原始版本寫成之年代
B.C.330	疑爲出土安大簡楚墓主下葬之年代

資料來源:《史記》《安大簡》。[②]

今本《魏風》之詩,在魏始稱侯之後(前403)改稱爲《矦》風。唐地位處於晋國核心地帶,爲韓、趙、魏三家瓜分。魏武侯丢失唐地的南部之前,爲了與韓、趙區别,把今本《唐風》之詩又稱之爲"魏風"。且從"魏九 葛婁"可知,刻意將《魏風·葛屨》安置在首篇,以示該地風詩之國屬。簡言之,安大簡《詩經》原始版本應寫成於三家初爲侯以迄武侯爲翟所敗期間(前403-前378),與整理者從這批竹簡檢測得到的戰國早中期(前391或前376)所差無幾。

《論語·子罕》記載孔子"自衛反魯,然後樂正,雅、頌各得其所"。[③]《史記·孔子世家》引用上文,接着提到孔子删詩爲三百五篇,[④]即以"樂"代表十五國風,如同吴季札"請觀"包含國風、雅頌在内的"周樂",[⑤]洵爲有理。據《孔子世家》尚知:孔子嘗適周(含王、二雅、周

---

① 《史記》卷四四《魏世家》,1844頁。

② 孔子自衛返魯,"然後樂正,雅、頌各得其所",見《史記》卷四七《孔子世家》,1936頁;三家"相立爲諸侯",見《史記》卷四三《趙世家》、卷四四《魏世家》,1797、1839頁;魏武侯"城安邑、王垣""爲翟所敗",均見《史記》卷四四《魏世家》,1842頁;魏敗趙,"取皮牢",見《史記》卷四三《趙世家》、卷四四《魏世家》,1799、1844頁。本表年代見《史記》卷一五《六國年表》,687、696-697、709、714、715、720頁,安大簡年代見黄德寬、徐在國主編《安徽大學藏戰國竹簡》,前言,1頁。

③ 楊伯峻:《論語譯注》,北京:中華書局,2000,82頁。

④ 《史記》卷四七《孔子世家》,1936-1937頁。

⑤ 楊伯峻:《春秋左傳注(修訂本)》,1161-1165頁。

頌),問禮於老子;又適齊,欲通乎齊景公,嘗與齊太師語樂。弃官後,周游於衛(含邶、鄘)、曹、宋(商頌)、鄭(含檜)、陳、蔡、葉、楚(含二南)列國,魯哀公十一年(前 484)返魯(魯頌),并與魯太師語"樂"。[①] 孔子原欲渡河"西見趙簡子",[②]至河邊而作罷。簡言之,除了唐、魏、豳、秦等西北地區,步迹遍及十一國風傳布之地域,故云"樂正",豈止"雅、頌各得其所"?

儘管如此,我們仍須正視孔子所編只是衆多版本中之一的事實,當時各地早已流傳因應不同目的所編就的他本《詩經》。或許因孔子并未經歷唐、魏,整頓當地篇什和樂風,即使《史記·魏世家》曾記載"文侯受子夏經藝",[③]在三家紛戰不已的時代背景下,魏侯基於意識形態編訂出這本争取繼承正統的晉系《詩經》版本。此後,由於魏、楚兩國接壤,晉詩楚用,該版本輾轉流傳到楚國,墓主再基於個人需求進行抄寫。從竹簡、竹笥、漆片等遺物測定的公元前 330 年,可能即爲該墓主下葬年代之下限。

表 2　詩經十五國風分布地域與孔子周游列國對應表

十五國風	魯 魯頌	成周 王 二雅 周頌	齊	衛 邶 鄘	曹	宋 商頌	鄭 鄶	陳	楚 周南 召南	魏 唐	秦 豳
孔子周游列國	○	○	○	○	○	○	○	○	○	×	×

資料來源:《史記》。[④]

三　墓主編選安大簡《詩經》之用途

至於安大簡《詩經》爲何僅收有《周南》《召南》《秦》"某"《侯》《甬》《魏》七地之風詩,不鈔全十五國風,甚或大、小《雅》與《頌》詩?選擇這些風詩的用意何在?《論語·子路》提到孔子曰"誦《詩》三百,授之以政,不達;使於四方,不能專對;雖多,亦奚以爲?"[⑤]《詩經》不單作爲當時的祭祀用樂,也是貴族議政、外交聘問所用之官方辭令。不過楚國本有自屬的祭祀用樂,例如《楚辭·九歌》,而簡本内容既是從魏國流傳到楚國,其用途應與援引《詩經》授政

① 《史記》卷四七《孔子世家》,1909-1910、1919-1935 頁。
② 《史記》卷四七《孔子世家》,1926 頁。
③ 《史記》卷四四《魏世家》,1839 頁。
④ 孔子周游列國順序,周、齊、衛(含邶、鄘)、曹、宋(商頌)、鄭(含檜)、陳、蔡、楚(含二南),由衛返魯,分見《史記》卷四七《孔子世家》,1909、1910、1919、1921、1921、1921、1922、1928、1932、1935 頁。
⑤ 楊伯峻:《論語譯注》,135 頁。

無關,且從《左傳》可知,春秋時期議政時主要使用《雅》《頌》。[①] 相較之下,可能與外交聘問相關。

《左傳》共見 36 次賦詩,扣除非外交場合,則有 32 次。[②] 若不計不必要、無從抄寫,以及特殊狀況之賦詩:(一)楚國從春秋時期就熟悉的朝聘場合社交語言——雅、頌,詳見下文。(二)今本不見之逸詩,例如僖公廿三年晋重耳賦《河水》、襄公廿六年齊國弱賦《轡之柔矣》、襄公廿八年魯叔孫穆子使工爲之賦《茅鴟》、昭公廿五年宋元公賦《新宫》。[③] (三)刻意或受指定賦本國風詩以表其志。例如襄公廿六年鄭子展相鄭伯賦《緇衣》《將仲子兮》,請求晋侯釋放衛侯;昭公十六年晋韓宣子請鄭六卿皆賦詩,以知鄭志。[④] (四)使者賦其出使國風詩作爲回報。例如昭公二年衛北宫文子賦《衛風・淇澳》享晋韓宣子,後者亦報之以《衛風・木瓜》。[⑤] 我們發現《左傳》所見之其他賦詩,依照次數排序:《召南》6 次,《鄘風》4 次,《邶風》3 次,《秦風》《唐風》及《鄭風》各 1 次:[⑥]

表 3 安大簡《詩經》對應《左傳》賦國風之詩表

安大簡	周南	召南	秦	某	矦/魏	甬/鄘	魏/唐
左傳賦詩	無	召南	秦	邶、鄭	無	鄘	唐

資料來源:《安大簡》《左傳》。[⑦]

從上可知:

(一)安大簡收七地之風詩,《左傳》正常外交場合亦賦七地之風詩(含《衛風》)。《左傳》記載外交場合所賦之詩,與安大簡重出者有《召南》《秦風》《鄘風》《唐風》;《王風》《齊風》《陳風》《鄶風》《曹風》等未曾賦之詩,亦不見收於安大簡,可知兩者重合度相當高。不過

① 張素卿:《附録二 左傳引詩一覽表》,《左傳稱詩研究》,臺北:臺大出版委員會,1991,269-288 頁。

② 張素卿:《附録一 左傳賦詩一覽表》,《左傳稱詩研究》,261-268 頁。隱公三年,衛人爲莊姜賦《鄘風・碩人》;閔公二年,許穆夫人賦《鄘風・載馳》,鄭人賦《鄭風・清人》諷刺高克;文公六年,秦人爲三良賦《秦風・黄鳥》,此 4 次皆爲創作、而非诵古詩之義,見楊伯峻:《春秋左傳注(修訂本)》,31 頁。

③ 楊伯峻:《春秋左傳注(修訂本)》,410、1117、1149、1455 頁。

④ 楊伯峻:《春秋左傳注(修訂本)》,1116-1117、1228、1380-1381 頁。

⑤ 楊伯峻:《春秋左傳注(修訂本)》,1228 頁。

⑥ 詳見張素卿:《附録一 左傳賦詩一覽表》,《左傳稱詩研究》,261-268 頁。其中《草蟲》同見於《召南》和《小雅》,張氏歸爲《小雅》,本文歸於《召南》,見同書 265 頁。

⑦ 《召南》見於襄公八年晋范宣子賦《摽有梅》,襄公廿七年鄭子展賦《草蟲》,昭公元年叔孫穆子賦《鵲巢》與《采蘩》,鄭子皮賦《野有死麕》,昭公二年魯季武子賦《甘棠》;《鄘風》見於文公十三年鄭子家賦《載馳》,襄公十九年魯叔孫穆子賦《載馳》,襄公廿七年魯叔孫穆子賦《相鼠》、鄭伯有賦《鶉之奔奔》;《邶風》見於成公九年魯穆姜賦《緑衣》,襄公十四年魯叔孫穆子賦《匏有苦葉》,襄公廿九年魯榮成伯賦《式微》;《秦風》見於定公四年秦哀公賦《無衣》;《唐風》見於襄公廿七年鄭印段賦《蟋蟀》;《鄭風》見於襄公廿七年鄭子大叔賦《野有蔓草》,詳見楊伯峻《春秋左傳注(修訂本)》,599、843、959、1008、1051、1127、1134-1135、1156、1209、1228、1548 頁。

二者也有一些差异，安大簡多出《周南》和"侯風"（今本《魏風》），前者傳播之地域與楚相鄰，甚至可能受到楚樂影響。[①] 然而《左傳》僅見到成公十二年晋郤至引《兔罝》、襄公十五年"君子曰"引《卷耳》，[②]襄公廿九年季札觀樂出現"爲歌《周南》"，[③]未見賦《周南》的紀録。後者在春秋早期爲晋獻公所滅，改封給功臣畢萬，且整本《左傳》不論賦詩、引詩都不用《魏風》，僅在襄公廿九年季札觀樂時出現過"歌《魏》"，[④]《周南》《魏風》不用於外交場合之具體原因均不明。

（二）安大簡對於今本《周南》《召南》《秦風》《魏風》《唐風》所有詩篇幾乎照單全收。安大簡《周南》共 20 簡，收詩 11 首；《召南》共 20 簡，收詩 14 首；《秦》風共 19 簡，收詩 10 首；《侯》風共 12 簡，收詩 6 首；《甬》風共 15 簡，收詩 9 首；《魏》風共 18 簡，收詩 11 首。"某風"則共有 10 簡，鑒於《甬》風有漏收 1 首的現象，"某風"或許是篇數較多的《邶風》（共 21 首）或《鄭風》（共 19 首）的節選，也可能是各收 4 首、篇幅相當 10 簡的《鄶風》或《曹風》，尚待更多材料證明。此外，《甬》風未收《鄘風・載馳》，但《左傳》文公十三年、襄公十九年曾兩度於外交場合賦之，具體原因不明。

（三）《左傳》32 次賦詩場合中，多見魯（19 次）、晋（12 次）、鄭（5 次）國人，記載楚人賦詩，共有 3 次：襄公廿七年薳罷賦晋侯《大雅・既醉》；昭公元年令尹子圍賦趙文子《大雅・大明》；昭公三年，楚靈王賦鄭伯《小雅・吉日》，[⑤]均不出大、小《雅》。從安大簡《詩經》與《左傳》賦詩篇章有相當程度的重合，推測簡本可能是墓主用於肆習他國外交辭令所編選的教科書，故不收録楚人熟悉的官方社交語言《雅》《頌》。至於安大簡《詩經》的抄寫年代及其與《左傳》成書年代、南傳至楚有無關係，有待更多出土材料方能做進一步分析，拙文暫且不討論。

表 4　《左傳》所記楚人賦《詩》表

時間	襄公廿七年	昭公元年	昭公三年
賦詩者	薳罷賦晋侯	令尹子圍賦趙文子	楚靈王賦鄭伯
詩篇	《大雅・既醉》	《大雅・大明》	《小雅・吉日》

資料來源：《左傳》。[⑥]

① 鍾琛：《先秦兩漢及魏晋南北朝音樂傳播概論》，成都：電子科技大學出版社，2010，76 頁。
② 楊伯峻：《春秋左傳注（修訂本）》，858、1022 頁。
③ 楊伯峻：《春秋左傳注（修訂本）》，1161 頁。
④ 楊伯峻：《春秋左傳注（修訂本）》，1163 頁。
⑤ 楊伯峻：《春秋左傳注（修訂本）》，1138、1207、1244 頁。
⑥ 楊伯峻：《春秋左傳注（修訂本）》，1138、1207、1244 頁。

說《詩經·騶虞》"壹發五豝"及《騶虞》詩旨

□ 清華大學出土文獻研究與保護中心 馬楠

内容提要 《詩經·騶虞》"壹發五豝"一句長期聚訟,不得確解。"壹發五豝"之五當讀爲交午、貫午之午,即《車攻》毛傳、《公羊傳》等所謂箭矢從獵物左後側貫穿至於右前側。而安大簡"于嗟從乎"之"從"意爲在後跟從獵物,區别於"題禽"即正面射殺獵物、"詭遇"即横向射殺獵物。

關鍵詞 騶虞 貫午 蒐獵

《詩經·騶虞》篇旨,自漢代以來即聚訟紛紜。後代學者的討論,其實並未超出四家詩提供的框架,即騶虞是義獸還是爲天子掌鳥獸之官,以及由之引出的《騶虞》篇是否爲田獵之詩、"壹發五豝"是描寫射殺獵物還是表現庶類番息。[①]《安徽大學藏戰國竹簡(一)》刊布後,相關討論也並未溢出上述範圍。爲方便討論,我們先將安大簡該篇用通行字轉寫如下(殘簡補足部分用"[ ]"表示):

彼茁者葭,一發五豝。于嗟從乎。
彼茁者蓬,[一發五豵。于嗟從乎。
彼茁者]蓍,一發五麋,于嗟從乎。[②]

簡本較《毛詩》多第三章。《毛詩》"于嗟乎騶虞"簡本皆作"于嗟從乎"。

① 劉毓慶:《〈詩經·召南·騶虞〉研究》,《晉陽學刊》2017 年第 2 期,該文總結了前人關於《騶虞》篇旨的十一種論説,並備舉篇中詞句歷代討論,可參看。

② 黄德寬、徐在國主編:《安徽大學藏戰國竹簡(一)》,上海:中西書局,2019,97-98 頁。"從",整理者讀爲"縱",訓爲放縱、放生,説詳下。

"一發五豝""一發五豵"以及新出現的"一發五麋",當然是討論《騶虞》篇旨的關鍵。舊説如毛傳、鄭箋以爲虞人翼驅五豝,公唯一發,但殺其一,以貼合王化行而仁獸見的詩旨。[①]朱熹《詩集傳》以爲壹發五豝謂壹發數中,"猶言中必疊雙也"。[②] 安大簡整理者則從高亨説,讀"發"爲"撥",謂撥開蘆葦而見五豝。[③] 但"一發"而"五豝""五豵""五麋",終歸於事理不合,難以講通;形容庶物番息則有"麀鹿麌麌""儦儦俟俟"一類寫法,也不會指爲"五"數。

上引舊説的癥結,恐怕在於將訓釋重點放在"一"或"壹"上,[④]而我們認爲,"壹發五豝"釋讀的關鍵在於"五"字的破讀,即讀爲交午、貫午之午。《召南·羔羊》篇有:

> 羔羊之皮,素絲五紽。退食自公,委蛇委蛇。
> 羔羊之革,素絲五緎。委蛇委蛇,自公退食。
> 羔羊之縫,素絲五總。委蛇委蛇,退食自公。

陳奐《詩毛詩傳疏》云"五,古文作乄,當讀爲交午之午。《周禮·壺涿氏》'午貫象齒',故書午爲五,此五午相通之例。魯有五父衢名,亦是午達岐出也……五佗猶交加",[⑤]謂羔裘以素絲貫午縫製,陳説當是。而推衍其説,《秦風·小戎》"小戎俴收,五楘梁輈"之"五"可能也應讀爲"午",謂於車轅十字交叉纏束,即毛傳所謂"歷録"。[⑥]

又《儀禮·大射》射前有"工人、士與梓人升自北階,兩楹之間,疏數容弓,若丹若墨,度尺而午,射正莅之",鄭注"一從一横曰午,謂畫物也",即於堂上兩楹之間以丹或墨畫十字,使耦射者"先以左足履物,右足隨而並立也"。胡培翬《儀禮正義》云:"午與五聲同,古相通用。《周禮·壺涿氏》'則以牡橭午貫象齒而沈之',注'故書午爲五'。又《左氏》成十七年傳'晋夷羊五',《晋語》作'夷羊午'。故五亦有交午之義。《説文》:'五,五行也,從二,陰陽在天地間交午也。'五字古文作乄,象陰陽交午之形。'一從一横曰午',正五字古文之形也,古之物象蓋取諸此。"[⑦]可見五、午通假較爲常見,且有《壺涿氏》"午貫"這種用作動詞的文例。

同樣,《騶虞》篇"五豝""五豵""五麋"之"五"也應該讀爲貫午之午。《詩·車攻》"徒御不驚,大庖不盈"毛傳:"一曰乾豆,二曰賓客,三曰充君之庖。故自左膘而射之達于右腢爲

---

① 《毛詩正義》,《十三經注疏》清嘉慶刊本,北京:中華書局,2009,618頁。
② 朱熹:《詩集傳》,江蘇:鳳凰出版社,2007,16頁。
③ 黄德寬、徐在國主編:《安徽大學藏戰國竹簡(一)》,97-98頁。
④ 陳喬樅指出賈誼《新書》《説文》《爾雅》郭注作"一",與《毛詩》作"壹"不同。([清]陳喬樅:《三家詩遺説考》,《續修四庫全書》,上海古籍出版社,2006,76册,74頁)
⑤ 《詩毛詩傳疏》卷二,道光二十七年陳氏掃葉山莊刻本,十五葉。
⑥ 揚之水:《詩經名物新證》(修訂版),天津教育出版社,2007,226頁。蘇建洲:《説安大簡〈詩經·秦風·小戎〉的"五備根枘"》,待刊。
⑦ 《儀禮正義》卷一四,《續修四庫全書》影印南京圖書館藏清木犀香館刻本,92册,199-200頁。

上殺。射右耳本次之。射左髀達于右䯚爲下殺。面傷不獻,踐毛不獻,不成禽不獻。"[1]《公羊傳》桓公四年、《周易·巽卦》六四"田獲三品"王弼注説同。[2] 孔疏釋毛傳云:"又分别殺之三等。故自左膘而射之,達過於右肩髃爲上殺,以其貫心死疾,肉最絜美,故以爲乾豆也。'射右耳本',箋云'射'當爲'達',亦自左射之,達右耳本而死者爲次殺,以其遠心,死稍遲,肉已微惡,故以爲賓客也。不言'自左'者,蒙上文可知。射左股髀,而達過於右脅䯚爲下殺,以其中脅死最遲,肉又益惡,充君之庖也。"無論上殺、中殺、下殺都是箭矢從獵物左後側貫穿至於右前側,因而"壹發五豝""壹發五豵""壹發五麋"是指向一箭貫穿豝、豵、麋,形容狩獵如禮,習於射御之法,也就是《詩經·車攻》"不失其馳,舍矢如破"的意思。

而"于嗟從乎","從"當如字讀,釋爲跟從、跟隨。《左傳》隱公十年"宋人、衛人入鄭,蔡人從之伐戴";桓公五年繻葛之戰,"王卒大敗,祝聃射王中肩,王亦能軍,祝聃請從之";莊公十年郎之戰"自雩門竊出,蒙皋比而先犯之,公從之,大敗宋師於乘丘",[3]都是跟從、跟隨之義。《説苑》有"不失其馳,不抵禽,不詭遇",[4]馬瑞辰曰:"抵與題通。'不題禽'者,不迎禽而射也;'不詭遇'者,不横射也。'不失其馳'蓋兼數者言之",[5]即不從正面射傷獵物面部(即毛傳"面傷不獻"),不横向射殺獵物(即毛傳"踐毛不獻")。《孟子》言王良對趙簡子曰"吾爲之範我馳驅,終日不獲一;爲之詭遇,一朝而獲十。《詩》云:'不失其馳,舍矢如破。'我不貫與小人乘,請辭。"趙岐注"順毛而入,順毛而出,一發貫臧(臟),應矢而死者如破矣,此君子之射也",[6]指的正是毛傳的"殺之三等"。因而"不失其馳""範我馳驅"是御者駕車從後方追隨、跟從獵物,這樣車中居左的尊者才能"一發貫臟",從左後方貫午射殺獵物。

至於《騶虞》篇詩旨,《周禮·鍾師》"凡射,王奏《騶虞》,諸侯奏《貍首》,卿大夫奏《采蘋》,士奏《采蘩》。"賈疏引《五經异義》云"今詩韓、魯説騶虞天子掌鳥獸官,古毛詩説騶虞義獸,白虎黑文,食自死之肉,不食生物,人君有至信之德則應之。"[7]但《騶虞》毛傳也認同虞人

---

① 《毛詩正義》,《十三經注疏》清嘉慶刊本,北京:中華書局,2009,918頁。

② 《周易正義》《春秋公羊傳注疏》,《十三經注疏》清嘉慶刊本,北京:中華書局,2009,142、4808頁。

③ 《春秋左傳正義》,《十三經注疏》清嘉慶刊本,北京:中華書局,2009,3767、3795、3836頁。

④ 向宗魯:《説苑校證》卷一九《修文》,北京:中華書局,1987,489頁。

⑤ [清]馬瑞辰:《毛詩傳箋通釋》卷一八《車攻》,北京:中華書局,1989,557頁。

⑥ 《孟子注疏》,《十三經注疏》清嘉慶刊本,北京:中華書局,2009,5893頁。從不題禽、不詭遇這一角度理解"從"是北京師範大學文學院孟琢老師的意見。

⑦ 《周禮注疏》,《十三經注疏》清嘉慶刊本,北京:中華書局,2009,1729頁。王射以《騶虞》爲節,又見《大司樂》"大射王出入令奏王夏及射令奏騶虞"(1707頁)、《樂師》"凡射,王以《騶虞》爲節"(1714頁),《射人》"以射灋治射儀:王以六耦射三侯,三獲三容,樂以《騶虞》,九節五正"(1825頁)。又見《禮記·射義》等文,詳下。

爲掌鳥獸官之説,曰“虞人翼五豝,以待公之發”。[①] 孔疏闡發虞人驅禽以供君射之義曰:“知有驅之者,《吉日》云:‘漆沮之從,天子之所’,傳曰:‘驅禽而至天子之所。’又曰:‘悉率左右,以燕天子’,傳曰:‘驅禽之左右,以安待天子之射。’又《易》曰:‘王用三驅,失前禽也。’故知田獵有使人驅禽之義。知虞人驅之者,以田獵則虞人之事,故《山虞》云:‘若大田獵,則萊山田之野。’《澤虞》云:‘若大田獵,則萊澤野。’天子田獵使虞人,則諸侯亦然,故《駟驖》箋云:‘奉是時牡者,謂虞人。’《田僕》云:‘設驅逆之車。’則僕人設車,虞人乘之以驅禽也。言驅逆,則驅之逆之皆爲驅也。”也就是説,《毛詩》與《韓詩》《魯詩》並非全然抵牾。[②]

安大簡該篇無篇題,僅從文本看來,每章首言蒐獵得時,次言君公大夫一發則貫,終言于嗟逐獸,三句文義貫通,應當是表現貴族以時蒐獵、習於射御、不失其馳的詩歌。安大簡該篇雖無篇題,却與騶虞爲天子掌鳥獸官、虞人驅禽以供君射的漢代舊説並不矛盾;篇中贊美貴族射御如禮,與古書所載該篇的施用場合,即《周禮》所謂天子射禮以《騶虞》爲節尤爲貼合。

---

① 漢代論及《騶虞》詩旨較早的文獻是賈誼《新書》:“禮者,臣下所以承其上也。故《詩》云:‘一發五豝,吁嗟乎騶虞。’騶者,天子之囿也。虞者,囿之司獸者也。天子佐輿十乘,以明貴也。二牲而食,以優飽也。虞人翼五豝以待一發,所以復中也。人臣於是所尊敬,不敢以節待,敬之至也。甚尊其主,敬慎其所掌職,而志厚盡矣。作此詩者,以其事深見良臣順上之志也。良臣順上之志者,可以義矣。故其歎之也長,曰“吁嗟乎”。雖古之善爲人臣者,亦若此而已。”(閻振益、鍾夏校注:《新書校注》,北京:中華書局,2000,215頁)陳壽祺、陳喬樅以爲魯詩,王先謙從之([清]陳喬樅:《三家詩遺説考》,《續修四庫全書》,76册,74頁。[清]王先謙撰,吴格點校:《詩三家義集疏》,北京:中華書局,1987,120頁)。毛傳“虞人翼五豝,以待公之發”顯然與賈誼“虞人翼五豝以待一發”有關。

② 另外齊詩説不詳。《詩緯·氾曆樞》但解“彼茁者葭”爲“孟春獸肥草短之候也”。而《禮記·射義》“其節,天子以《騶虞》爲節……《騶虞》者,樂官備也”,鄭注“樂官備者,謂《騶虞》曰‘壹發五豝’,喻得賢者多也。‘于嗟乎騶虞’,歎仁人也。”《儀禮·鄉射禮》“樂正東面命大師曰:‘奏《騶虞》,間若一。’”鄭注“《射義》曰:‘《騶虞》者,樂官備也。’其詩有一發五豝、五豵,于嗟騶虞之言,樂得賢者衆多,嘆思至仁之人,以充其官。此天子之射節也,而用之者,方有樂賢之志,取其宜也。”(《禮記正義》《儀禮注疏》,《十三經注疏》清嘉慶刊本,北京:中華書局,2009,3662、2170頁)陳壽祺、陳喬樅以爲齊詩([清]陳喬樅:《三家詩遺説考》,《續修四庫全書》,76册,347頁),陳氏父子認爲《禮記》所引皆齊詩,且此處確與《五經异義》所引韓詩、魯詩有别。

沙洋塌塚楚墓漆器文字釋讀商榷*

□ 山西師範大學文學院 譚生力

内容提要 沙塚楚墓漆耳杯底部有紅漆文字,寫作、、等形。整理者認爲可能是上從怨下從皿的异體字,是器物的名稱。我們認爲它應該和郭店楚墓中的"東官之師"一樣,是一種身份。我們結合相關材料,將其讀爲縣公。

關鍵詞 外縣 縣 公

2010年冬,南水北調引江濟漢工程文物保護工作啓動,爲了配合工程建設,經上級主管部門批准,湖北省文物考古研究所負責對塌塚一號楚墓進行搶救性發掘。該墓是繼包山、左塚、嚴倉楚墓之後,在荆門市沙洋縣發掘的又一處較爲重要的楚國貴族墓葬。[①] 該墓出土竹簡數枚,其中有字竹簡13枚,屬於較爲典型的戰國楚文字。整理者公布了這13枚有字竹簡,并對其進行了相關考釋,後來李松儒又對簡文進行了校訂。[②] 此外,一起出土的部分漆耳杯底部也有紅漆文字,相關字形如下:

T:9 T:10 T:11 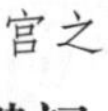 T:44 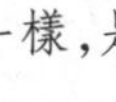 T:57 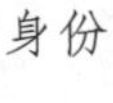 T:58 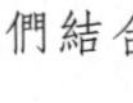

T:49 T:65  T:23

* 本文爲國家社科基金一般項目"楚系形近字與同形字考辯"(18BYY137)、2018年度國家社科基金重大項目"楚文字綜合整理與楚文字學的構建"(18ZDA304)成果。

① 湖北省文物局、湖北省南水北調管理局:《沙洋塌塚楚墓》,北京:科學出版社,2017,7頁。

② 湖北省文物局、湖北省南水北調管理局:《沙洋塌塚楚墓》,123-124頁;李松儒:《沙洋塌塚楚簡校訂》,《古文字研究》第32輯,北京:中華書局,2018,444-448頁。

整理者認爲:“杯底的漆書的‘’字,可能是上從怨下從皿的异體字,古文字中有與這個相似的字,如‘’、‘’、‘’等。‘’字應讀公,這些漆書文字應是指器物名。”①我們認爲整理者的這種釋讀,恐怕存在一定的問題。首先,從漆書文字相關形體來看,其左上所從部件和怨字左上所從部件存在差异。同時,雖然楚文字中月、肉、夕形體相近容易訛混。但是,該漆書文字全部訛混的可能性不大。其次,漆書文字所從之形部件和怨字所從形部件明顯不類。再次,如果讀爲怨公,那究竟是一種什麼器物名? 因此,整理者的釋讀意見是難以令人信服的。該材料公布後,學界對其較少關注。范常喜曾在一篇文章中提到沙洋塌塚一號楚墓耳杯底部有漆書“外厶”“公外”,外指外廚。② 范文將該字釋爲外,甚確。但是,此處之“厶”“公”怎麼解釋? “外厶”“公外”也難以找到合適的解釋。因此,沙洋塌塚楚墓漆器文字仍有繼續討論的必要。

在《沙洋塌塚楚墓》一書中,整理者根據墓葬形制、墓葬葬俗、隨葬器物等材料,認爲塌塚一號墓與荆州、荆門地區已發掘的楚墓有共同特徵。整理者還特别强調,該墓與本地區的郭店一號墓有諸多一致。例如整理者注意到塌塚一號墓的漆耳杯底部和郭店一號墓漆耳杯底部都有文字。③

整理者認爲“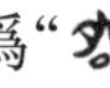”字,可能是上從怨下從皿的异體字,“公”應是指器物名稱。整理者的這種釋讀,雖然難以令人信服。但是,整理者將“公”與郭店一號墓中的“東宮之師”四字相聯繫却很有啓發性。

關於郭店一號墓中的“東宮之師”,最初發表時被釋爲“東宮之杯”,李學勤改釋爲“東宮之師”。④ 李零則結合相關材料,仍然將其釋爲“東宮之杯”。⑤ 後來,高華平結合相關字形及古文字用字習慣,認爲仍以釋“東宮之師”爲妥。⑥ 目前,“東宮之師”説已經得到多位學者的認同,例如李守奎認爲“東宮之師”即太子之師,杯的器主是太子老師當無疑。⑦ 在此基礎上,聯繫到塌塚楚墓整理者認爲郭店一號墓和塌塚存在諸多相似性,我們認爲塌塚漆書當非器物名,很可能也是一種身份的稱謂。

從《沙洋塌塚楚墓》公布的漆器文字來看,其書寫形式較爲豐富。有時候寫作兩字,例如T:11 (T:10 這種寫法屬於上下兩字書寫順序顛倒);有時候寫作一字,例如T:58 。

---

① 湖北省文物局、湖北省南水北調管理局:《沙洋塌塚楚墓》,89 頁。

② 范常喜:《“外杯”試解》,《文物》2018 年第 9 期。按:我們和范文觀點不同,我們認爲外當讀爲縣,外杯即縣公之杯的省略,其和范文提到的江蘇儀征張集團山漢墓中的“外廚”“中廚”和“外杯”并無直接聯繫。

③ 湖北省文物局、湖北省南水北調管理局:《沙洋塌塚楚墓》,143 頁。

④ 李學勤:《荆門郭店楚簡中的〈子思子〉》,《文物天地》1998 年第 2 期。

⑤ 李零:《郭店楚簡研究中的兩個問題》,武漢大學中國文化研究院編《郭店楚簡國際學術研討會論文集》,武漢人民出版社,2000,47-52 頁。

⑥ 高華平:《是“東宮之杯”還是“東宮之師”》,《古漢語研究》2003 年第 1 期。

⑦ 參見李守奎《楚文獻中的教育與清華簡〈繫年〉性質初探》,復旦大學出土文獻與古文字研究中心編《出土文獻與古文字研究》第 6 輯,上海古籍出版社,2015,291-302 頁。

後者當爲前者的簡稱。從這種寫法來看,這類寫法當是屬於借筆現象,即公字上部兩筆和共用筆劃。因此,沙洋塌塚漆書文字釋讀的關鍵在於解決究竟爲何字。

從相關字形來看,和外字形體相似,例如楚文字中外可以寫作(上博二・昔 3)。[①] 楚文字中,卜字所從的點形筆劃可以拉長,例如(上博四・柬 1)。[②] 楚文字中卜作爲偏旁使用時,其點形筆劃也可以拉長,例如(上博四・昭 4)。[③] 再例如,中山王方壺的"載之簡策"之"簡"寫作,[④]其所從卜旁點形筆劃也是拉長。如此,塌塚楚墓漆器文字,其上部所從可以看作是外。值得注意的是,從這種寫法來看右上部所從之卜旁筆劃拉長,很可能是借筆的需要。此外,在湖北荆州望山橋一號楚墓發掘簡報中,耳杯底部刻劃楚文字"外杯"二字;江蘇儀征張集團山西漢墓有"外廚"二字。[⑤] 從相關材料來看,其爲"外"字當無疑問,它們可和沙洋塌塚楚墓漆器文字"外"形成旁證。

古文字中外、間關係密切,例如(包 56)。[⑥] 李守奎、賈連翔、馬楠認爲(包 56)是(包 115)、(包 103 反)字异體。[⑦] (包 115)、(包 103 反),相關詞例爲"郈郟",在以往的研究過程中没有得到很好的解釋,其中有一種觀點認爲"郈郟"是個地名。例如整理者認爲"郈郟"是地名,李天虹結合中山王方壺的"載之簡策"之簡作,曾侯乙墓出土漆盒蓋"間音"之間作,春秋曾姬鄦郘壺的"漾陵蒿閑之無匹"等資料認爲"郈郟"是地名。[⑧] 古文字中,一些外字可以讀爲間。[⑨] 例如戰國中山王銅器中"册"即簡策,外=間。[⑩] 在新出的一些楚文字資料中,間字可以讀爲縣,例如:閑陳、蔡,殺蔡靈侯。(清華二・繫 99)。[⑪] 閑陳、蔡即滅陳、蔡爲縣。整理者的這種解釋,得到了學界的廣泛認同,[⑫]以往有關郟字釋讀的疑難問題,也就迎刃而解了。

如此,塌塚楚墓漆器文字,其上部所從可以看作是外。我們結合古文字中外可以讀爲

---

① 馬承源主編:《上海博物館藏戰國楚竹書(二)》,上海古籍出版社,2002,89 頁。
② 馬承源主編:《上海博物館藏戰國楚竹書(四)》,上海古籍出版社,2004,45 頁。
③ 馬承源主編:《上海博物館藏戰國楚竹書(四)》,36 頁。
④ 董蓮池:《新金文編》,北京:作家出版社,2011,505 頁。
⑤ 荆州博物館:《湖北荆州望山橋一號楚墓發掘簡報》,《文物》2017 年第 2 期;南京博物院、儀征博物館籌備辦公室:《儀征張集團山西漢墓》,《考古學報》1992 年第 4 期。
⑥ 湖北省荆沙鐵路考古隊:《包山楚簡》,北京:文物出版社,1991,圖版二五。
⑦ 李守奎、賈連翔、馬楠:《包山楚墓文字全編》,上海古籍出版社,2012,269 頁。
⑧ 參見朱曉雪《包山楚簡綜述》,福州:福建人民出版社,2013,229–230 頁。
⑨ 陳偉:《楚簡中某些"外"字疑讀作"間"試説》,簡帛網,2010 年 5 月 28 日;陳偉:《關於秦封泥"河外"的討論》,簡帛網,2010 年 11 月 12 日。
⑩ 學界認爲戰國中山王銅器中的"册"即簡策,外=間。轉引自陳偉《關於秦封泥"河外"的討論》。
⑪ 李學勤主編:《清華大學藏戰國竹簡(貳)》,上海:中西書局,2011,180 頁。
⑫ 蘇建洲、吴雯雯、賴怡璇:《清華二〈繫年〉集解》,臺北:萬卷樓圖書股份有限公司,2013,702–704 頁;李松儒:《清華簡〈繫年〉集釋》,上海:中西書局,2015,258 頁。

間,及清華簡《繫年》阴讀爲縣等相關情況,認爲塌塚楚墓漆器文字公,可讀爲縣公。縣公和郭店一號墓中的"東宫之師"一樣,表明耳杯所有者是縣公。

縣公見於傳世文獻,例如《左傳・宣公十一年》:

> 冬。楚子爲陳夏氏亂故,伐陳。謂陳人"無動!將討於少西氏"。遂入陳,殺夏徵舒,轘諸栗門。因縣陳。陳侯在晋。申叔時使於齊,反。復命而退。王使讓之,曰:"夏徵舒爲不道,弑其君,寡人以諸侯討而戮之,諸侯、縣公皆慶寡人,女獨不慶寡人,何故?"[1]

關於此縣公的解釋,學者們有所關注。例如杜預作注説"楚縣大夫皆僭稱'公'"。王引之則説"縣公猶言縣尹也,與公侯之公不同。如謂楚僭稱王,其臣僭稱公,則楚官之貴者無如令尹、司馬,何以令尹、司馬不稱公,而稱公者反在縣大夫乎?襄二十五年傳'齊棠公之妻,東郭偃之姊也',杜注曰:'棠公,齊棠邑大夫。'齊之縣大夫亦稱公,則公爲縣大夫之通稱,非僭擬于公侯也。"[2]

如此,縣公在當時應該是一種較爲常見的稱謂,且屬於大夫級别。鄭伊凡通過對戰國時期楚國縣公權力和職守的研究,認爲:"楚縣公并不單純是縣級長官,而是具有爵位和封號的性質。"[3]從楚國爵位系統來看,縣公應屬大夫級别,這也正好與沙洋塌塚楚墓主人身份相類。沙洋塌塚楚墓整理者,在整理報告中根據墓地封土、臺階級數、槨室分設、隨葬物的組合等情況判斷,認爲塌塚一號墓墓主人當屬於士以上階層,至少不能低於下大夫一級。[4]

綜上所述,塌塚楚墓漆器文字公,可讀爲縣公。此外,古文字中關於縣的資料較爲豐富,李家浩[5]、趙平安[6]曾經有所論證,可參看。

附記 本文在寫作過程中,劉光師弟曾提出一些寶貴的建議,匿名審稿專家也提出一些修改意見,特此致謝!

① 楊伯峻:《春秋左傳注》,北京:中華書局,2009,713–714頁。
② 參見楊伯峻《春秋左傳注》,714頁。
③ 鄭伊凡:《戰國楚縣初探》,武漢大學碩士學位論文,2017,42–50頁。
④ 湖北省文物局、湖北省南水北調管理局:《沙洋塌塚楚墓》,141–142頁。
⑤ 李家浩:《先秦文字中的"縣"》,收入其著《著名中年語言學家自選集・李家浩卷》,合肥:安徽教育出版社,2002,15–34頁。
⑥ 趙平安:《戰國文字中的"宛"及其相關問題研究》,收入其著《文字・文獻・古史:趙平安自選集》,上海:中西書局,2017,302–311頁。

睡虎地秦簡《盜者》章人名解讀*

——兼論研究秦簡干支人名數術特徵對解讀傳世文獻疑難人名的意義

□ 貴州師範大學文學院 貴州師範大學文學教育與文化傳播中心　李世持

□ 西南大學漢語言文獻研究所　張顯成

内容提要　睡虎地秦簡《盜者》章中的人名解讀是一大難題，長期以來，儘管學界作出了很多努力，但仍未得到完全解決。通過對《盜者》章及相關文獻的全面考察，發現《盜者》章人名蘊含着五行、剛柔和語義隱喻等多重數術理論，以此理論則可徹底解決其人名釋讀難題。深入考察又發現，以此理論還可解決傳世文獻中，如"齊顔涿聚字庚""魯季公亥字若""鄭印癸字子柳"等的人名釋讀難題。研究秦簡干支人名數術特徵，對傳統人名訓釋研究具有重要意義。

關鍵詞　睡虎地秦簡《盜者》章　人名解讀　干支人名　數術特徵　訓詁意義

睡虎地秦簡《盜者》章（以下簡稱"《盜者》章"）人名解讀，一直是個難題。刊布多年來，先後有多位學者做過不同程度的研究，但問題都未得到徹底解決。我們在前賢時彦研究基礎上，利用數術理論全面解讀《盜者》章人名，發現其人名蘊含着多重數術特徵。深入考察又發現，運用這一理論，可以解決傳世文獻中一些人名釋讀難題。研究秦簡干支人名數術特徵，對解讀傳世文獻人名具有重要意義。不足之處，敬請批評指正。

* 本文爲國家社會科學基金項目"秦漢簡帛人名整理研究與人名辭典編纂"（20XZS001）階段性成果。

一　問題的提出:對學界有關研究的檢討

爲便於研究,下面先出示《盗者》章釋文,①然後再進行學界有關研究的檢討。

子,鼠也。盗者兑(鋭)口,希(稀)須(鬚),善弄手,黑色,面有黑子焉,疵在耳,臧(藏)於垣内中糞蔡下。·多〈名〉鼠、䑕、孔、午、郢。　69 背/98 反

丑,牛也。盗者大鼻,長頸,大辟(臂)臑而僂,疵在目,臧(藏)牛廄中草木下。·多〈名〉徐、善、𧻓、以、未。　70 背/97 反

寅,虎也。盗者壯,希(稀)須(鬚),面有黑焉,不全於身,從以上辟(臂)臑梗,大疵在辟,臧(藏)於瓦器間,旦閉夕啓西方。·多〈名〉虎、豻、貙、豹、申。　71 背/96 反

卯,兔也。盗者大面,頭𩑶,疵在鼻,臧(藏)於草中,旦閉夕啓北方。·多〈名〉兔、竈、陘、突、垣、義、酉。　72 背/95 反

辰,盗者男子,青赤色,爲人不轂(穀),要(腰)有疵,臧(藏)東南反(阪)下。車人,親也,勿言已。·多〈名〉獾、不圖、射、亥、戌。　73 背/94 反

巳,蟲也。盗者長而黑,蛇目,黄色,疵在足,臧(藏)於瓦器下。·名西、茞、亥、旦。　74 背/93 反

午,鹿也。盗者長頸,小胻,其身不全,長耳而操蔡,疵在肩,臧(藏)於草木下,必依阪險,旦啓夕閉東方。·名彘、達、禄、得、獲、錯。　75 背/92 反

未,馬也。盗者長須(鬚)耳,爲人我我然好歌無(舞),疵在肩,臧(藏)於芻稾中,阪險,必得。·名建、章、丑、吉。　76 背/91 反

申,環也。盗者圜(圓)面,其爲人也鞞鞞然,夙得莫(暮)不得。·名責、環、貉、豺、干、都、寅。　77 背/90 反

酉,水也。盗者𤕌而黄色,疵在面,臧(藏)於園中草下,旦啓夕閉。夙得莫(暮)不得。·名多、酉、起、嬰。　78 背/89 反

戌,老羊也。盗者赤色,其爲人也剛履,疵在頰。臧于糞蔡中土中。夙得莫(暮)不

---

① 本文有關秦簡的釋文和簡號主要引自以下書籍:陳偉主編《秦簡牘合集(貳)》,武漢大學出版社,2016;陳偉主編,《秦簡牘合集(肆)》,武漢大學出版社,2016;陳偉主編《里耶秦簡牘校釋(第一卷)》,武漢大學出版社,2012;陳偉主編《里耶秦簡牘校釋(第二卷)》,武漢大學出版社,2018;朱漢民、陳松長主編《嶽麓書院藏秦簡(叁)》,上海辭書出版社,2013;張家山二四七號漢墓竹簡整理小組《張家山漢墓竹簡[二四七號墓]》(釋文修訂本),北京:文物出版社,2006。如無特殊説明,均據以上版本,不再另注。又爲行文簡便,引文或人名出處一律采用簡稱。"睡虎地《日書甲種》"簡稱"睡《甲》";"睡虎地《日書乙種》"簡稱"睡《乙》";"放馬灘《日書乙種》"簡稱爲"放《乙》";"《里耶秦簡校釋(第一卷)》"簡稱"《里壹》";"《里耶秦簡校釋(第二卷)》"簡稱"《里貳》";"《嶽麓書院藏秦簡(叁)》"簡稱"《嶽麓叁》""《張家山漢墓竹簡》(釋文修訂本)"簡稱"《張》"。本釋文以睡虎地《日書甲種·盗者》爲基礎,參考學界相關成果,改動了個别人名隸定文字。人名斷讀的標點,由本文作者參考學界相關成果所加。參見陳偉主編《秦簡牘合集(貳)》,446-447 頁。

得。·名馬童、龏、思、辰、戌。 79背/88反

亥,豕也。盜者大鼻而票(剽)行,長脊,其面不全。疵在㮀〈要(腰)〉,臧(藏)於圂中垣下,夙得莫(暮)不得。·名豚、孤、夏、穀、□、亥。 80背/87反

甲盜名曰:耤、鄭、壬、贛、强、當、良。·乙名曰:舍、徐、可、不聋、亡悳(憂)。·丙名曰:軬、可、癸、上。·丁名曰:浮、妾、榮、辨、僕、上。·戊名曰:匽、爲、勝、朱。 81背/86反

己名曰:宜、食、成、怪、目。·庚名曰:甲、郢、相、衛、魚。·辛名曰:秦、桃、乙、忌、慧。·壬名曰:黑、疾、齊、諈。·癸名曰:陽、生、先(無)智、丙。 82背/85反

(一)學界有關研究

《盜者》章人名解讀,研究者衆多,成果豐碩。最先關注《盜者》章人名解讀的是李學勤和劉樂賢。李學勤認爲《盜者》地支名與十二禽或十二支相關,天干人名與天干有關,但没有揭示其規律。[①] 劉樂賢對人名用字提出了一些看法,認爲簡81背的"䭬"或是"贛"的异體字;"詠"即"聋",《宋史·宗室世係表》正用作人名。"朱"或是"㭊"的訛寫。指出干支人名與干支的排列很有規律,但也没有揭示其規律。[②] 雖然兩位先生都指出干支人名具有規律,但均未作進一步研究。

施謝捷在漢印人名的啓發下,提出《盜者》章人名有文字假借情况。認爲簡78背"多酉"之"酉"是"酒"的假借,"多酉"即"多酒",簡82背"先智"之"先"是"無"字的訛寫,"先智"即"無智",簡78背"多酒"、79背"馬童"、81背"亡憂"和82背"無智"等都應該是雙音節人名。[③] 賀潤坤又從捕盜的角度提出,地支名與生肖動物有關。天干所列人名與地支所載盜者外形、習性和人名相互配合,主觀確定了嚴密的捕盜圖示。[④] 吴小强則把《盜者》人名全部斷讀爲單音節人名。[⑤]

王子今認爲"多"即"名",確認了"多"字後的内容是盜者人名。并根據辭例排列規律認爲,簡75背"名㪍達禄得獲錯"句,漏寫了"子"名;簡78背"多酉起嬰"句中,"多"是"卯"的誤寫,原句應是"名卯酉起嬰";簡80背"名豚孤夏穀□亥"句中,"□"當爲"巳",原句爲"名豚孤夏穀巳亥"等。[⑥]

① 李學勤:《睡虎地秦簡〈日書〉盜者章研究》,原刊《慶祝饒宗頤教授七十五歲論文集》,香港中文大學出版社,1993。後收入李學勤《簡帛佚籍與學術史》,南昌:江西教育出版社,2001。本文引自後者168-169頁。

② 劉樂賢:《睡虎地秦簡日書研究》,臺北:文津出版社,1994,272-273、276-277頁。本文采信其文字隸定觀點。

③ 施謝捷:《簡帛文字考釋札記》,李學勤、謝桂華主編《簡帛研究》第3輯,南寧:廣西教育出版社,1998,170頁。本文人名斷讀采信其關於"馬童""無憂""先(無)智"的讀法。

④ 賀潤坤:《從雲夢秦簡看秦社會有關捕盜概況》,李學勤、謝桂華主編《簡帛研究》第3輯,149頁。

⑤ 吴小强:《秦簡日書集釋》,長沙:嶽麓書社,2000,152-153頁。

⑥ 王子今:《睡虎地秦簡〈日書〉甲種疏證》,武漢:湖北教育出版社,2002,452、455、460頁。

李零對人名作了斷讀,同時根據古人取名"五以六不以"原則,歸納了《盜者》章人名的五條規律:(1)用生肖本身爲名;(2)用生肖有關的動物爲名;(3)用生日(支日)爲名;(4)用生日(支日)的沖日爲名;(5)用其他含義相關之字爲名。提出了地支人名與地支之間是"衝破"數術關係。[①] 這一觀點得到了劉釗和孫兆華兩位先生的認同。劉釗認爲干支日與干支字的組合,如"子午""丑未""寅申""卯酉""辰戌""巳亥""午子""未丑""申寅""酉卯""戌辰""亥巳"等,是利用"支衝破"理論提供現實可選人名。并認爲《盜者》章中人名是秦國或秦代的常見人名。[②] 後孫兆華在學術會議上提出觀點,認爲人名"午郢"是子日的沖日,延續了"支衝破"觀點。[③]

李世持在學術會議上提出《盜者》章干支人名"五行生克"觀,認爲大部分干支人名與其對應的干支時辰之間存在五行相生相剋的關係。[④]

劉信芳基本支持王子今的觀點,對人名文字的隸定和排列作了一些修正和補充。認爲王氏人名"獾""日"隸定有誤,解"多"爲"卯"理由不充分。并從天干人名排列辭例出發,認爲"子"條人名的順序是"鼠鼷孔郢午","未"條的順序是"建章丑吉","戌"條的順序是"馬童龏辰戌","亥"條的順序是"豚孤夏穀亥□"。[⑤]

(二)對學界有關研究的評斷

在學者們不斷地努力下,對《盜者》章人名的研究得以一步步深入。從最初的意識到干支、動物和人名之間有聯繫,到發現非干支人名取義與動物相關,用"支衝破"數術理論解讀地支人名等,都很有價值。雖然時賢爲《盜者》人名解讀做了很多有價值的工作,但除地支人名外,大部分人名含義仍未得到確釋,其人名釋讀依舊是一大難題。下面,我們嘗試從多個數術理論角度來整體解讀《盜者》章人名,先解讀干支人名,再解讀非干支人名。

二 《盜者》章干支人名解讀

清王引之在《春秋名字解詁》中,曾經利用數術理論來訓釋具體人名中"名"與"字"的關係。如其訓釋"秦白丙字乙"説:"丙,火也,剛日也。乙,木也,柔日也。名丙字乙者,取火生於木,又剛柔相濟也。"[⑥]王氏對這一人名的訓釋,既运用了五行理論,也运用了剛柔理論。受

---

① 李零:《中國方術正考》,北京:中華書局,2006,176-178頁。本文人名斷讀,也參考了其中一些觀點。

② 劉釗:《關於秦印姓名的初步考察》,復旦大學出土文獻與古文字研究中心編《出土文獻與傳世典籍的詮釋——紀念譚樸森先生逝世兩周年國際學術研討會論文集》,上海古籍出版社,2010,379頁。

③ 孫兆華:《秦漢簡牘〈日書〉的盜名(初稿)》,"中國秦漢史研究會第十五届年會暨海昏歷史文化國際學術研討會"論文集,江西南昌,2017,1774頁。

④ 李世持:《睡虎地秦簡〈盜者〉干支人名命名五行相剋理據初探》,"西南大學第六届出土文獻研究與比較文字學全國博士生論壇"論文集,重慶北碚,2016,67頁。

⑤ 劉信芳:《秦漢簡日書"盜者"補說》,《文博》2019年第2期。

⑥ [清]王引之:《經義述聞·春秋名字解詁》,南京:江蘇古籍出版社,2000,558-559頁。

王氏人名訓詁的啓發，同時結合文獻的性質，我們認爲《盜者》章干支人名很可能也具有這樣的特徵。因爲，用來構建文獻的數術理論必須具有普遍性和整體性。也即是説，構建文獻的數術原理應該能够對絶大部分人名作出解讀。經過仔細考察，我們認爲五行相勝、剛柔矛盾和語義隱喻等數術理論，對《盜者》章干支人名能够形成較强的解釋力。分别闡述如下：

（一）從五行相勝數術理論解讀《盜者》章干支人名

秦簡《日書》中，五行相勝理論已經是成熟的數術理論。略舉例如下：

（1）金勝木，火勝金，水勝火，土勝水，木勝土。東方木，南方火，西方金，北方水，中央土。（睡《甲》83背叁/84反叁－92背貳/75反貳）

（2）丙丁火，火勝金。戊己土，土勝水。庚辛金，金勝木。壬癸水，水勝火。丑巳金，金勝木。……未亥〖卯木，木〗勝土。……辰申子水，水勝火。

（睡《乙》79貳－87貳）[①]

《盜者》章干支與干支人名具有很强的對應性，這早已是學界的普遍認識。我們把干支與干支人名的五行對應關係分别列表考察，先看天干與天干人名對應關係。[②]

表1　天干與天干人名五行關係表

項目 天干五行	人名五行	關係	特點	備注
甲（木）[③]	壬（水）	木與水	天干生人名	五行相生
丙（火）	癸（水）	火和水	人名勝天干	五行相勝
庚（金）	甲（木）	金和木	天干勝人名	五行相勝
辛（金）	乙（木）	金和木	天干勝人名	五行相勝
癸（水）	丙（火）	水和火	天干勝人名	五行相勝

上表凡5組天干與天干人名對應關係中，“丙癸”“庚甲”“辛乙”“癸丙”等4組構成了人名勝天干或天干勝人名的五行相勝關係，占比爲80%。下面看地支與地支人名對應的五行關係。

① 陳偉主編：《秦簡牘合集（貳）》，456－457、499頁。
② 爲行文簡潔，僅列出涉及干支人名的干支條目。全文同此，不再另注。
③ 簡文没有列出“甲”的五行，按照其體系推測，甲應該屬木。

表2　地支與地支人名五行關係表

項目 地支五行	人名五行	關係	特點	備注
子(水)	午(土)	水和土	人名勝地支	五行相勝
丑(金)	未(木)	金和木	地支勝人名	五行相勝
寅(土)	申(水)	土和水	地支勝人名	五行相勝
卯(木)	酉(金)	木和金	人名勝地支	五行相勝
辰(水)①	亥(土)	水和土	人名勝地支	五行相勝
	戌(土)	水和土	人名勝地支	五行相勝
巳(金)	亥(木)	金和木	地支勝人名	五行相勝
未(木)	丑(金)	木和金	人名勝地支	五行相勝
申(水)	寅(土)	水和土	人名勝地支	五行相勝
戌(土)	辰(水)	土和水	地支勝人名	五行相勝
	戌(土)	土和土	五行相同	無
亥(木)	亥(木)	木和木	五行相同	無

上表凡12組地支和地支人名對應關係中,“子午”“丑未”“寅申”“卯酉”“辰亥”“辰戌”“巳亥”“未丑”“申寅”“戌辰”等10組構成了人名勝地支或地支勝人名的五行相勝關係,占比爲83.3%。

綜上2表,凡17組干支與干支人名對應關係中,有14組形成了五行相勝關係,占比82.3%。充分説明,五行相勝數術理論對《盜者》章干支人名具有很强的解釋力,干支人名具有五行相勝數術特徵。現實生活中取干支人名,當然就應該避開這樣的五行組合。

(二)從剛柔數術理論解讀《盜者》干支人名

秦簡《日書》中也有不少關於男(女)子日即剛柔日理論的闡述,略舉例如下:

(3)男子日:寅、卯、子、巳、戌、酉。·女子日:辰、午、未、申、亥、丑。　(睡《乙》109)

(4)凡甲、丙、戊、庚、壬、子、寅、卯、戌、巳、酉,是胃(謂)罔(剛)日,陽〖日〗、牡日殹,女子之吉日殹。凡乙、丁、己、辛、癸、丑、辰、午、未、申、亥,是胃(謂)柔日、陰日、牝日殹,

① 睡《乙》的《五勝》“未亥卯木,木勝土。辰申子水,水勝火”,與後世五行觀念不相同。本文以此理論作爲分析基礎。詳參陳偉主編《秦簡牘合集(貳)》,499頁。

男子之吉日毄。　　　（放《乙》113 壹-114 壹）①

上舉2例中，例（3）列舉了十二地支的剛柔分配。男日即剛日，具體指“子卯寅巳酉戌”六個地支；女日即柔日，具體指“午未申丑亥辰”六個地支。例（4）則不僅明確了具體的干支剛柔分配，還明確了剛柔日與性别的關係，即剛日爲女子吉日，柔日爲男子吉日。

放馬灘日書《十干占盜》又推測了盜者性别，②我們將天干與盜者性别的剛柔對應關係排列如下：

甲亡—男子毄　　乙亡—女子毄
丙亡—男子毄　　丁亡—盜女子毄
戊亡—男子毄　　己亡—女子毄
庚亡—其盜丈夫毄　　辛亡—女子毄
壬亡—男子　　癸亡—其盜女子

上所排列天干與盜者性别剛柔對應關係，與前舉秦簡剛柔日分配觀念完全吻合，并帶有明顯的剛柔組合特點：凡剛日，盜者均爲男子；凡柔日，盜者均爲女子。干支與盜者的性别形成了“剛剛”或“柔柔”的組合，《十干占盜》中盜者與十干之間是剛柔矛盾關係。《盜者》章中干支人名是否也符合這個規律呢？我們把干支與干支人名的剛柔對應關係，也列表考察如下：

表3　干支與干支人名剛柔關係表

<table>
<tr><th>干支剛日</th><th>人名</th><th>關係</th><th>干支柔日</th><th>人名</th><th>關係</th></tr>
<tr><td>甲</td><td>壬</td><td>剛剛</td><td>辛</td><td>乙</td><td>柔柔</td></tr>
<tr><td>丙</td><td>癸</td><td>剛柔</td><td>癸</td><td>丙</td><td>剛柔</td></tr>
<tr><td>庚</td><td>甲</td><td>剛剛</td><td>丑</td><td>未</td><td>柔柔</td></tr>
<tr><td>子</td><td>午</td><td>剛柔</td><td rowspan="2">辰</td><td>亥</td><td>柔柔</td></tr>
<tr><td>寅</td><td>申</td><td>剛柔</td><td>戌</td><td>剛柔</td></tr>
<tr><td>卯</td><td>酉</td><td>剛剛</td><td>未</td><td>丑</td><td>柔柔</td></tr>
<tr><td rowspan="2">戌</td><td>辰</td><td>剛柔</td><td>申</td><td>寅</td><td>剛柔</td></tr>
<tr><td>戌</td><td>剛剛</td><td>亥</td><td>亥</td><td>剛剛</td></tr>
<tr><td>巳</td><td>亥</td><td>剛柔</td><td></td><td></td><td></td></tr>
</table>

① 陳偉主編：《秦簡牘合集（貳）》，502頁；陳偉主編：《秦簡牘合集（肆）》，65頁。

② 放馬灘《日書》甲、乙兩種都有《十干占盜》，内容相同。本文以其甲種《十干占盜》爲例。詳參陳偉主編《秦簡牘合集（肆）》，14、47-48頁。

上表顯示,《盜者》章干支與干支人名之間大部分也形成了剛柔矛盾。凡 17 組剛柔對應關係中,有 9 組對應具有"剛剛"或"柔柔"的剛柔矛盾,占比 52.9%。充分説明,剛柔數術理論對《盜者》章干支人名也具有較强的解釋力,干支人名具有剛柔數術特徵。現實生活中人們取干支人名,當然也應該避開這樣的剛柔組合。

(三)從隱喻的數術手法解讀《盜者》干支人名

另外《盜者》章干支和干支人名之間具有强烈的語義隱喻性。從語義看,每一個干支都有隱喻義。《説文》將其解釋得很清楚,[①]把其與對應干支人名含義列表如下:

表 4 《盜者》章干支與干支人名隱喻關係表

干支含義	人名含義	關係
甲,東方之孟,陽氣萌動。	壬,位北方也。陰極陽生。	東北方位相對,二氣對立。
丙,位南方,萬物成炳然。	癸,冬時水土平,可揆度也。	暗喻南北方位相反。
庚,位西方,象秋時萬物庚庚有實。	甲,東方之孟,陽氣萌動。	東西方位相反。
辛,秋時萬物成而孰。	乙,象春艸木冤曲而出,陰氣尚强,其出乙乙。	春秋季節相對。
癸,冬時水土平,可揆度也。	丙,位南方,萬物成炳然。	暗喻南北方位相反。
子,十一月,陽氣動,萬物滋,人以爲稱。	午,五月,陰氣午逆陽冒地而出。	月份對立。陰陽二氣相反。
丑,十二月,萬物動,用事。	未,六月,滋味也。	月份對立。陰陽二氣相反。
寅,正月,陽氣動。去黄泉欲上出,陰尚强。	申,七月,陰氣成,體自申束。	月份對立。陰陽二氣相反。
卯,二月,萬物冒地而出。	酉,八月,黍成可爲酎酒。	月份對立。季節相反。
辰,三月,陽氣動,雷電震,民農時也。	戌,九月陽氣微,萬物畢成。陽下入地也。	月份對立。陰陽二氣相反。
辰,三月,陽氣動,雷電震,民農時也。	亥,十月,微陽起接盛陰。	二氣相反。
巳,四月,陽氣已出,陰氣已藏。	亥,十月,微陽起接盛陰。	二氣相反。
未,六月,滋味也。	丑,十二月,萬物動,用事。	月份對立。陰陽二氣相反。
申,七月,陰氣成,體自申束。	寅,正月,陽氣動。去黄泉,欲上出,陰尚强。	月份對立。陰陽二氣相反。

① [漢]許慎撰,[宋]徐鉉校定:《説文解字》(附音序、筆畫檢字),北京:中華書局,2013。本文所引《説文》,均據此本,不再另注。

續表

干支含義	人名含義	關係
戌，九月陽氣微，萬物畢成。陽下入地也。	戌，九月陽氣微，萬物畢成。陽下入地也。	關係不明。
	辰，三月，陽氣動，雷電震，民農時也。	月份對立。陰陽二氣相反。
亥，十月，微陽起接盛陰。	亥，十月，微陽起接盛陰。	關係不明。

上表可見，天干與天干盜名形成了方位、季節等方面的語義對立。如“甲壬”組，從方位看，形成了“東—北”方位的相對；從語義看，形成了“陽氣萌動—陰極陽生”的對立。觀察其餘天干與天干人名，語義對立也同樣成立。比如“丙癸”“庚甲”“癸丙”是方位對立，“辛乙”是季節對立。

地支與地支人名主要形成了月份和陰陽二氣的對立。如“子午”組，從月份看，是“十一月”和“五月”的對立；從語義看，是“陽氣動，萬物滋”和“陰氣午逆陽”的對立。其餘地支與地支人名，絕大部分形成了“一月對七月”“二月對八月”，直至“六月對十二月”這樣的對應規律，其中“酉酉”“戌戌”“亥亥”三個組合，是“八、九、十”三個月的自身對應，是游離於規律之外的對應關係。凡 17 組干支與干支人名關係中，形成語義對立的有 15 組，占比 88.2%。即絕大部分干支人名與干支之間具有隱喻語義對立關係。可見隱喻數術理論，對《盜者》章干支人名也具有很强的解釋力，干支人名具有語義隱喻數術特徵。

（四）《盜者》章干支人名的多重數術特徵

以上分别用五行相勝、剛柔矛盾和語義隱喻等數術理論解讀了干支人名，進一步考察後發現，這些數術理論可以并存於同一組干支與干支人名的對應關係中，即同一個干支人名可以具有多重數術特徵。爲便於觀察，我們還是列表如下：①

表 5　干支與干支人名多重數術關係表

干支	人名	五行相勝	剛柔矛盾	語義隱喻對立	備注
甲	壬	×	√	√	23
丙	癸	√	×	√	13
庚	甲	√	√	√	123

① 表中“×”表示“無”，“√”表示“有”。備注中數字“1”表示“五行相勝”；“2”表示“剛柔矛盾”；“3”表示“語義隱喻對立”。“123”組合表示同時具有以上三種數術特徵，“13”組合表示具有“五行相勝”和“語義隱喻對立”特徵；“23”組合表示具有“剛柔矛盾”和“語義隱喻對立”特徵。

續表

干支	人名	五行相勝	剛柔矛盾	語義隱喻對立	備注
辛	乙	√	√	√	123
癸	丙	√	×	√	13
子	午	√	×	√	13
丑	未	√	√	√	123
寅	申	√	×	√	13
卯	酉	√	√	√	123
辰	亥	√	√	√	123
辰	戌	√	×	√	13
巳	亥	√	×	√	13
未	丑	√	√	√	123
申	寅	√	×	√	13
戌	辰	√	×	×	1
戌	戌	×	√	×	2
亥	亥	×	√	×	2

上表可以看出，人名“甲、乙、未、酉、亥、丑”等6個，同時具有五行相勝、剛柔矛盾和語義隱喻關係特點。人名“癸、丙、午、申、戌、亥、寅”等7個，同時具有五行相勝和語義隱喻關係特點。人名“壬”1個，同時具有剛柔矛盾和語義隱喻關係特點。人名“辰、戌、亥”等3個，只有1個數術特點。如，“辰”僅具有五行相勝特點，“戌、亥”僅具有剛柔矛盾特點。總之，凡17個干支人名，有14個具有2個以上數術特點，占比82.3%。充分説明《盜者》章干支人名的確具有多重數術特點。

三　《盜者》章非干支人名解讀

以上分别運用五行相勝、剛柔矛盾和語義隱喻對立等數術理論，解讀了《盜者》章干支人名，并證明了其干支人名具有多重數術特徵。下面接着來解讀《盜者》章的非干支人名。

在《盜者》章數術理論框架下，非干支人名必然也具有隱喻特徵。其建立人名隱喻關聯的模式可以分爲兩種：一是利用地支與動物的關係，建立了動物與人名的隱喻投射關聯；一是借助天干語義隱喻，建立了天干與人名的隱喻關聯。下面分别詳細討論。

(一)“地支—動物—人名”的隱喻投射

《盜者》章利用“地支”和“動物”的關係,建立了“動物”與“人名”之間的隱喻投射關聯(相關地支、動物和盜名突出顯示)。如“子鼠”條:

(5)**子,鼠**也。盜者兑(鋭)口,希(稀)須(鬚),善弄手,黑色,面有黑子焉,疵在耳,臧(藏)於垣内中糞蔡下。·多〈名〉**鼠、鼷、孔、午、郢**。

(睡《盜者》69背/98反)①

以上例(5)“子鼠”條中,地支“子”對應動物“鼠”,盜者的特徵(鋭口、稀須、善弄手,黑色、面有黑子,疵在耳)與鼠非常相似,人名“鼠、鼷、孔、午、郢”與對應的動物“鼠”有密切關聯。比如“鼠、鼷”是名稱關聯,“孔”是行爲關聯,“郢”是隱喻關聯。《説文·鼠部》:“鼠,穴蟲之總名也。”又《邑部》:“郢,故楚都。在南郡江陵北十里。”從五方關係看,地支“子”的方位在北,“鼠”的方位自然也在北方。“子鼠”位北方,正與楚都“郢”形成南北方位的對立。可見從文獻整體看,《盜者》章借助地支建立了“動物”與“人名”的隱喻投射模式:

表6 “地支-動物-人名”隱喻投射圖

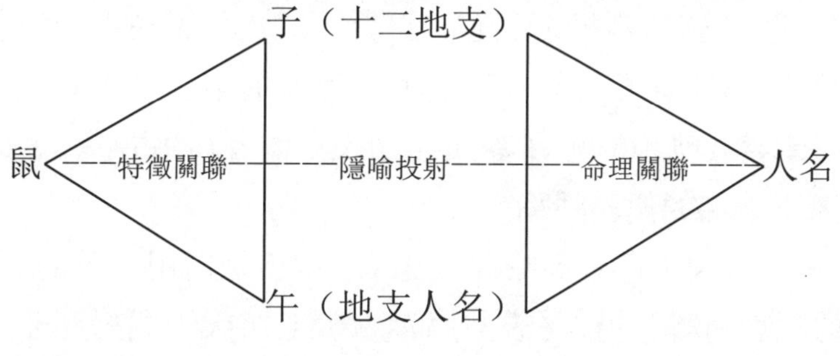

這種隱喻投射模式在絶大部分的動物和人名關係中是成立的,如:

“丑牛”人名“徐、善、趚、以”。《説文·彳部》:“徐,安行也。”《誩部》:“善,吉也。”《玉篇·走部》:“趚,小走也。”②《巳部》:“以,用也。”人名與“牛”的行爲有關。

“寅虎”人名“虎、豻、貙、豹”。人名與“虎”類名稱有關。

“卯兔”人名“竈、陘、突”。“竈、垣”《説文·穴部》:“竈,炊竈也。”又“突,犬從穴中暫出也。”《𨸏部》:“陘,山絶坎也。”人名與“兔”的行爲有關。

“巳蟲”人名“西、茝”。《説文·西部》:“西,鳥在巢上。”又《艸部》:“茝,虈也。”因鳥也有羽蟲之稱,故總體而言,人名與“蟲”的生活環境有關。

---

① 陳偉主編:《秦簡牘合集(貳)》,446頁。

② [梁]顧野王撰,吕浩校點:《大廣益會玉篇》,北京:中華書局,2019。本文所引《玉篇》,均據此本,不再另注。

“午鹿”人名“劈、達、禄、得、獲、錯”。《説文·力部》:“劈,發也。”《辵部》:“達,行不相遇也。”《示部》:“禄,福也。”《彳部》:“得,行有所得也。”《犬部》:“獵所獲也。”《金部》:“金塗也。”人名主要與“鹿”諧“禄”的語義有關。

“未馬”人名“建、章、吉”,《廴部》:“建,立朝律也。”《音部》:“章,樂竟爲一章。”《口部》:“吉,善也。”人名與“馬”在生活中的作用有關。

“戌老羊”人名“龏、恿”,《説文·廾部》:“龏,慤也。”“恿”當是“勇”的异體字。《力部》:“勇,氣也。”與“老羊”的性格有關。“馬童”即是“馬奴”,與老羊在羊群中的作用有關。

“亥豕”人名“豚、穀”。“豚”與豕的名稱有關。“穀”與豕的相關事物有關,《説文·禾部》:“穀,續也。百穀之總名。”人名與“豕”的名稱或食物相關。

另外兩條與其他事物關聯的地支人名,也符合這一規律。如“申環”組人名“責、環、貉、豺、干、都”。“環、貉、豺”與“環”名稱有關。《説文·貝部》:“責,求也。”又《干部》:“干,犯也。”“責、干”兩個人名應該與行爲相關。“酉水”組人名“多酉、嬰”,與“水”也建立了名稱或作用的關聯。

雖然個别人名與動物之間的隱喻關聯還有待進一步考察,如“巳蟲”組人名“旦”名,暫未能找到人名與動物的關聯,但絶大多數人名與對應的動物建立了“動物-人名”正向關聯,這種關聯將不同事物的特性串聯起來,通過類化把偶然變成必然,這樣就創建起“地支-動物-人”之間的關係模式,經過隱喻投射,就形成了“人”與“命”的必然關聯。顯然,《盗者》章所建立的這種關聯,已經具備了後世命理學説的理論框架,“名”作爲人與命運的紐帶,在很大程度上充當了命運發展軌迹的解釋者,這也正是《盗者》章占卜人名的目的所在。

(二)天干與非天干人名的語義隱喻

在數術體系中,每一個天干都有隱喻義,《盗者》章正是借用天干的隱喻含義建立了天干與非天干人名之間的隱喻關聯。仍以《説文》解讀爲准,將天干與對應非天干人名排列如下:

表7 “天干語義—非干支人名—干支人名”對應表

天干字義	非干支人名	干支人名
甲:“東方之孟,陽氣萌動。”	耤鄭贛强當良	壬
乙:“象春艸木冤曲而出,陰氣尚强,其出乙乙。”	舍徐可不峇亡惪	
丙:“位南方,萬物成炳然。”	轎可上	癸
丁:“夏時萬物皆丁實。”	浮妾榮辨僕上	
戊:“中宫也。象六甲五龍相拘絞也。”	匽爲勝疵	
己:“中宫也。象萬物辟藏詘形也。”	宜食成怪目	
庚:“位西方,象秋時萬物庚庚有實。”	郢相衛魚	甲

續表

天干字義	非干支人名	干支人名
辛:“秋時萬物成而孰。”	秦桃忌慧	乙
壬:“位北方也。陰極陽生。”	黑疾齊誣	
癸:“冬時水土平,可揆度也。”	陽生先(無)智	丙

上表天干與非干支人名形成了語義隱喻關係。如簡 81 背“甲盜名曰耤、鄭、贛、强、當、良”等人名,在《説文》中含義如下:

耤,《耒部》:“帝耤千畝也。古者使民如借,故謂之耤。”

鄭,《邑部》:“京兆縣周厲王子友所封。”

贛,《貝部》:“賜也。”

强,《蟲部》:“蚚也。”

當,《田部》:“田相值也。”

良,《畗部》:“善也。”

從語義解讀上看,以上非干支人名字義,除“鄭”這個人名不太好解釋之外(也可能是暗喻方位),多與春天的農事徵候有關,與“甲”所代表的“東方之孟,陽氣萌動”形成了正向語義隱喻關聯,這與地支的情況是一致的。

又如簡 81 背“乙盜名曰舍徐可不詟亡恴”等人名,在《説文》中的含義如下:

舍,《亼部》:“市居曰舍。”

可,《可部》:“可,肎也。”《肎部》:“肎,骨間肉肎肎箸也。”

不詟,詟同訓。《言部》:“訓,説教也。”段玉裁注:“説教者,説釋而教之,必順其理。”不詟即不順。

亡恴,即無憂。

從語義解讀上看,天干乙對應的非干支人名,多有停止緩慢的含義,是與“乙”所代表的“草木難出”形成了正向語義隱喻關聯。

其他組的關係也大多如此。

“丙”組人名“韘可上”,《説文》無“韘”字,《玉篇·韋部》:“韘,群韘也。”又《説文·上部》“上,高也。”與“丙”的“萬物成炳然”形成了正向語義隱喻關聯。

"丁"組人名"浮妾榮辨僕上",《水部》:"浮,氾也。"其義與"上"相類似,"妾""榮"當與"丁"相關。《女部》:"妾,有罪女子給事之得接於君者。"《爾雅·釋草》:"華、荂,榮也。木謂之華,草謂之榮。"①人名與"丁實"相關。

"戊"組人名"匽爲勝朋",匽,《匸部》:"匿也。"朋,《歺部》:"殙也。"《力部》:"勝,任也。"人名與"拘絞纏繞"相關。又"己"組人名"宜食成恠目",《宀部》:"宜,所安也。"《食部》:"一米也。"段玉裁注:"亼米也。""亼米"即集米。《戈部》:"成,就也。"人名與"萬物辟藏"相關。

"辛"組人名"秦桃忌慧",《禾部》:"秦,一曰秦禾名。"《心部》:"慧,儇也。"段玉裁"儇"下注:"此言慧者多便利也。"人名與"秋時萬物成熟"相關。

"壬"組人名"黑疾齊諈"中,"黑疾齊"三個人名與"位北方"相關。"癸"組人名"陽、生、無智",人名與"可揆度"相關。雖然個别人名還有待進一步考察,但絶大部分人名都與天干的隱喻義有正向語義關聯。

綜上可見,《盜者》章主要利用數術理論,使非干支人名與動物或天干之間産生隱喻關係,從而達成占卜的目的。反過來,當然也爲現實生活中取名提供選擇和參考。

四　《盜者》章人名數術特徵的普遍性

全面考察秦簡人名,我們發現《盜者》章人名的數術特徵不僅適用於秦簡同類文獻中人名釋讀,也同樣適用於秦簡中其他文獻所反映的現實生活中的干支人名的解讀。充分説明《盜者》章人名數術特徵具有普遍性,我們對其人名所作的解讀是正確的。

(一)秦簡同類文獻對《盜者》章人名數術理論的驗證

放馬灘《日書》甲、乙兩種都出現了占盜類型文獻,其中《十二支占盜》體系與《盜者》章地支占盜體系相似(對應的動物略有不同),也出現了盜名。雖然出現的人名不多,排列不如《盜者》章規律(僅有三個地支條出現人名,且爲非干支人名),但是睡虎地《盜者》章中"地支-動物-人名"的隱喻投射關聯,在放馬灘占盜系統中同樣成立。轉録其甲種《十二支占盜》有對應人名的子、申、酉等三個地支條目簡文如下:

> 子,鼠殹。以亡,盜者中人,取之,臧(藏)穴中畢〈糞〉土中,爲人□(鋭)面、小目,目眄然、扁然,名曰"輒"、曰"耳"、曰"葸"、曰"聲",賤人殹,得。
>
> 申,石殹。盜從西方〖入〗,冉在山谷,爲人美,不牷,名曰"環",遠所殹,不得。

① [晋]郭璞注,[宋]邢昺疏,王世偉整理:《爾雅注疏》,上海古籍出版社,2010,450頁。

酉,雞毆。盗從西方入,複從西方出,再在囷屋東屄水旁,名曰“灌”,有黑子疾(瘊)。[①]

用《盗者》章“地支-動物-人名”隱喻投射理論,分析如下:

“子鼠”對應人名“輒、耳、葸、聲”。《説文·車部》:“輒,車兩輢也。”段玉裁注:“車必有兩輢如人必有兩耳。”耳,《耳部》:“主聽也。”“葸”當與“聰”通,《耳部》:“聰,察也。”聲,《耳部》:“音也。”可見“子鼠”組合的4個人名與“聲音”有關,而鼠這種動物對聲音非常敏感,盗名與“鼠”建立了聽覺方面的正向語義關聯。

“申石”對應人名“環”,《玉部》:“環,璧也。”“璧”爲玉石,當然能够與“石”建立正向語義關聯。

“酉雞”對應人名“灌”,“灌”與“雚”通,“雚”即是“鸛”。《隹部》:“《詩》曰:‘雚鳴於垤。’”《土部》垤下:“《詩》曰:‘鸛鳴於垤。’”“鸛”當然與“雞”相關,也建立了正向語義關聯。

放馬灘《十二支占盗》的非干支人名與動物的關係,充分證明《盗者》章建立的“地支-動物-人名”數術隱喻特徵具有普遍性,我們對《盗者》章非干支人名的解讀是正確的。

(二)秦簡其他文獻所見現實生活中的干支人名對《盗者》章人名數術理論的驗證

秦簡現實生活中所見干支人名的數術特徵,主要體現爲性别與干支剛柔的關係。[②] 爲便於觀察,我們將秦簡(包括漢簡中的秦代文獻)所見干支人名的性别及剛柔對應列表如下:

表8　秦簡干支人名性别剛柔日配合表

剛日(女子吉日)				柔日(男子吉日)			
人名	性别	關係	出處	人名	性别	關係	出處
甲	男	剛剛	《張》75[③]	丁	男	剛柔	《里貳》9-743
丙	男	剛剛	《里貳》9-1491[④]		男	剛柔	《張》176
	男	剛剛	《張》76	夏己	男	剛柔	《里貳》9-3356

① 陳偉主編:《秦簡牘合集(肆)》,17-18頁。

② 《放乙》簡113壹-114壹:凡“甲、丙、戊、庚、壬、子、寅、卯、戌、巳、酉”爲剛日,凡“乙、丁、己、辛、癸、丑、辰、午、未、申、亥”爲柔日。參陳偉主編《秦簡牘合集(肆)》,65頁。詳見本文第二部分。

③ 張家山二四七號漢墓竹簡整理小組:《張家山漢墓竹簡[二四七號墓]》(釋文修訂本),2006,98頁。下《張》76“丙”、《張》175“丁”、《張》189“申”,分見98、107、108頁。

④ 陳偉主編:《里貳》,2018,318頁。下《里貳》9-134“壬”、《里貳》9-134“卯”、《里貳》9-1112“戌”、《里貳》9-3276“忘戌”、《里貳》567“女巳”、《里貳》9-743“丁”、《里貳》9-3356“夏己”、《里貳》9-2305“丑”、《里貳》9-2346“辰”、《里貳》9-2289“未”,分見74、456、260、567、157、196、573、468、479、456頁。

續表

剛日(女子吉日)				柔日(男子吉日)			
人名	性別	關係	出處	人名	性別	關係	出處
壬	男	剛剛	《里貳》9-134	癸	男	剛柔	《嶽麓叁》001①
卯	男	剛剛	《里貳》9-2289	子癸	男	剛柔	《嶽麓叁》210
戌	男	剛剛	《里貳》9-1112	丑	男	剛柔	《里貳》9-2305
忘戌	女	剛柔	《里貳》9-3276	辰	男	剛柔	《里貳》9-2346
女巳	女	剛柔	《里貳》567	午	男	剛柔	《里壹》8-1135②
				未	男	剛柔	《里貳》9-2289
				申	男	剛柔	《里壹》8-63
					男	剛柔	《張》189
				亥	男	剛柔	《里壹》6-10

上表顯示,凡20個現實干支人名,男性有18個,女性有2個。男性取柔日名的有12個:丁(2個)、憂己、癸(2個)、丑、辰、午、未、申(2個)、亥,形成剛柔相濟關係。女性人名2個:忘戌、女巳,全部取剛日名,也形成剛柔相濟關係。剛柔相濟人名凡14個,占比70%。男性多取柔日名,女性多取剛日名,取性别與干支的剛柔相濟。可見現實生活中,干支人名的確是取剛柔相濟之義的,當然也就反證了《盜者》章干支人名具有剛柔矛盾的數術特徵,我們對《盜者》章干支人名的解讀也是正確的。

秦簡的同類型文獻以及其他文獻所反映的現實生活中的干支人名特點,證明了《盜者》章人名數術特徵具有普遍性,自然也就充分證明用五行、剛柔和隱喻等數術理論解讀《盜者》章人名的正確性。也就是説,我們必須充分認識到秦簡相關文獻所反映的數術特徵,特别是秦簡干支人名所具有的多重數術含義,纔能正確客觀釋讀《盜者》章人名,攻克這一釋讀難點。

五　研究秦簡干支人名數術特徵對解讀傳世文獻疑難人名的意義

運用干支人名多重數術特徵理論,有效解決睡虎地秦簡《盜者》章的干支人名的釋讀難題。實際上,運用其所反映出的干支人名的多重數術特徵理論,還有助於解讀傳世文獻中的一些人名釋讀難題,很好地解決人名訓詁問題。以下僅舉3例加以説明。

① 朱漢民、陳松長主編:《嶽麓叁》,2013,95頁。下《嶽麓叁》210"子癸",見223頁。

② 陳偉主編:《里貳》,2012,281頁。下《里壹》8-63"申"、《里壹》6-10"亥",分見48、21頁。

(一)關於"齊顔涿聚字庚"的解讀

"齊顔涿聚字庚"這個人名,王引之未作解讀,[①]胡元玉對此名作了補解,原文抄録如下:

> 齊顔涿聚字庚。補:《漢書·古今人表》作"顔燭雛",本或作"顔濁鄒"。《説苑·正訓篇》亦作"燭雛",《晏子春秋》外篇作"燭鄒",《淮南·泛訓篇》作"喙聚","喙"蓋"涿"之誤字。《説文》:"啄,鳥食也。""啄"與"噣"通。《爾雅·釋鳥》:"生哺,鷇。生啄,雛。"是也。"燭雛"即"涿雛"。"燭""噣"皆"涿"之通假。"聚""鄒"皆"雛"之通假。據《方言》爵子及雞雛皆謂之鷇,則雛鷇皆鳥子通稱。《爾雅》之分,互文則异耳。"啄雛"之名蓋泛指啄食之鳥子,不必專屬生而能啄之雛也。"庚"蓋倉庚之省稱。又《孟子·萬章篇》"于衛主顔讎由",《史記·孔子世家》作"主于子路妻兄顔濁鄒家"。此自是衛人,其名當以《孟子》爲正。《史記》蓋傳寫聲誤,與此無涉。[②]

由上分析可見,胡氏解讀"齊顔涿聚字庚"一名時,爲了説明名、字相關,不斷使用通假的方法來達到目的,不免顯得迂曲了。清王萱齡也對該條人名作了解讀,原文抄録如下:

> 齊顔涿聚字庚。《周禮》故書"衣接櫝之材",鄭司農讀爲"翣柳",後鄭云:"柳之言聚也。"引"《書》曰'分命和仲,度西曰柳穀'"。《漢書·律曆志》:"斂更干庚,斂聚也。"《説文》"庚位西方",故"涿聚"字"庚"。涿聚、濁鄒、讎由,俱"聚"之雙聲字也。[③]

相比而言,王萱齡對該人名的解讀就要簡單直接得多。他意識到"涿聚"的含義與"庚"的西方方位有關係,用《尚書》"西曰柳穀"將二者聯繫起來,解釋顔涿聚名庚的原因,但是這個解釋還是略顯迂曲。如果用本文所發現的干支人名隱喻數術理論來解釋這個人名,則會更加簡單直接。"庚"有"萬物庚庚有實"的隱喻,與"涿聚"的"聚斂"對應,名字取"聚斂庚實"之意,正好形成名字相應的關係,毋需借助假借來解讀這個人名。

(二)關於"魯季公亥字若"的解讀

"魯季公亥字若"這個人名,王引之也未解讀。其後胡元玉有解讀,原文抄録如下:

> "魯季公亥字若"。補:《説文》:"若,擇菜也。從艸右。右,手也。""亥"古"荄"字。《説文》:"亥,荄也。"陰陽至亥而起,十月微陽起接盛陰,陽至亥而起,艸緣荄而萌。二

① [清]王引之:《經義述聞·春秋名字解詁》,2000,568頁。

② [清]胡元玉:《駁春秋名字解詁》,《續修四庫全書》編輯委員會編《續修四庫全書·經部·春秋類》,上海古籍出版社,1996,454頁。

③ [清]王萱齡:《周秦名字解故附録》(叢書集成初編),北京:中華書局,1991,5頁。

者正相似,故未造荄字時即假亥爲荄。觀以亥爲聲,而亥反以荄爲義自見。《爾雅·釋艸》:"荄,根。"注:"俗呼韭根爲荄。"《太平御覽》九百七十六引《通俗文》云:"韭根曰荄。"是郭注所本。究之"荄"實通名,不必拘於韭根之俗稱也。《禮記·少儀》:"爲君子擇蔥薤,則絶其本末。"本即荄,絶而去,固擇菜者之要務也。[①]

胡氏認爲"亥"爲"荄","若"爲"摘菜",而《禮記》有"爲君子擇蔥薤,則絶其本末"的説法,因此"季公亥字若"這個人名應該解讀爲"摘菜",其解讀顯得牽强且費解。清俞樾又從另一個角度解讀了這個人名,也原文抄録於下。

樾按:亥者,欬之省也。孔子弟子有樂欬,季公亥之名,蓋與之同。《説文·欠部》:"欬,屰氣也。欬者,以疾名之。名欬而字以若。若,順也。以其氣之逆,故欲其順也。"[②]

俞氏解讀"季公亥字若",是將"亥"讀爲"欬","若"解爲"順",取名字語義相反,也利用了通假的方法。俞氏所解顯然比胡氏的解讀要符合人名取義原則,但也略顯迂曲。

如果用本文所發現的干支人名隱喻數術理論來解讀這個人名,則直接明了很多。"亥"隱喻了"陰陽順接",與"若"所含的"順"義正好相應,名與字均取"順從""順暢"之義。也不需要利用假借來迂曲解讀。

(三)關於"鄭印癸字子柳"的解讀

王引之對春秋名字的解詁,絶大部分是論證充分可信的。但也有個别人名訓釋顯得論證不足。如"鄭印癸字子柳"一名,其訓釋就不能解釋"名癸"與"字柳"的關係。原文抄録如下:

柳讀爲酉。《説文》:"柳,從木丣聲。古文酉。"是酉、柳聲相近,故假借柳爲酉也。酉之爲柳,猶柳之爲留也。《漢書·律曆志》曰:"留孰於酉,訓酉爲留也。留亦以丣爲聲。"[③]

由上可見,王氏的訓釋只解决了"柳"讀爲"酉",訓釋爲"留"的問題,但并未説明"癸""留"是何關係,人名訓釋理由不充分。如果用本文所發現的干支人名剛柔數術特徵理論來解讀這個人名,就非常簡單。據上放馬灘秦簡剛柔日的理論:"凡……酉,是謂剛日、陽日、牡

① [清]胡元玉:《駁春秋名字解詁》,《續修四庫全書》編纂委員會編《續修四庫全書一二八·經部·春秋類》,454頁。
② [清]俞樾:《春秋名字解詁補義》,《續修四庫全書》編纂委員會編《續修四庫全書一二八·經部·春秋類》,431頁。
③ [清]王引之:《經義述聞·春秋名字解詁》,2000,558頁。

日殹,女子之吉日殹。凡……癸……,是謂柔日、陰日、牝日殹,男子之吉日殹。”[①]則“癸”爲柔日,“酉”爲剛日,名“癸”字“酉”,正取干支的剛柔相濟。

綜上所述,運用干支人名數術特徵理論不僅解决了秦簡中干支人名的解讀問題,而且利用這個特徵,還能解决傳世文獻中一些疑難名字的訓詁問題。對人名釋讀具有重要意義。而且我們相信,隨着研究的深入,秦簡干支人名數術特徵對揭示干支人名發展演變軌迹也將起到非常重要的作用。

附記　本文寫作過程中承蒙劉釗先生惠賜大作并提出寶貴意見,投稿後又蒙匿名審稿專家惠賜修改意見。并致謝忱!

① 《放乙》簡 113 壹-114 壹:凡“甲、丙、戊、庚、壬、子、寅、卯、戌、巳、酉”爲剛日,凡“乙、丁、己、辛、癸、丑、辰、午、未、申、亥”爲柔日。參陳偉主編《秦簡牘合集(肆)》,65 頁。

里耶秦簡牘中的“謁”與“應”*

□ 吉林大學古籍研究所　沈剛

内容提要　里耶秦簡中以“謁”和“應”爲核心的語詞,在行政文書中均有其特殊意義。“謁告”主要發生在縣與縣之間。基本流程是本地諸官(謁告)→本縣丞(中轉)→外縣丞(報)→外地諸官。“謁令”爲縣級下屬機構,請求縣廷命令某機構做某事。縣與郡之間也存在着謁令。“謁報”即下級向上級彙報,通常與其他處理意見信息同時出現。與“謁”組合非固定詞組,如“謁遣”“謁布”等,在行政文書中也有不同的處理方式。“應令”或“應書”是上級機構要求下級機構執行政務的文書用語。令包括律令和郡縣等各級機構發出的指示。“謁”“應”是要求執行政令的强制措施。這是因爲“謁”“追”皆爲緊急或臨時出現的事務,需要及時處理,得到回復。同時也因爲秦代行政信息傳達,互不隸屬機構間常有信息遷延的情況發生。“謁”到了漢代,僅僅是文書中的謙辭,反映了地方統治技術逐漸成熟。

關鍵詞　秦簡　謁告　謁報　謁令　應令

秦漢國家交流政務信息的主要途徑是文書往來。爲保障溝通順暢,形成了一些標準程式的文書用語。里耶秦簡大部分内容是日常行政文書,爲此提供了豐富的例證。本文試以這批簡牘中出現的機構間收發文書爲中心,探討“謁”和“應”爲核心的語詞含義,以此探究其在政務運作中的意義。

* 本文爲國家社科基金冷門絶學研究專項學術團隊項目“秦至晉簡牘所見地方行政史料彙編與研究(20VJXT020)”階段成果。

一　與“謁”相關的文書術語

“謁”,《説文·言部》:“謁,白也。從言曷聲。”①在先秦典籍中也有實例,如《左傳·昭公四年》:“入,弗謁;出,命之日。”②此外,“謁”還有“請”的含義,如《左傳·昭公十六年》:“宣子謁諸鄭伯。”③在里耶秦簡記述的日常政務文書中,“謁”字常與另一字構成一個詞組,兼有請求、告白兩種含義,爲行政用語中的謙詞,主要出現在下級向上級或平級機構間的文書内。我們先將這些詞組提取出來,考察它們在行政文書中的含義和具有的效力。

(一)謁告

“告”爲告知,謁告即請求告知。里耶簡中有:

〼朔甲午,尉守傰敢言之:遷陵丞昌曰:屯戍士五(伍)桑唐趙歸Ⅰ〼日已,以迺十一月戊寅遣之署。遷陵曰:趙不到,具爲報·問:審以卅Ⅱ〼【署】,不智(知)趙不到故,謁告遷陵以從事。敢言之。/六月甲午,Ⅲ臨沮丞秃敢告遷陵丞主、令史,可以律令從事。敢告主。/胥手。Ⅳ九月庚戌朔丁卯,遷陵丞昌告尉主,以律令從事。/氣手。/九月戊辰旦,守府快行。Ⅴ8-140

〼俉手 8-140 背④

這條材料基本内容是,臨沮縣士伍趙到遷陵縣屯戍,但遷陵縣并未見到趙,向臨沮縣發函詢問,臨沮尉守彙報給臨沮丞(謁告遷陵),臨沮丞轉給遷陵丞,遷陵丞命遷陵尉處理。在里耶秦簡中,還有一枚流程比較完整的簡牘:

廿六年三月壬午朔癸卯,左公田丁敢言之:佐州里煩故爲公田吏,徙屬。事荅不備,分Ⅰ負各十五石少半斗,直錢三百一十四。煩冗佐署遷陵。今上責校券二,謁告遷陵Ⅱ令官計者定,以錢三百一十四受旬陽左公田錢計,問可(何)計付,署計年爲報。敢言之。Ⅲ三月辛亥,旬陽丞滂敢告遷陵丞主:寫移,移券,可爲報。敢告主。/兼手。Ⅳ廿七年十月庚子,遷陵守丞敬告司空主,以律令從事言。/懬手。即走申行司空。Ⅴ8-63

十月辛卯旦,朐忍索秦士五(伍)狀以來。/慶半。兵手。8-63 背⑤

---

① ［漢］許慎撰,［宋］徐鉉校定:《説文解字》卷三上,北京:中華書局,1963,51 頁。
② 楊伯峻編:《春秋左傳注》(修訂本),北京:中華書局,1990,1258 頁。
③ 楊伯峻編:《春秋左傳注》(修訂本),1378 頁。
④ 陳偉主編:《里耶秦簡牘校釋(第一卷)》,武漢大學出版社,2012,80 頁。
⑤ 陳偉主編:《里耶秦簡牘校釋(第一卷)》,48-49 頁。

這枚簡的基本内容是旬陽縣丞收到下屬左公田丁的來函,關於公田吏頫遺留下來欠款事宜,向頫任職地遷陵縣丞發函,遷陵縣丞責成下屬司空處理。從這兩個例子看,謁告的基本流程是:本地諸官(謁告)→本縣丞(中轉)→外縣丞(報)→外地諸官具體處理。并且,從目前已發現的秦簡看,謁告主要發生在縣與縣之間。其他的例子還有簡 8-75+8-166+8-485,①在遷陵縣和鄖縣之間;簡 8-164+8-1475,②在某縣和遷陵縣之間等。其實,秦漢簡帛文書用語"告"字,亦可反映出是在兩個同級機構間的文書往來。里耶簡中還有一種反映官員出差的"續食簡",其中也有一道必不可少的"謁告"程序:

元年七月庚子朔丁未,倉守陽敢言之:獄佐辨、平、士吏賀具獄,縣官Ⅰ食盡甲寅,謁告過所縣鄉以次續食。雨留不能投宿齎。Ⅱ來復傳。零陽田能自食。當騰期卅日。敢言之。/七月戊申,零陽Ⅲ龏移過所縣鄉。/齮手。/七月庚子朔癸亥,遷陵守丞固告倉嗇夫:Ⅳ以律令從事。/嘉手。　Ⅴ 5-1

遷陵食辨、平盡己巳旦□□□□遷陵。Ⅰ七月癸亥旦,士五(伍)臂以來。/嘉發。Ⅱ 5-1 背③

這種謁告没有特指的對象,只有"過所縣鄉"。這是因爲無法預測行止在何處"食盡"。但接收到這種文件時,所在縣要做出反應,縣丞責成倉供給口糧。這也是上述謁告文書的一種變形。這種謁告續食簡牘,應該是官吏出發前已經寫就,以備不虞:

卅五年三月庚寅朔辛亥,倉銜敢言之:疏書吏、徒上事尉府Ⅰ者牘北(背),食皆盡三月,遷陵田能自食。謁告過所縣,以縣鄉次續Ⅱ食如律。雨留不能投宿齎。當騰騰。來復傳。敢言之。Ⅲ8-1517

令佐温。Ⅰ更戍士五城父陽翟執。Ⅱ更戍士五城父西中痤。甹手Ⅳ 8-1517 背④

這是出差的吏徒帶走正本之後,遷陵縣留底的文書。在不確定何時何處需要,則籠統的寫成"過所縣"。⑤

(二)謁令

謁令,顧名思義,就是請求命令。在具體的行文中,爲縣級的下屬機構,請求縣廷(主要

① 陳偉主編:《里耶秦簡牘校釋(第一卷)》,55-56 頁。
② 陳偉主編:《里耶秦簡牘校釋(第一卷)》,100 頁。
③ 陳偉主編:《里耶秦簡牘校釋(第一卷)》,1 頁。
④ 陳偉主編:《里耶秦簡牘校釋(第一卷)》,344-345 頁。
⑤ 同樣的簡還有 8-169+8-233+8-407+8-416+8-1185,見陳偉主編《里耶秦簡牘校釋(第一卷)》,102 頁。

是縣丞）命令某個機構做某件事。這也是一種建議。具體簡牘有：

卅四年七月甲子朔癸酉，啓陵鄉守意敢言之：廷下倉守慶書Ⅰ言令佐贛載粟啓陵鄉。今已載粟六十二石，爲付券一上。Ⅱ謁令倉守。敢言之。·七月甲子朔乙亥，遷陵守丞配告倉Ⅲ主：下券，以律令從事。/壬手。/七月乙亥旦，守府印行。Ⅳ8-1525

七月乙亥旦，□□以來。/壬發。恬手。8-1525 背[①]

啓陵鄉按照倉的要求，將粟轉運到倉中并交付券書，需要遷陵縣丞轉告倉，縣丞照辦。其基本流程是：諸官因某事謁令縣丞要求某機構做某事——縣丞告某機構——（某機構報之）。其繁化形式爲謁縣丞令某官。按照這一流程在縣内交付辦理的事例還有：尉守——縣丞——倉（貸食）（8-1563）；庫嗇夫——縣丞——司空（派船運輸武器）（8-1510）；某官——縣丞——倉、司空（派隸妾行書、治邸代處）（8-904+8-1343）；貳春鄉守——縣丞——某官（派遣吏徒捕鳥）（9-31）；田嗇夫——縣丞——倉、司空（派遣徒田作）（9-710）；貳春鄉——縣丞——倉（給它縣官員續食）（9-1114）。發出謁令的機構，有時也可以不注明令的對象，由縣丞定奪：

卅五年七月【戊子】朔壬辰，貳【春】□【敢】言之：賦羽有Ⅰ書。毋徒捕羽，謁令官亟□捕羽給賦。敢言Ⅱ之。/七月戊子朔丙申，遷陵守建下倉、司空：亟Ⅲ8-673+8-2002+9-1848+9-1897

遣。報之。傳書。/歓手。/丙申旦，隸妾孫行。Ⅰ七月乙未日失（昳）【時，東】成小上造□以來。如意手　8-673 背+8-2002 背+9-1848 背+9-1897 背[②]

貳春鄉要求提供捕羽的刑徒，令的對象只是籠統的"官"，即機構，縣丞再下發給倉和司空，讓其派遣刑徒。而且注明"報之。傳書"。也説明在謁令這一流程中，縣丞所代表的縣廷是地方政務流轉的中心。

縣與郡之間也存在着謁令：

廿一年二月癸未朔丙戌，遷陵丞昌敢言之：遷〼Ⅰ佐日備者，士五（伍）梓潼長親欣補，謁令〼Ⅱ 8-71

二月丙戌水下十一刻刻下八，守府快行尉曹〼。8-71 背[③]

① 陳偉主編：《里耶秦簡牘校釋（第一卷）》，349 頁。
② 陳偉主編：《里耶秦簡牘校釋（第二卷）》，武漢大學出版社，2018，369 頁。
③ 陳偉主編：《里耶秦簡牘校釋（第一卷）》，54 頁。

這是遷陵縣丞向郡提出謁令,謁令後面的對象因爲簡牘殘斷,不清楚爲何機構,并且因爲這是文書發走後謄録留檔,所以對於郡的後續處理也不清楚。但將這枚簡和前述縣内謁令結合起來看,至少説明謁令和謁告不同,所涉政務的處理發生在上下級機構之間。

不過,下屬機構請求謁令的内容,縣丞也未必一定按照其要求,讓相關機構處理:

廿二年正月戊寅朔甲午,啓陵鄉夫敢言之:成里典、啓陵Ⅰ郵人缺。除士五(伍)成里匄、成,成爲典,匄爲郵人,謁令Ⅱ尉以從事。敢言之。Ⅲ 8-157

正月戊寅朔丁酉,遷陵丞昌却之啓陵:廿七户已有一典,今有(又)除成爲典,何律令Ⅰ雁(應)?尉已除成、匄爲啓陵郵人,其以律令。/氣手。/正月戊戌日中,守府快行。Ⅱ正月丁酉旦食時,隸妾冉以來。/欣發。壬手。Ⅲ 8-157 背[①]

啓陵鄉嗇夫向縣廷“謁”,“令”主管官吏選舉的尉,給該鄉補缺里典和郵人。但是因爲不符合律令規定,遷陵丞并未如鄉嗇夫所願,命令尉執行,而是直接退回啓陵鄉。這件事説明,謁令的結果有兩種可能,一種是縣丞根據下屬機構的需要,命令相關部門執行;另一種可能是若不符合規定,則直接打回去,其決定權掌握在縣丞手中。在這一意義上説,提出謁令的諸官只是建議。當然,無論縣丞是否采納下級機構謁令的建議,都要回復,在下面這兩枚秦簡中,表現的比較清楚:

卅一年後九月庚辰【朔乙巳,啓陵】鄉守冣敢言之:佐冣爲叚(假)令史,以乙巳視事,Ⅰ謁令官假養、走。敢言之。/卅二年十月己酉朔辛亥,啓陵鄉守Ⅱ冣敢言之:重謁令官問冣當得養、走不當。當,何令史與Ⅲ共?不當,問不當狀。皆具爲報,署主户發。敢言之。/冣手。Ⅳ 9-30

十月甲寅,遷陵丞昌謂倉嗇夫:以律從事,報之。/圂Ⅰ手。/□水下盡,隸臣□行。Ⅱ

十月甲寅日入,□□人以來。/圂發。冣手。Ⅲ　9-30 背[②]

卅一年後九月庚辰朔乙巳,啓陵鄉守冣敢言之:Ⅰ佐冣爲叚(假)令史,以乙巳視事,謁令官假Ⅱ【養、走】。敢言之。9-48

卅二年十月己酉朔壬子,遷陵丞昌下倉:以律令從事。/圂手。/守Ⅰ府□下倉,隸臣□行。Ⅱ

① 陳偉主編:《里耶秦簡牘校釋(第一卷)》,94 頁。
② 陳偉主編:《里耶秦簡牘校釋(第二卷)》,42 頁。

十月庚戌十一刻刻下九,隸妾□以來。/□半。□手。Ⅲ　9-48 背[①]

從内容看,這兩枚簡是講同一件事情;從時間看亦是同時。這樣可以把這兩枚簡合起來,理清這件事的脈絡:啓陵鄉守詪爲“假養、走”事,在九月二十六日謁令縣丞,請求相關機構處理,十月二日縣廷收到這份文書,十月四日轉給倉處理。但其間十月三日啓陵鄉未收到回復,又發出文書,“重謁令”縣廷,詢問原因。縣廷在十月六日收到第二份“重謁令”文書後,同日再一次給倉發了一份,并强調要“報之”,以示重視。從這件事情的經過可以看出,對於謁令的内容,上級機構必須給予答覆,并不因爲上下級關係而停止追問,説明這可能是制度規定使然。

(三)謁報

報即報告、彙報,[②]謁報即下級向上級彙報。

☑□月己亥朔辛丑,倉守敬敢言之:令下覆獄遝遷陵隸臣鄧Ⅰ☑□□名吏(事)、它坐、遣言。·問之有名吏(事),定,故旬陽隸臣,以約爲Ⅱ☑□□史,有遝耐辠以上,毄(繫)遷陵未夬(決),毋遣殹。謁報覆獄治所,敢言Ⅲ8-136+8-144

☑□□刻刻下六,小史夷吾以來。/朝半。尚手。8-136 背+8-144 背[③]

這是倉守敬對上級機構下發的指令進行處理,彙報結果。這件文書處理的事情已經完結,因而“謁報”也就僅僅是向上彙報的文書用語。不過,謁報單獨出現的場合比較少,通常與包含其他處理意見信息同時出現。

廿七年十一月戊申朔甲戌,庫守衷敢言之:前言組用幾(機),令司Ⅰ空爲。司空言徒毋能爲組幾(機)者。今歲莫(暮)幾(機)不成,謁令倉爲,Ⅱ□□徒。騰尉。謁報。敢言之。Ⅲ 9-1408+9-2288

十一月乙亥,遷陵守丞敦狐告倉:以律令從事。報之。/莫邪手。/日入,走絭行。Ⅱ甲戌水下五亥(刻),佐朱以來。/莫邪半。朱手。Ⅲ 9-1408 背+9-2288 背[④]

謁令和謁報在這枚簡中一起出現,從處理的流程看,謁令在其中起到關鍵作用,謁報也是不

① 陳偉主編:《里耶秦簡牘校釋(第二卷)》,52-53 頁。

② 有學者認爲,報是批覆,謁報即請求回復。參見吴榮政《里耶秦簡文書檔案初探》,《湘潭大學學報(哲學社會科學版)》2013 年第 6 期。不過從我們後面舉的例子看,有的文書不需要回復。

③ 陳偉主編:《里耶秦簡牘校釋(第一卷)》,76 頁。

④ 陳偉主編:《里耶秦簡牘校釋(第二卷)》,301 頁。

可缺少的行政流程之一。上級機構對謁報的内容是否需要回復,取決於所報内容。

敬問之:吏令徒守器而亡之,徒Ⅰ當獨負。·日足以責,吏弗責,負者死Ⅱ亡,吏代負償。Ⅲ 8-644 徒守者往戍可(何)?敬訊而負之,可不可?Ⅰ其律令云何?謁報。Ⅱ 8-644 背[①]

這枚簡雖然也是謁報,但是敬提出了一系列的疑問,應該需要回復,儘管這裏面没有後續的處理信息。還有一枚簡:

廿八年正月辛丑朔丁未,貳春鄉敬敢言之:從人城旦皆Ⅰ非智(知)筭田毆(也),當可作治縣官府。謁盡令從人作官府Ⅱ及負土、佐甄,而盡遣故佐負土男子田。及乘城卒、諸Ⅲ黔首抵辠(罪)者皆智(知)筭田,謁上財(裁)自敦遣田者,毋令官獨Ⅳ 9-22 遣田者。謁報。敢言之。Ⅰ今敬正月壬子受徒,弗報。Ⅱ

壬子夕,佐黑以來。/除半。□手。Ⅲ　9-22 背[②]

簡中貳春鄉要求派遣人員幫助治筭田,并提出建議,酌情裁定。只是在這份文書後面有"今敬正月壬子受徒,弗報"。這幾個字和正文不同,應該是對此事做出的標注,而非回復。

還需要説明的是,謁報作爲下級對上級的文書用語,不僅出現在縣内上下級之間,也出現在郡縣之間的文書中。

卅四年正月丁卯朔辛未,遷陵守丞配敢言之:遷陵黔首☑Ⅰ佐均史佐日有泰(大)抵已備歸,居吏被䌛(徭)使及☑Ⅱ前後書,至今未得其代,居吏少,不足以給事☑Ⅲ吏。謁報,署主吏發。敢言之。☑Ⅳ二月丙申朔庚戌,遷陵守丞配敢言之:寫上☑Ⅴ旦,令佐信行。☑Ⅵ　8-197

報别臧。☑Ⅰ正月辛未旦,居貲枳壽陵左行。☑Ⅱ　8-197 背[③]

(四)與"謁"連用的其他語詞

除了謁告、謁報、謁令等出現較多的行政用語外,在里耶秦簡中還有一些相關的語詞,其與"謁"組合并非固定詞組,在行政文書中也就有了不同的處理方式:

---

① 陳偉主編:《里耶秦簡牘校釋(第一卷)》,188 頁。
② 陳偉主編:《里耶秦簡牘校釋(第二卷)》,33-34 頁。
③ 陳偉主編:《里耶秦簡牘校釋(第一卷)》,108-109 頁。

□年八月丙戌朔甲寅，倉守妃敢言之：乃八月庚子言：疏書卅一年真見Ⅰ禾稼牘北(背)上。·今□益出不定，更疏書牘北(背)上，謁除庚子書。敢Ⅱ【言之】。9-700+9-1888[①]

卅五年十一月辛卯朔朔日，都鄉守擇敢言之：上十一月平賈(價)，謁布鄉官。敢言之。/啓手。Ⅰ十一月辛卯朔己酉，遷陵守丞繹下尉、鄉官：以律令從事。以次傳，別書。/就手。/十一月己酉旦，守Ⅱ府印行尉。Ⅲ 9-1088+9-1090+9-1113

十一月辛卯，都鄉守擇與令史就雜取市賈(價)平。AⅠ秫米廿五錢。AⅡ楽(粢)米石廿錢。AⅢ毋【賣】它物者。B 十一月乙未未旦，都鄉佐啓以來。/就發。C 9-1088背+9-1090背+9-1113背[②]

簡9-700+9-1888的謁除是替换文書，不需要進一步處理。簡9-1088+9-1-90+9-1113謁布需要告知鄉官，所以縣丞就將這條信息下達給相關吏員。

即使謁與同一個字用，其具體處理結果也不盡相同，也不具有行政程序方面的意義。比如"謁遣"：

卅年五月戊午朔辛巳，司空守敞敢言之：冗戍士五(伍)□Ⅰ歸高成免衣用，當傳。謁遣吏傳。謁報。Ⅱ敢言之。Ⅲ 8-666+8-2006

辛巳旦食時食時，隸臣殷行。武〼 8-666+8-2006背[③]

卅四年二月丙申朔己亥，貳春鄉守平敢言之：廷令平代鄉茲守貳春鄉，今茲下之廷Ⅰ而不屬平以倉粟米。問之，有(又)不告平以其數。即封倉以私印去。茲繇(徭)使未智Ⅱ(知)遠近，而倉封以私印，所用備盜賊糧盡在倉中。節(即)盜賊發，吏不敢Ⅲ蜀(獨)發倉，毋以智(知)粟米備不備，有恐乏追者糧食。節(即)茲復環(還)之官，可毆(也)；Ⅳ9-50不環(還)，謁遣令史與平雜料之。謁報，署□發。敢言之。Ⅰ二月甲辰日中時，典輸以來。/壬發。平手。Ⅱ 9-50背[④]

簡8-666+8-2006請求給免發放傳，簡9-50請求派遣令史一起處理倉米事務。簡文中并未顯示後續處理結果，可能并非急務，或無必要，使得處理結果没有寫入這件文書中。當然，是否必須回復也不能一概而論，上級機構需視情況定奪。比如下列簡：

① 陳偉主編：《里耶秦簡牘校釋(第二卷)》，179頁。
② 陳偉主編：《里耶秦簡牘校釋(第二卷)》，253頁。
③ 陳偉主編：《里耶秦簡牘校釋(第一卷)》，197頁。
④ 陳偉主編：《里耶秦簡牘校釋(第二卷)》，54頁。

卅一年二月癸未朔己丑，啓陵鄉守尚敢言之：尚部啓陵鄉官及邑中，鄉行Ⅰ官事，稟吏卒、徒隸及日食者，毋監令史。謁遣令史監，毋留Ⅱ當稟者。謁報，署主稟發。敢言之。☐Ⅲ 9-450

二月癸未朔【辛卯】，遷陵丞昌却之，令鄉蜀（獨）【行】☐Ⅰ/氣手。/

二月辛卯水十一刻刻下七，守府快行啓陵鄉。Ⅱ二月辛卯旦，史氣以來。/氣發。冣手。Ⅲ 9-450 背①

【廿】六年二月癸丑朔丙子，唐亭叚（假）校長壯敢言之：唐亭Ⅰ旁有盜可卅人。壯卒少，不足以追。亭不可空。謁Ⅱ遣【卒】索（索）。敢言之。/二月辛巳，遷陵守丞敦狐敢告尉、告卿（鄉）主，以律Ⅲ9-1112 令從吏（事）。尉下亭鄣，署士吏謹備。貳卿（鄉）上司馬丞。/亭手。/即令Ⅰ走涂行。Ⅱ二月辛巳，不更輿里戍以來。/丞半。壯手。Ⅲ 9-1112 背②

簡 9-450 縣丞認爲無法按照啓陵鄉的要求處理，給出相左的處理意見，必須告知啓陵鄉。簡 9-1112 則是唐亭出現人數衆多、無法處理的"盗"，請求緊急處理，也是急務，因而遷陵縣丞即時做出決斷。這四件文書，雖然都是"謁遣"，但根據所涉事件的輕重緩急，采用不同的處置方式，没有如謁告等統一的處理模式。與"謁"組合的文書語詞看，它們出現在同級或下級機構發出的文書中。謁本是文書中的謙辭，但是在"謁告""謁令"等固定詞組中，又顯示出這類文書的處理有了一定程式，表現出行政技術方面的意義。

二　應令與應書

與謁告、謁令等下級請求上級或同級間執行有關政務相對應，上級機構針對下級機構同樣也有要求執行政務的文書用語，在里耶秦簡中稱爲應令或應書，胡平生先生和徐世虹先生曾分别將其與漢簡中的應令聯繫起來考察。③ 我們則從應令的内容以及功能角度觀察這類文書。如下簡：

癄（應）令及書所問且弗癄（應），弗癄（應）而云當坐之狀何如？Ⅰ其謹桉（案）致，更上，奏史展薄（簿）留日，毋騰却它Ⅱ　8-1564④

① 陳偉主編：《里耶秦簡牘校釋（第二卷）》，126 頁。

② 陳偉主編：《里耶秦簡牘校釋（第二卷）》，260 頁。

③ 胡平生：《讀〈里耶秦簡（壹）筆記〉》，中國文化遺産研究院編《出土文獻研究》第 11 輯，上海：中西書局，2012，122-127 頁；徐世虹：《秦律研究》，武漢大學出版社，2017，144 頁。

④ 陳偉主編：《里耶秦簡牘校釋（第一卷）》，361-362 頁。

應令及書是應令及應書的省寫。“弗應而云當坐之狀何如”,説明回應令和書具有强制性。但在里耶秦簡中,應令更多的是以“當令”一詞出現,其文書基本格式是:“令曰……問之,毋當令者(或上當令者)”。

〼□敢言之:令曰上見輼輬軺乘車及Ⅰ〼守府,今上當令者一牒,它毋Ⅱ8-175

〼□恒會正月七月朔日廷。Ⅰ〼佐午行。午手。Ⅱ　8-175背[①]

廿八年七月戊戌朔辛酉,啓陵鄉趙敢言之:令曰二月Ⅰ壹上人臣治(笞)者名。·問之,毋當令者。敢Ⅱ言之。Ⅲ8-767

七月丙寅水下五刻,郵人敞以來。/敬半。貝手。8-767背[②]

需要説明的是,這種令并非全爲律令之“令”,也包括郡縣等各級機構發出的指示:

廿六年八月庚戌朔壬戌,厩守慶敢言之:令曰Ⅰ司空佐貳今爲厩佐言視事日。·今以戊申Ⅱ視事。敢言之。8-163

貳手。8-163背[③]

【廿六】年五月辛巳朔丁亥,發弩守相如敢【言之】:令【曰辟析】Ⅰ亭良不在遷陵,復上真書言。·問之,良不在遷陵。上真書。Ⅱ敢言之。Ⅲ8-2299+9-1882[④]

簡8-163令的内容是詢問司空佐换職爲厩佐的時間,詢問對象是厩守嗇夫,從這兩點看,對這類瑣事的詢問不會是來自中央的令,甚至不會來自郡,只能是縣廷發出的令。簡8-2299+9-1882問良是否在遷陵縣的析亭,這種令顯然不是具有普適性的律令,只是縣廷臨時下發的指令。在里耶簡中也有來自郡的令:

卅二年三月丁丑朔朔日,遷陵丞昌敢言之:令曰上Ⅰ葆繕牛車薄(簿),恒會四月朔日泰(太)守府。·問之遷陵毋Ⅱ當令者,敢言之。Ⅲ8-62

三月丁丑水十一刻刻下二,都郵人□行。尚手 8-62背[⑤]

在約定的時間上交帳簿,這是太守府針對屬縣發出的命令。另一條材料則明確了這種令就

① 陳偉主編:《里耶秦簡牘校釋(第一卷)》,104頁。
② 陳偉主編:《里耶秦簡牘校釋(第一卷)》,221頁。
③ 陳偉主編:《里耶秦簡牘校釋(第一卷)》,99頁。
④ 陳偉主編:《里耶秦簡牘校釋(第二卷)》,384頁。
⑤ 陳偉主編:《里耶秦簡牘校釋(第一卷)》,47-48頁。

是太守令：

廿六年十二月癸丑朔辛巳，尉守蜀敢告之：大（太）守令曰：秦人□□□Ⅰ侯中秦吏自捕取，歲上物數會九月朢（望）大（太）守府，毋有亦言。Ⅱ問之尉，毋當令者。敢告之。Ⅲ8-67+8-652

辛巳，走利以來。/□半。憙☑8-67背+8-652背[①]

簡中内容是約定在九月上報捕獲鳥獸等特産給太守府，明確提出是太守府令，那麽簡8-62遷陵縣回復的内容相同，也應該是太守府令。簡文中特别提到"毋有亦言"，説明對於接到的"令"都必須回復。其他簡中没有這四個字，可以看成省寫。即使没有相關問題也都回復"問之，毋當令者"。

如果比較太守府令和縣廷令的差别可以看出，太守府的令都是督促屬縣在特定時間上交簿籍，或有關期會等事先已布置的工作。[②] 縣廷的令則多是對臨時出現事情發出的指令。這種區别和秦時郡縣在行政系統中的地位、行政手段有關：縣處理具體政務，所以發出的"令"多是針對特定的事情；郡對地方實施治理時，多是依靠所屬縣道提供的數據，作爲上計中央的基礎。除了上傳下達，不直接面對民衆，因而它發出的令更多是既定期會等事務，這也是顯示其權力的機會。

和應令相當的還有應書：

☑癄（應）書廷，廷校，今少内□☑Ⅰ☑尉言毋當令者，節☑Ⅱ 8-64

☑署金布發。☑ 8-64背[③]

應書和應令區别不大：

元年八月庚午朔朔日，遷陵守丞固敢言Ⅰ之：守府書曰：上真見兵，會九月朔日守府。·今上癄（應）Ⅱ書者一牒。敢言之。/九月己亥朔己酉，遷陵【守】丞固Ⅲ8-653+9-1370

敢言之：寫重。敢言之。/贛手。☑Ⅰ

① 陳偉主編：《里耶秦簡牘校釋（第一卷）》，52頁。

② 相關的簡還有8-664+8-1053+8-2167、8-154、9-1417+9-1691、9-49等，分别見陳偉主編：《里耶秦簡牘校釋（第一卷）》，197、93頁；《里耶秦簡牘校釋（第二卷）》，304、53頁。

③ 陳偉主編：《里耶秦簡牘校釋（第一卷）》，51頁。

贛。☑Ⅱ 8-653 背[①]

從辭例看,簡中爲“守府書曰……·今上應書者一牒”和“令曰……今上當令者一牒”形式一致,從内容看都是在特定日期上交某類帳簿、物品。因此二者法律效力相當。并且有時在簡中稱爲“令書”:

卌五年八月丁巳朔己未,啓陵鄉守狐敢言之:廷下令書曰取鮫魚與Ⅰ山今盧(鱸)魚獻之。問津吏徒莫智(知)。·問智(知)此魚具署Ⅱ物色,以書言。·問之啓陵鄉吏、黔首、官徒,莫智(知)。敢言之。·户Ⅲ曹 8-769[②]

需要回復的令或書,對形制、内容要有一定要求:

卅三年四月辛丑朔丙寅,貳春鄉守吾敢言之:令曰:以二尺Ⅰ牒疏書見芻稾、茭石數,各别署積所上,會五月朔Ⅱ日廷。問之,毋當令者。敢言之。Ⅲ9-2284

五月庚辰日中,佐胥以來。/圂發。吾手。Ⅲ 9-2284 背[③]

需要貳春鄉上報的令,在簡牘長度、書寫内容,上交時間皆有要求。如果有當令者,須照此書寫。[④]

上述郡縣發出的書、令,要求“毋當令者亦言”,説明這是必須回復的文件,郡中對期會這類可以預期事情,也要以令書的形式督促。這些皆説明郡縣地方政府發出臨時的令,起到强化執行文書内容的作用。此外,郡縣機構對中央下發的詔書和令,也要再次以令的形式轉發,從另一個角度也可以説明這一問題:

廿六年後九月己酉朔甲戌,□官守衷敢言之:令下制書曰:上□□受Ⅰ乘車、馬、僕、養、走式八牒,放(仿)式上屬所執灋。毋當令者,亦言,薄留日。·問Ⅱ之,毋當令者,薄留一牒□。【敢】言之。9-1857

後九月甲戌水下□□以來。/逐半。赿手。Ⅲ 9-1857 背[⑤]

---

① 陳偉主編:《里耶秦簡牘校釋(第二卷)》,296 頁。
② 陳偉主編:《里耶秦簡牘校釋(第一卷)》,222 頁。
③ 陳偉主編:《里耶秦簡牘校釋(第二卷)》,452 頁。
④ 另外簡 8-251、8-41、8-317 雖然是殘簡,也顯露出應書與應令的書寫要求。分别見陳偉主編《里耶秦簡牘校釋(第一卷)》,122、38、132-133 頁。
⑤ 陳偉主編:《里耶秦簡牘校釋(第二卷)》,372 頁。

制書爲皇帝詔書,“令下制書”是縣廷以令的形式轉發制書,并特别説明“毋當令者,亦言”,對此十分重視。

> 廿九年四月甲子朔辛巳,庫守悍敢言之:御史令曰:各第(第)官徒丁【粼】☐Ⅰ劇者爲甲,次爲乙,次爲丙,各以其事劇(劇)易次之。·令曰各以☐☐Ⅱ上。·今牒書當令者三牒,署第(第)上。敢言之。Ⅲ8-1514
>
> 四月壬午水下二刻,佐圂以來。/槐半。8-1514 背[①]

對上級文書的强化,是爲了防止中央政令到了基層小吏發生效力遞減,不够重視,需要作爲直接上級的縣廷進一步强調。以令書的形式轉達中央文件,也有省寫的形式:

> 廿九年四月甲子朔戊子,田虎敢言之:御史書曰:各第Ⅰ官徒隸爲甲、乙次。·問之,毋當令者,敢言之。Ⅱ 9-699+9-802
>
> 四月戊子水下十,佐安以來。/氣半。安手。9-699 背+9-802 背[②]
>
> 【廿】六年十一月甲申朔戊子,貳春鄉後敢言之:丞相言:“得巍(魏)城邑民Ⅰ降歸義者,有故臣妾爲拾虜,以鼠(予)之。”令書已到。敢言之。Ⅱ 9-1411
>
> ☐辰,佐臧以來。/章半。赾手。9-1411 背[③]

這兩枚簡都省略了“令下”的字樣,但從後面“毋當令者”“令書已到”字樣看,和“令下制書”的性質一樣。

> 廿六年十一月甲申朔壬辰,遷陵邦候守建敢告遷陵主:令史下御Ⅰ史請書曰:自今以來,毋(無)傳叚(假)馬以使若有吏(事)縣中,及逆傳車馬而以載Ⅱ人、避見人若有所之,自一里以上,皆坐所乘馬車爲臧(贓),與盜同灋。書到相報。今書已到。Ⅲ9-1874
>
> 敢告主。/毋(無)公印以私印,印章曰李志。Ⅰ
>
> 十一月月甲午,銷士五(伍)☐☐若思以來。/☐☐。但手。Ⅱ9-1874 背[④]

應令與謁告、謁令相比,更强調其强制性。自上而下的令,其目的是保證上級的要求能够得到貫徹,是集權體制的一種反映。

---

① 陳偉主編:《里耶秦簡牘校釋(第一卷)》,342 頁。
② 陳偉主編:《里耶秦簡牘校釋(第二卷)》,179 頁。
③ 陳偉主編:《里耶秦簡牘校釋(第二卷)》,302 頁。
④ 陳偉主編:《里耶秦簡牘校釋(第二卷)》,381 頁。

三　"謁""應"的制度意義

謁告、謁令、應書、應令這些在不同層級、不同性質機構之間傳遞的文書,其特點是注意文書發出後的反應和回復,并且也要追索出結果。應書是上級針對下級,因其權威而能够不折不扣地執行,謁告和謁令這些來自下級或互不隸屬同級機構的文書,即使得不到回復,也要不斷追問。里耶秦簡有:

卅三年辛未朔癸未,庫守□敢言之:守府書曰:義陵□□□用度□五件,其Ⅰ取二件。遷陵今寫守□□爲信符一封元□謁告遷陵。符到,謁報,報署Ⅱ工用發。□。敢言之。Ⅲ三月辛未朔□□□□敢言之:謁重。敢言之。鄭手。Ⅳ三月辛□朔□□庫□敢言之:謁重。敢言之。/鄭手。Ⅴ四月辛丑朔壬□,庫守□言之:書與已三追,謁重。敢言之。/鄭手。Ⅵ 9-1871+9-1883+9-1893+9-2469+9-2471

四月辛丑朔□酉,庫□□敢言之:書與已四追,至今未報。謁重。敢言Ⅰ之。/鄭▨。Ⅱ四月辛丑朔庚戌,貳……【丞】歐敢告遷陵丞主:移。敢告主。/□Ⅲ手。/五月庚午朔辛卯,遷陵守丞般告庫主:書皆以下,聽書,以律令Ⅳ從事。/圂手。/五月辛卯旦,隸妾□行。Ⅴ五月己丑日中,酉陽隸妾亭以來。/横發。鄭手。Ⅵ 9-1871背+9-1883背+9-1893背+9-2469背+9-2471背[①]

這枚木牘雖然殘缺,從基本架構看,是義陵縣從三月開始"謁告"遷陵縣,因爲未得到答覆,所以屢次"謁重",追問此事,最後在五月二十日遷陵縣守丞纔做了處理。從遷陵縣發出的文書,也碰到同樣的問題:

卅三年五月庚午己巳,司空守冣敢言之:未報,謁追。敢言之。/敬Ⅰ手。/六月庚子朔壬子,遷陵守丞有敢告閬中丞主:移。Ⅱ爲報,署主倉發。敢告主。/横手。/六月甲寅日入,守府印行。Ⅲ 9-2314

卅四年十二月丁酉朔壬寅,司空守沈敢言之:與此二追,未報,謁追。敢言之。/沈手。Ⅰ/正月丁卯朔壬辰,遷陵守丞配敢告閬中丞主:追,報,署主倉發,敢告主。/Ⅱ壬手。/正月甲午日入,守府印行。Ⅲ六月丙午日入,佐敬以來。/横發。/十二月乙巳日入,佐沈以來。/壬發。/Ⅳ 9-2314背[②]

---

① 陳偉主編:《里耶秦簡牘校釋(第二卷)》,378-379頁。
② 陳偉主編:《里耶秦簡牘校釋(第二卷)》,469頁。

這枚木牘雖然缺失了謁告的内容,但從後面流程能够看出,司空守兩次通過縣廷向閬中縣"謁追",這是兩次謁追後的留底記録。這樣的追問通常發生在互不隸屬的縣際之間。除了這兩個例子以外,在《里耶秦簡(第二卷)》中,9-1 到 9-12 是一組陽陵縣向遷陵縣追查戍卒貲余錢的簡牘,亦是如此。儘管接收方不積極處理,但是作爲文書發出方却必須要得到結果,大約法律有這樣的要求。對簡 9-1871+9-1883+9-1893+9-2469+9-2471,《里耶秦簡牘校釋(第二卷)》在注釋中引用了睡虎地秦簡《秦律十八種·行書》185 號簡:"書廷辟有曰報,宜到不來者,追之。"[①]該簡説明這是保障政令暢通的强制性要求。

那麽,爲何需要這些强制措施呢? 這可以從兩個角度來看:一方面與"謁""追"相關的事務皆爲緊急或臨時出現,需要及時處理,得到回復。我們通檢里耶秦簡可以發現,"謁告(令)"相關的事務有索債、補官、緝捕盗賊、續食、借還財物等;需要"應令(書)"的事務有督促執行上級政令、追查逃亡人口、統計物資等。如果我們再看這兩類文書之外,無"謁""應"的上傳下達文書内容,主要有:上報統計數字、爰書、考課數字、劾狀、上交賦税等。這些都是慣常的事務,只需按照要求例行公事,上報即可。反過來説,本文所討論的"謁""追"相關的事務重要,需要知道事情的處理情况。不過,另一方面,秦代行政信息傳達,在互不隸屬機構間常有遷延的情况發生。我們曾排比過里耶秦簡中文書處理周期,文書不能及時傳遞的情况時常發生,特别是在互不隸屬的機構中更是如此。[②] 并且,在上下級之間傳遞文書,上級機構通常也有"書到相報,不報,追"等字樣:

六月壬午朔戊戌,洞庭叚(假)守齮下□:聽書從事。臨沅Ⅰ下索(索)。門淺、零陽、上衍各以道次傳,别書。臨Ⅱ沅下洞庭都水,蓬下鐵官。Ⅲ皆以郵行。書到相報,不報,追。臨沅、門淺、零陽Ⅳ、【上衍皆言】書到,署兵曹發。/如手。道一書。·以洞庭候印☐Ⅴ 9-713

充報零陽,金布發。AⅠ酉陽報充,署令發。AⅡ遷陵報酉陽,署主令【發】☐BⅠ恒署。丁四。BⅡ七月己未水十一刻刻下十,都郵人□以來。/□發。BⅢ 9-713 背[③]

這幾乎成爲文書内容末尾書寫的一種程式。[④] 郡向屬縣發布文書也要求"别書相報",説明政令傳達并不暢達。拖延似已經是當時行政過程中的常態。其實,就我們討論的這些需要强制執行的文書也是如此,很多不能及時回復的文書,需要幾次謁追。

① 陳偉主編:《里耶秦簡牘校釋(第二卷)》,379 頁。

② 沈剛:《秦代縣級檔案文書的處理周期——以遷陵縣爲中心》,中國文化遺産研究院編《出土文獻研究》第 15 輯,上海:中西書局,2016,127 頁。

③ 陳偉主編:《里耶秦簡牘校釋(第二卷)》,186-187 頁。

④ 此外還有簡 9-26、9-1718、9-1861、9-2076 等,分别見陳偉主編《里耶秦簡牘校釋(第二卷)》,38、352、374、414 頁。

我們再把眼光放寬到之後的漢代,比較相關的語詞。檢索漢代簡牘文書中與謁相關的語詞,已經不再有要求回復或建議處理方式的記録。與“謁”相關的組合,只有“謁報”:

·疑媚罪,它縣論,敢潚(讞)之,謁報,署史廥發。·吏當:黥媚顔(顔)頯,畀掾,或曰當爲庶人。[①]

貸錢三千六百,以贖婦。當負臧,貧急毋錢可償。知君者謁報,敢言之。EPT56:8[②]

踈傅解左副文。唯

廷謁報耒陽,嚴與部鄉。閎、豊、昭職事惶恐叩頭叩頭死罪死罪敢言之。CWJ1③:325—1—32[③]

如前所言,秦代的謁報是否需要回復視情况而定。另外還有與“謁”連稱的語詞,亦無需要回復的迹象。如:

一編,謁上候官,敢言之▨　73EJT33:23[④]

廷謁言府,盡力實核。有增异,正處復言。信□職惶恐叩頭死罪死罪敢

言之。2010CWJ1 ③:154[⑤]

也就是説,“謁”到了漢代,僅僅是文書中的謙辭。

漢代也有要求下級回復的應書:

甲渠言:部吏毋盗作錢、發冢、

販賣衣物於都市者。

建武六年七月戊戌朔乙卯,甲渠鄣守候敢言之,府移大將軍莫府書曰:

姦黠吏

民,作使賓客,私鑄作錢,薄小不如法度,及盗發冢、公賣衣物於都市,

雖知莫譴苛,百姓患苦之。

掾譚、令史嘉。

① 張家山二四七號墓竹簡整理小組編著:《張家山漢墓竹簡[二四七號墓]》(釋文修訂本),北京:文物出版社,2006,92頁。

② 張德芳主編,馬智全著:《居延新簡集釋(四)》,蘭州:甘肅文化出版社,2016,373頁。

③ 長沙市文物考古研究所等編:《長沙五一廣場東漢簡牘選釋》,上海:中西書局,2015,193頁。

④ 甘肅簡牘博物館等編:《肩水金關漢簡(肆)》,上海:中西書局,2015,2頁。

⑤ 長沙市文物考古研究所等編:《長沙五一廣場東漢簡牘(壹)》,上海:中西書局,2018,237頁。

書到，自今以來，獨令縣官鑄作錢，令應法度。禁吏民毋得鑄作錢，及挾不行錢，輒行法。諸販賣

發冢衣物於都市，輒收，没入縣官。四時言犯者名、狀。·謹案：部吏毋犯者，敢言之。EPF22:37-39[①]

·甲渠言：府下赦令

詔書·謹案：毋應書

建武五年八月甲辰朔，甲渠鄣候敢言之：府下赦令

詔書曰：其赦天下自殊死以下諸不當得赦者，皆赦除之。上赦者人數，罪别之。

會月廿八日。·謹案：毋應書，敢言之。　EPF22:162-165[②]

漢代的應書與秦的應書相比，其内涵爲具體的文書，比如詔書、大將軍莫府書等官方統一的文件，而非普通意義上的文書。并且只是對具體問題的徵詢與回復，强化命令的色彩不濃。在里耶秦簡中出現較多的"當令"鮮見。綜合這些情況看，漢代雖然也要求回復文書，但是多爲統一的下行文書。整體説來，漢代文書的上傳下達已經比較規範有序，不需要額外强調，説明地方統治技術成熟，上下等級森嚴，官僚們已經習慣了這些程式，文書用語早先具有的複雜含義，已變成謙恭具文。以此反觀秦代，在文書傳達過程中，特殊的文書需要通過謁告、謁令、應書與應令來特別提示，反映了秦初統一，地方制度草創，日常行政中執行政令不力，集權體制還有其限度。

附記　匿名審稿專家提出重要修改意見，敬致謝忱！

① 張德芳主編，張德芳著：《居延新簡集釋（七）》，蘭州：甘肅文化出版社，2016，433頁。

② 張德芳主編，張德芳著：《居延新簡集釋（七）》，469-470頁。

《嶽麓秦簡(壹)》字詞解詁(八則)*

□ 西南大學歷史文化學院　孔德超
□ 陝西省考古研究院　牛海茹

内容提要　結合出土文獻和傳世典籍,本文分别對《爲吏治官及黔首》和《占夢書》中的八個字詞進行了解詁。"棧"指馬床,也就是編木製成的墊子,用於防馬受濕;"隋"釋爲"墮"和"隳"皆可,"隳"爲"墮"字俗體,可訓爲"毁壞";"徼迣"即"邀迣",爲一個同義複合詞,義爲遮攔、攔截;"貰資",即貰貸,可理解爲借貸、賒欠;"邦門"指"國都之門";"洫"當釋爲"溢",指水滿而流出;"燔洛"當讀爲"繁露",指古代帝王貴族冕旒上所懸的玉串;"兵死"指"死於戰争的人的鬼魂"。

關鍵詞　《嶽麓秦簡(壹)》　《爲吏治官及黔首》　《占夢書》　字詞解詁

朱漢民、陳松長先生主編的《嶽麓書院藏秦簡(壹)》自2010年12月出版以來,在學術界引起了强烈反響。整體來説,整理者對這批竹簡作了相當精審的釋文與注釋,但是仍有一些可商榷的地方。此文擬在整理者及諸家研究的基礎上,對《爲吏治官及黔首》和《占夢書》中的八個字詞談一些自己的看法,不當之處,敬請方家批評指正。

一　棧

(1)《爲吏治官及黔首》簡77正:"棧歷(櫪)浚除。"①

---

* 本文爲西南大學中央高校科研業務青年項目"《里耶秦簡》詞彙研究及詞典編纂"(SWU2109341)的階段性成果。另外,本文的寫作得到2020年重慶市博士後創新人才支持計劃項目"制度變遷視野下的秦興亡史研究"資助。

① 朱漢民、陳松長主編:《嶽麓書院藏秦簡(壹)》,上海辭書出版社,2010,143頁。

棧,整理者注曰:"飼養牲畜的竹木栅欄。《莊子・馬蹄》:'連之以羈馽,編之以皁棧。'"[①]整理者之説可商。

關於整理者所引《莊子・馬蹄》一文,唐陸德明《經典釋文》一引崔譔注云:"棧,木棚也。"[②]清盧文弨疑"棚"當作"栅",[③]如此,則"木棚"即"木栅",也就是木栅欄。盧説恐不確。《説文・木部》:"棧,棚也。"[④]朱駿聲《説文通訓定聲》:"栅者豎編之,棚者横編之。"[⑤]值得注意的是,在陸德明《經典釋文》引崔譔注之前,還有其引徐邈注云:"編木作靈似牀曰棧,以禦濕也。"[⑥]牀,即"床"字。又結合成玄英疏:"棧,編木爲椗,安馬脚下,以去其濕,所謂馬床也。"[⑦]可知,崔譔注之"木棚",實即横編之"馬床"。

因此,《莊子・馬蹄》之"棧"非指"飼養牲畜的竹木栅欄",而是指"馬棧",即馬床,也就是編木製成的墊子,用於防馬受濕。《管子・小問》:"夷吾嘗爲圉人矣,傅馬棧最難。"尹知章注:"謂編次之。棧,馬所立木也。"[⑧]《戰國策・齊一・秦假道韓魏以攻齊》:"章子之母啓得罪其父,其父殺之,而埋馬棧之下。"高誘注:"馬棧,牀也。"鮑彪云:"棧,爲棚以立馬。"[⑨]結合以上尹知章和鮑彪之注,以可證"棚"爲横編之"馬床"。亦有單獨用"棧"者,《文選・顔延之〈赭白馬賦〉》:"歲老氣殫,斃于内棧。"李善注引《莊子》司馬彪曰:"棧若檽牀,施之濕地也。"吕向注:"棧,以板禦濕而承馬足也。"[⑩]棧,後其適用範圍擴展至其他禽獸。如北魏賈思勰《齊民要術・養雞》:"雞棲:宜據地爲籠,籠内著棧。"[⑪]文中的"棧",即用於雞籠内以除濕。

簡文"歷",整理者注云:"讀作'櫪',指馬槽,亦指關牲畜的地方。曹操《步出夏門行》:'老驥伏櫪,志在千里。'"[⑫]而縱觀《爲吏治官及黔首》全文,簡文指代的事物一般都比較具體,如簡 15 正"履絜(�)鸁支(屐)"分别指四種不同種類的鞋子,可知"櫪"應指馬槽。"浚除"應即清除、清理之義。"棧歷(櫪)浚除"應指清除、清理馬床(編木製成的墊子)和馬槽。

---

① 朱漢民、陳松長主編:《嶽麓書院藏秦簡(壹)》,143 頁。
② [唐]陸德明:《經典釋文》卷二七《莊子音義中》,北京:中華書局,1983,374 頁。
③ [清]盧文弨綴緝:《經典釋文考證》卷二七《莊子音義中》,北京:中華書局,1985,325 頁。
④ [漢]許慎撰,[宋]徐鉉校定:《説文解字》第六上,北京:中華書局,2013,118 頁。
⑤ [清]朱駿聲:《説文通訓定聲》卷一四《乾部第十四》,北京:中華書局,2016,772 頁。
⑥ [唐]陸德明:《經典釋文》卷二七《莊子音義中》,374 頁。
⑦ [晋]郭象注,[唐]成玄英疏,曹礎基、黄蘭發整理:《莊子注疏》卷四《馬蹄》,北京:中華書局,2011,182 頁。
⑧ 黎翔鳳撰,梁運華整理:《管子校注》卷一六《小問》,北京:中華書局,2004,966 頁。
⑨ [西漢]劉向集録,范祥雍箋證,范邦瑾協校:《戰國策箋證》卷八《齊一・秦假道韓魏以攻齊》,上海古籍出版社,2006,526,528 頁。
⑩ [南朝梁]蕭統編,[唐]李善等注:《六臣注文選》卷一四《赭白馬賦》,北京:中華書局,1987,263 頁。
⑪ 石聲漢譯注,石定枎,譚光萬補注:《齊民要術》卷五九《養雞》,北京:中華書局,2015,744 頁。
⑫ 朱漢民、陳松長主編:《嶽麓書院藏秦簡(壹)》,143 頁。

二　隋(墮、隳)

(2)《爲吏治官及黔首》簡 21 正:“塗溉(墍)陀(阤)隋(墮)。”①

(3)《爲吏治官及黔首》簡 84 正:“封閉毋墮。”②

隋,簡文兩處字形分别作(簡 21 正)、(簡 84 正),與睡虎地秦簡“隋”字略有區别,睡虎地秦簡“隋”字作(《爲吏之道》簡 30)、(《日書乙種》簡 249),③嶽麓秦簡兩處字形可看作“隋”字异構。

整理者將例(3)字直接釋爲“墮”,④不確。整理者將例(2)“隋”讀爲“墮”,可從。需要説明的是,目前出土簡帛材料中“隋”表示“毁壞”之用法,有的整理者將其括注爲“墮”,馬王堆漢墓帛書《稱》153 下“隋高增下,禁也,大水至而可也”,原整理者和現整理者皆將“隋”括注爲“墮”。⑤ 有的整理者則將其括注爲“隳”。如馬王堆漢墓帛書《經法・亡論》58 下“德溥(薄)而功厚者隋”,原整理者和現整理者皆將“隋”括注爲“隳”。⑥ 有的二者兼有,如馬王堆漢墓帛書《經法・國次》12 上有“隋其郭城”,原整理者和現整理者今將其括注爲“墮”。⑦ 與“隋其郭城”内容類似,銀雀山漢墓竹簡《孫子兵法・九地》簡 130 有“城可隋也”,整理小組

① 朱漢民、陳松長主編:《嶽麓書院藏秦簡(壹)》,118 頁。簡文“涂”字,整理者釋爲“塗”(朱漢民、陳松長主編:《嶽麓書院藏秦簡(壹)》,118 頁)。核查圖版,其字形作,應爲“涂”字。簡文“墍”字,整理者釋爲“溉”,括注爲“墍”(朱漢民、陳松長主編:《嶽麓書院藏秦簡(壹)》,118 頁)。核查圖版,其字形作,應爲“墍”字,其省體作“塈(墍)”,又作“塓”。塈,涂抹屋頂。《説文・土部》:“塓,仰涂也。”([漢]許慎撰,[宋]徐鉉校定:《説文解字》第十三下,288 頁)段玉裁注:“以艸蓋屋曰茨,塗塈茨者,涂其茨之下也,故必印涂。”([漢]許慎撰,[清]段玉裁注:《説文解字注》卷二六,上海古籍出版社,1981,686 頁)《漢書・谷永傳》:“古者穀不登虧膳,災婁至損服,凶年不塈塗,明王之制也。”顔師古注:“塈,如今仰泥屋也。”(《漢書》卷八五《谷永傳》,北京:中華書局,2013,3471-3472 頁)因此,“塗塈”爲同義複合詞,指用泥塗抹屋頂或墻壁。亦泛指塗飾修繕。《書・梓材》:“若作室家,既勤垣墉,惟其塗塈茨。”蔡沈集傳:“塗塈,泥飾也。”([宋]蔡沈注,錢宗武、錢忠弼整理:《書集傳》卷四《周書・梓材》,南京:鳳凰出版社,2010,177 頁)另外,整理者將“陀”括注爲“阤”,并注云:“塌落。《淮南子・繆稱訓》:‘城峭者必崩,岸峭者必陀。’高誘注:‘陀,落也。’劉文典《集解》:‘陀即阤字。《説文》阤下云:“小崩也。”小崩亦落意。’”(朱漢民、陳松長主編:《嶽麓書院藏秦簡(壹)》,118 頁)高一致先生指出“陀”本有塌落義,無須括注“阤”。(高一致:《〈嶽麓書院藏秦簡(壹)〉集釋》,武漢大學碩士學位論文,2011,37 頁)其實,在古文字中,“它”和“也”極容易相混。簡文字形作,很明顯爲“陀”字,訓爲塌落。

② 朱漢民、陳松長主編:《嶽麓書院藏秦簡(壹)》,146 頁。

③ 陳偉主編:《秦簡牘合集(壹)》,武漢大學出版社,2014,766、873 頁。

④ 白於藍先生亦指出這一點。詳見其著《簡帛古書通假字大系》,福州:福建人民出版社,2017,492 頁。

⑤ 國家文物局古文獻研究室編:《馬王堆漢墓帛書(壹)》,北京:文物出版社,1980,82 頁;裘錫圭主編,湖南省博物館、復旦大學出土文獻與古文字研究中心編纂:《長沙馬王堆漢墓簡帛集成(肆)》,北京:中華書局,2014,182 頁。

⑥ 國家文物局古文獻研究室編:《馬王堆漢墓帛書(壹)》,55 頁;裘錫圭主編,湖南省博物館、復旦大學出土文獻與古文字研究中心編纂:《長沙馬王堆漢墓簡帛集成(肆)》,143 頁。

⑦ 國家文物局古文獻研究室編:《馬王堆漢墓帛書(壹)》,45 頁;裘錫圭主編,湖南省博物館、復旦大學出土文獻與古文字研究中心編纂:《長沙馬王堆漢墓簡帛集成(肆)》,130 頁。

將“隋”括注爲“隳”。[①]

實際上,簡牘整理者將“隋”釋爲“墮”和“隳”皆可。《字彙・土部》:“墮,俗作隳。”[②]隳,“墮”字俗體。《敦煌懸泉月令詔條》35行:“繼長增高,毋有壞隋。”[③]《吕氏春秋・孟夏紀》作“繼長增高,毋有壞隳”,[④]《禮記・月令》作“繼長增高,毋有壞墮”。[⑤] 以上爲隋、墮、隳三字相通之例。所以,以上所引簡文中的兩處“隋”括注爲“墮”或“隳”皆可。

墮、隳皆有“毀壞”之義。《左傳・定公十二年》:“叔孫州仇帥師墮郈。”杜預注:“墮,毀也。”[⑥]《國語・周語下》:“晋聞古之長民者,不墮山,不崇藪,不防川,不竇澤。”韋昭注:“墮,毀也。”[⑦]《吕氏春秋・順説》:“甲之事,兵之事也,刈人之頸,刳人之腹,隳人之城郭。”高誘注:“隳,毀也。”[⑧]例(2)言塗飾修繕塌落屋頂或墻壁等的塗抹層毀壞之處;例(3)指封泥封緘時不要損壞、毀壞。

三　徼(邀)迣

(4)《爲吏治官及黔首》簡14正:“徼迣不數。”[⑨]

徼迣,整理者注曰:“徼,巡視,巡邏。《荀子・富國》:‘其候徼支繚,其竟關之政盡察,是亂國已。’楊倞注:‘徼,巡也。’《漢書・趙敬肅王劉彭祖傳》:‘常夜從走卒行徼邯鄲中。’顔師古注:‘徼謂巡察也。’迣,遮攔。《漢書・鮑宣傳》:‘部落鼓鳴,男女遮迣。’顔師古注:‘言聞桴鼓之聲以爲有盜賊,皆當遮列而追捕。’”[⑩]許道勝先生認爲:“徼,整理者所訓似不可從。‘徼’應解作‘邊界’‘邊塞’意。睡虎地秦簡《法律答問》:‘人臣甲謀遣人妾乙盜主牛,買,把錢偕邦亡,出徼,得。’《漢書・佞幸傳》:‘人有告通盜出徼外鑄錢。’顔師古注:‘徼猶塞。東北謂之塞,西南謂之徼。塞者以障塞爲名,徼者取徼遮之義也。’”[⑪]值得注意的是,《嶽麓秦簡(叁)》中亦有“徼迣”一詞的用例。《魏盜殺安、宜等案》簡154正+155正云:

---

① 銀雀山漢墓竹簡整理小組編:《銀雀山漢墓竹簡(壹)》,北京:文物出版社,1985,22頁。
② [明]梅膺祚撰,[清]吴任臣編:《字彙》丑集,上海辭書出版社,1991,94頁。
③ 中國文物研究所、甘肅省文物考古研究所編:《敦煌懸泉月令詔條》,北京:中華書局,2001,5頁。
④ 許維遹撰,梁運華整理:《吕氏春秋集釋》卷四《孟夏紀》,北京:中華書局,2010,86頁。
⑤ [漢]鄭玄注,[唐]孔穎達正義,吕友仁整理:《禮記正義》卷二三《月令第六》,上海古籍出版社,2008,659頁。
⑥ 楊伯峻編著:《春秋左傳注》(修訂本)卷二八,北京:中華書局,2014,1585頁。
⑦ 徐元誥撰,王樹民、沈長雲點校:《國語集解》,北京:中華書局,2002,92-93頁。
⑧ 許維遹撰,梁運華整理:《吕氏春秋集釋》卷一五《順説》,380頁。
⑨ 朱漢民、陳松長主編:《嶽麓書院藏秦簡(壹)》,114頁。
⑩ 朱漢民、陳松長主編:《嶽麓書院藏秦簡(壹)》,114頁。
⑪ 許道勝:《嶽麓秦簡〈爲吏治官及黔首〉與〈數〉校釋》,武漢大學博士學位論文,2013,102頁。

觸等盡别譖(潛)訊安旁田人,皆曰:不智(知)【□】【□□】即將司寇晦,别居千(阡)佰(陌)、㣲(徼)道,徼(邀)迣苛視不狣[状]者。弗得。[①]

整理者將“徼”括注爲“邀”,并注云:“邀、迣,同訓‘遮’。《玉篇·辵部》:‘邀,遮也。’《説文·辵部》:‘迣,迾也。晋趙曰迣。’又:‘迾,遮也。’邀迾,遮攔,即設檢查站攔住過路人,似爲古代重要戒備、巡邏方式之一。古書作‘遮迾’‘遮列’‘遮迣’等。苛,通訶,詰問、盤問。視,查看、查閲。迣,遮攔。《漢書·鮑宣傳》‘凡民有七亡……部落鼓鳴,男女遮迣,六亡也’,顔師古注:‘晋灼曰:“迣,古列字也。”言聞桴鼓之聲以爲有盜賊,皆當遮列而追捕。’馬融《圍棋賦》:‘先據四道兮保角依旁,緣邊遮列兮往往相望。’‘徼’字訓巡也與遮義有關。《漢書·百官公卿表上》‘中尉,秦官,掌徼循京師’,顔師古注:‘徼,謂遮繞也。’”[②]整理者之説甚是。

徼,同“邀”,阻擋、攔截義。《集韻·宵韻》:“邀,遮也。或从彳。”[③]銀雀山漢墓竹簡《孫臏兵法·陳忌問壘》簡297:“短兵次之者,所以難其歸而徼其衰也。”整理者將“徼”括注爲“邀”,并注爲“遮、截擊”。[④]《史記·司馬相如列傳》:“然後囿騶虞之珍群,徼麋鹿之怪獸。”裴駰集解引《漢書音義》曰:“徼,遮也。”[⑤]

因此,“邀迣”爲同義複合詞,義爲遮攔、攔截。例(4)“徼迣不數”,整理者指出大意似乎是説巡察攔截不合法度,没有按照規定嚴格施行。[⑥] 需要指出的是,“不數”未見有如整理者所注“不合法度”之義,“不數”即“無數”。“徼迣不數”即攔截無數,也就是攔截的人比較多。秦律令中有“闌亡”“將陽亡”即與是否越過邊界有關,簡文或與此相關。而攔截的人極有可能爲各類逃亡者。

四　貰貣

(5)《爲吏治官及黔首》簡32正:“毋多貰貣。”[⑦]

貰貣,整理者注曰:“借貸,賒欠。《漢書·酷吏傳·寧成》:‘乃貰貣陂田千餘頃,假貧民,役

---

① 朱漢民、陳松長主編:《嶽麓書院藏秦簡(叁)》,上海辭書出版社,2013,186頁。
② 朱漢民、陳松長主編:《嶽麓書院藏秦簡(叁)》,193頁。
③ 趙振鐸校:《集韻校本》卷三,上海辭書出版社,2012,384頁。
④ 銀雀山漢墓竹簡整理小組編:《銀雀山漢墓竹簡(壹)》,55-56頁。
⑤ 《史記》卷一一七《司馬相如列傳》,北京:中華書局,2014,3713-3714頁。
⑥ 朱漢民、陳松長主編:《嶽麓書院藏秦簡(壹)》,114頁。
⑦ 朱漢民、陳松長主編:《嶽麓書院藏秦簡(壹)》,123頁。

使數千家。'顔師古注:'貰貣,假取之也。'"[①]陳偉先生疑"貰"讀爲"喋"。《史記·匈奴列傳》:"嗟土室之人,顧無多辭,令喋喋而占占,冠固何當?"集解:"喋,利口也。"《類篇·口部》:"喋,多言。""貰貳"或猶"喋喋"。[②] 陳偉先生之説可商,應從整理者注。嶽麓秦簡秦令材料中有不少"貰"字用例:

(6)《嶽麓秦簡(肆)》簡 308 正+309 正:"兵事畢矣,諸當得購賞貰責(債)者,令縣皆亟予之。令到縣,縣各盡以見(現)錢,不禁者,勿令巨皋。令縣皆亟予之。"[③]

(7)《嶽麓秦簡(肆)》簡 338 正+339 正:"都官有購賞貰責(債)者,如縣。兵事畢矣,諸當得購賞貰責(債)者。"[④]

(8)《嶽麓秦簡(伍)》簡 040 正+041 正:"其貰買新黔首奴婢畜産及它物盈三月以上而弗予錢者坐所貰賈〈買〉錢數,亦與盗同灋。"[⑤]

(9)《嶽麓秦簡(伍)》簡 270 正:"都官有購賞貰責(債)不出者,如縣。"[⑥]

以上所引 4 例中的"貰"皆爲借貸、賒欠之義。貰貣,即貰貸。《急就篇》:"貰貸賣買販肆便。"[⑦]典籍亦有有"貰貸"一詞,《史記·平準書》:"諸賈人末作貰貸賣買,居邑稽諸物,及商以取利者,雖無市籍,各以其物自占,率緡錢二千而一算。"[⑧]貰貸,即借貸。又,《廣韻·祭韻》:"貰,賒也。"[⑨]段玉裁《説文解字注》曰:"《泉府》以凡賒者與凡民之貸者并言,然則賒與貸有别,賒、貰也,若今人云賒是也;貸、借也,若今人云借是也。其事相類,故許渾言之曰貰貸也。"[⑩]《周禮·地官·司市》:"以泉府同貨而斂賒。"鄭玄注:"民無貨,則賒貰而予之。"[⑪]《史記·高祖本紀》:"常從王媪、武負貰酒。"裴駰集解引韋昭曰:"貰,賒也。"[⑫]《漢書·汲黯傳》:"縣官亡錢,從民貰馬。"顔師古注:"貰,賒買也。"[⑬]因此,"貰貣"可理解爲借貸、賒欠。

---

① 朱漢民、陳松長主編:《嶽麓書院藏秦簡(壹)》,123 頁。
② 陳偉:《嶽麓秦簡〈爲吏〉與〈説苑〉對讀》,簡帛網,2009 年 12 月 1 日;又見《嶽麓書院秦簡校讀》,武漢大學簡帛研究中心主辦《簡帛》第 5 輯,上海古籍出版社,2010,13 頁。
③ 陳松長主編:《嶽麓書院藏秦簡(肆)》,上海辭書出版社,2015,197 頁。
④ 陳松長主編:《嶽麓書院藏秦簡(肆)》,207 頁。
⑤ 陳松長主編:《嶽麓書院藏秦簡(伍)》,上海辭書出版社,2017,52 頁。
⑥ 陳松長主編:《嶽麓書院藏秦簡(伍)》,187 頁。
⑦ 張傳官:《急就篇校理》,北京:中華書局,2017,145 頁。
⑧ 《史記》卷三十《平準書》,1725 頁。
⑨ 沈兼士主編:《廣韻聲系》,北京:中華書局,1985,783 頁。
⑩ [漢]許慎撰,[清]段玉裁注:《説文解字注》卷一二,281 頁。
⑪ [清]孫詒讓著,汪少華整理:《周禮正義》卷二七《地官·司市》,北京:中華書局,2015,1275 頁。
⑫ 《史記》卷八《高祖本紀》,437-438 頁。
⑬ 《漢書》卷五〇《汲黯傳》,2320-2321 頁。

五 邦門

(10)《占夢書》簡 34 正:"女子而夢以其帬被邦門及游渡江河,其占大貴人。"①

(11)《占夢書》簡 35 正:"夢見□□□□□□□及市(?)□,乃有雨,冬以衣被邦門、市門、城門,貴人知邦端,賤人爲罰,女子爲邦巫。"②

邦門,整理者注曰:"城門。《儀禮·既夕禮》:'至于邦門。'鄭玄注:'邦門,城門也。'"③從廣義上説,"邦門"理解爲"城門"是没有問題的。但是由例(11)"邦門"與"城門"并列可知,此處的"邦門"應非"城門",二者不是同一個概念。對此,高一致先生指出:④

> 《儀禮·既夕禮》中"邦門"是可訓爲"城門"的,但《占夢書》35 號簡載"冬以衣被邦門、市門、城門",同見"邦門""城門",甚至出現"市門",故二者在具體意義上當有所區别。睡虎地秦簡《法律答問》160 號簡載:"旞火延燔里門,當貲一盾;其邑邦門,貲一甲。"其中燔"其邑邦門"所受懲處較燔"里門"更重、更嚴厲,可知"邦門"比"里門"規格更高、更爲重要。秦簡中"邑""里"對應出現時,"邑"似多指比"里"規格更高的庶民編制單位,或非指城池、封地,同時"邑"中設置有邦門。此處《占夢書》中"邦門"或爲邑中所設之門,應與"城門"相區别開。

秦統一前後,"邦"字用法不同,見里耶秦簡木方 8-461"毋曰邦門曰都門"。⑤ 都門,陳偉先生注爲"京都城門"。⑥ 例(11)"邦端",整理者注曰:"端,正也,政也。這裏的'端'應是'政'的避諱字。'邦端'即'邦政',即國家軍政。《書·周官》:'司馬掌邦政,統六師,平邦國。'孔傳:'夏官卿主戎馬之事,掌國征伐,統正六軍,平治王邦四方國之亂者。'"⑦因此,"知邦端"即"知邦政",也就是主持掌管國家軍政。此處的"邦"是相對整個國家而言的,簡文前面"邦門"和後面"邦巫"之"邦"亦應是如此。因此,簡文"邦門"指"國都之門"更恰當。《越絶書·越絶請糴内傳》云:"(申)胥願廓目於邦門,以觀吴邦之大敗也。"⑧此"邦門"即指"國

① 朱漢民、陳松長主編:《嶽麓書院藏秦簡(壹)》,166 頁。
② 朱漢民、陳松長主編:《嶽麓書院藏秦簡(壹)》,167 頁。
③ 朱漢民、陳松長主編:《嶽麓書院藏秦簡(壹)》,166 頁。
④ 高一致:《讀嶽麓秦簡〈占夢書〉筆記四則》,簡帛網,2011 年 7 月 8 日。
⑤ 陳偉主編:《里耶秦簡牘校釋(第一卷)》,武漢大學出版社,2012,157 頁。
⑥ 陳偉主編:《里耶秦簡牘校釋(第一卷)》,159 頁。
⑦ 朱漢民、陳松長主編:《嶽麓書院藏秦簡(壹)》,167 頁。
⑧ 李步嘉校釋:《越絶書校釋》卷五《越絶請糴内傳》,北京:中華書局,2013,129 頁。

門”,也就是“國都之門”,可以參看。由例(11)簡文出現的“貴人知邦端”“邦巫”和“邦門”以及例(10)中的“大貴人”可以得知,例(10)“邦門”與例(11)“邦門”用法應該是一致的,指“國都之門”。

六　洫(溢)

(12)《占夢書》簡 29 正:“夢井洫者,出財。”①

洫,整理者注曰:“田間的水溝。《左傳·襄公十年》:‘子駟爲田洫。’杜預注:‘洫,田畔溝也。’”②值得注意的是,銀雀山漢簡中亦有“洫”字用例,《孫子兵法·形》有“勝兵如以洫稱朱”,整理者注曰:“十一家本(《宋本十一家注孫子》)作‘故勝兵若以鎰稱銖’。漢代文字多以‘洫’爲‘溢’(馬王堆帛書、武威簡本《儀禮》皆如此)。疑此字本从‘皿’从水,乃‘益’字之异體,因與溝洫之‘洫’字形近,遂至混而不分。《莊子·齊物論》‘以言其老洫也’,《釋文》:‘老洫本亦作溢,同。音逸。’簡文‘洫’(溢)借爲‘鎰’。”③陳劍先生指出,秦漢簡中的“洫”字大多當作爲“溢”字,嶽麓簡《占夢書》同,亦以爲動詞用。④ 另外,尹灣漢簡亦見“洫”字用例,《神烏賦》簡 116 云:“支(枝)格相連。府君之德,洋洫(溢)不測。”⑤裘錫圭先生指出簡文中的“洫”,此處實用作“溢”字簡體,字形與溝洫之“洫”相混。漢代人往往以“洫”爲“溢”,《禮記·中庸》:“是以聲名洋溢乎中國,施及蠻貊。”⑥龐壯城先生針對簡文指出,由夢境的離奇性看,或許以“洫”字解作“溢”或更佳。“夢井洫”與“夢井溢”相比,因動詞之用,後者當較爲生動,更具夢之怪异性。故此從陳劍説法,視爲“動詞”。⑦

誠如裘錫圭和陳劍先生所言,秦漢簡中的“洫”字大多用爲“溢”。例(12)中的“洫”亦不例外,當釋爲“溢”。溢,水滿而流出。《楚辭·天問》:“東流不溢,孰知其故?”⑧《漢書·五行志》:“元帝時童謡曰:‘井水溢,滅竈煙,灌玉堂,流金門。’”⑨例(12)言夢見井中的水滿而溢出,則預示着家中的財物要流走。簡文中的“出財”與《占夢書》中常出現的“内(納)資”(指財物的進入)相對而言,指財物的流出。

---

① 朱漢民、陳松長主編:《嶽麓書院藏秦簡(壹)》,164 頁。
② 朱漢民、陳松長主編:《嶽麓書院藏秦簡(壹)》,164 頁。
③ 銀雀山漢墓竹簡整理小組編:《銀雀山漢墓竹簡(壹)》,9 頁。
④ 陳劍:《嶽麓簡〈占夢書〉校讀札記三則》,復旦大學出土文獻與古文字研究網站,2011 年 10 月 5 日。
⑤ 連雲港市博物館等編:《尹灣漢墓簡牘》,北京:中華書局,1997,148 頁。
⑥ 裘錫圭:《〈神烏傅(賦)〉初探》,連雲港市博物館、中國文物研究所編《尹灣漢墓簡牘綜論》,北京:科學出版社,1999,3 頁。
⑦ 龐壯城:《〈嶽麓書院藏秦簡(壹)·占夢書〉研究》,臺灣成功大學碩士學位論文,2013,67-68 頁。
⑧ 黄靈庚集校:《楚辭集校》卷四《天問集校》,上海古籍出版社,2009,546 頁。
⑨ 《漢書》卷二七中之上《五行志中之上》,1395 頁。

七　燔(繁)洛(露)

(13)《占夢書》簡20正:"夢燔洛遂(墜)隋(墮)至手,轂囚,吉。"①

燔洛,整理者注曰:"燔,當讀爲繁。燔爲并母元部字,繁爲并母歌部字,古音相通。洛:當讀爲露。《老子》第三十二章:'以降甘露。'馬王堆帛書《老子》甲本/乙本'露'都作'洛'。《戰國策·趙策一》:'甘露降。'帛書《戰國縱橫家書》'露'作'洛'。燔洛即繁露也。晉崔豹《古今注·問答釋義》:'牛亨問曰:"冕旒以繁露,何也?"答曰:"綴珠垂下,重如繁露也。"'"②凡國棟先生認爲"燔"字疑當如字讀,意爲焚燒。洛,或可讀爲"絡",纏繞、捆縛之意。《楚辭·招魂》:"秦篝齊縷,鄭綿絡些。"王逸注:"絡,縛也。"對於被拘繫的囚徒來説,與夢見繁露相比,夢見燒斷捆縛之繩索更具有現實價值,是再吉利不過的事情了。③ 陳偉先生認爲燔、炮皆有焚燒義。《左傳·昭公二十七年》:"令尹炮之,盡滅郤氏之族黨。"杜預注:"炮,燔。"孔穎達疏:"燔、炮、爇,皆是燒也。"燔洛,恐猶言"炮烙"或"炮格"。《荀子·議兵》:"紂刳比干,囚箕子,爲炮烙刑。"《史記·殷本紀》:"百姓怨望而諸侯有畔者,於是紂乃重刑辟,有炮格之法。"裴駰集解引《列女傳》云:"膏銅柱,下加之炭,令有罪者行焉,輒墮炭中。妲己笑,名曰炮格之刑。"④

立足簡文,"燔洛"當讀爲"繁露",整理者之説更勝。"繁露",亦作"繁路",指古代帝王貴族冕旒上所懸的玉串。《逸周書·王會》:"天子南面立,絻無繁露,朝服八十物,搢挺。"⑤《鹽鐵論·散不足》:"今富者皮衣朱貉,繁露環佩。"⑥簡文言夢見冕旒垂飾墜落到手上,意味着情况會有好轉,對拘囚來説是吉利的。

八　兵死

(14)《占夢書》簡44正:"【夢見】彭者,兵死、傷(殤)欲食。"⑦

---

① 朱漢民、陳松長主編:《嶽麓書院藏秦簡(壹)》,160頁。
② 朱漢民、陳松長主編:《嶽麓書院藏秦簡(壹)》,160頁。
③ 凡國棟:《嶽麓秦簡〈占夢書〉校讀六則》,簡帛網,2011年4月8日。
④ 陳偉:《嶽麓秦簡〈占夢書〉臆説(三則)》,簡帛網,2011年4月10日。
⑤ 黄懷信等:《逸周書彙校集注》卷七《王會解》,上海古籍出版社,2007,797-799頁。
⑥ 王利器校注:《鹽鐵論校注》卷六《散不足》,北京:中華書局,2015,393頁。
⑦ 朱漢民、陳松長主編:《嶽麓書院藏秦簡(壹)》,171頁。

兵死，整理者注曰：“鬼神名。《包山楚簡》241 號簡：‘思攻解於累詛與兵死。’”[①]值得注意的是，九店楚簡中亦有“兵死”的用例，簡 43 云：“帝胃（謂）尔無事，命尔司兵死者。”[②]兵死，整理者（李家浩先生）注爲“死於戰争的人”。[③] 李家浩先生後又指出，“兵死”指死於戰争的人的鬼魂。[④]《淮南子·説林訓》：“戰兵死之鬼憎神巫。”高誘注：“兵死之鬼，善行病人，巫能祝劾殺之。”[⑤]王念孫云：“‘戰’字後人所加。古人所謂兵者，多指五兵而言。兵死，謂死於兵也。《曲禮》曰：‘死寇曰兵。’《釋名》曰：‘戰死曰兵，言死爲兵所傷也。’《周官·冢人》曰：‘凡死於兵者不入兆域。’皆是也。”[⑥]因此，“兵死”應從李家浩先生之説，指“死於戰争的人的鬼魂”。

附記　小文草成後，蒙曹錦炎師、段凱兄、武亞帥兄審閲指正。匿名審稿專家亦提出了非常中肯的修改意見，謹致謝忱！

① 朱漢民、陳松長主編：《嶽麓書院藏秦簡（壹）》，171 頁。
② 湖北省文物考古研究所、北京大學中文系編：《九店楚簡》，北京：中華書局，1999，50 頁。
③ 湖北省文物考古研究所、北京大學中文系編：《九店楚簡》，105-106 頁。
④ 李家浩：《九店楚簡“告武夷”研究》，收入其著《著名中年語言學家自選集·李家浩卷》，合肥：安徽教育出版社，2002，640 頁。
⑤ 何寧：《淮南子集釋》卷一七《説林訓》，北京：中華書局，1998，1198 頁。
⑥ ［清］王念孫撰，徐煒君等校點：《讀書雜志》卷九《淮南内篇第十七》，上海古籍出版社，2015，2355 頁。

嶽麓書院藏秦律令簡集注（一）

□ 中國人民大學法學院法律史料研讀班

前言

2007年，嶽麓書院從香港搶救性購藏了一批簡，共計2098枚；後又入藏收藏家捐贈的76枚，這兩批簡合稱嶽麓書院藏秦簡（以下簡稱“嶽麓秦簡”）。所載内容可分爲《質日》《爲吏治官及黔首》《占夢書》《數書》《奏讞書》《秦律雜抄》和《秦令雜抄》七類，爲研究秦時數學、法律、社會、地理等不可或缺的第一手材料。2010年起，整理小組按其所分類别將嶽麓秦簡陸續整理出版，各卷揭載了嶽麓秦簡的彩色圖版、紅外綫圖版及簡册報告等材料，并明示釋文，引起了學界的普遍關注。

於秦漢法律史而言，目前已公布的第三至六卷具有直接相關性，但集中收入秦律令的則是第四、第五、第六卷。學界對這三卷所載秦律令文的研究正如火如荼地展開，可謂衆説紛紜、精彩紛呈，但亦不免衆聲喧嘩以至學人們難以搜集、對比諸論并擇善而從。有鑒於此，中國人民大學法學院朱騰副教授組織了“中國人民大學法學院法律史料研讀班”，邀請中國政法大學法律古籍整理研究所、中國社會科學院法學研究所、湖南大學法學院、吉林大學古籍研究所、山東政法學院、貴州財經大學文法學院、常州大學史良法學院、河北科技師範學院文法學院、湘潭大學文學與新聞學院等機構的同仁參與，通過綫下綫上相結合的方式，帶領十餘位法律史、中國史或中國古代史專業的碩士生、博士生參考有關嶽麓書院藏秦律令簡的諸多研究成果撰寫“集注”。此次發表的是《嶽麓書院藏秦簡（肆）》簡001–021的集釋成果，各部分撰寫者如下（嶽麓秦簡原始編號複雜，爲方便讀者理解，以下僅標注整理編號）：

前言及凡例王牧雲（中國人民大學法學院2020級法律史專業博士研究生）
簡001–005 尹嘉越（中國人民大學法學院2019級法律史專業碩士研究生）
簡006–009 舒哲嵐（中國政法大學法律古籍整理研究所2017級法律史專業博士研

究生）

簡 010-012 冉艷紅（清華大學人文學院 2020 級中國史專業博士研究生）

簡 013-016 劉自穩（中國政法大學法律古籍整理研究所博士後）

簡 017-021 唐國昌（中國人民大學法學院 2019 級法律史專業博士研究生）

因人員數量及學術水準所限，研讀班盡力搜集諸家之説，但仍不免有挂一漏萬之虞，懇請學界同仁見諒并不吝賜教。

凡例

一、簡的編號同時采用原始編號與整理編號。

二、各部分“集注”皆由“簡文”“釋文”“集釋”“解説”“譯文”五部分組成。“簡文”部分據《嶽麓書院藏秦簡（肆）》（上海辭書出版社 2015 年版）原樣摘抄簡上文字及符號，不再加脚注説明出處。“釋文”部分根據研讀班諸君的意見對“簡文”做句讀及通假字更改。除句讀外，與嶽麓秦簡整理小組的“釋文”有出入之處則在“集釋”部分加以説明。

三、“釋文”部分引用的特殊符號遵循原書，具體如下：

□	表示未能釋出的字，一字一□。
……	表示所未能釋出文字的字數不能確定。
字（加框）	表示以文意補釋的字（據殘筆可以確定者，直接釋出，不加框）。
▯	表示原簡中簡面空白處。
●（·）	表示原簡中的圓形墨點。
▬	表示原簡中的墨釘。
∟	表示原簡中的鈎識符號。
=	表示原簡中的重文或合文符號。
（?）	表示釋文有疑問。
（ ）	對异體字、假借字括注通行字。
〈 〉	對錯字括注正字。
〖 〗	以文例補出脱文。
【 】	補充殘簡、缺簡的記載內容。
⍁	斷殘符號。
[ ]	表示衍文。

四、有關“集釋”及“解説”部分較多提及的簡文版本及簡稱方式,逐條羅列於下:

嶽麓書院藏秦簡,簡稱嶽麓秦簡,後跟(壹)(貳)等標明所屬卷册,如《嶽麓秦簡(壹)》。《嶽麓秦簡(肆)》的版本爲上海辭書出版社2015年版,引其他卷另於脚注中説明。

睡虎地秦墓竹簡,簡稱睡虎地秦簡,後跟具體篇名,如“睡虎地秦簡《秦律十八種·田律》”“睡虎地秦簡《語書》”等。通引版本爲文物出版社1990年版,引其他版本另於脚注中説明。

張家山漢墓竹簡,簡稱張家山漢簡,後跟具體篇名,如“張家山漢簡《二年律令》”“張家山漢簡《奏讞書》”。通引版本爲上海古籍出版社2007年版《二年律令與奏讞書》,引其他版本另於脚注説明。

湘西里耶秦簡,簡稱里耶秦簡,後跟(壹)(貳)標明所屬卷册。《里耶秦簡(壹)(貳)》分别於2012、2017年出版,後出版《校釋》兩卷。通引版本分别爲文物出版社2012年版《里耶秦簡(壹)》、文物出版社2017年版《里耶秦簡(貳)》,引《校釋》另於脚注説明。

五、“集釋”所引部分整理小組、研讀班或其研讀成果簡稱如下:

嶽麓書院藏秦簡整理小組,簡稱嶽簡整理小組。

睡虎地秦墓竹簡整理小組,簡稱睡簡整理小組。

中國政法大學中國法制史基礎史料研讀會,簡稱法大讀簡班。

華東政法大學出土法律文獻研讀班,簡稱華政研讀班。

内田智雄編,冨谷至補《譯注 中國歷代刑法志(補)》(創文社2005年版),簡稱“《譯注篇》”。

《秦簡牘合集(釋文修訂本)》(武漢大學出版社2016年版),簡稱“《合集》”。

彭浩、陳偉、[日]工藤元男主編:《二年律令與奏讞書:張家山二四七號漢墓出土法律文獻釋讀》,簡稱“《二年律令與奏讞書》”。

“秦代出土文字史料の研究”班,簡稱京大讀簡班。

專修大學“二年律令”研究會,簡稱專修大學讀簡班。

工藤元男編《睡虎地秦簡訳注——秦律十八種·效律·秦律雜抄》(汲古書院2018年版),簡稱“工藤《譯注》”。

至於“集釋”所引其餘諸家之説,則直接簡稱爲提出該説者的姓名,并按時間順序排列。

六、“解説”部分爲對簡册編聯及内容的解説。

【簡文】

匿罪人當貲二甲以上到贖死室人存而年十八歲以上者貲各一甲其奴婢弗坐典田典1966/001

而舍之皆貲一甲2042/002

【釋文】

匿[1]罪人當貲二甲[2]以上到贖死[3],室人[4]存[5]而年十八歲[6]以上者,貲各一甲[7],其奴婢弗坐[8],典、田典[9]1966/001……

……而[10]舍之,皆[11]貲一甲。2042/002

【集釋】

[1]匿

京大讀簡班:非法的隱匿。①

朱紅林:匿罪人,即藏匿收留罪犯。②

【按】"匿"與"舍"的對舉又見於《嶽麓秦簡(肆)》簡2012/075:"取罪人、群亡人以爲庸,智(知)其請(情),爲匿之;不智(知)其請(情),取過五日以上,以舍罪人律論之。"以此爲參照,或可認爲,對容留罪人、亡人的行爲,秦律以是否知情這一主觀因素爲標準而將其區分爲"匿"與"舍";也就是説,知情容留時爲"匿",不知情容留時爲"舍"。不過,《嶽麓秦簡(肆)》簡2012/075中對"舍"規定的時間要求并未體現於本簡中。張韶光亦根據睡虎地秦簡及張家山漢簡《二年律令》中涉及"匿""舍"的文例,認爲"匿"相對於"舍"側重的是故意性。③ 此外,宫宅潔根據《嶽麓秦簡(肆)》簡1990/054中"主舍者""知其情"并用的文例,認爲"舍"具有不論"知"或"不知"而容留某人這一寬泛的含義,其中知情容留的行爲被特别稱爲"匿",④此説值得注意。

[2]貲二甲

朱紅林:貲甲盾是秦律的一種經濟處罰手段。又稱爲"貲罪"……嶽麓秦簡中貲罪的出現也是集中在貲一盾、貲一甲、貲二甲三個等級……無論是睡虎地秦簡,還是嶽麓秦簡、里耶秦簡,其中所記載的貲甲盾都是以銅錢來繳納的……貲罰金額在貲二甲以上,一般就進入刑事處罰的範圍了。⑤

① [日]"秦代出土文字史料の研究"班:《嶽麓書院所藏簡〈秦律令(壹)〉譯注稿 その(一)》,《東方學報》92,2017,137頁。

② 朱紅林:《〈嶽麓書院藏秦簡(肆)〉補注(一)》,王捷主編《出土文獻與法律史研究》第6輯,北京:法律出版社,2017,101頁。

③ 參見張韶光《〈嶽麓書院藏秦簡(肆)〉中有關"雇傭"的法律規定研究》,徐世虹主編《中國古代法律文獻研究》第10輯,北京:社會科學文獻出版社,2016,121-122頁。

④ 參見[日]宫宅潔《嶽麓書院所藏簡"亡律"解題》,《東方學報》92,2017,246頁。

⑤ 朱紅林:《〈嶽麓書院藏秦簡(肆)〉補注(一)》,101-102頁。

［3］贖死

朱紅林:贖死是秦國(代)贖刑系列的一種,也是秦律的一種經濟處罰……睡虎地秦簡的記載表明,當時的贖刑系列包括贖死、贖黥、贖劓、贖斬、贖宮、贖耐、贖遷等……在張家山漢簡《二年律令》中,已經把贖刑系列的贖金明確規定出來……秦律中也一定存在類似的系列等差的贖金價格,只是尚未被發現而已。[1]

【按】贖死爲贖刑的一種,而秦及漢初的贖刑與後世相比較爲特殊。角谷常子較早指出秦律中的贖刑應分爲適用於全體人民的規定刑與適用於特權擁有者的替換刑兩類;[2]冨谷至認爲秦律中"贖耐""贖黥""贖鬼薪"等皆爲正刑,與此同時,秦簡中的"贖"字亦有"抵償""代替"之意;[3]韓樹峰將張家山漢簡《二年律令》所見漢代的贖刑分爲作爲正刑的獨立贖刑與作爲换刑的附屬贖刑兩類,認爲二者分别針對一般主體與特殊主體,而後者的適用範圍在武帝時期得以擴大;[4]南玉泉則進一步從贖刑的適用階段出發,認爲秦律中的替換贖刑適用於執行階段,獨立贖刑適用於審判階段。[5] 目前來看,多數學者都認同秦及漢初的贖刑大致可分爲正刑與替代刑兩類。

［4］室人

嶽簡整理小組:同居之人。[6]

周海鋒:"室人"是一個既考慮血親又考慮户籍關係的概念,指异户的兄、弟、侄、孫。[7]

黄子嫻:"室人"應當是包括奴婢在内的,且"室人"這一概念若本不包含"奴婢"的話,按《嶽麓(肆)》簡 1966 規定,室主若有"匿罪人"這一行爲,奴婢作爲室人不連坐,就没有必要格外列出"奴婢弗坐"了。[8]

朱紅林:一人犯罪,同室之中應當受到連坐的人。[9]

京大讀簡班:"室"指以血緣爲中心的家庭所生活的住居、居宅。"室人"是在同一"室"中生活的成員,隸屬者不包含在内,僅指同一家庭中的血緣家族。[10]

【按】睡簡整理小組引《禮記・昏義》注"謂女姑女叔諸婦也"解釋"室人",但已有的出土文獻資料中"室人"的含義似與此不同,而是大致分爲兩類:一類是地緣意義上的同處一室

---

① 朱紅林:《〈嶽麓書院藏秦簡(肆)〉補注(一)》,102 頁。

② 參見[日]角谷常子《秦漢時代の贖刑》,梅原郁編《前近代中國の刑罰》,京都大學人文科學研究所,1996,80-82 頁。

③ 參見[日]冨谷至著,柴生芳、朱恒曄譯《秦漢刑罰制度研究》,桂林:廣西師範大學出版社,2006,42 頁。

④ 參見韓樹峰《漢魏法律與社會》,北京:社會科學文獻出版社,2011,27 頁。

⑤ 參見南玉泉《讀秦漢簡牘再論贖刑》,徐世虹主編《中國古代法律文獻研究》第 5 輯,北京:社會科學文獻出版社,2012,70 頁。

⑥ 陳松長主編:《嶽麓書院藏秦簡(肆)》,上海辭書出版社,2015,74 頁。

⑦ 周海鋒:《嶽麓秦簡所見懲治官員受賄令文試析》,李學勤主編《出土文獻》第 14 輯,上海:中西書局,2019,281 頁。

⑧ 黄子嫻:《嶽麓秦簡(肆)〈亡律〉釋讀與研究》,華東政法大學碩士學位論文,2017,49 頁。

⑨ 朱紅林:《〈嶽麓書院藏秦簡(肆)〉補注(一)》,104 頁。

⑩ [日]"秦代出土文字史料の研究"班:《嶽麓書院所藏簡〈秦律令(壹)〉譯注稿　その(一)》,137 頁。

之人或室内之人,高恒、尹在碩即持此説,[①]相關的簡牘文例如睡虎地秦簡《日書甲種》簡37背“壹”“一宅中毋(無)故而室人皆疫,或死或病”,以及睡虎地秦簡《法律答問》簡92“小畜生入人室,室人以投(殳)梃伐殺之,所殺直(值)二百五十錢,可(何)論?當貲二甲”;另一類則是法律意義上的應當連坐之人,陳玉璟、蔡鏡浩即持此説,[②]相關的簡牘文例如睡虎地秦簡《法律答問》簡201“可(何)謂‘室人’?可(何)謂‘同居’?‘同居’,獨户母之謂殹(也)。·‘室人’者,一室,盡當坐罪人之謂殹(也)”。兩類“室人”的含義目前還無法統一,均有各自的存在空間。[③] 本條簡文中的“室人”若表示地緣意義,則與意爲在場的“存”字語義重複,且不合理地擴大了懲罰範圍,故此處似指應當受到連坐的人,包括共同生活的有血緣及婚姻關係的親屬,不包括奴婢。至於爲何不包括奴婢,可參見簡1966/001集釋[8]。

[5]存

京大讀簡班:指在場,即作爲室的成員而確在隱匿場所生活。[④]

[6]年十八歲

朱錦程:當時秦政權應該對國内男子、女子的年齡均已有足够的掌握,所以纔能在律令中做“室人存而年十八歲”的規定。或許在此足够掌握的基礎之上,秦對法律責任的界定由以身高爲標準轉向以年齡爲標準,漢代則沿用了這種制度。[⑤]

周海鋒:似可推定十八歲是當時承擔法律責任的法定年齡,這一點從2011組律文可以得到進一步佐證。[⑥]

朱紅林:18歲在此處顯然是一種刑事責任年齡……18歲是傅籍的年齡……漢初的刑事責任年齡爲17歲……睡虎地秦簡一度把身高6尺作爲完全刑事責任年齡的標準。[⑦]

京大讀簡班:根據嶽麓律令,十八歲以上或未滿十八歲在申報年齡時的處理方式不同,同時其也是選拔“佐”時的標準。十八歲是認定爲成年的標準之一。但在《二年律令》中,一般人的傅籍年齡是二十歲,免除肉刑的年齡是未滿十七歲,與此不同。另外,在《二年律令》中,十歲以上者能够告發犯罪(即有告發義務)。[⑧]

【按】據韓樹峰考證,秦及漢初對年齡、身高、稱謂的區分有時會考慮勞動力因素以爲政

---

① 參見高恒《讀秦漢簡牘札記》,李學勤主編《簡帛研究》第1輯,北京:法律出版社,1993,40-41頁;尹在碩《睡虎地秦簡〈日書〉所見“室”的結構與戰國末期秦的家族類型》,《中國史研究》1995年第3期。

② 參見陳玉璟《秦簡詞語札記》,《安徽師大學報(哲學社會科學版)》1985年第1期;蔡鏡浩《〈睡虎地秦墓竹簡〉注釋補正(二)》,《文史》第29輯,北京:中華書局,1988,142頁。

③ 參見文霞《試論秦漢簡牘中的“室”和“室人”——以秦漢奴婢爲中心》,《史學集刊》2013年第3期。

④ 參見[日]“秦代出土文字史料の研究”班《嶽麓書院所藏簡〈秦律令(壹)〉譯注稿　その(一)》,137頁。

⑤ 朱錦程:《讀〈嶽麓書院藏秦簡〉(肆)札記(二)》,簡帛網,2016年5月6日。

⑥ 周海鋒:《秦律令研究——以〈嶽麓書院藏秦簡〉(肆)爲重點》,湖南大學博士學位論文,2016,40頁。

⑦ 朱紅林:《〈嶽麓書院藏秦簡(肆)〉補注(一)》,104-105頁。

⑧ [日]“秦代出土文字史料の研究”班:《嶽麓書院所藏簡〈秦律令(壹)〉譯注稿　その(一)》,137頁。

府徵發力役之依據,有時則考慮認知能力以爲刑法制度下的量刑標準。[①] 就力役稱謂而言,睡虎地秦簡中區分刑徒“大”“小”的標準爲身高,如《秦律十八種・倉律》簡 51-52“隸臣、城旦高不盈六尺五寸,隸妾、舂高不盈六尺二寸,皆爲小;高五尺二寸,皆作之”。其他出土文獻中則多以年齡爲區分標準,如朱德貴根據嶽麓秦簡認爲秦“小”的年齡上限爲十八歲;[②]漢初的情形仍有待更多出土文獻證明,不過,池田温根據居延漢簡推測當時十四歲以下稱“小男”“小女”,十五歲以上稱“大男”“大女”。[③] 至於“老”,韓樹峰認爲在漢武帝以前不存在表示免除力役的“老”這一特定稱謂。就刑事責任的判斷而言,睡虎地秦簡中是以身高爲依據,如《法律答問》簡 6“甲盗牛,盗牛時高六尺,毄(繫)一歲,復丈,高六尺七寸,問甲可(何)論?當完城旦”。其他出土文獻中多以年齡爲區分標準,如嶽麓秦簡中十八歲與十四歲爲承擔不同刑事責任的分界,本條簡文及《嶽麓秦簡(肆)》簡 0187/102“道徼中蠻夷來誘者,黥爲城旦舂。其從誘者,年自十四歲以上耐爲隸臣妾,奴婢黥顔(顔)頯,畀其主”,皆可爲例證;[④]張家山漢簡中則以十七歲作爲承擔不同刑事責任的分界,如張家山漢簡《二年律令・盜律》簡 83“公士、公士妻及□□行年七十以上,若年不盈十七歲,有罪當刑者,皆完之”。另外,“老”這一年齡稱謂亦與刑事責任相關,如《嶽麓秦簡(肆)》簡 2091/038 所見“其老小不當刑者”及張家山漢簡《二年律令・具律》簡 91 所見“老小不當刑”等,韓樹峰認爲漢代的刑法規定中“老”在同一時期只有一個年齡界限,是有固定含義、指向明確的特稱。[⑤] 總的來看,除睡虎地秦簡外,嶽麓秦簡、張家山漢簡等皆未見以身高確定刑事責任的文例,僅見以年齡作爲判斷標準的文例,故年齡對於判斷刑事責任的重要性在秦至漢初或有所提高。

[7]貲各一甲

京大讀簡班:“各”字在多種情形或多個科罰對象適用相同刑罰的場合使用。本條文中“室人”各處以貲一甲之刑,大致是可以理解的。但另一方面,也可能存在先行内容,即不能排除第一簡之前有其他簡存在的可能性。[⑥]

【按】“各”常見於中國古代法律文獻。張田田認爲,唐律中的“各”有多種含義,第一,可導出唯一、確定的法律後果,或指前文羅列的不同行爲均對應相同的刑罰;第二,也可表示各罪依同一法則量刑,而不一定科以相同刑罰。[⑦] 秦漢簡牘中有關定罪量刑的“各”用法與之

---

① 參見韓樹峰《論秦漢時期的“老”》,武漢大學簡帛研究中心主辦《簡帛》第 13 輯,上海古籍出版社,2016,168、181-182 頁。

② 參見朱德貴《嶽麓秦簡課役年齡中的幾個問題》,西北師範大學歷史文化學院、甘肅簡牘博物館、河西學院河西史地與文化研究中心、蘭州城市學院簡牘研究所編《簡牘學研究》第 7 輯,蘭州:甘肅人民出版社,2018,64 頁。

③ 參見[日]池田温《中国古代籍帳研究——概觀・録文》,東京大学東洋文化研究所,1979,24 頁。

④ 參見朱紅林《〈嶽麓書院藏秦簡(肆)〉補注(二)》,武漢大學簡帛研究中心主辦《簡帛》第 15 輯,上海古籍出版社,2017,93 頁。

⑤ 參見韓樹峰《論秦漢時期的“老”》,183 頁。

⑥ [日]“秦代出土文字史料の研究”班:《嶽麓書院所藏簡〈秦律令(壹)〉譯注稿　その(一)》,138 頁。

⑦ 參見張田田《律典“八字例”研究——以〈唐律疏議〉爲中心》,吉林大學博士學位論文,2014,177-180 頁。

類似,前者如"各一甲""各一盾"等,後者如嶽麓秦簡(肆)簡 2041/016"人奴婢,黥爲城旦舂,主匿黥爲城旦舂以下到耐罪,各與同灋",以及張家山漢簡《二年律令・具律》簡 93"鞫獄故縱、不直,及診、報、辟故弗窮審者,死罪,斬左止(趾)爲城旦,它各以其罪論之"等。

[8]奴婢弗坐

陳偉:"其奴婢弗坐",是奴婢不爲主人連坐的明證。《法律答問》簡 22"盜及者(諸)它罪,同居所當坐。可(何)謂'同居'? 户爲'同居',坐隸,隸不坐户殹(也)"中的"隸不坐户"正屬於類似的表述。隸雖然在户版上與家人并列,所在家庭對他的犯罪承擔連坐的責任,并可能分得財産,成家分居,但他并不爲所在家庭正式成員的犯罪連坐,又與奴婢有類似之處。這當是由於他在家中地位比較低、影響力有限的緣故。[①]

京大讀簡班:奴婢不包括在"室人"中,没有告發責任,這與不受理刑徒告發的原理相同。[②]

朱紅林:可能是因爲奴婢没有人身自由,其行爲受主人支配,所以奴婢犯罪,多與主人的指使有關。反過來主人犯罪,却不一定與奴婢有關,因爲奴婢没有資格支配主人的行爲。[③]

【按】關於奴婢不因主人有罪而連坐的原因,張金光亦曾根據睡虎地秦簡《法律答問》簡 22"'盜及者(諸)它罪,同居所當坐。'可(何)謂'同居'? ・户爲'同居',坐隸,隸不坐户謂殹(也)",認爲奴隸是因無能力左右主人而對主人的行爲不負責任。[④] 張金光、陳偉、朱紅林的觀點可從。

[9]典、田典

朱紅林:第一個"典"指里典,應無疑問。里典爲一里的最高負責人,又稱爲率敖……里中發生違法犯罪事件,里典要及時向上級管理機構鄉作匯報,并配合調查……里中發生犯罪事件而没有及時察覺,里典往往要負連帶責任……田典是里中管理農業的官吏……田典與里典同爲里中的主要管理者,因此除農業之外,里中的很多事務田典也都參與管理,包括治安事務。[⑤]

紀婷婷、張馳:"田典"有補寫痕迹。[⑥]

【按】王彦輝認爲,秦及漢初國家在鄉里設置了鄉部和田部兩套平行的管理機構,鄉部以下轄若干里,里中設置有里典,田部以下對應鄉部設有田典;[⑦]鄒水杰則認爲一縣只有一個田

---

① 陳偉:《秦簡牘校讀及所見制度考察》,武漢大學出版社,2017,177 頁。

② [日]"秦代出土文字史料の研究"班:《嶽麓書院所藏簡〈秦律令(壹)〉譯注稿　その(一)》,138 頁。

③ 朱紅林:《〈嶽麓書院藏秦簡(肆)〉補注(一)》,106 頁。

④ 參見張金光《秦制研究》,上海古籍出版社,2004,492 頁。

⑤ 朱紅林:《〈嶽麓書院藏秦簡(肆)〉補注(一)》,107-109 頁。

⑥ 參見紀婷婷、張馳《〈嶽麓肆・亡律〉編聯芻議》,李學勤主編《出土文獻》第 13 輯,上海:中西書局,2018,250-251 頁。

⑦ 參見王彦輝《田嗇夫、田典考釋——對秦及漢初設置兩套基層管理機構的一點思考》,《東北師大學報(哲學社會科學版)》2010 年第 2 期。

系統,“田系統有分别設於縣、鄉、里的吏員,是專門管理田地事務的縱向機構”,田典則是設於里中的田吏,[①]該觀點更具説服力,朱紅林所説“田典是里中管理農業的官吏”或不够明確。田典之所以要承擔連帶責任,如朱紅林所指出的那樣,是因其也參與管理包括治安事務在内的其他事務。

[10]而

嶽簡整理小組:假如。[②]

[11]皆

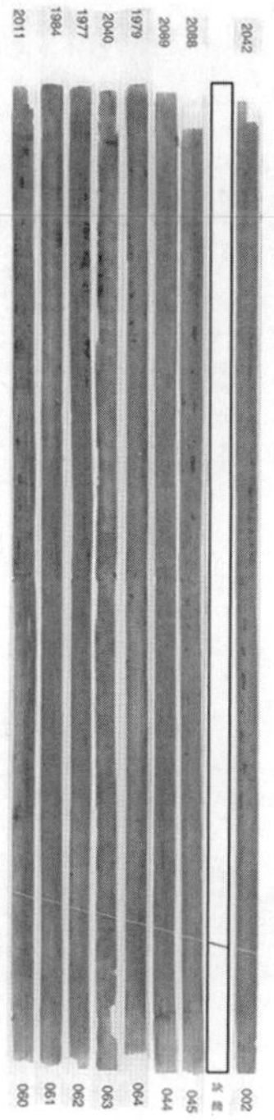

【按】“皆”常見於中國古代法律文獻,有等同科斷之意。《唐律疏議·名例律》“共犯罪本罪别”條規定:“若本條言‘皆’者,罪無首從;不言‘皆’者,依首從法。”[③]張田田認爲,唐律中“皆”具有“不分首從”的專用義與“全部、一并”的一般義,但後者的用途遠較前者廣泛。[④] 而據水間大輔考證,“首從法全然不見於秦律,原則上全體共犯者處以同一刑罰”,直到漢代纔出現了與此并行的基於特别措施的類似首從法的共犯處罰。[⑤]

【解説】

關於本簡的編聯問題,紀婷婷、張馳認爲《嶽麓秦簡(肆)》簡 2042/002 應當編聯於簡 2088/045 後,兩簡相隔一枚竹簡。[⑥] 京大讀簡班提出,嶽簡整理小組假定簡 1966/001 與簡 2042/002 之間有缺簡,但根據背劃綫來看,缺簡不只一支,無法確證兩簡是同一條文的構成部分。[⑦] 從簡文文意來看,本段簡文未規定藏匿者本人的刑罰,不排除簡 1996/001 之前存在其他簡的可能;簡 1966/001 與 2042/002 間的連接關係也無法確證,從背劃綫來看,簡 2042/002 與簡 2088/045 存在連接關係的可能性相對更大。此外,簡 1966/001 與簡 1977/062 亦有存在連接關係的可能,但從“舍人室、人舍、官舍”的相同表述來看,簡 1984/061、1977/062、2040/063、1979/064 之間的連接關係似更爲緊密。需要説明的是,背劃綫在簡册編聯中并非發揮着决定性作用,如嶽簡整理小組已指出,“簡背的劃痕多是在簡的製作過程中預先劃出以便編聯的,但在抄寫的過程中,或有取用簡牘錯亂的時候”;[⑧]何晋亦認爲背劃綫的製作在書寫

① 參見鄒水杰《再論秦簡中的田嗇夫及其屬吏》,《中南大學學報(社會科學版)》2014 年第 5 期。
② 陳松長主編:《嶽麓書院藏秦簡(肆)》,74 頁。
③ 劉俊文:《唐律疏議箋解》,北京:中華書局,1996,423 頁。
④ 參見張田田《律典“八字例”研究——以〈唐律疏議〉爲中心》,158-162 頁。
⑤ 參見[日]水間大輔《秦漢刑法研究》,東京:知泉書館,2007,284-285 頁。
⑥ 參見紀婷婷、張馳《〈嶽麓肆·亡律〉編聯芻議》,255 頁。
⑦ [日]“秦代出土文字史料の研究”班:《嶽麓書院所藏簡〈秦律令(壹)〉譯注稿　その(一)》,138 頁。
⑧ 陳松長主編:《嶽麓書院藏秦簡(肆)》,“前言”。

與編聯之前，因此表示初始序連的背劃綫與表示最終序連的文字内容順序之間不必然等同。[①]

嶽麓秦簡中，隱匿者與被隱匿者通常同罪，參見《嶽麓秦簡（肆）》簡 2041/016"主匿黥爲城旦舂以下到耐罪，各與同瀍"；《嶽麓秦簡（肆）》簡 2088/045"廿五年五月戊戌以來，匿亡人及將陽者，其室主匿贖死罪以下，皆與同罪"；張家山漢簡《二年律令》中也有類似規定，參見《二年律令 · 亡律》簡 167"匿罪人，死罪，黥爲城旦舂，它各與同罪"。本條簡 1966/001 規定的是對隱匿者室人的處罰，刑罰較隱匿者爲輕。

【譯文】

藏匿犯有罰二甲以上到贖死之罪的罪人，同室之人在場且年齡在十八歲以上者，各罰一甲，奴婢不論處，里典、田典……

……允許其居住，都罰一甲。

【簡文】

主匿亡收∟隸臣妾耐爲隸臣妾其室人存而年十八歲者各與其疑同瀍其奴婢弗坐典田$_{1965/003}$

典伍不告貲一盾其匿□□歸里中貲典田典一甲伍一盾匿罪人雖弗敝貍智其請舍其室$_{2150-1+2150-2/004}$

□□□吏遣及典伍弗告貲二甲$_{1991/005正}$　　亡律$_{1991/005背}$

【釋文】

主[1]匿亡收、隸臣妾[2]，耐爲隸臣妾；其室人存而年十八歲者，各與其疑同瀍[3]，其奴婢弗坐，典、田$_{1965/003}$典、伍不告，貲一盾；其[4]匿□□[5]歸里中，貲典、田典一甲，伍一盾。匿罪人雖弗敝（蔽）貍（埋）[6]，智（知）其請（情），舍其室，$_{2150-1+2150-2/004}$□□□吏遣[7]，及[8]典、伍弗告，貲二甲。$_{1991/005正}$　　亡律$_{1991/005背}$

【集釋】

[1]主

京大讀簡班："主"指掌管（如"吏主者"）。"主匿"是指承擔隱匿行爲之責任者隱匿罪人的行爲。[②]

朱紅林：這裏的"主"有兩種可能的含義：一種是室主，也就是家長的意思……另一種是責任人的意思，如"吏主者"之"主"。理論上，家中之人誰都有可能藏匿罪犯，一人犯罪，同

---

① 參見何晉《淺議簡册制度中的"序連"——以出土戰國秦漢簡爲例》，武漢大學簡帛研究中心主辦《簡帛》第 8 輯，上海古籍出版社，2013，463-468 頁。

② [日]"秦代出土文字史料の研究"班：《嶽麓書院所藏簡〈秦律令（壹）〉譯注稿　その（一）》，139 頁。

室之人連坐。不過,我們目前還是更傾向於第一種含義。[1]

【按】若將“主”理解爲家長,則本段律文似與非家長爲藏匿逃亡之收人或隸臣妾的主要責任者的情形無關,未免規範範圍略顯不周延,故京大讀簡班觀點及朱紅林提出的第二種觀點較爲合理,即將“主”理解爲責任人,此種用例如《嶽麓秦簡(肆)》簡 1984/061 所見“主舍者”,以及《里耶秦簡(壹)》簡 8-579 所見“主倉發”、[2]簡 8-746+8-1588 所見“主户發”等。[3]

[2]亡收、隸臣妾

朱錦程:根據圖版,“收”後有墨迹,疑似鈎識符號,當録作“主匿亡收∟、隸臣妾”比較妥當。[4]

京大讀簡班:逃亡中的收人、隸臣妾。[5]

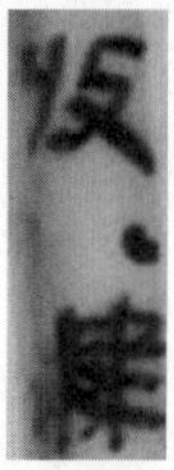

【按】查驗圖版可知,“收”後確有鈎識符號。收是“將城旦、鬼薪以上罪犯的妻子、子女、奴隸、財産等没收入官”的一種附加刑,作爲概稱的收人在經過特定程序後,“有恢復庶人身份、被出賣爲官私奴婢、轉變爲隸臣妾這三種可能的去向”。[6] 關於隸臣妾的身份,學界存在刑徒説、官奴隸説、刑徒與官奴隸兼有説、身份刑説等不同觀點,目前來看,認爲隸臣妾是由用作奴隸名而逐漸轉變爲用作刑徒名的觀點較具説服力。[7]

[3]各與其疑同灋

嶽簡整理小組:疑,讀爲擬,比擬,類似也。[8]

【按】關於“與……同灋”的含義,參見簡 2041/016 集釋[2]。

[4]其

【按】“其”常見於中國古代法律文獻。在律學著作中,“其”通常被解釋爲“反於後義”或“變於先義”。張田田認爲,唐律中“其”的用法主要有兩類,一是特指、確指,二是轉换、轉折或接續,而側重内容指稱與側重語義轉承的“其”在條文中亦可能混用。[9] 秦簡中“其”的用法與之相似。伊强指出“其”可用在假設複句的前一分句表示假設,或作指代詞表示領屬。[10]

---

① 朱紅林:《〈嶽麓書院藏秦簡(肆)〉補注(一)》,110 頁。
② 陳偉主編:《里耶秦簡牘校釋(第一卷)》,武漢大學出版社,2012,182 頁。
③ 陳偉主編:《里耶秦簡牘校釋(第一卷)》,215 頁。
④ 朱錦程:《讀〈嶽麓書院藏秦簡〉(肆)札記(二)》。
⑤ [日]“秦代出土文字史料の研究”班:《嶽麓書院所藏簡〈秦律令(壹)〉譯注稿　その(一)》,139 頁。
⑥ 參見舒哲嵐《秦漢律中的“收人”》,《古代文明》2018 年第 3 期。
⑦ 參見李力《“隸臣妾”身份再研究》,北京:中國法制出版社,2007,134-220、680-682 頁。
⑧ 陳松長主編:《嶽麓書院藏秦簡(肆)》,74 頁。
⑨ 參見張田田《律典“八字例”研究——以〈唐律疏議〉爲中心》,67、69-72 頁。
⑩ 參見伊强《秦簡虚詞及句式考察》,武漢大學出版社,2017,154 頁。

［5］□□

朱錦程:“□□”應當是“罪人”。①

黄子嫻:此處可能爲“亡收”。②

【按】朱錦程根據字形和殘筆的複雜程度以及與下文“匿罪人雖弗蔽埋”的對應關係,推斷此處爲“罪人”;③黄子嫻則認爲這裏的“匿□□歸里中”仍是前文規制匿“亡收、隸臣妾”行爲的延續,而僅出現“亡收”的原因可能爲漏抄或制定者直接簡化主體,故此處爲“亡收”更合適。④ 朱説從字形與文意兩方面推測“□□”爲“罪人”,較黄説更具説服力,但根據圖版尚無法確證(表1)。

表1　嶽麓秦簡所見“罪人”“亡收”字形對比表

	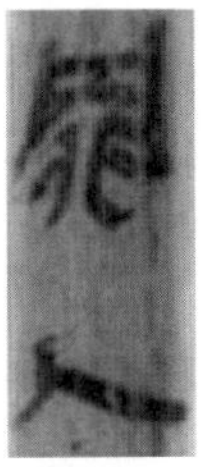	
嶽麓秦簡(肆) 簡 1965/003	“罪人” 嶽麓秦簡(肆)簡 2150-1+2150-2/004	“亡收” 嶽麓秦簡(肆)簡 2150-1+2150-2/004

［6］敝(蔽)貍(埋)

嶽簡整理小組:掩蓋、隱藏。蔽,掩蔽;埋,藏也。⑤

［7］吏遣

京大讀簡班:亦見於下引文例,但與本條簡文的關聯不明。《嶽麓秦簡(肆)》簡 0324/291:“責(債)及司寇、踐更者不足,乃遣城旦、鬼薪,有□不疑亡者。遣之不如令或□殺及□而吏主遣者,貲各二甲,丞、令、令史各一甲。”⑥

【按】“吏遣”亦見於《嶽麓秦簡(伍)》簡 1018/030-1015/032“廿六年正月丙申以來,新地爲官未盈六歲節(即)有反盗,若有敬(警),其吏自佐史以上去繇(徭)使私謁之它郡縣官,

① 朱錦程:《讀〈嶽麓書院藏秦簡〉(肆)札記(二)》。

② 黄子嫻:《嶽麓秦簡(肆)〈亡律〉釋讀與研究》,12 頁。

③ 參見朱錦程《讀〈嶽麓書院藏秦簡〉(肆)札記(二)》。

④ 參見黄子嫻《嶽麓秦簡(肆)〈亡律〉釋讀與研究》,12-13 頁。

⑤ 陳松長主編:《嶽麓書院藏秦簡(肆)》,74 頁。

⑥ ［日］“秦代出土文字史料の研究”班:《嶽麓書院所藏簡〈秦律令(壹)〉譯注稿　その(一)》,140-141 頁。

事已行,皆以彼(被)陳(陣)去敵律論之。吏遣許者,與同辠。以反盗敬(警)事故,䌛(徭)使不用此令",[①]其中的"遣"或爲派遣之意。本簡中"吏遣"的具體含義因前有缺字而不能明確。

[8]及

【按】"及"在秦簡中常用作并列連詞,大西克也指出,這是秦國方言的顯著特點。[②] 從實際用例來看,"及"可以連接名詞,謂詞或分句,以及名詞和謂詞,其連接多項成分時所處的位置可能是前兩項之間、後兩項之間或中間項之間,可表示并連、合連、分類、未盡及主從等關係。[③] 對於秦漢出土法律文獻中的"及",陳迪認爲其"具有切斷前後短語聯繫的用法,但這一原則適用的前提是'及'前後短語處於同一層次上",否則需具體分析律文内容以確定律條内部結構。[④] 金秉駿提出了"及"用法的三項原則:一是其前後部分基本上文句結構相同;二是其前後由多項内容組成時,前後各自屬於一個相似但不同的範疇;三是其將兩個以上短語連接合并成複雜文句時,一般連接較大範疇,而連接較小範疇則用"若",但部分嶽麓秦簡中的令文與張家山漢簡《二年律令·津關令》的令文與此原則不符,這與官府對詔書及法令進行壓縮、分類與合并的過程有關。[⑤]

【解説】

本簡中"亡律"二字位於簡背,嶽簡整理小組認爲是篇名。[⑥] 張家山漢簡《二年律令》亦見《亡律》,李晟遠認爲其制定初衷是懲罰逃跑的亡人與隱匿、保護、嫁娶及雇用亡人者;[⑦]《二年律令與奏讞書》認爲其是對非法脱離户籍管轄的吏民、私自脱離主人的奴婢、脱逃的刑徒和隱匿逃亡者的處罰規定。[⑧] 後者的概括更爲準確與完整。

關於本簡的編聯問題,紀婷婷、張馳認爲作爲標題簡的簡1991/005在簡1990/054下,説明簡1991/005應當處於簡册末尾而非嶽簡整理小組構擬的篇首位置;[⑨]京大讀簡班認爲簡2150-1+2150-2/004與簡1991/005的綴合没有明確根據。[⑩] 從紀、張所考證的竹簡位置關

---

① 陳松長主編:《嶽麓書院藏秦簡(伍)》,上海辭書出版社,2017,48-49頁。

② 參見[日]大西克也《并列連詞"及""與"在出土文獻中的分布及上古漢語方言語法》,郭錫良主編《古代漢語語法論集》,北京:語文出版社,1998,138頁。

③ 參見張玉金《出土戰國文獻中的虚詞"及"》,《古漢語研究》2010年第4期;伊强《秦簡虚詞及句式考察》,154頁。

④ 參見陳迪《〈嶽麓書院藏秦簡(肆)〉60-64簡試析》,鄔文玲、戴衛紅主編《簡帛研究二〇一八(秋冬卷)》,桂林:廣西師範大學出版社,2019,132頁。

⑤ 參見[韩]金秉駿《作爲標志的"虚詞":秦漢時期法律中"及"的語法功能》,武漢大學簡帛研究中心主辦《簡帛》第18輯,上海古籍出版社,2019,107-108頁。

⑥ 參見陳松長主編《嶽麓書院藏秦簡(肆)》,74頁。

⑦ 參見李晟遠《從張家山漢簡看漢初亡人問題》,"沈家本與中國法律文化國際學術研討會"組委會編《沈家本與中國法律文化國際學術研討會論文集(下)》,北京:中國法制出版社,2003,677頁。

⑧ 參見彭浩、陳偉、[日]工藤元男主編《二年律令與奏讞書——張家山二四七號漢墓出土法律文獻釋讀》,上海古籍出版社,2007,153頁。

⑨ 參見紀婷婷、張馳《〈嶽麓肆·亡律〉編聯芻議》,264頁。

⑩ 參見[日]"秦代出土文字史料の研究"班《嶽麓書院所藏簡〈秦律令(壹)〉譯注稿　その(一)》,141頁。

係與京大讀簡班所指出的内容關聯度來看，無法確證簡 2150－1+2150－2/004 與簡 1991/005 是同一條文的構成部分。

隱匿逃亡中的收人、隸臣妾，隱匿者將被處以相同刑罰，《嶽麓秦簡（肆）》中的這一原則與張家山漢簡《二年律令》相同，可參見《二年律令·亡律》簡 167“匿罪人，死罪，黥爲城旦春，它各與同罪”。

【譯文】

藏匿逃亡的收人或隸臣妾的主要責任人，耐爲隸臣妾；同室之人在場且年滿十八歲者，按照相同的刑罰論處，奴婢不論處，里典、田典、伍人不告發的，罰一盾；藏匿……回到里中，罰里典、田典一甲，罰伍人一盾。藏匿罪人雖然没有將其隱藏在室外，知道罪人的情況，容留在家中……

……吏遣，以及里典、伍人不告發的，罰二甲。　　亡律

【簡文】

父母子同産夫妻或有罪而舍匿之其室及敝匿之於外皆以舍匿罪人律論之1930/006

【釋文】

父母、子、同産［1］、夫妻或［2］有罪而舍匿［3］之其室及敝（蔽）匿［4］之於外，皆以［5］舍匿罪人律論［6］之［7］。1930/006

【集釋】

［1］同産

【按】關於“同産”，傳世文獻中如《史記·扁鵲倉公列傳》載：“師光喜曰：‘……吾有所善者皆疏，同産處臨菑，善爲方，吾不若，其方甚奇，非世之所聞也……’”，《後漢書·明帝紀》中元二年李賢注：“同産，同母兄弟也。”相關研究成果衆多，[①]主要有指代兄弟姐妹、[②]同

① 參見許道勝《張家山漢簡〈二年律令·賊律〉補釋》，《江漢考古》2004 年第 4 期；黄錦前《〈二年律令·置後律〉札記》，丁四新主編《楚地簡帛文獻思想研究（二）》，武漢：湖北教育出版社，2005，419－420 頁；閻愛民《漢晋家族研究》，上海人民出版社，2005，191 頁；［日］專修大學《二年律令》研究會《張家山漢簡〈二年律令〉訳注（一）—賊律—》，《專修史学》35，2003，110 頁；張家山漢簡研讀班《張家山漢簡〈二年律令〉校讀記》，張家山二四七號漢墓竹簡整理小組編著《張家山漢墓竹簡［二四七號墓］》（釋文修訂本），北京：文物出版社，2006，205 頁；［日］冨谷至編《江陵張家山二四七號墓出土漢律令の研究　譯注篇》，京都：朋友書店，2006，2 頁；李力《“隸臣妾”身份再研究》，北京：中國法制出版社，2007，503－504 頁；孫聞博《秦漢簡牘中所見特殊類型奸罪研究》，《中國歷史文物》2008 年第 3 期；李莎《試析兩漢“同産”的内涵及相關問題——以〈二年律令〉爲中心》，《咸陽師範學院學報》2011 年第 1 期；劉厚琴《漢代父系觀念研究》，《人文雜志》2011 年第 3 期；田煒《説“同生”“同産”》，《中國語文》2017 年第 4 期；李建平《“同生”“同産”辨正》，《中國語文》2018 年第 6 期；李亞光《戰國秦及漢初的家庭關係——以“同居”“同産”爲核心》，《東北農業大學學報（社會科學版）》2019 年第 1 期；等等。

② 如古賀登指出，從《居延漢簡》散見之“男同産”“女同産”用語來看，同産不僅指兄弟，很顯然也包括了姊妹。參見［日］古賀登《漢長安城と阡陌·県郷亭里制度》，京都：雄山閣，1980，321 頁。

父兄弟姐妹、[①]同母兄弟姐妹[②]等觀點。諸説各有理據,對“同産”指代的認識分歧,推測或因時代變更詞彙語義變化所致,姑且可認爲“同産”指代有血緣關係的同輩親屬。

［2］或

【按】表示對法律後果發生條件的假定,即“如果”。類似用例衆多,例如《嶽麓秦簡(伍)》簡1016/021“人或告之而弗捕告,皆與挾舍匿者同辠”,[③]張家山漢簡《二年律令・置後律》簡378“其或异母,雖長,先以同母者”。

［3］舍匿

京大讀簡班:留置并隱匿罪人。[④]

劉欣欣:秦漢《亡律》中,“舍匿罪人”至少包括“舍罪人”和“匿罪人”兩種犯罪行爲……一個重要區别是舍匿者是否“知其情”,“舍罪人”經常还有一定的時間期限規定。[⑤]

黄子嫻:秦漢簡文中多處可見“舍匿”共同出現的情況,此時“舍匿”作爲動詞連用,“舍匿罪人”常泛指窩藏逃亡罪人的各種犯罪行爲。[⑥]

紀婷婷:“匿”和“舍”有明顯區别……“舍匿罪人”解釋爲包含“舍”和“匿”是講不通的……“舍匿”實屬於“匿”。[⑦]

【按】有關“舍匿”,諸家大致存在兩種理解:其一表示“舍罪人”與“匿罪人”兩種罪行的合稱;其二“舍”是對“匿”的修飾,側重點爲藏匿罪犯之“匿”,特指以“舍”的方式進行。由《嶽麓秦簡(肆)》簡2012/075“取罪人、群亡人以爲庸,智(知)其請(情),爲匿之;不智(知)其請(情),取過五日以上,以舍罪人律論之”,對“舍罪人”之“舍”亦存在行爲人主觀上是否知情的不同認識。[⑧] 對此,由張家山漢簡《奏讞書》案例十四簡64-65“平智(知)種無名數,舍匿之”,即獄史平明知大男子種的身份“無名數”却仍將之藏匿於家中,這種行爲爲“舍匿”,可見將“舍匿”之“舍”解釋爲行爲人不知情較爲勉强。《漢書・淮南王傳》:“亡之諸侯,游宦事人,及舍匿者,論皆有法”,顔師古注“舍匿,謂容止而藏隱也”。張家山漢簡《二年律令・亡律》簡167“諸舍匿罪人,罪人自出,若先自告,罪減,亦減舍匿者罪”,諸家多將其中

---

① 如冨谷至據《漢書・元后傳》張晏注“同父則爲同産,不必同母也”,認爲“同産”指同父的兄弟姐妹。參見［日］冨谷至著,柴生芳、朱恒曄譯《秦漢刑罰制度研究》,174頁。

② 如劉樂賢認爲,“同生即同産,這裏指同母的兄弟姐妹”,參見劉樂賢《睡虎地秦簡日書研究》,臺北:文津出版社,1994,98頁。

③ 陳松長主編:《嶽麓書院藏秦簡(伍)》,45頁。

④ ［日］“秦代出土文字史料の研究”班:《嶽麓書院所藏簡〈秦律令(壹)〉譯注稿　その(一)》,141頁。

⑤ 劉欣欣:《秦漢〈亡律〉分類集釋》,湖南大學碩士學位論文,2017,63頁。

⑥ 黄子嫻:《嶽麓秦簡(肆)〈亡律〉釋讀與研究》,61-62頁。

⑦ 紀婷婷:《嶽麓書院藏秦簡〈亡律〉集釋及文本研究》,武漢大學碩士學位論文,2017,12-13頁。

⑧ 多數學者認爲“舍”作提供住宿、容留的字面義解,未涉及主觀方面。除《嶽麓書院藏秦簡(肆)》簡2012/075外,《嶽麓書院藏秦簡(伍)》簡1019/020-2053+2050/025有多處“挾舍匿”文例,嶽簡整理小組指出“‘舍’爲不知情收留,‘匿’爲知情而偷偷隱藏”。參見陳松長主編《嶽麓書院藏秦簡(伍)》,45-47、75頁。

“舍匿”解釋爲類似“隱匿在家中等自身可支配空間内”的含義。[①] 本簡中的“舍匿”，或許作第二種理解更爲合理，原因有二：1.本簡中“舍匿”與“蔽匿”對舉，即“匿”可分爲兩種情形，“舍匿之其室”指通過掩藏在室内的方式隱匿罪犯，“蔽匿之於外”則表示在室外某處遮蔽隱藏罪犯；2.本簡因有罪者與舍匿者存在密切親屬關係，故“舍匿”者不知情而匿的可能性較小，但若將此處之“舍”理解爲主觀不知情，則或有理解上的窒礙。不過，從原因 2 出發，或可作進一步引申，即縱然不知情而收留有罪親屬，也要被處罰，這在一定程度上反映了秦律對家人犯罪監督義務和連坐責任的强調。

［4］敝（蔽）匿

朱紅林：蔽匿，即隱藏，與“舍匿之其室”相對，指藏於他處，與簡 2150-1+2150-2 正所謂“敝（蔽）狸（埋）”意近。[②]

京大讀簡班：或許是指在“室”“舍”之外的地方，設置某種遮蔽物而藏起來，但在典籍史料中未見這種用例。[③]

【按】朱紅林觀點强調藏匿地點爲非“室”的“他處”，京大讀簡班則在贊同該藏匿地點的基礎上，説明了以“設置某種遮蔽物”這種方式藏匿。二説各有側重，但在“匿”表隱藏、藏匿的認識上基本一致，可從。

［5］以

【按】“以”常見於中國古代法律文獻。張田田指出，唐律中“以……論”的特殊形式可發揮比引以量刑、依托等差强化對刑罰序列的整合、權衡輕重以靈活量刑以及維繫法典結構與規則體系等功能。[④] 對於秦漢法律術語中的“以某律論”，冨谷至認爲是“以准據‘某’規定、條文進行論斷”；[⑤]徐世虹認爲表示“此罪與彼罪存在一定的關聯，在立法者的意圖中被認定爲同一性質的犯罪”；[⑥]支强認爲其用於“在相關的法律規定中欠缺對特定行爲進行處置的規定，需要引據其他規定進行處置”的場合。[⑦]

---

① 張家山漢簡整理小組注釋“舍匿，匿於家中”，參見張家山二四七號漢墓竹簡整理小組編著《張家山漢墓竹簡［二四七號墓］》（釋文修訂本），31 頁；三國時代出土文字資料研究班認爲指“把人或物隱匿於自己的管理之下”，參見［日］冨谷至編《江陵張家山二四七號墓出土漢律令の研究　譯注篇》，108 頁；専修大學《二年律令》研究會認爲是“在自家住宅等地方提供住宿以藏匿的意思”，參見［日］専修大學《二年律令》研究會《張家山漢簡〈二年律令〉訳注（四）—告律、捕律、亡律—》，《専修史学》38，2005，215-216 頁；陳偉指出“舍匿犹今窝藏，并不必定匿於家中”，參見陳偉《張家山漢簡雜識》，簡帛網，2006 年 6 月 21 日；閆曉君認爲“‘欺公黨惡’，所以一般比照所匿罪人之罪來判斷其社會危害性，并據以定罪量刑”，參見閆曉君《張家山漢簡〈亡律〉考論》，《法律科學（西北政法大學學報）》2009 年第 1 期。

② 朱紅林：《〈嶽麓書院藏秦簡〉補注（一）》，113 頁。

③ ［日］“秦代出土文字史料の研究”班：《嶽麓書院所藏簡〈秦律令（壹）〉譯注稿　その（一）》，141 頁。

④ 參見張田田《律典“八字例”研究——以〈唐律疏議〉爲中心》，141-156 頁。

⑤ ［日］冨谷至：《二年律令に見える法律用語——その（一）》，《東方學報》76，2004，238 頁。

⑥ 徐世虹等：《秦律研究》，武漢大學出版社，2017，174 頁。

⑦ 徐世虹等：《秦律研究》，202-206 頁。

［6］論

京大讀簡班:決定與罪行相當的刑罰。[①]

【按】"論"是秦漢訴訟程序中定罪量刑的重要環節。籾山明指出,"按照已確定的罪狀適用刑罰,稱爲'論'"。[②] 法大讀簡班認爲,"'論',據罪定刑,法律用語"。[③]

［7］以舍匿罪人律論之

朱紅林:就是指關於藏匿有罪之人的法律條文,并不是專門的律名。張家山漢簡《二年律令》中也有相關的條文。[④]

【按】京大讀簡班解讀本條簡文時引用《嶽麓秦簡(肆)》簡 2012/075、張家山漢簡《二年律令・亡律》簡 167-168,[⑤]其意似爲説明"舍匿罪人律"將涉及舍罪人、匿罪人、舍匿罪人三種行爲的律條皆包括在内。因對本簡"舍匿之其室"之"舍匿"存在不同理解,對"舍匿罪人律"亦尚難達成統一認識。若依上述傾向性觀點,即"舍匿"表示以"舍"的方式"匿",則"舍匿罪人律"或指與匿罪人行爲相關的律條。

【解説】

關於簡文内容的理解,京大讀簡班指出,本條規定凡藏匿犯了罪的近親屬,藏於"室"與藏於"外"都依"舍匿罪人"律裁斷。因爲將同一家生活的近親屬藏匿於"室",較容易被捕吏發現,所以藏匿於"外"的情況較多。這樣也就没有區分處分的必要了。[⑥] 紀婷婷認爲,律文中"舍匿之其室"和"敝(蔽)匿之於外"并舉,指出了將罪人藏於室内和藏在室外兩種情況,"舍"和"敝(蔽)"均用來修飾"匿",即主動將罪人藏起來并幫助其逃避追捕的行爲。[⑦] 二者分别從藏於室内外兩種情況皆依據同一罪名定罪的原因和兩種情況的共通之處予以解讀,觀點可從。

對以本簡"以舍匿罪人律論之"爲代表的"以某律(令)論之"的表述,其中"某律(令)"指代律令篇名抑或律令條文,歷來多有争議。由張家山漢簡《二年律令》簡 79、簡 172、簡 495 所載"以私自假律論""以舍亡人律論之""以越塞令論之"等類似文例可知,"某律(令)"未必指代律令篇名,或應表示内容特定的律條或令文。除朱紅林所舉數條"舍匿罪人律",即《嶽麓秦簡(肆)》簡 1966/001、2042/002、2150-1+2150-2/004 之外,[⑧]《嶽麓秦簡(肆)》簡 2012/075 亦與此相關,詳見簡 1966/001 集釋［1］【按】。

---

① ［日］"秦代出土文字史料の研究"班:《嶽麓書院所藏簡〈秦律令(壹)〉譯注稿　その(一)》,142 頁。

② ［日］籾山明:《中国古代訴訟制度の研究》,京都大學學術出版會,2006,75 頁。

③ 中國政法大學中國法制史基礎史料研讀會:《睡虎地秦簡法律文書集釋(一):〈語書〉(上)》,徐世虹主編《中國古代法律文獻研究》第 6 輯,北京:社會科學文獻出版社,2012,186 頁。

④ 朱紅林:《〈嶽麓書院藏秦簡〉補注(一)》,113 頁。

⑤ ［日］"秦代出土文字史料の研究"班:《嶽麓書院所藏簡〈秦律令(壹)〉譯注稿　その(一)》,142 頁。

⑥ ［日］"秦代出土文字史料の研究"班:《嶽麓書院所藏簡〈秦律令(壹)〉譯注稿　その(一)》,142 頁。

⑦ 紀婷婷:《嶽麓書院藏秦簡〈亡律〉集釋及文本研究》,13 頁。

⑧ 參見朱紅林《〈嶽麓書院藏秦簡〉補注(一)》,113 頁。

【譯文】

父母、子女、兄弟姐妹、夫妻犯罪,如果(某人)將其藏匿在家中及在家外某處遮蔽隱藏,都依據"舍匿罪人律"來裁斷論罪。

【簡文】

佐弋隸臣湯家臣免爲士五屬佐弋而亡者論之比寺車府内官中官隸臣0782/007

妾白粲以巧及勞免爲士五庶人工=隸隱官而復屬内官中官者其或亡2085/008

☑……□□論之比寺車府0796/009

【釋文】

佐弋[1]隸臣、湯[2]家臣[3],免爲士五(伍)[4],屬[5]佐弋而亡者,論之比寺車府[6]。内官[7]、中官[8]隸臣0782/007妾、白粲[9]以巧及勞免[10]爲士五(伍)、庶人[11]、工、工隸隱官[12]而復屬内官、中官者,其或亡2085/008☑……□□,論之比寺車府。0796/009

【集釋】

[1]佐弋

嶽簡整理小組:官名。《漢書·百官公卿表》曰:"秦時少府有佐弋,漢武帝改爲佽飛,掌弋射者。"①

京大讀簡班:少府的屬官。整理小組引《百官表》認爲其是官名,但其正確的寫法應作"左弋"。②

【按】據陳直考證,"《秦漢瓦當文字》十二頁,有佐弋瓦,知左弋之左爲省文……左弋謂掌助弋射之事,顔師古訓爲地名非也。居延漢簡釋文 373 頁,有'佐弋弩六百廿'之記載,可證左弋除掌弋射外,兼造一部分兵器,并且遠輸至邊部。懷寧柯氏,藏有'宜秋佐弋'封泥……可證佐弋官署,設在宜秋苑内"。③ 其論頗爲詳密。由此,可結合嶽簡整理小組、京大讀簡班及陳直説,明確"佐弋"作爲一種中央官職的内涵、職掌、官署所在。

[2]湯

嶽簡整理小組:此字左側的偏旁不清楚,暫釋爲"湯",湯當是湯官的省稱。《漢書·百官公卿表》記載,湯官、左弋同爲少府屬官。④

"落葉掃秋風":此字左側確實不是很清楚,但可以觀察到左側所從的右下方有特徵明顯的弧筆,偏旁"氵"之末筆不會如此作。竊以爲,此字左側所從與"阝"類似,疑可釋爲陽……

① 陳松長主編:《嶽麓書院藏秦簡(肆)》,74 頁。

② [日]"秦代出土文字史料の研究"班:《嶽麓書院所藏簡〈秦律令(壹)〉譯注稿 その(一)》,143 頁。

③ 陳直:《漢書新證》,天津人民出版社,1979,103 頁。

④ 陳松長主編:《嶽麓書院藏秦簡(肆)》,74 頁。

“陽”字前可能有漏寫的字。①

朱紅林：當爲“屬佐弋、湯而亡者”，“佐弋”後脱“湯”字，或爲抄手漏抄。隸臣、家臣即使被免除徒隸或奴婢身份，他仍然受原來的機構或主人的控制，不能離開原機構或主人家而自由流動。②

京大讀簡班：在《百官表》中佐弋和湯官都是少府屬官，地位相當，但本條中“佐弋的隸臣”與“湯官的隸臣”并列令人無法解釋。若如此，則後文應是“屬佐弋、湯（官）而……”。故此處應解釋爲佐弋所屬的“隸臣與湯家臣”。③

黄子嫻：此處對於“湯”是否爲“湯官”的主要疑慮來自“佐弋隸臣”與“湯家臣”是否是兩個并列的主體，因爲後文提到“屬佐弋而亡者”，却不見“屬湯而亡者”。若解爲“湯臣”，筆者推斷在佐弋隸臣、湯家臣被免爲士伍之後，還有一部分人是統一歸屬於佐弋的，是對其免爲士伍後歸屬的重新規定。④

【按】“湯”和“陽”字形對照表（表2）：

表2　嶽麓秦簡及睡虎地秦簡所見“湯”“陽”字形對比表

<table>
<tr><td rowspan="3">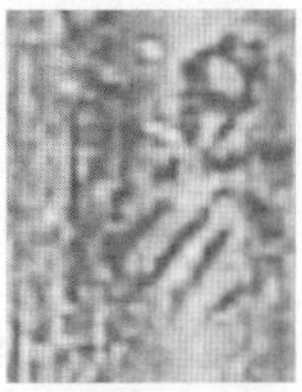
</td><td rowspan="2">湯</td><td colspan="2"></td><td colspan="3">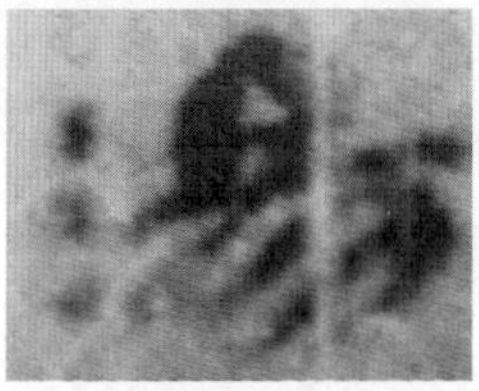</td></tr>
<tr><td colspan="2">嶽麓秦簡（壹）《占夢書》簡 0073/019</td><td colspan="3">睡虎地秦簡《日書》甲種簡 31 背“叁”</td></tr>
<tr><td rowspan="2">陽</td><td>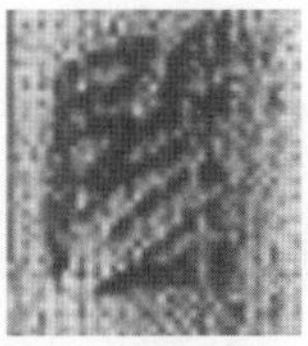</td><td></td><td></td><td>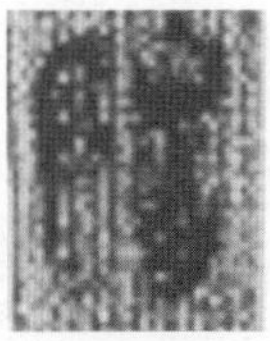</td><td></td></tr>
<tr><td>嶽麓秦簡（肆）簡 0782/007</td><td>嶽麓秦簡（肆）簡 1937/027</td><td>嶽麓秦簡（肆）簡 1945/077</td><td>嶽麓秦簡（肆）簡 2149/084</td><td>嶽麓秦簡（肆）簡 0530/305</td><td>睡虎地秦簡《法律答問》簡 163</td></tr>
</table>

比對嶽麓秦簡及睡虎地秦簡中“湯”“陽”二字字形，本簡中該字或應作“陽”，左偏旁爲

① “落葉掃秋風”（網名）：簡帛網論壇，2016 年 3 月 27 日。
② 朱紅林：《〈嶽麓書院藏秦簡〉補注（一）》，114 頁。
③ 參見［日］“秦代出土文字史料の研究”班《嶽麓書院所藏簡〈秦律令（壹）〉譯注稿　その（一）》，144 頁。
④ 黄子嫻：《嶽麓秦簡（肆）〈亡律〉釋讀與研究》，14—15 頁。

“阝”的可能性較大。但於文意理解上,似仍無法判斷“陽家臣”具體所指及其與“佐弋”的關係。

另外,該字若作“湯”,可能表示與“佐弋”并列的一個中央官署名稱,則本簡中“隸臣”和“家臣”可分别隸屬於“佐弋”和“湯”。但此後簡文對逃亡者的限定僅爲“屬佐弋”,并未包含隸屬“湯”且被免爲士伍的“家臣”這一群體。故朱紅林有關脱漏“湯”字的觀點有一定道理。

[3]家臣

嶽簡整理小組:一般爲諸侯、王公的私臣……據簡文理解,這裏家臣或不是所謂諸侯、王公的私臣,而或應該是指在官署室内勞作的臣……此“家臣”的身份地位或與“隸臣”相當。①

京大讀簡班:掌管帝室財政的少府及其屬官,是作爲皇帝“家”的侍奉者而存在,因此或可認爲在其中工作的“臣”稱爲“家臣”。②

【按】對本簡中的“家臣”,嶽簡整理小組認爲是在官署内勞作的地位低下的男性,京大讀簡班認爲是少府屬官。由簡文所述,“家臣”與“隸臣”并列,且被赦免後方可擁有士伍身份,故其原身份等級應低於士伍,而不太可能是對任職少府的屬官的代稱,嶽簡整理小組觀點可從。

[4]士五(伍)

京大讀簡班:“士伍”是無爵男子在傅籍之際被賦予的地位,不包括女性在内。與本條簡文後半段的“免爲士五、庶人……”相對應,此處僅列舉了“士伍”。换言之,作爲解放對象的“隸臣”與“家臣”僅限定於男性隸屬者。③

【按】關於“士伍”的研究成果衆多,據朱紹侯考證,主要存在奪爵説(原來有爵位,因罪而被奪去爵位之人)、刑名説(一種刑罰的名稱)、兵卒説(對一般無爵兵卒的稱呼)、成年男子説(對成年男子無爵位者的通稱)四種認識,進而對“士伍”進行定義:“秦漢時期的士伍,就是居住在里伍或什伍中的没有官職、没有爵位,在户籍上有名的成年男子”。④ 其説與京大讀簡班觀點皆可從。

[5]屬

陳松長:“佐弋”本身就是少府中掌管弋射的屬官之一,因此,簡文中的“屬”就不可能是“佐弋”的屬官,而應是與“佐弋”并列的一種特指的官名。⑤

京大讀簡班:“屬佐弋”指雖從隸屬身份中解放出來,但仍繼續在原崗位(這種情況下是

① 陳松長主編:《嶽麓書院藏秦簡(肆)》,74 頁。
② [日]“秦代出土文字史料の研究”班:《嶽麓書院所藏簡〈秦律令(壹)〉譯注稿　その(一)》,144 頁。
③ 參見[日]“秦代出土文字史料の研究”班《嶽麓書院所藏簡〈秦律令(壹)〉譯注稿　その(一)》,144 頁。
④ 朱紹侯:《士伍身份考辨》,收入其著《軍功爵制研究》(增訂版),北京:商務印書館,2017,395-403 頁。
⑤ 陳松長:《嶽麓秦簡中的幾個官名考略》,《湖南大學學報(社會科學版)》2015 年第 3 期。

佐弋)勞作的人。類似《漢書・宣帝紀》所見的“復作”。與後半段的“内官、中官隸臣妾、白粲……而復屬内官、中官者”相同。①

紀婷婷:根據下文“復屬内官、中官者”,這裏“屬”意爲“歸屬、附屬”。②

【按】陳松長推測“屬”是一種獨立於“佐弋”的官名,京大讀簡班和紀婷婷則認爲“屬”作動詞,表屬於、附屬之意。對此處“屬”含義的判斷,亦涉及前文“湯”的隸定、含義及“隸臣”“家臣”的隸屬問題。陳松長與京大讀簡班、紀婷婷的觀點均有一定道理,“屬”的含義存疑。

[6]寺車府

【按】嶽簡整理小組在對嶽麓秦簡(肆)簡 1975/033“寺車府”的注釋中指出,寺通侍,秦封泥中有“寺車府印”“寺車府”,主車與府藏。《漢書・百官公卿表》:“太僕”下有車府令。張家山漢簡《二年律令・秩律》簡 463“……樂府,寺車府,内官……”,張家山漢簡整理小組將“寺”與“車府”斷讀,認爲“車府,太僕屬官”。③ 三國時代出土文字資料研究班、專修大學讀簡班、《二年律令與奏讞書》皆將“寺車府”連讀。④ 王偉指出,“九卿之太僕有車府,職掌皇帝車馬之事。我們認爲太僕屬官‘車府’是總機構,‘車官’是車府的令長,至少下轄‘寺車’、‘中車’、‘行車’三個分機構……‘寺車’應該是在‘寺工’機構設立的車輛管理部門”。⑤ 因此,寺車府或爲一種中央官職名稱,但其與太僕、車府等機構的關係,暫無定論。

[7]内官

嶽簡整理小組:秦官名。⑥

魯家亮:《漢書・百官公卿表》云:“……初,内官屬少府,中屬主爵,後屬宗正。”據此,簡文中提及的“内官”在漢代當爲宗正之屬官。⑦

京大讀簡班:值得注意的是,本條中的“内官”不單是財物保管部門,而且還是多數隸屬者承擔作務官府的工作、被宦官所管轄的部門之一。在《百官表》中,内官是宗正的屬官,漢初時隸屬少府。此外,從里耶秦簡中可看出地方上有“内官”的派出機構。⑧

【按】張家山漢簡整理小組認爲“内官,少府令屬官”。⑨ 張家山漢簡《二年律令・秩律》

① [日]“秦代出土文字史料の研究”班:《嶽麓書院所藏簡〈秦律令(壹)〉譯注稿　その(一)》,145 頁。

② 紀婷婷:《嶽麓書院藏秦簡〈亡律〉集釋及文本研究》,14 頁。

③ 張家山二四七號漢墓竹簡整理小組編著:《張家山漢墓竹簡[二四七號墓]》(釋文修訂本),79 頁。

④ 參見[日]冨谷至編《江陵張家山二四七號墓出土漢律令の研究　譯注篇》,293 頁;[日]專修大学《二年律令》研究會《張家山漢簡〈二年律令〉訳注(一一)——秩律・史律》,《專修史学》45,2008,60 頁;彭浩、陳偉、[日]工藤元男主編《二年律令與奏讞書——張家山二四七號漢墓出土法律文獻釋讀》,270、289 頁。

⑤ 王偉:《秦璽印封泥職官地理研究》,北京:中國社會科學出版社,2014,245-248 頁。

⑥ 陳松長主編:《嶽麓書院藏秦簡(肆)》,74 頁。

⑦ 魯家亮:《嶽麓書院藏秦簡〈亡律〉零拾之一》,簡帛網,2016 年 3 月 28 日。

⑧ 參見[日]“秦代出土文字史料の研究”班《嶽麓書院所藏簡〈秦律令(壹)〉譯注稿　その(一)》,145 頁。

⑨ 張家山二四七號漢墓竹簡整理小組編著:《張家山漢墓竹簡[二四七號墓]》(釋文修訂本),79 頁。

簡463中“内官”緊接“寺車府”之後,“説明兩者關係密切”。[①]《二年律令與奏讞書》指出内官“即内官長”。[②] 王偉認爲,“秦至漢初内官的主要職能與逮捕罪人、看押囚犯以及獄律令法諸事有關;内官機構也設有製作皇室用器的工室,可能還參與部分武器的接受和製造事務。内官機構應是專門管理皇室宗親及外戚成員的機構,可獨立辦理涉及皇室宗親的案件,有相對獨立的執法權……在内官機構的任職人員一般均熟悉律令法事”。[③] 已對内官的沿革職掌、機構設置、任職要求等有了較爲全面細緻的考察,其説可從。

[8]中官

嶽簡整理小組:秦官名。《漢書·高后紀》:“諸中官、宦者令丞皆賜爵關内侯,食邑。”顔師古注:“諸中官,凡閹人給事於中者皆是也。”[④]

魯家亮:將“中官”看作一個獨立的職官機構,似證據不够充分……中官作爲食官之一,在秦時屬少府是符合情理……可能當時也有與内官相似的演變軌迹。[⑤]

【按】王偉考證了“中官”之沿革職掌及屬官設置情況,認爲“‘中官’本是用以衡量臣屬與國君之間的親疏,并非職官名稱……秦時‘中官’不僅僅掌理君王妻妾的膳食事務,還是一個領有多種屬官的後宫機構,其屬官的種類和數量應該不限於秦璽印封泥所見”。[⑥] 但“中官”是否爲一個獨立的機構,似仍無法確定,可暫從嶽簡整理小組觀點。

[9]白粲

【按】傳統觀點認爲,“白粲”是秦漢時期的一種刑罰名稱,是對與“鬼薪”同一地位的女性刑徒的特定稱呼,其所獲之刑輕於城旦舂而重於隸臣妾。伴隨更多出土簡牘文獻的公布,學者們逐漸認識到“白粲”存在一定特殊性,如宫宅潔認爲“當上造以上的有爵者犯當處城旦舂刑之罪時,適用的代替刑罰是鬼薪白粲……在對應犯罪輕重的形式中,不存在城旦舂→鬼薪白粲→隸臣妾這一直綫體系”。[⑦] 丁義娟認爲,“鬼薪白粲并非是與司寇、隸臣妾、城旦舂處於同一系列的普通的刑罰種類……是一種專門的優待刑,只適用於符合法定條件的特殊人群”。[⑧]

---

① 魯家亮:《嶽麓書院藏秦簡〈亡律〉零拾之一》。

② 彭浩、陳偉、[日]工藤元男主編:《二年律令與奏讞書——張家山二四七號漢墓出土法律文獻釋讀》,289頁。

③ 王偉:《秦璽印封泥職官地理研究》,141-144頁。

④ 陳松長主編:《嶽麓書院藏秦簡(肆)》,74頁。

⑤ 魯家亮:《嶽麓書院藏秦簡〈亡律〉零拾之一》。

⑥ 王偉:《秦璽印封泥職官地理研究》,218-220頁。

⑦ [日]宫宅潔:《中国古代刑制史の研究》,京都大学学術出版會,2011,97-101頁。

⑧ 丁義娟:《“鬼薪白粲”地位再認識》,徐世虹主編《中國古代法律文獻研究》第6輯,北京:社會科學文獻出版社,2012,218頁。

［10］以巧及勞免

嶽簡整理小組:此處規定……因功而免。①

朱紅林:新記載了徒隸免除身份的兩種途徑……巧,指有專門的手工技能……以勞績免除徒隸身份,也是這次嶽麓簡的新發現……可以免除身份的徒隸種類中出現了白粲……秦朝有手工技能的徒隸,即使免除了徒隸身份,仍然爲官府所控制。②

京大讀簡班:整理小組所言“因功而免”,是理解爲“巧=功=功績”。確實也有刑徒因軍功而被免的例子,但通常是“攻=功”的通假,而與嶽麓律令相同的“巧=功”的其他例子目前未見。倒不如解釋爲“巧=手的靈巧”……本簡中“隸妾”因“巧”而被免,但實在難以想象這是因其具備斬首等“功”……在本條及33-36簡中,赦免男性刑徒并無“以巧及勞”這一條件,該條件僅明確記載於包含女性刑徒的場合。③

【按】睡虎地秦簡《秦律十八種・軍爵律》簡156載:“工隸臣斬首及人爲斬首以免者,皆令爲工”,即工隸臣因軍功被免除刑徒身份而成爲“工”,這是因功而免的文例。但出土簡牘所見“巧”及“勞”所指應有所不同,二者與更多指代軍功的“功”亦不同,故朱紅林和京大讀簡班觀點可從。

［11］庶人

黄子嫻:泛指無爵的平民,百姓。④

京大讀簡班:無爵的一般人。廣義指與“奴婢”對應的全體一般人,但由本條中“庶人”與“士伍”對比使用的情況,可認爲其指無爵男子以外的良民,即主要指良民女子。⑤

【按】有關秦漢時期的“庶人”,前輩學者討論廣泛,主要存在泛稱、⑥依附歧視性身份説、⑦身份序列中的重要點三種觀點。⑧ 由張家山漢簡《二年律令・亡律》簡162-163中“……奴命曰私屬,婢爲庶人……”,或可認爲“庶人”特指女性。但綜觀律義,“奴婢”“庶人”等更似對身份等級的區分,而并非對性别差异的强調。如龍崗秦簡木牘中,可見免男性

① 陳松長主編:《嶽麓書院藏秦簡(肆)》,74頁。

② 參見朱紅林《〈嶽麓書院藏秦簡〉補注(一)》,116頁。

③ 參見［日］“秦代出土文字史料の研究”班《嶽麓書院所藏簡〈秦律令(壹)〉譯注稿　その(一)》,146頁。

④ 黄子嫻:《嶽麓秦簡(肆)〈亡律〉釋讀與研究》,15頁。

⑤ 參見［日］“秦代出土文字史料の研究”班《嶽麓書院所藏簡〈秦律令(壹)〉譯注稿　その(一)》,146頁。

⑥ 參見［德］陶安《秦漢律“庶人”概念辨正》,武漢大學簡帛研究中心主辦《簡帛》第7輯,上海古籍出版社,2012,265-275頁。

⑦ 參見［日］椎名一雄著,孫聞博譯《張家山漢簡〈二年律令〉所見爵制——以對“庶人”的理解爲中心》,卜憲群、楊振紅主編《簡帛研究二〇一三》,桂林:廣西師範大學出版社,2014,236-252頁;曹旅寧《秦漢法律簡牘中的“庶人”身份及法律地位問題》,《咸陽師範學院學報》2007年第3期;王彦輝《論秦及漢初身份秩序中的“庶人”》,《歷史研究》2018年第4期。

⑧ 參見吕利《“庶人”考論》,《社會科學家》2010年第10期;［日］鷹取祐司《秦漢時代の刑罰と爵制的身分序列》,《立命館文学》608,2008,98-118頁;賈麗英《庶人:秦漢社會爵制身份與徒隸身份的銜接》,17-19頁。

城旦"辟死"爲庶人的文例,[①]或可證明"庶人"不僅指代平民女性,亦包括同一身份等級的男性。故,此處的"庶人"或許是對刑徒因故被赦免而成爲的普通百姓、平民的泛稱,京大讀簡班所論或可商榷。

［12］工隸隱官

嶽簡整理小組:或稱隱官工……此處規定受過肉刑的工隸臣因功而免,其身份更爲隱官工,簡稱爲隱官。[②]

京大讀簡班:"工"指擁有各種技能的匠人、技術人員……受過肉刑之人,即使經赦免,也會保留隱官這一特殊身份。[③]

劉欣欣:從睡虎地秦簡簡文來看,被判處隱官的人原本是工隸臣或罪犯,因其斬獲敵人或捕得罪犯而被免爲庶人,如果其身體有殘缺是"處隱官",即其身份爲"隱官工"。[④]

張傳璽:男性隱官來自受肉刑後被平反或赦免的刑徒,常見的是刑城旦,但城旦一般配置在司空,難以想象會被分置於簡文所列官署中勞役;况且此處明言先爲"隸臣"後爲"隱官"。因此此處被免爲隱官的刑徒,最有可能是曾承受過腐刑的宫隸臣。[⑤]

【按】嶽簡整理小組及京大讀簡班觀點可從。睡簡整理小組對《秦律十八種·軍爵律》簡156所載"隱官工"解釋爲"據簡文應爲在不易被人看見的處所工作的工匠"。[⑥] 在本簡公布以前,前輩學者對睡虎地秦簡中所見"隱官工"已有廣泛討論,多認爲指受過肉刑而肢體殘疾,被放免後從事工匠作業之人。[⑦] 近年辛德勇對此提出不同認識,即"'隱官'猶如'蠶室',或亦可移用之作爲遭受宫刑者的居所乃至受刑之室",或可備一説。[⑧]

【解説】

《嶽麓秦簡(肆)》簡0782/007-0796/009規定的是,在中央官署從事勞役的隸臣妾等刑徒,因故被免爲士伍等特定身份且仍在原屬機構工作却逃亡,將被如何定罪量刑的問題。其中,隸臣、家臣可被免爲士伍、庶人、工、工隸隱官,隸妾、白粲可被免爲庶人。被赦免的原因或許是具備手工技能或積累勞績等。士伍與庶人不應是按照性别而對舉的概念,士伍或特

① 中國文物研究所、湖北省文物考古研究所編:《龍崗秦簡》,北京:中華書局,2001,144頁。
② 陳松長主編:《嶽麓書院藏秦簡(肆)》,74頁。
③ ［日］"秦代出土文字史料の研究"班:《嶽麓書院所藏簡〈秦律令(壹)〉譯注稿　その(一)》,146、147頁。
④ 劉欣欣:《秦漢〈亡律〉分類集釋》,21頁。
⑤ 張傳璽:《睡虎地秦簡〈法律答問〉"獄未斷"諸條再釋——兼論秦及漢初刑罰體系構造》,徐世虹主編《中國古代法律文獻研究》第12輯,北京:社會科學文獻出版社,2018,156頁。
⑥ 睡虎地秦墓竹簡整理小組編:《睡虎地秦墓竹簡》,北京:文物出版社,1990,55頁。
⑦ 參見劉向明《從出土簡牘看秦漢"隱官"的主要來源》,《嘉應學院學報(哲學社會科學)》2006年第5期;馬怡《里耶秦簡選校》,中國社會科學院歷史研究所學刊編委會編《中國社會科學院歷史研究所學刊》第4輯,北京:商務印書館,2007,146頁;黄展岳《里耶秦簡"傳送委輸"者的身份》,中國社會科學院考古研究所編《里耶古城秦簡與秦文化研究:中國里耶古城·秦簡與秦文化國際學術研討會論文集》,北京:科學出版社,2009,119頁;李超《也談秦代"隱官"》,雷依群、徐衛民主編《秦漢研究》第3輯,西安:陝西人民出版社,2009,212頁。
⑧ 辛德勇:《生死秦始皇》,北京:中華書局,2019,287頁。

指男性,庶人則同時包括了男性與女性在内,工隸隱官或指受過肉刑的工隸臣。

至於《嶽麓秦簡(肆)》簡 0796/009 的編連問題,諸家存在争議,如魯家亮認爲,“所謂‘比寺車府’顯然是前有相關律條纔對,簡 1975/033-2033/036……可以看到處罰的詳細細節。如此,僅從内容上考察,則簡 0782/007-0766/009 至少列於簡 1975/033-2033/036 之後纔更爲合適。”[1]京大讀簡班指出,“簡 7-8 背面劃綫是連續的,簡 9 無法接續,簡 9 是否爲本條文的構成部分,存疑”。[2] 紀婷婷、張弛發現,“簡 007、簡 008 筆迹與簡 033 等同屬 B 組,簡 007 與簡 036 背劃綫相連,因此簡 007 與簡 008 確實應編聯於簡 036 後。此外,簡 008 的内容印於簡 014 後,也側面印證了這一編聯意見的有效性”。[3]

嶽麓秦簡(肆)簡 0782/007、2085/008 背劃綫

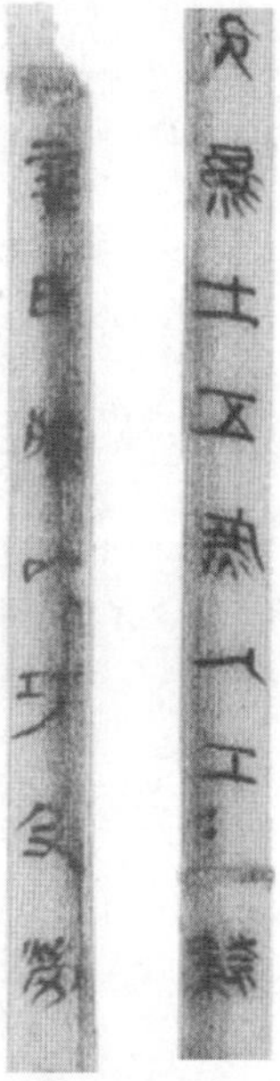

嶽麓秦簡(肆)簡 2085 /008 正

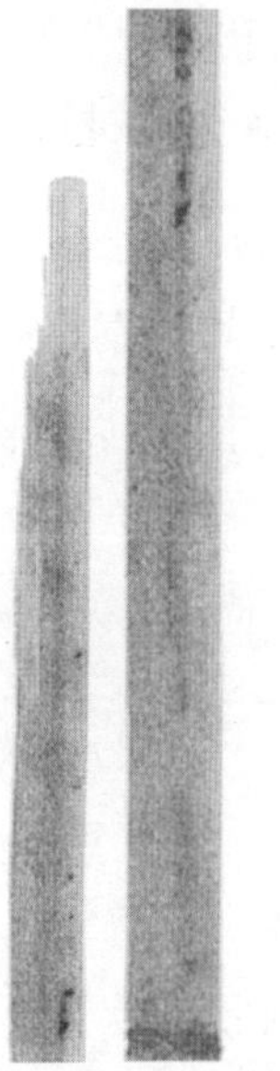

嶽麓秦簡(肆)2086/014 背

【譯文】

佐弋隸臣、湯家臣被釋免而成爲士伍,仍在佐弋工作却逃跑的人,比照(對在)寺車府(工作却逃跑的人的規定進行論罪)。内官、中官的隸臣妾、白粲,因手工技能或積累勞績被釋免成爲士伍、庶人、工、工隸隱官,仍在内官、中官工作的人,有人逃跑……比照(對在)寺車府(工作却逃跑的人的規定進行論罪)。

---

① 魯家亮:《嶽麓書院藏秦簡〈亡律〉零拾之一》,簡帛網,2016 年 3 月 28 日。

② [日]“秦代出土文字史料の研究”班:《嶽麓書院所藏簡〈秦律令(壹)〉譯注稿　その(一)》,147-148 頁。

③ 紀婷婷、張弛:《〈嶽麓肆·亡律〉編聯芻議》,258 頁。

【簡文】

☐少府均輸四司空得及自出者吏治必謹訊薄其所爲作務以0797/010

【釋文】

☐少府均輸［1］四司空［2］，得［3］及自出［4］者，吏治必謹訊［5］，薄［6］其所爲作務［7］以0797/010

【集釋】

［1］均輸

魯家亮：均輸，據《漢書·百官公卿表》在“治粟内史”和“水衡都尉”的屬官中均有出現，但“水衡都尉”爲漢武帝元鼎二年（前115）初置，似本簡中的“均輸”當屬“治粟内史”。如此，則簡文少府與均輸之間可用逗號點斷。此爲一種可能。又，《百官公卿表》記“水衡都尉”中的“御羞、上林、衡官及鑄錢皆屬少府”，此點説明“水衡都尉”中部分屬官當由少府調整而來。秦時少府之下可能也設有均輸，“水衡都尉”中的“均輸”或亦由此而來。如此，則簡文中的少府與均輸可連讀。此爲第二種可能。①

王偉：簡文之“均輸”係秦出土文獻中首次出現，并可據此簡文確認“均輸”之名秦時已有，是隸屬於少府的機構……我們推斷《百官公卿表》少府屬官“均官”或是秦時的“均輸”和“榦官”兩者的合稱。②

黄子嫻：在此處做動詞，意爲輸送。一般指代官吏名稱。可見秦時主均輸之事的官吏并非屬官“均輸”。此處并不一定爲三個并列的官名。③

劉欣欣：少府、均輸、四司空都是職官，應句讀爲“少府、均輸、四司空”。④

馬麗娜：均輸，秦時設置的與買賣、運輸貨物等相關的官職。從《嶽麓簡（肆）》簡010的句法關係和文意來看，“少府”“四司空”都是職官類名詞，而“均輸”亦應爲職官名。⑤

京大讀簡班：均輸，按《百官表》爲大司農和水衡都尉的屬官，原來可能隸屬於少府。⑥

【按】“均輸”及上文“少府”四字因簡牘殘斷僅存左半筆畫，釋文乃整理者根據殘筆補出，可從。“均輸”如上述學者意見，分别被理解作動詞和名詞。黄子嫻將其作動詞解，即輸送之意，《里耶秦簡（貳）》簡9-23“遷陵上坐反讁罪當均輸郡中者六十六人”，⑦可見秦簡中存在輸送徒隸用“均輸”表述的文例，但兩句的結構又有所不同。將“均輸”理解作名詞，即

① 魯家亮：《嶽麓書院藏秦簡〈亡律〉零拾之一》，簡帛網，2016年3月28日。

② 王偉：《〈嶽麓書院藏秦簡〉（肆）校讀三則》，秦始皇帝陵博物院編《秦始皇帝陵博物院2017》，西安：三秦出版社，2017，145-146頁。

③ 黄子嫻：《嶽麓秦簡（肆）〈亡律〉釋讀與研究》，18頁。

④ 劉欣欣：《秦漢〈亡律〉分類集釋》，77頁。

⑤ 參見馬麗娜《〈嶽麓書院藏秦簡（肆）〉詞彙研究》，湖南大學碩士學位論文，2017，73-74頁。

⑥ ［日］“秦代出土文字史料の研究”班：《嶽麓書院所藏〈秦律令（壹）〉譯注稿 その（一）》，148頁。

⑦ 陳偉主編：《里耶秦簡牘校釋（第二卷）》，武漢大學出版社，2018，35頁。

官職,又分爲兩種意見,一是魯家亮、王偉、京大讀簡班所言,"均輸"是秦代少府下的職官,但黄子嫻指出秦代主均輸之事的官吏并非"均輸",王偉引文中也提到,秦代已有少府榦官"主均輸之事",何必再設職能相同的"均輸"? 二是劉欣欣將少府、均輸、四司空斷開,即三者并列,没有明確的從屬關係,馬麗娜也認爲無法判斷此處的"均輸"與"少府"究竟是并列關係還是隸屬關係。因爲簡牘的殘斷無法獲知前面的文字,將"均輸"理解爲動詞或名詞(職官)均存在一定的礙難之處。基於現有簡文及里耶秦簡的文例,我們勉强認爲動詞説似更合理,但不排除其他含義的可能性,留待新材料的發現和學者進一步研究以定讞。

[2]四司空

魯家亮:四司空屬少府,據《百官公卿表》少府屬官中名司空者有左司空和右司空,此外據嶽麓四《亡律》30 號簡,還有宫司空和泰匠。①

黄子嫻:四司空中的四可能指代特定的某四類司空,除開傳世文獻可見"左右司空",秦封泥中尚有"采司空""寺司空"之類無法推測歸屬官名,且不一定爲中央官署,結合《嶽麓(肆)》筆者推測四司空可能爲泰匠、宫司空、左司空、右司空。②

京大讀簡班:暫且假定爲左、右、中、宫司空。③

【按】京大讀簡班根據張家山漢簡推定,可能是漢初的情況而非秦代的。而據《嶽麓秦簡(肆)》簡 2132/030"空及入僕、養、老,它官徒輸宫司空、泰匠、左司空、右司空者,皆作功,上,及毋得從親它縣",暫從魯家亮、黄子嫻説。但"泰匠"後没有"司空",此處"四司空"是否即是這四個,也難以定論。嶽麓秦簡有所謂"四司空共令""四司空卒令"的令名,④或許與此有關。

[3]得

京大讀簡班:被逮捕。⑤

【按】嶽簡整理小組:得,法律術語,常與"(先)自告"和"自出"即自首相對而言,表示官方或第三者捕獲或察覺。⑥ 研究班意見也與之相近,可從。

[4]自出

京大讀簡班:自首。自出的場合通常減輕刑罰,但免徒逃亡自首的,(處罰與之前)没有區别。⑦

---

① 魯家亮:《嶽麓書院藏秦簡〈亡律〉零拾之一》,簡帛網,2016 年 3 月 28 日。
② 黄子嫻:《嶽麓秦簡(肆)〈亡律〉釋讀與研究》,18-19 頁。
③ [日]"秦代出土文字史料の研究"班:《嶽麓書院所藏〈秦律令(壹)〉譯注稿 その(一)》,148 頁。
④ 參見陳松長《嶽麓秦簡中的幾個令名小識》,《文物》2016 年第 12 期。
⑤ [日]"秦代出土文字史料の研究"班:《嶽麓書院所藏〈秦律令(壹)〉譯注稿 その(一)》,149 頁。
⑥ 朱漢民、陳松長主編:《嶽麓書院藏秦簡(叁)》,上海辭書出版社,2013,107 頁。
⑦ [日]"秦代出土文字史料の研究"班:《嶽麓書院所藏〈秦律令(壹)〉譯注稿 その(一)》,149 頁。

【按】從京大讀簡班説,籾山明、萬榮的觀點與此類似,可參看。[1]

［5］訊

【按】訊問,爲秦漢刑事訴訟程序中的一個環節。[2]

［6］薄

何有祖:其中“簿”上部從草,即薄,讀作“簿”,指登記、記録。[3]

朱紅林:意思是通過簿籍記載,考查徒隸原來所從事作務的情況。[4]

京大讀簡班:記録。[5]

【按】重審圖版(右圖),何有祖的改字意見可從;至於字義,三説皆可從。

［7］作務

京大讀簡班:這裏指的是施加於刑徒的手工業勞動。[6]

【按】關於“作務”的含義,吴榮曾認爲是官營手工業,[7]其後學者基本將其作爲常識繼承下來,認可此説。[8] 高震寰最近對此提出了不同看法,認爲傳世文獻中的“作務”大多是近於“工作”或“勞動”等,包括廣泛勞動内容的概念。秦代律令與行政文書中的“作務”,其意義常爲了官吏操作制度的方便而被限縮,在作徒簿等以官府爲主體的簿册中被官吏理解爲“爲官府産錢的各種勞動”。其術語化後的意思必須與秦漢時期的勞動制度結合纔有意義,且僅作用於涉及相關制度的特殊情境中。[9] 高説可從。

【解説】

本簡前部殘斷,其後又有缺簡,據殘餘簡文,應該是針對特定“作務”官署的徒隸逃亡被捕或自首後的處理辦法。可能是因爲這些徒隸具有特殊技能,所以需要記録下他們曾經在官署中所從事的“作務”内容,以便於確定對他們的處理及分配,因而也需要專門的律文來對此作出規定。

---

① 籾山明認爲,所謂“自出”,是用於逃亡者的表達,在很多的場合與“亡”這個詞一起出現;萬榮將“自出”與“自告”相區别,認爲是逃亡者隱匿自己的行蹤,之後主動現身自首,相對於此前的隱匿,“出”或能更形象地反映逃亡者的自首行爲。參見［日］籾山明《中国古代訴訟制度の研究》,58頁;萬榮《秦漢簡牘“自告”、“自出”再辨析——兼論“自詣”、“自首”》,《江漢論壇》2013年第8期。

② 參見［日］籾山明《中国古代訴訟制度の研究》,66-67頁。

③ 何有祖:《讀嶽麓秦簡肆札記(一)》,簡帛網,2016年3月24日。

④ 朱紅林:《〈嶽麓書院藏秦簡(肆)〉補注(一)》,116頁。

⑤ ［日］“秦代出土文字史料の研究”班:《嶽麓書院所藏〈秦律令(壹)〉譯注稿 その(一)》,149頁。

⑥ ［日］“秦代出土文字史料の研究”班:《嶽麓書院所藏〈秦律令(壹)〉譯注稿 その(一)》,149頁。

⑦ 吴榮曾:《秦的官府手工業》,收入其著《先秦兩漢史研究》,北京:中華書局,1995,200頁。

⑧ 參見鄔文玲《里耶秦簡所見“户賦”及相關問題瑣議》,武漢大學簡帛研究中心主辦《簡帛》第8輯,上海古籍出版社,2013,227-228頁;楊振紅《出土簡牘與秦漢社會續編》,桂林:廣西師範大學出版社,2015,275-276頁。李力詳細梳理了關於“作務”的學術史,認同吴説。有關李力論及其他异見,參見徐世虹等《秦律研究》,287-297頁。

⑨ 參見高震寰《試論秦簡中的“作務”》,《法制史研究》第33期,2018,31頁。

【譯文】

少府向四司空輸送(的徒隸逃亡),被捕獲或自首的徒隸,吏員治理其罪必須要謹慎地訊問,用簿書登記其所在官府從事的勞作,從而……

【簡文】

☐□鄉部吏貲一甲占者贖耐莫占吏數者贖耐典老占數小男子年未盈十八歲及2037/011

女子縣道嗇夫誶鄉部吏貲一盾占者貲二甲莫占吏數者貲二甲2090/012

【釋文】

☐□,鄉部吏[1]貲一甲,占者[2]贖耐,莫占吏數[3]者[4]贖耐。典、老[5]占數[6]小男子年未盈十八歲[7]及2037/011女子,縣、道嗇夫[8]誶[9],鄉部吏貲一盾,占者貲二甲,莫占吏數者貲二甲。2090/012

【集釋】

[1]鄉部吏

京大讀簡班:地方基層的行政組織,分爲“鄉”“田”,前者掌邑内,後者掌外部。鄉、田設有嗇夫,鄉部嗇夫下也設佐、史。[①]

【按】根據里耶秦簡等秦代出土材料,秦代鄉部的員吏爲鄉嗇夫(包括暫代其職的鄉守)及鄉佐,另外還有不在員内的低級佐、史。[②] 此處的“鄉部吏”應該是指鄉部員吏,即鄉嗇夫(鄉守)、鄉佐。另,秦漢時代“名數”的登録、上報主要在鄉一級展開,張家山漢簡《二年律令・户律》簡328:“恒以八月令鄉部嗇夫、吏、令史相雜案户籍,副臧(藏)其廷。”[③]以此制度而言,下文“莫占吏數者”的“吏”也應是鄉部吏。

[2]占者

嶽簡整理小組:指負責登記的典、老。[④]

京大讀簡班:“占”指申報,當事人的申報爲“自占”,而里典傳達其申報亦爲“占”。[⑤]

[3]數

京大讀簡班:名數。[⑥]

---

① [日]“秦代出土文字史料の研究”班:《嶽麓書院所藏〈秦律令(壹)〉譯注稿 その(一)》,150頁。

② 參見孫聞博《里耶秦簡〈遷陵吏志〉考釋——以“吏志”、“吏員”與“員”外群體爲中心》,《國學學刊》2017年第3期。

③ 邢義田在張家山漢簡發表前已證明這一點,參見邢義田《治國安邦:法制、行政與軍事》,北京:中華書局,2011,240-241頁。

④ 陳松長主編:《嶽麓書院藏秦簡(肆)》,74頁。

⑤ [日]“秦代出土文字史料の研究”班:《嶽麓書院所藏〈秦律令(壹)〉譯注稿 その(一)》,151頁。

⑥ [日]“秦代出土文字史料の研究”班:《嶽麓書院所藏〈秦律令(壹)〉譯注稿 その(一)》,151頁。

［4］莫占吏數者

嶽簡整理小組：指不去吏處如實登記的黔首。①

朱紅林：户籍統計過程中，典、老作爲一個村的負責人，是最基層最直接的經辦者，所謂“莫占吏數者”，吏指的應該就是典、老這類人。②

陶磊：這裏處罰的都是官吏，莫占吏數者也應該是主事之人。所謂莫占吏數，當是指被辟除的官吏也應該占數而未占數者，這裏針對其立法，當是强調，只要參與公務，出現不當行爲，不論有無登記注册，都要接受處罰。③

黄子嫻：2037 簡前文缺失，但從“典、老占數小男。子年未盈十八歲及女子縣、道嗇夫誶”可见，缺失部分可能爲“典老”在占數過程中的某種不當行爲，此種行爲，就上下兩條的刑罰輕重來看是要比登記不應該登記的人員這種行爲更嚴重的。筆者更傾向於將“莫占吏數者”視爲與“占數”工作開展相關的某類官員。④

【按】陶磊及黄子嫻認爲“莫占吏數者”是官員，但很明顯的是，律文中的受罰主體從縣道嗇夫到鄉部吏再到占者（典、老），明顯是從高到低排列，典、老之後只能是黔首。其次，兩種不同情况下，黔首不到吏員處申報名數，相當於逃避賦役，受到和占者同樣的懲罰也合乎律令要求。朱紅林認爲“莫占吏數者”的“吏”是指典、老，但秦代的典、老似乎并不被稱爲“吏”，如《嶽麓秦簡（肆）》簡 1280/120 規定：“吏先爲？印，斂，毋令典、老挾户賦錢。”吏與典、老相對而稱。朱説此處亦不確。姑從嶽簡整理小組説。另，張家山漢簡《奏讞書》簡 28-35 中有漢初關於“不占名數”的令文，懲罰與此不同，可參照，但兩條令文指代的具體犯罪行爲及群體不同。

［5］典、老

京大讀簡班：里典、里老。⑤

［6］數

魯家亮：原釋文作“數”，該字形作“”，其左半殘缺，但觀其右半，疑非“數”字，應存疑。

劉欣欣：從字形來看，2037/011 簡釋爲“數”的字殘存的右半邊字形與 2090/012 簡中“數”的字形一致，且秦漢簡牘中可見“自占名數”等詞例，今從嶽簡整理小組之説，該字釋爲“數”。⑥

【按】將此字的字形和嶽麓秦簡、里耶秦簡其他較完整的字形對照（表 3），應可以釋作

① 陳松長主編：《嶽麓書院藏秦簡（肆）》，74 頁。
② 朱紅林：《〈嶽麓書院藏秦簡（肆）〉補注（一）》，109 頁。
③ 陶磊：《讀嶽麓書院藏秦簡（肆）札記》，簡帛網，2017 年 1 月 9 日。
④ 黄子嫻：《嶽麓秦簡（肆）〈亡律〉釋讀與研究》，19 頁。
⑤ ［日］“秦代出土文字史料の研究”班：《嶽麓書院所藏〈秦律令（壹）〉譯注稿 その（一）》，151 頁。
⑥ 劉欣欣：《秦漢〈亡律〉分類集釋》，79 頁。

“數”,“占數”一詞亦見於張家山漢簡《奏讞書》,如“占數復婢媚”等,①文意亦通。

表 3　嶽麓秦簡及里耶秦簡所見“數”字形對比表

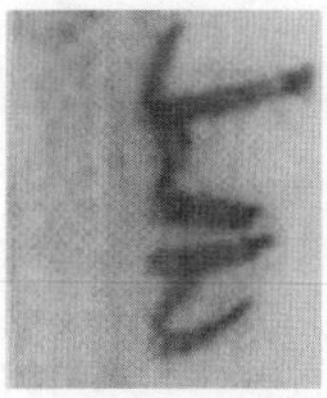		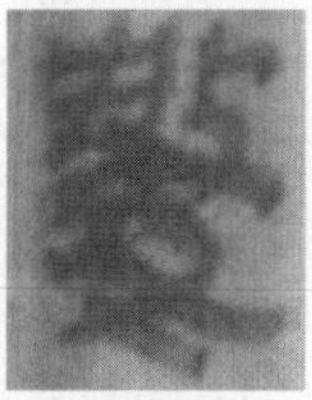		
嶽麓秦簡(肆) 簡 2090/012	嶽麓秦簡(肆) 簡 0169/019	嶽麓秦簡(肆) 簡 1980/013	里耶秦簡(壹) 簡 5-18	里耶秦簡(壹) 簡 8-1067

[7]小男子年未盈十八歲

參見嶽麓秦簡(肆)簡 1966/001 集釋[6]。

[8]縣道嗇夫

京大讀簡班:縣道長官。②

[9]誶

京大讀簡班:譴責處分。③

【解説】

紀婷婷、張弛認爲:“‘占’相關律文指對未按規定登記户口行爲的懲罰的律文,除《嶽麓秦簡(肆)》簡 012 外,還有簡 011 與簡 078。簡 011 背劃綫與簡 012 相連,内容相貫,應當排於簡 012 前。”“簡 065 背劃綫與簡 012 應有一簡的差距,而這一簡位正好由簡 078 填補。簡 078 之所以没有顯示出明顯的背劃綫,可能是由於其背劃綫爲下編繩遮擋所導致的。如此,簡 012、簡 078、簡 065 背劃綫應是貫通的,它們也是被順序抄寫的。從内容上看,簡 065 與簡 078 内容相貫,簡 065 也應屬於‘占’相關律文。”④

關於秦漢時期的人口登記,從《里耶秦簡(壹)》簡 8-550“嬗,晳色,長二尺五寸,年五月,典和占”來看,年僅五個月的幼兒已被登記年齡,故秦朝絶不只是在男子年滿十八之後纔登記年齡,而是出生之後即須到官府登記。因此,本簡“占數小男子年未盈十八歲及女子”的

① 張家山二四七號漢墓竹簡整理小組編著:《張家山漢墓竹簡[二四七號墓]》(釋文修訂本),92 頁。
② [日]“秦代出土文字史料の研究”班:《嶽麓書院所藏〈秦律令(壹)〉譯注稿 その(一)》,152 頁。
③ [日]“秦代出土文字史料の研究”班:《嶽麓書院所藏〈秦律令(壹)〉譯注稿 その(一)》,152 頁。
④ 紀婷婷、張弛:《〈嶽麓肆・亡律〉編聯芻議》,267-268 頁。

“占數”應不是一般意義上的户籍登記,而是某種特定的申報,有學者認爲可能是指“傅籍”,[①]以爲官府徵發徭役提供依據,或可參考。至於女子,里耶南陽户籍簡中有“小女子”,睡虎地秦簡《封診式·封守》簡9中有“大女子”,可見官府對女子的年齡也至少有大致的掌握。張家山漢簡《二年律令·徭律》簡412-413有關於“委輸傳送”的規定,即“免老、小未傅者、女子及諸有除者,縣道勿敢繇(徭)使”,女子同免老者、小未傅者一樣,均不在被徭使的範圍之内。因爲女子不在徭役的役使範圍之内,故而與未滿十八歲的小男子一樣,不當被“占數”。

《嶽麓秦簡(肆)》簡2037/011殘斷,但從所餘文字可以推知所缺的内容。李美娟認爲“簡文内容應是把未按規定登記户口行爲分成了兩類,A類是‘典、老占數小男子年未盈十八歲及女子’,對於這種行爲的各責任人的處罰方式是‘縣、道嗇夫誶,鄉部吏貲一甲,占者貲二甲,莫占吏數者貲二甲’;另一類由於簡2037/011上部内容殘缺我們無從得知(方便起見暫稱爲B類),但是各責任人的處罰方式是‘□,鄉部吏貲一甲,占者贖耐,莫占吏數者贖耐’。將兩種情况對比,我們可以看出兩點:第一,簡2037/011‘鄉部吏’上面所缺内容應該是對縣、道嗇夫的處罰方式;第二,B類行爲各責任人的處罰比A類行爲各責任人的處罰重一級”。[②]

【譯文】

……鄉部吏員罰一甲,申報黔首名數者處以贖耐之刑,(此種情况)未到吏員處登記名數者,處以贖耐之刑。里典、里老將未滿十八歲的小男子和女子的名數申報登記,縣、道嗇夫受“誶”的懲罰,鄉部的吏員罰一盾,申報黔首名數者罰二甲,(應申報但)未到吏員處申報名數者,罰二甲。

【簡文】

子殺傷毆詈投殺父=母=告子不孝及奴婢殺傷毆投殺主=子父母及告殺其奴婢及$_{1980/013}$

子亡已命而自出者不得爲自出$_{2086/014}$

【釋文】

子殺傷、毆詈、投(牧)殺[1]父母,父母告子不孝,及奴婢[2]殺傷、毆、投(牧)殺主[3]、主子父母[4]及告殺[5],其奴婢及$_{1980/013}$子亡已命[6]而自出者,不得爲自出。$_{2086/014}$

---

① 朱紅林認爲十八歲是傅籍年齡,未盈十八歲應該是未到傅籍年齡,所以典、老把這樣的人也申報到傅籍名單中去是錯誤的,要受到處罰;彭浩也認爲針對十八歲男性的“占”可能與傅籍有關。參見朱紅林《〈嶽麓書院藏秦簡(肆)〉補注(一)》,105頁;彭浩《談〈嶽麓書院藏秦簡(肆)〉部分竹簡的歸類》,馬聰、王濤、曹旅寧主編《出土文獻與法律史研究現狀學術研討會論文集》,廣州:暨南大學出版社,2017,2頁。

② 李美娟:《〈嶽麓書院藏秦簡(伍)〉札記》,簡帛網,2018年5月18日。

【集釋】

[1]投(牧)殺

嶽簡整理小組:投(殳)殺。[①]

"落葉掃秋風":整理者釋"投"或可成立,在本簡中可能是牧之訛寫。又,秦簡文字中的偏旁扌、牛形近易混,此處二字左側所从可能是牛,若然,可隸定爲投,視爲牧之誤寫,更爲合適。[②]

何有祖:接受雷海龍(落葉掃秋風)的意見,此字从牛从殳,可看作是牧的异體。[③]

京大讀簡班:此處爲"牧殺"的誤寫。[④]

【按】"牧殺"辭例在秦及漢初出土文獻中多見,"投"字亦有數例,兹羅列字形與本簡比較如下(表4):

表4 嶽麓秦簡、睡虎地秦簡、張家山漢簡及里耶秦簡所見"投""牧"字形對比表

<table>
<tr><td rowspan="4">
嶽麓秦簡(肆)
簡1980/013</td><td rowspan="2">投</td><td>字形</td><td></td><td></td><td></td><td></td></tr>
<tr><td>出處</td><td>里耶秦簡(壹)
簡8-1517</td><td>睡虎地秦簡
《法律答問》
簡53</td><td>張家山漢簡
《二年律令·具律》
簡118</td><td>張家山漢簡
《二年律令·盗律》
簡65</td></tr>
<tr><td rowspan="2">牧</td><td>字形</td><td></td><td></td><td></td><td></td></tr>
<tr><td>出處</td><td>睡虎地秦簡
《秦律十八種·田律》簡16</td><td>里耶秦簡(壹)
簡8-490</td><td>張家山漢簡
《二年律令·賊律》
簡35</td><td>張家山漢簡
《二年律令·賊律》
簡38</td></tr>
</table>

比較相關字形,本簡二字右側从"殳"可能性較大,二字左側或可从"扌",或可从"牛",難以確定,就字形而言或隸定爲"投"或"投"。又,秦及漢初出土法律文獻中多見"牧殺"辭例,且使用場合與此處相似,故該字或爲"牧"字誤寫,"落葉掃秋風"之説可從。睡虎地秦簡

① 陳松長主編:《嶽麓書院藏秦簡(肆)》,43頁。

② 參見"落葉掃秋風"(網名)《〈嶽麓書院藏秦簡(肆)〉初讀》,簡帛網論壇,2016年3月25日。

③ 參見何有祖《讀〈嶽麓書院藏秦簡(肆)〉札記(三則)》,姚遠主編《出土文獻與法律史研究》第7輯,北京:法律出版社,2018,75頁。

④ [日]"秦代出土文字史料の研究"班:《嶽麓書院所藏簡〈秦律令(壹)〉譯注稿 その(一)》,153頁。

《法律答問》簡 76 載"'臣妾牧殺主。'·可(何)謂牧? ·欲賊殺主,未殺而得,爲牧。"張家山漢簡《二年律令·賊律》簡 35 載"子牧殺父母,毆詈泰父母、父母叚(假)大母、主母、後母,及父母告子不孝,皆弃市。"睡虎地秦簡整理小組認爲"牧,讀爲謀",[①]即將牧殺等同於謀殺。水間大輔認爲"所謂牧殺,與謀殺不同:僅限於加害者爲臣妾、子,被害者爲主人、父母關係的犯罪。"[②]冨谷至指出"謀"是"計劃的事情","欲"是"精神的志向、要求","牧"是"動作、行爲正在進行中"。[③] 何有祖區分了"牧殺"與"賊殺""謀殺"之别,認爲從行爲人存在的差别出發,"牧殺"發生在"臣妾""子"和"父母"這類特殊身份之間;從行爲實施完成與否來看,"牧殺"一定是行爲未遂,即没有造成實際的損害。[④] 另有學者認爲睡虎地秦簡《法律答問》中對"牧"的解釋,未涉及是否有預謀,故不當解作"謀","牧"當理解爲臣妾蓄意殺主未遂而被抓獲。[⑤] 結合諸家之説,"牧殺"不能等同於"謀殺","牧殺"有其特定的使用場合,其侵害對象上强調家庭内部的以卑犯尊,侵害行爲上强調尚未被實施。

[2]奴婢

【按】陳偉認爲睡虎地秦簡《法律答問》簡 76"臣妾牧殺主"與本簡相關,是對本簡有關律文前期版本的解説。比較兩組秦律,可知"奴婢"取代"臣妾""奴妾"發生在秦統一之後,而爲漢人所沿用……這一改稱發生在始皇二十八年八月至三十一年十月或者三十二年六月之間。[⑥]

[3]投(牧)殺主

【按】此處"投(牧)殺"字形較小,紀婷婷、張馳認爲此處爲書手所補寫。[⑦]

[4]主子父母

朱紅林:嶽麓秦簡的"主子父母",或許就是"主父母妻子"的誤寫。[⑧]

紀婷婷:"主子父母"即主子、主父母。《二年律令·亡律》簡 160"奴婢亡,自歸主,主親所智(知),及主、主父母、子若同居求自得之,其當論畀主……"可參。[⑨]

京大讀簡班:按照尊卑的順序,寫作"主父母、子"更爲自然……(按當前的順序)下文難以解釋,存在誤寫、脱字的可能性。[⑩]

---

① 睡虎地秦墓竹簡整理小組編:《睡虎地秦墓竹簡》,111 頁。
② 參見[日]水間大輔《秦律·漢律における未遂豫備·陰謀罪の處罰》,《秦漢刑法研究》,東京:知泉書館,2007,217-234 頁。
③ 參見[日]冨谷至《二年律令に見える法律用語——その(一)》,251-255 頁。
④ 參見何有祖《張家山漢簡〈二年律令〉之〈賊律〉、〈盗律〉、〈告律〉、〈捕律〉、〈復律〉、〈興律〉、〈徭律〉諸章集釋》,武漢大學碩士學位論文,2005,17 頁。
⑤ 參見陳偉主編《秦簡牘合集 釋文注釋修訂本(壹)》,武漢大學出版社,2016,213 頁。
⑥ 參見陳偉《秦簡牘校讀及所見制度考察》,武漢大學出版社,2017,10-18 頁。
⑦ 參見紀婷婷、張馳《〈嶽麓肆·亡律〉編聯芻議》,250 頁。
⑧ 朱紅林:《〈嶽麓書院藏秦簡(肆)〉補注(二)》,87 頁。
⑨ 紀婷婷:《嶽麓書院藏秦簡〈亡律〉集釋及文本研究》,19 頁。
⑩ [日]"秦代出土文字史料の研究"班:《嶽麓書院所藏簡〈秦律令(壹)〉譯注稿 その(一)》,154 頁。

【按】如諸家所言,此處的表述或存在誤寫、漏寫的可能。

[5]告殺

京大讀簡班:不詳。與前段相比的話,"告殺"對應的爲"父母告子不孝",推測"告殺"指主人告發奴婢而要求將其殺害的行爲(睡虎地秦簡《法律答問》簡102、《封診式·告子》簡50-51可見"謁殺")。如前段中主語由"子"變爲"父母"一樣,此處主語變爲"主告殺","主"字或脱落。或者,如果硬要將主語解釋爲"奴婢",或可讀爲"告殺——奴婢被主人以殺的意圖告發"。[①]

黄子嫻:父母向官府請求對不孝子女處以殺刑。[②]

【按】睡虎地秦簡《法律答問》簡102載"免老告人以爲不孝,謁殺",張家山漢簡《二年律令·賊律》簡35載"父母告子不孝,皆弃市",從此兩條簡文來看,本簡前文"父母告子不孝"已經屬於父母告子女以殺刑,所以此處的"告殺"不可看作父母請求對不孝子女處以殺刑。從簡文内容來看,京大讀簡班將"告殺"與前文"父母告子不孝"對應可從,"告殺"當是主對奴婢的"告殺"。秦及漢初律令中有主人向官府申請刑殺奴婢的規定,如張家山漢簡《二年律令·賊律》簡44"其悍主而謁殺之,亦弃市;謁斬止(?)若刑,爲斬、刑之"。

[6]命

朱紅林:官府發文通緝。[③]

京大讀簡班:確定與所犯之罪對應的刑名。[④]

【按】以往對"亡命"之"命"的討論較多。簡牘材料出土之前,學者們大多依據傳世文獻相關記載將"命"解釋爲"名"。《史記·張耳陳餘列傳》載:"張耳嘗亡命,游外黄。"《索隱》引晋灼曰:"命者,名也。謂脱名籍而逃。"崔浩曰:"亡,無也。命,名也。逃匿則削除名籍,故以逃爲亡命。"西嶋定生、王毓銓、臧知非、朱紹侯等都將"命"通作"名",意爲"名籍","亡命"即從名籍中逃亡或删削名籍。[⑤] 簡牘材料的發現提供了有關"命"的新材料,諸如"命者""論命"等法律術語引發了新的討論。《漢書·刑法志》載"已論命復有笞罪者",晋灼注:"命者,名也,成其罪名也。"保科季子據此并結合秦漢法律文獻認爲"命"是確定罪名的司法手續,其是在"論"之後的司法程序階段,即將已經確定的刑罰通知有關部門的命令。[⑥] 陶傳祥

---

① [日]"秦代出土文字史料の研究"班:《嶽麓書院所藏簡〈秦律令(壹)〉譯注稿 その(一)》,154頁。

② 黄子嫻:《嶽麓秦簡(肆)〈亡律〉釋讀與研究》,22頁。

③ 朱紅林:《〈嶽麓書院藏秦簡(肆)〉補注(二)》,87頁。

④ [日]"秦代出土文字史料の研究"班:《嶽麓書院所藏簡〈秦律令(壹)〉譯注稿 その(一)》,154頁。

⑤ 參見[日]西嶋定生著,武尚清譯《中國古代帝國的形成與構造——二十等爵制研究》,北京:中華書局,2004,353頁;王毓銓《〈史記〉嘗逋亡人爲兩類適民説》,《文史》第12輯,北京:中華書局,1981,304頁;臧知非《"閭左"新證——以秦漢基層社會結構爲中心》,《史學集刊》2012年第2期;朱紹侯《對幾種"亡命"説的分析與評議》,《中原文化研究》2017年第4期。

⑥ [日]保科季子:《亡命小考——秦漢における罪名確定手續き——》,收入[日]冨谷至編《江陵張家山二四七號墓出土漢律令の研究 論考篇》,京都:朋友書店,2006,271-288頁。

認爲“命”雖通“名”,但是作定罪或罪名解,“亡命”乃因罪逃亡。[①] 周海鋒認同保科季子之説,補充指出“命者”是在逃而被論罪者的一個專門稱謂,“亡命”應理解爲“命亡”,指已論罪而逃亡者。[②] 嶽簡整理小組對《嶽麓秦簡(肆)》簡2009/047“不得,命之”的注釋爲“命,出告示緝拿”。[③] 陳迪針對保科季子之説提出質疑,認爲“論命”一詞中“論”包括了“定罪名”,再將“命”解釋爲確定罪名有重複之嫌,將確定刑罰通知有關部門失之籠統,“命”應該是對逃亡之重罪予以公開緝捕。[④] 諸家的觀點大致可分爲四類:1.命即名也,作户口名籍簿籍之意;2.命通名,但作罪名之意;3.命是確定罪名的司法程序;4.命是對犯重罪逃亡者進行公開緝捕的程序。從嶽麓秦簡中“命而得”“不得命之”等辭例來看,將“命”理解爲“已經確定罪名(并被通緝)”或更妥當。

【解説】

關於《嶽麓秦簡(肆)》簡1980/013、簡2086/014的編聯,紀婷婷、張馳認爲“簡013與052背劃綫相連,簡013應當編聯於簡052後”。[⑤] 不過簡1980/013編於簡2039/052後目前只有背劃綫依據,尚難確定。京大讀簡班則認爲簡1980/013、2086/014的編聯存在疑問。京大讀簡班指出,雖然兩簡之間的背劃綫是相連的,但是接續後存在以下問題:首先,“及告殺”的主語是誰?如果編聯在一起的話,“奴婢”就必須作被動用法;如果主語是“主”的話,可猜測其爲“及主告殺”。第二,如若編聯的話,會存在前文“子→奴婢”的順序變爲“奴婢→子”的問題。[⑥] 從相關資料來看,編聯後的律文符合秦及漢初對此類犯罪行爲的重罰規定。張家山漢簡《二年律令・亡律》簡166規定“諸亡自出,減之;毋名者,皆減其罪一等”,可見一般情況下對逃亡自出的犯罪可以享受減刑。與此相似的“自告”行爲也可以得到減刑;又,張家山漢簡《二年律令・告律》簡127“有罪先自告,各減其罪一等”。但是,張家山漢簡《二年律令・告律》簡132又規定“殺傷大父母、父母,及奴婢殺傷主、主父母妻子,自告者皆不得減”。本簡中犯罪行爲與《二年律令・告律》簡132類似,“命”後“不得爲自出”同樣意味着不能減罪,可見兩處簡文立法意圖相似。

【譯文】

子女殺傷、毆打謾罵或牧殺父母,父母控告子女不孝,以及奴婢殺傷、毆打或牧殺主人、主人的子女或父母,主人控告奴婢殺罪,如果被控告的奴婢和子女逃亡,在確定罪名并被通緝之後纔自首,不得按自首論處。

---

① 參見陶傳祥《秦漢“亡命”考論》,《南都學坛(南陽師範學院人文社會科學學報)》2016年第2期。

② 參見周海鋒《秦律令研究——以〈嶽麓書院藏秦簡〉(肆)爲重點》,31、32頁。

③ 陳松長主編:《嶽麓書院藏秦簡(肆)》,77頁。

④ 參見陳迪《〈嶽麓書院藏秦簡〉(肆)60-64簡試析》,鄔文玲、戴衛紅主編《簡帛研究二〇一八(秋冬卷)》,132頁。

⑤ 紀婷婷、張馳:《〈嶽麓肆・亡律〉編聯芻議》,253頁。

⑥ 參見[日]“秦代出土文字史料の研究”班《嶽麓書院所藏簡〈秦律令(壹)〉譯注稿 その(一)》,154-155頁。

【簡文】

有罪去亡弗會已獄及已劾未論而自出者爲會鞫罪不得減2087/015

【釋文】

有罪去亡[1],弗會[2],已獄[3]及已劾[4]未論而自出者,爲會。鞫[5],罪不得減。2087/015

【集釋】

[1]去亡

【按】鄒水杰認爲秦及漢初法律中的"去亡"是特定的法律術語,表示的是"去某罪亡""不入錢財亡",或"去某事亡""去某身份亡",去亡爲的是逃避犯罪、戍役或特定的身份。[①] 本簡中的"有罪去亡"即完成犯罪行爲後的逃亡者。

[2]弗會

嶽簡整理小組:秦簡"會"指按規定日期前去官府報到……不按期報到則稱"弗會"或"不會"。[②]

朱紅林:會,按照規定時間地點履行官府所要求之事。[③]

京大讀簡班:"會"指受到傳喚而在規定日期前到達官府。與單純的"自出"不同。[④]

【按】"會"在秦漢文獻中習見,其後接具體日期或某個事項時,皆表示在規定時間内達成某事。歐揚認爲嶽麓秦簡《亡律》共有四條"不會"起首律文,都是不前去接受懲罰的意思。[⑤] 彭浩認爲"不會"也稱"弗會",在不同場合,"弗會"所指之事不盡相同,但基本含義都是逾期不到。[⑥] 所以,本簡中的"有罪去亡,弗會"就可以理解爲犯罪者逃亡後没有在規定時間内到官府"會"某罪。張家山漢簡《二年律令·具律》簡122-124載"有罪當完城旦舂、鬼新(薪)白粲以上而亡,以其罪命之;耐隸臣妾罪以下,論令出會之。其以亡爲罪,當完城旦舂、鬼新(薪)白粲以上不得者,亦以其罪論命之。"根據此簡内容,當犯人所犯罪行爲處耐隸臣妾以下時,其罪名已經被官府所"論"定,會令其出會所犯之罪,可見會某罪的罪當在"耐隸臣妾罪"以下的等級。但是,所要"會"的是哪個時間節點,是所犯本罪被定罪前還是被定罪後并不明確,擬於後文整簡的解讀中予以説明。

① 參見鄒水杰《論秦及漢初簡牘中有關逃亡的法律》,《湖南師範大學社會科學學報》2019年第1期。

② 陳松長主編:《嶽麓書院藏秦簡(肆)》,74頁。

③ 朱紅林:《〈嶽麓書院藏秦簡(肆)〉補注(二)》,89頁。

④ [日]"秦代出土文字史料の研究"班:《嶽麓書院所藏簡〈秦律令(壹)〉譯注稿 その(一)》,156頁。

⑤ 參見歐揚《嶽麓秦簡〈亡律〉日期起首律條初探》,《第六屆"出土文獻與法律史研究"暨慶祝華東政法大學律古籍整理研究所成立三十周年學術研討會論文集》,上海,2016,147頁。

⑥ 參見彭浩《〈嶽麓書院藏秦簡(肆)〉部分竹簡的歸類》,《出土文獻與法律史研究現狀學術研討會論文集》,2016,3、4頁。

［3］已獄

嶽簡整理小組：即“獄已具”，指案情已經確認，案件卷宗已經編寫完備。[①]

京大讀簡班：“已獄”與“獄已具”中“已”所關聯的對象不同。“獄”指“在獄中調查”，“已獄”指“獄”已經開始。[②]

【按】秦漢時期的“獄”可作爲動詞性的“獄治”理解，“已獄”就是正式進入立案審理的階段，與其相對的還有“未獄”“獄未斷”“獄斷”等階段。睡虎地秦簡《法律答問》簡 107“葆子以上，未獄而死若已葬，而誧（甫）告之，亦不當聽治，勿收，皆如家罪。”睡虎地秦簡《法律答問》簡 115“以乞鞫及爲人乞鞫者，獄已斷乃聽，且未斷猶聽殹（也）。”《嶽麓秦簡（肆）》簡 1402/116：“金布律曰：諸亡縣官器者，必獄治，臧（贓）不盈百廿錢，其官自治，勿獄。”故而，京大讀簡班之説可從。

［4］劾

【按】“告”和“劾”是秦漢訴訟程序的初始階段，關於兩者的區别已有充分的探討。沈家本認爲，告、劾是二事，告屬下，劾屬上。劾有三義，由上對下之詞一義引出兩人相對之詞和罪法之要詞二義。[③] 陳曉楓認爲，漢代劾制的正確表述應爲“案舉犯人”，即偵查取證并向司法審判機關指控罪犯已成立某罪。[④] 徐世虹認爲，在漢代，告與劾適用對象不同，告行爲的發生者往往是民，而劾行爲的發生者往往是官。民對民、民對官或官對民的起訴行爲稱告，而官僚系統内部的彼此起訴行爲稱劾。[⑤] 張建國認爲，告是吏民告發犯罪，適用情况廣泛，包括當事人對自己的控告。劾的本意是負有相應職責的官吏（朝廷命官）對有犯罪嫌疑的官吏（公職人員）提起訴訟。[⑥] 宫宅潔認爲，“劾”除了用於官吏之間的檢舉外，也可用於官對民的起訴。[⑦] 劉慶認爲，從行爲主體與適用對象來看，告的適用範圍更爲寬泛，民對民、民對官、官對民、官對官的起訴皆可稱告，而劾的提出者往往是官吏，被劾對象多數是官，也可以是民。[⑧] 目前看來，告與劾的主要區别在於起訴主體的不同，前者爲民，後者爲官。

［5］鞫

【按】以往關於鞫的含義已有充分討論。一般認爲鞫是秦漢訴訟審判程序之一，如張建國認爲，“鞫是審判人員對案件調查的結果，也就是對審理得出的犯罪的過程與事實加以簡明的歸納總結”。[⑨] 學者一般將鞫與訊、論、報并舉，將其視爲“論”即援引律條、確定罪名之

① 陳松長主編：《嶽麓書院藏秦簡（肆）》，74 頁。

② ［日］“秦代出土文字史料の研究”班：《嶽麓書院所藏簡〈秦律令（壹）〉譯注稿 その（一）》，156 頁。

③ ［清］沈家本撰，鄧經元、駢宇騫點校：《歷代刑法考》，北京：中華書局，1985，1372-1373 頁。

④ 參見陳曉楓《兩漢劾制辨正》，《法學評論》1989 年第 3 期。

⑤ 參見徐世虹《漢劾制管窺》，李學勤主編《簡帛研究》第 2 輯，北京：法律出版社，1996，313 頁。

⑥ 參見張建國《帝制時代的中國法》，北京：法律出版社，1999，306-307 頁。

⑦ 參見［日］宮宅潔《中国古代刑制史の研究》，244-265 頁。

⑧ 參見劉慶《秦漢告、劾制度辨析》，《中國史研究》2016 年第 4 期。

⑨ 張建國：《帝制時代的中國法》，311 頁。

前的一個環節。于洪濤則認爲,鞫不僅僅指認定犯罪事實的單一程序,而是指全部的庭審過程,包括訊問、詰問、診問、驗等四個環節,并包括基於此過程的供詞形成最終確定案件事實鞫辭的環節。[①] 陶安指出,廣義上"鞫獄"也指在訊問基礎上進行論斷,由有論斷許可權者進行的裁判的整體。[②] 徐世虹認爲鞫包含程序之義、指代之義和文書之義三種意向。其中,程序之義即其作爲訴訟審判當中的確定罪行的程序。指代之義爲鞫内涵大於單一的程序意義,可以包含一個案件的全部訴訟程序。作爲文書的鞫不是單一程序的記録,也不是程序進行中的公文流轉,而是對已完成的一個審判案件的提要、概括。[③] 至於本簡中鞫的含義,擬於解説中結合整簡内容説明。

【解説】

關於本條簡文的理解,困難之處在於如何把握"會"的時間階段與後文"已獄""已劾""未論"和"鞫"等訴訟程序之間的關係。黄子嫻將該句翻譯爲:"犯罪之後逃亡,没有按照官府規定的日期準時到官府報到,在相關案件已經立案,并且官府就該案件已經起訴,但還没有進行判決的情形下,犯下罪行的人前往官府自首,視爲自首,若已經確定了罪名與處罰,則不得減罪。"[④]然而,"準時到官府報到"及要會的對象是什麽并不清楚,其將"鞫"單一指向爲"確定罪名"的程序,翻譯中"確定了罪名和處罰"的表述似擴大了"鞫"之含義,原因亦不明確。

京大讀簡班指出本條是針對基於"自出"時間的不同而采取不同措施的規定。他們認爲,本條文理解上尚存疑問,"劾"未被理解爲如"告"一般的訴訟環節,而是以"已獄及已劾"的寫法使"劾"與"獄"并列;"已鞫"的話,是"按照'會'來處理,但是不減刑",還是"不按'會'來處理,同時不減刑",這一點仍不明確。[⑤] 張傳璽對此句的理解爲:犯罪逃亡,在未會時本罪已進入審理程序或已被舉劾但還未確定罪刑,此時自出的,即使此一自出行爲符合規定的時空要求,仍要查清犯罪事實,本罪不得減刑。其認爲本簡頗爲費解,簡文中的"已獄"或"已劾"發生在"會期"之内,與"論,令出、會之"時間順序有异。爲消弭這種衝突,其將本簡内容設定特定情節:官府不知逃亡者本已犯罪,先是僅就逃亡行爲,令其出、會,之後其本罪案發("已獄""已劾"),此時逃亡者自出,即使符合針對逃亡行爲的"會期"要求,對其本罪仍不得減刑。[⑥] 然而,從簡文内容來看,難以確定簡文中的罪人逃亡案發局限在此特定情

① 參見于洪濤《秦漢法律簡牘中的"鞫"研究》,沈陽師範大學主辦《法律文化論叢》第5輯,北京:知識産權出版社,2016,78-92頁。

② 參見[德]陶安あんど《秦漢刑罰体系の研究》,東京:創文社,2009,392-393頁。

③ 參見徐世虹《秦漢"鞫"文書譾識——以湖南益陽兔子山、長沙五一廣場出土木牘爲中心》,武漢大學簡帛研究中心主辦《簡帛》第17輯,上海古籍出版社,2018,267-279頁。

④ 黄子嫻:《嶽麓秦簡(肆)〈亡律〉釋讀與研究》,22、23頁。

⑤ 參見"秦代出土文字史料の研究"班《嶽麓書院所藏簡〈秦律令(壹)〉譯注稿 その(一)》,157頁。

⑥ 參見張傳璽《秦及漢初逃亡犯罪的刑罰適用和處理程序》,《法學研究》2020年第3期。

形之内。

我們認爲"有罪去亡,弗會"不能簡單地理解爲"犯了相關罪行後逃亡,官府要求逃亡者在特定日期自首",而是官府對其所犯本罪已經通過審理并確定其罪名後命令逃亡者在規定時間"會"其已確定的罪名,這種情況下不按時自首的行爲纔叫做"有罪去亡,弗會"。正如張傳璽所指出"會期"只能出現在其罪行被確定之後,在論罪之前不存在會期。張家山漢簡《二年律令・具律》簡 122−124 載:"有罪當完城旦舂、鬼新(薪)白粲以上而亡,以其罪命之;耐隸臣妾罪以下,論令出會之。其以亡爲罪,當完城旦舂、鬼新(薪)白粲以上不得者,亦以其罪論命之。"根據此簡内容,會某罪的罪皆是耐隸臣妾罪以下之罪。《嶽麓秦簡(肆)》中的"不會司寇之耐者""不會笞及除""不會貲贖""不會繫城旦舂""不會收及隸臣妾"都是"耐隸臣妾罪以下",所以"有罪去亡,弗會"意爲"犯有耐隸臣妾罪以下逃亡的,其罪名已被官府確定并命令按期自首,拒不按期自首"。

基於以上理解,本簡後文的"獄""劾"和"鞫"不應該是審理罪人本罪的司法程序,而是發生在其不會本罪之後的司法程序。"已獄及已劾未論而自出者,爲會"即表示罪人在規定時間内没有會本罪,當對其"不會某罪"的罪行進入"獄"或"劾"而没有到"論"的階段,其自出的行爲仍舊算作"爲會",其處罰結果是仍以其當會之罪處理。至於"鞫,罪不得减",如將這裏的"鞫"理解爲確定罪行的單一程序,則存在"已鞫未論"的環節下"罪不得减"。但"鞫"這一程序在"論"之前,"已鞫未論"則包括在"已獄已劾未論"的環節中,出現同一環節兩種懲罰辦法的不周之處。因而,這裏的"鞫"或可理解爲其指代之義即全部訴訟程序,則"鞫,罪不得减"意爲不會某罪的審判全部結束之後而自出的,不能減罪。

【譯文】

犯了罪而逃亡,没有在規定日期内出會其所犯本罪,若對其不會本罪進行立案之後或案件已經被官府檢舉但未判决時自首的,視作會;若在案件全部審結之後自首(按照不會某罪論處),不能被减罪。

【簡文】

人奴婢黥爲城旦舂主匿黥爲城旦舂以下到耐罪各與同灋2041/016

【釋文】

人奴婢[1],黥爲城旦舂。主匿黥爲城旦舂以下到耐罪,各與同灋[2]。2041/016

【集釋】

[1]人奴婢

周海鋒:入奴婢。①

① 周海鋒:《秦律令研究——以〈嶽麓書院藏秦簡〉(肆)爲重點》,50頁。

劉欣欣:通過比較,我們發現“人”字的捺筆相對於“入”字來講較長,且“人”字的重心偏左,“入”字重心偏右……從字形上來看該字應是“人”字,但秦漢《亡律》中常見“入奴婢”,由於此處上文未找到,這裏的“人”字是否是“入”字的誤寫需要進一步考證。[①]

京大讀簡班:與官有奴隸相對,私有奴隸的場合冠以“人”字。[②]

【按】釋爲“人”或“入”,存疑。

[2]各與同灋

【按】“與同灋”作爲秦漢時期重要的法律用語,已有較爲充分的研究,兹羅列各家觀點。冨谷至定義“與某同灋”——以什麽法理判斷該行爲及其後果,即對行爲事實的認定,而非量定對應行爲的處罰。[③] 朱紅林認爲“與同灋”是罪名比附,等同於唐律中的“以……論”,即“將此行爲附於彼罪名、主體、主觀心理狀態、量刑方法之下,完全以彼罪名、彼種狀態、彼種方法所在的法條的罰則論斷,且無罪止規定,適用加重罰”。“與同灋”最常見的表現形式就是“與盜同灋”,屬於主體行爲的比附。[④] 周敏華認爲“與……同灋”并不直接導致具體法律的適用,而是一種爲司法官員提供“上下比罪”的判讀尺度。[⑤] 支强認爲“與同灋”在法律條文中的作用,并非限於對兩個事項相同性的描述,其在罪刑表述上的作用,體現在將某一事項的處罰方式擴大到對其他事項的處置。所謂 A 與 B 同灋,是指對二者的處置方式相同。當“與同灋”被用來表述某一事項的處置方式時,如稱某“與盜同灋”時,即指對某的處置方式與處置“盜”的方式相同。“與盜同灋”之“盜”在一定語境下指具體的“盜”的行爲,但在某些情況下,則指抽象意義上的“盜罪”。[⑥] 本簡當中的“皆與同灋”則指主匿犯有黥爲城旦舂到耐罪的逃亡者時,主匿者與被匿者以相同之法處置。值得注意的是,張家山漢簡《二年律令・亡律》簡 167 規定“匿罪人,死罪,黥爲城旦舂,它各與同罪”,與本簡内容有關,對主匿者的懲罰表述則爲“與同罪”。

【解説】

關於《嶽麓秦簡(肆)》簡 2087/015 和簡 2041/016 之間的關係,嶽簡整理小組和紀婷婷、張馳認爲兩簡背劃綫相連,所以兩簡可以直接編聯;[⑦]但京大讀簡班認爲兩簡之間的編聯存在疑問。[⑧] 簡 2087/015 簡面并未被完全書寫,下半部分尚有較多空間,如果認爲兩簡之間直接編聯,意味着簡 2041/016 是一條新的律文的開始。但是,從簡 2041/016 開頭爲“人奴婢”

① 劉欣欣:《秦漢〈亡律〉分類集釋》,63 頁。
② [日]“秦代出土文字史料の研究”班:《嶽麓書院所藏簡〈秦律令(壹)〉譯注稿 その(一)》,157 頁。
③ 參見[日]冨谷至《二年律令に見える法律用語——その(一)》,228 頁。
④ 參見朱紅林《張家山漢簡〈二年律令〉研究》,哈爾濱:黑龍江人民出版社,2008,97 頁。
⑤ 參見周敏華《〈二年律令〉中的“與……同法”試探》,《故宫學術季刊》26 卷第 3 期,2009,39 頁。
⑥ 參見徐世虹等《秦律研究》,207-217 頁。
⑦ 參見紀婷婷、張馳《〈嶽麓肆・亡律〉編聯芻議》,255 頁。
⑧ 參見[日]“秦代出土文字史料の研究”班《嶽麓書院所藏簡〈秦律令(壹)〉譯注稿 その(一)》,157 頁。

來看,其明顯需要與其他内容銜接,也就意味着簡 2087/015 與簡 2041/016 不能直接編聯,中間有缺簡,故兩簡能否編聯尚存疑。

從簡文内容來看,簡文規定了匿犯罪逃亡者情形下主匿者的論處方案。"主匿黥爲城旦舂以下到耐罪,各與同瀍"與上引張家山漢簡《二年律令·亡律》簡 167 比較,該簡尚缺主匿死罪和主匿耐罪以下的犯罪逃亡者的有關規定。另外,簡文中第一部分"黥爲城旦舂"也與張家山漢簡《二年律令·亡律》簡 167"匿死罪人"的懲罰措施相同,推測本簡開頭簡文及前接簡文或與主匿死罪人的規定有關,唯"人奴婢"所指爲何尚不清楚。

【譯文】

……主人的奴婢,本人黥爲城旦舂;若藏匿的罪人被處以黥爲城旦舂以下到耐罪的,藏匿的主要責任者要被按盜罪處罰。

【簡文】

及諸當隸臣妾者亡以日六錢計之及司寇冗作及當踐更者亡皆以其當冗作及當踐$_{1981/017}$

更日=六錢計之皆與盜同瀍$_{1974/018}$

【釋文】

及諸當隸臣妾者亡,以日六錢計之[1];及司寇[2]冗作[3]及當踐更[4]者亡,皆以其當冗作及當踐$_{1981/017}$更日,日六錢計之,皆與盜同瀍。$_{1974/018}$

【集釋】

[1]以日六錢計之

嶽簡整理小組:居貲償債的計算標準。①

紀婷婷:處罰并不是以"日六錢"的標準罰款,而是以每天六錢的標準按照盜律懲罰。②

京大讀簡班:根據睡虎地秦簡,接受糧食供給的公務服役者的勞動,一日換算六錢。③

【按】"日六錢"亦見於睡虎地秦簡《秦律十八種·司空》簡 133:"有辠以貲贖及有責(債)於公,以其令日問之,其弗能入及賞(償),以令日居之,日居八錢;公食者,日居六錢",兩簡相參可知,作爲隸臣妾的服役者、服司寇役者在服役過程中逃亡的,對其的懲罰是按照一日六錢(接受官府提供食物)的標準折合出總錢數,并按盜律進行處罰。顯然,該懲罰的性質應爲刑罰,而非一般意義上的罰款。亦有學者認爲該處罰應是"補償"性質的罰款,"對逃避勞作的徒隸以及逋逃徭役的黔首,以'日六錢'的額度加以處罰,從某種程度上而言,只是對所欠工作量的補償,算不上刑罰"。④ 此説或許對"與盜同瀍"的認識稍有不足,我們更傾

① 陳松長主編:《嶽麓書院藏秦簡(肆)》,75 頁。

② 紀婷婷:《嶽麓書院藏秦簡〈亡律〉集釋及文本研究》,20-21 頁。

③ [日]"秦代出土文字史料の研究"班:《嶽麓書院所藏簡〈秦律令(壹)〉譯注稿 その(一)》,158 頁。

④ 周海鋒:《秦律令研究——以〈嶽麓書院藏秦簡〉(肆)爲重點》,39 頁。

向於前一種認識。

［2］司寇

京大讀簡班:勞役刑的一種。①

【按】“司寇”在秦漢時被定爲刑徒名,是勞役刑的一種,②即罰往邊地戍守防敵,《漢書·刑法志》:“隸臣妾滿二歲,爲司寇。司寇一歲,及作如司寇二歲,皆免爲庶人。”孫聞博對司寇所處的刑罰序列進行了考察,認爲司寇屬國家編户,籍附縣鄉,可單獨立户;司寇的身份低於平民,但高於徒隸;司寇、隸臣妾、城旦舂、鬼薪白粲由高到低大體構成當時刑罰序列的相應等級。③ 但最近幾年,賈麗英探討了秦漢簡牘材料中的司寇,認爲司寇既可表職事,也可表身份;作爲身份意義上的司寇,其完成了由“户人”向“徒隸”的變遷;司寇均爲男性,女性處於從屬地位,這點與中國古代社會身份秩序的規範以男性爲基礎高度一致。賈説有一定的啓發性,至於是否恰當、何説爲是尚待進一步研究。④ 本簡中的司寇非職事,似應指的是身份。

［3］冗作

周海鋒:“冗作”是相對於“居作”而言的,居作服役時間是連續的,而冗作是間斷的。⑤

京大讀簡班:“冗作”,不輪番的持續服役。⑥

【按】“冗作”似應爲一種連續的、没有特定職務或内容的供役方式,其適用範圍較爲廣泛。《漢書·食貨志》:“其不能出布者,冗作,縣官衣食之”,顔師古注:“冗,散也。”睡虎地秦簡《秦律十八種·倉律》簡50-51:“雖有母而與其冗居公者,亦稟之,禾月半石。”睡簡整理小組注:“居,即居作,指罰服勞役。”“冗居公者”指爲官府零散服役的人。“冗作縣官”與“冗居公者”同義。⑦ 楊振紅也指出,秦漢簡中“冗”與“更”多同時出現,表示一組供役方式:冗指長期服役,没有特定職務;“更”指輪更供役。它們可以適用於官吏散職、到官府供役的丁、夫、色役、隸臣妾等。⑧ 廣瀨薰雄認爲,“冗作”的意思可能指的是没有特定服務内容的勞役。⑨ 安忠義認爲,冗作就是指在規定的徭役之外爲贖罪或代人贖罪而勞役。一般來説參與冗作

---

① ［日］“秦代出土文字史料の研究”班:《嶽麓書院所藏簡〈秦律令(壹)〉譯注稿 その(一)》,158頁。

② 參見朱騰《也論先秦時代的司寇》,《法學家》2015年第2期;孫聞博《秦及漢初的司寇與徒隸》,《中國史研究》2015年第3期;李力《〈九刑〉、“司寇”考辨》,《法學研究》1999年第2期;吴琳《“司寇”源流考》,《成都師範學院學報》2016年第5期等。

③ 參見孫聞博《秦及漢初的司寇與徒隸》,《中國史研究》2015年第3期。

④ 參見賈麗英《秦漢簡所見司寇》,鄔文玲、戴衛紅主編《簡帛研究二〇一九(春夏卷)》,桂林:廣西師範大學出版社,2019,153頁。

⑤ 周海鋒:《秦律令研究——以〈嶽麓書院藏秦簡〉(肆)爲重點》,44頁。

⑥ ［日］“秦代出土文字史料の研究”班:《嶽麓書院所藏簡〈秦律令(壹)〉譯注稿 その(一)》,158頁。

⑦ 睡虎地秦墓竹簡整理小組編:《睡虎地秦墓竹簡》,32-33頁。

⑧ 參見楊振紅《秦漢簡中的“冗”、“更”與供役方式——從〈二年律令·史律〉談起》,卜憲群、楊振紅主編《簡帛研究二〇〇六》,桂林:廣西師範大學出版社,2008,81-89頁。

⑨ 參見［日］廣瀨薰雄《秦漢律令研究》,東京:汲古書院,2010,303頁。

的人出於三種情况：一種是有適罪的，因罪罰充冗邊；第二種是贖身的；第三種冗作的人是隸臣妾。[①] 本簡中的"冗作"似可理解爲服司寇役者向官府提供不輪番的連續的、没有特定服務内容的勞役。周説似不確。

［4］踐更

嶽簡整理小組：秦漢時的一種服徭役的方式，即本人（黔首）親自前往服役。[②]

周海鋒：秦代還没有出現雇人代服更役的制度，"踐更"指黔首親自服役。[③]

京大讀簡班："踐更"，輪番交替服役者的上番。[④]

【按】從既有研究來看，學界對於踐更是本人親自服更卒勞役這一點基本達成了共識，如濱口重國、[⑤]謝宗陶、[⑥]臧知非、[⑦]耿虎、楊際平[⑧]等均如是認爲。京大讀簡班、嶽簡整理小組觀點可從。

【解説】

本簡涉及的是作爲隸臣妾的服役者、服司寇役者在服役過程中逃亡的，對其的懲罰是按照一日六錢（接受官府提供食物）的標準、按盜律進行處罰。据張家山漢簡《二年律令・盜律》簡55-56製表如下（表5）：

表5　張家山漢簡所見盜罪贓值與處罰對應表

贓值（錢）	處罰
贓≥660	黥爲城旦舂
220≤贓〈660	完爲城旦舂
110≤贓〈220	耐爲隸臣妾
22≤贓〈110	罰金四兩
1≤贓〈22	罰金一兩

結合上表及《嶽麓秦簡（肆）》簡1981/017-1974/018的内容，可知刑徒及服徭役者逃亡的處罰方式：逃亡日數乘以每日六錢所得的總金額，再按照盜罪贓值額度進行處罰。

① 參見安忠義《秦漢簡牘中的作刑》，《魯東大學學報（哲學社會科學版）》2010年第6期。

② 陳松長主編：《嶽麓書院藏秦簡（肆）》，75頁。

③ 周海鋒：《秦律令研究——以〈嶽麓書院藏秦簡〉（肆）爲重點》，44頁。

④ ［日］"秦代出土文字史料の研究"班：《嶽麓書院所藏簡〈秦律令（壹）〉譯注稿 その（一）》，158頁。

⑤ 參見［日］濱口重國《秦漢隋唐史の研究》，東京大學出版會，1929，481頁。

⑥ 參見謝宗陶《關於漢代的踐更、卒更和過更》，《歷史教學》1956年第12期。

⑦ 參見臧知非《漢代更賦辨誤——兼論"戍邊三日"問題》，《徐州師範學院學報》1987年第2期。

⑧ 參見耿虎、楊際平《如淳"更三品"説駁議》，《厦門大學學報（哲學社會科學版）》2007年第3期。

【譯文】

……應當作爲隸臣妾服勞役者逃亡的,以每天六錢的標準計罰;當冗作或當踐更的司寇逃亡的,按照其應當冗作或當踐更的天數以每日六錢的標準計罰。以上所有逃亡者都根據計罰錢數按盜罪的贓值標準進行論處。

【簡文】

不盈廿二錢者貲一甲其自出毆減罪一等∟亡日錢數過六百六十而能以錢數物告0169/019

者購金二兩其不審如告不審律六百六十錢以下及不能審錢數而告以爲亡購0180/020

金一兩其不審完爲城旦舂到耐罪貲二甲貲罪貲一甲2036/021

【釋文】

不盈廿二錢[1]者,貲一甲;其自出毆(也),減罪一等。[2]

亡日錢數過六百六十而能以錢數物〈捕〉告[3]0169/019者,購[4]金二兩;其不審[5],如告不審律。六百六十錢以下及不能審錢數而告以爲亡,購0180/020金一兩;其不審,完爲城旦舂到耐罪[6],貲二甲,貲罪,貲一甲。2036/021

【集釋】

[1]廿二錢

嶽簡整理小組:秦代處罰或購賞的標準之一。據睡虎地秦簡《秦律十八種・金布律》:"錢十一當一布。"①

[2]∟

【按】《嶽麓秦簡(肆)》簡0169/019中"等"與"亡"之間有明顯的鈎識符號,同時該鈎識符號前後的文義有所不同(前者是對逃亡者的處罰規定,後者是對揭發檢舉逃亡者的購賞以及不審的處罰規定)。似爲書手在寫完一條律文後,不知何故,緊接着抄寫另一條律文的結果。但於文義理解而言,簡文似可於此處斷開。

[3]物〈捕〉告

魯家亮:"捕告"之"捕",原釋文作"物"。其字形作: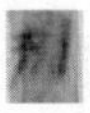,當改釋作"捕"。本律下文云"不能審錢數",也可證明該字釋"物"存在疑問。捕告,秦漢出土法律文獻中習見。睡虎地秦簡《法律答問》簡136:"夫、妻、子五人共盜,皆當刑城旦,今中〈甲〉盡捕告之,問甲當購○幾可(何)?人購二兩。"睡簡整理小組注云:"捕告,逮捕告官。"②

京大讀簡班:嶽簡整理小組釋讀的"物告"應爲"捕告"。③

【按】"物告""捕告"字形對比(表6):

① 陳松長主編:《嶽麓書院藏秦簡(肆)》,75頁。

② 魯家亮:《嶽麓書院藏秦簡〈亡律〉零拾之二》,簡帛網,2016年3月31日。

③ 參見[日]"秦代出土文字史料の研究"班《嶽麓書院所藏簡〈秦律令(壹)〉譯注稿 その(一)》,20頁。

表 6　嶽麓秦簡、張家山漢簡、睡虎地秦簡所見"物告""捕告"字形對比表

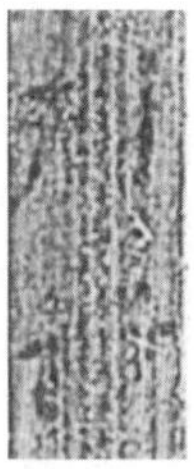			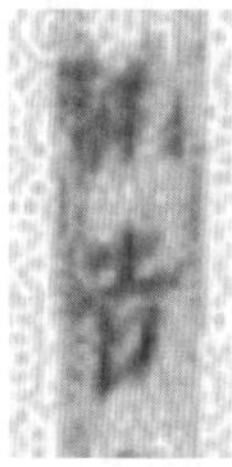	
嶽麓秦簡(肆) 簡 0169/019	嶽麓秦簡(肆) 簡 1233/126	嶽麓秦簡(肆) 簡 1410/129	張家山漢簡 《二年律令 · 亡律》 簡 172	睡虎地秦簡 《法律答問》 簡 136

我們經過查找原文以及比對嶽麓秦簡、張家山漢簡、睡虎地秦簡中"物""捕"二字字形，并找到了《嶽麓秦簡(肆)》簡 1233/126、簡 1410/129，張家山漢簡《二年律令 · 亡律》簡 172 和睡虎地秦簡《法律答問》簡 136 中較爲清晰的"物告"二字字形，進行印證；僅嶽簡整理小組釋讀爲"物告"，他處暫無所見。魯説、京大讀簡班之説可從。

[4]購

嶽簡整理小組：購賞，獎勵。①

劉明哲："購"多爲告發奸惡或捕獲罪人而設，其獎勵方式有兩種：賜爵和賞金。賞金又分兩種：一種是以錢爲單位，一種是以金爲單位。如果遇有告奸，政府會去核實，所言屬實就立刻兑現購賞；如果所告不實，重罪輕告，依然可以受賞；反之則不行。②

【按】嶽簡整理小組和劉明哲之説可從。"購"在秦漢時期是多爲抓捕逃亡犯罪者而設的一種獎賞，同時并用賜爵與購錢兩種獎賞方式。購賞的範圍和具體的賞格都有法律規定。另外，陳松長指出："從這兩種賞格的排序來看，以錢爲單位者，從兩千到五萬不等，其中從兩千到五千都是以千爲單位遞增。以金爲單位者，從一兩到十四兩不等，其中從一兩到四兩則是以兩爲單位遞增。這多少説明，儘管所購賞的貨幣單位不同，但各自遞增的貨幣單位却是相同的。"③陳説對於加深理解"購賞"的具體規定及細節問題是有所助益的。

[5]不審

【按】對於"審"的含義，學界有所争議。籾山明認爲，所謂"審"，是"正確、確實"的意思；"不審"，就是"不正確、不確實"的意思。由官吏所進行的虚假告發，似乎可稱爲"劾人不

---

① 陳松長主編：《嶽麓書院藏秦簡(肆)》，75 頁。

② 劉明哲：《嶽麓書院藏秦簡(肆)集釋》，吉林大學碩士學位論文，2018，36 頁。

③ 参見陳松長《〈嶽麓簡(三)〉"癸、瑣相移謀購案"相關問題瑣議》，《華東政法大學學報》2014 年第 2 期。

審”。在懸泉出土的漢簡中,可見如下囚律佚文:“囚律。劾人不審爲失,以其贖半論之。”[①]裘錫圭認爲“不審”意爲“不知道、不能確定”;漢簡中數見“不審日”之語,此外還有“不審里”“不審縣官”等語。[②] 兩位學者的説法均對理解本簡“審”有所助益。我們可以找到其他簡牘文獻進行比對和印證,睡虎地秦簡《秦律十八種・徭律》簡124“其不審,以律論度者,而以其實爲繇(徭)徒計”,意即如不屬實,便應依法論處;張家山漢簡《二年律令・具律》簡112“劾人不審,爲失;其輕罪也而故以重罪劾之,爲不直”。結合本簡含義,此處似應爲“不屬實”“不如實”之義。

［6］完、耐

【按】“完”本爲“身體髮膚完好無損”之意;而“耐”意爲“剃去鬢須”,見《漢書・高帝紀》應劭注:“輕罪不至於髡,完其耏鬢。故曰耏。”一般情況下“耐”是和勞役刑相結合的。韓樹峰指出秦代的“完”即“耐”,漢初的“完”爲“耐”或“免”,至漢文帝刑罰改制,“完”成爲現代意義上的“身體髮膚完好無損”之意;“完”刑的演變反映了秦漢時期法律的發展和變化。[③]同時,陶安認爲“耐”在秦漢刑罰體系中的運用與當時的社會背景有着密切的關係,受時代混亂的影響,“耐”的含義也含混或指代不明。[④] 二人對“完”“耐”的研究頗有啓發意義。從睡虎地秦簡、張家山漢簡等記載來看,“完”刑既非單純的“耐”刑,亦非單純的“免”刑,更不是單純指身體髮膚完好無損,其含義因時而變。“完”“耐”在漢以前使用極其不規範,常出現混用、以此代彼的現象。

【解説】

《嶽麓秦簡(肆)》簡0169/019的前半部分“不盈廿二錢者,貲一甲;其自出毆(也),減罪一等”,於意不完整,或是某一法律規定的一部分。

該簡後半部分是對告發逃亡者的人如何進行獎懲的法律規定,涉及如何以貨幣衡量逃亡者所造成的危害程度、告發者如實揭發以及如實揭發但未明確説出錢數的購賞等級、揭發不如實的懲罰措施等。具體就購賞而言,以六百六十錢爲界,六百六十錢以上(含六百六十錢)獎勵告發者金二兩,以下獎勵一兩。就針對告發者告發不實科罰而言,亦以六百六十錢爲界,超過六百六十錢處以黥爲城旦舂,告不審減罪一等,對告發者科以完城旦舂之刑;贓值在一百一十錢到六百六十錢(不含),或爲貲罪(贓值在一百一十錢以下),科罰有所不同,前者貲二甲,後者貲一甲。京大讀簡班對該部分簡文有較爲詳細而深入的理解,并且將可能存在誤寫的情況亦予以説明,這對我們理解本簡頗有助益(表7):

---

① ［日］籾山明:《中国古代訴訟制度の研究》,59頁。

② 參見裘錫圭《〈居延漢簡甲乙編〉釋文商榷(一)——讀考古發現文字資料札記之二》,《人文雜志》1982年第2期。

③ 參見韓樹峰《漢魏法律與社會——以簡牘、文書爲中心的考察》,北京:社會科學文獻出版社,2011,3-24頁。

④ 參見［德］陶安あんど《秦漢刑罰體系の研究》,26-44頁。

表7　購賞與科罰明細表

	賞金	非事實情況下
换算額超過六百六十錢,或者告者可以明言錢數	二兩	適用告不審律(減罪一等)
换算額在六百六十錢以下,且錢數不詳而告	一兩	一百一十錢到六百六十錢,貲二甲;不足一百一十錢,貲一甲

同時其還指出本條可能存在"六百六十錢以下及不能審錢數而告以爲亡"爲"六百六十錢以下而不能審錢數而告以爲亡"之誤寫,在告發者不能明確説出錢數且被捕者的逃亡日數較短的情形下,賞金爲半額,對告不審的科罰規定也減輕。如下表(表8):①

表8　"誤寫"情況下購賞與科罰明細表

	賞金	非事實情況下
换算金額超過六百六十錢,且告者可以明言錢數	二兩	適用告不審律(減罪一等)
换算金額未超過六百六十錢,或者錢數不詳而告	一兩	一百一十錢到六百六十錢,貲二甲;不足一百一十錢,貲一甲

我們對京大讀簡班所提出的誤寫説持謹慎態度。另外,本簡文對於"不審",即揭發檢舉"不屬實""不如實",其處罰的數額明顯少於購賞的力度。在换算金額未超過六百六十錢且錢數不詳而告的情況下,往往會賞金一兩;而告不審的情況下,却只罰貲(一百一十錢到六百六十錢,貲二甲;不足一百一十錢,貲一甲)。换算金額超過六百六十錢,或者告發者可以明言錢數時,會賞金二兩;而告不審的情況下,適用告不審律,但會減罪一等。這或許從一定層面上反映了秦制定此律條鼓勵民衆告發犯罪的主旨。

【譯文】

……未超過二十二錢的,罰一甲;自首的,減罪一等。

如果逃亡者按日累積錢數超過六百六十,對能够清楚地計算出錢數而前往官府告發的人,獎勵金二兩;如果告發者不能明確説出錢數而告,按照告不審律處罰。如果被告發的逃亡者按日累積錢數在六百六十以下,或者無法確定逃亡者按日累積的錢數,獎勵告發者金一兩;告發不如實,若被告發的逃亡者本應處以完爲城旦舂到耐罪,告發者罰二甲,若逃亡者本應處以貲罪,則告發者罰一甲。

① 參見[日]"秦代出土文字史料の研究"班《嶽麓書院所藏簡〈秦律令(壹)〉譯注稿 その(一)》,162頁。

嶽麓秦簡所見“從反者”發覆*

□ 湖南大學嶽麓書院　温俊萍

内容提要　“從反者”見於《嶽麓書院藏秦簡(肆)》的令文,就現有出土和傳世史料來看,“從反者”之“從”應讀本字,釋爲追隨義,“從反者”指反者的依附從屬群體。秦政府對“從反者”進行嚴密追查,捕而不得者,發布“讂書”跨郡縣通緝。“從反者”没有被處以死刑,而是從空間上放逐到邊遠機構苦作,這一方面可以達到處罰的目的,另一方面也是維護秦新地秩序的需要,不失爲一種因時之舉。

關鍵詞　從反者　從人　連坐　追捕

一　問題的提出

“從反者”見於《嶽麓書院藏秦簡(肆)》的一條令文,初步整理意見是“從人、反者的合稱”,現整合相關材料,筆者發現“從反者”之内涵或有再做商討的餘地,爲方便討論,將該簡文移録如下:

·縣輸從反者、收人材官,多毋(無)衣履,毋(無)以蔽。輸者或不遝冬夏賦衣。議:□新輸而後冬若0669夏賦衣而聯寒者,冬袍裘絝履及它物可衣履者,盡四月收。其後賦夏衣者,假禪群襦0666盡九月收。叚(假)裘者,勿假袍;叚(假)袍者,①勿假裘。

* 本文爲中國博士後科學基金第67批面上資助(資助編號:2020M672465)的階段性成果。

① 原釋文直接做“假”,根據其圖版,應當是“叚(假)”。

它有等比。0588-1+0588-2[①]

該令文是對從反者、收人冬夏衣物發放事宜的規定。令文所見“材官”陳偉先生已指出是一種工官名,[②]《吕氏春秋·季春紀》“是月也,命野虞,無伐桑柘。”高誘注:“野虞,主材官,桑與柘皆可以養蠶,故命其官使禁民不得斫伐。”[③]《禮記·月令》鄭玄注:“野虞,謂主田及山林之官。”[④]所以,“材官”極有可能是負責田及山林相關事務的工官。又嶽麓簡1110有“盡輸其收妻子、奴婢材官、左材官,令終身作遠窮山,[⑤]毋得去”的内容,[⑥]也可説明“材官”應位於邊遠偏僻地帶,其職掌與山林事務有關。綜上可知,秦政府對“從反者”的處罰是遷輸到邊遠的官府機構進行勞作。整理者將“從反者”理解爲“從人、反者的合稱”,而考證相關文獻,秦對反者、從人的處罰遠不止罰作於官府機構這麼簡單。

“反者”史籍常見,如商鞅被車裂,秦惠王警示衆人“莫如商鞅反者”,[⑦]并滅其家;李斯被趙高誣陷謀反,處罰也是“具五刑”“腰斬咸陽市”,[⑧]隨後夷其三族;張家山漢簡《賊律》也有“以城邑亭障反,降諸侯,及守乘城亭障,諸侯人來攻盗,不堅守而弃去之若降之,及謀反者,皆要(腰)斬”的規定。[⑨] 可見,秦漢律令對“反”這類撼動統治秩序的重罪都是嚴懲的。

“從人”於里耶秦簡和嶽麓秦簡均有所見,嶽麓簡1029-1111有將“從人故趙將軍樂突弟及舍人袑等二十四人”完爲城旦舂,輸往洞庭郡苦作的規定,但該條令文中“從人”究竟是指“弟及舍人袑等廿四人”還是“故趙將軍樂突”存有争議。[⑩] 里耶秦簡9-22有“從人城旦皆非智(知)筭田殹(也)”的内容,[⑪]黄浩波先生將此與嶽麓簡關聯,認爲“從人城旦”或許就是

---

① 陳松長主編:《嶽麓書院藏秦簡(肆)》,上海辭書出版社,2015,222頁。陳偉先生就此段令文進行了新的斷句解讀,以上所引即是,詳見陳偉《嶽麓秦簡(肆)校商(三)》,簡帛網,2016年3月29日。另外,周海鋒先生認爲從反者與收人之間不應斷開,提出從人之妻、子、同産、舍人等在收人之列。詳見周海鋒《〈嶽麓書院藏秦簡(肆)〉拾遺(二)》,簡帛網,2020年5月11日。

② 陳偉:《嶽麓秦簡(肆)校商(三)》,簡帛網,2016年3月29日。

③ 許維遹:《吕氏春秋集釋》卷三《季春紀》,北京:中華書局,2009,62頁。

④ [漢]鄭玄注,[唐]孔穎達疏:《禮記正義》卷一五《月令》,上海古籍出版社,2008,648頁。

⑤ 令,原釋文爲“作”字,陳偉先生認爲是“令”字,屬下讀,令終身作遠窮山,可從。詳見陳偉《〈嶽麓書院藏秦簡(伍)〉校讀》,簡帛網,2018年3月9日。

⑥ 陳松長主編:《嶽麓書院藏秦簡(伍)》,上海辭書出版社,2017,41-42頁。

⑦ 《史記》卷六八《商君列傳》,北京:中華書局,1959,2237頁。

⑧ 《史記》卷八七《李斯列傳》,2562頁。

⑨ 張家山二四七號漢墓竹簡整理小組編著:《張家山漢墓竹簡[二四七號墓]》(釋文修訂本),北京:文物出版社,2006,7頁。

⑩ 李洪財認爲從人是指“袑等廿四人”,因爲他提到“簡1029的從人中有故趙將軍樂突的弟弟”,并指出“從人是一種非常特殊的從犯專稱”,詳見李洪財《秦簡牘“從人”考》,《文物》2016年第12期。吴雪飛認爲從人是指故趙將軍樂突,但他又提出從人屬、家吏、舍人等有時亦被歸入從人之中,見吴雪飛《〈嶽麓簡五〉所見“從人”考》,簡帛網,2018年4月13日。楊振紅進一步指出故趙將軍樂突及其親屬、舍人均屬於從人,參見楊振紅《秦“從人”簡與戰國秦漢時期的“合從”》,《文史哲》2020年第3期。

⑪ 陳偉主編:《里耶秦簡牘校釋(第二卷)》,武漢大學出版社,2018,33頁。

嶽麓簡令文中提到的“從人之妻子、同産、舍人及子已傅嫁者”；[①]袁延勝、時軍軍兩位先生則將“從人城旦”點斷爲“從人、城旦”，對“從人”所指爲何提出了質疑，他們猜測“從人”或與“從者”“從户”相關，不是“合縱反秦者”。[②] 因此，在“從人”的指代尚有争議的前提下將“從反者”解讀爲“從人、反者的合稱”，還需重新思考。

二 “從反者”試解

既然學界對“從人”的指代對象有不同意見，且整理者認爲“從反者”涵括“從人”，因此我們有必要對“從人”再行考究。學界對“從人”的關注，由《嶽麓書院藏秦簡（伍）》的幾條令文開始，爲討論方便，擇要移録其中一條如下：

·叚（假）正夫言：得近〈從〉人故趙將軍樂突弟、舍人袑等廿四人，皆當完爲城旦，輸巴縣鹽。請論輸〈輸〉袑等 1029【廿四人，故】代、[③]齊從人之妻、[④]子、同産、舍人及其子已傅嫁者，比故魏、荆從人。·御史言：巴縣鹽多人，請 1028 令夫輸〈輸〉袑【等廿四人，故】代、齊從人之妻、子、同産、舍人及其子已傅嫁不當收者，比故魏、荆從人之 0960【妻】、子、同産、舍人及其子已傅嫁者。已論，[⑤]輸〈輸〉其完城旦舂洞庭，洞庭守處難亡所苦作，謹將司，令終身 0921 毋得免赦，皆盗戒（械）膠致桎傳之。其爲士伍、庶人者，處蒼梧，蒼梧守均處少人所，疑亡者，戒（械）膠致桎傳 0898 之，其夫、妻、子欲與，皆許之。有等比。 ·十五 1111[⑥]

目前，學界對“從人”的解讀有兩類意見：一類認爲“從”通“縱”，合縱意，“從人”即主張合縱抗秦之人，且大多出身舊六國貴族，地位較高。[⑦] 另一類認爲“從”讀爲本字，隨從義，吴雪飛先生認爲“從人”可能指六國追隨國君抗秦之人；[⑧]楊振紅先生進一步指出“從”爲“合

---

① 黄浩波：《〈里耶秦簡（貳）〉讀札》，簡帛網，2018 年 5 月 15 日。

② 袁延勝、時軍軍：《里耶秦“邑里”户籍簡探微》，《鄭州大學學報（哲學社會科學版）》2019 年第 5 期。

③ 楊振紅指出“請論”是秦漢時期法律術語，重大案件或罪犯身份較高的場合，治獄官吏在作出“當”的判斷後，需“上請”，向上級部門提出“請論”建議。因此請與論輸之間不宜以冒號斷開，很有道理。詳見楊振紅《秦“從人”簡與戰國秦漢時期的“合縱”》。

④ 吴雪飛認爲這里的妻子當斷讀，可從。見吴雪飛《〈嶽麓簡伍〉所見“從人”考》。

⑤ “已論”，原釋文與下文連讀。陳偉認爲“已論”包含兩種情形，一是“完城旦舂”者，一是“爲士伍、庶人者”，所以此處應該斷讀，詳見陳偉《〈嶽麓書院藏秦簡〔伍〕〉校讀（續三）》，簡帛網，2018 年 3 月 21 日。

⑥ 陳松長主編：《嶽麓書院藏秦簡（伍）》，43-44 頁。

⑦ 李洪財：《秦簡牘“從人”考》。

⑧ 吴雪飛：《〈嶽麓簡伍〉所見“從人”考》。

從”“從親”意，但“合從”之“從”本無“縱”義，而是隨行義，專指關東六國締結盟約，聯合抗秦。[①] 究竟哪種解讀更具説服力，這就需要我們釐清令文中“從人”的指代對象。

就“得從人故趙將軍樂突弟、舍人袑等廿四人”來看，“從人”既可指“故趙將軍樂突”也可指“弟及舍人袑等廿四人”，抑或兼指二者。[②]《嶽麓書院藏秦簡(伍)》的同組令文或可爲此提供綫索：

> 諸治從人者，具書未得者名、族、年、長、物色、疵瑕……1021 其所智(知)從人、從人屬、舍人，未得而不在讂中者，以益讂求，皆捕論之。敢有挾舍匿者，皆與同辠。1019[③]
>
> ☐從人家吏、舍人。可(何)以[論]三族從人者？·議：令縣治三族從人者，必 0901[④]

“從人屬”，吴雪飛先生認爲是“從人之妻、子、同産”，[⑤]有一定的道理。“家吏”作爲家中管事的私吏，[⑥]或也是廣義上的“從人屬”。令文將從人、從人屬、舍人三者并列提及，可見從人與舍人并不是包含與被包含的關係；又“從人”多有族屬，且擁有家吏、舍人，其地位應比較高，而秦的“舍人”尚未完成由私屬身份向職官身份的轉變，社會地位并不高，也不大可能像從人一樣擁有家吏及舍人，因此舍人應不在從人之列。换言之，“得從人故趙將軍樂突弟及舍人”中的“從人”是指“故趙將軍樂突”而不是指“弟及舍人袑等廿四人”。如是，將“從人故趙將軍樂突”理解爲主張合縱抗秦之人或是追隨國君抗秦之人似都説得通。

樂突作爲由燕入趙的樂毅族人，其在趙國仍被重用，位至將軍，且據楊振紅先生分析，令文既然稱其爲“故趙將軍”，“故趙將軍”應該是他的最終身份，這意味着他在趙國滅亡後并没有逃亡至其他國家，很可能在抵抗秦滅趙的戰役中戰死或被俘。[⑦] 如若被俘，樂突作爲故趙抗秦戰役的領袖人物，處罰不會僅是完城旦舂，結合前述對“反者”的處罰，他應該會被處以死刑。即令文中完城旦舂且輸洞庭郡的處罰所針對的并不是樂突，而是“弟及舍人袑等廿四人”。可見，《嶽麓(伍)》令文對“弟及舍人袑等廿四人”的處罰與前引《嶽麓(肆)》令文中對“從反者”的處罰效果相同，目的都是遷輸到邊遠地區勞作，使其脱離原先的社會組織。

其實，將獲罪者强制移送到邊遠地區的處罰由來已久，《五帝本紀》有“流共工”“放驩

---

① 楊振紅：《秦“從人”簡與戰國秦漢時期的“合從”》。

② 孟峰新近發表的《秦簡牘“從人”考論》(《史學月刊》2021 年第 4 期)一文指出“從人”是秦國境内反叛者之家吏、舍人在法律層面的專稱。

③ 陳松長主編：《嶽麓書院藏秦簡(伍)》，45 頁。

④ 陳松長主編：《嶽麓書院藏秦簡(伍)》，64 頁。簡 0901 的釋文從楊振紅先生《秦“從人”簡與戰國秦漢時期的“合從”》一文中所引釋文，詳見楊振紅《秦“從人”簡與戰國秦漢時期的“合從”》。

⑤ 吴雪飛：《〈嶽麓簡伍〉所見“從人”考》。

⑥ 李洪財認爲“嶽麓簡中的家吏也可能是泛指一般貴族的官屬”，詳見李洪財《秦簡牘“從人”考》。睡虎地秦簡《封診式》“黥妾”五大夫乙即擁有“家吏”。

⑦ 楊振紅：《秦“從人”簡與戰國秦漢時期的“合從”》。

兜""遷三苗",[①]《周本紀》有"放蔡叔"。[②] 秦也承襲有類似的處罰,傳世文獻記載與反秦相關且處罰爲遷輸邊地的案例也不少,如以下兩例:

> 八年,王弟長安君成蟜將軍擊趙,反,死屯留,軍吏皆斬死,遷其民於臨洮。[③]
>
> 九年……長信侯毐作亂而覺……盡得毐等。衛尉竭、内史肆、佐弋竭、中大夫令齊等二十人皆梟首。車裂以徇,滅其宗。及其舍人,輕者爲鬼薪。及奪爵遷蜀四千餘家,家房陵。[④]

長安君成蟜犯謀反罪,其軍吏作爲"共犯"直接被處死,屯留之民被遷往臨洮郡。[⑤]《正義》云"屯留之民被成蟜略衆公反",[⑥]這些人并没有實質性參與成蟜叛秦,而只是因爲與成蟜的從屬關係而連坐獲罪。嫪毐叛亂被平定以後,衛尉、内史、佐弋、中大夫令等級别較高者應是嫪毐反叛的"共犯",直接被梟首;嫪毐舍人罪重者已刑戮,輕者爲鬼薪,另有四千餘家被削爵遷至房陵。嫪毐舍人不可能都是"共犯",奪爵遷蜀的四千餘家應只是因其從屬身份而獲罪。

再者,由《嶽麓書院藏秦簡(伍)》1119-1112 可知,秦律令對從人、從人屬、舍人等的處罰依照其罪行的輕重量刑,具體有死刑、勞役刑(城旦舂及鬼薪白粲)、遷、耐刑等。[⑦] 簡 1029-1111 中"欒突弟及舍人袑等廿四人"罪行較重,被判完城旦舂刑且遷輸洞庭,而其中的士伍、庶人應該也是有爵者因獲罪被奪爵後爲士伍、庶人,然後被遷輸到蒼梧郡。可見,弟及舍人袑等廿四人不論其罪行輕重,受何種處罰,最終目的都是遷輸到洞庭、蒼梧之類的邊地。這種遷輸應該是針對"從人"的特殊政策,將從人屬、舍人等從人的從屬群體逐離原先的社會組織,以達到徹底處罰從人的目的。

除了上述謀反事件的相關罪犯會被遷輸邊地外,其他危害秦統治秩序的相關罪犯也同樣會被遷輸,如秦令中還見:

---

① 《史記》卷一《五帝本紀》,28 頁。

② 《史記》卷四《周本紀》,132 頁。

③ 《史記》卷六《秦始皇本紀》,224 頁。

④ 《史記》卷六《秦始皇本紀》,227 頁。

⑤ 水間大輔先生認爲秦漢律對全體共犯者實施同一刑罰,詳見水間大輔《〈嶽麓書院藏秦簡(叁)〉所見的共犯處罰》,《華東政法大學學報》2014 年第 2 期。陶安先生進一步指出共犯分爲兩類,一類是現場實行犯罪的罪犯,一類是事先參與共謀、事後分贓或幫助逃亡等犯罪行爲,"軍吏"應屬現場實行謀反行爲,皆被斬死。見陶安《中國傳統法共犯概念的幾則思考》,王沛主編《出土文獻與法律史研究》第 3 輯,上海人民出版社,2014,218-219 頁。

⑥ 《史記》卷六《秦始皇本紀》,226 頁。

⑦ ·從人之屬、舍人或能枸(拘)捕,捕從人死辠一人若城旦舂、鬼薪白粲辠二人者,除其辠以爲庶人;捕城旦舂、鬼薪白粲辠一人若䙴(遷)、耐辠二人,皆減其辠一等。詳見陳松長主編《嶽麓書院藏秦簡(伍)》,47-48 頁。

【言及】坐與私邑私家爲不善,若爲爲不善以有辠者,盡輸其收妻子、奴婢材官、左材官作,[①]1110 終身作遠窮山,毋得去。議:諸隸臣、城旦、城旦司寇、鬼薪坐此物以有辠當收者,其妻子雖隸臣妾、城旦、城旦司寇、舂、白粲殹(也),皆輪〈輸〉材官、左材官作,如令。·九 1022[②]

這是《嶽麓書院藏秦簡(伍)》的一條令文,因開頭殘缺而信息不全,據尚未公布的《嶽麓書院藏秦簡(柒)》殘缺部分可以補充"諸坐妖",即"諸坐妖言及坐與私邑私家爲不善……",請議的内容是隸臣、城旦、城旦司寇、鬼薪等若也是因此而獲罪,其妻子雖是徒隸,也當按律輸材官、左材官苦作。"坐此物以有罪"即令文開頭所描述的"諸坐妖言及坐與私邑私家爲不善,若爲爲不善以有罪者"。"爲不善"也見於史籍中,作爲律令所處罰的行爲,所涉範圍較廣,包括謀逆、事父母不孝及於主不忠等,[③]那麽該令文中的"爲不善"屬哪種呢?張家山漢簡《收律》有云"奴有罪,毋收其妻子爲奴婢者",[④]而該條簡文却規定隸臣、城旦等妻子依律當收時,其妻子雖是徒隸,也要被收至材官,由此可見"爲不善"的罪行較重。又,令文將"爲不善"與"妖言"并提,現已知"妖言"罪的本質是對皇帝一族統治秩序的反逆,[⑤]因而"爲不善"極有可能就是"儀事王不善""吕産欲爲不善"之類的謀逆罪行。[⑥] 依律被收之妻子、奴婢,作爲"爲不善"者的從屬群體與"從反者"處罰相類,均是被遷輸到僻遠的材官勞作,且終身不得離去。

準此,上述提及的"故趙將軍樂突弟及舍人袑等廿四人"、嫪毐及吕不韋舍人、爲不善者的妻子、奴婢,均被遷輸邊地勞作。他們被遷輸的原因并不是因爲自身被判處遷刑,而主要是因他們與反秦者身份上的從屬關係。將反秦者的依附群體强制性逐離其原本的生活共同體,遷輸到邊地勞作是秦一以貫之的政治舉措,與前述將"從反者"輸材官苦作的判罰精神是一致的。《説文》:"從,隨行也,从辵、从,从亦聲",[⑦]本義是跟從、隨從。《字源》指出其初文

① 陳偉先生認爲此處的"作"是"令"字,屬下讀,令終身作遠窮山。詳見陳偉《嶽麓書院藏秦簡(伍)校讀》,簡帛網,2018年3月9日。但1022簡有"皆輸材官、左材官作,如令"的内容,所以此處釋爲"作"也是有可能的。

② 陳松長主編:《嶽麓書院藏秦簡(伍)》,41—42頁。

③ 《戰國策》:"(張)儀事王不善,臣請殺之。"([漢]劉向集録,范祥雍箋證,范邦瑾協校:《戰國策箋證》卷一五《楚王將出張子》,上海古籍出版社,2006,830—831頁)《史記·孝文本紀》:"吕産欲爲不善,丞相陳平與太尉周勃謀奪吕産等軍。"(《史記》卷一〇《孝文本紀》,418頁)《嶽麓書院藏秦簡(伍)》:"黔首或事父母孝,事兄姊忠敬,親弟(悌)玆(慈)愛,居邑里長老衛(率)黔首爲善,有如此者,牒書……"(陳松長主編:《嶽麓書院藏秦簡(伍)》,134頁)。

④ 張家山二四七號漢墓竹簡整理小組編著:《張家山漢墓竹簡[二四七號墓]》(釋文修訂本),32頁。

⑤ 齊繼偉、温俊萍:《秦漢"妖言"再認識——基於嶽麓簡"以不反爲反"令的考察》,鄔文玲、戴衛紅主編《簡帛研究二〇二〇(春夏卷)》,桂林:廣西師範大學出版社,2020,134—153頁。

⑥ 另外,令文中的"爲爲不善"整理者指出應理解成"爲僞不善"或"僞爲不善",詳見陳松長主編《嶽麓書院藏秦簡(伍)》,73頁。齊繼偉進一步指出僞爲不善指假爲不善,是類似於"諸口陳欲反之言,心無真實之計"的情況。見齊繼偉《簡牘所見秦代"爲不善罪"——兼述秦代的法律與倫常秩序》,《史學月刊》,待刊。

⑦ [漢]許慎撰,[清]段玉裁注:《説文解字注》,上海古籍出版社,1988,386頁。

像一人在後面跟隨一人之形，由於和行動有關，商代時又追加辵旁以增顯其義。[①]"從反者"之"從"應讀本字，被遷輸到材官勞作的"從反者"即是反者的依附追隨群體。

另外，《漢書》卷七《昭帝紀》的一則材料也頗值得注意：

> 九月，鄂邑長公主、燕王旦與左將軍上官桀、桀子票騎將軍安、御史大夫桑弘羊皆謀反，伏誅。……冬十月，詔曰："……封延年倉宮壽皆爲列侯。"又曰："燕王迷惑失道，前與齊王子劉澤等爲逆，抑而不揚，望王反道自新，今乃與長公主及左將軍桀等謀危宗廟。王及公主皆自伏辜。其赦王太子建、公主子文信及宗室子與燕王、上官桀等謀反父母同産當坐者，皆免爲庶人。其吏爲桀等所詿誤，未發覺在吏者，除其罪。"[②]

元鳳元年九月，燕王旦、上官桀及其子上官安等的陰謀被揭穿，意欲武裝政變，但昭帝、霍光提前知曉計劃，在政變發動之前，上官桀、桑弘羊等就被誅殺，長公主、燕王旦自知不可免赦先後自殺，十月下詔赦"王太子建、公主子文信及宗室子與燕王、上官桀等謀反父母同産當坐者"。《西漢文紀》將這一事情概括爲"元鳳元年九月蓋邑長公主、燕王旦與左將軍上官桀、桀子票騎將軍安、御史大夫桑弘羊皆謀反，伏誅。燕王旦自殺，十月詔封延年等，復詔赦從反者。"[③]"王太子建、公主子文信及宗室子與燕王、上官桀等謀反父母同産當坐者"被《西漢文紀》簡省爲"從反者"，依漢律這些人當被處以死刑，但孝昭以骨肉至親，不忍致法，因此免他們爲庶人。雖然《西漢文紀》成書很晚，但此處"從反者"與本文所論及的"從反者"群體有很大的相似性，也可備爲一例證。

三　"從反者"的連坐及追捕

前已述及，"從反者"作爲反者的依附從屬群體，其所涉範圍較廣。秦漢律規定犯謀反降敵等重罪者，株連三族，不得免赦。如《史記·李斯列傳》"具斯五刑，論腰斬咸陽市……而夷三族"；[④]張家山漢簡《賊律》"以城邑亭障反，降諸侯，及守乘城亭障，諸侯人來攻盗，不堅守而弃去之若降之，及謀反者，皆要(腰)斬。其父母、妻子、同産，無少長皆弃市"；[⑤]《史記·田叔列傳》"夫貫高等謀反，上下明詔，趙有敢隨張王，罪三族"等等。[⑥]"反者"罪行惡劣，處

---

① 李學勤主編：《字源》，天津古籍出版社，2012，725頁。
② 《漢書》卷七《昭帝紀》，北京：中華書局，1962，226-227頁。
③ ［明］梅鼎祚編：《西漢文紀》卷二《封杜延年燕倉任宮王壽爲列侯詔》，文淵閣四庫全書本，351頁。
④ 《史記》卷八七《李斯列傳》，2562頁。
⑤ 張家山二四七號漢墓竹簡整理小組編著：《張家山漢墓竹簡［二四七號墓］》(釋文修訂本)，7頁。
⑥ 《史記》卷一〇四《田叔列傳》，2776頁。

罰嚴厲,其連坐的範圍已經擴展至親屬連坐同心圓的最外圈,即父母、妻子、同産。[①] 父母、妻子、同産被弃市,也即將他們從身體上消滅,徹底驅逐出社會共同體,以絶後患。另外,由嫪毐、李斯等事件的處罰結果來看,賓客及舍人也要連坐。舍人多是當時貴族家里的門客,如李斯就曾爲吕不韋舍人。朱鳳瀚先生提出"家臣人身隸屬於家主,效忠於家主,雙方形成一種構擬的假血緣關係"。[②] 若從這個角度考慮,權貴所屬舍人應與家臣身份類似,其與權貴亦建構了一種假的血緣關係,因此舍人的連坐或可以理解爲親屬連坐的擴大化。

然而,從現有材料來看,秦時并不是將所有的"從反者"都科以弃市的重罰,《嶽麓書院藏秦簡(伍)》的一條令文值得我們注意:

> 制詔御史:聞反者子年未盈十四歲有辠爲城旦舂者,或嬰兒𣪠(也),尚抱負及毚(纔)能行,縣官 1003 即皆令衣傅城旦舂具,其勿令衣傅之。丞相御史請:諸年未盈十四歲而有辠爲城旦舂者 0998+C10-4-13[③]

該令雖不完整,但大意明白,令文最開始提到"反者"子有罪爲城旦舂而年未盈十四歲者,在執行過程中可以不用"衣傅城旦舂具",丞相御史請議將這一優待的適用範圍擴大至所有未滿十四歲的城旦舂。[④] 令文還强調了"反者"子爲嬰兒時的情形,這也説明反者子有罪爲城旦舂并不是自身犯罪,而是因其父是"反者"而獲罪。令文中對"反者子"的處罰僅爲城旦舂,説明其與前述李斯、嫪毐等社會上層顛覆秦政的政治逆亂有所不同。[⑤] 除了社會上層的逆亂外,秦社會下層的地方暴動也多被稱爲"反",如《奏讞書》案例十八中二十七年蒼梧郡攸縣的"利鄉反",[⑥]里耶秦簡二十六年遷陵縣的"越人以城邑反""試以城邑反"等。[⑦] 另,前述從人故趙將軍樂突也極有可能在抗秦失敗後發起地方暴動,故其弟及舍人祒等廿四人的

---

① 劉欣寧:《秦漢律令中的同居連坐》,王沛主編《出土文獻與法律史研究》第 1 輯,上海人民出版社,2012,144 頁。劉欣寧將這種連坐定性爲親屬連坐(緣坐),并且認爲"妻子""父母、妻、子""父母、妻、子、同産"這般如同心圓狀展開之連坐對象範圍,應是基於當時對親屬關係之認識所做的設計。

② 朱鳳瀚:《商周家族形態研究》(增訂本),天津古籍出版社,2004,568 頁。

③ 陳松長主編:《嶽麓書院藏秦簡(伍)》,70 頁。

④ 這種優待或可理解爲秦律對年未滿十四歲者的受刑能力有所限制。陶安在《嶽麓秦簡〈爲獄等狀四種〉案例伍〈多小未能與謀案〉史議管窺——秦律未成年刑事責任能力與受刑能力》一文中提到了"老小不當刑"的原則,即限制老年人和未滿 17 歲未成年人的受刑能力,限制未滿 10 歲未成年人刑事責任能力的規定。詳見陶安《嶽麓秦簡〈爲獄等狀四種〉案例伍〈多小未能與謀案〉史議管窺——秦律未成年刑事責任能力與受刑能力》,鄔文玲、戴衛紅主編《簡帛研究二〇一八(秋冬卷)》,桂林:廣西師範大學出版社,2019,101-113 頁。

⑤ 王子今先生已指出,"謀反"罪名秦時已經出現,不過從現有可靠的文獻遺存看,似乎大多用以指斥社會上層人物。見王子今《論秦始皇出行逢"盗"及秦代"盗"的法律身份》,《西北大學學報(哲學社會科學版)》2020 年第 1 期。

⑥ 張家山二四七號漢墓竹簡整理小組編著:《張家山漢墓竹簡[二四七號墓]》(釋文修訂本),103 頁。

⑦ 里耶秦簡博物館、出土文獻與中國古代文明研究協同創新中心中國人民大學中心編著:《里耶秦簡博物館藏秦簡》,上海:中西書局,2016,199、205-206 頁。

處罰也是完爲城旦舂。秦統一後故六國民衆的反秦情緒高漲,如果將下層反者的依附群體也處以弃市之類的極刑,無疑會激化這種矛盾。而將他們處以徒刑并遷輸到新地苦作,一來可以達到處罰的目的,二來可以在一定程度上穩固秦新地秩序。

與此同時,"從反者"的逃亡也多有發生,秦政府對他們亦嚴密追捕,如《奏讞書》案例十八提到的二十七年"利鄉反",攸縣縣廷曾先後三次興吏卒追捕相關罪犯。對捕而不得者,政府又出具"讂書",跨郡縣通緝。[①]

●諸治從人者,具書未得者名、族、年、長、物色、疵瑕,移讂縣道,縣道官謹以讂窮求,得輒以智巧譖(潛)1021 訊。其所智從人、從人屬、舍人,未得而不在讂中者,以益讂求,皆捕論之。1019[②]

令文規定"其所智從人、從人屬、舍人,未得而不在讂中者,以益讂求,皆捕論之",即從人之外,從人屬、舍人等不在通緝之列者,需增添其身份信息到讂書中,以更有效捕得逃犯。除了記録名、族、年、長、物色、疵瑕外,有的讂書中還會增加所着衣物、武器及所攜帶米的數量等信息。[③] 直至漢代,對於"反者"的依附群體依舊會在全國範圍内通緝,如《甘露二年御史書》對"麗戎(外人)"的追捕。麗戎(外人)之所以被追捕,并不是她本人犯有重罪,[④]而是由於她的胞兄或者胞姊"惠"是故廣陵王劉胥的御者,"惠"犯了重罪,"大逆,同産當坐",外人是因連坐獲罪。儘管如此,通緝文書仍對麗戎(外人)複雜的家庭關係、身份特徵等信息詳細記録,并要求軍民兩個系統對其進行搜捕,可謂嚴格之至。可見從秦到漢,國家對於逃亡嫌犯的追捕系統愈發嚴密。

餘説

刑罰的原始功能是將爲惡者逐出社會,從"逐出社會"到"强迫勞動"是古代刑罰發展的一般規律,隨着社會共同體的不斷發展,非政治性公共事務的增加,公權的擴張、罪人勞動力價值被重視以及情感、道德等多種因素的作用下,强迫勞動成爲必然。秦及漢初的刑罰體系

---

① 石洋先生指出秦時確存在針對罪人的跨郡、縣通緝,其罪名應屬"完城旦舂、鬼薪以上"的範疇。參見石洋《論里耶秦簡中的幾份通緝文書》,鄔文玲、戴衛紅主編《簡帛研究二〇一九(春夏卷)》,89 頁。

② 陳松長主編:《嶽麓書院藏秦簡(伍)》,45 頁。

③ 如里耶秦簡 8-439+8-519+8-537+8-1899 號文書,詳見何有祖《里耶秦簡"讂曹""讂書"解》,李學勤主編《出土文獻》第 13 輯,上海:中西書局,2018,198 頁。

④ 鄔文玲:《〈甘露二年御史書〉校讀》,中國政法大學法律古籍整理研究所編《中國古代法律文獻研究》第 5 輯,北京:社會科學文獻出版社,2012,60 頁。

似乎正是這一過渡已經完成但刑罰的原始機能尚未完全褪去的典型範本。[1] 在秦不斷蠶食六國的過程中,爲了加强對新地的控制,往這些地方徙民是其重要舉措之一。在這一特殊社會背景下,"反者"的依附從屬群體,没有被處死,而是被從一個地方强制遣送到另外一個相對邊遠的地方勞作,并且安定下來。在這個過程中他們喪失了一定的社會權利,但并没有與社會隔絶,反而作爲新遷入者在客觀上促進了新地的發展。然而,這部分新遷入者畢竟是因獲罪而被罰作,他們對秦統治秩序的認同不可能一蹴而就,亦或一直有抵觸情緒;另,他們與遷入地故民之間不可避免地也會有所衝突,這種多重的矛盾在秦末各階層的反秦活動中發揮了怎樣的作用,值得進一步思考。

① 吕利:《律簡身份法考論:秦漢初期國家秩序中的身份》,北京:法律出版社,2011,257頁。

《嶽麓書院藏秦簡（陸）》中“宫屏”及相關問題探析*

□ 湖南大學嶽麓書院 謝偉斌

内容提要 秦朝地方上應當存在兩種“縣官祠”：一種爲縣公社；另一種爲縣道廟，以及秦始皇在雍州境内修建的祠廟，均屬皇室祠。縣公社主要舉行春秋社日等祭祀活動，由縣令、丞主祭，“齋者”侍祠，“齋者”必須在官府或寺舍的齋室中齋戒。《嶽麓書院藏秦簡（陸）》中出現的“宫屏”律令，則與皇室祠相關，針對的“浴者”是指在祠廟中供職的太祝、祠祀、太宰等高級官吏，他們受到内史的監管。此外，令文中的“私”指與女性家屬私會，“弃水”指小便，“宫屏”指祠廟之廁。令文的含義是指在齋戒（散齋）期間與女性家屬在廁中私會，或在齋戒（致齋）期間私自去廁中小便的官員，將受到黥爲城旦舂的處罰。

關鍵詞 宫屏 浴者 私 弃水 廁

《嶽麓書院藏秦簡（陸）》中有一則有關“宫屏”的律令：

·諸 竊私宫屏及弃水宫屏浴者，皆黥爲城旦舂 ·十六 （簡 2144）[①]

由於簡文文字有所缺失，對於如何理解簡文中的“私”“弃水”以及“屏”，整理者即有不同的觀點。其中關於“屏”的含義，整理者提出兩種看法：一種是表示當門的小牆或屏障之物。如《荀子·大略》：“天子外屏，諸侯内屏。”另一種是表示廁所的意思，如《急就章》第二十章：“屏廁清溷糞土壤。”顔師古注：“屏，僻晏之名也。”[②]再者如“私”，整理者認爲“私”指

* 本文爲國家社科基金一般項目“出土文獻中的數學史史料研究”15BZS005 成果。

① 陳松長主編：《嶽麓書院藏秦簡（陸）》，上海辭書出版社，2020，109 頁。

② 參見陳松長主編《嶽麓書院藏秦簡（陸）》，121 頁，注二十九。

小便,《左傳·襄公十五年》:"師慧過宋朝,將私焉。"杜預注:"私,小便也。"①"弃水",整理者注曰:"小便,張家山漢簡《引書》簡 2:'春日,蚤(早)起之後,弃水。'或以爲就讀其本義。"②雖然整理者釋弃水爲小便,但同時也保留其本義,即丟弃廢水。

本則律令中的關鍵字詞出現多種理解,勢必會影響對整條令文的解讀。因此,本文通過探討秦漢祠廟、官署建築布局、官員沐浴齋戒等問題,對簡文字詞進行分析,進而嘗試解讀此則律令。

一　公祠、王室祠與縣官祠

首先,我們來看此則律令是對何種祠祀的規定。在睡虎地秦簡《法律答問》中有:

"公祠未闃,盗其具,當貲以下耐爲隸臣。"今或益〈盗〉一腎,益〈盗〉一腎臧(贜)不盈一錢,可(何)論?祠固用心腎及它支(肢)物,皆各爲一具,一【具】之臧(贜)不盈一錢,盗之當耐。或直(值)廿錢,而被盗之,不盡一具,及盗不直(置)者,以律論。　(簡 25、26)③

可(何)謂"盗埱厓"?王室祠,貍(薶)其具,是謂"厓"。　(簡 28)④

整理者認爲此處的"公祠"和"王室祠"指同一物,只是簡 25、26 令文作于秦稱王前,簡 28 解釋作于秦稱王後,故改"公祠"爲"王室祠"。⑤ 楊華根據里耶秦簡 8-455 號牘文"王室曰縣官,公室曰縣官"認爲二者後來均稱作"縣官祠",并指出"簡文所規定的,正是縣一級官家祭祀時,其祭器受到盗擾時的懲罰措施"。⑥ 然而,二者或爲兩種不同類型的"縣官祠"。彭浩提出"王室祠"是經秦王(或國家)確定的神位,"公祠"很可能是指"王室祠"中"爲民所立,與衆共之"的"五祀"與"社",⑦可從:

因令縣爲公社。下詔曰:"吾甚重祠而敬祭。今上帝之祭及山川諸神當祠者,各以其時禮祠之如故。"集解李奇曰:"猶官社"。⑧

① 參見陳松長主編《嶽麓書院藏秦簡(陸)》,79 頁,注二十九。
② 參見陳松長主編《嶽麓書院藏秦簡(陸)》,79 頁,注三十。
③ 睡虎地秦墓竹簡整理小組編:《睡虎地秦墓竹簡》,北京:文物出版社,1990,99 頁。
④ 睡虎地秦墓竹簡整理小組編:《睡虎地秦墓竹簡》,100 頁。
⑤ 參見睡虎地秦墓竹簡整理小組編《睡虎地秦墓竹簡》,99 頁,注一。
⑥ 參見陳偉主編《秦簡牘合集:釋文注釋修訂本(壹)》,武漢大學出版社,2016,192 頁。
⑦ 參見陳偉主編《秦簡牘合集:釋文注釋修訂本(壹)》,192 頁。
⑧ 《史記》卷二八《封禪書》,北京:中華書局,2014,1657 頁。

漢高祖劉邦令縣建公社,即官社,祭各類神明山川如故。此處當如秦之故,秦時亦有公社,即公祠。公祠的祭品會被分食,因此纔會出現祭祀未結束而偷盜祭品的現象。

再看王室祠,應當是指秦宗廟。宗廟祭祀祭品多活埋在祭祀坑中,與"貍其具"相吻合。此外,《嶽麓書院藏秦簡(肆)》中有:

·泰上皇祠廟在縣道者……☐　(簡 0055(2)-3)①

令部吏有事縣道者循行之,毋過月歸(?),當繕治者輒繕治之,不□□者□□□□有不□□　(簡 0327)②

文中所説的在縣、道的太上皇祠廟實際上就是指縣道廟,即爲秦宗廟,爲震懾六國故地百姓,在部分統一後新設的縣道中建有縣道廟。③ 縣道廟有嚴格的行廟管理制度,官吏定期巡行,對應當維修的地方要及時進行整治,否則會受到處罰,這與前面的公社形成了鮮明的對比。簡而言之,秦朝地方上存在着兩種"縣官祠",一種爲縣道廟,主要祭祀皇室成員;一種爲縣公社,爲地方祭祀,兩種祠雖然均設在縣道中,但是等級却不相同。

二　齋者與齋室

從嶽麓簡其他有關的祠令中得知,祭祀前要齋戒沐浴,"浴者"毫無疑問是指參與祭祀活動的官吏。然而,在嶽麓簡中除"浴者"一詞外,還出現"齋者"。因此,二者當指代不同身份的祭祀人員,先看"齋者":

令曰:縣官所給祠,吏、黔首、徒隸給事祠所,齋者,祠未闋(闋)而敢奸,若與其妻、婢并□,皆弃市。其□□(簡 1170+1172)④

從令文中得知,秦代地方縣級官府舉行祭祀活動時,由縣官主導,并且有下屬官吏、黔首甚至徒隸參與。相關内容在居延新簡中也有發現:

建武五年八月甲辰朔戊申,張掖居延城司馬武以近秩次行都尉文書事,以居延倉長

① 陳松長主編:《嶽麓書院藏秦簡(肆)》,上海辭書出版社,2015,202 頁。
② 陳松長主編:《嶽麓書院藏秦簡(肆)》,203 頁。
③ 范雲飛:《嶽麓秦簡"内史郡二千石官共令第己"釋證》,武漢大學簡帛研究中心主辦《簡帛》第 19 輯,上海古籍出版社,2019,135-146 頁。
④ 陳松長主編:《嶽麓書院藏秦簡(伍)》,上海辭書出版社,2017,200 頁。

印封,丞邯告勸農掾褒、史尚謂官縣以令秋祠社稷,今擇吉日如牒,書到,令、丞循行謹修治社稷,令鮮明。令、丞以下當侍祠者齋戒,務以謹敬鮮絜、約省爲故。褒、尚考察不以爲意者輒言,如律令。　(EPF22.153A、EPF22.154)①

這則文書是督促地方進行秋祠活動,令、丞要循行修治公社,而令、丞以下的官吏若要侍祠,則需齋戒。對比二者的令文後,我們可以發現嶽麓簡1170+1172中的"縣官所給之祠"當爲例行的公社祭祀活動,"祠所"爲縣公社,縣令、丞爲祭者,而齋者爲侍祠者,身份等級低,當爲下級官吏,此外還有黔首、徒隸一起參與祭祀活動的準備,如采辦物資、修治祠社等。

再來看"齋者"齋戒的"齋室"位於何處:

·諸齋者皆齋官府及寺舍,不從令者,貲二甲。　·八　(簡2093)②

"齋室"當爲官員的齋戒之所,從令文可知,齋者都應在地方官府或官員宿舍中齋戒。因此,關於"齋室"的具體位置,或可從官府建築平面布局中推測一二。在和林格爾東漢壁畫墓中出現了五幅城市地圖,其中官府建築的具體細節因地制宜,略有不同,但大體布局基本一致,以寧城圖爲例(圖1):

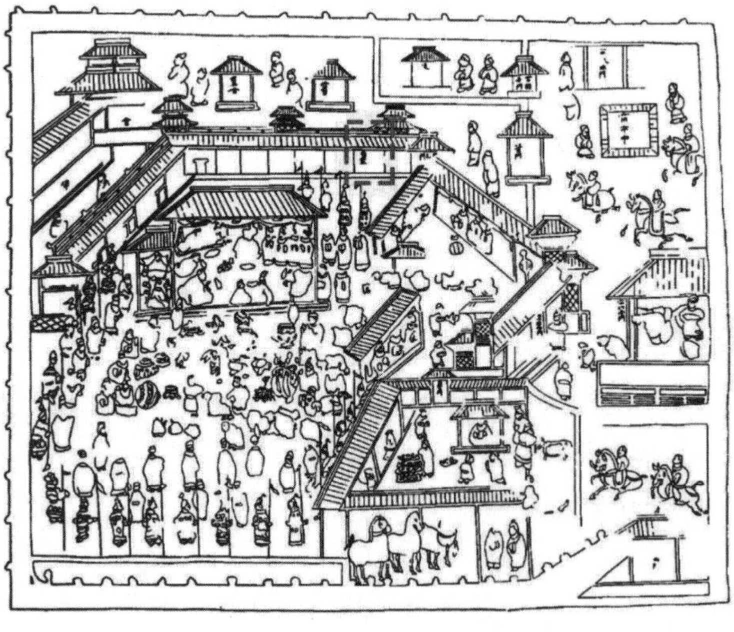

圖1　寧城圖
(圖片來源:内蒙古自治區文物考古研究所編:《和林格爾漢墓壁畫》,北京:文物出版社,2007,17頁)

① 甘肅省文物考古研究所、甘肅省博物館、文化部古文獻研究室、中國社會科學院歷史研究所編:《居延新簡——甲渠候官與第四燧》,北京:文物出版社,1990,486-487頁。
② 陳松長主編:《嶽麓書院藏秦簡(陸)》,108頁。

畫面主體爲護烏桓校尉幕府,位於城中西北角。圖中最右側有三座城門,最上爲寧城東門,東門後爲寧城寺,即寧城縣縣衙,規模較小,四面垣牆圍合,南門開門,院内有一建築,上書"吏舍"。中爲寧城南門,南門與東門之間爲寧市中,即寧城的市場。寧城南門正對着幕府南門,門前有雙闕,大門爲三開間單簷建築,兩側有塾。進入幕府南門後正對一當門小牆,也就是常提到的"諸侯内屏",中有一庭院,東側爲回廊,内爲掾吏辦公之所。東北角開有一門,門後爲正中堂院,中有一廡殿頂大型堂屋,坐東朝西,爲校尉執政迎賓之所,堂屋北側廂房内坐有貴婦人,當爲校尉的寢室。堂院中有樂工正在表演,四周兵士圍繞,西南側則有一獨立小院,有井有灶,爲庖舍,舍外爲馬厩。堂屋東側有八間廊廡,爲吏舍,供屬官和掾吏居住,中右起第二間上書"齊室":①

田大夫使人語延年,延年曰:"幸縣官寬我耳,何面目入牢獄,使衆人指笑我,卒徒唾吾背乎!"即閉閤獨居齊舍。師古曰:"齊,讀曰齋。"②

田延年曾獨居齋舍中静思己過。由此推之,寧城圖中的"齊室"通"齋室",正是專供齋者齋戒的場所,位於官府住宿區内,也與律令規定的官府、寺舍相符合。

三　浴者與宫屏

再看律令中"浴者"的身份爲何:

・請:卒築廟斲者及諸以符發繇(徭)及……皆爲毆(也)乚,及非□食、休舍時及非私、弃水毆(也)□　(簡 1437-1+1437-2)③

屏匽逋不作盈八分日以上者,貲二甲乚。敦(屯)長、僕射弗得,與同辠乚。官嗇夫、吏主者貲一甲,令、丞　(簡 1446)④

這兩則令文是對服徭役者的工作管理規定,以防止他們在工作時間偷懶。其中出現了"廟斲者",指爲祠廟建築構件進行雕刻的工匠。廟一般指宗廟,"尊其先祖,而以是儀皃之。

① 參見劉敦楨《大壯室筆記》,中國營造學社編《中國營造學社彙刊》第 3 卷第 3 期,北京:國際文化出版公司,1932,137-144 頁;蓋山林《和林格尔漢墓壁画》,呼和浩特:内蒙古人民出版社,1978,30-32 頁。

② 《漢書》卷九〇《酷吏傳》,北京:中華書局,1962,3666 頁。

③ 陳松長主編:《嶽麓書院藏秦簡(陸)》,61 頁。

④ 陳松長主編:《嶽麓書院藏秦簡(陸)》,62 頁。

故曰宗廟”,[①]而在此,或許也包括秦始皇在雍州境内各名山大川以及雍宫城附近修建的祠廟:

於是自殽以東,名山五,大川祠二……此皆在雍州之域,近天子之都,故加車一乘,騂駒四……而雍有日、月、参、辰、南北斗、熒惑、太白、歲星、填星、辰星、二十八宿、風伯、雨師、四海、九臣、十四臣、諸布、諸嚴、諸逑之屬,百有餘廟。西亦有數十祠。於湖有周天子祠。於下邽有天神……三年一郊。秦以冬十月爲歲首,故常以十月上宿郊見,通權火,拜於咸陽之旁,而衣上白,其用如經祠云。西畤、畦畤,祠如其故,上不親往。諸此祠皆太祝常主,以歲時奉祠之。至如他名山川諸鬼及八神之屬,上過則祠,去則已。郡縣遠方神祠者,民各自奉祠,不領於天子之祝官。[②]

如下邽廟者輒壞,更爲廟便地潔清所,弗更而祠焉,皆弃市。各謹明告縣道令丞及吏主 (簡0624)[③]

這些祠廟由秦始皇下令建造,非秦宗廟,而均可稱作“廟”。如《封禪書》中記載“下邽有天神”,對應嶽麓簡0624號中的“下邽廟”。這些“廟”與縣道廟一樣,建築管理十分嚴格。除此之外,還有太祝常主,按時祭祀。有時皇帝可能會親自前往,可算皇室建築,故其内的屏自可稱“宫屏”。“浴者”與“宫屏”聯繫在一起,説明“浴者”應當是在皇室高等級的祠廟中祭祀,絶不是前文所提到的在縣公社祭祀活動中齋戒的小吏。再看《嶽麓(陸)》中的相關内容:

□ 詔:泰宰、祠祀、泰祝畬(飲)酎,大祠殹(也),其謹齋戒鬃〈髤(沐)〉浴絜(潔)清辦治之,加敬它時,及令 (簡0116)[④]

□□祀宰□[不絜(潔)清]者□□更之,皆加敬謹它時。 (簡1953)[⑤]

[諸給祠]不[如]令者,貲各二甲,泰祝、祠祀、泰宰[輒]舉[論]之乚。内史所視祠,令内史丞與卒 (簡2127)[⑥]

① [漢]許慎撰,[清]段玉裁注:《説文解字注》卷九下,上海古籍出版社,1981,798頁。
② 《史記》卷二八《封禪書》,1649–1656頁。
③ 陳松長主編:《嶽麓書院藏秦簡(肆)》,201頁。
④ 陳松長主編:《嶽麓書院藏秦簡(陸)》,100頁。
⑤ 陳松長主編:《嶽麓書院藏秦簡(陸)》,101頁。
⑥ 陳松長主編:《嶽麓書院藏秦簡(陸)》,99頁。

史[謹]循行,舉不當者[論之]。[當舉弗]舉者,貲一甲。☐ (簡 2120+2139)[①]

令文中規定,大祠時,太宰、祠祀、太祝這類官員要更加謹慎地齋戒沐浴,若未按令祭祀,要受到貲二甲的處罰。值得注意的是,文中與太宰、祠祀、太祝相關的還有内史,内史要負責循行太宰、祠祀、太祝負責的祠廟,而内史掌管的區域就在雍,與秦始皇在雍地修建的百余廟位置重合。因此,我們有理由推測"浴者"就是指太宰、祠祀、太祝這類高級官吏,他們服務於皇室的祭祀活動,依然要受到内史的監管。

接下來,看"宫屏"爲何:

按,"宫屏"在此應當指宫中之廁,即宫中前有屏障的獨立之廁。"屏"在建築中,可解釋爲廁和屏障兩種意思。若作屏障解則不太恰當,屏障往往位於大門前,"浴者"竟然敢堂而皇之在大門前做出"私宫屏"和"弃水宫屏"這種律令禁止的行爲,實在令人費解。而"屏"作廁解,則符合情理。

觀室者周於寢廟,又適其偃焉。疏:偃,屏廁也。祭事既竟,齋宫與飲,施設餘胙於屋室之中,觀看周旋於寢廟之内。飲食既久,應須便僻,故往圊圂而便尿也。[②]

今宋王射天笞地,鑄諸侯之象,使侍屏匽。[③]

這兩則材料中都提到屏偃,二者指代廁所。而《莊子》所説,游觀王室之人參觀完寢廟後,又去了便溲之用的廁所,這説明當時在祠廟當中應設有廁。

此外,嶽麓簡 1446 中規定,若工匠躲在"屏"中逃避工作的時間超過八分日以上,將受到貲二甲的處罰,這從側面説明"屏"安全隱蔽。吕産在劉章起兵勤王時曾逃入廁中:

日餔時,遂擊産。産走,天風大起,以故其從官亂,莫敢鬭。逐産,殺之郎中府吏廁中。[④]

吕産逃亡時必定選擇安全隱蔽之所,説明郎中府吏廁與"屏"的特點相吻合。因此,"屏"指廁所無疑,同時前有屏障,以保護私密性。(如圖 2、3)

---

① 陳松長主編:《嶽麓書院藏秦簡(陸)》,99 頁。

② [晋]郭象注,[唐]成玄英疏:《庄子注疏》卷八《庚桑楚》,北京:中華書局,2011,426 頁。

③ 諸祖耿編撰:《戰國策集注匯考》(增補本)卷三〇《燕策二》,南京:鳳凰出版社,2008,1929 頁。

④ 《史記》卷九《吕太后本紀》,519 頁。

圖2　廣西合浦風門嶺石廁 M23:101 照片

（圖片來源:廣西壯族自治區文物工作隊、合浦縣博物館編著:《合浦風門嶺漢墓——2003~2005年發掘報告》,北京:科學出版社,2006,彩版一八）

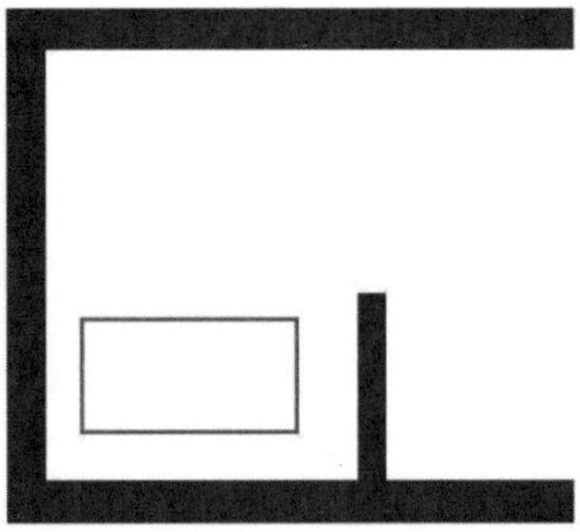

圖3　廣西合浦風門嶺石廁 M23:101 平面示意圖

（圖爲作者自繪）

那麽"宫屏"與"浴者"又有何關係?

秦漢時期浴室往往與廁所比鄰而設,在徐州馱藍山漢墓中,發現其後室旁的西耳室分兩間,即爲廁和浴室,二者排水系統相連(圖4)。[①] 由此可知,廁與浴室比鄰而設可能是當時常見的現象。因此,"浴者"完全有可能在齋戒沐浴時趁機進入廁所,所以需要針對"浴者"制定這條律令。

① 葛明宇:《徐州北洞山漢墓年代與墓主探討》,《考古》2009年第9期。

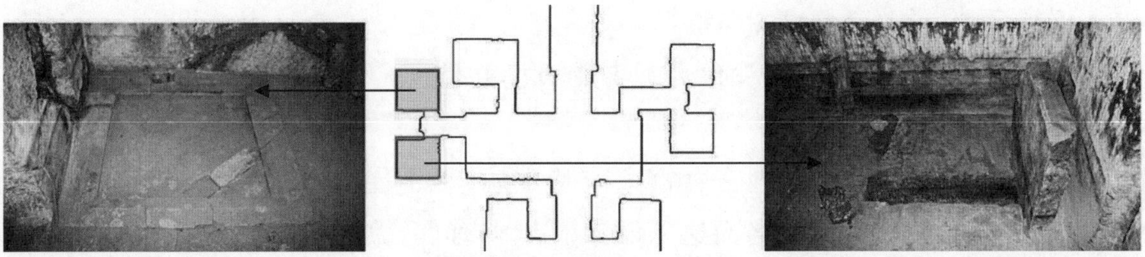

圖 4　馱藍山漢墓廁所及浴室
(圖爲作者自繪)

四　私與弃水

辨析完"屏"的含義後,令文也就更容易理解了:

此則令文是對齋戒沐浴的"浴者"的規定,從令文結構來看,"竊私宫屏及弃水宫屏"應爲修飾"浴者"的定語。其中"竊"釋爲"偷偷地",當無疑問。關鍵在於"私"與"弃水"如何理解,而從"黥爲城旦舂"的處罰來看,"私宫屏"與"弃水宫屏"無疑是嚴重的違法行爲。

按,"私"當指與女性家屬私會,而"弃水"當指小便。整理者的解釋雖然均從文字本身出發,并輔以文獻佐證,但却未結合"宫屏"的建築性質以及令文背後所隱藏的的齋戒文化進行辨析。若從齋戒文化入手,則更容易理解令文的含義:

首先,齋戒包含散齋和致齋。散齋在祭祀之前,齋於齋室外,不能近女色,不能享受音樂。致齋指祭祀時,齋於齋室内,不能食葷和飲酒,不與外物接觸,專心冥思所祭祀的鬼神:

> 古之祭祀必齋,未祭之先,散齋七日,齋於外,致齋三日,齋於内。散齋不御、不樂、不吊。致齋,則居於齋室之中。不茹葷、不飲酒、不接事物,惟思所祭鬼神。[①]

嶽麓簡 1170+1172 規定"齋者"若在官府祭祀未結束時通姦,會處以死刑。此外,嶽麓簡 1437-1+1437-2 中,亦將"□食""休舍"與"私""弃水"連用,説明"私""弃水"當爲日常的活動。因此,"私"若作男女通姦解,不合常理。而"私"若作小便解,則與"弃水"含義重複。

我們發現,秦漢時期存在官吏家屬省親的情況。西北邊塞出土的大量吏員家屬出入符就反映了這一史實,由此推之,内地高級官吏自然也有家屬省親。再結合散齋的特點來看,"私宫屏"很可能指在散齋期間,與女性家屬在廁中會面,并且確實有過類似的案例:

> 澤性簡……清絜循行,盡敬宗廟。常卧疾齋宫,其妻哀澤老病,闚問所苦。澤大怒,

① [元]許謙:《讀論語叢説》卷中,《叢書集成初編》排印本,北京:商務印書館,1940,第 0247 册,173 頁。

以妻干犯齋禁，遂收送詔獄謝罪。[①]

嘗散齋而疾，其妻省之，毅便奏加妻罪而請解齋。[②]

周澤擔任太常，十分尊敬宗廟。他在齋宫齋戒時生病，妻子僅僅是出於關心，偷偷來齋室探望他，結果被他以干犯齋戒的罪名而送入詔獄。無獨有偶，劉毅也曾因爲散齋時生病，妻子前來探望，便追究妻子的罪名，并且解齋。從這兩個案例來看，當時的人對於祖宗神靈十分尊重，并且嚴格按照散齋規定，遠離女色。同時也反映，齋戒期間，女性家屬省親違反律令規定，齋者亦要解齋負罪。從這點來看，"私"作與女性家屬私會似乎更恰當。而"屏"指隱蔽的廁所，同時又可以躲人，因此，"浴者"與女性家屬選擇在離浴室不遠處的廁所中私會，也更符合情理。

再看"弃水宫屏"，應當指致齋期間，私自去廁所小便：

致齋要求完全隔離外物，全身心地投入對其所祭祀鬼神的活動中。因此，往往要獨處齋室中，不僅不可與其他人往來，遑論離開齋舍。

彭寵奴子密等三人共謀劫寵，寵時齋，獨在便坐室中，晝卧。子密等三奴縛寵著床板，告外吏："大王解齋，吏皆便休。"[③]

彭寵就是在齋戒時被家奴所劫持，他獨自一人在側房中齋戒，其他侍祠的府吏皆在外，其中發生何事不得而知，纔讓家奴有機可乘。因此，若是"弃水宫屏"指"浴者"在致齋期間私自外出小便，則可以理解爲何他受到"黥爲城旦舂"的處罰。這或許與古人重視祭祀有關，一是私自外出，本身就是對鬼神的不敬。此外，爲表示對鬼神的尊重，祭者往往要沐浴齋戒，保持最潔之身，即使天子也不例外。而廁在當時被視爲骯髒之所，連鬼神都敬而遠之，"浴者"私自在應當祭祀鬼神之時去廁中，可以説是對鬼神的大不敬，故而受到懲罰也就理所應當。

至於"弃水"指丢弃廢水之義，在此處似乎不太妥當。首先，浴室中往往有排水系統。如秦咸陽宫一號宫殿遺址中的F8，應爲盥洗沐浴的地方，東北隅設取暖爐，東南隅有大型排水地漏，不需要再去丢弃廢水。[④] 此外，即便需要丢弃廢水，此類"浴者"往往都是等級比較高的官員，無需親自丢弃廢水：

---

① 《後漢書》卷七九下《儒林列傳》，北京：中華書局，1965，2579 頁。

② 《晋書》卷四五《劉毅傳》，北京：中華書局，1974，1277 頁。

③ [東漢]劉珍等撰，吴樹平校注：《東觀漢記校注》卷八《彭寵》，北京：中華書局，2008，278 頁。

④ 楊鴻勳：《戰國時期秦咸陽宫第一號遺址復原問題的初步探討》，《建築考古學論文集（增订版）》，北京：清華大學出版社，2008，212 頁。

管人汲,不説繘,屈之,盡階不升堂,授御者。御者入浴。小臣四人抗衾,御者二人浴。浴水用盆,沃水用枓,浴用絺巾,挋用浴衣,如它日。小臣爪足,浴餘水弃於坎。①

《禮記》中就記載着爲逝者沐浴的流程,最後小臣要將沐浴後的水丟弃在排水坑中,説明當時齋戒沐浴時必然也有着一套完整的流程,“浴者”不太可能因需私弃廢水而獲罪。簡而言之,此則令文所載的令文含義是,在齋戒(散齋)期間與女性家屬在廁中私會,或在齋戒(致齋)期間私自去廁中小便的官員,將受到黥爲城旦舂的處罰。

結論

以“宫屏”律令爲切入點可以獲知,秦朝地方上存在兩種“縣官祠”:一種爲縣公社,主要舉行春秋社日等祭祀活動,由縣令、丞主祭,掾吏侍祠,必須在官府或寺舍的齋室中齋戒,禁止通姦等不敬祠的行爲。另一種爲縣道廟,以及秦始皇在雍州修建的祠廟,主要祭祀皇室成員或皇室所規定的祭祀神靈。其中雍州修建的祠廟由太祝、祠祀、太宰等官員按時祭祀,并有内史等官員定期循行祠廟是否有破損、祭祀是否按照律令要求正常舉行等事宜。

“宫屏”律令正是與皇室祠相關的祠令,針對太祝、祠祀、太宰等官員,要求其齋戒沐浴時,不得私自會見女性家屬以及私自外出小便。令文雖短,但却内含深意:一方面反映了祠廟的建築布局,爲了滿足祭祀官員沐浴潔清的需求,祠廟内設有浴室,并且與廁所比鄰;另外一方面則是反映了秦漢社會的齋戒文化,時人對於祖宗鬼神無比尊重,不僅嚴格對待祭祀活動,甚至制定法律來明令禁止那些祭祀時對鬼神不敬的行爲。

① [漢]鄭玄注,[唐]孔穎達等正義:《禮記正義》卷四四《喪大記》,[清]阮元校刻《十三經注疏》,北京:中華書局,1980,1576頁。

家庭治理視域下秦始皇褒獎“巴寡婦清”原因新探*

——基於嶽麓秦簡一條令文的考察

□ 清華大學出土文獻研究與保護中心 王博凱

内容提要 《史記·貨殖列傳》所載秦始皇褒獎“巴寡婦清”的原因學界爭論紛紜。當前存在的“尊富重商”“供應丹砂”“籠絡安撫”諸説均缺乏必要理據,難以成立。“改易風俗説”雖符合史實亦有一定道理,但仍未觸及問題本質。結合嶽麓秦簡新材料來看,秦始皇褒獎“巴寡婦清”可能與秦代推行家庭治理政策有關,道德旌表作爲配合法律頒行的手段,將“巴寡婦清”列爲典型予以表彰,向巴蜀地區,乃至全國倡導、推行秦家庭治理方針,保持個體小家庭的完整,保證秦徭役徵發和賦税徵收,維護社會秩序安定纔是其褒獎“巴寡婦清”的深層原因。

關鍵詞 秦始皇 巴寡婦清 嶽麓秦簡 家庭治理

當前學術界對《史記·貨殖列傳》所載秦始皇褒獎“巴寡婦清”的原因可謂异見紛呈,爭議頗大。[①] 學者們雖從多個方面對此問題作了解讀,豐富了我們的認識,但諸家之説也多有不妥之處。且以往的研究在論證視角上鮮見有從基層社會治理的角度切入探討者,在史料的運用上也多以傳世文獻爲主,缺少對出土簡牘史料的關注。有鑒於此,本文擬結合簡牘新材料,在前賢研究的基礎上,對此問題再作考察。

---

* 本文爲國家社科基金青年項目“秦律令及其所見制度新研”(17CZS056),出土文獻與中國古代文明研究協同創新中心博士創新資助項目“嶽麓秦簡與秦職官制度相關問題考論”(CTWX2017BS018)階段性成果。

① 崔向東對當前學界諸家之説作了分類歸納,參看崔向東《秦始皇尊獎巴寡婦清辨析》,《文史雜誌》2009 年第 6 期。

一　學界諸説考辨

“巴寡婦清”是司馬遷筆下的一位秦代女商人,《史記・貨殖列傳》載:

> 而巴(蜀)寡婦清,其先得丹穴,而擅其利數世,家亦不訾。清,寡婦也,能守其業,用財自衛,不見侵犯。秦皇帝以爲貞婦而客之,爲築女懷清臺。①

又《漢書・貨殖傳》云:

> 巴寡婦清,其先得丹穴,而擅其利數世,家亦不訾。清寡婦能守其業,用財自衛,人不敢犯。始皇以爲貞婦而客之,爲築女懷清臺。②

從文獻記載看,“巴寡婦清”家族世代經營丹砂,清爲寡婦能守其業,秦始皇給予她很高禮遇,并爲其築臺旌表。然其中原因,古今學者衆説紛紜,當前有影響力的觀點主要有四種。

(一)尊富重商説

司馬遷記載了始皇帝褒獎“巴寡婦清”一事後曾對此發表過自己的看法:“清窮鄉寡婦,禮抗萬乘,名顯天下,豈非以富邪?”③在其看來,秦始皇尊寵“巴寡婦清”就是基於對其財富的重視。

後世學者多沿其説,如東漢崔寔認爲:“烏氏以牧豎致財,寵比諸侯;寡婦清以攻丹殖業,禮以國賓。”④字裏行間透出對財富和商業的重視。明儒王世貞對始皇尊禮“巴寡婦清”事也多次發表過看法,其指出:“夫秦何以客巴婦爲也?婦行堅至兼丈夫任,難矣!客之,志風也。此其意獨爲右貲殖乎哉?”⑤又言:“余始讀秦皇帝禮巴寡婦清事,而卑秦風之不逮貧也。”⑥清儒納蘭性德云:“史記‘……巴寡婦用財自衛,爲築女懷清臺。’此用禮‘安富’遺意。亦秦致富强之本教也。後世動破壞富家,詭云强幹弱枝之計者,亦暴秦之不如矣!”⑦王子今認爲:“秦始皇禮遇‘巴寡婦清’,確實有特殊的意義。因爲這一舉動似乎與秦自商鞅變法以來抑

---

① 《史記》卷一二九《貨殖列傳》,北京:中華書局,1959,3260 頁。
② 《漢書》卷九一《貨殖傳》,北京:中華書局,1962,3686 頁。
③ 《史記》卷一二九《貨殖列傳》,3260 頁。
④ [漢]崔寔撰,孫啓治校注:《政論校注》,北京:中華書局,2012,168 頁。
⑤ [明]王世貞:《弇州四部稿》卷九二,《影印文淵閣四庫全書》,臺北:臺灣商務印書館,1986,第 1280 册,499 頁。
⑥ [明]王世貞:《弇州四部稿》卷八五,《影印文淵閣四庫全書》,第 1280 册,399 頁。
⑦ 轉引自王叔岷《史記斠證》,北京:中華書局,2007,3437 頁。

商的傳統政策未能一致。秦始皇表彰'巴寡婦清',對於從業於工商者似乎有鼓勵意義。"[①] 但他同時也指出,這一表彰的出發點,可能有較爲複雜的因素。周淑舫也認爲:"秦始皇獨築高臺,禮遇寡婦清,不僅僅因爲清是位守節自愛的貞婦,更因爲清開發丹業,資金雄厚,取財有道,富比公侯。巴寡婦清的事蹟與秦始皇渴求國力强盛的願望不謀而合,所以秦始皇築女懷清臺,以昭世人仿效。"[②]

以上諸説,歸納起來主要有兩點即崇富和重商,但仍有一些疑問難以解説。首先,就崇富看,秦始皇謀求國力强盛和富有本無可厚非,但在旌表對象上獨選"巴寡婦清"爲代表就顯得令人費解。從富有程度上看,《史記》載"其先得丹穴,而擅其利數世,家亦不訾"。其中"家亦不訾"一句是對其財富的描述,但學界對此在理解上尚存争議,如張守節《正義》就提出兩説:"言資財衆多,不可訾量。一云清多以財餉遺四方,用衛其業,故財亦不多積聚。"[③] 退一步講,且不説文獻理解上的分歧,即使認同其家資財衆多,十分富有,也不應作爲財富持有者的典型能够獲得國家層面的表彰。我們知道,文獻記載巴蜀地區其他大工商業者如"蜀卓氏""程鄭氏"等的財富也絶不在"巴寡婦清"之下,對此崔向東就曾指出,從富有上説,巴蜀地區的大工商業者見於史籍記載的還有很多,秦一貫推行抑商,不尊獎其他大工商業者而獨尊寡婦清,僅用富有解釋恐難成立。[④] 瀧川資言在《史記會注考證》中引中井積德的觀點對此亦提出質疑:"雖稱'始皇帝',而是事蓋在未并吞之時,故軍興有資於其力也,非徒嘉其富厚。"[⑤]

其次,就重商看,何清谷指出,此事無法證明秦始皇推行鼓勵工商業者的重商政策。其認爲,《史記》所載始皇褒獎"巴寡婦清"事,"過去有人以此證明秦始皇推行重商政策;也有人發現此二事與其'除末'政策有矛盾,把其事移在吕不韋執政時以圓其説,皆非。"[⑥]秦一貫奉行"重農抑商"政策已基本成爲學界共識,在這一點上,劉景純的觀點值得注意。其在對秦抑商政策分析時認爲,"富商大賈像蜀卓氏、程鄭、南陽孔氏、巴寡婦清等可能是被承認的常職範圍内者,他們的經營規模是一般民間農民不敢奢想的,加上這些人住址固定,既不會對農民造成實際的誘惑,也對封建國家兵役、徭役無妨,因而也不在抑制之列。"[⑦]可見,秦時對大工商業者的所謂鼓勵,其實質并不是爲了重商和崇富,而只是因這些大工商業者對秦社會治理無害的緣故。

---

① 王子今:《秦漢聞人肖像》,北京:社會科學文獻出版社,2011,74-75 頁。

② 周淑舫:《秦始皇獨築高臺禮婦清的價值思考——兼談中國古代女性文學的生存狀態》,《湖州師範學院學報》2004 年第 6 期。

③ 《史記》卷一二九《貨殖列傳》,3261 頁。

④ 崔向東:《秦始皇尊獎巴寡婦清辨析》,《文史雜誌》2009 年第 6 期。

⑤ [日]瀧川資言:《史記會注考證》,上海古籍出版社,2015,4272 頁。

⑥ 何清谷:《秦史探索》,臺北:蘭臺出版社,2004,330-331 頁。

⑦ 劉景純:《從商鞅及其學派的思想看秦國的抑商》,《西安聯合大學學報》2001 年第 1 期,後收入其著《秦國歷史與北方歷史地理研究》,北京:中國社會科學出版社,2017。

(二)供應丹砂説

王學理認爲,始皇帝褒獎“巴寡婦清”是因其能爲修建驪山陵供應大量水銀。他指出,《史記》記載始皇陵構造時曾有:“以水銀爲百川江河大海,機相灌輸”①的説法,近年來,經科學考古探查的秦陵地宫水銀含量確實很高,這與《史記》的記載相合。而“巴寡婦清”在蜀地經營丹砂,丹砂又是提煉水銀的主要原料,秦始皇之所以尊寵“巴寡婦清”是因其以巨量的丹砂供給了驪山陵墓内儲放水銀的需要,爲營建秦陵做出了貢獻。② 持類似觀點者還有葛志毅,其認爲,“巴寡婦清”因擅丹穴之利,可冶煉丹藥從而得到貪戀神仙長生的秦始皇的賞識恩寵。③ 從丹砂可冶煉丹藥的角度將其與受秦始皇恩寵之事相聯繫。

此説的核心依據是秦始皇的丹砂需求與巴寡婦清丹砂供應間的關係。但在這一關係構建中此説亦存在不少疑點。

首先,就其丹砂經營的範圍看,王文認爲,“巴寡婦清”之“巴”應該是個大的地理概念而不僅僅是巴郡,是以巴郡爲中心覆蓋周圍北及大巴山,南到夜郎北部,東至山峽西口,西到嘉陵江流域的廣大區域,這塊地域内的所有丹砂礦應都屬於“巴寡婦清”家族的經營範圍。④ 我們認爲,此説并没有明確的文獻依據。反倒從《史記》所載“清窮鄉寡婦”一句的語境看,其家族的丹砂經營規模或許并不龐大,只是小地域型的家族經營。“其先得丹穴”顯示,所得丹穴到底是一個丹穴還是多個丹穴亦不明確,至少不能説明其經營規模能如此龐大。而《史記》記載及現代考古勘探探明秦陵地宫的水銀儲量大概在百十吨左右,這還未包括幾千年來揮發損耗的數量,如此大量的水銀需要的礦石量必定是巨大的,“巴寡婦清”的丹砂經營規模能否滿足需要不能不説是個疑問。

其次,就其與秦始皇的關係構建看,王文指出,《史記》所載“用財自衛”一句是説其能“以錢鋪路”,以豐厚財力公開行賄,直通國家權力中心。我們認爲,這是對《史記》該句的誤讀,張守節《正義》對此句有明確的解釋,即以“財餉遺四方,用衛其業。”也就是説經常以財物救濟鄉里,而不是對勞工、百姓的壓榨經營,從而贏得了民衆的普遍擁護,以此保護了家族的財産和産業。

再次,從丹砂交通運輸及礦源來源看,即使秦始皇對“巴寡婦清”家族經營的丹砂有需求,交通運輸亦是不得不考慮的現實因素。王文分析了幾條可能的“輸丹之路”,但最後也總結爲巴渝到關中要翻越多座大山、大江、大河,道路艱險异常。而丹砂是製作水銀的主要原料,水銀易揮發且有劇毒,因此,無論是直接運送水銀還是運送丹砂礦,大量的礦物原料通過

① 《史記》卷六《秦始皇本紀》,265 頁。

② 王學理:《巴寡婦懷清的礦業與秦始皇陵水銀之需》,《唐都學刊》2012 年第 5 期;又見《輸丹之路——秦始皇與巴寡婦清》,秦始皇帝陵博物院編《秦始皇帝陵博物院》,西安:西北大學出版社,2018。

③ 葛志毅:《論丹砂在古代社會生活中的文化意義與巴寡婦清其人》,《國學學刊》2015 年第 2 期。

④ 王學理:《輸丹之路——秦始皇與巴寡婦清》,秦始皇帝陵博物院編《秦始皇帝陵博物院》,50-64 頁。

艱險的蜀道運至關中都極其艱難。且從丹砂來源看,也無此必要。崔向東提出從當時丹砂的來源看,雖然巴寡婦清爲秦陵地宫提供了朱砂和水銀,但這并不是唯一來源,僅憑巴寡婦清能提供丹砂來推測其受秦始皇禮遇之因雖有道理,但還不够充分。① 此説可從,况且王文還强調了陜西旬陽的丹砂不應該被忽略,其也是驪山陵墓水銀的重要來源之一。這就導致前後矛盾,既然非唯一來源,就很難説巴寡婦清爲始皇陵的營建提供了大量丹砂。而丹砂又稱爲"辰砂",當時又以湖南沅陵(秦屬洞庭郡)地區所産爲最佳,馬王堆帛書《五十二病方》所載藥方中即有水銀原料,説明當時湖南地區水銀生産已經頗具規模且已知曉其功用,用於醫藥領域。當時湖南地區的交通條件肯定遠優於巴蜀,嶽麓秦簡載有秦剛統一始皇就曾親臨湘地的記載:

> 廿六年四月己卯丞相臣狀、臣綰受制相(湘)山上:自吾以天下已并,親撫晦(海)内,南至蒼梧,凌涉洞庭之 1001-1+1020 水∟,登相(湘)山、屏山……1001-2②

雖然簡文内容與《史記》所載有差,但統一初秦始皇曾巡游到湖南應是没有問題的。這也説明當時咸陽與湖南地區的交通已經較爲暢通,至少遠優於蜀道。既然湖南地區所産丹砂品質最優且道路交通亦通暢,緣何要繞開湖南而從路途艱險的巴蜀運送丹砂呢?此外,譚平、楊志玲也指出:"在高度專制的秦朝,如果僅是爲了滿足其對水銀的需求,秦始皇也可以選擇對之進行全面地剥奪"即没必要通過禮遇來解决,亦可備一説。③

可見,此説法雖能與秦始皇修建陵墓建立起聯繫,但舍近求遠,舍易求難的丹砂運輸動因仍難以解釋。且文獻依據上也不充分,《史記》所載僅是言其經營丹砂,驪山陵的水銀之需因來源多途,其與巴寡婦清經營丹砂事的關係構建存在很大臆測成分,恐難成立。

(三)籠絡安撫説

也有學者認爲秦始皇尊獎"巴寡婦清"是爲了籠絡邊塞富商大賈和對巴地少數民族的安撫。如何清谷認爲,這是秦始皇對地處邊塞的富商大賈采取的籠絡政策。其還分析道:"巴寡婦屬古巴氏蠻後代,巴氏蠻曾建立巴國,是一種民族自治。巴國與西南夷毗連,屬於秦王朝的西南邊陲,抑之則鞭長莫及勢必造成財富外流,加以籠絡則可消弭其離心力爲國家所用。而且,秦始皇表彰巴寡婦清的封建節烈,帶有宣揚封建道德意圖,毫無重商之意。"④譚平、楊志玲認爲,"巴寡婦清"應屬當地世家大族,其家族在巴地有重要影響力,巴蜀穩定對秦朝維持統一局面很重要,因此,始皇出於帝國西南穩定的考量,有必要通過高度禮遇她來安

---

① 崔向東:《秦始皇尊獎巴寡婦清辨析》,《文史雜誌》2009 年第 6 期。
② 陳松長主編:《嶽麓書院藏秦簡(伍)》,上海辭書出版社,2017,57 頁。
③ 譚平、楊志玲:《論秦始皇之禮遇"巴寡婦清"》,《四川師範大學學報(社會科學版)》2013 年第 2 期。
④ 何清谷:《秦史探索》,330-331 頁。

撫巴人。[①]

此説也有幾點不妥。第一,秦始皇籠絡邊塞富商大賈及巴寡婦爲少數民族之説恐并無明確的文獻依據。秦一貫奉行打擊富商大賈的“重農抑商”之策,將其遷徙邊地,將六國之豪富遷往咸陽以便監管。前文已述及,秦對工商大賈的所謂鼓勵僅是因其對秦統治無害,談不上對其籠絡。“巴寡婦清”之“巴”僅是地域名,這一點已爲學界共識,言其爲巴國少數民族後裔缺少文獻依據。第二,“巴寡婦清”屬巴地世家大族,頗具影響,通過安撫“寡婦清”可起到籠絡西南工商大族,維護邊疆安穩的目的之説也不妥。“巴寡婦清”屬當地世家大族的説法恐非,司馬遷在《史記》里明確記載“清,窮鄉寡婦”,可見“清”的身份也就是身處窮鄉經營礦業的寡婦而已,與世家大族似相距甚遠。這一説法缺乏史實依據,誇大了“巴寡婦清”在巴地的影響力,將其上升到能影響國家西南邊疆安穩的高度上來,顯然有很大臆測成分。

(四)改易風俗説

有學者從《史記》所載“秦始皇以貞婦而客之”的“貞婦”二字出發,認爲秦始皇之所以禮遇“巴寡婦清”是爲了改易風俗。如崔向東認爲,“巴寡婦清”終生守寡未嫁,秦始皇之所以敬重她不是看重其財富或丹砂,而是貞節,通過表彰其貞節,以導化各地淫邪之風,進而統一倫理道德。[②] 張金光亦指出,始皇帝以爲貞婦而特加表揚,實爲巴、蜀一帶邊地以及全國樹立的貞節榜樣。巴蜀一帶風俗當與内地殊异,大概當時仍如秦之先守着“戎翟之教”,男女無别,故特築臺以示勸。[③]

此説頗具合理性,秦在統一初期也的確在改革陋俗方面做過一系列努力。但當前所論多是停留在社會風氣革新,家庭和諧的層面。在秦文化尚功利,重實用的特徵下,改易風俗背後有没有更深層次的因素也是需要再考慮的。如崔文列舉秦之各種陋俗,所强調的重點在整飭風俗,强化倫理,使社會風俗更純正。張文重點在强調改易風俗,男女平等,家庭和諧。與此觀點類似,亦有學者指出秦朝廷褒奬“巴寡婦清”本意在於倡導貞節,倫理因素影響秦政在某些方面的實際運作。[④] 秦以法家思想作爲治國理念已是學界不争的事實,但法家思想與傳統儒家倫理觀念并不是完全隔離的,先秦時期諸家思想并存,各家思想互有相通之處并不奇怪。上述所謂革新倫理習俗其實是法家思想的倫理觀,與傳統儒家倫理觀念并不相同。改易風俗、宣導貞節并不是秦廷的本意,在秦重實用的功利思想指導下,實現統治利益最大化纔是其根本目的。此外,在改易風俗上爲何選一寡婦身份者作爲代表,且以“貞婦”名義旌表,或許還可再作思考。在秦刻石中除了會稽刻石“有子不嫁,倍死不貞”一句外,其他

---

① 譚平、楊志玲:《論秦始皇之禮遇“巴寡婦清”》。

② 參見崔向東《秦始皇尊奬烏氏倮和巴寡婦清動因探析》,《秦文化論叢》第 9 輯,西安:西北大學出版社,2002,388-396 頁,又見於其著《秦始皇尊奬巴寡婦清辨析》,《文史雜誌》2009 年第 6 期。

③ 張金光:《秦制研究》,上海古籍出版社,2004,463-464 頁。

④ 王健:《秦代政治與儒家倫理探微——以秦刻石銘文爲中心》,《安徽史學》2012 年第 3 期。

涉及家庭風俗革新的内容都是對男女雙方共同的要求,因此,單以“寡婦”這一身份來表彰是否具有代表性也值得再分析。

除以上諸説外,學界還有其他幾種説法,如認同其民族氣節説,周晏指出:“‘巴寡婦清’最終受始皇劫持而客死他鄉,表彰的潛在意義爲對巴清民族氣節的贊同。”[①]“捐資説”,瀧川資言《史記會注考證》引中井積德的觀點:“雖稱‘始皇帝’,而是事蓋在未併吞之時,故軍興有資於其力也,非徒嘉其富厚。”[②]康清蓮也認爲,秦始皇修造萬里長城時,寡婦清捐鉅資爲國出力,因而受始皇禮遇。[③] 但這些説法大多被認爲缺乏史實依據,臆想成分較大,不足爲據。[④]

二 家庭治理視域下秦始皇褒獎“巴寡婦清”原因再認識

我們認爲,秦始皇褒獎“巴寡婦清”可能與秦代推行家庭治理政策有關,道德旌表作爲配合法律頒行的手段,將“巴寡婦清”作爲典型予以旌表,向巴蜀地區,乃至全國倡導、推行秦家庭治理方針,目的在於維持個體小家庭的穩定,進而保證秦徭役徵發和賦税徵收,維護統一初期社會秩序安定纔是其深層原因。兹論證如下:

(一)嶽麓秦簡“家庭法”令文所見統一初期秦的家庭治理政策

嶽麓秦簡中有一組令文顯示,統一之初,秦對寡婦家庭問題極其重視,并作了相應規範。

●廿六年十二月戊寅以來,禁毋敢謂母之後夫叚(假)父,不同父者,毋敢相仁(認)爲兄、姊、弟ㄴ。犯令者耐隸臣妾而 1025 毋得相爲夫妻,相爲夫妻及相與奸者,皆黥爲城旦舂。有子者,毋得以其前夫、前夫子之財嫁及入姨夫及予 1107 後夫、後夫子及予所與奸者,犯令及受者,皆與盗同灋。母更嫁,子敢以其財予母之後夫、後夫子者,弃 1108 市,其受者,與盗同灋。前令予及以嫁入姨夫而今有見存者環(還)之,及相與同居共作務錢財者亟相 1023 與會計分异相去。令到盈六月而弗環(還)及不分异相去者,皆與盗同灋ㄴ。雖不身相予而以它巧詐(詐)1024 相予者,以相受予論之。有後夫者不得告辠其前夫子ㄴ。能捕耐辠一人購錢二千,完城旦舂辠 1027 一人購錢三千ㄴ,刑城旦舂以上之辠一人購錢四千。女子寡,有子及毋子而欲毋稼(嫁)者,許之。謹布令,令黔首盡 1026【智(知)之,毋】巨(歫)辠。有□□除,毋用此令者,黥爲城旦。·二 0916[⑤]

---

① 周晏:《秦始皇築懷清臺的另一種解讀》,《涪陵師範學院學報》2005 年第 3 期。

② [日]瀧川資言:《史記會注考證》,4272 頁。

③ 康清蓮:《寡婦清評傳》,《西南民族大學學報(人文社科版)》2003 年第 12 期。

④ 參看崔向東《秦始皇尊獎巴寡婦清辨析》,《文史雜誌》2009 年第 6 期;針對日本學者中井積德的“捐資軍興”説,王子今認爲“丹”如何與“軍興”有直接的密切聯繫,尚待考察論證。參見其著《秦漢聞人肖像》,72 頁。

⑤ 陳松長主編:《嶽麓書院藏秦簡(伍)》,39-41 頁。

這段令文的行用時間是秦始皇二十六年的十二月戊寅,也就是剛完成統一後不久。令文規範的對象爲寡婦群體,是針對寡婦重組家庭前後一系列關係變動和財産處理問題的規範。令文具體展現了三方面的内容,第一,對寡母改嫁後後夫稱謂的變動,兄姊妹關係的界定,完全以父系血緣爲認定標準。第二,對寡婦再嫁後財産處理的規定,即寡婦不能擅自轉移前夫家財,前夫子亦不能將自己的財産以任何方式給予母之後夫、後夫子。且寡母及其後夫、後夫子也不能接受前夫子之財。第三,對寡女不再嫁行爲的提倡。

簡文“入姨夫”的含義,學界存在争議,一種説法認爲,“姨夫”是指妻子姐妹的丈夫,“入姨夫”就是交給姨夫。[①] 另一種説法認爲“姨夫”指贅婿。[②] 從簡文前後文的關係及文獻依據上看,後一種説法似較恰當。因而,“入姨夫”也就是指招納姨夫即寡婦招贅。由此,令文内容還涉及到寡婦坐産招夫行爲背後的經濟問題。總體來看,這條令文是秦統一初期,專門針對寡婦家庭稱謂、財産、婚嫁等治理問題而頒布的,足見當時秦政府對寡婦家庭問題的重視。

(二)《史記》所載始皇褒獎“巴寡婦清”事與嶽麓簡令文間的關係

《史記·貨殖列傳》所載“巴寡婦清”事與上述嶽麓簡令文間有一定聯繫,今試作分析。

首先,身份對象上二者具有一致性。從司馬遷的記載看,“巴寡婦清”爲巴地一窮鄉寡婦,其爲寡婦的身份顯然和嶽麓簡令文所規範的對象一致。

其次,《史記》載“秦皇帝以爲貞婦而客之”一句,所謂“貞婦”在秦漢文獻中所體現的多爲是否改嫁的問題。秦“會稽刻石”載:“有子而嫁,倍死不貞”,這裏的“貞”就是指改嫁與否。劉向《列女傳》將“壹與之醮,終身不改”作爲貞婦標準,在其看來,夫死不嫁是“貞”的重要標準。而男女“淫佚”之事在當時可能并不屬“貞”的範疇,其在秦漢律簡中多被冠以“奸”的稱謂。可知,《史記》中秦始皇以“貞婦”的名義褒獎“寡婦清”所贊賞的就是她的夫死不嫁,是對寡婦嫁與不嫁問題的關注。這與嶽麓簡令文中“女子寡,有子及毋子而欲毋稼(嫁)者,許之”的法律精神相契合。

再次,《史記》記載了“寡婦清”經營家族産業的狀況,“其先得丹穴,而擅其利數世,家亦不訾”説明其家族世代經營丹砂,積累了巨額的財富。“用財自衛”一句體現了她對家財享有管理權。“寡婦清”在當時貞節觀念尚未成爲社會思潮的情況下,寧願守寡以經營家業。這與睡虎地秦牘黑夫和驚之寡母及嶽麓簡令文中的寡母類似,均有家財管理權。且與秦刻石和令文對寡女不再嫁行爲的提倡有密切關聯。

總之,“巴寡婦清”作爲當時寡婦家庭中的代表被司馬遷記載了下來。不管其記載的初衷如何,都讓我們瞭解了“寡婦清”的真實事蹟,其對家庭財産的經營和處理,是否婚嫁與招贅等問題都與嶽麓簡令文的規定密切相關,與秦在統一初期推行的家庭治理政策有緊密的

---

① 參看陳偉《嶽麓秦簡肆附録肆校讀》,簡帛網,2016年5月29日;陳松長《嶽麓書院藏秦簡(伍)》,73頁。

② 王博凱:《〈嶽麓書院藏秦簡(伍)〉研究二題》,李學勤主編《出土文獻》第15輯,上海:中西書局,2019;張以静:《秦漢再婚家庭的財産權——以簡牘材料爲中心》,《河北學刊》2019年第4期。

聯繫。

(三)秦始皇尊獎"巴寡婦清"的歷史背景及原因新識

秦在統一初期爲何會對"寡婦"家庭問題如此重視呢?這與該時期的社會背景有很大關係。秦在長達十數年的統一戰争中徵發了大量輕壯男子入伍,如睡虎地秦牘中的"黑夫"和"驚"即是被徵發之人。既然有戰争就會有傷亡,因而社會上就出現了大量失去丈夫的"寡婦"群體。除戰争外,秦的徭役徵發亦很頻繁且規模龐大,勞役徵發的對象不僅有黔首還有規模龐大的刑徒。《史記》載"秦初并天下"便修建了萬里長城,考古發現的秦趙背户村刑徒墓均是勞役徵發的明證。秦時因法令嚴苛,大量平民成爲刑徒被輸往各處苦作,傷亡時有發生。秦統一之初,社會中存在大量寡婦群體的現象在秦簡牘中也多見。睡虎地秦簡《法律答問》載:"大夫寡,當伍及人不當?不當。"①里耶秦簡中有"大夫寡二户""上造寡一户"的記載。② 嶽麓秦簡《尉卒律》亦有"有爵寡以爲毋(無)爵寡"的記録,③蘇俊林對"有爵寡"一詞作了考察,認爲其指"有爵者的寡婦"。④ 這些寡婦群體有的無子,有的有女而成爲女户,《史記》所載"巴寡婦清"應該就是當時典型的女户。當時這些寡婦群體實際控制着家財,如何對社會上大量出現的這類家庭進行治理,維護家庭秩序的穩定就成了秦統治者不得不急於解決的問題。嶽麓秦簡針對寡婦家庭的一系列治理法令應該就是在這一社會背景下頒行的。

上述可見,秦統一初期社會上大量寡婦群體、寡婦家庭的出現成爲秦政府不得不面對的社會問題。透過《史記》所載和嶽麓秦簡頒行的令文内容看,秦主要對所謂"貞婦"即寡婦再嫁問題進行治理,其中原因,我們認爲主要有兩點:

其一,打擊贅婿,維持家庭與社會秩序的穩定。秦漢時期"贅婿"群體一直是國家重點打擊的對象,這一點已成學界共識,無需贅論。嶽麓簡令文對寡母"入姨夫"行爲的限制及鼓勵寡女毋再嫁的態度均有打擊贅婿方面的考慮。《史記》所載秦始皇褒獎"巴寡婦清"亦與此有關。以"貞婦"的名義來表彰就是基於其夫死不嫁,不招贅而獨自經營家業。秦律令限制寡婦坐産招贅,一方面是由於贅婿往往被認爲是借助女家逃避國家賦税之人,事實上造成了人口的變相流亡。秦對此予以規範也就是對人口流亡現象的管控,以此來保證國家賦税的徵收和維護社會秩序的穩定。另一方面也有助於規範家庭財産秩序。若寡婦繼承的是其娘家財産,則在寡婦去世後,其所招贅婿亦有繼産的可能。⑤ 若其再出贅别家,則勢必造成財産流失,甚至"户絶",從而影響國家賦税徵收。若寡婦管理的爲其前夫家財,則其招贅就同嶽

① 睡虎地秦墓竹簡整理小組編:《睡虎地秦墓竹簡》,北京:文物出版社,1990,129 頁。

② 參看陳偉主編《里耶秦簡牘校釋(第一卷)》,武漢大學出版社,2012,297 頁;湖南省文物考古研究所編《里耶秦簡(貳)》,北京:文物出版社,2017,90 頁。

③ 陳松長主編:《嶽麓書院藏秦簡(肆)》,上海辭書出版社,2015,113 頁。

④ 蘇俊林:《簡牘所見秦及漢初"有爵寡"考論》,《中國史研究》2019 年第 2 期。

⑤ 相關研究參看曹驥《秦漢家庭繼承研究》,河南大學博士學位論文,2014,205 頁。

麓秦簡所規範的内容相同,即容易造成其前夫家産的流失,甚至影響到國家、社會秩序的穩定。

其二,獎勵女户,保障秦户賦和徭役的正常徵發。秦代存在户賦已基本成爲定論。[①] 户賦的徵收以户爲單位,因而控制大量的户口,防止“户絶”情况的發生也是秦統一初期增加國家賦税,維持社會運營必須要考慮的問題。秦政府重視女户問題,所謂女户是指家中没有男性或合適的成年男性,以女性爲户主的家庭。[②] 蘇俊林通過考察秦簡牘中的“有爵寡”現象指出,“有爵寡”的出現當與女户的存在有關。[③] 秦漢爵位是構建身份秩序的依據,對個人及社會均有廣泛影響,如依爵授田,司法減罪,社會優待等。秦政府重視獎勵女户也體現在對有爵者之寡妻允許其以亡夫爵位享受相應權利等方面。目的無非是針對社會中大量存在的女户家庭,通過維護其家庭穩定使得國家盡可能多地掌握户籍數量,從而有利於進行户賦的徵收和徭役的徵發。從嶽麓秦簡的令文看,秦時律令不提倡寡女再嫁,目的也是爲了個體小家庭户籍的穩定。“巴寡婦清”作爲當時典型的女户,秦始皇以“貞婦”名義客之,其實際意義并不是强調儒家的所謂貞節觀,而應是從國家户籍管理、個體小家庭完整、賦税徵收的角度去思考的。

結語

總結全文,《史記·貨殖列傳》所載秦始皇旌表“巴寡婦清”的原因當從文獻記載中的兩個關鍵詞“寡婦”和“貞婦”入手,在秦文化尚功利、重實用的理念下展開分析。秦統一初期,連年統一戰争和沉重徭役徵發導致大量青壯男子死亡,進而社會上存在大量寡婦群體及女户家庭。在這一社會背景下秦政府爲實現統治利益最大化,專門立法對寡婦家庭中的一系列問題作了規範。通過法律强制力向黔首社會頒布法令的同時,道德旌表的教化作用亦爲秦統治者所看重。秦時旌表制度已經確立并逐步完善,這在嶽麓秦簡中即有體現:

●黔首或事父母孝,事兄姊忠敬,親弟(悌)茲(慈)愛,居邑里長老衛(率)黔首爲善,有如此者,牒書☑1165

□别之,衛(率)之千户毋過上一人,上之必謹以實,當上弗上,不當上而上□□☑1189+C4-1-9[④]

---

① 參看陳松長《秦代“户賦”新證》,《湖南大學學報(社會科學版)》2016 年第 4 期。

② 趙寵亮:《走馬樓吴簡所見“女户”》,《石家莊學院學報》2016 年第 5 期。

③ 蘇俊林:《簡牘所見秦及漢初“有爵寡”考論》,《中國史研究》2019 年第 2 期。

④ 陳松長主編:《嶽麓書院藏秦簡(伍)》,134 頁。

可見,秦代對忠孝慈愛的黔首會定期實施旌表,由居邑里的長、老負責選拔黔首爲善者,每千户推薦一人,同時還規定了推舉程式和推舉不實者的處罰原則。表明秦時旌表已經制度化,在秦的家庭治理中這一方式也得到廣泛運用。作爲一種道德控制手段,秦始皇褒獎"巴寡婦清"是以道德旌表的方式配合秦家庭治理律令的頒行,利用道德教化和律令强制力規範寡婦家庭中存在的一系列問題。目的在於規範社會秩序,維持個體小家庭的穩定,保證秦徭役徵發和賦税徵收,鞏固秦朝的專制統治。

附記 匿名審稿專家提供诸多寶貴建議,本文多有采納,謹表謝忱!

邦、邦尉與秦郡縣制的發展

□ 南開大學歷史學院　張奇瑋

内容提要　除秦國全境外,秦統一前的"邦"還可用於指稱王畿或郡。戰國秦將王畿内成熟的邦官建制、法律體系推廣到地方諸郡,故郡亦可稱"邦"。睡虎地秦律原爲王畿舊律,後推廣到郡中使用。秦統一後,王畿與諸郡由皆稱"邦"轉變爲"中""郡"并立的格局。國家明確規定不得再以"邦"指稱王畿或郡,并將京師諸"邦官"更名爲"中官"(如更"邦尉"爲"中尉"),郡内諸"邦官"更名爲"郡官",以示京師與地方諸郡之别。這一系列改革舉措旨在建立并鞏固統一的中央集權的郡縣制國家,爲郡縣制的全面推行鋪平道路。

關鍵詞　里耶秦簡　邦　邦尉　中尉　郡縣制

一　秦統一前"邦"的含義

近年來,里耶秦簡與嶽麓秦簡等新材料的陸續刊布,爲戰國秦漢史領域的研究工作注入了新的活力。關於里耶秦簡中的8-461號木方,[①]學界一般認爲它是秦統一天下後名號更替的彙編。[②] 該木方中有一些涉及"邦"的簡文,摘録如下:

① 整理者最初公布時,該木方編號爲8-455,收入《里耶秦簡(壹)》後更爲8-461。參見張春龍、龍京沙《湘西里耶秦簡8-455號》,武漢大學簡帛研究中心主辦《簡帛》第4輯,上海古籍出版社,2009,11-15頁;湖南省文物考古研究所編《里耶秦簡(壹)》,北京:文物出版社,2012,32-33頁。

② 參見張春龍、龍京沙《湘西里耶秦簡8-455號》,武漢大學簡帛研究中心主辦《簡帛》第4輯,11-15頁;胡平生《里耶秦簡8-455號木方性質芻議》,武漢大學簡帛研究中心主辦《簡帛》第4輯,17-25頁;游逸飛《里耶秦簡8-455號木方選釋》,武漢大學簡帛研究中心主辦《簡帛》第6輯,上海古籍出版社,2011,87-104頁;陳侃理《里耶秦方與"書同文字"》,《文物》2014年第9期。

騎邦尉爲騎□尉。
郡邦尉爲郡尉。
邦司馬爲郡司馬。
毋曰邦門曰都門。[①]

關於該組簡文,學界争論的焦點在於“邦”和“邦尉”的含義。游逸飛認爲“邦”是戰國秦與山東六國底下的地方封國,“郡邦尉”即“郡、邦尉”,統一前的郡尉與邦尉均可轉任爲新郡郡尉。[②] 楊振紅則認爲秦統一前狹義的“邦”指秦王畿,即内史所轄京師之地。秦統一後改邦尉爲郡尉,意在降低王畿的地位,將之視同爲郡。[③] 此外,通過對秦“邦尉”封泥的考察,王偉認爲邦尉即統一後的郡尉,太尉和邦尉是秦同時設立過的兩個不同級别的官職。[④] 孫聞博指出秦“邦”既指整個秦國,又可以指郡,隨着秦逐步置郡,所設郡地相當一封國;秦簡中的邦尉之“邦”多指郡,但秦中央也有邦尉,即統一後的太尉。[⑤] 也有學者將簡文中的“邦”解讀爲“屬邦”。[⑥] 游逸飛後來放弃舊説,認爲郡尉早期曾稱邦尉,郡中的邦尉在統一後更名爲郡尉。[⑦] 近兩年來,又有學者在審視前説的基礎上討論秦“邦”的含義。日本學者渡邊英幸認爲先秦時代的“邦”本質上是擁有獨立君主的政體,秦郡中的確置有“邦”官,但不能認爲没有獨立君主的郡被稱作“邦”。[⑧] 高智敏則認爲郡邦尉及其下屬諸邦官稱謂中的“邦”其實就是指秦國家、朝廷,戰國秦的郡邦尉是中央邦尉派駐於郡内的吏員;中央邦尉在秦統一後更名爲太尉,并分化出中尉負責京師地區的軍事。[⑨]

《説文解字》口部:“國,邦也。”邑部:“邦,國也。”段玉裁注:“邦之言封也,古邦、封通用。”[⑩]“邦”與“國”同義互訓,漢時因避高祖劉邦名諱,多將古籍中的“邦”改爲“國”字,正如《漢書》顔師古注云:“邦之字曰國者,臣下所避以相代也。”[⑪]《左傳·昭公二十八年》謂西周分封:“其兄弟之國者十有五人,姬姓之國者四十人,皆舉親也。”[⑫]西周青銅器盠方尊銘文中

① 陳偉主編:《里耶秦簡牘校釋(第一卷)》,武漢大學出版社,2012,157頁。後文引用時不再出注。
② 游逸飛:《里耶秦簡 8-455 號木方選釋》,武漢大學簡帛研究中心主辦《簡帛》第6輯,101-102頁。
③ 楊振紅:《從秦“邦”“内史”的演變看戰國秦漢時期郡縣制的發展》,《中國史研究》2013年第4期,修訂後收入其著《出土簡牘與秦漢社會(續編)》,桂林:廣西師範大學出版社,2015,3-13頁。
④ 王偉:《秦出土文獻所見太尉與邦尉及其關係辨正》,秦始皇帝陵博物院編《秦始皇帝陵博物院》第4輯,西安:陝西人民出版社,2014,344-348頁。
⑤ 孫聞博:《秦漢太尉、將軍演變新考——以璽印資料爲中心》,《浙江學刊》2014年第3期,修訂後收入其著《秦漢軍制演變史稿》,北京:中國社會科學出版社,2016,57-62頁。
⑥ 臧知非:《從里耶秦簡看“書同文字”的歷史内涵》,《史學集刊》2014年第2期。
⑦ 游逸飛:《三府分立——從新出秦簡論秦代郡制》,《“中研院”歷史語言研究所集刊》第87本第3分,2016。
⑧ [日]渡邊英幸:《戰國秦の“邦”と畿内》,《東洋史研究》(京都)第77卷第3號,2018。
⑨ 高智敏:《由“邦”到“天下”——秦“邦”更名所見制度變革及其意義》,《中華文史論叢》2019年第2期。
⑩ [漢]許慎撰,[清]段玉裁注:《説文解字注》卷一二,北京:中華書局,2013,280、285頁。
⑪ 《漢書》卷一《高帝紀上》,北京:中華書局,1962,1頁。
⑫ 楊伯峻:《春秋左傳注》(修訂本),北京:中華書局,2016,1663頁。

可見“萬年保我萬邦”之語，[①]“萬邦”即受封的諸侯國。此外，西周時亦有“周邦”之稱，訇毁銘文記載：“訇，不（丕）顯文、武受令（命），則乃祖奠周邦。”[②]訇的祖先在文、武王之際爲周邦的奠基做了貢獻，這裏的“周邦”必然是包含其分封諸國在内的廣義概念。西周春秋時人將天下視爲“周邦”，而各諸侯受封的領土亦是獨立的一邦，這是分封時代“國中之國”模式的真實寫照。

自秦受封爲諸侯至秦孝公時期，作爲分封體系内“萬邦”之一的“秦邦”，其所指代的地域範圍自然是整個秦國。秦孝公十二年（前350），秦遷都咸陽，在商鞅的主持下，在全境（關中地區）[③]内推行縣制改革：“而集小鄉邑聚爲縣，置令、丞，凡三十一縣。”[④]這次改革使國君直接統治的區域擴展爲整個關中地區，在惠文君稱王後，這一地區就成爲了秦王畿。[⑤] 秦國君直接統治的區域與秦全境在地域範圍上的交匯，是戰國秦以“邦”指稱秦王畿的淵源所在。此後，伴隨着戰國中後期的對外擴張，秦在王畿以外的地區逐步置郡。[⑥] 誠如以往學者所論證，戰國秦“邦”可以用來指稱王畿地區，[⑦]也就是説，自戰國秦置郡後至秦統一，秦保留了以“邦”指稱王畿的用法。[⑧]

與此同時，據秦“南陽邦尉”封泥的存在，[⑨]可知戰國秦郡中確實置有“邦尉”。[⑩] 因此，里耶秦簡8-461中的“郡邦尉爲郡尉”一句應解讀爲將郡中的邦尉一律改稱郡尉。結合“邦司

---

① 中國社會科學院考古研究所編：《殷周金文集成》（修訂增補本），北京：中華書局，2007，3702頁。

② 中國社會科學院考古研究所編：《殷周金文集成》（修訂增補本），2696－2697頁。

③ 學界一般認爲商鞅縣制在秦全境（關中地區）推行，參見［日］守屋美都雄著，錢杭、楊曉芬譯《中國古代的家族與國家》，上海古籍出版社，2010，64－81頁；［日］藤田勝久著，王明明譯《古代中國的關中開發——對於郡縣制形成過程的一次考察》，鈔曉鴻主編《海外中國水利史研究：日本學者論集》，北京：人民出版社，2014，284－304頁；孫聞博《商鞅縣制的推行與秦縣、鄉關係的確立——以稱謂、禄秩與吏員規模爲中心》，《簡帛》第15輯，上海古籍出版社，2017，117－131頁。但也有學者持不同意見，如西嶋定生認爲孝公十二年主要是在咸陽以東的新領域置縣，參見［日］西嶋定生著，武尚清譯《中國古代帝國的形成與結構——二十等爵制研究》，北京：中華書局，2004，509－522頁。

④ 《史記》卷六八《商君列傳》，北京：中華書局，2014，2712頁。《秦本紀》的記載有所不同，爲四十一縣，參見《史記》卷五《秦本紀》，257頁。

⑤ 參見［日］藤田勝久著，李淑萍譯《戰國時的領域形成和交通路綫》，秦始皇兵馬俑博物館編《秦文化論叢》第6輯，西安：西北大學出版社，1998，358－404頁。

⑥ 涉及秦置郡的問題，可參看辛德勇《秦始皇三十六郡新考》，收入其著《秦漢政區與邊界地理研究》，北京：中華書局，2009，3－92頁；周群《秦代置郡考述》，《中國史研究》2016年第4期。

⑦ ［日］工藤元男著，［日］广瀨薰雄、曹峰譯：《睡虎地秦簡所見秦代國家與社會》，上海古籍出版社，2010，41－42、166－167頁；楊振紅：《從秦“邦”“内史”的演變看戰國秦漢時期郡縣制的發展》，《中國史研究》2013年第4期，修訂後收入其著《出土簡牘與秦漢社會（續編）》，3－13頁。

⑧ 按：上注所引學者的論著主要從周制的角度解讀戰國秦王畿稱“邦”的原因，不再贅述。此外，據筆者後文所論，睡虎地秦律原爲王畿舊律，其中的“邦”原指秦王畿，“縣”指王畿内的縣。戰國秦置郡後，將王畿内通行的法律推廣到諸郡中使用，但這些律條仍然適用於王畿地區，故而該時期的“邦”依舊可以指稱王畿。直至秦統一前後，國家整合律令體系，纔由王畿與郡皆稱“邦”的情況轉變爲了“中”“郡”并立的格局。這也可以佐證戰國秦以“邦”指稱王畿的觀點。

⑨ 王輝、王偉編：《秦出土文獻編年訂補》，西安：三秦出版社，2014，453頁。

⑩ 《里耶秦簡（貳）》整理小組將簡9-430釋作“☑洞庭邦尉府□□☑”，《里耶秦簡牘校釋（第二卷）》將該簡中的“邦”字改釋爲“報”字。參考圖版資料，應從後者意見，即改釋作“報”字。參見湖南省文物考古研究所編《里耶秦簡（貳）》，北京：文物出版社，2017，19頁；陳偉主編《里耶秦簡牘校釋（第二卷）》，武漢大學出版社，2018，122頁。

馬爲郡司馬”一句的表述，戰國秦郡亦可稱“邦”。孫聞博還指出漢人有“視郡如邦國，視郡守如君”的觀念，并將之與秦制聯繫起來，認爲秦郡早期也稱“邦”，[①]甚確。此外，睡虎地秦簡《語書》記載：

> 廿年四月丙戌朔丁亥，南郡守騰謂縣、道嗇夫：古者，民各有鄉俗，其所利及好惡不同，或不便於民，害於邦。是以聖王作爲灋（法）度，以矯端民心，去其邪避（僻），除其惡俗……今灋（法）律令已具矣，而吏民莫用，鄉俗淫失（泆）之民不止，是即灋（廢）主之明灋（法）殹（也），而長邪避（僻）淫失（泆）之民，甚害於邦，不便於民。故騰爲是而脩灋（法）律令、田令及爲閒私方而下之，令吏明布，令吏民皆明智（知）之，毋巨（歫）於辠（罪）。（簡1-5）[②]

《語書》是南郡守騰在秦王政二十年下發給所屬諸縣道的文書，以“今”字爲分界，文中兩度出現的“邦”字的含義有所不同。首先，南郡守騰追憶古時情狀，指出聖王制法度的原因是民各有鄉俗，其利益與好惡有所不同，不便於民，害於邦。“聖王作爲法度”的時代可追溯至商鞅變法時期，即秦置郡以前。“或不便於民，害於邦”一句中的“邦”，其指代的地域範圍應是關中地區，即置郡前的秦國全境。其後，南郡守指出當時的狀况是：如今的律令已經較爲完備，但吏民却没有妥善利用，這就會助長邪僻淫泆的風氣，甚害於邦，亦不便於民。故而南郡守纔會修繕法律，令吏明布。該文書的下達對象是南郡所屬的諸縣道嗇夫，其適用範圍即南郡地區。此外，秦王政二十年時，秦在關中等地的統治已經相當穩固，南郡守所言“今法律令已具矣，而吏民莫用”的地域範圍當是南郡，而不是秦國全境。因此，“甚害於邦，不便於民”中的“邦”，其所指應是南郡。

總之，除指稱秦全境[③]外，秦統一前的“邦”還可用於指稱王畿或郡。可見戰國秦郡縣制的發展受到了周制“國中之國”模式的影響，帶有分封時代的印記。那麽，在戰國秦置郡擴張後，爲何王畿與諸郡都可以稱“邦”呢？筆者將從職官、法律制度的角度詳加探討。

二　從邦尉到中尉、郡尉

《商君書·境内》記載：“其攻城圍邑也，國司空訾其城之廣厚之數。國尉分地，以徒校

---

① 孫聞博：《秦漢太尉、將軍演變新考——以璽印資料爲中心》，《浙江學刊》2014年第3期，修訂後收入其著《秦漢軍制演變史稿》，57-62頁。

② 陳偉主編：《秦簡牘合集（壹）》（釋文注釋修訂本），武漢大學出版社，2016，29頁。

③ 即傳世文獻所見秦國之“國”的概念，如《戰國策·秦策三》：“國無事則已，國有事，臣必聞見王獨立於庭也。臣竊爲王恐，恐萬世之後有國者，非王子孫也。”參見［漢］劉向集録，范祥雍箋證《戰國策箋證》，上海古籍出版社，2006，334頁。

分積尺而攻之。"[①]"國"字爲漢人避"邦"諱所改,在秦時本當作"邦",《境内》篇中的國尉、國司空即邦尉、邦司空。《境内》篇反映的是商鞅變法時期的國家制度,[②]戰國秦置郡前,關中地區已置有邦尉、邦司空,在秦置郡後,郡中的邦尉即沿襲於此。據前引里耶秦簡 8-461 中的"郡邦尉爲郡尉",郡中的邦尉在秦統一後改稱郡尉。此外,《史記》也記有秦"國尉":

> 昭王十三年,而白起爲左庶長……其明年,白起爲左更,攻韓、魏於伊闕,斬首二十四萬,又虜其將公孫喜,拔五城。起遷爲國尉。涉河取韓安邑以東,到乾河。明年,白起爲大良造。
>
> (秦王政十年)大梁人尉繚來……秦王覺,固止,以爲秦國尉,卒用其計策。《正義》曰:言太尉。[③]

白起、尉繚所任的"國尉"應是秦王畿内的職官,而不是置於地方諸郡中的邦尉。據《史記正義》所記,唐人張守節認爲秦王畿的國尉即後來的太尉,也有學者對此表示贊同。[④] 但據白起的升遷經歷,王畿内國尉的地位介於左更與大良造之間,不能與秦統一後的太尉相提并論。[⑤]渡邊英幸參考《二年律令・秩律》,推定原來的中央官邦尉在統一後改稱"中尉",[⑥]筆者將結合新出簡牘材料詳加論證。

張家山漢簡《二年律令・秩律》:

> 内史……中尉……郡守、尉……秩各二千石。(簡 440-441)
>
> 中發弩,枸(勾)指發弩,中司空、輕車、郡發弩、司空、輕車,秩各八百石,有丞者三百石。(簡 445)
>
> 中候,郡候,騎千人……秩各六百石,有丞者二百石。(簡 446)
>
> 中司馬,郡司馬,騎司馬,中輕車司馬,備盜賊,關中司馬□□關司☐(簡 468)[⑦]

---

① 高亨注譯:《商君書注譯》,北京:中華書局,1974,153 頁。

② 參見張林祥《〈商君書〉的成書與思想研究》,北京:人民出版社,2008,76-81 頁;仝衛敏《出土文獻與〈商君書〉綜合研究》,新北:花木蘭文化出版社,2013,190-198 頁。

③ 《史記》卷七三《白起王翦列傳》,2831 頁;《史記》卷六《秦始皇本紀》,297-298 頁。

④ 孫聞博認爲戰國秦"邦尉"即統一後的"太尉",高智敏亦持此説。參見孫聞博《秦漢太尉、將軍演變新考——以璽印資料爲中心》,《浙江學刊》2014 年第 3 期,修訂後收入其著《秦漢軍制演變史稿》,57-62 頁;高智敏《由"邦"到"天下"——秦"邦"更名所見制度變革及其意義》,《中華文史論叢》2019 年第 2 期。

⑤ 多數學者認爲國(邦)尉與太尉爲完全不同的兩種職官,相關學術史可參看王偉《秦出土文獻所見太尉與邦尉及其關係辨證》,秦始皇帝陵博物院編《秦始皇帝陵博物院》第 4 輯,344-348 頁。

⑥ [日]渡邊英幸:《战國秦の"邦"と畿内》,《東洋史研究》(京都)第 77 卷第 3 號,2018。

⑦ 彭浩、陳偉、[日]工藤元男主編:《二年律令與奏讞書——張家山二四七號漢墓出土法律文獻釋讀》,上海古籍出版社,2007,258 頁、262-263 頁、291 頁。

《漢書·百官公卿表》記中尉“有兩丞、候、司馬、千人。”[①]《漢書·季布傳》云“嘗爲中司馬”，師古注引如淳曰：“中尉之司馬。”[②]漢官印封泥中有“中騎千人”“中騎司馬”，[③]中候、中騎千人、中司馬、中騎司馬應是中尉的屬官。

《漢書·百官公卿表》顔師古注“千人”條曰：“候及司馬及千人皆官名也，屬國都尉云有丞、候、千人。西域都護云司馬、候、千人各二人。凡此千人，皆官名也。”[④]《漢舊儀》：“邊郡太守各將萬騎……置部都尉、千人、司馬、候、農都尉。”[⑤]有學者指出居延漢簡所見邊郡“騎司馬”爲都尉屬吏。[⑥] 此外，孫聞博結合秦封泥資料，指出郡尉所統“郡候、郡騎千人、郡司馬、郡騎司馬”等武官在秦及漢初普遍置於全國各郡，應從。[⑦]

張家山漢簡《奏讞書》案例一：

> (漢高帝十一年)六月戊子發弩九詣男子毋憂告，爲都尉屯，已受致書，行未到，去亡。·毋憂曰：變(蠻)夷大男子。歲出五十六錢以當繇(傜)賦，不當爲屯，尉窯遣毋憂爲屯，行未到，去亡，它如九。·窯曰：南郡尉發屯有令，變(蠻)夷律不曰勿令爲屯，即遣之，不智(知)亡故，它如毋憂。·(簡 1-3)[⑧]

該材料引自漢初南郡夷道(相當於縣)長、丞的奏讞文書，發弩九即夷道發弩，尉窯即夷道尉。此次屯役由南郡尉發起，由縣(道)尉、縣(道)發弩參與執行，可知漢初的“發弩”與“尉”同屬一個系統。有學者指出“發弩”是受“尉”領導和管理的，[⑨]應從。《二年律令·秩律》所見“郡發弩”當屬郡尉系統，京師之地的“中發弩”當屬中尉系統。睡虎地秦簡《秦律雜抄》：

> 戍者城及補城，令姑(嫴)堵一歲，所城有壞者，縣司空署君子將者，貲各一甲；縣司空佐主將者，貲一盾……縣尉時循視其攻(功)及所爲，敢令爲它事，使者貲二甲。(簡 40-42)[⑩]

---

① 《漢書》卷一九《百官公卿表》，732 頁。
② 《漢書》卷三七《季布欒布田叔傳》，1979 頁。
③ 任紅雨編：《中國封泥大系》，杭州：西泠印社出版社，2018，977 頁。
④ 《漢書》卷一九《百官公卿表》，733 頁。
⑤ [清]孫星衍等輯，周天游點校：《漢官六種》，北京：中華書局，1990，81 頁。
⑥ 陳夢家：《漢簡綴述》，北京：中華書局，1980，69 頁。
⑦ 孫聞博：《秦漢“内史—諸郡”武官演變考——以軍國體制向日常行政體制的轉變爲背景》，《文史》2016 年第 1 期，修訂後收入其著《秦漢軍制演變史稿》，98-105 頁。
⑧ 彭浩、陳偉、[日]工藤元男主編：《二年律令與奏讞書——張家山二四七號漢墓出土法律文獻釋讀》，332 頁。
⑨ 參見楊振紅《徭、戍爲秦漢正卒基本義務説——更卒之役不是“徭”》，《中華文史論叢》2010 年第 1 期，修訂後收入其著《出土簡牘與秦漢社會(續編)》，181-209 頁。
⑩ 陳偉主編：《秦簡牘合集(壹)》(釋文注釋修訂本)，177 頁。

在縣級官府的行戍環節中，縣司空是修繕城池這一事務的主管官吏，縣尉對縣司空所負責的事務具有監督權。《里耶秦簡（貳）》簡9-1：

> 卅三年四月辛丑朔丙午，司空騰敢言之：陽陵宜居士五（伍）毋死有貲餘錢八千六十四。毋死戍洞庭郡，不智（知）何縣署。·今爲錢校券一上，謁言洞庭尉，令毋死署所縣責，以受陽陵司空——司空不名計。①

士伍"毋死"有貲錢尚未付清，在其前往洞庭郡服戍役後，陽陵縣司空騰向洞庭郡尉請求確認其服役的地點。縣司空的上請對象是洞庭郡尉，可知郡內相關事務的負責者爲郡尉。以此推之，"郡司空"應屬郡尉系統。

綜上可證，漢初《二年律令·秩律》所見"中候、（中）騎千人、中司馬、（中）騎司馬、中發弩、中司空、（中）輕車"是中尉的屬官，"郡候、（郡）騎千人、郡司馬、（郡）騎司馬、郡發弩、（郡）司空、（郡）輕車"則是郡尉的屬官。② 可見秦及漢初中尉、郡尉系統的職官體系基本相同。那麽，這樣的格局是如何形成的呢？

秦及漢初的郡司馬屬郡尉系統，里耶秦簡8-461記"郡邦尉爲郡尉、邦司馬爲郡司馬"，可知秦統一前的邦司馬是邦尉的屬官。《嶽麓秦簡（叁）》簡094（2）：

> □暨自言曰：邦尉下（？）□更（？）戍令（？），□誤（？）弗傳邦候└。③

該簡引自《爲獄等狀四種》案例六"暨過誤失坐官案"，此案中列舉了江陵縣丞暨④在公務上所犯的"過誤失"之罪，其中一則即爲本簡所記内容：在南郡邦尉下達更戍令後，江陵縣丞暨没有將之傳達給邦候。因此，秦統一前的邦候亦屬邦尉系統。此外，里耶秦簡8-773所見郡中的邦司空，即後來的郡司空："卌二人徒養。八十四人邦司空公白羽。"⑤總之，"邦候、邦司馬、邦司空"等秦統一前的邦官應屬邦尉系統。就秦郡的情況而言，邦尉及其屬官的職官名中的"邦"字在統一後皆改爲"郡"字，如邦尉爲郡尉，邦司馬爲郡司馬，邦候爲郡候，邦司空爲郡司空等。

前文已述，商鞅時代的秦關中地區已置有邦尉、邦司空。在秦置郡後，郡中的邦尉及其

---

① 陳偉主編：《里耶秦簡牘校釋（第二卷）》，1頁。

② 孫聞博已指出該意見，但未詳加論證，參見孫聞博《秦漢"内史—諸郡"武官演變考——以軍國體制向日常行政體制的轉變爲背景》，《文史》2016年第1期，修訂後收入其著《秦漢軍制演變史稿》，98-105頁。

③ 陳松長主編：《嶽麓書院藏秦簡（壹—叁）》（釋文修訂本），上海辭書出版社，2018，149頁。

④ 《爲獄等狀四種》案例三"猩、敞知盜分贓案"記"江陵丞暨"（簡061），案例四"芮盜賣公列地案"記"丞暨"（簡064），參見陳松長主編《嶽麓書院藏秦簡（壹—叁）》（釋文修訂本），145-146頁。

⑤ 陳偉主編：《里耶秦簡牘校釋（第一卷）》，224頁。

所統的諸邦官皆是沿襲自王畿地區的職官。據前引《史記·秦始皇本紀》所見尉繚的經歷，秦王政十年的王畿地區仍有國(邦)尉的存在，而自秦統一至漢代，京師與地方諸郡均不見邦官的痕迹。結合漢初《二年律令·秩律》所見“中官”與“郡官”對舉的情況來看，秦王畿地區邦尉及其所統的諸邦官，其職官名中的“邦”字在統一後均改爲指稱京師的“中”字，以示京師與地方諸郡之别。

秦統一前的邦尉是邦候、邦司馬等邦官的主管者，地方諸郡中的邦尉系統在統一後轉化爲郡尉系統。就王畿地區的邦尉及其所統諸邦官而言，其職官名中的“邦”字在統一後均改爲指稱京師之“中”字，且這些原屬邦尉的邦官在更名後隸屬於中尉(如中候、中司馬等)。綜上可證，秦王畿地區的邦尉在統一後更名爲中尉。

秦及漢初内史、中尉的組合頗似郡守與郡尉，《漢書·百官公卿表》記“中尉，秦官，掌徼循京師。”[①]郡中的邦尉即統一後的郡尉，而王畿中的邦尉即是主管關中地區軍事的武官，與後來的中尉職事相符。秦封泥有“中尉之印”，[②]《嶽麓秦簡(肆)》簡J43：“郡免除書到中尉，雖後時，尉聽之 ㄴ。”[③]可見秦時確有中尉一職，《漢書·百官公卿表》“中尉，秦官”的表述無誤。這些記有“中尉”的出土材料當爲秦統一後所書。此外，東晋常璩所著《華陽國志》記秦惠文王時，議伐蜀者有“司馬錯、中尉田真黄”，任乃强按：“此章叙蜀國滅亡事，用譙周《蜀紀》説，頗與《史記》不同。”[④]據前考證，書中所記田真黄的官名“中尉”在秦惠文王時期本應作“邦尉”。筆者推測，常璩著書時所參考的《蜀紀》等典籍，其作者爲避免因王畿與郡中皆置邦尉而造成混淆，直接將王畿中的邦尉記爲中尉，亦有魏晋時人對秦統一前邦官建制的認知已不甚清晰而造成誤記的可能。

在戰國秦對外擴張并廣泛置郡的過程中，王畿中的邦官建制被移植到郡中。秦統一後，統治者將京師中的“邦尉”更名爲“中尉”，將地方諸郡中的“邦尉”更名爲“郡尉”，將“邦候、邦司馬、邦司空”等邦尉的屬官分别更名爲“中官”(京師)與“郡官”(郡)，以示京師與地方諸郡之别。《二年律令·秩律》所見中尉、郡尉系統的職官體系基本相同，正是戰國秦郡中的諸邦官沿襲自王畿的緣故。

三　“邦”與秦郡縣制的發展

發軔於春秋戰國時期的郡縣制，在秦統一後得以全面推行。郡縣制的起源與發展是學界關注的重要課題，早期學界多認爲戰國時代出現了“以郡統縣”的地方行政制度。楊寬在

① 《漢書》卷一九《百官公卿表》，732頁。
② 任紅雨編：《中國封泥大系》，381-382頁。
③ 陳松長主編：《嶽麓書院藏秦簡(肆)》，上海辭書出版社，2015，141頁。
④ [晋]常璩著，任乃强校注：《華陽國志校補圖注》，上海古籍出版社，1987，126頁。

其經典著作《戰國史》中記述戰國郡縣制的發展：戰國時代的邊地逐漸繁榮，諸國在郡下分設若干縣，由此産生了郡、縣二級制的地方組織；這種以郡轄縣的制度最初行於三晋，如前 328 年魏納上郡十五縣給秦；秦每得新地必定設郡，故其兼并六國後所置的郡縣遍布全國。① 冉光榮、韓連琪、周振鶴等前輩學者的意見大體與之相同，他們皆以傳世文獻爲史料依據，認爲戰國時期出現了以郡轄縣的制度，由郡守管轄郡内事務。②

自睡虎地秦簡刊布後，關於戰國秦郡的性質與職能問題，學界出現了新的意見。栗勁、陳長琦等學者重新審視戰國秦郡的性質，認爲戰國時代的秦縣受中央直接管理，而郡則缺乏行政、經濟職能，是軍事領導機關而非地方政府。③ 此外，通過分析睡虎地秦簡中秦内史與諸縣互動的律條，日本學者工藤元男主張戰國秦内史兼具王畿長官與中央官的雙重屬性，其管轄範圍是秦國全境，而秦在戰國末期對内史進行改組，將其分爲掌管全境財政的治粟内史與掌治京師的内史。④ 游逸飛在審視前説的基礎上，指出昭王晚期以前的秦郡無權控制屬縣的人事、財政與司法，直至統一六國前夕，秦國纔展現出以郡轄縣的地方行政制度。⑤ 同時，關於戰國秦内史的問題，江村治樹、楊振紅等學者認爲戰國秦内史已是掌治王畿的行政長官，并不統管全國財政。⑥ 可以看出，學界争論的焦點是戰國秦郡對屬縣的管轄權問題，以及戰國秦内史的職權範圍問題。筆者認爲，諸學者分歧的根源就在於對睡虎地秦律性質的不同認識。

睡虎地秦簡《秦律十八種》簡 20："内史課縣，大（太）倉課都官及受服者。"⑦工藤氏等學者認爲内史所課的是全國範圍内的"縣"，并認定戰國秦内史的財政權涉及秦國全境内所有的縣道。而江村氏則認爲睡虎地秦律原是以關中地區爲對象制定的，内史所課的僅是王畿内的"縣"，這些律文也適用於地方諸郡。⑧

筆者認爲，秦律中"邦"的含義是解決上述問題的綫索之一。睡虎地秦簡《秦律雜抄》：

---

① 楊寬：《戰國史（增訂本）》，上海人民出版社，1998，226－229 頁。

② 參見冉光榮《春秋戰國時期郡縣制度的發生與發展》，《四川大學學報》1963 年第 1 期；韓連琪《春秋戰國時代的郡縣制及其演變》，《文史哲》1986 年第 5 期；周振鶴《中國地方行政制度史》，上海人民出版社，2005，31－37 頁。

③ 參見栗勁《秦律通論》，濟南：山東人民出版社，1985，408－410 頁；陳長琦《戰國秦漢六朝史研究》，廣州：廣東人民出版社，1997，1－34 頁。此外，宫長爲也認爲地方上的縣和都官在財政上隸屬於中央，與郡無關，參見宫長爲《雲夢秦簡所見財政管理——讀〈睡虎地秦墓竹簡〉札記》，《史學集刊》1996 年第 3 期。

④ ［日］工藤元男著，［日］广瀨薫雄、曹峰譯：《睡虎地秦簡所見秦代國家與社會》，18－49 頁。

⑤ 游逸飛：《從軍區到地方政府——簡牘及金文所見戰國秦之郡制演變》，《臺大歷史學報》（臺北）第 56 期，2015。

⑥ ［日］江村治樹著，單印飛譯：《雲夢睡虎地出土秦律的性質》，楊振紅、鄔文玲主編《簡帛研究二〇一四》，桂林：廣西師範大學出版社，2014，326－342 頁；楊振紅：《從秦"邦""内史"的演變看戰國秦漢時期郡縣制的發展》，《中國史研究》2013 年第 4 期，修訂後收入其著《出土簡牘與秦漢社會（續編）》，3－13 頁。

⑦ 陳偉主編：《秦簡牘合集（壹）》（釋文注釋修訂本），52－53 頁。

⑧ 裘錫圭、渡邊英幸也推測睡虎地秦律多是王畿舊律，各郡援用那些律文來處理政務，但均未論證。參見裘錫圭《嗇夫初探》，中華書局編輯部編《雲夢秦簡研究》，北京：中華書局，1981，289－290 頁；［日］渡邊英幸《战國秦の"邦"と畿内》，《東洋史研究》（京都）第 77 卷第 3 號，2018。

·軍人買(賣)稟稟所及過縣,貲戍二歲;同車食、敦(屯)長、僕射弗告,戍一歲;縣司空、司空佐史、士吏將者弗得,貲一甲;邦司空一盾。(簡 12-14)①

"邦司空"是"縣司空"同一系統中的上級主官,在秦王畿與諸郡中皆置,於統一後更名爲"中司空"與"郡司空"。據前所述,商鞅時代的關中地區即有"邦司空",可見該律條本通行於秦王畿,在置郡後推廣到地方諸郡中使用。前文已論,戰國秦郡中的諸邦官襲自王畿地區。而邦官建制的承襲當源於法律體系的沿襲,即秦將王畿内成熟的律令體系推廣到地方諸郡。《秦律十八種·工律》:

邦中之繇(徭)及公事官(館)舍,其叚(假)公,叚(假)而有死亡者,亦令其徒、舍人任其叚(假),如從興戍然。工律(簡 101)②

"邦中"即傳世文獻中的"國中",指王畿地區。③《周禮·秋官司寇》:"鄉士,掌國中。"鄭玄注:"玄謂其地則距王城百里内也。"④《工律》中的"邦中"即秦王畿,該律條源於王畿舊律,當其被沿用至地方郡縣後,"邦中之徭"即指郡中所興之徭。"徭"是由國家承認的正式的勞役,大致可分爲中央徵派的徭役與郡縣所興的地方性徭役,⑤"邦中之徭"應是後者。

此外,睡虎地秦律中明確記載"郡"字的律條僅有一例,即《秦律十八種·置吏律》:

縣、都官、十二郡免除吏及佐、群官屬,以十二月朔日免除,盡三月而止之。其有死亡及故有夬(缺)者,爲補之,毋須時。置吏律(簡 157-158)⑥

戰國秦置有十二郡的年代大致在昭襄王後期,⑦有學者據"縣、都官、十二郡"的排列順序,推測秦昭襄王時期縣、都官的行政層級與重要性高於郡,且郡與縣不相隸屬。⑧ 然而,《嶽麓秦簡(肆)》中記有一則相關律條:

---

① 陳偉主編:《秦簡牘合集(壹)》(釋文注釋修訂本),162-163 頁。

② 陳偉主編:《秦簡牘合集(壹)》(釋文注釋修訂本),100 頁。

③ 參見楊振紅《從秦"邦""内史"的演變看戰國秦漢時期郡縣制的發展》,《中國史研究》2013 年第 4 期,修訂後收入其著《出土簡牘與秦漢社會(續編)》,3-13 頁。

④ [漢]鄭玄注,[唐]賈公彦疏:《周禮注疏》卷四一《秋官司寇第五》,上海古籍出版社,2010,1355 頁。

⑤ 如睡虎地秦簡《秦律十八種·徭律》所見"御中發徵""上之所興"即中央政府徵派的徭役,"邑中之紅(功)者"即郡縣所興的地方性徭役,參見陳偉主編《秦簡牘合集(壹)》(釋文注釋修訂本),105 頁。

⑥ 陳偉主編:《秦簡牘合集(壹)》(釋文注釋修訂本),125 頁。

⑦ 相關學術史可參看晏昌貴《秦簡牘地理研究》,武漢大學出版社,2017,21-58 頁。

⑧ 游逸飛:《從軍區到地方政府——簡牘及金文所見戰國秦之郡制演變》,《臺大歷史學報》(臺北)第 56 期,2015。

·置吏律曰:縣、都官、郡免除吏及佐、群官屬,以十二月朔日免除,盡三月而止之。其有死亡及故有缺者,(簡 1227)爲補之,毋須時。(簡 J43)[①]

該律條沿襲自秦昭襄王時代,僅將睡虎地秦律中的"十二郡"更爲"郡"字,這應是在秦統一前後所作的修訂。秦統一前後的律條中仍遵循"縣、都官、郡"的排列順序,可見戰國秦《置吏律》中的"縣"并非是指廣義上的郡縣之縣,而是特指王畿内的縣,[②]不能據此認定郡與縣不相隸屬。昭襄王時期的秦郡已擁有除任郡内吏、佐、群官屬的人事權,這項權力由邦尉(統一後的郡尉)掌管。[③] 睡虎地秦簡《秦律十八種》中還很多連用"縣""都官"的律條,如:

今課縣、都官公服牛各一課……内史課縣,大(太)倉課都官及受服者。□□(簡 19-20)

縣、都官坐效、計以負賞(償)者,已論……(簡 80)

縣、都官以七月糞公器不可繕者,有久識者靡蚩之……糞其有物不可以須時,求先買(賣),以書時謁其狀内史。(簡 86-88)[④]

參照前引《置吏律》中"縣"的含義,可以認爲這些律條中的"縣"的本義皆是王畿内的縣。在涉及内史與縣互動律條中,"縣"亦指王畿之縣。故而,秦内史在戰國時期本就爲王畿的行政長官,這樣的内史之職一直延續至秦統一六國。睡虎地秦簡《法律答問》簡 140:"盗出朱(珠)玉邦關及買(賣)于客者,上朱(珠)玉内史,内史材鼠(予)購。"[⑤]簡文所見的"邦"指秦王畿,所以没收的珠玉纔要上交給王畿的行政長官内史。[⑥]

據睡虎地秦律的出土情況,[⑦]這些律條曾在南郡地區使用。當王畿的法律條文推廣到諸郡後,郡守便援用這些律條處理郡内政務,其行政權參照王畿中内史的職掌。睡虎地秦律通行於戰國後期,但律文中却極少出現"郡"字,正是由於諸郡内的律令體系襲自王畿地區,而不能據此認定戰國後期秦郡的職掌尚不完善。《法律答問》中也有兩則提及"郡"的簡文:

"辭者辭廷。"·今郡守爲廷不爲?爲殹(也)。(簡 95)

---

① 陳松長主編:《嶽麓書院藏秦簡(肆)》,141 頁。

② 即嶽麓秦簡所見秦統一前後的"中縣",參見陳松長主編《嶽麓書院藏秦簡(肆)》,69 頁。

③ 參見楊振紅《秦漢時期的"尉""尉律"與"置吏""除吏"——兼論"吏"的屬性》,武漢大學簡帛研究中心主辦《簡帛》第 8 輯,上海古籍出版社,2013,333-341 頁,修訂後收入其著《出土簡牘與秦漢社會(續編)》,104-115 頁。

④ 陳偉主編:《秦簡牘合集(壹)》(釋文注釋修訂本),52-53、91、93 頁。

⑤ 陳偉主編:《秦簡牘合集(壹)》(釋文注釋修訂本),236 頁。

⑥ 參見楊振紅《從秦"邦""内史"的演變看戰國秦漢時期郡縣制的發展》,《中國史研究》2013 年第 4 期,修訂後收入其著《出土簡牘與秦漢社會(續編)》,3-13 頁。

⑦ 參見陳偉主編《秦簡牘合集(壹)》(釋文注釋修訂本),3-6、39 頁。

郡縣除佐,事它郡縣而不視其事者,可(何)論?以小犯令論。(簡 144)[①]

關於簡 95,王畿司法事務的主管者是廷尉而非内史,而置郡之初也并未説明郡守是否擁有司法權,故設此一問。戰國秦郡守的司法層級必然高於縣,其司法權參照王畿中的廷尉。正如郭洪伯指出,廷尉府和郡守府的關係可以歸結爲"郡守爲廷",廷尉府是原生的二千石司法機構,郡守府是由廷尉府横向派生的"相當於廷尉府"的二千石司法機構。[②] 而簡 144 所涉及的"郡縣"與"它郡縣",其内容涉及諸郡間的互動,并不是王畿或一郡之地内部的法律問題,已不能沿用王畿舊律進行處理。正因如此,統治者纔需以法律答問的形式加以明確。

《史記·范雎列傳》記:"昭王召王稽,拜爲河東守,三歲不上計。"[③]秦昭襄王四十一年(前 266),王稽官拜河東郡守。因秦王的恩澤,王稽獲得"三歲不上計"的特權,可知該時期的郡守本應當有上計的職責。此外,昭襄王末年,[④]李冰任蜀郡守,主持修建了著名的都江堰。可見秦昭襄王時期的郡守已掌握對其屬縣的財政權,亦有興修水利工程等民事權力,郡守的權力并不限於軍事領域。戰國末期,秦在地方郡縣中置有"執法",其職權涉及上計、監察、刑獄等諸多領域。[⑤] 置於地方的執法直接對中央負責,如《嶽麓秦簡(肆)》簡 0561 所記:"·縣官上計執法,執法上計冣(最)皇帝所,皆用筭橐□。"[⑥]至遲於秦王政二十一年,秦已在地方置有執法,[⑦]旨在加强中央對地方的管控,以免郡級政區發展爲割據勢力。這也可以佐證,在秦置"執法"以前,地方諸縣是由郡統轄,而不是由内史、廷尉等官直轄的。

秦郡的設置本以軍備爲核心,即所謂"案郡之設,本爲兵備",[⑧]郡守之"守"字本就帶有一定的軍事色彩。通過對戰國秦兵器銘文的研究,有學者指出,在秦置郡初期,郡守對其屬縣就具有一定的軍事控制權。[⑨] 在戰國秦郡縣制的發展過程中,秦將王畿内成熟的法律推廣到地方諸郡。郡擁有行政、司法等軍事以外的諸方面職權,似一邦國,故秦統一前的郡亦可

① 陳偉主編:《秦簡牘合集(壹)》(釋文注釋修訂本),218 頁、237 頁。
② 郭洪伯:《"郡守爲廷"——秦漢時期的司法體系》,第八屆北京大學史學論壇論文集,2012,1-15 頁。
③ 《史記》卷七九《范雎蔡澤列傳》,2929-2930 頁。
④ 關於李冰任蜀郡守的年代問題,可參看周九香《試論都江堰修建與李冰崇拜》,《中國史研究》1994 年第 1 期。
⑤ 關於秦"執法"的問題,可參看彭浩《談〈嶽麓書院藏秦簡(肆)〉的"執法"》,王捷主編《出土文獻與法律史研究》第 6 輯,北京:法律出版社,2017,84-94 頁;土口史記《嶽麓秦簡"執法"考》,《東方學報》(京都)第 92 册,2017;曹旅寧《説嶽麓秦簡(伍)中的執法》,簡帛網,2019 年 1 月 26 日;王四維《秦郡"執法"考——兼論秦郡制的發展》,《社會科學》2019 年第 11 期。
⑥ 陳松長主編:《嶽麓書院藏秦簡(肆)》,209-210 頁。
⑦ 嶽麓秦簡中有如下律文,尚未正式刊布:"·廿一年十二月己丑以來,縣官田田徒有論毄及諸它缺不備獲時,其縣官求助徒獲者,各言屬所執法、執法輒(簡 1612)爲調發(簡 1611)。"參見陳松長《嶽麓秦簡中的幾個官名考略》,《湖南大學學報(社會科學版)》2015 年第 3 期。
⑧ 吕思勉:《秦漢史》,天津社會科學院出版社,2016,407 頁。
⑨ 黄盛璋:《秦兵器分國、斷代與有關制度研究》,吉林大學古文字研究室編《古文字研究》第 21 輯,北京:中華書局,2001,227-285 頁;蘇輝:《秦三晋紀年兵器研究》,上海古籍出版社,2013,161-201 頁。

稱“邦”。戰國秦擴張置郡時,必然會在新地推行秦律。至遲於秦昭襄王時期,“以郡轄縣”的地方行政體制已經形成。

睡虎地秦簡《秦律十八種・金布律》載:“在咸陽者致其衣大内,在他縣者致衣從事之縣。縣、大内皆聽其官致,以律稟衣。(簡 93)”[①]律文規定:在咸陽的服役者在大内處領取衣物,在其他縣的服役者則在縣中領取。據前所述,該律條本是王畿舊律,簡文所見的“縣”原爲王畿之縣。當該律條推廣到地方後,郡縣官吏可將之理解爲,在郡都縣(郡治所在之縣)的服役者在郡府領取衣物,在其他縣的服役者則在縣中領取。而與睡虎地秦律不同的是,嶽麓秦簡中則存在較多明確記有“郡”字的律條,如《嶽麓秦簡(肆)》:

> 亡不仁邑里、官,毋以智(知)何人殹(也),中縣道官詣咸陽,郡〖縣〗道詣其郡都(簡1978)縣,皆毄(繫)城旦舂(簡 1996)……咸陽及郡都縣恒以計時上不仁邑里及官者數獄屬所執灋,縣道官别之。(簡 1973)[②]

針對不明原籍與所屬官署的逃亡者,官府若不知其身份,京師内的中縣道官應將之送往咸陽,郡内的縣道官應將之送往郡都縣。戰國後期《秦律十八種・金布律》僅言王畿内的情況,而上引嶽麓秦令則分列出了京師與地方郡縣兩種情況。正如渡邊英幸指出,秦王政後期進行了律文與語句的整備、改定工作,國家被劃分爲畿内的“中”與畿外的“郡”,前者由内史等中央官管轄,後者由郡守管轄。[③]

此外,嶽麓秦簡中多見用天干編序的“内史郡二千石官共令”的令名簡,意爲“内史與郡中的二千石官所共同使用的法令”,[④]如“内史郡二千石官共令第甲(簡 0355)”“内史郡二千石官共令第乙(簡 0690)”“内史郡二千石官共令第丙(簡 0522)”等。[⑤]《嶽麓秦簡(肆)》第三組簡共有 108 枚,整理者認爲該組簡均屬“内史郡二千石官共令”中的内容。[⑥]前文已論,戰國後期秦郡内的法律體系襲自王畿地區。而屬於“内史郡二千石官共令”的法令條文,顯然是秦中央政府特意編訂的,其意在强調“此類法令在内史與地方諸郡中通用”,即以國家爲單位進行律令體系的整合。

嶽麓秦律抄録於秦王政時期及秦統一天下後,將之與睡虎地秦律進行對比,可以發現,

---

① 陳偉主編:《秦簡牘合集(壹)》(釋文注釋修訂本),95 頁。

② 陳松長主編:《嶽麓書院藏秦簡(肆)》,46-47 頁。

③ [日]渡邊英幸:《战國秦の“邦”と畿内》,《東洋史研究》(京都)第 77 卷第 3 號,2018。

④ 参見[日]广瀨薫雄《秦漢律令研究》,東京:汲古書院,2010,轉引自陳松長《嶽麓秦簡中的幾個令名小識》,《文物》2016年第 12 期。此外,陳松長將“共”讀爲“供”,認爲“内史郡二千石官共令”指供内史、郡兩千石官所遵守使用的法令,參見陳松長《嶽麓秦簡中的幾個令名小識》,《文物》2016 年第 12 期。

⑤ 陳松長主編:《嶽麓書院藏秦簡(肆)》,196、203、207 頁。

⑥ 陳松長主編:《嶽麓書院藏秦簡(肆)》,(前言)3 頁。

秦在統一前後整合律令體系，將王畿（京師）與地方諸郡全部納入到統一的法律體系中。這也就意味着“地方官吏襲用王畿舊律處理郡内政務”這一模式的廢止。

伴隨着國家法律體系的整合，秦中央在統一後進行了相關名號的更定與邦官建制的變革。據開篇所引里耶秦簡 8-461 號木方，秦統一後更定名號，廢止了以“邦”指稱京師或郡的用法。就地方諸郡而言，諸邦官名中的“邦”字被改爲“郡”字，如改邦尉爲郡尉，改邦司馬爲郡司馬；就京師而言，諸邦官名中的“邦”字被改爲“中”字，其行政長官“内史”之名被用來指稱京師地區。《嶽麓秦簡（伍）》簡 1863：“爲人除貲贖者，内史及郡各得爲其畍（界）中人除，毋得爲它郡人除。”[①]存在“界中人”的“内史”顯然是指行政區劃而非職官，可知秦統一後的“内史”已經成爲京師地區的代名詞。

戰國後期，秦王畿内已經形成了成熟的多元共管體系，即内史主行政、邦尉主武事、廷尉主刑獄，亦有部分中央官參與王畿事務的管理。而就地方諸郡而言，郡守集行政、司法、軍事大權於一身，雖有邦尉、監御史制衡，但其權力仍重於王畿中的内史。此外，秦郡的邦官建制、法律體系皆沿襲自王畿地區，郡具有一定的獨立性，似一邦國。秦統治者在統一前後整合并完善法律體系，在地方郡縣設置執法，意在强調國家的整體性，加强集權。《史記·秦始皇本紀》記秦始皇二十六年議分封與郡縣：

> 丞相綰等言：“諸侯初破，燕、齊、荆地遠，不爲置王，毋以填之。請立諸子，唯上幸許。”始皇下其議於群臣，群臣皆以爲便。廷尉李斯議曰：“……今海内賴陛下神靈一統，皆爲郡縣……置諸侯不便。”[②]

秦統一六國後，除廷尉李斯外的中央列卿仍傾向於在原燕、齊、荆地推行分封，可見分封制早已深入人心。戰國時期秦國的王畿與諸郡皆稱“邦”的傳統，帶有分封時代“國中之國”模式的印記。秦統一後對“邦”相關名號的更定，旨在消除分封制的痕迹，鞏固郡縣體制。

結語

在秦統一天下後，郡縣制得以取代分封制成爲基本的地方行政制度。然而，關於秦郡縣制發展壯大的歷史進程，史籍却語焉不詳。事實上，至遲於秦昭襄王時期，戰國秦就已經形成了郡縣二級制的地方行政體制。早期依托傳世文獻進行研究的前輩學者已經指出，戰國

---

① 陳松長主編：《嶽麓書院藏秦簡（伍）》，上海辭書出版社，2017，115 頁。

② 《史記》卷六《秦始皇本紀》，307 頁。

時期形成了“以郡轄縣”的行政體制,郡守權力較重。① 但如前所述,在睡虎地秦簡刊布後,很多學者認爲戰國秦内史掌管全國財政,進而指出戰國秦郡守的職掌并不完善,并强調戰國秦郡的軍區性質,這似已成爲當今學界的主流意見。② 也有部分學者反對該説,認爲戰國秦内史僅統轄王畿諸縣。③ 學界分歧的本質是對睡虎地秦律性質的不同解讀。

戰國秦“邦”的含義是筆者探討相關問題的切入點。除秦全境外,秦統一前的“邦”還可用於指稱王畿或郡。在戰國秦置郡前,秦“邦”指秦國全境,亦即惠文君稱王後的秦王畿(關中地區)。在戰國秦置郡擴張後,“邦”依舊可以指稱王畿地區,該結論可以在戰國秦律令材料中得到證實。經考證,睡虎地秦律原爲王畿舊律,律文中的“邦”原指秦王畿,“縣”指王畿内的縣。正因如此,可以認爲戰國秦内史本就是掌治王畿的地方行政長官。在戰國秦郡縣制發展的過程中,秦將王畿内成熟的邦官建制、法律體系推廣到郡中。在原本適用於王畿地區的法律推廣到地方諸郡後,郡守就可以援用這些律條處理政務,其行政權參照王畿中内史的職掌。地方諸郡擁有行政、司法、軍事等各項職權,一郡似一邦國,故戰國秦郡亦可稱“邦”。

秦統一後,王畿與諸郡皆稱“邦”的情況轉變爲“中”“郡”并立的格局。國家更定名號,明確規定不得再以“邦”指稱王畿或郡。名號的更定是制度變革的表現,統治者對諸邦官進行更名,以示京師與地方諸郡之别:京師諸“邦官”被更名爲“中官”,如“邦尉”爲“中尉”,“邦司空”爲“中司空”等;郡内諸“邦官”被更名爲“郡官”,如“邦尉”爲“郡尉”,“邦司馬”爲“郡司馬”等。職官制度的變革又源於法律體系的整合,戰國秦郡縣官吏襲用王畿舊律處理政務。而在秦統一前後,統治者整合并完善國家律令體系,將王畿(京師)與地方諸郡納入到統一的法律體系中,意在强調國家的整體性。這一系列改革舉措旨在建立并鞏固統一的中央集權的郡縣制國家,爲郡縣制的全面推行鋪平道路。

---

① 參見楊寬《戰國史(增訂本)》,226-229 頁。周振鶴也曾指出:“郡守對其郡負有全責。”參見周振鶴《中國地方行政制度史》,35 頁。

② 參見前引陳長琦、工藤元男、游逸飛等學者的著述。支持該説的新近研究成果,可參看張夢晗《漢初内史職能辨析》,《中國社會科學院研究生院學報》2019 年第 5 期;姚立偉《從諸官到列曹:秦漢縣政承擔者的轉變及其動因考論》,《史學月刊》2020 年第 1 期。

③ 參見[日]江村治樹著,單印飛譯《雲夢睡虎地出土秦律的性質》,楊振紅、鄔文玲主編《簡帛研究二〇一四》,326-342 頁;楊振紅:《從秦“邦”“内史”的演變看戰國秦漢時期郡縣制的發展》,《中國史研究》2013 年第 4 期,修訂後收入其著《出土簡牘與秦漢社會(續編)》,3-13 頁。

“熒惑守心”與秦始皇之死
——從馬王堆漢墓帛書《五星占》説起

□ 中國社會科學院古代史研究所 宋艷萍

内容提要 馬王堆漢墓帛書《五星占》中有熒惑與它星相遇而發生死亡事件的占文,表明時人認爲熒惑失行會引發重大災异,其中最嚴重者爲“熒惑守心”。秦始皇三十六年,出現了“熒惑守心”天象,引起秦始皇極大恐慌。秦始皇於次年駕崩,後世很多學者將其死因歸結爲“熒惑守心”,在天人關係盛行的歷史背景下,似有其詮釋的合理性。

關鍵詞 熒惑守心 秦始皇 災异 天人關係

先秦秦漢時期,天人關係一直令人敬畏。人們認爲天象與人事有着密切關聯,熒惑等星辰的運行狀况,是人間禍福休咎的重要徵候。人們將星辰運行納入數術占測系統,馬王堆漢墓帛書《五星占》中,有依據木、金、火、土、水五星運行狀况,占測人事吉凶的占辭。據馬王堆漢墓帛書整理小組的釋文,火星的占辭爲:“南方火,其帝赤帝,其丞祝庸(融),其神上爲熒【惑】……其與它星遇而【□□□□】□。在其南、在其北,皆爲死亡……”[①]依據占文,當熒惑與它星相遇,就會發生死亡事件,令人望而生畏。熒惑與心星相遇,也就是“熒惑守心”,是熒惑失行中最爲嚴重的天象。春秋時期,宋景公三十七年(前480),出現了“熒惑守心”天象,引起宋景公極度恐懼,害怕大禍降臨。人們對熒惑失行的恐慌情緒,早在先秦時期便已形成,一直延續到後代。成書於西漢初期的馬王堆漢墓帛書《五星占》,是對先秦以來熒惑失行所對應災難的總結。從“皆爲死亡”這句占辭,可以獲知熒惑失行後果的嚴重性,亦能深切體會到自先秦以來人們對熒惑失行的恐懼。

① 裘錫圭主編:《長沙馬王堆漢墓簡帛集成(肆)》,北京:中華書局,2014,229頁。

關於“熒惑守心”,前人已經做過相關研究。如黄一農《星占、事應與僞造天象——以“熒惑守心”爲例》[①];劉次沅《古代“熒惑守心”記録再探》[②];武家璧《“熒惑守心”問題之我見》[③]等。本文在前人研究的基礎上,對“熒惑守心”與秦始皇駕崩之間的微妙關係加以探析。

一 “熒惑”與熒惑失行

熒惑,爲太陽系八大行星之一的火星(Mars)。因火星星體熒熒似火,時而順行,時而逆行,行蹤捉摸不定,因此中國古人們稱其爲“熒惑”。先秦秦漢時期,人們將辰星、熒惑、太白、歲星和填星稱爲五星,並將它們與五行相結合。“五星之合於五行,水合於辰星,火合於熒惑,金合於太白,木合於歲星,土合於填星。”[④]熒惑五行合爲火,即火星。在方位上,爲南方。

古人們認爲,熒惑順行時,會出現祥瑞之象。據《尚書緯・考靈耀》記載:“熒惑順行,甘雨時也”。[⑤] 但如果失行,則會帶來災難。據《漢書・天文志》記載:“禮虧視失,逆夏令,傷火氣,罰見熒惑。”[⑥]熒惑失行,正是對統治者失禮、逆夏令等行爲的罰誡。《漢書》《後漢書》《三國志》中記載了很多熒惑失行所應驗的災异事件,我們列舉其中幾例:漢武帝建元六年(前135)出現熒惑守輿鬼的失常現象,占卜師占測的結果是“爲火變,有喪”。[⑦] 熒惑代表火,火有變,預示着會發生火災,並將有喪事發生。結果這一年真的發生了高園火災、竇太后駕崩之事。漢昭帝始元年間,出現了一系列星宿失行現象,其中與熒惑有關的爲:“熒惑在婁,逆行至奎。”這種天象意味着“當有兵”;隨後“熒惑出東方,守太白”。這也預示着“兵當起,主人不勝。”[⑧]此後不久,果然發生了左將軍上官桀、驃騎將軍上官安與鄂邑長公主、燕剌王劉旦聯合謀反事件,被朝廷鎮壓後全部誅殺,正與熒惑失行“當有兵”相應。孝宣本始、地節年間,也出現了一系列星宿失行天象,與熒惑相關的爲:本始元年(前73),“熒惑守房之鉤鈐”;本始四年(前70),“熒惑入輿鬼天質”。占曰:“大臣有誅者,名曰天賊在大人之側”;[⑨]地節元年“正月戊午乙夜,月食熒惑,熒惑在角、亢”;“辛酉,熒惑入氐中,氐,天子之宫,熒惑入之,有賊臣”。所有這些熒惑失行天象,都預示着將要發生大臣謀反事件。果然於地節元年(前69),便發生了楚王劉延壽因謀反而自殺事件。地節四年(前66),發生了更大規模的謀反事

① 黄一農:《星占、事應與僞造天象——以“熒惑守心”爲例》,《自然科學史研究》1991年第2期。
② 劉次沅:《古代“熒惑守心”記録再探》,《自然科學史研究》2008年第4期。
③ 武家璧:《“熒惑守心”問題之我見》,《中國科技史雜誌》2009年第1期。
④ 《漢書》卷二一上《律曆志上》,北京:中華書局,1962,985頁。
⑤ 《後漢書》卷四〇下《班固傳》,北京:中華書局,1965,1372頁。
⑥ 《漢書》卷二六《天文志》,1281頁。
⑦ 《漢書》卷二六《天文志》,1305頁。
⑧ 《漢書》卷二六《天文志》,1307頁。
⑨ 《漢書》卷二六《天文志》,1308頁。

件:故大將軍霍光夫人顯、將軍霍禹、范明友、奉車霍山及諸昆弟賓婚爲侍中、諸曹、九卿、郡守者聯合謀反,人數衆多,都被朝廷鎮壓後誅殺。

光武帝建武"三十一年七月戊午,火在輿鬼一度,入鬼中,出厎星南半度,十月己亥,犯軒轅大星。又七(日)[星]間有客星,炎二尺所,西南行,至明年二月二十二日,在輿鬼東北六尺所滅,凡見百一十三日。"[①]火即爲熒惑。熒惑入輿鬼、厎星,是有大喪徵兆。果然在此後兩年,光武帝駕崩。孝安永初元年(107)五月戊寅,熒惑逆行守心前星。"心爲天子明堂,熒惑逆行守之,爲反臣。"[②]此時漢安帝還未臨朝,鄧太后攝政。其兄鄧騭爲車騎將軍,弟弘、悝、閶皆以校尉封侯,鄧氏集團掌控政權。這引起了司空周章的不滿,於是和王尊、叔元茂等密謀,欲誅殺鄧氏集團,廢黜皇太后和皇帝。此事還未行動而被發覺,周章自殺謝罪。此事正應和了"熒惑守心前星有反臣"的徵兆。漢安帝永初五年(111)到永寧年間,十年之中,出現多次五星入輿鬼天象,其中熒惑五入輿鬼。五星入輿鬼,預示着將有較爲嚴重的死喪事件發生。果然於建光元年(121)三月癸巳,鄧太后駕崩;五月庚辰,太后兄車騎將軍鄧騭等七侯皆免官,自殺,正應和了"五星入輿鬼有死喪"之兆。

《史記》《漢書》《後漢書》中,因熒惑失行而應驗的重大政治事件還有很多,因篇幅所限,我們只能列舉以上幾例。熒惑所犯星宿不同,就會對應不同災异現象,歸結起來,主要有戰争、殺戮、死喪、饑餓、火災、旱災、疾病等。《史記·天官書》中説"熒惑爲勃亂,殘賊、疾、喪、饑、兵",[③]《漢書·天文志》中亦曰:"熒惑爲亂爲賊,爲疾爲喪,爲饑爲兵,所居之宿國受殃。"[④]殘賊、疾、喪、饑、兵,都爲人間重大災難。唐代瞿曇悉達在《開元占經》中,對熒惑犯四方星宿所産生的災難進行了匯總,因篇幅所限,我們不再一一列舉。總之,熒惑失行所帶來的災難非常深重,使人們陷入極大痛苦之中。漢代一些思想家,以此爲理論依據,批判政治過失。如漢順帝時,熒惑失行,災异頻現,郎顗上書道:"……臣伏案《飛候》,參察衆政,以爲立夏之後,當有震裂涌水之害。又比熒惑失度,盈縮往來,涉歷輿鬼,環繞軒轅。火精南方,夏之政也。政有失禮,不從夏令,則熒惑失行。正月三日至乎九日,三公卦[也]。三公上應台階,下同元首。政失其道,則寒陰反節。"[⑤]熒惑失行,正是因爲順帝政治上有失禮行爲所致。因熒惑是"火",而"火爲禮",如果君主有失禮之舉,熒惑就會失行,以對失禮之舉進行譴告。正如《史記·天官書》中所言:"禮失,罰出熒惑,熒惑失行是也。"[⑥]漢順帝政有失禮,不從夏令,所以熒惑失行,出現了寒陰反節的异常現象。熒惑失行會帶來重大災難,統治者

① 《後漢書》志一〇《天文上》,3223頁。
② 《後漢書》志一一《天文中》,3238頁。
③ 《史記》卷二七《天官書》,北京:中華書局,2014,1317頁。
④ 《漢書》卷二六《天文志》,1281頁。
⑤ 《後漢書》卷三〇下《郎顗傳》,1056頁。
⑥ 《史記》卷二七《天官書》,1317頁。

必須引起高度重視。"熒惑,天子理也,故曰雖有明天子,必視熒惑所在。"[①]即使聖明天子,也必須關注熒惑,根據熒惑的昭示,及時糾正政治上的過失,否則會發生嚴重政治危機,甚至國破家亡。

先秦秦漢時期,人們在對星象進行觀測時,往往根據星宿的特點,賦予其擬人化形象。熒惑的特點是行蹤不定,失行會帶來死喪、戰争、疾病等重大災難,但順行却能帶來風調雨順的祥瑞景象。根據這些特點,人們賦予它多種形象。據《天官占》記載:"熒惑主死喪,大鴻臚之象。主甲兵,大司馬之義。伺驕奢亂孽,執法官也。其精爲風伯,惑童兒歌謡嬉戲也。"[②]大鴻臚爲九卿之一,掌管禮賓事務。諸侯王死喪,大鴻臚遣使吊唁,並草制誄策和謚號。因熒惑主死喪,和大鴻臚職掌相同,所以有大鴻臚之象。大司馬的主要職責爲掌管軍事,因熒惑主甲兵,所以有大司馬之象。執法官之職爲伺察官員的驕奢亂孽,因熒惑伺驕奢亂孽,所以有執法官之象。童謡是民俗、民風的神秘性表達方式,具有迷惑人心的特點。風伯是能興風的神祇,和歌謡等民風有着某種關聯。熒惑行蹤不定,具有迷惑性,和風伯及童謡特徵相似,所以熒惑被視爲風伯之象,引惑兒童吟唱歌謡及嬉戲。除了大鴻臚、大司馬、執法官、風伯等形象之外,熒惑還有方伯之象。據《天官占》記載:"熒惑方伯象,司察妖孽"。[③] 方伯爲伺察妖孽之神祇,保護人們生命、財産安全。熒惑被賦予方伯之象,看來在人們心目中,它不僅是一顆災星,同時也是一顆福星,具有亦正亦邪兩重身份,正與其順行則"風雨時",逆行則發生災异的特點相吻合。

秦代時,熒惑已進入國家祭祀體系。雍爲秦早期的都城,分别設立了青帝、赤帝、白帝、黄帝四畤。除了四帝廟,雍還設有"日、月、參、辰、南北斗、熒惑、太白、歲星、填星、[辰星]、二十八宿、風伯、雨師、四海、九臣、十四臣、諸布、諸嚴、諸逑之屬,百有餘廟。"[④]可見雍的祭祀系統非常龐大。熒惑在雍設有專廟,供人們祭祀。西漢初期,漢高祖在四帝之外,加入黑帝,組成五帝祭祀系統,即雍五畤。到漢宣帝時,除了雍地祭祠,"又立歲星、辰星、太白、熒惑、南斗祠於長安城旁。"[⑤]熒惑在長安城旁得以立祠祭祀。

從西漢前期開始,熒惑就歸入南方神靈系統。如前面提到的馬王堆漢墓帛書《五星占》中的《火星占》曰:"南方火,其帝赤帝,其丞祝庸(融),其神上爲熒【惑】。"熒惑爲南方赤帝之下地位最高的神靈。《淮南子·天文訓》中亦曰:"何謂五星……南方,火也,其帝炎帝,其佐朱明,執衡而治夏;其神爲熒惑,其獸朱鳥,其音徵,其日丙丁。"[⑥]到了西漢後期,熒惑逐漸納入五帝祭祀系統。漢平帝時,王莽認爲雍五畤不合古制,應該移至國都長安,而且要將群

① 《漢書》卷二六《天文志》,1281 頁。
② 《史記》卷二七《天官書》,1317 頁。
③ 《史記》卷二七《天官書》,1317 頁。
④ 《史記》卷二八《封禪書》,1375 頁。
⑤ 《漢書》卷二五下《郊祀志下》,1250 頁。
⑥ 何寧:《淮南子集釋》卷三《天文訓》,北京:中華書局,1998,186 頁。

神進行分類。按照方位和性質,將群神納入五帝祭祀系統之下。在王莽的群神分類體系中,熒惑被劃歸南方赤帝祭祀體系,在南郊兆中接受祭祀。王莽的建議被漢平帝采納,"於是長安旁諸廟兆畤甚盛矣。"[①]西漢中後期,讖緯興起。在神學體系中,炎帝和熒惑合二爲一。《春秋緯·文耀鉤》云:"赤帝熛怒之神,爲熒惑焉,位在南方,禮失則罰出。"[②]熒惑成爲赤帝的化身。東漢後期,道教興起後,熒惑成爲"南方火德熒惑星君",[③]爲赤帝之子,接受人們的崇拜和祭祀。

從西漢後期開始,在官方祭祀系統中,熒惑一直作爲南方赤帝的從祀。到唐宋時期依然如此。據《舊唐書·禮儀志》記載,在唐代,皇帝於四時進行祭祀,其中"立夏,祀赤帝於南郊,帝神農氏配,祝融、熒惑、三辰、七宿從祀。"[④]宋代亦如此。因崇尚火德,對熒惑更爲尊崇。宋徽宗於崇寧元年(1102),在京師修建長生宫,專門祠祀熒惑。還在南郊赤帝壇壝外,建熒惑壇,令有司按時祭祀。元明清時期,雖不像宋代那樣推崇,但對熒惑一直比較重視。在祭祀系統中,熒惑始終占據一席之地。

二　"熒惑守心"與重大災异

熒惑失行會造成災難,其中最嚴重的失行要數"熒惑守心"。所謂"熒惑守心",就是熒惑侵入了心宿。心宿二便是大火,兩火相遇,會發生更嚴重的災异。

唐代瞿曇悉達在《開元占經》中,對歷代文獻及占星家言論中關於"熒惑守心"的記載進行了匯總。[⑤] 我們以表格形式呈現如下:

所引書籍或人物	熒惑守心的後果
《黄帝占》	熒惑犯心,戰不勝,國大將鬬死。一曰主亡。
	熒惑經心,清明烈照,天下内奉王,帝必延年。
	熒惑宿心色青,有喪。色赤,有兵。宿心東,爲齊越。西,爲秦鄭。南,荆宋。北,衛趙。中,爲魏魯。
	熒惑守心,大人惡之。
	熒惑逆行而西守心二十日,大臣爲亂。
	熒惑逆行守心,環繞成鈎己,皆爲大人忌。期六月。以赦解之。

① 《漢書》卷二五下《郊祀志下》,1268 頁。
② 《史記》卷二七《天官書》,1317 頁。
③ 《洞淵集》卷七,《道藏》,第 23 册,北京:文物出版社,1988,848 頁。
④ 《舊唐書》卷二四《禮儀四》,北京:中華書局,1975,909 頁。
⑤ 《唐開元占經》卷三一《熒惑占二》,北京:中國書店,1989,239-241 頁。

續表

所引書籍或人物	熒惑守心的後果
《海中占》	熒惑犯心，天子王者絶嗣。犯太子，太子不得代。犯庶子，庶子不利。
	熒惑犯心，必有饑餓而死者。
	火守心色赤，有兵，臣謀其主。黑，主死。白，謀臣有賜爵者。青，大人有憂。
	熒惑守心，天下大吟，居之三月，有殃。五月，受兵。十月，其野亡。
	熒惑守心南，爲水。北，爲旱。
	熒惑守心，民流亡。
	熒惑留逆犯守乘凌心星，王者宫中亂，臣下有謀易立天子者，權在宗家得勢大臣。
郗萌	熒惑犯心，有謀臣，不即有死王。
	熒惑入心，大臣有反者，天子憂之，期六月。
	熒惑入角道，逆行進退，欲留氐亢，因復少進，繞心與房，不留止舍，往來彷徉，可三十日。
	因以東西有憂，南北有喪。
	熒惑迴心，若去之復還，反之二日，大赦。
	熒惑入心，留二十日，主病。三十日，疾困。群臣亦然。
	熒惑起角芒如劍刃，經兩角間進退不留止，磨心以行，有伏陣兵。
	熒惑與心鬬，天下暴喪，期三年。
	熒惑守心南，有小男喪。守北，有小女喪。
	以十月守心北，不出其歲，國有大喪。以十月守心，期六十日，有辱主。一曰皆起兵。
	熒惑守心爲侵陽，守心上下星，名幸臣驂乘者有事。
	熒惑守心，有反者，從太子起。一曰九卿爲害。
	大國兵四起，天子軍破。
	二十日相死。
	守心留十日，后死。
	守心三十日，有女喪。
	熒惑守心房間，三十日，地動。
	熒惑守心，有反者，從宗家。
	熒惑逆行守心，旱，失火。
	熒惑中犯乘守心明堂，爲萬民備火。近期一年，中期三年，遠期九年。一曰旱。
	熒惑中犯乘守，庶子女主勢行。

續表

所引書籍或人物	熒惑守心的後果
	熒惑中犯乘守蝕心右星，爲庶子有憂，若死。
	熒惑中犯乘守太子星，天心明堂星，有大喪。
	中國有小憂。一曰宋憂。
	中犯乘守太子星，天下大赦。
	熒惑中犯乘守心明堂成鈎己，爲大人憂，近期十月，遠期三年。以赦令解之。
《春秋文曜鈎》	熒惑入心前後星，相戮中野。
	熒惑與心合，主死；不死，出走。又曰易帝。
《春秋演孔圖》	熒惑在心，則縞素麻衣。
宋均	熒惑在心，海内之殃，海内亡主，故素縞麻衣。
石氏	熒惑乘心，其國相死。
	熒惑犯蝕乘心右星，太子有憂，若不立。一曰不死即去。
	熒惑舍心，貴人振旅，天下大兵。若色玄不明，喪。
	熒惑守心，大人易政，主去其宫。
	熒惑守心，天子走，失位。入心，必見血，其國庫兵出，天下士半死，五月大旱。二十日不下，天子有令有憂，布大貴。
	熒惑守心，時王將軍爲亂。
	熒惑守心，成鈎己，期三月，大臣反，攻戰，不將軍死。
	熒惑逆行守心，哭泣涝涝，主命惡之。國有大喪與兵。國易政。
	熒惑逆行守心中央大星，有白衣之會。
《洛書》	熒惑居心陽，其國有喜。居陰，有憂。
	熒惑守心成鈎己，不言王命凶。
陳卓	熒惑留心，近臣爲亂。
	熒惑守心，期三十日，彗星出王都西南指。
	熒惑逆而行心，地震。
司馬彪《天文志》	金火俱在心，爲大喪。
甘氏	熒惑貫心，天下民饑。
	熒惑守心，大臣爲變，謀其主，諸侯皆起。
	熒惑守心，成鈎己及環繞之，天子失其宫，期六月。
《春秋緯》	熒惑守心，海内哭。
《雒書雒罪級》	熒惑守心，必有逆臣起。

續表

所引書籍或人物	熒惑守心的後果
巫咸	熒惑守心,萬物不成,土功興。一曰歲水。
	熒惑中犯乘守心明堂,大臣當之。在陽爲燕,在陰爲胡。一曰有火异。
《荆州占》	熒惑守心色黑,有兵必敗。
《玄冥占》	熒惑守心爲饑。
《春秋緯説題辭》	熒惑守心,主死,天下大潰。

表格所涉文獻有《黄帝占》《海中占》《春秋文曜鉤》《春秋演孔圖》《洛書》司馬彪《天文志》《春秋緯》《雒書雒罪級》《荆州占》《玄冥占》《春秋緯説題辭》。其中《黄帝占》《海中占》《荆州占》《玄冥占》,都是唐代之前的占星學著作。《春秋文曜鉤》《春秋演孔圖》《洛書》《春秋緯》《雒書雒罪級》《春秋緯説題辭》,皆爲讖緯神學文獻。司馬彪《天文志》,爲漢代史書。表格所涉占星家有:郗萌、宋均、石氏、陳卓、甘氏、巫咸,皆爲唐代之前的占星家。巫咸爲殷商時人,石氏、甘氏爲戰國時人,郗萌、宋均爲漢代人,陳卓爲三國時人。《開元占經》將以上文獻及占星家言論中關於"熒惑守心"的資料進行匯總,讓人們對"熒惑守心"所引發災异有了更清晰的了解。從表格中可以看出,"熒惑守心"所帶來的災難,最嚴重的是天子駕崩,國破家亡,天下大潰;其次是天子失位,權臣謀反,國祚危機;然後是戰亂、火災、饑餓、疾病、地震、洪水、干旱、民流亡等。可見,"熒惑守心"帶來的災難是非常深重的。

三 "熒惑守心"與秦始皇之死

"熒惑守心"是一種令人見而色變的天象,統治者對此非常忌憚。如出現這一天象,意味着將有重大災難發生,令統治者非常驚懼和擔憂。

據《史記·秦始皇本紀》記載,秦始皇三十六年(前211),出現了"熒惑守心"現象。《史記》中没有直接記載秦始皇對這一天象的態度,但肯定引起了他極大恐慌。"熒惑守心"之後,接下來發生了三件怪异之事。第一件爲:有顆隕星墜落在東郡,落地後變爲石頭,有人在石上刻字曰:"始皇死而地分。"[①]王充在《論衡》中,對隕星刻字事件加以分析道:"當星墜之時,熒惑爲妖,故石旁家人刻書其石,若或爲之,文曰'始皇死',或教之也。猶世間童謡,非童所爲,氣導之也。"[②]王充認爲,隕星墜下之時,熒惑化身爲妖。在石上刻字者,或者是熒惑幻化爲人刻之,或者是他教給石旁之人刻之。王充將刻字之事歸結爲熒惑,認爲是熒惑化身爲

① 《史記》卷六《秦始皇本紀》,330頁。
② 黄暉:《論衡校釋》卷二二《紀妖篇》,北京:中華書局,1990,923頁。

妖所爲。王充的分析飽含神秘色彩,或許秦漢時有不少人作此理解。但客觀分析,刻字者或爲齊國的殘存貴族,他們對秦始皇滅齊懷有深仇大恨,一直尋找時機進行復仇。“熒惑守心”天象出現後,他們或許認爲這是秦始皇將亡的徵兆,於是製造出“始皇帝死而地分”的符讖,希望秦始皇應天象而亡,重新裂地分封,光復齊國,重掌政權。秦始皇果然對這一符讖惶恐不安,派遣御史前去查問無果,於是將居住在石頭周圍的人全部殺掉,并焚毁了那塊隕石。秦始皇讓博士做《仙真人詩》,無論到哪里巡游,都讓樂人彈唱此詩,以祈求仙人、真人的庇佑。

第二件怪事爲:這年秋天,秦始皇派出的使者夜間從關東過華陰平舒道時,有人持璧攔住使者道:“爲吾遺滈池君。”并繼續説道:“今年祖龍死。”[①]没等使者問明原由,那人忽而不見。關於“滈池君”,史家有兩種解釋:一種解釋爲滈池君是水神。持這種觀點者爲漢代服虔。唐代司馬貞贊同這一觀點:“服虔云水神,是也。江神以璧遺滈池之神,告始皇之將終也。且秦水德王,故其君將亡,水神先自相告也。”[②]認爲滈池君爲滈池的水神,持璧之人爲江神。江神將璧送給滈池的水神,告訴他秦始皇將死。司馬貞認爲,秦爲水德,其君將亡,水神先自相告知。另一種解釋爲滈池君是周武王。持這種觀點的是三國時魏人張晏,他認爲:“武王居滈,滈池君則武王也。伐商,故神云始皇荒淫若紂矣,今武王可伐矣。”[③]武王因居住在滈,所以爲滈池君。商紂王殘暴荒淫,所以武王伐滅之。張晏認爲,持璧之人爲神人,他送璧給使者的目的,是要告知使者:秦始皇和商紂一樣荒淫,世人可以像武王伐紂一樣討伐他。持璧者還説道:“今年祖龍死”。裴駰在《史記集解》中引蘇林之言道:“祖,始也。龍,人君象。謂始皇也。”[④]祖龍也就是秦始皇。“今年祖龍死”,預示着秦始皇將於一年之内死亡。使者將璧奉給秦始皇,并將此人之言轉告於他。秦始皇默然良久,雖自我解嘲道:“山鬼固不過知一歲事也”,[⑤]但内心很是惶恐。秦始皇讓御府查看此璧,發現這是那塊二十八年(前219)出游時沉入長江中的玉璧。秦始皇沉璧的本意是爲求福,但却被退還回來,説明江不接受璧,不會賜福於他,所以秦始皇非常驚慌。他令人占卜此事,卦象爲“游徙吉”。[⑥] 於是秦始皇遷北河榆中三萬家,完成了卜卦中的“徙”,又於三十七年(前210)十月巡游,以踐行卦象中的“游”。王充在《論衡》中分析持璧事件道:“使者過華陰,人持璧遮道,委璧而去,妖鬼象人之形也。夫沉璧於江,欲求福也。今還璧,示不受物,福不可得也。璧者象前所沉之璧,其實非也。何以明之?以鬼象人而見,非實人也。人見鬼象生存之人,定問生存之人,不與己相見,妖氣象類人也。妖氣象人之形,則其所齎持之物,非真物矣。‘祖龍死’,謂始皇也。

① 《史記》卷六《秦始皇本紀》,330頁。
② 《史記》卷六《秦始皇本紀》,331頁。
③ 《史記》卷六《秦始皇本紀》,331頁。
④ 《史記》卷六《秦始皇本紀》,331頁。
⑤ 《史記》卷六《秦始皇本紀》,330頁。
⑥ 《史記》卷六《秦始皇本紀》,331頁。

祖,人之本;龍,人君之象也。人、物類,則其言禍亦放矣。"[①]王充認爲,持璧者不是真人,而是妖鬼,化作人形。所持之璧並非沉江之璧,只是形狀相似而已。既然持璧者非人,那麽所持之璧也非真物。王充認爲祖龍爲秦始皇,妖鬼言祖龍死,確實爲禍患將至的徵兆。王充所説持璧者爲妖鬼,其實就是秦始皇所言"山鬼"。但王充和秦始皇理解不同的是,王充認爲璧非沉璧,而秦始皇却相信了璧爲沉璧,可見這件事對他的影響力確實很大。

秦始皇在巡游到琅邪時,又遇到了第三件怪事:他夢到與海神交戰,海神長相似人狀。秦始皇咨詢此事,博士認爲水神不可見,通常是大魚蛟龍在作祟,建議秦始皇去除惡神。於是秦始皇命人去海中獵捕巨魚,並親自持連弩尋找大魚。從琅邪北至榮成山都没看到,至之罘,終於見到巨魚,於是射殺其中一條。

秦始皇所遇怪事,如滈池君、祖龍、海神、巨魚,都直接與水相關,這應該與秦朝實行水德之制有密切關聯。璧遺滈池君、今年祖龍死、與海神交戰,或許就是水德已衰、秦始皇將亡的徵兆。

在先秦秦漢時期人們的觀念中,天象與人事有着不可分割的聯繫。在文獻記載中,天象對應的災難觸目驚心,其中最嚴重者爲"熒惑守心"。秦始皇是個非常迷信之人,查看《史記·秦始皇本紀》,上面記載了他多次求仙問藥之舉。所以出現"熒惑守心"天象時,秦始皇肯定非常驚慌。在"熒惑守心"發生後的一年時間裏,他做出了滅殺隕石周圍之人、"游徙"、射殺巨魚等一系列殘暴、荒謬之舉,足見他内心的恐慌及忌憚。据《史記·秦始皇本紀》記載,秦始皇於"熒惑守心"次年駕崩,一方面與"熒惑守心"給他帶來的心理衝擊有關,另一方面也因占卜"游徙吉"後,巡游過程中舟車勞頓、突發疾病所致。在北京大學藏西漢竹書《趙正書》中,有一段簡文值得關注:"昔者,秦王趙正出斿(游)天下,環(還)至白(柏)人而病,病薦(篤),㥏(喟)然流涕長大(太)息,謂左右曰:'天命不可變于(歟)? 吾未嘗病如此,悲□……'……而告之曰:'吾自視天命,年五十歲而死。吾行年十四而立,立卌七歲矣。吾嘗以今【歲】死,而不智(知)其月日,故出斿(遊)天下,欲以變氣易命,不可于(歟)? ……'"[②]這段簡文記載了秦始皇在巡游的最後階段對左右所説的兩段話,其中兩次提到"天命"。可見秦始皇非常迷信天命。秦始皇爲何如此篤定"吾當以今[歲]死"? 除了他"自視天命,年五十歲而死"之外,應該還與"熒惑守心,主死"和"今年祖龍死"等天象及符讖相關。秦始皇企圖以出游的方式變氣易命,可惜未能達其所願。

"熒惑守心"與秦始皇之死,兩者之間的關係如何,一直是史學家津津樂道之事。漢代班固在《漢書·天文志》中曰:"周卒爲秦所滅。始皇之時,十五年間彗星四見,久者八十日,長或竟天。後秦遂以兵内兼六國,外攘四夷,死人如亂麻。又熒惑守心,及天市芒角,色赤如雞

---

① 黄暉:《論衡校釋》卷二二《紀妖篇》,924 頁。

② 北京大學出土文獻研究所編:《北京大學藏西漢竹書(叁)》,上海古籍出版社,2015,189 頁。

血。始皇既死,適、庶相殺,二世即位,殘骨肉,戮將相,太白再經天。因以張楚并興,失相跆籍,秦遂以亡。"[①]他將秦始皇的死因與熒惑守心和天市芒角等天象相聯,并將秦朝滅亡也歸結爲熒惑守心等天象异常。宋末元初史學家馬端臨在《文獻通考》中亦持同樣的觀點:"秦始皇之時,熒惑守心,及天市芒角,色赤如雞血。始皇既死,適庶相殺,二世即位,殘骨肉,戮將相,太白再經天。因以張楚并興,兵相跆藉,秦遂以亡。"[②]馬端臨肯定是受了班固的影響,甚至連文字也與《漢書・藝文志》基本相同。

唐代李淳風在《乙巳占序》中曰:"熒惑守心,始皇以終",[③]明確地將"熒惑守心"與秦始皇之死結合在一起。明代劉士驥撰有《蟋蟀軒草》一書,其中有《擬東方朔陳泰階六符奏(乙巳五月下旬館課)》,此中提到:"比及秦政,内築阿房,外修馳道,天下苦之。熒惑守心,秦卒以滅。"[④]劉士驥直接將秦始皇乃至整個秦朝滅亡歸結爲"熒惑守心"。

"熒惑守心,國有大喪",應該是先秦秦漢時期被人們普遍接受的理論,并被後世學者所傳承與損益,成爲史學家們立論的重要依據。史學家們將秦始皇死因歸結爲"熒惑守心",正是基於此理論之上。兩者之間的關聯,看似荒謬,但在天人關係盛行的社會背景下,似有其詮釋的合理性。

整個中國古代歷史中,熒惑一直占據一席之地。熒惑失行,特別是"熒惑守心"所帶來的恐懼,一直是人們心中難解的心結。

附記　據黄一農研究,"熒惑守心"並非發生在秦始皇三十六年,而是發生在三十七年,也就是秦始皇駕崩的當年。[⑤] 劉次沅和日本學者鶴間和幸也持同樣觀點。[⑥] 如果此説無誤,正是"熒惑守心"與秦始皇之死有密切關聯的直接證據。但因本文旨在以《史記》《漢書》等爲史料依據,探討文獻記載中"熒惑守心"與秦始皇駕崩之間的關係,以及後世學者對此的態度,所以對這一觀點暫且存疑。感謝匿名審稿專家提出的寶貴修改意見!

① 《漢書》卷二六《天文志》,1301 頁。
② [元]馬端臨:《文獻通考》卷二八七《象緯考十・月五星淩犯》,北京:中華書局,2011,7831 頁。
③ 《全唐文》卷一五九《乙巳占序》,北京:中華書局,1983,1634 頁。
④ [明]劉士驥:《蟋蟀軒草》,《四庫全書存目叢書》,《集部》第 182 册《别集類》,濟南:齊魯書社,1997,417 頁。
⑤ 參見黄一農《星占、事應與僞造天象——以"熒惑守心"爲例》,123 頁。
⑥ 參見劉次沅《古代"熒惑守心"記録再探》,512 頁;[日]鶴間和幸著,楊振紅、單印飛譯:《始皇帝:秦始皇和他生活的時代》,北京:中信出版集團有限公司,2019,154 頁。

北大漢簡《趙正書》與秦之歷史

□ 首都師範大學歷史學院 郭晴

内容提要 北大漢簡《趙正書》整體上看屬於“語”類文獻,以“記言”爲主,具有“故事化”叙事的特點,其簡文的規諫内容和“三段式”結構與《國語》類似,可視爲《國語》話語體系的延伸。這種“記言”的方式使得《趙正書》在人物形象刻畫和認識秦史問題等方面都主要依靠言論的記録,“毋令群臣智(知)病”體現了秦始皇的多疑;“欲以變氣易命”體現了他對長生的追求;而“吾衣(哀)令(憐)吾子之孤弱,及吾蒙容之民”既展現了秦始皇温情的一面,也讓我們看到作者筆下秦王朝的重民意識;“胡亥所謂不聽閒(諫)者也,立四年而身死國亡”展現了在過秦和懲亡秦之誡風氣影響下作者不同於傳世文獻的歷史認識,爲我們重新理解秦王朝、重新思考漢王朝的秦史觀提供了新的方向。

關鍵詞 趙正書 文本性質 秦始皇 秦朝歷史

北京大學藏西漢竹書《趙正書》主要記述了秦始皇第五次出巡回程途中生病、死亡到秦二世繼位後誅殺諸公子大臣,直至秦亡國的歷史過程。整理者認爲其可能成書於西漢早期。[①]《趙正書》的文本以“記言”爲主、以“故事化”爲重要叙事特徵,與戰國時期的“語”類文獻類似。簡文的主要筆墨在於秦始皇與李斯之間的對話和秦二世登基後子嬰、李斯的諫言,呈現出不同於《史記》等傳世文獻的秦始皇形象和秦朝歷史認識。分析《趙正書》的文本性質,并在此基礎上探索其展現的秦始皇形象和秦史觀,有助於我們更加全面和深入地了解《趙正書》。

① 本文所用《趙正書》相關簡文釋文和整理者注釋均出自北京大學出土文獻研究所編《北京大學藏西漢竹書(叁)》,上海古籍出版社,2015。文中不再另行標注。

一　《趙正書》的文本性質

關於《趙正書》文本性質問題的探索并不多見。陳侃理《〈史記〉與〈趙正書〉——歷史記憶的戰争》指出:"《趙正書》以記言爲主,輔以記事,就體裁而言,屬於'事語'類的文獻。從内容上説,這類子書雜記、托以論政的篇章,又可歸入《漢書 · 藝文志》所謂的'小説家'言。"①其餘研究或不曾提及這方面内容,或只是寥寥幾筆帶過,且大多數都認同上述陳文的觀點,如高中正《〈趙正書〉與西漢前期的秦末記憶》直接在文中提到"事語類文獻的書寫"②,邵琪則認爲《趙正書》屬於"小説家"的範疇③。

判斷文本性質,首先從其文體入手。郭英德先生將文體的基本結構歸爲由外而内的四個層次,即:體制、語體、體式以及體性。④ 這四個層次囊括了文體内在的語言系統、審美精神和文體外在的面貌架構、表現方式,這也是我們探索《趙正書》文本性質所要涉及的方向,即其文本内容與文本結構。

《趙正書》與戰國時期"語"類文獻類似。以《國語》爲例,《漢書 · 藝文志》將其收入"春秋家",劉知幾亦將其列爲"六家"之一,稱爲《國語》家,可見"語"類文獻確爲不容忽視的史學體裁。《春秋》記事,《尚書》記言,⑤而《國語》在文體結構上沿襲《尚書》的特徵,也是以記言爲主。《趙正書》結構似有言事相兼的趨勢,但整體内容仍以記載秦始皇、秦二世、李斯、子嬰等的言論爲主,略兼記事,與《國語》類似。

"語"類文獻最顯著之特徵即在於"故事"性,也可以稱之爲"故事化"叙事。這裏的"故事"性有兩重含義。其一,從文本内容來看,"語"類文獻中的一些篇章會引用君王典故以行勸諫,如《國語 · 晋語一》講:"昔夏桀伐有施,有施人以妹喜女焉……殷辛伐有蘇,有蘇氏以妲己女焉……周幽王伐有褒,褒人以褒姒女焉……今晋寡德而安俘女,又增其寵,雖當三季之王,不亦可乎?"⑥《趙正書》中諸多言論的載録,同樣可以劃歸爲規諫話語的範疇,譬如子嬰進諫二世:

子嬰進閒(諫)曰:"不可。臣聞之:芬茝未根而生周(凋)胥〈香〉同,天地相去遠而

① 陳侃理:《〈史記〉與〈趙正書〉——歷史記憶的戰争》,日本中國史學會編集《中國史學》第26卷,京都:朋友書店,2016,25-38頁。

② 高中正:《〈趙正書〉與西漢前期的秦末記憶》,《南京師範大學文學院學報》2018年第2期。

③ 邵琪:《論〈趙正書〉與〈史記〉關於秦二世繼位之抵牾——兼談史實重構的複雜性》,《四川職業技術學院學報》2020年第1期。

④ 郭英德:《中國古代文體學論稿》,北京大學出版社,2005。

⑤ "記言"本身是一個較爲複雜的概念,它既包括史官職能的問題,又涉及不同人物語言的載録,其所涵蓋的内容需更深刻的考察,本文在此只將其認定爲文獻中對人物言論載録的一種方式。

⑥ [戰國]左丘明著,[三國吴]韋昭注,胡文波校點:《國語》卷七《晋語一》,上海古籍出版社,2015,168頁。

> 陰陽氣合,五國十二諸侯,民之耆(嗜)欲不同而意不异。夫趙王鉅殺其良將李徾(微)而用顔(颜)聚,燕王喜而軻(軻)之謀而倍(背)秦之約,齊王建遂殺其古(故)世之忠臣而後勝之議(議)。此三君者,皆冬(終)以失其國而央(殃)其身。是皆大臣之謀,而社稷(稷)之神零福也。今王欲一日而弃去之,臣竊(竊)以爲不可。臣聞之:輕慮不可以治固〈國〉,蜀(獨)勇不可以存將,同力可以舉重,比心壹智可以勝衆,而弱勝强者,上下調而多力壹也。今國危適(敵)必(比),鬭(鬥)士在外,而内自夷宗族,誅群忠臣,而立無節(節)行之人,是内使群臣不相信,而外使鬭(鬥)士之意離也。臣竊(竊)以爲不可。

這一部分與《史記·蒙恬列傳》中子嬰進諫的言論雖有出入,但大體相同,明顯屬於規諫一類。再如李斯諫曰:

> 斯則死矣,見王之今從斯矣。雖然,遂出善言。臣聞之曰:變古亂常,不死必亡。今自夷宗族,壞其社稷(稷),燔其律令及古(故)世之臧(藏),所謂變古而亂常者也。王見病者乎?酒肉之惡,安能食乎?破國亡家,善言之惡,安能用乎?察(桀)登(登)高智(知)其危矣,而不智(知)所以自安者;前據白刃自智(知)且死,而不智(知)所以自生者。夫逆天道而倍(背)其鬼神之神零福,威(滅)其先人及自夷宗族,壞其社稷(稷),燔其律令及中人之功力,而求更始者,王勉之矣。斯見其央(殃)今至矣。

這是二世欲殺李斯時李斯的進諫,不見於傳世文獻。這段進諫一則表示對二世"變古亂常"和"自夷宗族,壞其社稷(稷)"的反對和勸誡,二則更重要的是想避免自身將死的命運。

《趙正書》在内容上具有明顯的類《國語》性質。《國語》中的規諫"包括卿大夫對天子、諸侯,卿大夫之間以及家庭内部成員之間,甚至是天子對諸侯的規誡"。[①] 在這其中,卿大夫對天子、諸侯的規諫占據了重要的地位,如《國語·周語上》召公對厲王的上諫、祭公諫周穆王征犬戎、虢文公諫周宣王籍田禮制等。《趙正書》中的子嬰、李斯等的規諫也是典型的下對上的諫言,與《國語》相同。

《趙正書》儘管篇幅不長,但我們仍能很明確地發現其中展現出來的規諫的價值以及關於規諫價值的討論。如上引子嬰上諫二世,提及趙王殺良將李微而用颜聚、燕王以荆軻之謀而失約於秦、齊王殺忠臣而用後勝之議三個例證,三位君主都以失國爲最終結局。子嬰以此來規誡二世應當聽取忠臣的意見,不能讓無節行之人立於天子身側。聽忠臣之諫則四海上下可"比心壹智",立無節行之人則使國家内外離心。

又如李斯的兩段言論。前段他自述七宗罪責:

---

① 夏德靠:《〈國語〉叙事研究》,北京:知識産權出版社,2015,187頁。

> 可道其罪，足以死於（歟）？臣爲秦相卅餘歲矣，逮（逮）秦之陈〈陕〉而王之約。始時，秦地方不過數百里，兵不過數萬人。臣謹悉意壹智，陰行謀臣，齎之金玉，使斿（遊）諸侯。而陰修甲兵，兵飭鬭（鬥）士，尊大臣，盈其爵禄。故冬（終）以脅韓而弱魏，有（又）破趙而夷燕代，平齊楚，破屠其民，盡威（滅）其國而虜其王，立秦爲天子者，吾罪一矣。地非不足也，北馳胡幕，南入定巴蜀，入南海，擊大越，非欲有其王，以見秦之彊者，吾罪二矣。尊大臣，盈其爵禄，以固其身者，吾罪三矣。更刻（刻）畫斗甬（桶），度量壹，文章布之天下，以樹秦之名者，吾罪四矣。立社稷（稷），修宗廟，以明主之賢者，吾罪五矣。治馳道，興斿（遊）觀，以見王之得志者，吾罪六矣。綏（緩）刑罰而薄賦斂，以見主之德，衆其惠，故萬民戴主，至死不忘者，吾罪七矣。若斯之爲人臣者，罪足以死久矣。上幸而盡其能力，以至於今。

此段與《史記·李斯列傳》的載録雖有出入，但大體一致。一方面，李斯以自述己罪的方式來宣揚自己爲秦朝統治所做的貢獻，以求免於一死；另一方面，這也是他對二世誅殺忠臣的規誡。李斯的後一段諫言上文已引，他以夏桀爲例欲勸誡二世善用忠臣之言，勿要逆天背道，其所言"察（桀）豈（登）高智（知）其危矣，而不智（知）所以自安者；前據白刃自智（知）且死，而不智（知）所以自生者"之句，亦出現在《吴越春秋》伍子胥對吴王夫差的諫言中："今大王好聽須臾之説，不慮萬歲之患，放弃忠直之言，聽用讒夫之語；不滅瀝血之仇，不絶懷毒之怨……臣聞桀登高自知危，然不知所以自安也；前據白刃自知死，而不知所以自存也。惑者知返，迷道不遠。願大王察之。"[①]這句話作爲諫言出現在史籍之中，無一不是勸諫君主納諫忠言。李斯以此作爲規諫二世的話語，正是對規諫價值的肯定和討論。然而無論是子嬰還是李斯的諫言，秦二世胡亥都没有接受，正如《趙正書》最後所言："胡亥所謂不聽閒（諫）者也，立四年而身死國亡。"二世的結局亦是從反面驗證了規諫的價值與意義。

成書於西漢初年的《趙正書》所展現的規諫話語風格正是"語"類文獻從先秦時代發展而來的，我們可以從這一角度將《趙正書》看作是《國語》話語體系的延伸，并稱之爲具有類《國語》性質的文獻。

其二，從文本結構來看，所謂的"故事"性是指每個篇章都是一個相對比較完整的獨立故事，基本上是由故事緣起+故事經過+故事結果組成。這種模式與夏德靠提出的"三段式"叙事結構似是不謀而合。他認爲《國語》的文本叙事即呈現這種"三段式"的特徵，此三段正是起因、經過和結果，而這種因果性叙述方式又促使了"故事化"叙事的發展形成。[②] 如，《國語·晉語二》公子重耳出奔翟以後：

---

① 張覺：《吴越春秋校證注疏》，北京：知識産權出版社，2014，227 頁。

② 參見夏德靠《"故事化"叙事與先秦"事語"文獻的演進》，《四川師範大學學報》2015 年第 2 期。

處一年，公子夷吾亦出奔，曰："盍從吾兄竄于翟乎?"冀芮曰："不可。後出同走，不免於罪。且夫偕出偕入難，聚居异情惡，不若走梁。梁近于秦，秦親吾君。吾君老矣，子往，驪姬懼，必援于秦。以吾存也，且必告悔，是吾免也。"乃遂之梁。居二年，驪姬使奄楚以環釋言。四年，復爲君。①

從結構上來看，這一部分可以劃分爲三個層次：公子夷吾出逃是事件的起因；冀芮向公子夷吾諫言應往何處奔逃是事件的經過；最後則是事件的結果。這段文字雖然篇幅不大，但情節明確清晰，符合故事叙事的結構和邏輯，我們完全可以將其視作一個完整的故事篇章。

《趙正書》同樣展示了這種"三段式"的"故事化"叙事結構。例如，胡亥繼位後欲夷宗族、誅忠臣、立無節行之人，這是起因；其後是子嬰進諫，規誡二世不可行此不端之事，這是經過；再後即是事件的結果，即秦二世未能聽諫。再如下文所言秦二世欲殺李斯："後三年，有(又)欲殺丞相斯"是起因，李斯的上諫是經過，"秦王胡亥弗聽，遂殺斯" 是結果。《趙正書》"王死而胡亥立"之後的文字也是一個完整的"三段式"結構，簡文有言：

王死而胡亥立，即殺其兄夫(扶)胥(蘇)、中尉恬。大赦(赦)罪人，而免隸臣高爲郎中令。因夷其宗族，抔(壞)其社禝(稷)，燔其律令及古(故)世之臧(藏)。有(又)欲起屬車萬乘以扶(撫)天下，曰："且與天下更始。"

這部分可以看作是事件的起因，第二部分是子嬰、李斯的規諫，第三部分則是事件的結果，即"秦王胡亥弗聽，遂行其意，殺丞相斯，立高，使行丞相、御史之事。未能冬(終)其年，而果殺胡亥。"胡亥不聽諫，最終以身死國亡爲結局。儘管諫言部分的細節略顯淩亂，但叙事脈絡清楚明瞭，情節内容曲折有致，確實爲一個完整的故事。

此外，值得我們注意的是，"語"書作爲史料取材的重要來源，存在着同一故事但版本多樣且反複編纂的現象。如李零指出："春秋戰國時期，語類或事語類的古書非常流行，數量也很大。同一人物，同一事件，故事的版本有好多種。這是當時作史的基本素材。"②《趙正書》與《史記》的相關記載就很好地説明了"語"類文獻的版本多樣現象。《趙正書》成書年代約爲西漢初年，我們猜測當時關於秦始皇、李斯、秦二世等的文獻應該有很多，而《趙正書》正是其中之一。作爲一篇"語"類文獻，它顯然可以作爲史料取材的一個來源。《趙正書》與《史記》有一些相似的部分，整理者認爲同出一源，但筆者認爲也極有可能是《史記》在成書過程中取材於《趙正書》或《趙正書》的源頭文本以及其他相關的文獻資料，并從中整理出合適的

① [戰國]左丘明著，[三國吴]韋昭注，胡文波校點：《國語》卷八《晋語二》，194頁。

② 李零：《簡帛古書與學術源流》(修訂版)，北京：生活・讀書・新知三聯書店，2020，272頁。

版本。對待《史記》與《趙正書》應以辯證的眼光去看待,既不能完全依賴出土資料而徹底否定傳世史料,亦不能完全拒絶出土資料。與此同時,《趙正書》本身的成書也應當是取自多個文本,例如叙述秦二世欲殺李斯時,簡38-39、簡45以及簡48分别三次寫道"秦王胡亥弗聽,而遂殺李斯"以及相似的言論,應當是這三段文字有不同的來源。書寫者進行整合時,將多個文本反複編纂,以致筆觸草率、潤色不够,使得篇章的細節邏輯不够謹慎嚴密,但確實展現了"語"類文獻的特徵。

《趙正書》作爲一篇"語"類文獻,在内容上以規諫話語爲主,鮮明體現出與《國語》類似的話語風格,在結構上則呈現出"故事化"的叙事方式,文獻的整體結構相對完整,細節上雖不完善,但這恰恰證明了"語"類文獻的結構和叙事方式是在不斷地變化和演進的,而《趙正書》大約就是這種變化過程中的産物。

二　《趙正書》的秦始皇形象

姚磊《北大藏漢簡〈趙正書〉中的秦始皇形象》認爲《趙正書》刻畫了一個對死亡不甘、對臣下懷疑、對弱子愛憐、對國事憂慮的君王形象,又雜糅着一些法家之術和姿態性的仁愛之心。[①] 作爲一篇以"記言"爲主的"語"類文獻,《趙正書》創作成書時間早於《史記》,與《史記》的人物描繪也有所不同,或可幫助我們更加全面地瞭解秦始皇這一歷史人物。

(一)毋令群臣智(知)病

《趙正書》簡4-5記載秦始皇出游天下中途病重,交待李斯説:

> 今病篤(篤),幾死矣。其亟日夜揄(輸)趣(趨),至白泉之置,毋須後者。其謹微(微)密之,毋令群臣智(知)病。

"毋令群臣智(知)病"即始皇帝要求李斯對自己病重之事嚴格保密。爲穩定朝堂這不失爲一個穩妥的辦法,也正是他作爲一位君主所采用的權衡之術,另一方面這也鮮明展現了秦始皇性格多疑的一面。隨着秦始皇病情逐漸加重,他爲朝堂的考慮從保密病情、穩定時局發展到對繼承人的選擇,他的多疑也從疑心群臣發展到疑心心腹重臣李斯,《趙正書》簡6-7記載秦始皇"病大甚"時對李斯説:

> 吾霸王之壽(壽)足矣,不奈吾子之孤弱何……其後不勝大臣之分(紛)争,争侵主。

---

① 姚磊:《北大藏漢簡〈趙正書〉中的秦始皇形象》,《歷史教學問題》2017年第1期。

此句看似没有什麽問題，無非就是秦始皇預感自己命不久矣，因而暗示繼承人選且擔心幼子無力面對朝堂上的明争暗鬥，但是如果我們從秦始皇多疑個性出發再來看這句話，就顯得變了味道。其中確實不乏對幼子的擔憂，但更重要的是秦始皇認爲李斯或許會“侵主”。“侵主”一詞，又見於《管子・七臣七主》：“侵主：好惡反法以自傷。”劉績釋爲“越法行事謂之侵，所好所惡皆反於法，故自傷”，[①]而侵之義，《説文・人部》作：“侵，漸進也。”[②]《廣雅・釋言》：“侵，淩也。”[③]可見，秦始皇擔憂李斯與諸臣紛争以致行越法之事，逐漸侵淩於幼主之上。這更加深刻地印證了秦始皇的多疑。

事實上，秦始皇多疑的個性在《史記》中也有體現，《史記・秦始皇本紀》記載：

> 始皇帝幸梁山宫，從山上見丞相車騎衆，弗善也。中人或告丞相，丞相後損車騎。始皇怒曰：“此中人泄吾語。”案問莫服。當是時，詔捕諸時在旁者，皆殺之。[④]

賈誼亦有描述秦始皇的多疑：“當此時也，世非吾深慮知化之士也，然所以不敢盡忠拂過者，秦俗多忌諱之禁，忠言未卒於口而身爲戮没矣。”[⑤]

秦始皇之所以形成這樣多疑的性格，一方面應當與他早年的經歷有關。秦始皇幼時長於趙國，成爲君王後又有吕不韋專政、嫪毐亂國等事件發生，讓他養成多疑不信的性格。另一方面，秦始皇受到法家思想的影響，專權專制，將君王權術運用得得心應手，使得這樣的性格越發突顯。

整體來看，上引《趙正書》簡文雖不載於傳世文獻，但在對秦始皇多疑性格的描繪上與傳世文獻别無二致，甚至更加生動地將他對臣僚既狐疑又欲托付重任的矛盾心理刻畫出來，使其形象更加真實豐滿。

（二）欲以變氣易命

《趙正書》簡 1-4：

> 昔者，秦王趙正出斿（遊）天下，環（還）至白（柏）人而病，病篤（篤），恳（喟）然流涕長大（太）息，謂左右曰：“天命不可變于（歟）？吾未嘗病如此，悲□……”……而告之曰：“吾自視天命，年五十歲而死。吾行年十四而立，立卅七歲矣。吾當以今【歲】死，而

---

① ［明］劉績補注，姜濤點校：《管子補注》卷一七《七臣七主》，南京：鳳凰出版社，2016，351 頁。

② ［清］段玉裁：《説文解字注》，北京：中華書局，2016，378 頁。

③ ［清］王念孫撰，張靖偉等校點：《廣雅疏證》，上海古籍出版社，2016，776 頁。

④ 《史記》卷六《秦始皇本紀》，北京：中華書局，1982，257 頁。

⑤ ［漢］賈誼撰，方向東譯注：《新書》，北京：中華書局，2012，17 頁。

不智(知)其月日,故出斿(游)天下,欲以變氣易命,不可于(歟)? 今病蔿(篤),幾死矣。"

簡文所言"變氣易命",整理者認爲或與《史記》所載有關,注曰:"'變氣易命',改變氣數與天命。《史記·高祖本紀》:'秦始皇帝常曰:東南有天子氣。於是因東游以厭之。'所謂'變氣'當與此有關。"

氣的觀念反映了當時的人們對客觀世界的理解和探索。所謂望氣,即"根據天文、氣象以及自然界的變化附會人事",[①]秦始皇廣納神仙方士,其中必然有望氣之人,《史記》所載之"天子氣"與《趙正書》中所謂"變氣"皆是氣的思想在這一時期的反映。易命,即改變命運。由簡文所謂"變氣易命",我們不難聯繫到貫穿中國古今社會思想文化的天命觀念。古人云:"維天之命,於穆不已",[②]天命觀念是中國思想文化的基本組成部分。《趙正書》中秦始皇自述"天命不可變于(歟)……吾自視天命,年五十歲而死……欲以變氣易命,不可于(歟)?"從對天命的不甘、試圖抗争到最後的無可奈何,正是天命觀念的深刻體現。

傳世文獻中少有提及秦始皇在"天命"觀念和"變氣"學説等方面的作爲,但"追求長生"一直都是秦始皇的典型形象。《史記》中就記載了秦始皇爲長生派遣徐市入海、讓盧生等人求仙藥、聽信盧生讒言隱居宫中等事。無論是《史記》中的納方士、尋仙島、求丹藥,還是《趙正書》中的"變氣易命",秦始皇對於長生的追求是没有改變的。《史記》讓這樣的形象深入人心,《趙正書》則讓這一形象更加飽滿。

(三)吾衣(哀)令(憐)吾子之孤弱,及吾蒙容之民

縱觀諸多傳世文獻對秦始皇的刻畫和評價,無論是稱贊他爲千古一帝還是斥責他貪婪暴虐,都是將他置於一個位置極高的政治人物的角度。我們所看所想的秦始皇距離我們都極其遥遠。而相較於傳世文獻中的描繪,《趙正書》中的秦始皇似乎多了較爲温和的一面,更像是將其形象從神壇拉回了人間。

《趙正書》簡 1 記載:

昔者,秦王趙正出斿(遊)天下,環(還)至白(柏)人而病。病蔿(篤),㥣(喟)然流涕長大(太)息……

簡 14 也載録有:

---

① 張夢晗:《"東南有天子氣"與秦始皇東游》,《江蘇師範大學學報》2015 年第 5 期。

② 王秀梅譯注:《詩經》,北京:中華書局,2015,1576 頁。

趙正流涕而謂斯曰:"吾非疑子也,子,吾忠臣也。其議(議)所立。"

秦始皇在傳世文獻中一直都是頗爲强硬的性格形象,但《趙正書》裏却出現了兩處"流涕"之言。前者我們可以認爲是秦始皇病重傷懷時對將死的不甘和歎息,後者或許是秦始皇爲了讓李斯消除顧慮一心輔佐未來的君主而放低了姿態。事實上,傳世文獻中不乏君主"流涕"的内容,《史記·蒙恬列傳》有:"成王觀於記府,得周公旦沈書,乃流涕曰:'孰謂周公旦欲爲亂乎!'殺言之者而反周公旦。"①《趙正書》中描寫秦始皇"流涕"是符合當時的社會認知環境的。"流涕"雖不可恥,但確實是情感高漲的表現,這就使得秦始皇的形象豐滿起來,與我們印象中秦始皇威嚴冷酷的形象不同。

《趙正書》簡 7-8 寫道:"吾衣(哀)令(憐)吾子之孤弱,及吾蒙容之民,死且不忘。"如果説"流涕"的秦始皇展現了他在生死面前的軟弱,那這裏的秦始皇則表達出了他憐子重民的正面温情形象。始皇帝既是憐愛幼子的父親,又是擔憂國家未來的君王,這在諸多傳世文獻中均未曾得見。"吾衣(哀)令(憐)吾子之孤弱"是秦始皇因胡亥年幼且在政治上勢力單薄而擔憂大臣紛争欺淩幼主,與遣令長子扶蘇去邊關監軍不同,體現出秦始皇有普通人父一樣的愛子情懷。關於"蒙容之民",整理者認爲:"'蒙容',文獻作'蒙戎''蒙茸'或'尨茸'。""蒙容"有雜亂義,"蒙容之民"即庶民。《北大簡〈趙正書〉"蒙容"解》將"蒙容"解釋爲雜亂、荒亂之義,"蒙容之民"就是平民、庶民。② 在《趙正書》的語境下,我們可以將它的意義擴展爲皇帝的子民或天下臣民,《史記·秦始皇本紀》中記載賈誼有語:"既元元之民冀得安其性命,莫不虚心而仰上,當此之時,守威定功,安危之本在於此矣。"③這裏的"元元之民"與"蒙容之民"二者的含義應當相差不大,都是指天下民衆。這裏看來,秦始皇似乎是一位頗爲愛民的君主,將死之時且不忘惦念子民。張分田提到過秦始皇重民的思考:"即使秦始皇摒弃諸子百家,單憑法家學説治國,他也會知曉民衆爲國家政治的基礎得民心者得天下和施政應愛民利民的道理,也會在一些時期或一定程度上推行重民政策。"④但筆者認爲重民并不等於愛民,"重民"是看到了民心所向爲國家穩定帶來的益處進而采取安民撫民的政策,其最終的目的是加强統治、鞏固政權,而"愛民"則應當是以民爲子,憂民之所憂,其目的是讓民衆過上更好的生活。《趙正書》中秦始皇憐子或許是真,但"愛民"可能如同上文所述對李斯"流涕"一般,只是一種姿態罷了,倒是"重民"用在他的身上或許更合適一點。

《趙正書》中對秦始皇形象的刻畫,與傳世文獻有相似、有不同,一方面讓我們看到更加

---

① 《史記》卷八八《蒙恬列傳》,2569 頁。

② 洪颺、王紅岩:《北大簡〈趙正書〉"蒙容"解》,《中國文字研究》2017 年第 1 期。

③ 《史記》卷六《秦始皇本紀》,283 頁。

④ 張分田:《秦朝統治思想中的民本思想因素——以全社會普遍意識爲視角》,常建華主編《中國社會歷史評論》第 7 卷,天津古籍出版社,2006,101 頁。

豐滿多元的秦始皇形象，另一方面也再次印證了秦始皇爐火純青的帝王之術。無論具有多麽相似於普通人的温情，他仍然是一個典型的專制集權帝王。

三　《趙正書》的秦史觀

《趙正書》中的一些細節或可打開認識秦王朝的新鮮視角。下面分而述之。

（一）重民意识

上文我們曾提到始皇帝的"重民"，是什麽促使《趙正書》的作者在創作中加入了秦始皇"重民"的言論呢？將《趙正書》置於秦漢之際至西漢初年的時代背景下來看，或許可以找到一些答案。

"秦王掃六合，虎視何雄哉。"①秦王朝的建立是劃時代的重大事件，奠定了後世專制主義中央集權的政治體制。然而赫赫揚揚的大一統帝國却極盛驟衰，在嚴刑峻法和如虎苛政中迅速覆亡，秦始皇"朕爲始皇帝，後世以計數，二世三世至於萬世，傳之無窮"②的暢想，短短十幾年就成了一個笑話。秦的暴政之下最先奮起反抗的不是有志臣僚，而是底層民衆：

> 陳勝曰："天下苦秦久矣。吾聞二世少子也，不當立，當立者乃公子扶蘇。扶蘇以數諫故，上使外將兵。今或聞無罪，二世殺之。百姓多聞其賢，未知其死也。項燕爲楚將，數有功，愛士卒，楚人憐之。或以爲死，或以爲亡。今誠以吾衆詐自稱公子扶蘇、項燕，爲天下唱，宜多應者。"③

先秦時代，無論是商代夏、周伐商，還是春秋戰國時期各國之間的互相傾軋，其領導者都是貴族或諸侯宗室，像陳勝、吴廣這樣出身底層領導農民起義實爲中國歷史上第一次，《史記》記載徐樂上書言：

> 陳涉無千乘之尊，尺土之地，身非王公大人名族之後，無鄉曲之譽，非有孔、墨、曾子之賢，陶硃、猗頓之富也，然起窮巷，奮棘矜，偏袒大呼而天下從風，此其故何也？由民困而主不恤，下怨而上不知，俗已亂而政不脩，此三者陳涉之所以爲資也。④

陳涉之所以能够一呼百應成功起義，一是因爲統治者未能體恤黎民，二是因爲上層社會對底

---

① ［清］王琦注：《李太白全集》，北京：中華書局，1977，92頁。
② 《史記》卷六《秦始皇本紀》，236頁。
③ 《史記》卷四八《陳涉世家》，1950頁。
④ 《史記》卷一一二《平津侯主父列傳》，2956頁。

層社會的怨聲載道視而不見，三是因爲社會秩序已然混亂但統治階層不願改變政治措施。這三點原因放在一起，就是秦王朝覆滅的根本原因——忽視了民心向背的巨大力量。陳涉、吴廣的起義之所以"一人唱而天下應"，[①]以星火燎原之勢迅速點燃大江南北的火焰，就是因爲起義符合了廣大底層民衆的政治意願和訴求。

民心向背的巨大力量是任何統治者都無法忽視和拒絕的，正如荀子所説："君者，舟也；庶人者，水也。水則載舟，水則覆舟。"[②]在中國歷史上第一次真正較爲廣泛地意識到這句話意義的應當就是秦漢之際的社會了，而能認識到這個問題并以慎之重之的態度去對待的人，應當是漢王朝的締造者漢高祖劉邦。劉邦出身底層，相較於出身六國貴族的項羽，他曾在秦的苛政峻法下掙扎生存，因而能够更多地體會到底層民衆的艱難，意識到積怨下的巨大力量。在楚漢之争中，項羽攻入咸陽，在城内燒殺劫掠：

> 項羽引兵西屠咸陽，殺秦降王子嬰，燒秦宫室，火三月不滅；收其貨寶婦女而東。[③]

而劉邦則接過了秦末農民起義"誅暴秦"的旗幟，將民心收攏在自己身上。他攻占秦都咸陽後并未殺死子嬰：

> 諸將或言誅秦王。沛公曰："始懷王遣我，固以能寬容；且人已服降，又殺之，不祥。"乃以秦王屬吏，遂西入咸陽。

而後又退出咸陽，還軍霸上，召諸縣父老約法三章：

> 父老苦秦苛法久矣，誹謗者族，偶語者弃市。吾與諸侯約。先入關者王之，吾當王關中。與父老約法三章耳：殺人者死，傷人及盗抵罪。余悉除去秦法。諸吏人皆案堵如故。凡吾所以來，爲父老除害，非有所侵暴，無恐！且吾所以還軍霸上，待諸侯至而定約束耳。乃使人與秦吏行縣鄉邑，告諭之。秦人大喜，争持牛羊酒食獻饗軍士。沛公又讓不受，曰："倉粟多，非乏，不欲費人。"人又益喜，唯恐沛公不爲秦王。[④]

凡此類種種，可説是劉邦心懷萬民，亦可説是籠絡民心的手段。無論如何，我們確實看到他由秦亡之事深刻地認識到民心向背對一朝存亡的决定性作用。他的諸般行事達到了想要的

---

① ［漢］劉安著，［漢］許慎注，陳廣忠校點：《淮南子》，上海古籍出版社，2016，367 頁。

② ［清］王先謙撰，沈嘯寰、王星賢點校：《荀子集解》卷五《王制》，北京：中華書局，1988，152 頁。

③ 《史記》卷七《項羽本紀》，315 頁。

④ 《史記》卷八《高祖本紀》，362 頁。

結果,“人又益喜,唯恐沛公不爲秦王”,説明劉邦已然獲得民衆的支持,爲他在秦末争霸中取得最終的勝利奠定了基礎。

《趙正書》借始皇之口提到了對黎民的關懷,他既憂心“大臣争,齎(齊)民古(苦)”,又哀憐“蒙容之民”的孤弱,或許并非是作者將始皇帝置於多麽崇高的位置,把他形容成前無古人的仁心聖主,而是作者在當時社會風氣的影響下,將“重民”“愛民”加入到秦始皇的形象中,同時亦向我們彰顯着,以苛政嚴刑飽受後人批判的秦王朝在一定程度上也有重視民生的思想。

長期以來,大多數關於秦王朝和秦始皇的研究評價都認爲秦制是君權高度集中的典型代表,甚至稱之爲絶對君權,秦始皇亦是驕奢貪婪、心狠手辣的代表人物,這樣的國家和這樣的君主似乎和“民生”“民本”毫不相干。但是當我們細細研讀《商君書》和《韓非子》就會發現,《趙正書》展現的重民思想似乎并非作者憑空杜撰,作爲秦王朝指導思想的法家思想中并不主張無限的君權,而是包含了許多規範君權、强調民生的思想。《商君書》有言:

> 重刑少賞,上愛民,民死賞;重賞輕刑,上不愛民,民不死賞。
>
> 聖君知物之要,故其治民有至要。故執賞罰以壹輔仁者,心之續也。聖君之治人也,必得其心,故能用力。[①]

“民死賞”意爲民願爲受賞而死,即是説,加重刑罰少恩賞,民爲受賞不惜一死;多恩賞而輕刑罰,民便不會在意賞賜。法家類似言論的最終目的是獲得民心以鞏固君權統治,即文中所説的:“聖君之治人也,必得其心,故能用力。”我們可以不認可這樣的政治思維和措施,但不可否認的是法家既看重民生民心的作用,也需要民生民心的穩定來鞏固政權。《韓非子》有言:

> 明君之所以立功成名者四:一曰天時,二曰人心,三曰技能,四曰勢位。非天時,雖十堯不能冬生一穗;逆人心,雖賁、育不能盡人力。故得天時則不務而自生,得人心,則不趣而自勸;因技能則不急而自疾;得勢位則不推進而名成。[②]

在成爲明君的要求裏,韓非將人心排在僅次於天時之後,認爲若違逆人心必然不能得人力。他還指出:“天下一力以共戴之,故安。衆同心以共立之,故尊。”[③]離開臣民的擁戴、效力,君主就無法安享尊位,建立功名。可見在法家思想裏,民心非但不是不重要,反而是統治者治理天下、功成名就的重要支撑點。之所以我們認爲法家待民嚴苛,是因爲他們爲獲取民心所

---

① 石磊譯注:《商君書》,北京:中華書局,2009,117-118頁。
② [清]王先慎撰,鍾哲點校:《韓非子集解》卷八《功名》,北京:中華書局,1998,207頁。
③ [清]王先慎撰,鍾哲點校:《韓非子集解》卷八《功名》,208頁。

采取的思維方向和方法措施與儒家思想有所不同。

由此看來,《趙正書》中加入秦始皇對黎民擔憂關懷的重民思想,正是因爲秦王朝的政治思想并没有輕視民本,而是將民心的向背作爲非常重要的政治指標,這與後世對秦王朝歷史的認識有很大的不同,爲我們重新理解秦王朝、重新思考漢王朝的秦史觀提供了新的角度。這也啓發我們在批判和評價秦王朝時,應該更多地從秦始皇和秦二世背離爲君之道的錯誤政治行爲、秦王朝脱離法家原本思路的施政方針等角度進行思考。

(二)亡秦爲誡

《趙正書》全篇的結尾處有一勾識符號,之後有一句評論式的語句:

> 曰:"胡亥所謂不聽閒(諫)者也,立四年而身死國亡。"

整理者認爲,這一句是著者的評論,與《左傳》的"君子曰"有相似之處。李鋭則認爲此处勾識符代表此文結束,後面這一句文本應當是《趙正書》流傳過程中抄寫者添加的評論之語。[1]事實上,不論這句批語到底是何時何人所留,都不影響它所要表達的内涵:因爲胡亥的任性不聽諫導致了秦國最終的滅亡。而這一内涵的背後正是西漢初年盛行的過秦和以亡秦爲誡之風。

批判秦朝和懲亡秦之誡最著名的應當是漢初賈誼等人的"過秦"説,但這并不是以亡秦爲誡的開端,楚漢争霸時期樊噲和張良就曾以秦亡之事勸諫劉邦,《史記·留侯世家》:

> 沛公入秦宫,宫室帷帳狗馬重寶婦女以千數,意欲留居之。樊噲諫沛公出舍,沛公不聽。良曰:"夫秦爲無道,故沛公得至此。夫爲天下除殘賊,宜縞素爲資。今始入秦,即安其樂,此所謂'助桀爲虐'。且'忠言逆耳利於行,毒藥苦口利於病',願沛公聽樊噲言。"沛公乃還軍霸上。[2]

張良以秦之無道來勸説劉邦莫要"助桀爲虐"走上秦始皇的舊路。這是以亡秦爲誡的典型例子,亦是告誡世人上位者要善於聽諫納諫纔能得國家之長久。秦王朝不過立十四年就大厦傾覆,必然是時人探討的熱點話題,類似事例在秦漢之際應當爲數不少,但戰亂之下無論是過秦還是以亡秦爲誡都還未能形成可靠的理論文獻。時至西漢初年,天下大定,過秦思潮逐漸興起并形成理論,西漢陸賈首發過秦之嚆矢,此後張釋之、賈山、賈誼、晁錯、劉安等一批有憂患意識的政論家、思想家都發表了相關的言論。過秦思潮形成的根本原因和最終目的,一

① 李鋭:《〈趙正書〉研究》,《史學集刊》2020 年第 5 期。
② 《史記》卷五五《留侯世家》,2037 頁。

方面是爲了給漢王朝的建立增加合理性,另一方面就是爲了以亡秦爲誡,給統治階層敲響警鐘。《史記·酈生陸賈列傳》記載:

> 陸生時時前説稱《詩》《書》。高帝罵之曰:"乃公居馬上而得之,安事《詩》《書》!"陸生曰:"居馬上得之,寧可以馬上治之乎……秦任刑法不變,卒滅趙氏。鄉(向)使秦已并天下,行仁義,法先聖,陛下安得而有之?"高帝不懌而有慚色,乃謂陸生曰:"試爲我著秦所以失天下,吾所以得之者何,及古成敗之國。"陸生乃粗述存亡之徵,凡著十二篇。每奏一篇,高帝未嘗不稱善,左右呼萬歲,號其書曰《新語》。①

陸賈以秦任酷刑、無有仁義向漢高祖諫言,并著書討論秦之所以失去天下的原因。很顯然,陸賈對秦之興亡和天下興亡進行總結的最終目的就是爲了漢王朝的長治久安。西漢政論家晁錯評論秦:

> 及其末塗之衰也,任不肖而信讒賊,宮室過度,耆欲亡極,民力罷盡,賦斂不節;矜奮自賢,群臣恐諛,驕溢縱恣,不顧患禍;妄賞以隨喜意,妄誅以快怒心,法令煩憯,刑罰暴酷,輕絶人命,身自射殺;天下寒心,莫安其處。奸邪之吏,乘其亂法,以成其威,獄官主斷,生殺自恣。上下瓦解,各自爲制。②

晁錯指出,秦始皇的奢欲驕縱、自專酷刑使得秦之庶民戍卒皆苦不堪言,以至動摇了秦王朝的統治根基,以此警示漢王朝統治者。

《趙正書》受到當時以亡秦爲誡風氣的影響,通過三次寫道"秦王胡亥弗聽"表明了對秦亡的態度。第一次是胡亥"因夷其宗族,抔(坏)其社稷(稷),燔其律令及古(故)世之臧(藏)。有(又)欲起屬車萬乘以扶(抚)天下,曰:'且與天下更始。'",子嬰對此進言勸諫,但胡亥并未采納:

> 秦王胡亥弗聽,遂行其意,殺其兄夫(扶)胥(蘇)、中尉恬,立高爲郎中令,出斿(遊)天下。

第二次是胡亥欲殺李斯,李斯在獄中以自述七宗罪的方式試圖免除一死,但并没有打动胡亥:

① 《史記》卷九七《酈生陸賈列傳》,2699 頁。
② 《漢書》卷四九《晁錯傳》,北京:中華書局,1962,2296 頁。

> 秦王胡亥弗聽，而遂殺斯。

第三次是李斯將死前以激烈的言辭上書勸諫，但仍然未能使胡亥有所改變：

> 秦王胡亥弗聽，遂行其意，殺丞相斯，立高，使行丞相、御史之事。

這幾處的行文邏輯雖然稍有欠缺，但無一例外都在向我們傳遞着一個訊息，即二世任性妄爲不聽勸諫、諸君需以此爲誡。

後世大多認爲秦的覆亡是由於始皇帝的暴政，批判始皇帝的文字也頗爲激烈，如西漢董仲舒有言：

> 師申商之法，行韓非之説，憎帝王之道，以貪狼爲俗，非有文德以教訓於下也。誅名而不察實，爲善者不必免，而犯惡者未必刑也。是以百官皆飾虚辭而不顧實，外有事君之禮，内有背上之心；造僞飾詐，趣利無恥；又好用憯酷之吏，賦斂亡度，竭民財力，百姓散亡，不得從耕織之業，群盗并起。是以刑者甚衆，死者相望，而奸不息，俗化使然也。[①]

而《趙正書》雖然也提到了始皇帝一些反面性格，如專權、多疑等，但總的來看，《趙正書》勾勒秦始皇的文字遠没有後世苛刻，甚至還加入了"憐子""愛民"等温和形象。而胡亥則不同於《史記》中"與趙高緊密地捆綁在一起"的傀儡形象，[②]作者把秦亡的原因全部歸爲他不聽諫言、任性妄爲，顯然是對其做法的不滿。由此可見，在《趙正書》作者的心目中，秦始皇至多是一個有些專制多疑的君主，但又不乏對子民的重視，而秦二世胡亥則是任性妄爲、不聽勸諫、殘殺忠臣、夷宗族壞社稷的亡國昏君，秦之覆滅皆由二世起。《趙正書》作者創作此篇的目的之一或許是爲了警醒世人，同時亦爲我們展現了不同於傳世文獻的秦史認識。

---

① 《漢書》卷五六《董仲舒傳》，2504 頁。

② 董家寧：《北大漢簡〈趙正書〉中的胡亥形象——兼談秦亡原因的不同歷史解釋》，鄔文玲、戴衛紅主編《簡帛研究二〇一九（春夏卷）》，桂林：廣西師範大學出版社，2019，240 頁。

漢晋名刺、名謁簡地名書寫範式考述

——由《長沙尚德街東漢簡牘》184號名刺簡説起

□ 中國社會科學院古代史研究所
□ 中國社會科學院簡帛研究中心
莊小霞

内容提要 《長沙尚德街東漢簡牘》184號名刺簡載"漢昌待史"之"漢昌",應指東漢時期長沙郡屬縣漢昌縣,而非整理者所言指中山國漢昌縣。由此進而指出漢晋時期名刺、名謁簡的官爵及郡縣鄉里(籍貫)的地名書寫存在一定範式:根據使用環境(郡國内外)、適用對象(郡國内外人士)、是否同籍熟識等,名刺、名謁簡在書寫官爵及郡縣鄉里(籍貫)根據實際情况决定是否省缺郡國名。

關鍵詞 漢晋 名刺 名謁 地名 籍貫

引言

《長沙尚德街東漢簡牘》184號簡(2011CSCJ482②:20-6):

漢昌待史王淮再☐
王□王□[①]

184號簡是枚名刺簡殘簡,但簡首完整,未見殘缺,簡首官稱"漢昌待史"前省缺郡國名,整理者注釋説:

① 長沙市文物考古研究所:《長沙尚德街東漢簡牘》,長沙:嶽麓書社,2016,235頁。

漢昌，縣名，屬中山國。《續漢書・郡國二》："漢昌本苦陘，章帝更名。"[①]

此注釋可存疑。考慮到本簡的出土地點，相比起遠在今河北的中山國漢昌縣，此處的"漢昌"更可能是指東漢時期長沙郡屬縣漢昌縣。陳健梅先生所著《孫吴政區地理研究》"漢昌（吴昌）"條云：

《宋志》長沙内史吴昌侯相：後漢立曰漢昌，吴更名。《水經注》卷三八湘水：縣是吴主孫權立。《元和志》岳州昌江縣：後漢分長沙爲漢昌縣，孫權改爲吴昌縣。錢大昕引晦之云：周憬碑陰有長沙漢昌蹇祇字宣節，碑立於靈帝熹平時，此縣必桓、靈時置也，當是。孫權改吴昌，酈道元誤以爲孫權所立。建安十四年（209），漢昌爲南郡太守周瑜奉邑，十五年，移屬漢昌郡，郡廢還屬。吴改吴昌當在建安二十四年漢昌郡廢後。[②]

周憬碑全稱《神漢桂陽太守周府君功勳之紀銘》，立於漢靈帝熹平三年，"於是熹平三季，歲（在攝）提，仲冬之月"，碑陰題有"故湞陽守長南平丞長沙漢昌蹇祇字宣節"。[③] 長沙尚德街東漢簡牘 184 號簡所見的"漢昌"很可能就是此碑陰中所説的"長沙漢昌"，爲長沙郡屬縣。三國時期漢昌爲南郡太守周瑜的奉邑之一，"（孫）權拜瑜偏將軍，領南郡太守。以下雋、漢昌、劉陽、州陵爲奉邑，屯據江陵。"[④]建安十五年，分長沙爲漢昌郡，下轄漢昌縣，"（建安）十五年，分豫章爲鄱陽郡；分長沙爲漢昌郡，以魯肅爲太守，屯陸口。"[⑤]走馬樓吴簡中亦見載"漢昌"：

（1）☑六年十月壬戌朔漢昌長別部司□　（叁・6385）[⑥]
（2）☑年十月壬戌朔漢昌長別部司□　（叁・6386）

走馬樓吴簡所見有紀年的"漢昌"記載一直延續到黄武六年，黄龍元年（229）孫吴正式建國之後漢昌纔被改爲吴昌。[⑦] 走馬樓吴簡中的"漢昌長"官職雖省缺了郡名，但考慮出土地無

① 長沙市文物考古研究所：《長沙尚德街東漢簡牘》，235 頁。
② 陳健梅：《孫吴政區地理研究》，長沙：嶽麓書社，2008，190 頁。
③ ［宋］洪适：《隸釋》卷四，北京：中華書局，1985，56 頁。
④ 《三國志》卷五四《吴書・周瑜傳》，北京：中華書局，1959，1264 頁。
⑤ 《三國志》卷四七《吴書・孫權傳》，1118 頁。
⑥ 長沙簡牘博物館、中國文化研究所、北京大學歷史學系走馬樓簡牘整理組編著：《長沙走馬樓三國吴簡・竹簡〔叁〕》，北京：文物出版社，2008。下同，不另出注。
⑦ 參見莊小霞《走馬樓吴簡所見"漢昌"、"吴昌"考》，中國文化遺産研究院編《出土文獻研究》第 15 輯，上海：中西書局，2016，440 頁。

疑是指長沙郡漢昌縣。[①] 筆者認爲長沙尚德街東漢簡牘 184 號簡所見“漢昌”指東漢長沙郡漢昌縣,除了基於簡牘出土地,推測其不太可能捨近(長沙郡)求遠(中山國),還有一個理由值得一說,這就要從 184 號名刺簡的性質以及漢晉名刺、名謁簡的地名書寫範式講起。

一　漢晉名刺、名謁簡書寫範式概述

名刺、名謁簡通常有一定的書寫範式。[②]《釋名・釋書契》釋“刺”:“畫姓名於奏上曰畫刺,作再拜起居,字皆達其體,使書盡邊,徐引筆書之如畫者也。下官刺曰長刺,長書中央一行而下也。又曰爵里刺,書其官爵及郡縣鄉里。”[③]又《釋名・釋書契》釋“謁”:“謁,詣也。詣,告也。書其姓名於上,以告所至詣者也。”[④]結合傳世文獻記載和出土實物來看,漢晉名刺、名謁簡的書寫範式主要體現在形式和内容兩方面。

首先,漢晉名刺、名謁簡書寫範式在形式上的體現,主要爲書體與格式。

漢晉名刺、名謁簡的字體,《釋名・釋書契》記載説“字皆達其體,書盡邊,徐引筆書之如畫者也”,[⑤]結合出土名刺、名謁簡實物來看,確實如此,如“最明顯的表達當屬横筆的故意拉長,如‘再’字”“甚至,有的‘再’字爲了拉長,將横筆分爲兩截,如,高榮墓、史綽墓、朱然墓標本 129 都是其例。”[⑥]除了文獻所載可與出土實物互相印證,通過考察出土實物還可以對漢晉名刺、名謁簡的書體有更多認識。漢晉名刺、名謁簡的字迹都比較規範美觀,劉濤先生就以走馬樓吴簡黄朝名刺爲例,認爲“一方面有實用性的要求,字迹端正清晰,字形較大,便於别人識認,另一方面又要求美觀,利用字的筆劃結構特點作一些美術化的處理,增添美感,使之具備賞心悦目的趣味。所以《黄朝名刺》上的隸體,是經過藝術手法加工的隸書樣式,應當與一般的俗筆隸書稍有不同。”[⑦]而王曉光先生以東晉雷陔名刺爲例,認爲“雷陔名刺書迹與之前孫吴的朱然名刺、高榮名刺、黄朝名刺、史綽名刺等較近似,爲早期楷書,許多字似仍未完全脱盡隸意”,其中一個重要原因就“是名刺、謁牘之特殊用體或習慣使然:謁刺一直采用傳

---

① 走馬樓吴簡所見長沙郡屬縣,在簡文中出現時,很多前綴省缺長沙郡郡名。

② 關於名刺、名謁簡的區别,王彬先生綜合參考馬怡、角谷常子、吕静、程博麗等學者的研究,指出名謁、名刺二者在内容和形制上存在直觀的差别,具體爲“名謁多用寬板,内容上往往會復合上拜謁人、拜謁對象、拜謁目的等信息,禮儀性較重;而名刺則多寫在狹長的木簡上,且僅會説明投刺人的信息,使用起來更爲輕便。”但是誠如王彬先生所説“從總體的功能來説,名謁與名刺同是用於交往的通名工具”,因此“以交往功能上的相似性作爲前提,通常就將它們一起納入考察範圍。”(參見王彬《漢晉間名刺、名謁的書寫及其交往功能》,《出土文獻》2016 年第 1 期,223 頁)這也是本文將漢晉名刺、名謁簡的地名書寫範式一并論述考察的原因。

③ [東漢]劉熙撰,[清]畢沅疏證,王先謙補,祝敏徹、孫玉文點校:《釋名疏證補》,北京:中華書局,2008,207-208 頁。

④ [東漢]劉熙撰,[清]畢沅疏證,王先謙補,祝敏徹、孫玉文點校:《釋名疏證補》,204 頁。

⑤ [東漢]劉熙撰,[清]畢沅疏證,王先謙補,祝敏徹、孫玉文點校:《釋名疏證補》,207-208 頁。

⑥ 王彬:《漢晉間名刺、名謁的書寫及其交往功能》,227-228 頁。

⑦ 劉濤:《中國書法史・魏晉南北朝卷》,南京:江蘇教育出版社,2009,61 頁。

統‘正體’,不樂意采納新寫法,因而有明顯的‘滯後性’(與銘石書體有些相似),雷陔名刺基本屬一百年前孫吴名刺的寫法。”[①]從書法史研究者的研究來看,漢晋名刺、名謁簡字體端正美觀,具有藝術性,與當時的一般書寫不同,也就是説名刺、名謁簡的書寫字體有一定範式,可視爲名刺、名謁簡有一套專門的書體,且這種書體伴隨漢晋名刺、名謁簡的存在具有一定時代延續性。大概正是因爲名刺、名謁簡字體端正美觀,有一套專門的書體,實際書寫時可能需要一定書法水平和技藝,這樣也可以比較容易理解考古出土的名刺、名謁簡爲什麽很多是習字簡,如王彬先生已指出“練習書寫名刺以便獲得更好的書寫效果”,[②]甚至還可能找人代寫,“代寫背後可能既有便利的考慮,也可能有追求美觀的意識。”[③]因爲名刺、名謁簡書體特殊,很可能不是人人都能熟練掌握可以寫好,所以不斷習寫或者請人代寫都是爲了獲得最佳書寫效果。

除了書體較特殊,漢晋名刺、名謁簡的書寫還具備一定的格式,具體如“畫姓名於奏上曰畫刺,作再拜起居”。[④] 同樣考察出土實物,與《釋名·釋書契》中所説作“再拜起居”類似的還包括作“再拜問起居”“奉謁再拜”等謙語、問候語,通常寫有此類内容的簡牘據此可以判斷爲名刺、名謁簡。此外,就以名刺簡爲例,通過考察實物,還可知漢晋名刺簡的一些通用格式。如劉濤先生述及東吴名刺木簡的書寫格式是“中間的兩處空字,將這一行分作三段,末段的字稍小,貼邊寫在木簡的左側。”[⑤]仍以黄朝名刺爲例,其内容爲“弟子黄朝再拜 問起居長沙益陽字元寶”,[⑥]其中“長沙益陽字元寶”這部分内容,就是劉濤先生所説的“末段的字稍小,貼邊寫在木簡的左側”。還可再舉一個東吴名刺簡的例子,湖北鄂城吴墓出土的名刺簡“童子史綽再拜　問起居　廣陵高郵字澆瑜”,[⑦]其中末段的“廣陵高郵字澆瑜”也是字體稍小,貼邊寫於木簡的左下側。侯旭東先生曾説中國古代“‘名’是体现‘自卑而尊人’的一种手段。”[⑧]“長沙益陽字元寶”和“廣陵高郵字澆瑜”的内容都是名刺簡主人的籍貫和字,這種將自己的籍貫和字特意寫得偏小并貼寫於木簡末段靠邊的位置,應當也是一種“自卑而尊人”的手段。

其次,漢晋名刺、名謁簡書寫範式在基本内容上的體現,主要指名刺、名謁簡書寫姓名、官爵及郡縣鄉里(籍貫)等基本内容有一定的範式。名刺、名謁簡的基本功能是通名,所以其上最重要最基本的内容當然是書寫姓名以告知所要謁見拜訪的對象(“畫姓名於奏上”)。

① 王曉光:《秦漢簡牘具名與書手研究》,北京:榮寶齋出版社,2016,302-303頁。
② 王彬:《漢晋間名刺、名謁的書寫及其交往功能》,227頁。
③ 王彬:《漢晋間名刺、名謁的書寫及其交往功能》,227頁。
④ [東漢]劉熙撰,[清]畢沅疏證,王先謙補,祝敏徹、孫玉文點校:《釋名疏證補》,207頁。
⑤ 劉濤:《中國書法史·魏晋南北朝卷》,南京:江蘇教育出版社,2009,61頁。
⑥ 長沙市文物考古研究所、中國文物研究所、北京大學歷史學系走馬樓簡牘整理組編著:《長沙走馬樓二十二號井發掘報告》,《長沙走馬樓三國吴簡·嘉禾吏民田家莂》,北京:文物出版社,1999,34頁。
⑦ 鄂城縣博物館:《湖北鄂城四座吴墓發掘報告》,《考古》1982年第3期。
⑧ 侯旭東:《中國古代人“名”的使用及其意義——尊卑、統屬與責任》,《歷史研究》2005年第5期,7頁。

漢晋名刺、名謁簡的名字書寫也有一定範式,比如尹灣漢墓西漢名謁,蔡萬進先生《尹灣名謁木牘研究》已有詳論,[①]侯旭東先生進一步總結説“他人遣吏拜謁師饒時,名謁上只出現師饒的姓、尊稱‘卿’與字,而没有他的‘名’,投謁者則要具名。一旦師饒要投謁拜見他人,則要向對方稱名。實際上,現在所見到的兩漢三國時期的所有名謁中,投謁者均要自書其名,對方則只出現姓、字,或完全不出現。”[②]除了姓名外,官爵及郡縣鄉里(籍貫)也都是完整身份信息的组成部分,所以官爵及郡縣鄉里(籍貫)也是重要書寫内容,且其書寫都涉及地名書寫,漢晋名刺、名謁簡的地名書寫範式也主要體現在此。其中,郡縣鄉里(籍貫)本身就是地名,官爵的話,地方官吏的完整官稱通常都是某地某官,所以官爵的地名書寫就體現在具體官職(“某官”)前的“某地”。

以往众多學者包括書法史論者對漢晋名刺、名謁簡進行考察,對其功能、性質、書體等也多有研究。[③] 但對於名刺、名謁簡的官爵及郡縣鄉里(籍貫)的地名書寫範式則似乎關注不多,僅有少數學者涉及,如王彬先生指出“我們整理出土的名謁和名刺,會發現在通名工具上常常會寫有拜訪者的官職或是鄉里,也許和想要在交往活動中搜尋鄉里或是同僚等能够攀援的機會有關。”[④]再如蔡萬進先生研究尹灣漢墓西漢名謁時亦稍有提及,指出尹灣名謁“有署名的也有不署名的,署名内容有時也有籍貫和官職。西郭寶墓及朱然墓繼承了這方面,尤其出土的三國兩晋名刺中無一例外地書寫了籍貫并顯著標出‘字 xx’,并書於刺左下角,其特徵同於尹灣名謁署名。”[⑤]其中也提到籍貫和官職書寫,但都未具體展開討論。藉由《長沙尚德街東漢簡牘》184 號名刺簡“漢昌”注釋,本文對漢晋名刺、名謁簡官爵的地名書寫範式展開詳細論述,同時也將對漢晋名刺、名謁簡郡縣鄉里(籍貫)的地名書寫範式進行探討,此外另撰專門一節以尹灣漢墓出土西漢名謁爲例介绍同時存在官爵和郡縣鄉里(籍貫)地名書寫的情况。

二　漢晋名刺、名謁簡官爵的地名書寫範式

長沙尚德街東漢簡 184 號名刺簡的官稱“漢昌待史”前省缺郡國名,本文判斷其中的“漢昌”爲長沙郡漢昌縣而不是中山國漢昌縣,除了考慮到出土地不能捨近求遠,還在於 184 號爲名刺簡,而漢晋名刺、名謁簡官爵的地名書寫有一定範式,其中包括在本郡國内使用時通

---

① 蔡萬進:《尹灣漢墓簡牘論考》,鄭州大學博士論文,2001,91-106 頁。

② 侯旭東:《中國古代人“名”的使用及其意義——尊卑、統屬與責任》,8 頁。

③ 此前學者有關漢晋名刺、名謁簡的各種研究著述,馬怡先生、王彬先生的論文都已較詳細提到,本文不贅述,可參見馬怡《天長紀莊漢墓所見“奉謁請病”木牘——兼談簡牘時代的謁與刺》,卜憲群、楊振紅主編《簡帛研究二〇〇九》,桂林:廣西師範大學出版社,2011,14 頁注 1;王彬:《漢晋間名刺、名謁的書寫及其交往功能》,221-222 頁。

④ 王彬:《漢晋間名刺、名謁的書寫及其交往功能》,231 頁。

⑤ 蔡萬進:《尹灣漢墓簡牘論考》,104 頁。

常會省缺郡國名，只在具體職務前書寫縣名，所以 184 號名刺簡的官稱“漢昌待史”應當是“長沙郡漢昌待史”的省稱。除了 184 號簡的例子，還可以在出土漢晋名刺、名謁簡找出更多的例子進行説明。如《長沙尚德街東漢簡牘》156 號名刺簡：

弟子臨湘丞陸再拜☐　　（正面）
☐
弟弟子陸□再拜。問起居（背面）　156 號[①]

“臨湘丞”即長沙郡臨湘縣丞，官職前面省缺了郡名長沙。156 號、184 號名刺簡都是習字簡，若非是習字簡的話，名刺簡的主人應是原準備將其使用於長沙郡内，[②]156、184 號名刺簡的主人分别是臨湘丞、漢昌待史，雖然名刺的接受方不確定，但既然很可能原準備用於本郡國内人士的交流應酬，在“縣+具體職務”前再加上郡名就顯得不是那麽必要了，所以此類名刺簡在官稱前可以不署郡國名。以上所舉主要是名刺簡的例子，名謁例子如下：

奏主吏師卿
親　　（正面）
五官掾副謹遣書吏奉謁再拜
謁　趙君孫　（背面）　18 號[③]

進主吏
師卿　　（正面）
弟子遺迫疾謹遣吏奉謁再拜
問
君兄起居　卒史憲丘騎孺（背面）　19 號[④]

師君兄　　（正面）

① 長沙市文物考古研究所：《長沙尚德街東漢簡牘》，235 頁。

② 一般來講墓葬出土的名刺、名謁簡容易判定誰是名刺、名謁簡的主人，誰是接受方。非墓葬出土的名刺、名謁簡則難以判定。但考慮到長沙尚德街東漢 156、184 號名刺簡都是習字簡，鑒於名刺簡的特性，即使習字的話，大概率是名刺簡的主人自己在習字，若是代寫的話，如也是爲名刺簡的主人代寫。如走馬樓出土《黄朝名刺》簡“此簡一面字迹規範，應是黄朝使用的名刺。而反面則字迹潦草，而且是倒正各寫一遍的”，所以王彬先生推測黄朝名刺簡的製作目的“恐怕也是練習書寫名刺以便獲得更好的書寫效果。”參見王彬《漢晋間名刺、名謁的書寫及其交往功能》，227 頁。

③ 連雲港市博物館、東海縣博物館、中國文物研究所、中國社會科學院簡帛研究中心編：《尹灣漢墓簡牘》，北京：中華書局，1997，135 頁。

④ 連雲港市博物館、東海縣博物館、中國文物研究所、中國社會科學院簡帛研究中心編：《尹灣漢墓簡牘》，135－136 頁。

容丘侯謹使吏奉謁再拜
問
疾　　　　　　　　（背面）　20 號[①]

進
師兄君　　　　　　（正面）
良成侯顛謹使吏奉謁再拜
問
疾　　　　　　　　（背面）　21 號[②]

上舉几枚木牘均爲尹灣漢墓出土西漢名謁,墓主師饒的身份是東海郡守屬官功曹史,其籍貫亦爲東海郡(此點後文會詳細論述)。關於 18 號木牘的具體内容,蔡萬進先生認爲是"郡五官掾趙副(字君孫)遣書吏奉謁求見墓主師饒的名謁"。[③] 五官掾是郡太守的屬吏,此處的"郡五官掾"顯然應該與墓主師饒都是東海郡屬官,但省缺了東海郡的郡名。19 號木牘是卒史憲丘驕孺(名遺)遣吏問病主吏師饒,師饒不僅是憲丘驕孺的主吏,憲丘驕孺自稱"弟子","可能爲墓主師饒之學生或門生",[④]所以二者不僅同是東海太守屬官,而且私人關係應該還比較密切,該木牘雙方官爵前均未署郡名。20、21 號木牘所載容丘、良成也都是東海郡屬下侯國。[⑤] 而且蔡萬進先生還認爲良成侯及容丘侯有别於東海郡下辖的其他十六侯國,"與墓主師饒關係非同一般。"[⑥]18、20、21 號木牘這三例中五官掾趙副、容丘侯、良成侯顛書寫名謁時在自己官爵前皆未署東海郡,署接受方師饒時前綴也未署東海郡,這應該也都是默認雙方皆爲東海郡内的官爵,屬於東海郡内部官吏之間的交流應酬,無需再特意書寫郡名。

以上所舉都是名刺、名謁簡書寫官爵地名時前綴省缺郡國名的例子,名刺、名謁簡用於本郡國内一般無需再前綴郡國名;雙方(名刺、名謁簡的主人和接受方)官爵都屬於同一郡國,互相之間也没有必要再署郡國名。若與郡國外官吏交流應酬的話,名刺、名謁簡的官爵地名書寫顯然就與同郡官吏交流應酬的又不一樣了。同樣也是尹灣漢墓西漢名謁的例子,可以注意到其中也有書寫官爵地名時不省缺郡國名,如:

---

① 連雲港市博物館、東海縣博物館、中國文物研究所、中國社會科學院簡帛研究中心編:《尹灣漢墓簡牘》,136 頁。

② 連雲港市博物館、東海縣博物館、中國文物研究所、中國社會科學院簡帛研究中心編:《尹灣漢墓簡牘》,136 頁。

③ 蔡萬進:《尹湾漢墓簡牍論考》,94 頁。馬怡先生在文章中論述到此枚木牘時也認爲趙副(字君孫)是東海郡五官掾,參見馬怡《天長紀莊漢墓所見"奉謁請病"木牘——兼談簡牘時代的謁與刺》,16 頁。

④ 蔡萬進:《尹灣漢墓簡牘論考》,95 頁。漢晋名刺簡中關於"弟子"的研究還可參見[日]關尾史郎《"名刺簡"三論》,《吴簡研究》第 3 輯,北京:中華書局,2011,170-172 頁。

⑤ 《漢書》卷二八上《地理志上》,北京:中华書局,1962,1588 頁。

⑥ 蔡萬進:《尹灣漢墓簡牘論考》,96 頁。

進東海大守功曹
師卿　　　　　　　　　　（正面）
楚相延謹遣吏奉謁再拜
請
君兄足下　　　　　鄭長伯（背面）　　17 號[1]

進長安令
兒君　　　　　　　　　　（正面）
東海大守功曹史饒謹請吏奉謁再拜
請
威卿足下　　　　　師君兄（背面）　　23 號[2]

"楚相"即楚王國相,漢代諸侯王國設置相,17 號木牘就是楚王國相鄭延(字長伯)遣吏奉謁拜請墓主師饒的名謁,這枚名謁既署了名謁主人鄭延官爵的郡國名(楚),也署了名謁接受方師饒官爵的郡名(東海郡)。23 號木牘是墓主人師饒請吏奉謁拜請長安令兒君(威卿)的名謁,這枚名謁署了名謁主人師饒官爵的郡國名(東海郡),名謁接受方兒君是長安令,長安是西漢時三輔之一的京兆尹屬縣,是西漢的首都,不與一般縣同,比較特殊,大概因此無需再署前綴。

以上所舉是名謁雙方(名謁的主人和接受方)都明確的情況下,當名謁的接受方是郡國外官吏時,此時書寫官爵地名時名謁的雙方都不省缺郡國名(特殊情況除外,如尹灣漢墓西漢名謁 23 號木牘的長安令)。若名刺、名謁簡的接受方不明確,名刺、名謁簡的主人通常會將自己的官爵前綴加上郡國名,特別是地方太守及太守屬官,如以下這枚尹灣漢墓西漢名謁:

　東海大守功曹史饒再拜　　　（正面）
謁●奉府君記一封饒叩頭叩頭　　（背面）　22 號[3]

① 連雲港市博物館、東海縣博物館、中國文物研究所、中國社會科學院簡帛研究中心編:《尹灣漢墓簡牘》,134-135 頁。
② 連雲港市博物館、東海縣博物館、中國文物研究所、中國社會科學院簡帛研究中心編:《尹灣漢墓簡牘》,137 頁。
③ 連雲港市博物館、東海縣博物館、中國文物研究所、中國社會科學院簡帛研究中心編:《尹灣漢墓簡牘》,137 頁。

以及西漢中晚期連雲港市西郭寶墓出土兩枚名謁,[①]其一如下:

東 海 大 守 寶 再 拜
謁
　　　　　　　　西郭子筆

其二如下:

東 海 大 守 寶 再 拜
請
足下　　　　　　西郭子筆

此外,還有東牌樓東漢名刺,如下:

長沙大守從掾文顯　　(正面)
門下功曹史邵弘　　(背面)　　94 號[②]

在人際或官場交往應酬時確實通常存在以下兩類情況,一種是確知謁見拜訪的對象官爵身份(從後文考述可知甚至知道名謁接受方的籍貫,雙方之間可能還比較熟悉),另外一種情況就是謁見拜訪陌生或不確定的對象時需要表明自己身份,以上几例共同點都屬於名謁接受方對象未明確,就更需要明確名謁主人的身份,更多體現了名刺、名謁簡通名功能。

三　漢晋名刺、名謁簡郡縣鄉里(籍貫)的地名書寫範式

前文考察了漢晋名刺、名謁簡書寫官爵地名時存在省缺或不省缺郡國名的情況,漢晋名刺、名謁簡郡縣鄉里(籍貫)的地名書寫中也存在與官爵地名書寫類似情況。1974 年出土於江西南昌東湖區永外正街 1 號晋墓的五枚吴應名刺簡,按書寫内容可分爲三類,分别舉例如下:[③]

① 連雲港市博物館:《連雲港市陶灣黄石崖西漢西郭寶墓》,《東南文化》1986 年第 2 期。蔡萬進先生認爲這兩枚名謁"疑爲墓主西郭寶本人自備謁,使用前先把個人部分寫成,待用時根據'謁''請'對象再把'名謁'的另一部分寫成,這樣就成爲一份完整的、可以使用的名謁,西郭寶墓中的這兩份名謁是墓主死時未及使用的名謁。"參見蔡萬進《尹灣漢墓簡牘論考》,103 頁。

② 長沙市文物考古研究所、中國文物研究所:《長沙東牌樓東漢簡牘》,北京:文物出版社,2006,111 頁。

③ 李均明、何雙全編:《散見簡牘合輯》,北京:文物出版社,1990,86 頁。

(a)弟子吴應再拜　問起居　南昌字子遠

(b)豫章吴應再拜　問起居　南昌字子遠

(c)中郎豫章南昌都鄉吉陽里吴應年七十三字子遠

以上三枚名刺簡的主人都是吴應,(a)(b)類簡應當都是吴應用於交際應酬的名刺。(c)類簡比較特殊,書写了吴應的官爵、籍貫、姓名、寿年,類似還有江蘇南京薛秋墓出土的"折鋒校尉沛國竹邑東鄉安平里公乘薛秋年六十六字子春",①以及江西南昌八大山人梅湖景區東晋墓木刺"豫章郡海昏縣都鄉吉陽里騎都尉周涉年五十六字子常"。② (c)類簡龍臻偉先生認爲更類似道教的"告地策",是逝者向陰間冥府告謁的憑證,③因此不在本文討論範圍内。(a)(b)類名刺的共同内容都具備了名刺簡的基本内容(姓名、籍貫),但就籍貫地名書寫來看,其中還有區别。(a)類名刺籍貫不寫郡名,只寫了縣名"南昌",很可能是主人使用於本郡(豫章郡)内,就不必再贅寫郡名;(b)類名刺籍貫除了縣名"南昌",還寫明郡名"豫章",這類名刺簡可適用於郡國内外,但更多應該用於與郡國外人士的交際應酬。再如,湖北鄂城水泥廠1號東吴墓出土五枚名刺簡,比較完整的有兩類,如下:

(d)廣陵史綽再拜　問起居

(e)童子史綽再拜　問起居　廣陵高郵字澆瑜④

以上名刺簡的主人爲史綽,(d)類籍貫只寫了郡名"廣陵",(e)類籍貫寫了郡縣名"廣陵高郵"。(d)(e)兩類名刺簡的區别應該是和前述"吴應"名刺簡的情况類似,(d)類名刺簡適用於與外郡人士交際應酬,(e)類簡既寫了郡名又寫了縣名,如此則大概既可以適用於郡國内也可以適用於郡國外,適用範圍比較廣。前述黄朝名刺"弟子黄朝再拜 問起居 長沙益陽字元寶",⑤也屬此類,黄朝的籍貫是長沙郡益陽縣。再如安徽馬鞍山朱然墓共出土十四枚名刺,其中帶籍貫地名書寫的名刺有如下兩類:⑥

---

① 南京市博物館:《南京大光路孫吴薛秋墓發掘簡報》,《文物》2008年第3期。

② 江西新聞網:《地底水柱"泄"出東晋古墓》,http://jiangxi.jxnews.com.cn/system/2007/09/16/002567577.shtml,原載《江南都市報》2007年9月16日,轉引自馬怡《天長紀莊漢墓所見"奉謁請病"木牘——兼談簡牘時代的謁與刺》。

③ 參見龍臻偉《長沙走馬樓吴簡名刺再探》,長沙簡牘博物館編《長沙簡帛研究國際學術研討會論文集》,上海:中西書局,2017,260頁。

④ 鄂城縣博物館:《湖北鄂城四座吴墓發掘報告》,《考古》1982年第3期。

⑤ 長沙市文物考古研究所、中國文物研究所、北京大學歷史學系走馬樓簡牘整理組編著:《長沙走馬樓二十二號井發掘報告》,《長沙走馬樓三國吴簡·嘉禾吏民田家莂》,34頁。

⑥ 安徽省文物考古研究所、馬鞍山市文化局:《安徽馬鞍山東吴朱然墓發掘簡報》,《文物》1986年第3期。

(f)故鄣朱然再拜 問起居 字義封

(g)丹楊朱然再拜 問起居 字義封

該墓還出土三枚名謁,形制大小相同,行文相似,如下:①

(h)　□節右軍師左大司馬丹陽侯丹楊朱然再拜
　謁

朱然是丹陽郡故鄣縣(今浙江安吉)人,(f)類與上述(a)類簡類似,籍貫不寫郡名,只寫縣名"故鄣",(g)類籍貫只寫了郡名"丹楊",(h)類名謁籍貫寫了郡名。根據籍貫地名書寫的差别,基本判斷(f)類名刺主要適用於郡國内的使用,(g)類名刺和(h)類名謁則適用於郡國内外,特别是郡國外的使用。

《長沙尚德街東漢簡牘》中還收録有三枚記載了籍貫的名刺簡,其中一枚如下:

☐詣門下。弟。弟子鄧
□□字□　　　　(正面)
弟子長沙鄧□再拜。弟子(背面)　211號②

《東牌樓東漢簡牘》中還有一枚殘斷名刺簡:

☐弟子長沙張(?)竟(?)□☐③

以上兩枚名刺簡中的"長沙"應當都是指長沙郡,這種籍貫地名書寫範式與上述(d)(g)類名刺簡相同,都是只寫了郡名,這類名刺簡更多應該適用於與郡國外人士的交流應酬。這類名刺簡發現於長沙郡内,推測有兩種可能。其一,在長沙郡内製作,準備將其用於長沙郡外;其二,名刺簡的主人在長沙郡内將其用於與來到長沙郡的其他郡國人士的交流應酬。④《長沙尚德街東漢簡牘》中另外兩枚記載籍貫的名刺簡,其主人明顯是長沙郡外人士:

① 安徽省文物考古研究所、馬鞍山市文化局:《安徽馬鞍山東吴朱然墓發掘簡報》。

② 長沙市文物考古研究所:《長沙尚德街東漢簡牘》,235頁。

③ 長沙東牌樓東漢簡牘研讀班:《〈長沙東牌樓東漢簡牘〉釋文校訂稿》,卜憲群、楊振紅主編《簡帛研究二〇〇五》,桂林:廣西師範大學出版社,2008,163頁。

④ 東漢時期長沙郡内有諸多郡外人士來往,如張朝陽先生指出東漢臨湘彙聚了四方來客,這些人中有人來自繁華的中原都市,有人來自交阯這樣的帝國邊陲,甚至還有風俗迥异的外國僑民前來逐利。詳細可參見張朝陽《長沙五一廣場東漢簡牘所見早期房屋租賃糾紛案例研究》,《史林》2019年第6期。

〼弟子張郎再拜。問起居。

南郡郎□□ 090 號[①]

弟子豫章〼 232 號[②]

090、232 號名刺簡中出現的“南郡”“豫章”都是郡名。090 號簡的名刺主人是“張郎”,“南郡郎”説明張郎籍貫是南郡,至於具體屬縣則省缺了。232 號簡“豫章”之後殘斷,但很可能與 090 號簡類似,都是“郡名+人名”,同樣省缺屬縣名。考慮到簡牘出土地是在長沙郡内,090、232 號名刺簡的主人分别是郡外人士(南郡和豫章郡)來到長沙郡,應是名刺簡的主人使用於與長沙郡内人士的交際應酬。

縱觀以上所舉名刺、名謁簡的例子,無論是省缺郡國名或縣名,或者都不省缺,共同點就是都書寫了籍貫地名,説明漢晉名刺、名謁簡中籍貫書寫確實是基本内容之一,特别是在名刺簡中表現尤爲明顯,雖然其中籍貫書寫的具體位置時有變化,但始終是名刺簡中重要且常備的内容。當然,出土名刺簡中亦出現不署籍貫名的例子,如走馬樓吴簡“弟子潘軍再拜 問起居 字元國”“弟子吕承再拜 問起居”,[③]此二例中名刺簡的主人都自稱“弟子”,很可能投刺的對象是明確的對象,名刺簡的主人和名刺簡的接受方還可能熟識,[④]所以此處名刺簡的主人書寫名刺時很可能省缺籍貫不再贅署(當然,贅署的例子也有,如前述黄朝名刺)。關尾史郎先生認爲“而那些没有記載‘弟子’等這樣的稱呼,只記載本貫和姓名的名刺簡,既可以使用於個人,還可以認爲也具有提交給組織(即官府)的用途。也就是説,筆者認爲可以承認比冠有‘弟子’等稱呼的名刺簡具有更廣泛的使用範圍。”[⑤]關尾史郎先生所説的“只記載本貫和姓名的名刺簡”,應該就是本文中討論的書寫了籍貫地名的名刺簡,關尾史郎先生認爲這類名刺簡與冠有“弟子”等稱呼的名刺簡相比“具有更廣泛的使用範圍”,通過上文分析,我們可以認爲其原因大概在於冠有“弟子”等稱呼的名刺簡很可能是適用於特定對象(互相認識),而書寫了籍貫地名的名刺簡其適用對象既可以包括特定對象,也可以包括不確定對象(如此前完全不認識的對象),所以其適用範圍更廣泛。

除了以上所説名刺籍貫郡縣名省缺情況外,三國時期還有一種情況值得一説,即東漢末年以來人口流動,三國時由於三國鼎立,很多人就流寓在外無法回到原籍,這些人的名刺籍貫書寫如 1979 年出土於江西南昌陽明東路東吴高榮墓的 21 枚内容一樣的高榮名刺簡:

---

① 長沙市文物考古研究所:《長沙尚德街東漢簡牘》,234 頁。

② 長沙市文物考古研究所:《長沙尚德街東漢簡牘》,236 頁。

③ 此二枚走馬樓吴簡未公布名刺簡,轉引自龍臻偉《長沙走馬樓吴簡名刺再探》,259 頁。

④ 關尾史郎先生指出“弟子”這兩個字“與其説直接意味着是否有師徒關係,不如説自我謙讓的意思更爲重要”,參見[日]關尾史郎《“名刺簡”三論》,172 頁。如此的話,若“弟子”意味師徒關係,則名刺簡的主人與接受方,必然熟識;若“弟子”是表達自我謙讓的意思,則也能説明名刺簡的主人與接受方認識,且書寫“弟子”以表謙讓。

⑤ [日]關尾史郎:《“名刺簡”三論》,174 頁。

弟子高榮再拜　問起居　沛國相字萬綬①

“沛國相”，説明高榮原籍爲沛國相縣人，即今江蘇徐州地區。② 江蘇南京薛秋墓出土的“折鋒校尉薛秋□□□竹邑字子春”，關尾史郎先生説“缺損的部分大概是‘沛國’兩字。”③同墓出土木簡即前述所引“折鋒校尉沛國竹邑東鄉安平里公乘薛秋年六十六字子春”，可見此處確實是缺損“沛國”兩字。薛秋墓的年代爲孫吴中晚期，薛秋的籍貫是沛國竹邑東鄉安平里，“竹邑孫吴時期的文學名士薛綜可能與薛秋同宗，薛綜是‘少依族人避地交州’。薛秋墓的發現可證，竹邑薛氏的一支遷至建業，并葬在了建業。”④高榮的情況可能和薛秋家族類似，很可能也是隨家族在漢末遷到今江西南昌，并葬在了南昌。⑤ 高榮和薛秋雖然可能都曾在原籍待過，但顯然早已離開了原籍（二人下葬前原籍也都早已歸屬魏國境内）到了東吴境内，且很可能仕宦於東吴，然而他們都仍沿用了原籍東漢末年時的舊稱，高榮和薛秋這種流寓之士，因爲原籍不在東吴境内，大概是爲了表明原籍，所以其名刺簡籍貫的郡國名和屬縣名都不省缺。

四　尹灣漢墓西漢名謁官爵和郡縣鄉里（籍貫）的地名書寫

上文分别介紹了漢晋名刺、名謁簡的官爵和郡縣鄉里（籍貫）的地名書寫，這是因爲在上

① 江西省歷史博物館：《江西南昌市東吴高榮墓的發掘》，《考古》1980年第3期。

② 江西省歷史博物館：《江西南昌市東吴高榮墓的發掘》。

③ ［日］關尾史郎：《“名刺簡”三論》，169頁。

④ 參見南京市博物館《南京大光路孫吴薛秋墓發掘簡報》，《文物》2008年第3期。

⑤ 關於高榮墓的下葬年代，根據該墓出土名刺簡，整理者曾有以下兩種猜測，其一是公元232-238年之間，其二是東吴前期。“據《三國郡縣表附考證》記載，西漢高祖時改小沛爲沛國，建治在相，管轄二十一城。東漢建安末年改沛國爲沛郡，魏太和六年（232），由於王林進封沛，復改爲沛國，不久，魏政權可能爲了削減王林的俸禄和勢力範圍，便在景初二年（238），將沛國所轄之相、肖等十縣一并劃歸譙郡管轄。如簡文用當時地名記死者生前原籍，則高榮稱沛國相，當在沛郡改爲沛國之後和相從沛國劃歸譙郡管轄之前，其下葬年代應當定在公元232-238年之間較爲妥當。如簡文地名沿用舊稱，則此墓下限有可能要推後若干年。從墓内出土隨葬品的形制判斷其年代，也應屬東吴前期。”（參見江西省歷史博物館《江西南昌市東吴高榮墓的發掘》）按：高榮名刺簡籍貫稱“沛國相”，若如整理者所説是“簡文用當時地名記死者生前原籍”，則高榮墓下葬年代被判定是沛郡改爲沛國之後和相從沛國劃歸譙郡管轄之前，即公元232-238年之間；若如整理者所説是“簡文地名沿用舊稱”，“則此墓下限有可能要推後若干年”。整理者所説“簡文地名沿用舊稱”指魏太和六年（232）沛郡改爲沛國之後和相從沛國劃歸譙郡管轄之前，其實還有一種可能，就是“簡文地名沿用舊稱”沿用的是東漢建安末年改沛國爲沛郡之前的舊稱。從高榮的墓葬形制分析，其身份“約相當於孫將軍，或略低一點”（參見江西省歷史博物館《江西南昌市東吴高榮墓的發掘》），其籍貫“沿用舊稱”也更可能是沿用東漢建安末年改沛國爲沛郡之前，即沿用的是東漢舊稱，不太可能是魏國所改舊稱，所以高榮墓的下葬年代確實應該根據墓内出土隨葬品的形制判斷，屬東吴前期。薛秋的資料也可以佐證高榮的籍貫“沛國”是指東漢建安末年改沛國爲沛郡之前的沛國。孫吴黄龍元年（229）孫權稱帝建國，至天紀四年（280）滅亡，歷五十二年，薛秋墓的年代既爲孫吴中晚期，而薛秋卒時六十六歲，説明其爲東漢末年生人，其原籍是東漢末年的沛國，薛秋少時很有可能還在原籍待過。

述介紹的名刺、名謁簡中,地名書寫或體現在官爵或體現在郡縣鄉里(籍貫),漢晉名謁簡中還見載同時存在官爵和郡縣鄉里(籍貫)的地名書寫,下面主要以尹灣漢墓西漢名謁爲例進行説明,如下所示:

進東海大守功曹
師卿　　　　　　　　　　　　　(正面)
沛郡大守長憙謹遣吏奉謁再拜
問
君兄起居　　　　　　南陽謝長平(背面)　　15 號[①]

奏東海大守功曹
師卿　　　　　　　　　　　　　(正面)
琅邪大守賢迫秉職不得離國謹遣吏奉謁再拜
請
君兄馬足下　　　　　南陽楊平卿(背面)　　16 號[②]

15 號、16 號木牘不僅名謁雙方(名謁的主人和名謁的接受方)官爵的郡名都出現了,名謁最後都署上了名謁主人的"籍貫(郡名)+姓+字",且名謁主人的籍貫與名謁接受方(東海郡師饒)的籍貫不同。15 號木牘的"南陽謝長平",劉洪石先生曾認爲是"奉謁者的姓名",[③]但蔡萬進先生認爲是沛郡太守姓謝字長平。[④] 此處當從蔡萬進先生的意見。[⑤] 16 號木牘"南陽楊平卿",則是指琅邪太守姓楊字平卿。前述還曾介紹了以下這枚木牘:

進東海大守功曹
師卿　　　　　　　　　　　　　(正面)
楚相延謹遣吏奉謁再拜
請

① 連雲港市博物館、東海縣博物館、中國文物研究所、中國社會科學院簡帛研究中心編:《尹灣漢墓簡牘》,133-134 頁。

② 連雲港市博物館、東海縣博物館、中國文物研究所、中國社會科學院簡帛研究中心編:《尹灣漢墓簡牘》,134 頁。

③ 劉洪石:《謁・刺考述》,連雲港市博物館,中國文物研究所編《尹灣漢墓簡牘綜論》,北京:科學出版社,1999,140 頁。

④ 蔡萬進:《尹灣漢墓簡牘論考》,92 頁。

⑤ 張顯成、周群麗兩位先生和劉洪石先生的意見一致,都認爲此類名謁最後的署名是奉謁者,如其認爲 15 號木牘"此牘爲沛郡大守長憙遣吏南陽謝長平向時任東海太守功曹史的墓主問起居的名謁",16 號木牘"此牘爲琅邪大守賢遣吏南陽楊平卿請時任東海太守功曹史的墓主辦事的名謁",17 號木牘"此牘爲楚相延謹遣吏鄭長伯請時任東海太守功曹史的墓主辦事的名謁",參見張顯成、周群麗《尹灣漢墓簡牘校理》,天津古籍出版社,2011,121-122 頁。按:本文中都認爲此類名謁最後的署名是名謁的主人。

君兄足下　　　　　　鄭長伯　　（背面）　　17 號[①]

17 號木牘最後所署“鄭長伯”也即楚相延，其姓鄭名延字長伯。《漢書・高五王傳贊》載：“時諸侯得自除御史大夫群卿以下衆官，如漢朝，漢獨爲置丞相。”[②]又嚴耕望先生指出并證明漢代地方官吏之任用，自武帝中葉後形成嚴格的籍貫限制，具體爲“刺史不用本州人，郡守國相等不用本郡人，縣令長丞尉不但不用本縣人，且不用本郡人。”[③]而郡縣掾屬之類則通常由本地人充當，“漢代官吏任用，有一限制，地方長官定要由中央派，太守如是，縣令也如是。但郡縣掾屬，必得本地人充當。”[④]所以東海郡功曹史師饒必是東海郡人，至於鄭長伯既爲楚相，其籍貫必非楚國。但 17 號木牘又不像 15 號、16 號木牘一樣署了鄭長伯的籍貫名，此處未署，只能有兩種可能，其一即鄭長伯與名謁的接受方師饒籍貫相同都是東海郡；其二就是鄭長伯籍貫爲楚國和東海郡外的其他郡國。然而考慮到 17 號木牘與 15 號、16 號木牘形制相似，通常來講應該是與 15 號、16 號木牘一樣在姓字前署上籍貫，所以此處省缺很可能是第一種可能性，即鄭長伯的籍貫也是東海郡，與師饒同郡，且雙方很可能熟識，所以此處省缺籍貫東海郡。

前述尹灣漢墓 18 號、23 號木牘最後的署名與 17 號木牘一樣亦未前綴郡國名。18 號木牘最後署名“趙君孫”，前文已考證趙副（字君孫）是東海郡五官掾，如蔡萬進先生説“五官掾爲太守自辟屬吏，爲太守所重用，地位稍次於功曹”，[⑤]五官掾和功曹史都是郡守的重要屬吏，根據漢代地方官吏任用籍貫限制原則，趙君孫的籍貫應該是和墓主人師饒一樣，也是東海郡人，雙方互爲同僚且同爲郡守的左膀右臂，二人必定熟識。23 號木牘是師饒請吏奉謁拜請長安令兒君（威卿）的名謁，最後署名“師君兄”，此處師饒不署籍貫，據以上考論，很可能兒君（威卿）和師饒也同爲東海郡人，且二人互相之間早已認識。

以上主要以尹灣漢墓西漢名謁分析了漢晋名謁簡中同時存在官爵和郡縣鄉里（籍貫）的地名書寫的情況，從中可以認識到：當名謁簡的主人與名謁的接受方雙方爲不同郡國的官吏時，官爵書寫通常都會署上雙方的郡國名；當名謁簡的主人與名謁的接受方雙方不同籍貫時，名謁簡的主人通常在最後署上自己的籍貫；如果雙方同籍貫，則會省略，并且可據此推測名謁的主人與名謁的接受方雙方此前就認識。前文提到王彬先生曾認爲漢晋名刺、名謁簡上寫有拜訪者的官職或是鄉里，“也許和想要在交往活動中搜尋鄉里或是同僚等能够攀援的

---

① 連雲港市博物館、東海縣博物館、中國文物研究所、中國社會科學院簡帛研究中心編：《尹灣漢墓簡牘》，134–135 頁。

② 《漢書》卷三八《高五王傳》，2002 頁。

③ 嚴耕望：《漢代地方官吏之籍貫限制》，《中研院歷史語言研究所集刊》第 22 本，1950，233 頁。

④ 錢穆：《中國歷代政治得失》，北京：生活・讀書・新知三聯書店，2001，43 頁。

⑤ 蔡萬進：《尹灣漢墓簡牘論考》，94 頁。

機會有關。"[①]進而認爲名謁、名刺的效用在於"交往與仕進",[②]從上述幾例名謁的籍貫地名書寫範式來看,這種認識值得商榷,因爲上述一些例子顯示同籍的反而不書寫籍貫。再如連雲港市西漢西郭寶墓出土的兩枚名謁,名謁的接受方都是未確定對象,而名謁簡主人最後的署名前都未前綴籍貫,如果是爲了搜尋鄉里,顯然是要寫上的。

結言

長沙尚德街東漢簡牘184號簡中"漢昌待史"前不加郡名,是因爲此處漢昌是長沙郡屬縣,而其準備使用於郡内,所以省缺了長沙郡名,按照本文考述的漢晋名刺、名謁簡地名書寫範式,如果184簡的"漢昌"真是注釋所説的中山國漢昌,那麽在今長沙尚德街發現的這枚名刺簡就更可能寫作"中山國漢昌待史王淮",而不會是如今看到的"漢昌待史王淮"。本文以《長沙尚德街東漢簡牘》所載184號名刺簡的地名注釋爲緣起,詳細考察討論出土漢晋名刺、名謁簡的地名書寫範式,雖然未涵括已出土的全部漢晋名刺、名謁簡,但是相信通過研究,舉一反三,對於其他漢晋名刺、名謁簡從地名書寫範式角度去看待,可能會有新的認識。

討論書寫範式對於進一步了解漢晋名刺、名謁簡的性質和功能等都有一定意義。漢晋名刺、名謁簡的書寫範式主要體現於形式和基本内容。無論是字迹規範美觀,甚至有一套專門的書體,還是"再拜問起居""奉謁再拜"等内容,以及木簡左下小字書寫本人籍貫與字,書寫接受方名字時的稱呼,這些既是漢晋名刺、名謁簡的重要特徵,也是當時社會交往禮儀的體現。正如王彬先生所説"名謁、名刺書寫出來的文字形象本身也能表達尊卑和敬意。以往書法史論者都注意到通名工具的書體嚴謹、規範,其實這種嚴謹背後一樣體現着對謁刺接受者的尊重。"[③]可以説漢晋名刺、名謁簡書寫範式在形式和基本内容上都體現了禮儀性。

通過對漢晋名刺、名謁簡的官爵及郡縣鄉里(籍貫)的地名書寫範式進行分析,可知大部分漢晋名刺、名謁簡在書寫官爵及郡縣鄉里(籍貫)時有一定的範式,具體來講,主要是指名刺、名謁簡的官爵及郡縣鄉里(籍貫)的地名書寫在不同的使用環境中(郡國内外)存在一些區别,當在郡國内使用時,可以省略官爵及郡縣鄉里(籍貫)前綴的郡國名,而在郡國外或與郡國外人士交流應酬時則通常會署郡國名。此外,同籍之間無論是在郡内還是在郡外的交往應酬中,名謁通常會省略郡國名,由此可以推測雙方不僅同籍,而且很可能熟識。另外,名刺簡更多用於求見場合,所以其基本内容(投刺者的姓名、籍貫、官爵等)一般都比較全面。名謁簡則多用於"拜請、問候、求見等場合",[④]更多用於熟人之間的拜請和問候,所以除了雙

① 王彬:《漢晋間名刺、名謁的書寫及其交往功能》,231頁。
② 王彬:《漢晋間名刺、名謁的書寫及其交往功能》,231頁。
③ 王彬:《漢晋間名刺、名謁的書寫及其交往功能》,231頁。
④ 蔡萬進:《尹灣漢墓簡牘論考》,101頁。

方姓名是必需的,雙方的籍貫和官爵等則有時也可以省略。

通過以上所述出土漢晋名刺、名謁簡的書寫範式,包括地名書寫範式的詳細介紹,可以看到漢晋名刺、名謁簡具有很强的實用性,從而可以進一步佐證説明出土漢晋名刺、名謁簡的性質。①

附記　感謝馬怡老師和匿名審稿專家提出的修改意見。

① 在走馬樓吴簡、長沙東牌樓東漢簡牘、長沙尚德街東漢簡牘等出土之前,所見漢晋名刺、名謁簡實物大都爲墓葬出土物,因此學界有一種觀點認爲這些名刺、名謁簡爲隨葬明器,而非實用物,但也有學者提出反對意見,如蔡萬進先生在研究尹灣漢墓出土西漢名謁時認爲"尹灣六號漢墓出土的十方名謁既非明器,也非遣策,更非'告地策',而是墓主在日常公私交往活動中形成的文書,屬墓主個人生前遺物,死時隨葬從而保留下來。"參見蔡萬進《尹灣漢墓簡牘論考》,99頁。再者,雖然尹灣漢墓出土的這批西漢名謁因爲筆迹相同,而被推定爲明器(參見程志娟《尹灣漢墓簡牘反映漢代葬俗中的幾個問題》,連雲港市博物館、中國文物研究所編《尹灣漢墓簡牘綜論》,202頁),但馬怡先生已經指出"然而無論這批謁是否明器,其無疑當依據實用之物而來,故仍有助於我們認識和研究謁的樣式。"參見馬怡《天長紀莊漢墓所見"奉謁請病"木牘——兼談簡牘時代的謁與刺》,16頁注3。馬怡先生的觀點顯然仍然强調了尹灣漢墓出土西漢名謁實用性的一面。

孫吴臨湘侯國中鄉、模鄉户品出錢簿綜合整理與研究

□ 北京師範大學歷史學院 凌文超

内容提要 《長沙走馬樓三國吴簡·竹簡〔伍〕》中聚集出現數量較多的中鄉故户型和模鄉新户型户品出錢簡。這兩種類型的户品出錢簡聚集出現在發掘簡第6、11盆中,并且有對應的8幅揭剥位置示意圖。本文利用這些考古學整理信息,藉助簡牘遺存信息,對中鄉故户型、模鄉新户型户品出錢簿進行了全面整理。綜合考察三鄉五件(中鄉故户,都鄉新、故户,模鄉新、故户)户品出錢簿,它們在J22中的遺存關係緊密。户品出錢簿中的"故户"民不少擔任吏卒,而"新户"可能無此任職資格;其"故户"民多見於嘉禾吏民田家莂,而嘉禾四年田家莂未見記録"新户"民的明確簡例,"新户"要取得合法"佃田"的資格需要繳納比"故户"更多的户品出錢;户品出錢簿中的"故户"即户口簿籍中的"黄簿民",而"新户"即"新占民"。

關鍵詞 走馬樓吴簡 户品出錢簿 吴簡文書學 故户 新户

長沙走馬樓三國吴簡中大量出現的"户品出錢簡",因其内容和格式特殊,引起了學界的廣泛關注和熱烈討論。2017年,我們在前人研究的基礎上,運用吴簡文書學研究方法,對《竹簡》〔壹〕〔貳〕〔叁〕〔肆〕〔柒〕〔捌〕中所見的户品出錢簡進行了系統分析,[①]整理出三鄉五件(中鄉故户,都鄉故户、都鄉新户,模鄉故户、模鄉新户)户品出錢人名簿(下或簡稱"户品出錢簿"),并總結其文書格式,進而對簿書内容以及與之相關的"八億錢""典田掾""波田

① 走馬樓簡牘整理組編著:《長沙走馬樓三國吴簡·竹簡》〔壹〕〔貳〕〔叁〕〔肆〕〔柒〕〔捌〕,北京:文物出版社,2003、2007、2008、2011、2013、2015。

興修”等問題進行了探討。[①] 此後,《竹簡》〔陸〕〔伍〕〔玖〕相繼出版,[②]竹簡隨之基本上全部刊布,這爲我們全面而系統地整理和研究户品出錢簿提供了條件。這三卷中新刊的户品出錢簡,從其内容和格式等來看,皆屬於上述三鄉五件户品出錢人名簿。其中,《竹簡》〔陸〕〔玖〕中只有十餘枚户品出錢殘簡零星出現,[③]而《竹簡〔伍〕》中聚集出現了數量較多的中鄉故户、模鄉新户型户品出錢簡,且有八幅與之相關的揭剥位置示意圖。本文主要利用《竹簡〔伍〕》新刊户品出錢簡以及相關的考古整理信息,對中鄉故户、模鄉新户出錢上中下品人名簿進行綜合整理與研究。

一　中鄉故户出錢上中下品人名簿綜合整理

《竹簡〔伍〕》發掘簡第6盆中聚集出現大量的中鄉故户型户品出錢簡和少量的模鄉新户型户品出錢簡。這兩類簡無論是内容還是格式均有明顯的不同。我們過去將兩者的基本格式總結如下:

中鄉故户型:

正面:中鄉○○(身份)○○(姓名)故户上/中/下品出錢一萬二千/八千/四千四百侯相　嘉禾六年正月十二日都鄉典田掾蔡忠白

背面:入錢畢民自送牒還縣不得持還鄉典田吏及仲(帥)[④]

模鄉新户型:

模鄉○○(身份)○○(姓名)新户上/中/下品出錢一萬三千/九千/五千五百九十四錢臨湘侯相　嘉禾五年十二月十八日模鄉典田掾烝若白

發掘簡第6盆中的户品出錢簡分别符合這兩種格式。根據簡文内容和格式特點,區分這兩種類型的户品出錢簡并不困難。

發掘簡第6盆中聚集出現的中鄉故户型户品出錢簡大多數爲成坨簡,對應的揭剥圖分

① 凌文超:《走馬樓吴簡三鄉户品出錢人名簿整理與研究——兼論八億錢與波田的興建》,《文史》2017年第4輯,收入其著《吴簡與吴制》,北京大學出版社,2019,243-305頁。學術史回顧,亦請參見該文。本文所引該文中的簡例,釋文校訂詳見原文,不再出注。

② 走馬樓簡牘整理組編著《長沙走馬樓三國吴簡·竹簡》〔陸〕〔伍〕〔玖〕,北京:文物出版社,2017、2018、2019。

③ 簡號是:陸·5948、玖·6637、6642、6751、6932、6934、7205、7316、7612、7658、7732、7803,根據其簡文内容,大抵可補入此前整理的模鄉故户型、都鄉故户型户品出錢簿。

④ “仲”,原釋作“帥”。中鄉故户型户品出錢簡背面套語中的“帥”有兩種字形。其中,大多數寫作“仲”,與都鄉户品出錢簡背面套語中“帥”字的寫法存在明顯的差异。爲了便於區分,釋文迻録該字形“仲(帥)”。如果該字不從“亻”,就徑釋作“帥”;字迹漫漶、殘缺而難以辨識的則釋作“帥”。釋文校訂情況僅在第一處出注。

别是伍・圖 3、4、6、9、10、11、12，均屬於發掘清理Ⅰ區 d 段竹簡，編號分别是：Ⅰd②、Ⅰd③、Ⅰd⑤、Ⅰd⑧、Ⅰd⑨、Ⅰd⑩、Ⅰd⑪。從編號臨近來看，它們在 J22 中大抵是黏連在一起的。同時，揭剥圖伍・圖 9(Ⅰd⑧)中，中鄉故户型、模鄉新户型簡均有出現，表明這兩件簿書原來應當放置在一起。

揭剥圖伍・圖 3(Ⅰd②)共計 16 枚竹簡(如圖所示)，據其簡文内容和格式特點，皆爲中鄉故户型户品出錢簡。[①] 其中，7 枚下品出錢簡(本文均用淺灰色標示)主要出現在揭剥圖外側(弧綫簡背的朝向)，5 枚中品出錢簡(本文均用深灰色標示)出現在揭剥圖内側(直綫簡面的朝向)，還有 4 枚不明户品簡(本文均用横綫標示)，未見明確的上品出錢簡。

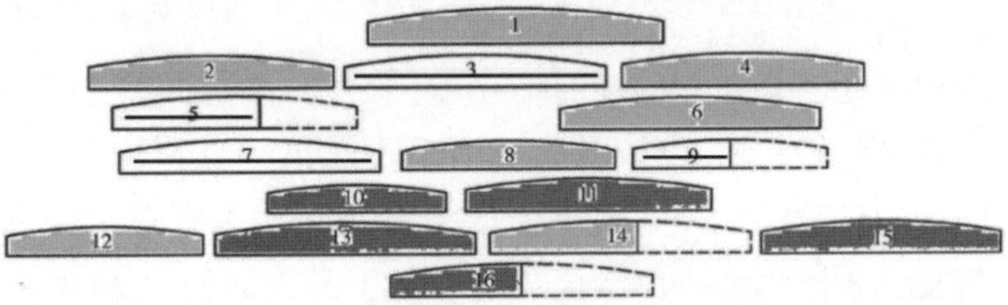

揭剥圖伍・圖 3(Ⅰd②)

揭剥圖伍・圖 4(Ⅰd③)共計 24 枚竹簡(如圖所示)，其中 7 枚是中鄉故户型户品出錢簡，基本上是下品出錢簡。其他 17 枚簡主要是與倉米、户口等相關的文書簡，不屬於户品出錢簿。

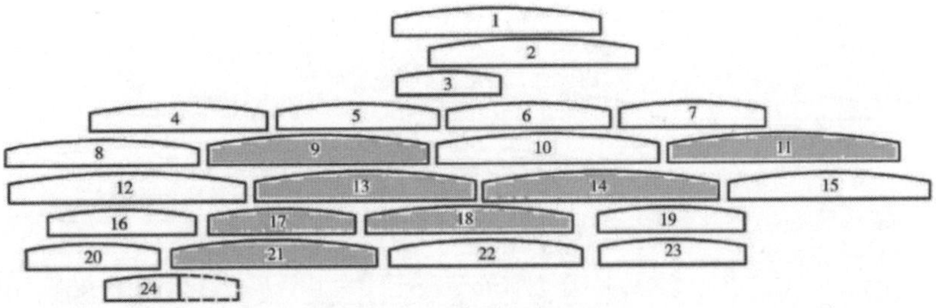

揭剥圖伍・圖 4(Ⅰd③)

揭剥圖伍・圖 6(Ⅰd⑤)共計 49 枚竹簡(如圖所示)，其中 48 枚是中鄉故户型户品出錢簡，闌入 1 枚倉米簡(伍・1587・圖 6-3)。48 枚户品出錢簡中，3 枚無法識别户品，4 枚下品出錢簡集中在揭剥圖内側，22 枚上品出錢簡聚集在揭剥圖外圍(本文均用黑色標示)，17 枚中品出錢簡夾在兩者之間，另外還有 1 枚標題簡(伍・1624・圖 6-40)和 1 枚中品出錢簡的結計簡(伍・1594 正・圖 6-10)。下、中、上三品出錢簡從内至外依次編排，分布的層次比較清楚。

---

① 有些簡字迹漫漶或殘缺，無法直接判斷其鄉名。由於走馬樓吴簡中的同類簡常聚集出現在同坨或同盆簡中，我們在整理時一般將同類格式簡歸併整理。

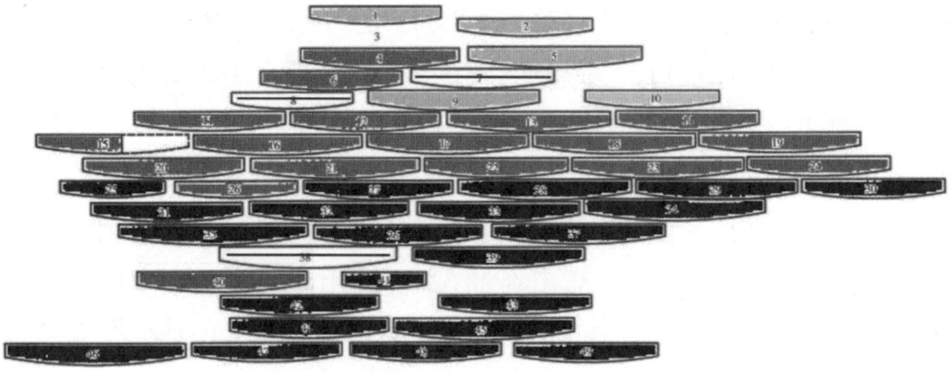

揭剥圖伍·圖 6(Ⅰd⑤)

揭剥圖伍·圖 9(Ⅰd⑧)共計 45 枚竹簡(如圖所示),所含簡的類型比較複雜,除了 22 枚户品出錢簡外,還有 23 枚庫錢、户口類文書簡等(簡伍·2057-2075、2077、2078、2090、2101,揭剥圖編號 1-19、21、22、34、45)。22 枚户品出錢簡大多數是模鄉新户型簡(14 枚),只有 8 枚中鄉故户型簡。8 枚中鄉故户型簡中有 1 枚上品出錢簡、1 枚中品出錢簡、4 枚下品出錢簡,1 枚殘簡户品不明,另外還有 1 枚下品出錢簡的結計簡(伍·2096 正·圖 9-40)。

揭剥圖伍·圖 9(Ⅰd⑧)

揭剥圖伍·圖 10(Ⅰd⑨)共計 33 枚竹簡(如圖所示),其中 31 枚是中鄉故户型户品出錢簡,闌入倉米簡 1 枚(伍·2123·圖 10-22),不明簡 1 枚(伍·2102·圖 10-1)。31 枚中鄉故户型户品出錢簡中,除 5 枚不明户品簡外(這些不明户品簡夾在在下品出錢簡之中,應當亦爲下品出錢簡),皆爲下品出錢簡。

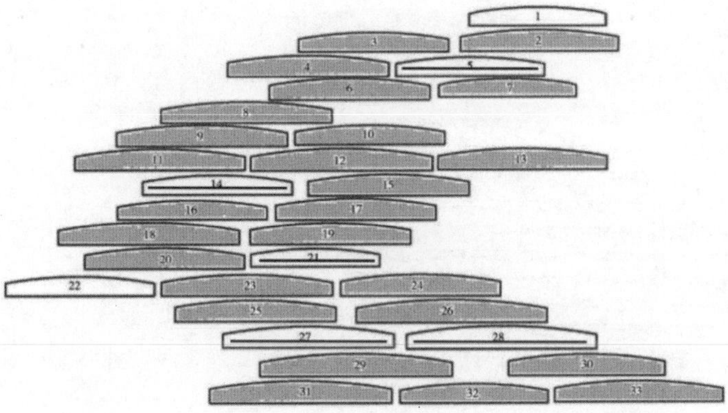

揭剥圖伍 · 圖 10(Ⅰd⑨)

揭剥圖伍 · 圖 11(Ⅰd⑩)共計 52 枚竹簡(如圖所示),其中 23 枚中鄉故户型户品出錢簡聚集出現在揭剥圖上半部分。揭剥圖下半部分主要是庫錢、倉米、度田類文書簡(揭剥圖編號 22-52,除 35、41)。23 枚中鄉故户型簡中,7 枚中品出錢簡大致分布在外圍,16 枚下品出錢簡大致分布在内側,與揭剥圖伍 · 圖 6(Ⅰd⑤)中户品出錢簡編排次序一致。

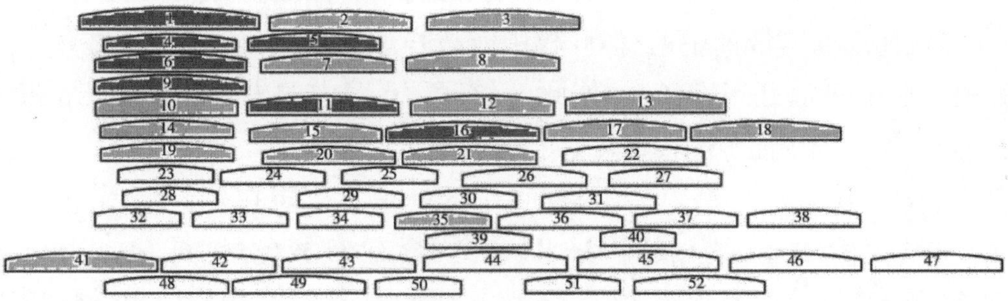

揭剥圖伍 · 圖 11(Ⅰd⑩)

揭剥圖伍 · 圖 12(Ⅰd⑪)共計 58 枚竹簡(如圖所示),所含簡牘類型比較複雜,除了 18 枚中鄉故户型户品出錢簡外,還有 40 枚户口簡、倉米簡、庫錢簡等(簡伍 · 2271-2299、2316-2326,揭剥圖編號 3-31、48-58)分布在揭剥圖中部和下部。[①] 18 枚中鄉故户型簡中,有 7 枚中品出錢簡,6 枚下品出錢簡,還有 5 枚不明户品的出錢簡。

---

① 《竹簡〔伍〕》發掘簡第 6 盆簡號爲 35730-37934,即伍 · 117-2321,而揭剥圖伍 · 圖 12 所含簡牘編號爲伍 · 2269-2326,整理編號跨兩盆,不合情理,兩種編號必有一誤。

揭剥圖伍·圖 12(Ⅰd⑪)

此外,在發掘簡第 6 盆散簡中還有 66 枚中鄉故户型户品出錢簡,發掘簡第 12 盆中也有 1 枚中鄉故户下品出錢簡(伍·7275)。據此,《竹簡〔伍〕》中的中鄉故户型户品出錢簡合計 232 枚(含殘簡),其中成坨簡 165 枚,零散簡 67 枚。

過去我們整理的中鄉故户型户品出錢簡,一部分聚集出現在《竹簡〔柒〕》發掘簡第 18 盆中,如揭剥圖柒·圖 22(Ⅱc⑤)和圖 33(Ⅱc⑯)中含有 63 枚(分别爲 14、49 枚)成坨簡;另一部分散見於《竹簡〔柒〕》發掘簡第 17 盆(6 枚)、《竹簡〔貳〕》采集簡第 19 盆(18 枚)和《竹簡〔叁〕》采集簡第 35、36 盆中(9 枚)中,散簡合計 34 枚,且基本上是殘斷簡。

總的看來,走馬樓吴簡中所見的中鄉故户型户品出錢簡總計 329 枚(含殘簡)。這些簡牘的形制比較齊整,完簡長 23.7–24.3 厘米,簡寬 1.3–1.8 厘米,内側編痕間距約 8.5 厘米,原來應編連爲簿。從簡背“仲”、“帥”字的不同寫法來看,其書手至少有兩位。至於簡册的收捲情況,結合揭剥圖伍·圖 6(Ⅰd⑤)、圖 11(Ⅰd⑩)和柒·圖 33(Ⅱc⑯)來看:

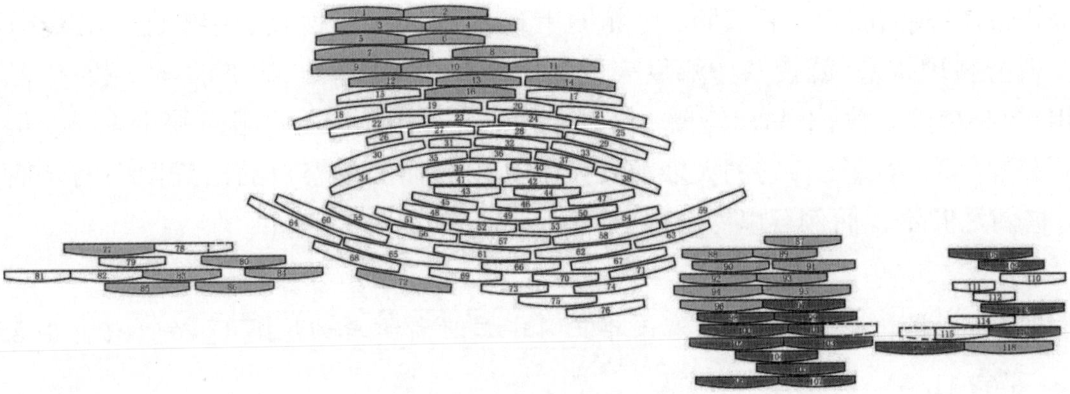

揭剥圖柒 · 圖 33(Ⅱc⑯)

該簡册由内至外依次編排下品、中品、上品出錢簡。

中鄉故户出錢上中下品人名簿保存狀態不佳,至少分裂爲 9 坨竹簡,且揭剥圖伍 · 圖 3 (Ⅰd②)、圖 12(Ⅰd⑪)對應的成坨簡内下品與中品出錢簡夾雜出現。這些都表明該簿書遭受了嚴重的擾亂。但是,依據考古學整理信息和簡牘遺存信息,我們仍然能够較好地對該簿書進行復原、整理。首先,中鄉故户型户品出錢簡聚集出現在發掘簡第 6、18 盆中,有着齊整的簡牘形制、内側編痕間距和兩類相近的書寫風格。這爲我們匯合同類簡例,總結文書格式提供了客觀依據。其次,標題簡和結計簡不僅爲我們按户品編排中鄉故户型簡建構了復原框架:

1. 中[1]鄉謹列故户人名□品□爲[2]簿如牒(伍 · 1624 · 圖 6-40/6)

2. 右廿六户,故户上品,户出錢一萬二千,合卅一萬二千(伍 · 2096 正 · 圖 9-40/6)
入錢畢,民自送牒還縣,不得持還鄉典田吏及仲(帥)(伍 · 2096 背 · 圖 9-40/6)

3. 右六十九户,故中品,户出錢八千,合五十五萬二千(伍 · 1594 正 · 圖 6-10/6)
入錢畢,民自送牒還縣,不得持還鄉典田吏及仲(帥)(伍 · 1594 背 · 圖 6-10/6)

4. · 右一百六十一户,下品,出錢四千四百,合七十萬八千四百(柒 · 4077 · 12 正/18)【注】此爲正面,背面無字。

5. □中鄉故□二百五十六户,三品出錢合一百五十七萬□▨(柒 · 2641/18)

而且爲我們檢驗整理後簿書的遺存情況提供了判斷依據。

---

① “中”,原釋作“四”,今據圖版改。

② “爲”,原闕釋,今據圖版補。

中鄉三品出錢的故户合計256户，除開上述標題簡和結計簡，中鄉故户出錢簡應當是256枚。根據整理結果（詳後），中鄉故户上品出錢簡25枚，相比26户僅闕1枚；中品出錢簡64枚，相比69户闕5枚；下品出錢簡142枚（含殘簡），相比161户雖然缺少19枚，但是還有28枚不明户品簡（含殘簡），它們大多數應是下品出錢簡。考察户品出錢簡中的殘簡與不明户品簡，它們之間不少簡例可以綴合（綴合圖版參見附録一），例如：

6.……萬二千侯□　嘉禾六年正月十二日都鄉典田掾□□白（伍·1625+2079正·圖6-41/6）

入錢畢，民自送牒還縣，不得持還鄉典田吏及帥（伍·1625+2079背·圖6-41/6）

7.⍁□□□□故户中品出錢八千①□□　□□六②年正月十二日都鄉典田掾蔡忠白③（伍·1430+1599正·圖3-10/6）

⍁入錢畢，民自送牒還縣，不得持還鄉典田吏及帥（伍·1430+1599背·圖3-10/6）

8.中鄉大男蔡□故户下④品出錢□□□百侯相⑤……（伍·1429+1592正·圖6-8/6）

入錢畢，民自送牒還縣，不得持還鄉典田吏及仲（帥）（伍·1429+1592背·圖6-8/6）

綜合這些情形看來，中鄉故户出錢上中下品人名簿絶大部分内容遺留了下來。

兹按上中下品的次序將中鄉故户出錢上中下品人名簿整理如下，各户品之内暫按出版號順序排列，不明户品簡和殘簡附後。

中鄉謹列故户人名□品□爲簿如牒（伍·1624·圖6-40/6）

中鄉大男吕告故户上品出錢一萬二千侯相　嘉禾六年正月十二日都鄉典田掾蔡忠白（伍·1609正·圖6-25/6）

入錢畢民自送牒還縣不得持還鄉典田吏及帥（伍·1609背·圖6-25/6）

---

① “千”，原闕釋，今據綴合圖版補。

② “六”，原闕釋，今據綴合圖版補。

③ “蔡忠白”，原闕釋，今據綴合圖版補。

④ “下”，原闕釋，今據圖版補。

⑤ “百侯相”，原闕釋，今據圖版補。

中鄉大男文□故户上品出錢一萬二千侯相　嘉禾六年正月十二日都鄉典田掾□□白(伍·1611 正·圖 6-27/6)

入錢畢民自送牒還縣不得持還鄉典田吏及仲(帥)(伍·1611 背·圖 6-27/6)

中鄉大男郭宜故户上品出錢一萬二千侯相　嘉禾六年正月十二日都鄉……(伍·1612 正·圖 6-28/6)

入錢畢民自送牒還縣不得持還鄉典田吏及仲(帥)(伍·1612 背·圖 6-28/6)

中鄉大男鄧倚故户上品出錢一萬二千侯相　嘉禾六年正月十二日都鄉典田掾……(伍·1613 正·圖 6-29/6)

入錢畢民自送牒還縣不得持還鄉典田吏及仲(帥)(伍·1613 背·圖 6-29/6)

中鄉大男張□主故户上品出錢一萬二千侯相　嘉禾六年……田掾……(伍·1614 正·圖 6-30/6)

入錢畢民自送牒還縣不得持還鄉典田吏及仲(帥)(伍·1614 背·圖 6-30/6)

中鄉大男李[①]顗(?)故户上品出錢一萬二千侯相　嘉禾六年正月十二日都鄉典田掾蔡忠白(伍·1615 正·圖 6-31/6)

入錢畢民自送牒還縣不得持還鄉典田吏及仲(帥)(伍·1615 背·圖 6-31/6)

中鄉大男鄧堇故户上品出錢一萬二千侯相　嘉禾六年正月十二日都鄉典田掾蔡忠白(伍·1616 正·圖 6-32/6)

入錢畢民自送牒還縣不得持還鄉典田吏及仲(帥)(伍·1616 背·圖 6-32/6)

中鄉大男潘(?)克(?)故户上品出錢一萬二千侯相　嘉禾六年正月十二日都鄉□□掾……(伍·1617 正·圖 6-33/6)

入錢畢民自送牒還縣不得持還鄉典田吏及仲(帥)(伍·1617 背·圖 6-33/6)

中鄉大男唐御故户上品出錢……　□禾六年正月十二日都鄉典田掾……(伍·1618 正·圖 6-34/6)

入錢畢民自送牒還縣不得持還鄉典田吏及仲(帥)(伍·1618 背·圖 6-34/6)

中鄉大男李□故户上品出錢一萬二千侯相　嘉禾六年正月十二日都鄉典田 ……(伍·1619 正·圖 6-35/6)

入錢畢民自送牒還縣不得持還鄉典田吏及仲(帥)(伍·1619 背·圖 6-35/6)

中鄉大男黄蝮(?)故户上品出錢一萬二千侯相　嘉禾六年正月十二日都鄉典田掾蔡

---

① “李”,原闕釋,今據圖版補。

忠白（伍·1620正·圖6-36/6）

入錢畢民自送牒還縣不得持還鄉典田吏及仲（帥）（伍·1620背·圖6-36/6）

中鄉大男周尊故户上品出錢一萬二千侯相　嘉禾六年正月十二日都鄉典田掾□□白（伍·1621正·圖6-37/6）

入錢畢民自送牒還縣不得持還鄉典田吏及仲（帥）（伍·1621背·圖6-37/6）

中鄉大男周晋故户上品出錢一萬二千侯相　嘉禾六年正月十二日都鄉典田掾蔡忠白（伍·1623正·圖6-39/6）

入錢畢民自送牒還縣不得持還鄉典田吏及帥（伍·1623背·圖6-39/6）

……萬二千侯□　嘉禾六年正月十二日都鄉典田掾□□白（伍·1625+2079正·圖6-41/6）

入錢畢民自送牒還縣不得持還鄉典田吏及帥（伍·1625+2079背·圖6-41/6）

中鄉大男烝讓故户上品出錢一萬二千侯相　嘉禾六年正月十二日都鄉典田掾蔡忠白（伍·1626正·圖6-42/6）

入錢畢民自送牒還縣不得持還鄉典田吏及仲（帥）（伍·1626背·圖6-42/6）

中鄉大男潘萇故户上品出錢一萬二千侯相　嘉禾六年正月十二日都□□田□▨（伍·1627正·圖6-43/6）

入錢畢民自送牒還縣不得持還鄉典田吏及仲（帥）　▨（伍·1627背·圖6-43/6）

中鄉大男陳倉故户上品出錢一萬二千侯相　嘉禾六年正月十二日都鄉典田掾蔡忠□（伍·1628正·圖6-44/6）

入錢畢民自送牒還縣不得持還鄉典田吏及仲（帥）（伍·1628背·圖6-44/6）

中鄉大男廖昭故户上品出錢一萬二千侯相　嘉禾六年正月十二日都鄉典田掾……▨（伍·1629正·圖6-45/6）

入錢畢民自送牒還縣不得持還鄉典田吏及仲（帥）　▨（伍·1629背·圖6-45/6）

中鄉大男勇獨（?）故户上品出錢一萬二千侯相　嘉禾六年正月十二日都鄉典田掾蔡忠白（伍·1630正·圖6-46/6）

入錢畢民自送牒還縣不得持還鄉典田吏及仲（帥）（伍·1630背·圖6-46/6）

中鄉大男黄楊故户上品出錢一萬二千侯相　嘉禾六年正月十二日都鄉典田掾……（伍·1631正·圖6-47/6）

入錢畢民自送牒還縣不得持還鄉典田吏及仲（帥）（伍·1631背·圖6-47/6）

中鄉大男潘□故户□□□錢一萬二千侯相　嘉禾六年正月十二日都鄉典田掾

□□白(伍·1632正·圖6-48/6)

入錢畢民自送牒還縣不得持還鄉典田吏及仲(帥)(伍·1632背·圖6-48/6)

中鄉大男黄碩故户上品出錢一萬二千侯相　□禾六年正月十二日都鄉……(伍·1633正·圖6-49/6)

入錢畢民自送牒還縣不得持還鄉典田吏及仲(帥)(伍·1633背·圖6-49/6)

中鄉大女□□故户上[1]品出錢一萬二千[2]侯相⧄(伍·1952/6)[3]

中鄉大男李品故户上品出錢一萬二[4]千侯相⧄(伍·1954/6)[5]

中[6]鄉縣吏五師故户上品出錢一萬二千侯相　嘉禾六年正月十二日都[7]鄉典田掾□□□(伍·2098正·圖9-42/6)

入錢畢民自送牒還縣不得持還鄉典田吏及仲(帥)(伍·2098背·圖9-42/6)

右廿六户故户上品户出錢一萬二千合卌一萬二千(伍·2096正·圖9-40/6)

入錢畢民自送牒還縣不得持還鄉典田吏及仲(帥)(伍·2096背·圖9-40/6)

⧄□□□□故户中品出錢八千□□　□□六年正月十二日都鄉典田掾蔡忠白(伍·1430+1599正·圖3-10/6)

⧄入錢畢民自送牒還縣不得持還鄉典田吏及帥(伍·1430+1599背·圖3-10/6)

中鄉大男郭□故户中品出錢八□[8]侯相　嘉禾□年正月十二日都鄉典田掾□忠白(伍·1431正·圖3-11/6)

入錢畢民自送牒還縣不得持還鄉典田吏及仲(帥)(伍·1431背·圖3-11/6)

中鄉大男□□故户中[9]品出錢八□侯相[10]　……(伍·1433正·圖3-13/6)

入錢畢民自送牒還縣不得持還鄉田[11]吏及仲(帥)(伍·1433背·圖3-13/6)

【注】依文例,"田吏"上脱"典"字。

---

① "上",原釋作"下",今據圖版改。
② "錢一萬二千",原闕釋,今據圖版及文例補。
③ 該簡背面當有套語。
④ "二",原釋作"三",今據圖版及文例改。
⑤ 該簡背面當有套語。
⑥ "中",原釋作"模",今據圖版改。
⑦ "正月十二日都",原釋作"十二月十八日模",今據圖版改。
⑧ "□"下原釋有"臨湘",今據圖版删。
⑨ "中",原釋作"下",今據圖版改。
⑩ "八□侯相",原釋作"四……",今據圖版改、補。
⑪ "田",原釋作"典",今據圖版改。

中鄉大男□□故户中品出錢八千[1]侯相　嘉禾六年正月十二日都鄉典田掾……(伍·1435正·圖3-15/6)

入錢畢民自送牒還縣不得持還鄉典田吏及仲(帥)(伍·1435背·圖3-15/6)

中鄉大男勇羊故户中品出錢八千侯相[2]……(伍·1436正·圖3-16/6)

入錢畢民自送牒還縣不得持還鄉典田吏及帥(伍·1436背·圖3-16/6)

中鄉大男謝主(?)故户中品出錢八…………都鄉……(伍·1588正·圖6-4/6)

入錢畢民自送牒還縣不得持還鄉典田吏及仲(帥)(伍·1588背·圖6-4/6)

中鄉大男□來故户中品出錢八千[3]侯相　……(伍·1590正·圖6-6/6)

入錢畢民自送牒還縣不得持還鄉典田吏及仲(帥)(伍·1590背·圖6-6/6)

中鄉大男潘□故户中品……侯相　嘉禾……日都鄉典田掾蔡忠白(伍·1595正·圖6-11/6)

入錢畢民自送牒還縣不得持還鄉典田吏及仲(帥)(伍·1595背·圖6-11/6)[4]

中鄉大男雷迎故户中品出錢八千[5]侯相　嘉禾六年正月十二日都鄉典田掾蔡[6]忠白(伍·1596正·圖6-12/6)

入錢畢民自送牒還縣不得持還鄉典田吏及仲(帥)(伍·1596背·圖6-12/6)[7]

中鄉大男魯(?)黑故户中品出錢……侯相　嘉禾六年□月十二日都鄉典田掾蔡[8]忠白(伍·1597正·圖6-13/6)

入錢畢民自送牒還縣不得持還鄉典田吏及仲(帥)(伍·1597背·圖6-13/6)

中鄉大男鄧雇(?)故户中品出錢八千[9]侯相　嘉禾六年正月十二日都鄉典田掾蔡[10]忠白(伍·1598正·圖6-14/6)

入錢畢民自送[11]還縣不得持還鄉典田吏及仲(帥)(伍·1598背·圖6-14/6)

---

① "八千",原釋作"□□臨湘",今據圖版改。
② "八千侯相",原釋作"□□臨湘□□",今據圖版改。
③ "侯相"前原釋有"臨湘",今據圖版删。
④ 該簡原編號爲伍·1595,今據圖版編號改。
⑤ "侯相"前原釋有"臨湘",今據圖版删。
⑥ "蔡",原闕釋,今據圖版及文例補。
⑦ 該簡原編號爲伍·1596,今據圖版編號改。
⑧ "蔡",原闕釋,今據圖版補。
⑨ "侯相"前原釋有"臨湘",今據圖版删。
⑩ "蔡",原闕釋,今據圖版補。
⑪ 按:"送"下脱"牒"字。

中鄉大男温[1]和故户中品出錢八千侯相[2]　嘉禾六年正月十二日都鄉典田掾蔡忠白(伍·1600正·圖6-16/6)

入錢畢民自送牒還縣不得持還鄉典田吏及仲(帥)(伍·1600背·圖6-16/6)

中鄉大女陳名(?)故户中品出錢八千侯相　……蔡忠白(伍·1601正·圖6-17/6)

入錢畢民自送牒還縣不得持還鄉典田吏及仲(帥)(伍·1601背·圖6-17/6)

中鄉大男區高故户中品出錢八千侯相　嘉禾□年……都鄉典田……白(伍·1602正·圖6-18/6)

入錢畢民自送牒還縣不得持還鄉典田吏及仲(帥)(伍·1602背·圖6-18/6)

中鄉大男周鐵(?)故户中品出錢八千侯相　嘉禾□年正月十二日都鄉典田掾□□白(伍·1603正·圖6-19/6)

入錢畢民自送牒還縣不得持還鄉典田吏及帥(伍·1603背·圖6-19/6)

中鄉大男鄭桑故户中品出錢八千侯相　嘉禾六年正月十二日都鄉……白(伍·1604正·圖6-20/6)

入錢畢民自送牒還縣不得持還鄉典田吏及帥(伍·1604背·圖6-20/6)

中鄉大男李開故户中品出錢八千侯相　……(伍·1605正·圖6-21/6)

入錢畢民自送牒還縣不得持還鄉典田吏及仲(帥)(伍·1605背·圖6-21/6)

中鄉大男朱澤故户中品出錢八千侯相　嘉禾六年正月十二日都鄉典田掾□□白(伍·1606正·圖6-22/6)

入錢畢民自送還縣不得持還鄉典田吏及仲(帥)(伍·1606背·圖6-22/6)

中鄉大男陽(?)由(?)故户中品出錢八千侯相　嘉禾□年正月十二日都鄉……白(伍·1607正·圖6-23/6)

入錢畢民自送牒還縣不得持還鄉典田吏及帥(伍·1607背·圖6-23/6)

中鄉大男胡善故户中品出錢八千侯相　嘉禾六年正月十二日都鄉典田掾蔡□白(伍·1608正·圖6-24/6)

入錢畢民自送牒還縣不得持還鄉典田吏及帥(伍·1608背·圖6-24/6)

中鄉大男雷元故户中品出錢八千侯相　嘉禾□年正月十□日□鄉典田……(伍·1610正·圖6-26/6)

---

① “温”,核對圖版,疑作“區”。

② “侯相”,原闕釋,今據圖版補。

入錢畢民自送牒還縣不得持還鄉典田吏及仲(帥)(伍·1610背·圖6-26/6)

⧄□故户中品出錢……(伍·1907/6)[①]

□□□□□□故户中品出錢八千侯相　嘉禾六年正月十二日都鄉典田掾蔡忠白(伍·2025正/6)

入錢畢民自送牒還縣不得持還鄉典田吏及仲(帥)(伍·2025背/6)

中鄉大男□晏故户中品出錢八千侯相　嘉禾六年正月十二日都鄉典田掾蔡忠白(伍·2026正/6)

入錢畢民自送牒還縣不得持還鄉典田吏及仲(帥)(伍·2026背/6)

中鄉大男逢刺故户中品出錢八千侯相　嘉禾六年正月……田掾蔡忠白(伍·2027正/6)

入錢畢民自送牒還縣不得持還鄉典田吏及仲(帥)(伍·2027背/6)

中鄉縣吏宗星故户中品出錢八千侯相　嘉禾六年正月十二日都鄉典田掾蔡忠白(伍·2031正/6)

入錢畢民自送牒還縣不得持還鄉典田吏及仲(帥)(伍·2031背/6)

中鄉大男梅陽故户中品出……⧄(伍·2039正/6)

入錢畢民自□⧄(伍·2039背/6)

【注】"錢"字補書於"畢"左。

中鄉大男黄斗故户中品出錢八千侯相　嘉禾六年正月十二日都鄉典田掾蔡忠白(伍·2045正/6)

入錢畢民自送牒還縣不得持還鄉典田吏及仲(帥)(伍·2045背/6)

中鄉郡吏周巴故户中品出錢八千侯相　嘉禾六年正月十二日都鄉典田掾蔡忠白(伍·2046正/6)

入錢畢民自送牒還縣不得持還鄉典田吏及仲(帥)(伍·2046背/6)

中鄉大男陳文故户中品出錢八千侯相　嘉禾六年正月十二日都□掾□□白(伍·2047正/6)

入錢畢民自送牒還縣不得持還鄉典田吏及仲(帥)(伍·2047背/6)

中鄉大男李元故户中品出錢八千侯相　嘉禾六年正月十二日……(伍·2048正/6)

入錢畢民自送牒還縣不得持還鄉典田吏及帥(伍·2048背/6)

⧄……番(?)□故户中品出錢……　嘉禾六年正月十二日……(伍·2049正/6)

入錢畢民自送牒還縣不得持還鄉典田吏及仲(帥)(伍·2049背/6)

---

① 該簡背面當有套語。

中鄉大男陳倉故户中品出錢八千侯相　嘉禾六年正月十二日都鄉典田掾蔡忠白(伍·2091 正·圖 9-35/6)

入錢畢民自送牒還縣不得持還鄉典田吏及仲(帥)(伍·2091 背·圖 9-35/6)

□鄉大男勇銀故户中品出錢八千……　嘉禾六年正月十二日都……(伍·2135 正·圖 11-1/6)

入錢畢民自送牒[1]縣不得持還鄉典田吏及帥[2](伍·2135 背·圖 11-1/6)

中鄉大男鄧得故户中品出錢八千侯相　嘉禾六年正月十二日都鄉典田掾蔡忠白(伍·2138 正·圖 11-4/6)

入錢畢民自送牒還縣不得持還鄉典田吏及仲(帥)(伍·2138 背·圖 11-4/6)

中鄉大男□□故户中品出錢八千侯相　嘉禾六年正月十二日都鄉典田掾蔡忠白(伍·2139 正·圖 11-5/6)

入錢畢民自送牒還縣不得持還鄉典田吏及仲(帥)(伍·2139 背·圖 11-5/6)

中鄉大男□□故户中品出錢□□侯相　嘉禾六年正月十二日都鄉典田掾蔡□□(伍·2140 正·圖 11-6/6)

入錢畢民自送牒還縣不得持還鄉典田吏及仲(帥)(伍·2140 背·圖 11-6/6)

中鄉大男曲□主故户中品出錢□□侯相　嘉禾六年正月十二日都鄉典田掾□忠□(伍·2143 正·圖 11-9/6)

入錢畢民自送牒還縣不得持還鄉典田吏及仲(帥)(伍·2143 背·圖 11-9/6)

中鄉大男□□奇故户中品出錢八千侯相　……正月十二日都鄉典田掾蔡忠□(伍·2145 正·圖 11-11/6)

入錢畢民自送牒還縣不得持還鄉典田吏及仲(帥)(伍·2145 背·圖 11-11/6)

中鄉大男文能故户中品出錢八千侯相　嘉禾六年正月十二日都鄉典田掾蔡忠白(伍·2150 正·圖 11-16/6)

入錢畢民自送牒縣不得持還鄉典田吏及仲(帥)(伍·2150 背·圖 11-16/6)

【注】依文例,“牒”下脱“還”字。

中鄉大男由奴故户中品出……侯相　……正月十二日都鄉典田掾蔡□白(伍·2191 正/6)

入錢畢民自□牒還縣不得還鄉典田吏及仲(帥)(伍·2191 背/6)

【注】依文例,“不得”下脱“持”字。

---

① “牒”下原釋有“還”字,今據圖版删。按:“牒”下脱“還”字。

② “及帥”,核對圖版,未見字迹。

中鄉大男李蔡故户中品出錢……　嘉禾六年正月十二日都鄉典田掾蔡忠白(伍·2269 正·圖 12-1/6)

入錢畢民自送牒還縣不得持還鄉典田吏及仲(帥)(伍·2269 背·圖 12-1/6)

☐□□户中品出……侯相　嘉禾六年正月十二日都鄉典田掾蔡忠白(伍·2270 正·圖 12-2/6)

☐送牒還縣不得持還鄉典田吏及帥(伍·2270 背·圖 12-2/6)

中鄉大男文常故户中品出钱八千侯相　嘉禾……白(伍·2304 正·圖 12-36/6)

入錢畢民自送牒還縣不得持還鄉典田吏及帥(伍·2304 背·圖 12-36/6)

□鄉大男潘般故户中品出錢……　嘉禾……都鄉典田掾蔡忠白(伍·2305 正·圖 12-37/6)

入錢畢民自送牒還縣不得持還鄉典田吏及仲(帥)(伍·2305 背·圖 12-37/6)

中鄉大男區□故户中品出錢八千侯相　……正月□日……(伍·2307 正·圖 12-39/6)

入錢畢民自送牒還縣不得持還鄉典田吏及仲(帥)(伍·2307 背·圖 12-39/6)

中鄉大男宀□氵□故户中品出錢……　嘉□□年□月十二日都鄉典田掾□□□(伍·2309 正·圖 12-41/6)

入錢畢民自送牒還縣不得持還鄉典田吏及帥(伍·2309 背·圖 12-41/6)

□鄉大男鄧□故户中品出錢……　嘉禾六年□月……(伍·2312 正·圖 12-44/6)

入錢畢民自送牒還縣不得持還鄉典田吏及帥(伍·2312 背·圖 12-44/6)

中鄉大男朱約故户中品出錢八千侯相　嘉禾六年正月十二日都鄉典田掾蔡忠白(柒·4162·97 正/18)

入錢畢民自送牒還縣不得持還鄉典田吏及帥(柒·4162·97 背/18)

中鄉大男逢白故户中品出錢八千侯相　嘉禾六年正月十二日都鄉典田掾蔡忠白(柒·4163·98 正/18)

入錢畢民自送牒還縣不得持還鄉典田吏及仲(帥)(柒·4163·98 背/18)

中鄉大男毛弓故户中品出錢八千侯相　嘉禾六年正月十二日都鄉典田掾蔡忠白(柒·4164·99 正/18)

入錢畢民自送牒還縣不得持還鄉典田吏及仲(帥)(柒·4164·99 背/18)

中鄉大男萬粲故户中品出錢八千侯相　嘉禾六年正月十二日都鄉典田掾蔡忠白(柒·4165·100 正/18)

入錢畢民自送牒還縣不得持還鄉典田吏及仲(帥)(柒·4165·100 背/18)

中鄉大男 □□ 故户中品出錢八千侯相　嘉禾六年正月十二日都鄉典田掾蔡忠白(柒·4166·101正/18)

【注】本簡僅存右半。

入錢畢民自送牒還縣不得持還鄉典田吏及帥(柒·4166·101背/18)

【注】本簡僅存左半。

中鄉大男潘喜故户中品出錢八千侯相　嘉禾六年正月十二日都鄉典田掾蔡忠白(柒·4167·102正/18)

入錢畢民自送牒還縣不得持還鄉典田吏及仲(帥)(柒·4167·102背/18)

中鄉大男潘凡故户中品出錢八千侯相　嘉禾六年正月十二日都鄉典田掾蔡忠白(柒·4168·103正/18)

入錢畢民自送牒還縣不得持還鄉典田吏及帥(柒·4168·103背/18)

中鄉大男鄧敢故户中品出錢八千侯相　嘉禾六年正月十二日都鄉典田掾蔡忠白(柒·4169·104正/18)

入錢畢民自送牒還縣不得持還鄉典田吏及仲(帥)(柒·4169·104背/18)

中鄉大男鄭觀故户中品出錢八千侯相　嘉禾六年正月十二日都鄉典田掾蔡忠白(柒·4170·105正/18)

入錢畢民自送牒還縣不得持還鄉典田吏及仲(帥)(柒·4170·105背/18)

中鄉大男 □□ 故户中品出錢八千侯相　嘉禾六年正月十二日都鄉典田掾蔡忠白(柒·4171·106正/18)

入錢畢民自送牒還縣不得持還鄉典田吏及帥(柒·4171·106背/18)

中鄉大男 □□ 故户中品出錢八千侯相　嘉禾六年正月十二日都鄉典田掾蔡忠白(柒·4172·107正/18)

入錢畢民自送牒還縣不得持還鄉典田吏及帥(柒·4172·107背/18)

中鄉大男 □□ 故户中品出錢八千侯相　嘉禾六年正月十二日都鄉典田掾蔡忠白(柒·4173·108正/18)

入錢畢民自送牒還縣不得持還鄉典田吏及帥(柒·4173·108背/18)

中鄉大男周 □ 故户中品出錢八千侯相　嘉禾六年正月十二日都鄉典田掾蔡忠白(柒·4174·109正/18)

入錢畢民自送牒還縣不得持還鄉典田吏及帥(柒·4174·109背/18)

中鄉大男 □□ 故户中品出錢八千侯相　　嘉禾六年正月十二日都鄉典田掾蔡忠白(柒·4178·113 正/18)

入錢畢民自送牒還縣不得持還鄉典田吏及仲(帥)(柒·4178·113 背/18)

中鄉大男□若故户中品出錢八千侯相　嘉禾六年正月十二日都鄉典田掾蔡忠白(柒·4181·116 正/18)

入錢畢民自送牒還縣不得持還鄉典田吏及仲(帥)(柒·4181·116 背/18)

中鄉大男張信故户中品出錢八千侯相　嘉禾六年正月十二日都鄉典田掾蔡忠白(柒·4182·117 正/18)

入錢畢民自送牒還縣不得持還鄉典田吏及仲(帥)(柒·4182·117 背/18)

右六十九户故中品户出錢八千合五十五萬二千(伍·1594 正·圖 6-10/6)

入錢畢民自送牒還縣不得持還鄉典田吏及仲(帥)(伍·1594 背·圖 6-10/6)

☒四千四百侯相……☒(貳·4339 正/19)

☒縣不得持還鄉典田吏及☒(貳·4339 背/19)[1]

☒出錢四千四百侯相☒(叁·6222 正/36)

☒縣不得持還鄉典田吏及☒(叁·6222 背/36)

中[2]鄉大男烝□故户下品出錢四千四百[3]侯相　嘉禾□年正[4]月□□日都鄉典田掾……(伍·1421 正·圖 3-1/6)

入錢畢民自送牒還縣不得持還鄉典田吏及仲(帥)(伍·1421 背·圖 3-1/6)

中[5]鄉大男張□故户下品出錢……(伍·1422 正·圖 3-2/6)

入錢畢民自送牒還縣不得持還鄉典田吏及帥(伍·1422 背·圖 3-2/6)

中鄉大男兒元故户下品出錢四千四百[6]侯相　嘉禾□年正[7]月十二[8]日□鄉典田掾□□□(伍·1424 正·圖 3-4/6)

入錢畢民自送牒還縣不得持還鄉典田吏及帥(伍·1424 背·圖 3-4/6)

---

① 采集簡第 19 盆中的户品出錢簡多爲中鄉故户型簡,暫列于此。

② “中”,原釋作“都”,今據圖版改。

③ “四千四百”,原釋作“□□臨湘”,今據圖版補、改。

④ “正”,原釋作“十二”,今據圖版改。

⑤ “中”,原釋作“都”,今據圖版改。

⑥ “千四百”,原釋作“□臨湘”,今據圖版補、改。

⑦ “正”,原闕釋,今據圖版補。

⑧ “十二”,原闕釋,今據圖版補。

中鄉大男王賞故户出錢四千四百①侯相　……典田掾……(伍·1426正·圖3-6/6)

【注】"故户"下脱"□品"二字。

入錢畢民自送牒還縣不得持還鄉典田吏及帥(伍·1426背·圖3-6/6)

中鄉……故户下②……(伍·1428正·圖3-8/6)

入錢畢民自送牒還縣不得③還鄉典田吏及仲(帥)(伍·1428背·圖3-8/6)

中鄉大男蔡□故户下品出錢□□□百侯相　……(伍·1429+1592正·圖6-8/6)

入錢畢民自送牒還縣不得持還鄉典田吏及仲(帥)(伍·1429+1592背·圖6-8/6)

中鄉大男番□故户下品出錢四千四百④侯相　嘉禾六年正月十二日都鄉典田掾蔡忠白(伍·1432正·圖3-12/6)

入錢畢民自送牒還縣不得持還鄉典田吏及仲(帥)(伍·1432背·圖3-12/6)

中鄉大男五□故户下……(伍·1434正·圖3-14/6)

入錢畢民自送牒還縣得持還鄉典田吏及帥(伍·1434背·圖3-14/6)

【注】依文例,"得"字前脱"不"字。

中鄉大男鄭(?)黑(?)故户下⑤品出錢四千四百侯⑥……　嘉禾六年□月……(伍·1445正·圖4-9/6)

入錢畢民自送牒還縣不得持還鄉典田吏及仲(帥)(伍·1445背·圖4-9/6)

中鄉大男唐新(?)故户下品出錢四千四百⑦侯相　……(伍·1449正·圖4-13/6)

入錢畢民自送牒還縣不得持還鄉典田吏及仲(帥)(伍·1449背·圖4-13/6)

中鄉大男王⑧□故户下品四千四百⑨侯相　嘉禾六年□月十二日都鄉典田掾蔡忠白⑩(伍·1450正·圖4-14/6)

入錢畢民自送牒還縣不得持還鄉典田吏及仲(帥)(伍·1450背·圖4-14/6)

---

① "千四百",原釋作"□臨湘",今據圖版補、改。

② "中鄉……故户下",原闕釋,今據圖版補。

③ "得"下原釋有"持",今據圖版删。

④ "四千四百",原釋作"□□臨湘",今據圖版補、改。

⑤ "下",原釋作"中",今據圖版改。

⑥ "四百侯",原闕釋,今據圖版補。

⑦ "四百",原釋作"臨湘",今據圖版改。

⑧ "王",原釋作"番",今據圖版改。

⑨ "四百",原釋作"臨湘",今據圖版改。

⑩ "白",原闕釋,今據圖版補。

□鄉大男□君故户下品出錢……相　嘉禾□年□月□□日都鄉典田掾……(伍·1453 正·圖 4-17/6)

入錢畢民自送牒還縣不得持還鄉典田吏及仲(帥)(伍·1453 背·圖 4-17/6)

□鄉大男李熹[1]故户下品出錢四千四百[2]侯相　嘉禾六年正月十二日都鄉典田……(伍·1454 正·圖 4-18/6)

入錢畢民自送牒還縣不得持還鄉典田吏及仲(帥)(伍·1454 背·圖 4-18/6)

中鄉大男張□故户下品出錢四千□□侯相　嘉禾□年□月□□日都鄉典田掾……(伍·1457 正·圖 4-21/6)

入錢畢民自送牒還縣不得持還鄉典田吏及帥(伍·1457 背·圖 4-21/6)

中鄉大男潘□故户下品出錢四千四百[3]侯相　……(伍·1585 正·圖 6-1/6)

入錢畢民自送牒還縣不得持還鄉典田吏及帥(伍·1585 背·圖 6-1/6)

中鄉□□□□□户下品出錢四千四百[4]侯相　……都鄉……(伍·1586 正·圖 6-2/6)

入錢畢民自送牒還縣不得持還鄉典田吏及仲(帥)(伍·1586 背·圖 6-2/6)

□鄉男子烝文故户下品出錢四千……　……月十二日都鄉……(伍·1589 正·圖 6-5/6)

入錢畢民自送牒還縣不得持還鄉典田吏及仲(帥)(伍·1589 背·圖 6-5/6)

中鄉大男□馬故户下品出錢四千四百[5]侯□　嘉禾六年正月十二日都鄉典田掾蔡忠白(伍·1593 正·圖 6-9/6)

入錢畢民自送還縣不得持還鄉典田吏及仲(帥)(伍·1593 背·圖 6-9/6)

【注】依文例,“送”下脱“牒”字。

中鄉大男李□故户下品出錢□千四百侯相　嘉……白(伍·1871 正/6)

入錢畢民自送牒還縣不得持還鄉典田吏及仲(帥)(伍·1871 背/6)

中鄉大男石兒故户下品出錢□□□百侯相　嘉禾六年正月十二日都鄉典田掾蔡忠白(伍·1872 正/6)

入錢畢民自送牒還縣不得持還鄉典田吏及仲(帥)(伍·1872 背/6)

中鄉大男周砮故户下品出錢四千四百侯相　嘉禾□年□月……(伍·1873 正/6)

---

① “李熹”,原釋作“谷僉(?)”,今據圖版改。

② “四千四百”,原釋作“四臨湘”,今據圖版改。

③ “侯相”前原釋有“臨湘”,今據圖版删。

④ “四百”,原釋作“□□臨湘”,今據圖版補、删。

⑤ “四百”,原釋作“臨湘”,今據圖版改。

入錢畢民自送牒還縣不得持還鄉典田吏及帥(伍・1873背/6)

中鄉大男□□□户下[1]品□千四百侯相　嘉禾六年正月十二日都鄉典田掾蔡忠白(伍・1874正/6)

入錢畢民自送牒還縣不得持還鄉典田吏及仲(帥)(伍・1874背/6)

⧄□□百侯相　嘉禾□年□月十二日都鄉典田掾蔡□□(伍・2033正/6)

⧄縣不得持還鄉典田吏及仲(帥)(伍・2033背/6)

⧄四千四百侯相　嘉禾六年正月十二日都鄉典田掾蔡忠白(伍・2035正/6)

⧄□還縣不得持[2]還鄉典田吏及仲(帥)(伍・2035背/6)

中鄉大男畢(?)□故户下品出錢四千⧄(伍・2040正/6)

入錢畢民自送牒⧄(伍・2040背/6)

中鄉大男馮(?)徐故户下品出錢□千四百侯相　……正月十二日都鄉典田掾蔡忠白(伍・2043正/6)

入錢畢民自送牒還縣不得持還鄉典田吏及仲(帥)(伍・2043背/6)

⧄品出錢四千□百侯相　嘉禾□□□月十二日□鄉典田……⧄(伍・2051正/6)

⧄……還鄉典田吏及帥(伍・2051背/6)

中鄉大男□郎故户下品出錢四千四百[3]侯相　嘉……正月十二日都鄉典田掾蔡忠白(伍・2076正・圖9-20/6)

入錢畢民自送牒還縣不得持還鄉典田吏及仲(帥)(伍・2076背・圖9-20/6)

中鄉大男朱刀故户下品出錢四千四百侯相　嘉禾六年……(伍・2080正・圖9-24/6)

入錢畢民自送牒還縣不得持還鄉典田吏及仲(帥)(伍・2080背・圖9-24/6)

中鄉大男唐黨故户下品出錢四千……　……正月十二日都鄉典田掾蔡忠白(伍・2092正・圖9-36/6)

入錢畢民自送牒還縣不得持還鄉典田吏及仲(帥)(伍・2092背・圖9-36/6)

中鄉大男周文故户下品出錢四千□百侯相　……月十二日都鄉典田掾蔡忠白(伍・2093正・圖9-37/6)

入錢畢民自送牒還縣不得持還鄉典田吏及仲(帥)(伍・2093背・圖9-37/6)

中鄉大男文居故户下品出錢□□□百侯相　嘉⧄(伍・2103正・圖10-2/6)

---

① "下",原釋作"中",今據圖版改。

② "持"爲補寫。

③ "四百",原闕釋,今據圖版補。

入錢畢民自送牒還縣不得持還鄉典☒(伍·2103背·圖10-2/6)

中鄉大男□□故户下品出錢①四千四百侯相　嘉□□年正月十二日都鄉……(伍·2014正·圖10-3/6)

入錢畢民自送牒還縣不得持還鄉典田吏及仲(帥)(伍·2104背·圖10-3/6)

中鄉大男鄭□故户下品出錢四千四百侯相　嘉禾六年正月十二日都鄉……(伍·2105正·圖10-4/6)

入錢畢民自送牒還縣不得持還鄉典田吏及仲(帥)(伍·2105背·圖10-4/6)

中鄉大男鄭□故户下品出……百侯相　嘉禾六年正月十二日都鄉典田掾……(伍·2107正·圖10-6/6)

入錢畢民自送牒還縣不得持還鄉典田吏及仲(帥)(伍·2107背·圖10-6/6)

……故户下品出錢四千四百侯相　嘉禾六年正月十二日都鄉……(伍·2108·圖10-7/6)

入錢畢民自送牒還縣不得持還鄉典田吏及仲(帥)(伍·2108背·圖10-7/6)②

中鄉大男張暹故户下品出錢四千四百侯相　嘉禾□年……(伍·2109正·圖10-8/6)

入錢畢民自送牒還縣不得持還鄉典田吏及帥(伍·2109背·圖10-8/6)

中鄉大男□□故户下品出錢四千四百侯相　嘉□□□正月十二日……(伍·2110正·圖10-9/6)

入錢畢民自送牒還縣不得持還鄉典田吏及帥③(伍·2110背·圖10-9/6)

中鄉……故户下品出錢四千四……　……典田掾……(伍·2111正·圖10-10/6)

入錢畢民自送牒還縣不得持還鄉典田吏及帥(伍·2111背·圖10-10/6)

中鄉大男滕遇故户下品……侯相　……年正月十二日都鄉典田掾□□白(伍·2112正·圖10-11/6)

入錢畢民自送牒還縣不得持還鄉典田吏及仲(帥)(伍·2112背·圖10-11/6)

中鄉大男唐寇故户下品出錢四千四百侯相　嘉禾六年正月十二日都鄉典田掾蔡忠白(伍·2113正·圖10-12/6)

入錢畢民自送牒還縣不得持還鄉典田吏及帥(伍·2113背·圖10-12/6)

---

① “故户下品出錢”,原闕釋,今據圖版補。

② 原闕釋,今據圖版補。

③ “吏及帥”,核對圖版,未見字迹。

中鄉大男唐上故户下品出錢四千四百侯相　嘉禾六年正月十二日都鄉……（伍·2114正·圖10-13/6）

入錢畢民自送牒縣不得持還鄉典田吏及帥（伍·2114背·圖10-13/6）

【注】依文例，“牒”下脱“還”字。

中鄉大男□□故户下品出錢四千四百侯相　嘉禾六年正月十二日都鄉典田掾□□白（伍·2116正·圖10-15/6）

入錢畢民自送牒還縣不得持還鄉典田吏及帥（伍·2116背·圖10-15/6）

中鄉大男衛想故户下品出錢四□四百侯相　嘉禾六年正月十二日都鄉典田……（伍·2117正·圖10-16/6）

入錢畢民自送牒還縣不得持還鄉典田吏及仲（帥）（伍·2117背·圖10-16/6）

中鄉大男鄭估故户下品出錢四千四百侯相　嘉禾六年正月十二日都鄉典田掾蔡□白（伍·2118正·圖10-17/6）

入錢畢民自送牒還縣不得持還鄉典田吏及仲（帥）（伍·2118背·圖10-17/6）

□鄉大男□□故户下品□□□千四百侯相　嘉禾六年正月十二日都鄉典……（伍·2119正·圖10-18/6）

入□□民自送牒還縣不得持還鄉典田吏及仲（帥）（伍·2119背·圖10-18/6）

中鄉大男……四千四百侯相　嘉禾□年□月□□日都鄉典田掾蔡忠白（伍·2120正·圖10-19/6）

入錢畢民自送牒[1]縣不得持還鄉典田吏及仲（帥）（伍·2120背·圖10-19/6）

☐出錢四千四百侯相　嘉禾□年正月十二日……（伍·2121正·圖10-20/6）

☐牒還縣不得持還鄉典田吏及仲（帥）（伍·2121背·圖10-20/6）

中鄉……故户下品……侯相　……（伍·2124正·圖10-23/6）

入錢畢民自送牒還縣不得持還鄉典田吏及仲（帥）（伍·2124背·圖10-23/6）

中鄉郡吏□□故户下品出錢四千四百侯相　嘉……都……（伍·2125正·圖10-24/6）

入錢畢民自送牒還縣不得持還鄉典田吏及仲（帥）（伍·2125背·圖10-24/6）

中鄉大男李樵故户下品出錢□□四百侯相　嘉□六年正月十二日……蔡忠白（伍·2126正·圖10-25/6）

① “牒”下原釋有“還”字，今據圖版删。按：“牒”下脱“還”字。

入錢畢民自送牒還縣不得持還鄉典田吏及帥(伍・2126 背・圖 10-25/6)

中鄉……戶下品……(伍・2127 正・圖 10-26/6)

入錢畢民自送牒還縣不得持還鄉典田吏及仲(帥)(伍・2127 背・圖 10-26/6)

中鄉大女□□故户下品出錢□□四百侯相　……年正月十二日都鄉……白(伍・2130 正・圖 10-29/6)

入錢畢民自送牒還縣不得持還鄉典田吏及仲(帥)(伍・2130 背・圖 10-29/6)

□鄉大男周樹故户下品出錢四千□百侯相　嘉禾六年正月十二日都鄉典田……(伍・2131 正・圖 10-30/6)

入錢畢民自送牒還縣不得持還鄉典田吏及帥(伍・2131 背・圖 10-30/6)

□鄉……户下品……(伍・2132 正・圖 10-31/6)

入錢畢民自送牒還縣不得持還鄉典田吏及仲(帥)(伍・2132 背・圖 10-31/6)

中鄉大女王思故户下品出……百侯相　嘉禾□□正月十二日都鄉典田掾蔡忠白(伍・2133 正・圖 10-32/6)

入錢畢民自送①還縣不得持還鄉典田吏及仲(帥)(伍・2133 背・圖 10-32/6)

中鄉大男五姚故户下品出錢四千四百侯相　……月十二日都鄉典田……(伍・2134 正・圖 10-33/6)

入錢畢民自送牒還縣不得持還鄉典田吏及帥(伍・2134 背・圖 10-33/6)

中鄉大男區城故户下品出四千四百侯相　嘉禾六年正月十二日②鄉典田掾□□□(伍・2136 正・圖 11-2/6)

【注】依文例,“出”下脱“錢”字。

入錢畢民自送牒還縣不得持還鄉典田吏及仲(帥)(伍・2136 背・圖 11-2/6)

中鄉大男孫赤故户下品出錢四千四百侯相　嘉禾六年正月十二日都鄉典田……(伍・2137 正・圖 11-3/6)

入錢畢民自送牒還縣不得持還鄉典田吏及帥(伍・2137 背・圖 11-3/6)

中鄉大男朱典故户下品出錢四千四百侯相　嘉禾六年正月十二日都……(伍・2141 正・圖 11-7/6)

入錢畢民自送牒還縣不持還鄉典田吏及帥(伍・2141 背・圖 11-7/6)

【注】依文例,“不”下脱“得”字。

---

① “送”下原釋有“牒”字,今據圖版删。按:“送”下脱“牒”字。

② “鄉”上原釋有“都”,今據圖版删。

中鄉大男張啡故户下品出錢四千四百[1]侯相　嘉……月□□日都……(伍・2142正・圖11-8/6)

入錢畢民自送牒還縣不[2]持還鄉典田吏及帥(伍・2142背・圖11-8/6)

中鄉大男李民故户下品出錢四千□百侯相　嘉禾……日都……(伍・2144正・圖11-10/6)

入錢畢民自送牒還縣不得持還鄉典田吏及仲(帥)(伍・2144背・圖11-10/6)

中鄉大男鄧秖故户下品出錢四□□百侯相　嘉禾六年正月十二日都鄉典田掾蔡忠白(伍・2146正・圖11-12/6)

入錢畢民自送牒還縣不得持還鄉典田吏及帥(伍・2146背・圖11-12/6)

【注】依文例,"送牒還"下脱"縣"字。

中鄉大男李買故户下品出錢四千四百侯相　嘉禾六年正月十二日都鄉典田掾忠白(伍・2147正・圖11-13/6)

入錢畢民自送牒還縣不得持還鄉典田吏及仲(帥)(伍・2147背・圖11-13/6)

中鄉大男米貫(?)故户下品……百□□　嘉禾六年正月十二日都鄉典田掾……(伍・2148正・圖11-14/6)

入錢畢民自送牒還縣不得持還鄉典田吏及仲(帥)(伍・2148背・圖11-14/6)

中鄉大男□皮故户下品出錢四千四百侯相　嘉禾六年正月十二日都鄉典田掾……(伍・2149正・圖11-15/6)

入錢畢民自送牒還縣不得持還鄉典田吏及仲(帥)(伍・2149背・圖11-15/6)

中鄉大男鄧草故户下品出錢四[3]千四百侯相　嘉禾六□正月十二日都鄉……(伍・2151正・圖11-17/6)

入錢畢民自送牒還縣不得持還鄉典田吏及帥(伍・2151背・圖11-17/6)

中鄉大男董俎故户下品出錢四千四百侯相　嘉禾六年正月十二日都鄉典田掾蔡忠白(伍・2152正・圖11-18/6)

入錢畢民自送牒還縣不得持還鄉典田吏及帥(伍・2152背・圖11-18/6)

中鄉大男齊林故户下品出錢四千四百侯相　嘉禾□□正月十二日都鄉□田……(伍・2153正・圖11-19/6)

---

① "四百",原闕釋,今據圖版補。

② "不"下原釋有"得",今據圖版删。按:"不"下脱"得"字。

③ "四"下原釋有"下",今據圖版删。

入錢畢民自送牒還縣不得持還鄉典田吏及仲(帥)(伍·2153 背·圖 11-19/6)

中鄉大男文禁故户下品出錢四千四百侯相　嘉禾六年正月十二日都鄉典田掾蔡忠白(伍·2154 正·圖 11-20/6)

入錢畢民自送牒還縣不得持還鄉典田吏及帥(伍·2154 背·圖 11-20/6)

中鄉大男鄧光故户下品出錢四千四百侯相　□禾六年……□鄉典田掾……(伍·2155 正·圖 11-21/6)

入錢畢民自送牒還縣不得持還鄉典田吏及仲(帥)(伍·2155 背·圖 11-21/6)

中鄉大男□野故户下品出錢四千四百侯相　……月十二日都鄉典田掾蔡忠[①]□(伍·2169 正·圖 11-35/6)

入錢畢民自送牒還縣不得持還鄉典田吏及帥(伍·2169 背·圖 11-35/6)

中鄉大男番□……品出錢四千四百侯相　嘉禾六年正月十二日都鄉典田掾蔡□□(伍·2175 正·圖 11-41/6)

入錢畢民自送牒還縣不得持還鄉典田吏及帥(伍·2175 背·圖 11-41/6)

□鄉大男□□故户下品……百侯相　嘉禾▨(伍·2192 正/6)

入錢畢民自送牒還縣不得持還鄉典田吏及仲(帥)(伍·2192 背/6)

中鄉大男□□故户下品出錢□□四百侯相▨(伍·2193 正/6)

入錢畢……▨(伍·2193 背/6)

中□□□何□故户下品出錢四千▨(伍·2194 正/6)

入錢畢民自送牒縣▨(伍·2194 背/6)

【注】依前例,"牒"下脱"還"字。

▨四百侯相▨(伍·2198 正/6)

▨得持還鄉典田吏及▨(伍·2198 背/6)

▨千四百侯相▨(伍·2199 正/6)

▨縣不得持還鄉典▨(伍·2199 背/6)

▨千四百侯相▨(伍·2201 正/6)

▨縣不得持還□▨(伍·2201 背/6)

中□□□□賢故户下品……▨(伍·2256 正/6)

---

① "蔡忠",原闕釋,并注"典田掾簽名用花押字,不能辨識",核對圖版,姓名似非花押,今據補,删注。

入錢畢民自送牒還縣不得持還鄉典田吏及帥▨(伍·2256背/6)

中鄉大男李張故户下品出……相　……正月十二日都鄉典田掾蔡忠白(伍·2300正·圖12-32/6)

入錢畢民自送牒還縣不得持還鄉典田吏及帥(伍·2300背·圖12-32/6)

▨□百侯相　……鄉典田掾蔡忠白(伍·2301正·圖12-33/6)

▨……還鄉典田吏及帥(伍·2301背·圖12-33/6)

中鄉大男黄客故户下品出錢四千四百侯相　嘉禾六年正月十二日都鄉典田掾蔡忠白(伍·2302正·圖12-34/6)

入錢畢民自送牒還縣不得持還鄉典田吏及仲(帥)(伍·2302背·圖12-34/6)

中鄉大男□盧□户下品出錢……　……(伍·2303正·圖12-35/6)

入錢畢民自□牒□縣不得□還……(伍·2303背·圖12-35/6)

中鄉大男由末故户下品出錢四千四百侯相　嘉禾六年正月十二日都鄉典田掾蔡忠白(伍·2310正·圖12-42/6)

入錢畢民自送牒還縣不得持還鄉典田吏及仲(帥)(伍·2310背·圖12-42/6)

中鄉……出錢四千四百……　嘉禾六年正月十二日都鄉……(伍·2311正·圖12-43/6)

入錢畢民自送牒還縣不得持還鄉典田吏及仲(帥)(伍·2311背·圖12-43/6)

中鄉大男□⿰□畐故户下品出錢四千□▨(伍·7275/12)①

中鄉大男唐□故户下品出錢□▨(柒·1972正/17)

入錢畢民自送牒還▨(柒·1972背/17)

▨故户下品出錢□□▨(柒·1974正/17)

▨民自送牒還縣▨　(柒·1974背/17)

中鄉縣吏吕陽故户下品出錢□▨(柒·1975正/17)

入錢畢民自送牒還▨(柒·1975背/17)

中鄉大男□□故户下品出錢四千四百侯相　嘉禾□年正月十二日都鄉典田掾蔡忠白(柒·2519·1正/18)

入錢畢民自送牒還縣不得持還鄉典田吏及仲(帥)(柒·2519·1背/18)

中鄉大男□□故户下品出錢四千四百侯相　嘉禾□年正月十二日都鄉典田掾蔡忠白

① 該簡背面當有套語。

(柒·2520·2 正/18)

入錢畢民自送牒還縣不得持還鄉典田吏及仲(帥)(柒·2520·2 背/18)

中鄉縣吏□衣故户下品出錢四千四百侯相　嘉禾六年正月十二日都鄉典田掾蔡忠白(柒·2521·3 正/18)

入錢畢民自送牒還縣不得持還鄉典田吏及仲(帥)(柒·2521·3 背/18)

中鄉大男□□故户下品出錢四千四百侯相　嘉禾□年正月十二日都鄉典田掾蔡忠白(柒·2522·4 正/18)

入錢畢民自送牒還縣不得持還鄉典田吏及仲(帥)(柒·2522·4 背/18)

中鄉大男陳丙故户下品出錢四千四百侯相　嘉禾□年正月十二日都鄉典田掾蔡忠白(柒·2523·5 正/18)

入錢畢民自送牒還縣不得持還鄉典田吏及仲(帥)(柒·2523·5 背/18)

中鄉大男□□故户下品出錢四千四百侯相　嘉禾□年正月十二日都鄉典田掾蔡忠白(柒·2524·6 正/18)

【注】此爲正面,背面無字。

中鄉大男□□故户下品出錢四千四百侯相　嘉禾□年正月十二日□鄉典田掾□□白(柒·2525·7 正/18)

入錢畢民自送牒還縣不得持還鄉典田吏及仲(帥)(柒·2525·7 背/18)

中鄉大男壬平故户下品出錢四千四百侯相　嘉禾□年正月十二日都鄉典田掾蔡忠白(柒·2528·10 正/18)

入錢畢民自送牒還縣不得持還鄉典田吏及仲(帥)(柒·2528·10 背/18)

中鄉大男胡□故户下品出錢四千四百侯相　嘉禾□年正月十二日都鄉典田掾蔡忠白(柒·2529·11 正/18)

入錢畢民自送牒還不得持還鄉典田吏及仲(帥)(柒·2529·11 背/18)

【注】"還"下脱"縣"字。

中鄉大男唐□故户下品出錢四千四百侯相　嘉禾六年正月十二日都鄉典田掾蔡忠白(柒·2532·14 正/18)

入錢畢民自送牒還縣不得持還鄉典田吏及仲(帥)(柒·2532·14 背/18)

中鄉大男信□故户下品出錢四千四百侯相　嘉禾□年正月十二日都鄉典田掾蔡忠白(柒·2534·16 正/18)

入錢畢民自送牒還縣不得持還鄉典田吏及仲(帥)(柒・2534・16背/18)

中鄉大男□□故户下品出錢四千四百侯相☒(柒・2536・18正/18)

入錢畢民自送牒還縣不得持還鄉典田吏☒(柒・2536・18背/18)

中鄉大男□□故户下品出錢四千四百侯相　嘉禾□年正月十二日□鄉典田掾□□白(柒・2541・23正/18)

入錢畢民自送牒還縣不得持還鄉典田吏及仲(帥)(柒・2541・23背/18)

中鄉大男五兒故户下品出錢四千四百侯相☒(柒・2542・24正/18)

入錢畢民自送牒還縣不得持還鄉典田吏及帥☒(柒・2542・24背/18)

中鄉縣吏訧(?)許故户下品出錢四千四百侯相　……(柒・3843・316正/18)

入錢畢民自送牒還縣不得持還鄉典田吏及仲(帥)(柒・3843・316背/18)

中鄉大男陳肥故户下品出錢四千四百侯相　嘉禾六年正月十二日都鄉典田掾蔡忠白(柒・3844・317正/18)

入錢畢民自送牒還縣不得持還鄉典田吏及仲(帥)(柒・3844・317背/18)

中鄉大男雅傳故户下品出錢四千四百侯相　嘉禾六年正月十二日都鄉典田掾蔡忠白(柒・3845・318正/18)

入錢畢民自送牒還縣不得持還鄉典田吏及仲(帥)(柒・3845・318背/18)

中鄉大男唐□故户下品出錢四千四百侯相　嘉禾六年正月十二日都鄉典田掾蔡忠白(柒・3846・319正/18)

入錢畢民自送牒還縣不得持還鄉典田吏及帥(柒・3846・319背/18)

中鄉大男□□故户下品出錢四千四百侯相　……白(柒・4066・1正/18)

入錢畢民自送牒還縣不得持還鄉典田吏及仲(帥)(柒・4066・1背/18)

中鄉大男壬生故户下品出錢四千四百侯相　……典田掾□□白(柒・4067・2正/18)

入錢畢民自送牒還縣不得持還鄉典田吏及仲(帥)(柒・4067・2背/18)

中鄉大男□光故户……侯相　……典田掾□□白(柒・4068・3正/18)

入錢畢民自送牒還縣不得持還鄉典田吏及帥(柒・4068・3背/18)

中鄉大男烝西故户下品出錢四千四百侯相　……正月十二日都鄉典田掾蔡忠白(柒・4069・4正/18)

入錢畢民自送牒還縣不得持還鄉典田吏及仲(帥)(柒·4069·4 背/18)

中鄉大男張□故户下品出錢四千四百侯相　……白(柒·4070·5 正/18)

入錢畢民自送牒還縣不得持還鄉典田吏及仲(帥)(柒·4070·5 背/18)

中鄉大男□陳故户下品出錢四千四百侯相　……正月十二……白(柒·4071·6 正/18)

入錢畢民自送牒還縣不得持還鄉典田吏及帥(柒·4071·6 背/18)

中鄉大男張長故户下品出錢四千四百侯相　嘉禾六年正月十二日都鄉典田掾蔡忠白(柒·4072·7 正/18)

入錢畢民自送牒還縣不得持還鄉典田吏及帥(柒·4072·7 背/18)

中鄉大男宋□故户下品出錢四千四百侯相　嘉禾六年正月十二日都鄉典田掾蔡忠白(柒·4073·8 正/18)

入錢畢民自送牒還縣不得持還鄉典田吏及仲(帥)(柒·4073·8 背/18)

中鄉大男趙伯故户下品出錢四千四百侯相　嘉禾六年正月十二日都鄉典田掾蔡忠白(柒·4074·9 正/18)

入錢畢民自送牒還縣不得持還鄉典田吏及仲(帥)(柒·4074·9 背/18)

中鄉大男□□故户□品出錢……侯相　……鄉典田掾□□白(柒·4075·10 正/18)

入錢畢民自送牒還縣不得持還鄉典田吏及仲(帥)(柒·4075·10 背/18)

中鄉大男區雉故户下品出錢四千四百侯相　嘉禾六年正月十二日都鄉典田掾蔡忠白(柒·4076·11 正/18)

入錢畢民自送牒還縣不得持還鄉典田吏及仲(帥)(柒·4076·11 背/18)

中鄉大男萳黨故户下品出錢四千四百侯相　嘉禾六年正月十二日都鄉典田掾蔡忠白(柒·4078·13 正/18)

入錢畢民自送牒還縣不得還鄉典田吏及仲(帥)(柒·4078·13 背/18)

【注】“得”下應脱“持”字。

中鄉大男□□故户下品出錢四千四百侯相　嘉禾□年正月十二日□鄉典田掾□□白(柒·4079·14 正/18)

入錢畢民自送牒還縣不得持還鄉典田吏及仲(帥)(柒·4079·14 背/18)

中鄉大男□□故户下品出錢四千四百侯相　……鄉典田掾□□白(柒·4081·16

正/18)

入錢畢民自送牒還縣不得持還鄉典田吏及仲(帥)(柒·4081·16背/18)

中鄉大男□□故户下品出錢四千四百侯相　嘉禾六年正月十二日都鄉典田掾蔡忠白(柒·4137·72正/18)

入錢畢民自送牒還縣不得持還鄉典田吏及仲(帥)(柒·4137·72背/18)

☑□達故户下品出錢四千四百侯相　嘉禾六年正月十二日都鄉典田掾蔡忠白(柒·4142·77正/18)

☑入錢畢民自送牒還縣不得持還鄉典田吏及仲(帥)(柒·4142·77背/18)

☑錢四千四百侯相　嘉禾六年正月十二日都鄉典田掾蔡忠白(柒·4145·80正/18)

☑送牒還縣不得持還鄉典田吏及仲(帥)(柒·4145·80背/18)

中鄉大男周告故户下品出錢四千四百侯相　嘉禾六年正月十二日都鄉典田掾蔡忠白(柒·4148·83正/18)

入錢畢民自送牒還縣不得持還鄉典田吏及仲(帥)(柒·4148·83背/18)

中鄉大男文誼故户下品出錢四千四百侯相　嘉禾六年正月十二日都鄉典田掾蔡忠白(柒·4149·84正/18)

入錢畢民自送牒還縣不得持還鄉典田吏及仲(帥)(柒·4149·84背/18)

中鄉大男朱生故户下品出錢四千四百侯相　嘉禾六年正月十二日都鄉典田掾蔡忠白(柒·4150·85正/18)

入錢畢民自送牒還縣不得持還鄉典田吏及仲(帥)(柒·4150·85背/18)

中鄉大男□□故户下品出錢四千四百侯相　嘉禾六年正月十二日都鄉典田掾蔡忠白(柒·4151·86正/18)

入錢畢民自送牒還縣不得持還鄉典田吏及仲(帥)(柒·4151·86背/18)

☑□□故户下品出錢四千四百侯相　嘉禾六年正月十二日都鄉典田掾蔡忠白(柒·4152·87正/18)

☑錢畢民自送牒還縣不得持還鄉典田吏及仲(帥)(柒·4152·87背/18)

中鄉大男謝愓故户下品出錢四千四百侯相　嘉禾六年正月十二日都鄉典田掾蔡忠白(柒·4153·88正/18)

入錢畢民自送牒還縣不得持還鄉典田吏及仲(帥)(柒·4153·88背/18)

中鄉大男文柹故户下品出錢四千四百侯相　嘉禾六年正月十二日都鄉典田掾蔡忠白(柒·4154·89 正/18)

入錢畢民自送牒還縣不得持還鄉典田吏及帥(柒·4154·89 背/18)

中鄉大男文兒故户下品出錢四千四百侯相　嘉禾六年正月十二日都鄉典田掾蔡忠白(柒·4155·90 正/18)

入錢畢民自送牒還縣不得持還鄉典田吏及帥(柒·4155·90 背/18)

中鄉大男區照故户下品出錢四千四百侯相　嘉禾六年正月十二日都鄉典田掾蔡忠白(柒·4156·91 正/18)

入錢畢民自送牒還縣不得持還鄉典田吏及帥(柒·4156·91 背/18)

中鄉大男唐槁故户下品出錢四千四百侯相　嘉禾六年正月十二日都鄉典田掾蔡忠白(柒·4157·92 正/18)

入錢畢民自送牒還縣不得持還鄉典田吏及仲(帥)(柒·4157·92 背/18)

中鄉大女李思故户下品出錢四千四百侯相　嘉禾六年正月十二日都鄉典田掾蔡忠白(柒·4158·93 正/18)

入錢畢民自送牒還縣不得持還鄉典田吏及仲(帥)(柒·4158·93 背/18)

中鄉大男陳逆(?)故户下品出錢四千四百侯相　嘉禾六年正月十二日典田掾蔡忠白(柒·4159·94 正/18)

入錢畢民自送牒還縣不得持還鄉典田吏及仲(帥)(柒·4159·94 背/18)

中鄉大男朱□故户下品出錢四千四百侯相　嘉禾六年正月十二日都鄉典田掾蔡忠白(柒·4160·95 正/18)

入錢畢民自送牒還縣不得持還鄉典田吏及仲(帥)(柒·4160·95 背/18)

中鄉大男區南故户下品出錢四千四百侯相　嘉禾六年正月十二日都鄉典田掾蔡忠白(柒·4161·96 正/18)

入錢畢民自送牒還縣不得持還鄉典田吏及仲(帥)(柒·4161·96 背/18)

中鄉大女周(?)思故户下品出錢四千四百侯相　嘉禾六年正月十二日都鄉典田掾蔡忠白(柒·4183·118 正/18)

入錢畢民自送牒還縣不得持還鄉典田吏及帥(柒·4183·118 背/18)

·右一百六十一户下品出錢四千四百合七十萬八千四百(柒·4077·12 正/18)

【注】此爲正面,背面無字。

□中鄉故□二百五十六户三品出錢合一百五十七萬□☐(柒·2641/18)

不明户品簡

中[1]鄉男子潘通故户☐(伍·1406 正/6)

　　入錢畢民自□☐(伍·1406 背/6)

□鄉大男周(?)□頁故户……(伍·1423·圖 3-3 正/6)

　　入錢畢民自送牒還縣不得持還鄉典田吏及帥(伍·1423 背·圖 3-3/6)

中鄉……典田……(伍·1425 正·圖 3-5/6)

　　入錢畢民自送牒還縣不得持還鄉典田吏及帥(伍·1425 背·圖 3-5/6)

中鄉大男周(?)昌(?)……(伍·1427 正·圖 3-7/6)

　　入錢畢民自送牒還縣不得持還鄉典田吏及仲(帥)(伍·1427 背·圖 3-7/6)

中鄉大男潘□故户□品出錢……(伍·1447 正·圖 4-11/6)

　　入錢畢民自送牒還縣不得持還鄉典田吏及仲(帥)(伍·1447 背·圖 4-11/6)

中鄉……侯相　……(伍·1591 正·圖 6-7/6)

　　入錢畢民自送牒還縣不得還鄉典田吏及仲(帥)(伍·1591 背·圖 6-7/6)

　　【注】依文例,"不得"下脱"持"字。

中鄉縣吏周□故户□品□錢□……□相　嘉禾六年正月十二日都鄉典田掾蔡忠白(伍·1622 正·圖 6-38/6)

　　入錢畢民自送牒還縣不得持還鄉典田吏及仲(帥)(伍·1622 背·圖 6-38/6)

……　嘉禾六年正月十二日都鄉典田掾蔡忠白(伍·2028 正/6)

　　……畢民自送牒還縣不得持還鄉典田吏及仲(帥)(伍·2028 背/6)

中鄉大男潘(?)……出錢……侯相　……(伍·2029 正/6)

　　入錢畢民……縣不得持還鄉典田吏及仲(帥)(伍·2029 背/6)

□鄉大男□□故户□品出錢□□侯相　嘉禾六年正月十二日都……(伍·2030 正/6)

　　入錢畢民自送牒還縣不得持還鄉典田吏及仲(帥)(伍·2030 背/6)

□鄉大男□……　……二日都鄉典田掾蔡忠白(伍·2044 正/6)

---

[1] "中"前原釋有"入",今據圖版及文例删。

入錢畢民自送牒……吏及帥(伍·2044背/6)

……　……都鄉典田掾……(伍·2050正/6)

入錢畢民自送牒……鄉典田吏及帥(伍·2050背/6)

中鄉大男□□□□□品出……　嘉□六年正月十二日□鄉典田……(伍·2106正·圖10-5/6)

……(伍·2106背·圖10-5/6)

……(伍·2115正·圖10-14/6)

入錢畢民自送牒還縣不得持還鄉典田吏及仲(帥)(伍·2115背·圖10-14/6)

□鄉大男烝紀故①户□品……湘②侯相　……(伍·2128正·圖10-27/6)

入錢畢民自送牒還縣不得持還鄉典田吏及仲(帥)(伍·2128背·圖10-27/6)

□鄉大男□□故户□品……(伍·2129正·圖10-28/6)

入錢畢民自送牒還縣不得持還鄉典田吏及仲(帥)(伍·2129背·圖10-28/6)

中鄉大男……相　嘉禾六年正月十二日□□典田掾蔡□□(伍·2190正/6)

入錢畢民自送牒還縣不得持還鄉典田吏及仲(帥)(伍·2190背/6)

中鄉大男生□⧄(伍·2196正/6)

入錢畢⧄(伍·2196背/6)

中鄉大男張橥(?)⧄(伍·2197正/6)

入錢畢⧄(伍·2197背/6)

中鄉大男李□故⧄(伍·2200正/6)

入錢畢民自⧄(伍·2200背/6)

中鄉大男□□故户⧄(伍·2220正/6)

……⧄(伍·2220背/6)

中鄉大男□忠故……出錢⧄(伍·2232/6)③

中鄉大男……⧄(伍·2258正/6)

入錢畢民自⧄(伍·2258背/6)

□鄉大男曹(?)□故户□品⧄(伍·2259正/6)

---

① "故",原釋作"新",今據圖版改。

② "湘",核對圖版,疑誤。

③ 該簡背面當有套語。

入錢畢民自⧄(伍・2259 背/6)

……(伍・2306 正・圖 12-38/6)

入錢畢民……(伍・2306 背・圖 12-38/6)

□鄉大男……侯相　……(伍・2308 正・圖 12-40/6)

入錢畢民自送牒還縣不得持還鄉典田吏及仲(帥)(伍・2308 背・圖 12-40/6)

中……　□禾六年□月十二日……(伍・2313 正・圖 12-45/6)

入……牒還縣不……及帥(伍・2313 背・圖 12-45/6)

……出錢……　嘉……(伍・2314 正・圖 12-46/6)

入錢畢民自送牒還縣不得持還鄉典田吏及仲(帥)(伍・2314 背・圖 12-46/6)

中鄉大男番□故户……侯相　……正月□□日都鄉典田□蔡□□(伍・2315 正・圖 12-47/6)

入錢畢民自送牒還縣不得持還鄉典田吏及帥(伍・2315 背・圖 12-47/6)

殘簡

⧄嘉禾六年正月十二日都鄉典田掾蔡忠⧄(貳・4201 正/19)

⧄還鄉典田吏及仲(帥)⧄(貳・4201 背/19)

⧄正月十二日都鄉典田掾蔡忠白(貳・4213/19)①

⧄……嘉禾六年正月□二日都鄉典田掾蔡忠白(貳・4217 正/19)

⧄吏及仲(帥)(貳・4217 背/19)

⧄……嘉禾六年正月十二日都鄉典田掾蔡忠白(貳・4219 正/19)

⧄吏及仲(帥)(貳・4219 背/19)

⧄　嘉禾六年正月十二日都鄉典田掾蔡忠白(貳・4220 正/19)

⧄鄉典田吏及仲(帥)(貳・4220 背/19)

⧄……禾六年正月十二日都鄉典……(貳・4225 正/19)

⧄吏及仲(帥)(貳・4225 背/19)

⧄□嘉禾六年正月十二日都鄉典田掾蔡忠白(貳・4309 正/19)

---

① 該簡背面當有套語。

⍁及帀(師)(貳·4309背/19)

⍁嘉禾六年正月十二日都鄉典田掾……(貳·4310正/19)

⍁吏及帀(師)(貳·4310背/19)

⍁六年正月十二日都鄉典田掾蔡忠白(貳·4314正/19)

⍁及帀(師)(貳·4314背/19)

⍁嘉禾六年正月十二日都鄉典田掾蔡忠白(貳·4324正/19)

⍁及帀(師)(貳·4324背/19)

⍁嘉禾六年正月十二日都⍁(貳·4342正/19)

⍁及帀(師) ⍁(貳·4342背/19)

⍁嘉禾六年正月十二日都鄉典田掾蔡忠白(貳·4358/19)

【注】依文例,此簡另一面應有文字,已磨滅不能辨識。

⍁禾六年正月十二日都鄉□□□蔡忠白(貳·4431正/19)

⍁及帀(師)(貳·4431背/19)

⍁嘉禾六年正月十二都鄉典田掾蔡忠白(貳·4433正/19)

⍁吏及帀(師)(貳·4433背/19)

⍁嘉禾六年正月十二日都鄉典田掾蔡忠(貳·4457正/19)

⍁及帀(師)(貳·4457背/19)

⍁年正月十二日都鄉典田掾蔡□□(貳·4461/19)

【注】依文例,此簡背面應有文字,已磨滅不能辨識。

⍁嘉禾六年正月十二日都鄉典田掾蔡忠白(叁·5916正/35)

⍁及帀(師)(叁·5916背/35)

⍁嘉禾六年正月十二日都鄉典田掾□□白(叁·5923正/35)

⍁典田吏及帀(師)(叁·5923背/35)

⍁年正月十二日都鄉典田掾蔡忠白(叁·5943正/35)

⍁及師(叁·5943背/35)

⍁嘉禾六年正月十二日都鄉典田掾⍁(叁·5944正/35)

⍁及師⍁(叁·5944背/35)

⍁嘉禾六年正月十二日都鄉典田掾蔡忠白(叁·5970正/35)

⍁及帀(師)(叁·5970背/35)

⧄嘉禾六年正月十二日都鄉典田掾蔡忠白(叁·6020 正/35)

⧄吏及仲(帥)(叁·6020 背/35)

⧄嘉禾六年正月十二日都鄉典田掾蔡忠白(叁·6223 正/36)

⧄及仲(帥)(叁·6223 背/36)

⧄……典田掾蔡忠白(叁·6224 正/36)

⧄吏及仲(帥)(叁·6224 背/36)

⧄錢[1]畢自送牒⧄(伍·813/6)

⧄□還縣不得持還[2]⧄(伍·814/6)

⧄……正月十二日[3]……(伍·1407 正/6)

⧄及帥(伍·1407 背/6)

⧄……(伍·1568 正/6)

⧄[4]自送牒還縣不得持還鄉典田吏及帥(伍·1568 背/6)

⧄民自送[5]牒還縣不得持還鄉典田吏及仲(帥)(伍·1914/6)[6]

⧄……(伍·1942 正/6)

⧄持牒還縣不得持還鄉典田吏及帥(伍·1942 背/6)

⧄……還縣不得持□⧄(伍·2009/6)[7]

⧄□　嘉禾六年正月……⧄(伍·2032 正/6)

⧄民自送牒還縣不得持還鄉典田吏及仲(帥)⧄(伍·2032 背/6)

⧄……侯相　……年正月十二日都鄉典田掾蔡忠白(伍·2034 正/6)

⧄……縣不得持還鄉典田吏及帥(伍·2034 背/6)

⧄□侯相　……月□□日都鄉典田……白(伍·2036 正/6)

---

① "錢",原闕釋,今據圖版補。此爲背面,正面當有文字。

② "持還",原闕釋,今據圖版補。此爲背面,正面當有文字。

③ "正月十二日",原闕釋,今據圖版補。

④ "自"前原釋有"畢民",今據圖版删。

⑤ "送",原釋作"持",今據圖版及文例改。

⑥ 該簡正面應有文字。

⑦ 該簡正面應有文字。

〼□縣不得持還鄉典田吏及帥(伍·2036背/6)

〼……月十二日都鄉典田掾蔡忠白(伍·2037正/6)

〼典田吏及帥(伍·2037背/6)

〼……正月十二日□鄉典田掾蔡忠白(伍·2038正/6)

〼□□鄉典田吏及帥(伍·2038背/6)

〼……正月十二日都鄉典田□□忠□(伍·2041正/6)

〼及帥(伍·2041背/6)

〼……六□正月十二日□鄉……(伍·2042正/6)

〼吏及帥(伍·2042背/6)

〼故户出錢……侯相　……年正月十二……(伍·2052正/6)

【注】依文例,"故户"下脱品級。

〼民自送牒還縣不得持還鄉典田吏及帥(伍·2052背/6)

〼……　……都鄉典田掾……(伍·2053正/6)

〼典田吏及帥(伍·2053背/6)

〼……〼(伍·2055正/6)

〼民自送牒還縣不得持還鄉典〼(伍·2055背/6)

〼……(伍·2056正/6)

〼縣不得持還鄉典田吏〼(伍·2056背/6)

〼……　嘉禾六年正月十二日都鄉典田掾蔡忠白(伍·2122·圖10-21/6)①

〼禾六年正月十②□日都鄉典田掾蔡忠白(伍·2195正/6)

〼田吏及仲(帥)(伍·2195背/6)

……(伍·2203正/6)

〼持還鄉典田吏及仲(帥)(伍·2203背/6)

……〼(伍·2236正/6)

入錢畢民自送牒〼(伍·2236背/6)

〼嘉禾六年正月十二日都鄉典田掾蔡忠白(伍·2257正/6)

---

① 該簡背面當有套語。

② "十",原闕釋,今據圖版補。

　　▨典田吏及仲(帥)(伍・2257背/6)

▨侯相　嘉禾▨(柒・1973正/17)

　　▨不得持還鄉典▨(柒・1973背/17)

▨……▨(柒・1976正/17)

　　【注】本簡有字迹,無法辨識。

　　▨□錢(?)▨(柒・1976背/17)

▨……▨(柒・1977正/17)

　　【注】本簡有字迹,無法辨識。

　　▨田吏及仲(帥)▨(柒・1977背/17)

▨故户□品出錢……侯相　……▨(柒・4705正/19)

　　▨自送牒還縣不得持還鄉典田吏及仲(帥)▨(柒・4705背/19)

二　模鄉新户出錢上中下品人名簿綜合整理

《竹簡〔伍〕》發掘簡第6、11盆中聚集出現了數量不少的模鄉新户型户品出錢簡,并且有兩幅相關的揭剥圖:伍・圖9(Ⅰd⑧,含14枚)和圖36(Ⅱa⑦,含9枚),成坨簡合計23枚。除這兩個成坨簡外,模鄉新户型户品出錢簡還散見於發掘簡第6盆(10枚)、第11盆(14枚)、第12盆(2枚),散簡合計26枚。

如前所述,揭剥圖伍・圖9(Ⅰd⑧)所含的户品出錢簡有中鄉故户型和模鄉新户型兩類。模鄉新户型簡主要出現在揭剥圖下部,由内至外大致分布着上品、中品、下品出錢簡,不明户品出錢簡2枚。

揭剥圖伍・圖9(Ⅰd⑧)

揭剥圖伍·圖36(Ⅱa⑦)共計66枚簡,其中,57枚户口、倉米、田地等類型文書簡;9枚模鄉新户型簡,分别爲1枚上品出錢簡,2枚中品出錢簡,3枚下品出錢簡,3枚不明户品出錢簡,諸品出錢簡相夾雜,分布層次不清晰。

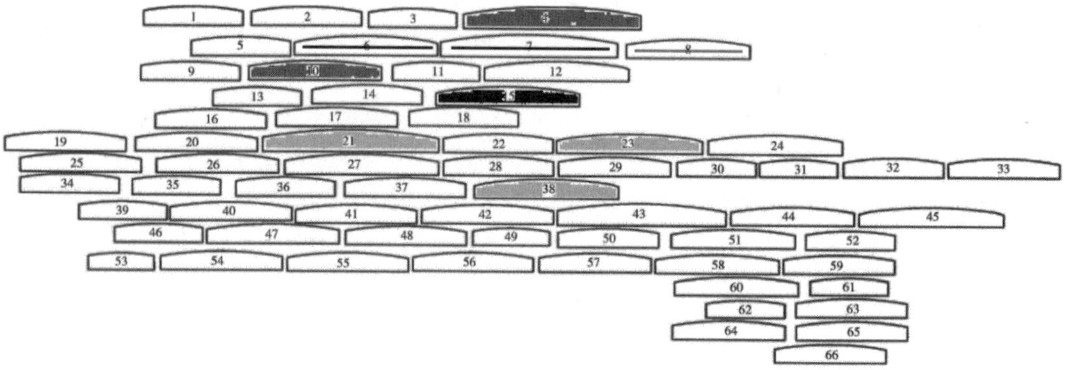

揭剥圖伍·圖36(Ⅱa⑦)

過去我們整理的模鄉新户型户品出錢簡聚集出現在《竹簡〔肆〕》發掘簡第2盆(應屬Ⅰb)中,發掘簡第4盆中有2枚殘簡,共計35枚。加上《竹簡〔伍〕》中出現的49枚,迄今所見模鄉新户型户品出錢簡總計84枚。模鄉新户型簡聚集出現的發掘簡第2盆和揭剥圖伍·圖9、36分别屬於Ⅰb、Ⅰd、Ⅱa。據整理者介紹,Ⅰb疊壓在Ⅰd之上,而Ⅰd與Ⅱa相連,[①]這三段竹簡位置聯繫緊密。不僅如此,這些模鄉新户型簡内容、格式一致,簡牘形制比較齊整,完簡長約23.8-24.6厘米,寬約1.2-1.6厘米,内側編痕間距長約7.8厘米。總的看來,這些模鄉新户型户品出錢簡原來應從屬於同一簡册。

目前所見的模鄉新户型户品出錢簡中,未見標題簡和結計簡,上品出錢簡9枚,中品出錢簡20枚,下品出錢簡34枚,此外還有8枚不明户品簡和10枚殘簡。有些殘簡可以綴合(綴合圖版參見附録一),如:

9.模鄉大男李畢(?)新户下品出錢五千五百九十四⍁錢[②]臨湘侯相　嘉禾五年十二月十八日模鄉典田掾烝若白(伍·6632·圖36-38+6715/11)

10.模鄉大男區佃新[③]户下品出錢五千五百九十四□□湘[④]□□⍁　嘉禾五年十二月十八日模鄉典田掾烝若白(伍·6750/11+肆·3723/4)

---

① 走馬樓簡牘整理組編著《長沙走馬樓三國吴簡·竹簡〔肆〕》,756頁。

② "錢",原闕釋,據拼合圖版補。

③ "新",原釋作"故",今據圖版改。

④ "五千五百九十四□□湘",原闕釋,今據圖版補。

簡9和簡10拼接處茬口基本吻合，綴合之後長度分别約爲23.8（11.1+12.7）厘米、24.2（14.5+9.7）厘米，形制與其他模鄉新户型簡一致。

我們參照中鄉故户出錢上中下品人名簿，亦按上、中、下品依次編排模鄉新户出錢簡，各户品之内暫按出版號順序排列，不明户品簡和殘簡附後。

模鄉大男黄欽新户上品出錢一萬三千臨湘侯相　嘉禾五年十二月十八日模鄉典田掾烝若白（肆・1382/2）

模鄉大男□□新户上品出錢一萬三[1]千臨湘侯相　……模鄉典田掾□□白（伍・1898/6）

模鄉大男洪黨新户上品出錢一萬三[2]千臨湘侯相　嘉禾五年十二月十八日模鄉典田掾烝若白（伍・2088・圖9-32/6）

模鄉大男誦□新户上品出錢一萬三千臨湘侯相　嘉禾五[3]年十二月十八日模鄉典田掾烝若白（伍・2094・圖9-38/6）

模鄉大男謝□新户上品出錢一萬□千臨湘侯相　嘉禾五年十二月十八日模鄉典田掾烝若白（伍・2095・圖9-39/6）

模鄉大男殷賢新户上品出錢一萬三千臨湘侯相　嘉禾五[4]年十二月十八日模鄉典田掾烝若白（伍・2097・圖9-41/6）

模鄉大男文柱新户上品出錢一萬三千臨湘侯相　嘉禾五[5]年十二月十八日模鄉典田掾烝若白（伍・2099・圖9-43/6）

模鄉大男陳屯新户上品出錢一萬三[6]千臨湘侯相　嘉禾五年十二月十八日模鄉典田掾烝若白（伍・6609・圖36-15/11）

模鄉大男□□新[7]户上品出錢一萬三[8]千臨湘侯相　嘉禾五年十二月十八日模鄉典田掾烝若白（伍・6709/11）

---

① “三”，原釋作“二”，今據圖版改。
② “三”，原釋作“五”，今據圖版改。
③ “五”，原釋作“六”，今據圖版及文例改。
④ “五”，原釋作“六”，今據圖版改。
⑤ “五”，原釋作“六”，今據圖版改。
⑥ “三”，原釋作“二”，今據圖版改。
⑦ “新”，原闕釋，今據圖版補。
⑧ “三”，原釋作“二”，今據圖版改。

模鄉大男謝牒新户中品出錢九千臨湘侯相　嘉禾五年十二月十八日模鄉典田掾烝若白(肆·1385/2)

模鄉大男潘□新户中品出錢九千臨湘侯相　嘉禾五年十二月十八日模鄉典田掾烝若白(肆·1386/2)

模鄉大男張郡新户中品出錢九千臨湘侯相　嘉禾五年十二月十八日模鄉典田掾烝若白(肆·1387/2)

模鄉大男潘⿰□攵新户中品出錢九千臨湘侯相　嘉禾五年十二月十八日模鄉典田掾烝若白(肆·1398/2)

模鄉大男張隡新户中品出錢九千臨湘侯相　嘉禾五年十二月十八日模鄉典田掾烝若白(肆·1400/2)

模鄉大男□陳新户中品出錢九千臨湘侯相　嘉禾五年十二月十八日模鄉典田掾烝若白(肆·1401/2)

模鄉大男□魯新户中品出錢九千臨湘侯相　嘉禾五年十二月十八日模鄉典田掾烝若白(肆·1403/2)

模鄉大男陳客新户中品出錢九千臨湘侯相　嘉禾五年十二月十八日模鄉典田掾烝若白(肆·1404/2)

模鄉大男五⿰氵□新户中品出錢九千臨湘侯相　嘉禾五年十二月十八日模鄉典田掾烝若白(肆·1408/2)

模鄉大男□□新户中品出錢九千臨湘侯相　嘉禾五年十二月十八日模鄉典田掾烝若白(肆·1429/2)

模鄉大男烝□新户中品出錢九千臨湘侯相　嘉禾五年十二月十八日模鄉典田掾烝若白(肆·1430/2)

模鄉大男□□新户中品出錢九千臨湘侯相　嘉禾五年十二月十八日典田掾烝若白(肆·1443/2)

模鄉大男鄧平新户中品出錢九千臨湘侯相　嘉禾五年十二月☑(肆·1452/2)

模鄉大男賈奴(?)新户中品出錢九千臨湘侯相　嘉禾五年十二月十八日[1]模鄉典田掾烝若白(伍·1842/6)

模鄉大男潘□新户中品出錢九千臨湘侯相　嘉禾五年十二月十八日模鄉典田掾烝

① "十二月十八日",原釋作"三月十一日",今據圖版改。

若白(伍・2081・圖 9-25/6)

模鄉大男文□新户中品出錢九千臨湘侯相　嘉禾五年十二月十八日模鄉典田掾烝若白(伍・2086・圖 9-30/6)

□鄉大男區泉新户中品出錢九千臨湘侯相　嘉禾五年十二月九日模鄉典田掾烝若白(伍・2087・圖 9-31/6)

模鄉大男□關新户中品出錢九千臨湘侯相　嘉禾五年十二月十八日模鄉典田掾烝若白(伍・2089・圖 9-33/6)

模鄉大男唐□新户中品出錢九[1]千臨湘侯相　嘉禾五年十二月十八日模鄉典田掾烝若白(伍・6598・圖 36-4/11)

模鄉大男□□新户中品出錢九[2]千臨湘侯相　嘉禾五年十二月十八日模鄉典田掾烝若白(伍・6604・圖 36-10/11)

模鄉大女□妾新户下品出錢□千□百九十四錢臨湘侯相　嘉禾五年十二月十八日模鄉典田掾烝若白(肆・1363/2)

模鄉大男潘陽新户下品出錢五千五百九十四錢臨湘侯相　……(肆・1371/2)

……九十四錢臨湘侯相　嘉禾五年十二月十八日模鄉典田掾……(肆・1377/2)

模鄉□□□□新户下品出錢五千五百九十四錢臨湘侯相　嘉禾五年十二月十八日模鄉典田掾烝若白(肆・1383/2)

模鄉大男謝□新户下品出錢五千五百九十四錢臨湘侯相　嘉禾五年十二月十八日模鄉典田掾烝若白(肆・1391/2)

模鄉大男謝萇新户下品出錢五千五百九十四錢臨湘侯相　嘉禾五年十二月十八日模鄉典田掾烝若白(肆・1393/2)

模鄉大男烝忠新户下品出錢五千五百九十四錢臨湘侯相　嘉禾五年十二月十八日模鄉典田掾烝若白(肆・1394/2)

模鄉大男區政新户下品出錢五千五百九十四錢臨湘侯相　嘉禾五年十二月十八日模鄉典田掾烝若白(肆・1411/2)

模鄉大男烝馬新户下品出錢五千五百九十四錢臨湘侯相　嘉禾五年十二月十八日模鄉典田掾烝若白(肆・1422/2)

---

① “九”,原釋作“八”,今據圖版改。

② “九”,原釋作“八”,今據圖版改。

模鄉大女黄妾新户下品出錢五千五百九十四錢臨湘侯相　嘉禾五年十二月十八日模鄉典田掾烝若白(肆·1423/2)

模鄉大男鄧萬新户下品錢五千五百九十四錢臨湘侯相　嘉禾五年十二月十八日模鄉典田掾烝若白(肆·1424/2)

【注】"下品"下脱"出"字。

▨户下品出錢五千五百九十四錢臨湘侯相　嘉禾五年十二月十八日模鄉典田掾烝若白(肆·1433/2)

模鄉大男謝□新户下品出錢五千五百九十四錢臨湘侯相　嘉禾五年十二月十八日模鄉典田掾烝若白(肆·1459/2)

模鄉大男區須新户下品出錢五千五百九十四錢臨湘侯相　嘉禾五年十二月十八日模鄉典田掾烝若白(肆·1461/2)

▨出錢五千五百九十四錢臨湘侯相　嘉禾五年十二月十八日模鄉▨(肆·1525/2)

□鄉大□□□□户下[1]品出錢五千五百九十四錢[2]臨湘侯相　嘉禾五[3]年□□月□□日模鄉典田掾烝若白(伍·1861/6)

□鄉男子番□新户下品出錢五千五百九十四錢臨湘侯相　嘉禾五年十二月十八日[4]模鄉典田掾烝若白(伍·1882/6)

……户下品出……臨湘侯相　嘉禾□年……鄉典田掾烝若白(伍·1892/6)

模鄉大男吕□新户下品出錢五千五百九十四錢臨湘侯相　嘉禾五年十二[5]月十八日模鄉典田掾烝若白(伍·1893/6)

模鄉大男潘春新户下品出錢五千五百九十四錢臨湘侯相　嘉禾五年十二月十八日模鄉典田掾烝若白(伍·1937/6)

□鄉大男關(?)□新户下品出錢五千五百九十四錢臨湘侯相▨(伍·2017/6)

□鄉大男□□新户下品出錢五千五百九十四錢侯相　嘉禾□年□月□□日模[6]鄉典

---

① "下",原釋作"上",今據圖版改。

② "五千五百九十四錢",原釋作"一萬",今據圖版改。

③ "五",原釋作"六",今據圖版改。

④ "十二月十八日",原釋作"三月六日",今據圖版改。

⑤ "十二",原釋作"五",今據圖版改。

⑥ "模",原釋作"都",今據圖版改。

田掾烝若①白(伍・2082・圖 9-26/6)

□□大男□□新户下品出錢五千五百九十四錢臨湘侯相　……十二月十八日模鄉典田掾蒸若白(伍・2083・圖 9-27/6)

模鄉大男□□故户下品出錢五千五百九十四錢②臨湘侯相　嘉禾五年十二月十八日模鄉典田掾烝若白(伍・2084・圖 9-28/6)

模鄉大男鄧□新户下品出□五千五百□⧄(伍・2219/6)

模鄉大男□□新户下品出錢□□□百九十四錢臨湘侯相⧄(伍・6615・圖 36-21/11)

模鄉大男潘萇新户下品出錢五千五百九十四錢臨湘侯相　嘉禾五年十二月十八日模鄉典田掾烝若白(伍・6617・圖 36-23/11)

模鄉大男李畢(?)新户下品出錢五千五百九十四⧄錢臨湘侯相　嘉禾五年十二月十八日模鄉典田掾烝若白(伍・6632・圖 36-38+6715/11)

模鄉大男區佃新户下品出錢五千五百九十四□□湘□□⧄　嘉禾五年十二月十八日模鄉典田掾烝若白(伍・6750/11+肆・3723/4)

模鄉大男樂巡新户下品出錢五千五百……⧄(伍・6781/11)

模鄉大男蔡半新户下品出錢五千五百九十四錢……⧄(伍・6786/11)

模鄉大男鄧□新户下品出錢五千五百九十四錢臨⧄(伍・6788/11)

模鄉大男□□新户下品出錢五千五百九十四錢□⧄(伍・6857/11)

模鄉大男□□新户下品出錢五千五百九十四錢臨湘侯相　嘉禾五年十二月十八日模鄉典田掾烝若白(伍・6976/11)

模鄉大男樊山新户下品出錢五千五百九十四錢臨湘侯相　嘉禾五年十二月十八日模鄉典田掾烝若白(伍・6978/11)

不明户品簡

模鄉大男……臨湘侯相　嘉禾五年十二月十八日模鄉典田掾烝若白(肆・1356/2)

模鄉大男潘度新户……臨湘侯相　嘉禾五年十二月十八日模鄉典田掾烝若白(肆・1384/2)

模鄉……臨湘侯相　嘉禾五年十二月十八日模鄉典田掾烝若(肆・1436/2)

---

① “烝若”,原釋作“蔡忠”,今據圖版改。

② “錢”,原闕釋,今據圖版補。

……湘侯相　嘉禾五年十二月十八日模鄉典田掾烝若白(肆 · 1437/2)

模鄉男子……臨湘侯相　……月十八日模鄉典田掾烝若白(伍 · 1934/6)

□鄉大男……臨湘侯相　嘉禾五年十二月十八日模鄉典田掾烝若白(伍 · 2085 · 圖 9-29/6)

模鄉大男……出錢⧄(伍 · 2100 · 圖 9-44/6)

模鄉……臨湘侯相　嘉禾五年十二月十八日模鄉典田掾烝若白(伍 · 6602 · 圖 36-8/11)

殘簡

⧄嘉禾五年十二月十八日模鄉典田掾烝若白(肆 · 3724/4)

⧄千臨湘侯相　嘉禾五年十二月十八日模鄉典田掾烝若白(伍 · 6600 · 圖 36-6/11)

⧄□千臨湘侯相　嘉禾五年十二月十八日模鄉典田掾烝若白(伍 · 6601 · 圖 36-7/11)

⧄□模鄉典田掾烝若白(伍 · 6767/11)

⧄□鄉典田掾烝若白(伍 · 6769/11)

⧄□嘉禾五年十二月十八日模鄉典田掾烝若白(伍 · 6779/11)

⧄□年十二月十八日模鄉典田掾烝若白(伍 · 6782/11)

⧄……錢臨湘侯相　嘉禾五年十二月十八[1]日模鄉典田⧄(伍 · 6819/11)

⧄□年十二月十八日模鄉典田掾烝若白(伍 · 7273/12)

⧄掾烝若白(伍 · 7290/12)

三　户品出錢簿補論

走馬樓吴簡中僅遺存了三鄉五件户品出錢人名簿。孫吴臨湘侯國下轄十一鄉,[2]每鄉按新、故户分别編制,共計有二十二件户品出錢簿。相比之下,今遺存的三鄉五件不足四分之一。走馬樓吴簡可能主要是孫吴嘉禾年間臨湘侯相、丞及門下吏、廷掾處理過的一部分行政

---

① “十八”,原釋作“廿”,今據圖版改。

② 參見楊振紅《長沙吴簡所見臨湘侯國屬鄉的數量與名稱》,《簡帛研究二〇一〇》,桂林:廣西師範大學出版社,2012,139-144 頁;于振波《走馬樓吴簡所見鄉級行政》,長沙簡牘博物館編《長沙簡帛研究國際學術研討會論文集》,上海:中西書局,2017,107-110 頁。

簿書。[①] 遺存下來的這五件户簿書，應當是經過縣廷集議，從諸鄉户品出錢簿中選擇出來的；它們由主簿提交給臨湘侯相檢閱；[②]而臨湘侯相抽查了其中的兩件簿書，即都鄉新户型和模鄉故户型户品出錢簿，并在"（臨湘）侯相"之下的留空處批示"已"（存在代批的可能性），表示已經核查。然後，此三鄉五簡簿書一起歸檔，在廢弃時一并填埋在J22廢井中。

這五件簿書在J22中的遺存關係緊密。考察户品出錢簡聚集出現的揭剥圖、盆號和區段，如表一所示：

表1　户品出錢簿分布表

簿書類型	揭剥圖	盆號	區段
中鄉故户型	伍·圖3、4、6、9、10、11、12 柒·圖22、33	發掘簡第6、12盆 采集簡第19盆	Ⅰd、Ⅱc
都鄉故户型		采集簡第1、21、23盆	
都鄉新户型		采集簡第17盆	
模鄉故户型		采集簡第22盆	
模鄉新户型	伍·圖9、36	發掘簡第2、6、11盆	Ⅰb、Ⅰd、Ⅱa

其中，中鄉故户型和模鄉新户型户品出錢簿主要分布在Ⅰb、Ⅰd和Ⅱa、Ⅱc。這四個區段的竹簡聯繫緊密，Ⅰb疊壓在Ⅰd之上，Ⅰd與Ⅱa相連，而Ⅱa與Ⅱc（東）相接且有部分疊壓關係。[③] 而且中鄉故户型、模鄉新户型户品出錢簿一同聚集出現在發掘簡第6盆。由此看來，中鄉故户型與模鄉新户型户品出錢簿原來應當放置在一起。

都鄉故户型、都鄉新户型、模鄉故户型户品出錢簿，與部分中鄉故户型簡分别聚集出現在采集簡第17、21、22、23盆中。盆號相近表明其采集地點靠近，特别是都鄉故户型與模鄉故户型簡聚集出現在采集簡第21、22、23盆中，盆號相連，表明這兩件簿書原來也應當放置在一起。部分中鄉故户型簡所在的采集簡第19盆，與都鄉新户型簡（采集簡第19盆）以及模鄉故户型簡（采集簡第21盆）所在的盆號臨近。總的看來，都鄉新户型、中鄉故户型、都鄉故户型、模鄉故户型簡的遺存關係是比較密切的。這使我們有理由相信，三鄉五件户品出錢簿在J22中原本是棄置在一起的。

諸鄉户品出錢簡分爲"故户"與"新户"兩種。新户三品繳納的户品出錢皆多於故户，其

① 參見凌文超《吴簡與吴制·緒論》，1頁。
② 臨湘侯國縣政運作程序，請參見凌文超《黄蓋治縣：從吴簡看〈吴書〉中的縣政》，《"中研院"歷史語言研究所集刊》第91本第3分，2020，463-518頁。
③ 走馬樓簡牘整理組編著《長沙走馬樓三國吴簡·竹簡〔肆〕》，756-758頁。

原因何在？過去我們注意到“隱核波田簿”中提到的“新故錢米”（叁·7218）。吴簡中與“新故錢米”有直接聯繫的只有新、故户品出錢和八億錢准入米。這使我們容易聯想到，户品出錢（亦即八億錢）的用途與波田的興修直接相關。新户繳納的户品出錢之所以多於故户，主要是因爲新户一開始合法占地面積要少於故户，新户要取得有水利保障的田地，甚至獲取與故户相同面積的田畝，勢必需要繳納更多的户品出錢。[①]

户品出錢繳納的日期集中在嘉禾五年底至嘉禾六年初。比對都鄉、模鄉户品出錢簿與嘉禾四年吏民田家莂，不少故户民見於嘉禾四年田家莂，例如：

11.模鄉郡吏潘真故户上品出⧄（壹·1303/4）

12.≡五唐丘郡吏潘真，佃田七町，凡卅五畝，皆二年常限……（4.110）

13.都鄉男子區布故户下品出⧄（貳·6892 正/21）

14.≡濁丘男子區布，佃田四町，凡九畝，皆二年常限……（4.488）

15.都鄉大男原還故户下品出錢四千⧄（貳·3493 正/18）

16.≡緒中丘男子原還，佃田十一町，凡卌三畝，皆二年常限……（4.438）

但是，同時見於都鄉、模鄉新户型簡和嘉禾四年田家莂的僅能找到一個人名對應簡例：

17.模鄉大男潘萇新户下品出錢五千五百九十四錢臨湘侯相　嘉禾五年十二月十八日模鄉典田掾烝若白（伍·6617·圖 36-23/11）

18.□□丘男子潘萇，佃田十一町，凡卌四畝，皆二年常限……（4.592）

不過，在中鄉故户型簡中也見有“潘萇”：

19.中鄉大男潘萇故户上品出錢一萬二千侯相　嘉禾六年正月十二日都□□田□⧄（伍·1627 正·圖 6-43/6）

中鄉“潘萇”還見於多枚嘉禾元、二年券莂（貳·429、叁·3185、伍·3170），另外還有嘉禾二年西鄉“潘萇”（壹·7334）等。從這些情况看來，尚無簡例可以確證户品出錢簿中登記的新户在嘉禾四年擁有政府分配的“佃田”。他們擁有合法的“佃田”應當晚至嘉禾五年以後，也就是他們繳納户品出錢後，可能纔擁有合法的田地。這一推論至今我們仍未發現反證。

---

① 凌文超：《走馬樓吴簡三鄉户品出錢人名簿整理與研究——兼論八億錢與波田的興建》，《文史》2017 年第 4 輯，收入其著《吴簡與吴制》，302-305 頁。

户品出錢簿中登記的“故户”與“新户”，爲我們探討孫吴臨湘侯國對吏民的管理提供了條件。一方面，户品出錢簿中的“新户”，與“故户”相比最明顯的不同是，無論都鄉，還是模鄉，其“新户”無人擔任吏卒，登記的身份均爲大男（男子）、大女；而三鄉“故户”均有擔任吏卒的簡例，如：州吏（壹・173、430、649、貳・6706），郡吏（壹・1288、1303、貳 3618、6754、8257、8259、伍・2046、2125），縣吏（貳 7012、8378、伍・1622、2031、2098、柒・2521、3843），州卒（壹・379、546、貳・7172），郡卒（貳・6753），軍吏（貳・6551），□吏（壹・1226、1519、1540、叁・3336）。由此看來，孫吴時期的吏卒（州郡縣吏、卒和軍吏）之職一般由“故户”擔任，“新户”可能尚無資格。

另一方面，户品出錢簿中的“故户”、“新户”就是户籍簿中的“黄簿民”、“新占民”。“故户”與“黄簿民”、“新户”與“新占民”爲同指异稱。①我們可以爲此舉出明確的例證。例如，揭剥圖陸・圖 15 對應的成坨簡主要是嘉禾五年都鄉春平里“黄簿民”和“新占民”户口簡及其標題簡、結計簡。其中，“黄簿民”户人以“春平里”起始，而“新占民”以“大男”起始，兩者格式之别很分明。②比對都鄉户品出錢簿與都鄉春平里户籍簿，兩者分别存在“故户”與“黄簿民”、“新户”與“新占民”對應的簡例，如：

20.都鄉男子區布故户下品出▨（貳・6892 正/21）
21.春平里男子區布年五十四　筭風病（陸・1443・67）

22.都鄉大男區通新户下品出錢五千五百九十四侯相已……（貳・2941 正/17）
23.大男區通年卌八盲左目　苦腹心病（陸・1405・29）

簡 22“區通”之“通”，原釋文標記“通（?）”，核對圖版“”，與簡 23 對應字形“”一致，今删去“（?）”。諸如此類，圍繞相關問題，運用“簿書互證法”，③結合户品出錢簿與户口簿籍等進行研討，是今後值得深入開展的課題。

---

① 參見連先用《試論吴簡所見的“黄簿民”與“新占民”》，《文史》2017 年第 4 輯，105－106 頁。

② 參見崔啓龍《走馬樓吴簡所見“黄簿民”與“新占民”再探——以嘉禾五年春平里相關簿籍的整理爲中心》，中國文化遺産研究院編《出土文獻研究》第 18 輯，上海：中西書局，2019，348－387 頁。

③ 凌文超：《吴簡與吴制・緒論》，10 頁。

附録一

伍·1430+1599 正/背　伍·1625+2079 正/背　伍·1429+1592 正/背　伍·6632+6715　伍·6750+肆·3723

中日韓出土九九表簡牘及其基層社會的數學學習*

□ 中國社會科學院古代史研究所 戴衛紅

内容提要 從東亞簡牘文化傳播的大背景來看，中日韓三國均有九九表簡牘出土，它們是漢字文化傳播交流中的一部分。中日韓三國出土的九九表簡牘共同點表現在：（一）三國出土九九表簡牘均采用從9段依次到下段的排列順序；（二）在等因相乘時，均使用重文符號；（三）均用廿、卅、卌分别表示20、30、40；（四）使用人群不僅有基層吏員還有手工業者；（五）九九表不僅是算學教育中使用的教材，也是基層吏員、手工業者們再學習的教材和練習素材；（六）在乘積爲個位數時，乘數與積的連接詞"而""如"的使用上，均出現省略的情況，這一方面受到書寫者個人的影響，一方面也是九九表在實際運用中、簡略的體現。因爲時代的不同、九九表自身的完善發展造成三國出土九九表簡牘在内容上也稍有不同。另外，不同書寫者，以及書寫目的、作用不同，導致其書寫的内容、格式也稍有不同。先秦以來，九九表便是當時學習算術者必備的基礎知識，僅僅會書寫還不够，必須正確熟練地使用。到唐代，國子監設置算學博士，以算書十經爲教材，新羅、日本的算學教育受到唐朝的影響。但并不是所有人都有機會進入學官學習，爲了進入仕途及考課升遷，基層社會的吏員除了學校學習外，平時亦需練習書寫、數學能力，作爲數學計算基礎的九九表，就成爲常用素材，這也是中日韓三國都有九九表簡牘出土的原因之一。在東亞基層社會廣泛使用的九九表是理解漢字文化傳播和交流的鮮活而寶貴的一手材料。

關鍵詞 九九表簡牘 九九乘法口訣表 孫子算經 立成算經 東亞

* 本文爲國家社會科學基金項目"秦漢魏晋時期基層吏員研究"（批准號 19BZS022）階段成果。

中國傳統的九九表,有"大九九"和"小九九"之分。"大九九"包括小因大因相乘(被乘數小,乘數大)、大因小因(被乘數大,乘數小)相乘、等因(被乘數與乘數相等)相乘,即 1 至 9 中的九個數,每兩數相乘所得乘積,共 81 句口訣。大九九在傳世文獻中最早見於清代陳傑所著《演算法大成》。"小九九"則只包括小因大因相乘和等因相乘兩種。九九口訣在戰國時代已經流行,《管子》《戰國策》《荀子》《逸周書》《穆天子傳》《鶡冠子》《吕氏春秋》等文獻常常引用"九九"的一句或者若干句口訣。① 傳世文獻中,最早記載從"九九八十一"到"一九如九"45 句"小九九"口訣的,是《孫子算經》。但《孫子算經》中的九九口訣不是作爲九九乘法表單獨出現的,而是出現在算經中的算題前。元代朱世傑著《算學啓蒙》一書所載的 45 句口訣,已是從"一一"到"九九",并稱爲九數法。

20 世紀以來,在中日韓三國出土了多件單獨的、内容或完整或殘缺的九九表,其記録材質有木簡、磚、瓦、紙,其時代從公元前 4 世紀跨度到公元 10 世紀,爲我們了解九九表在長時段、廣空間的發展、流傳提供了寶貴的一手材料。到目前爲止,中國出土了 40 種九九表,其中有 22 種九九表簡牘,另外,清華簡中《算表》以九九乘法表爲基礎,更能説明九九乘法表在先秦時期已經十分成熟。韓國出土了 1 件九九表木簡和 1 件刻有九九口訣的瓦。截至 2016 年,日本共出土 44 件九九算木簡。在韓國,"九九表"被學界稱爲"九九段";在日本被稱爲"九九算",爲了論述的方便,本文將其統稱爲"九九表",將出土的九九乘法表竹簡、木簡、觚統稱爲"九九表簡牘"。

關於中日韓考古發現的九九表簡牘,三國學術界已有很多研究成果。1991 年甌燕、文本亨、楊耀林以深圳市南頭紅花園漢墓出土東漢九九乘法口訣青磚爲基礎,溯源了"九九之術",并探討了九九口訣的演變。② 2003 年,劉金華搜集了出土簡牘資料中保存的四批凡七處九九資料,認爲九九乘法表的多次出現尤其是出現在當時邊境地區的軍事人員的相關記載中,説明當時九九乘法表的流傳和使用十分廣泛,屬於一種基本的數學常識。③ 2007 年,王焕林對里耶秦簡"九九乘法表"進行了文字校詁、數理内涵、易學觀念三方面的探析。他也同意杜石然的意見,認爲最早也要到魏晋時代,中國數學家纔確定了乘法定義。④ 2012 年,韓巍介紹了北京大學收藏的秦簡牘中的數學文獻,認爲"九九術"所采用的表格形式至遲在戰國晚期已經定型,此後流傳過程中很少發生變化。將"九九術"表格抄録於"算題彙編"之

---

① 關於先秦、兩漢傳世文獻中所援引的九九口訣,已有學者進行過搜集整理,參見甌燕、文本亨、楊耀林《從深圳出土乘法口訣論我國"九九之術"》,《文物》1991 年第 9 期。不過,要注意的一點是,此文在總結這些資料時,提到"六五三十(《管子》《靈樞經》《新書》),六三十八(《靈樞經》),五二一十(《靈樞經》)",這樣的表述很容易讓人産生先秦時已有大因乘小因口訣的誤解,實際上,《管子》《新書》中均記載爲"五六三十",《靈樞經》中記載爲"三六十八""二五一十"這樣小因乘大因的形式。

② 甌燕、文本亨、楊耀林:《從深圳出土乘法口訣論我國"九九之術"》,《文物》1991 年第 9 期。

③ 劉金華:《秦漢簡牘"九九殘表"述論》,《文博》2003 年第 3 期。

④ 王焕林:《里耶秦簡校詁》,北京:中國文聯出版社,2007,177 頁。

前，説明它是當時學習算術者必備的基礎知識，可能也有方便隨時查閱的用意。[①] 2013 年，李均明、馮立昇將清華竹簡中的《算表》歸類於戰國時期的"大九九"計算工具，并探討了清華《算表》與里耶秦簡九九表的异同。[②] 2016 年，司曉蓮和曲元凱對《肩水金關漢簡（貳）》中所見的"九九殘表"進行了部分補充。[③]

關於敦煌文書中 3 件藏文九九表寫本的歷史年代、文字特點、内容、數學含義等，學術界多有探討，1985 年華侃從漢藏比較的角度對敦煌古藏文寫卷"九九乘法表"中的漢藏文化、唐代語音等問題進行了探討。[④] 2010 年，傅千吉和肖鵬直接將敦煌古藏文寫卷的一則藏文"九九乘法表"歸爲天文曆算類，探討其與天文演算法之間的關係。[⑤] 2011 年張小虎對敦煌算經文書中存有九九乘法表的 12 件文書進行了分析，認爲這些九九乘法表中的"都""文"等字詞具有特定的含義；九九乘法表中的記數符號在唐、五代時期敦煌地區的使用已較廣泛，它們與黑水城文書及《潛虚》中的記數符號存在相關性；九九乘法表中的一系列大寫數字的出現是唐、五代時期敦煌、吐魯番兩地貿易興盛和人員往來交流不斷的體現；九九乘法表的句數與排列順序表明宋朝以前的九九乘法表總體上具有比較穩定的内容與順序。[⑥] 2015 年，劉英華對三則藏文"九九乘法表"進行了修復、翻譯及評析。[⑦] 2019 年，才項多傑梳理了敦煌本藏文九九乘法寫本與西藏籌算中的九九乘法寫本的關係及其發展演變過程。[⑧]

學術界對九九乘法表的名稱，也有討論。韓巍提出"隸首"是中國古代對"九九乘法表"的一種别稱的可能性；[⑨]程少軒也認爲北大秦簡《魯久次問數於陳起》爲"酈首"是"九九乘法表"專名提供了重要綫索，并正式提出"隸首"爲"九九乘法表"專名。[⑩]

2019 年，黄悦首次運用漢語韻律學的相關理論，認爲秦漢簡牘"九九乘法表"，使用"而""如"的總數達 30 例，不用的僅有 2 例，這 2 例正好説明西漢中後期韻素音步和音節音步此消彼長的狀況，在這個從韻素音步到音節音步轉型的大趨勢下，大多數單音節詞都要雙音化，成爲音節音步以後纔能使用，如"而一""如十"，而西漢中後期"二五十"與"二五而十""二四八"與"二四而八"共存，正是該時期韻素音步向音節音步過渡的重要例證。到了唐

① 韓巍：《北大秦簡中的數學文獻》，《文物》2012 年第 6 期。
② 李均明、馮立昇：《清華簡〈算表〉概述》，《文物》2013 年第 8 期。
③ 司曉蓮、曲元凱：《讀〈肩水金關漢簡（貳）〉札記》，《集美大學學報（哲學社會科學版）》2016 年第 4 期。
④ 華侃：《敦煌古藏文寫卷〈乘法九九乘法表〉的初步研究》，《西北民族學院學報（哲學社會科學版）》1985 年第 3 期。
⑤ 傅千吉、肖鵬：《敦煌吐魯番文獻中藏漢天文曆算文化關係研究》，《西藏大學學報（科學版）》2010 年第 4 期。
⑥ 張小虎：《敦煌算經九九乘法表探析》，《温州大學學報（自然科學版）》2011 年第 2 期。修訂版見張小虎《敦煌算經九九乘法表探微》，中共高臺縣委、高臺縣人民政府、甘肅敦煌學學會、敦煌研究院文獻所、河西學院編《高臺魏晋墓與河西歷史文化研究》，蘭州：甘肅教育出版社，2012。
⑦ 劉英華：《敦煌本藏文算書研究》，《西藏大學學報（社會科學版）》2015 年第 1 期。
⑧ 才項多傑：《敦煌出土藏文九九乘法寫本與西藏籌算中的九九乘法表的關係研究》，《敦煌研究》2019 年第 5 期。
⑨ 韓巍：《北大藏秦簡〈魯久次問數於陳起〉初讀》，《北京大學學報（哲學社會科學版）》2015 年第 2 期；韓巍、鄒大海整理：《北大秦簡〈魯久次問數於陳起〉今譯、圖版和專家筆談》，《自然科學史研究》2015 年第 2 期。
⑩ 程少軒：《也談"隸首"爲"九九乘法表"專名》，《出土文獻研究》第 15 輯，上海：中西書局，2016，119-126 頁。

代,漢語的音步類型已經發生巨大轉變,雙音化已成爲漢語發展之大勢,"九九乘法表"中雙音節"一十"的使用數量亦大大超過單音節"十"的數量。[①] 這爲我們研究九九表提供了新的學術視角。

關於日本木簡中九九表的研究,小林博隆在《屋代遺迹群出土"九九木簡"の再評價》中將記載九九表的木簡,分類爲呪符、物忌札、習書、文書等形式。[②] 三上喜孝注意到平城宫第478次調查出土木簡"一九如九"中有"如"字,《孫子算經》九九表中在乘積爲個位數的情况下,會加入"如"字,如"一九如九",他認爲這一點影響了日本;還總結了新瀉出土的九九表木簡的特點,認爲它是爲了練習九九表而做的習書,其中"一九又九"與屋代遺址的"如"字不同。從日本7-8世紀前後的平城宫和七社遺址等地出土的九九口訣表木簡資料中,可以瞭解古代地方名門貴族學習知識的情况和方法。在回顧了九九表木簡的源流後,他認爲九九表從中國經由朝鮮半島傳到日本的可能性很高。中日九九表木簡的不同點表現在,中國從右至左連續書寫;日本從上至下連續書寫,這種書寫方式的不同也表現在中日朔日干支簡的書寫上。[③] 桑田訓也統計了日本出土的九九表木簡,總結了日本九九表木簡的一些普遍特徵,如9段和8段書寫得最多,并留有書法練習和塗鴉亂寫的痕迹。指出最近出土的九九表木簡中,有計算錯誤,而且還有從左向右書寫的情况;并對今後的研究提出了展望。[④]

2011年,韓國扶餘雙北里出土了九九表木簡,2016年1月20日韓國文化財團發布了相關報導材料介紹這枚九九表木簡,確認它爲朝鮮半島最早的"九九乘法表"木簡,指出它與在中國和日本發現的九九表不同,是非常系統和實用的,是百濟時代數理體系確立的重要資料。同年,孫煥一對百濟扶餘雙北里出土九九表木簡(557年左右)和傳大田月坪東山城九九表蓋瓦(6-7世紀初)這兩件幾乎是同一時期的九九乘法表進行了探討,認爲百濟九九乘法表主要用於行政事務,共36句口訣,使用了"二四八"等最簡約的記録方式;而中國或日本的木簡則是通過添加虚詞的方法來協調簡文字數,這是百濟木簡與其他國家的九九乘法表木簡在記録方式上的不同之處。[⑤] 尹善泰分析了扶餘雙北里出土九九表木簡的形制和内容,認爲九九表木簡區分9段和8段,分欄記録,每段獨立完整的情况與中國、日本不同。九九表木簡原本爲"直角三角形"的形狀,與將《周髀算經》中3∶4∶5的直角三角形理解爲宇宙的整體構想相關。百濟不僅接受了九九術,而且在認識九九術的基礎上,孕育出對萬物與數

① 黄悦:《從出土"九九乘法表"看漢語韻律類型演變》,《韻律語法研究》第4輯,2019。

② 小林博隆:《屋代遺迹群出土"九九木簡"の再評価》,《信濃》58-12,2006。

③ 三上喜孝:《日本出土的古代木簡—近年(2008-2011)出土木簡》,韓國木簡學會《木簡與文字》第7卷,2011,194頁。

④ 桑田訓也:《日本의구구단·暦관련 출토 문자 자료와 그연구 동향-木簡을 중심으로-》,韓國木簡學會《木簡與文字》第17卷,2016,195-210頁。

⑤ 孫煥一:《百濟九九段的記録體系和書體——以扶餘雙北里出土九九段木簡和傳大田月平洞山城收拾九九段蓋瓦爲中心》,《韓國史學史學報》第33輯,2016。

的相關性、天地宇宙秩序與數的相關性的觀念。[①] 2019 年，李柱憲認爲中國和日本的九九表實物資料在記述方式和形態上具有相似之處，在有限的空間内都没有區分特别的段，而是直接從九段開始連續往下寫，這與百濟木簡中出現的標準化有所不同。從九九口訣表公式看，里耶資料中出現了“二五而十”的“而”字、日本木簡中出現了“一九又九”的“又”字，而百濟九九表中没有這些虛詞連接。百濟泗沘都城内出土的早於日本的九九口訣表木簡，證明東亞文物是按照“中國—朝鮮半島—日本(倭)”的路徑傳播的。[②]

那麽，從公元前 4 世紀的九九表簡牘到公元 10 世紀或更晚的九九表紙本，“九九表”本身的内容、用詞特點是什麽，在這麽長的時間内發生了什麽樣的變化？中日韓三國九九表簡牘在記録方式、内容、書寫格式等方面有什麽异同？本文將以中日韓三國出土的九九表簡牘爲中心，探討它們本身的特點、九九表中的字詞、九九表内容以及三國出土九九表簡牘的异同點，進而關注公元前 4 世紀至公元 10 世紀東亞地區的數學教育、基層社會的數學學習，以及九九表作爲漢字文化的一部分在東亞的傳播情况。

一　中國出土的九九表簡牘

(一) 戰國中期的《算表》竹簡

根據李均明、馮立昇的介紹，清華竹簡中的《算表》共 21 支簡，其中較完整的 17 支，長約 43.5 厘米，寬 1.2 厘米，厚 0.13 厘米，呈黄褐色。原册以三道繩編聯，原來的編繩已經無存，不過它的痕迹保留了下來。上編繩距離竹簡的頂端、下編繩距離竹簡的底端都是 2 厘米，中編繩基本在整個竹簡的中部。另外，竹簡從上至下，共有 18 條紅色的欄綫，横穿於 21 支竹簡的簡面。除了最上端和最下端的紅色欄綫外，其他 16 條欄綫都是經過先墨後朱兩次繪制而成的。18 條欄綫加上三道編繩，一共 21 條綫，將整個《算表》横向隔成 20“列”。而每支竹簡自然構成爲表格縱向的竪“行”，一共 21 行。依據同批竹簡 C^{14} 測定及自身特點，其當撰成於戰國中期偏晚。《算表》的 21 支竹簡組成一個 20 行、20 列的十進位乘法表；能利用《算表》對二位元數位(其中包含 1/2)進行乘法、除法運算。[③] 根據大量先秦文獻引用“九九”的一句或者若干句，學術界推測在春秋戰國時期應該已經有了完整的九九乘法口訣表，但一直以來没有得到證實。清華簡《算表》的出土，確定無疑地證實了這種推測。馮立昇認爲製成表格的演算法形式，是中國傳統數學和曆算中的重要形式，但它出現的年代不清楚，《算表》

① 尹善泰：《百濟的九九段木簡與術數學》，《木簡與文字》第 16 卷，2016，13-37 頁。
② 李柱憲：《韓國木簡的考古發掘與整理研究》，《鄭州大學學報》2019 年第 4 期。
③ 李均明、馮立昇：《清華簡〈算表〉概述》，《文物》2013 年第 8 期。

使我們發現了其更早的淵源。[①] 此表之核心是由乘數、被乘數"九"至"一"及乘積"八十一"至"一"諸數構成的乘法表。被乘數及乘數爲十位數、分數及其積數皆爲核心部分之延伸擴展。《算表》所見數碼的排列方式與九九術相類，都是按由大到小的順序排列，可見它是當時已廣泛使用的九九術衍生出來的運算工具。[②]

《算表》中不僅有 1 乘以 1-9 的乘積得數，還有 1×1/2=1/2，1/2×1/2=1/4 這樣的乘積得數。這樣的内容，無疑涉及王焕林提到的乘法産生時代問題。王焕林認爲"最早到魏晋時代，中國數學家纔確定了完备的乘法定義"。[③] 清華《算表》讓我們對乘法的産生時間有新的認識，可以肯定在戰國時期，1×1=1……1×9=9 這樣的乘法計算已經被人們所使用。另外，在《嶽麓秦簡（貳）》的《算》中："☐乘三分∟，二參而六₌，（六）分一也；半乘半，四分一也；四分乘四分，四₌（四）十六₌，（十六）分一也；少半乘一，少半也。（76/0410）"，[④]這枚簡及《嶽麓秦簡（貳）》簡 77/0778、78/0774 記載的分數乘法計算方法，與《九章算術·方田》"乘分術曰：母相乘爲法，子相乘爲實，實如法而一"是一脈相承的。從其計算方法和表達方式來看，明確出現了"乘"的概念。而且"少半乘一，少半也"這樣的計算，也可以看成爲乘法口訣中 1 段的延續。

（二）秦代的九九表簡牘

1.里耶秦簡中的九九表

2002 年在湖南龍山縣里耶戰國古城遺址出土的簡牘中，發現了兩枚共三則完整的"九九乘法表"，湖南省文物考古研究所、湘西土家族苗族自治州文物處（張春龍、龍京沙整理）《湘西里耶秦代簡牘選釋》對部分里耶秦簡作了釋讀、標點與注解，亦附有部分秦簡照片，以下簡稱《選釋》。《選釋》稱，"此牘正面文字是九九乘法表。文末'凡千一百一十三'是九九乘法表中各數乘積的總和。背面文字潦草不成句，當是使用之人信手塗鴉，類似今天童蒙在教材上畫小人"。[⑤]

馬怡的釋讀如下：

J1(6)1A 面：

□□八十一　□□□十二　七九六十三　六九五十四　五九卌五　四九卅六

---

① 馮立昇：《戰國時期的"大九九"計算工具——清華簡〈算表〉》，《格致·考工·源流：中國古代科技發明創造》，北京大學出版社，2020。

② 李均明：《清華簡〈算表〉的文本形態與復原依據》，《出土文獻研究》第 12 輯，上海：中西書局，2013，16-32 頁。由於本人學力不及，本文將不涉及清華竹簡《算表》的研究。

③ 王焕林：《里耶秦簡校詁》，187 頁。

④ 圖版及釋文見朱漢民、陳松長主編《嶽麓書院藏秦簡（貳）》，上海辭書出版社，2011，74 頁。

⑤ 湖南省文物考古研究所、湘西土家族苗族自治州文物處（張春龍、龍京沙整理）：《湘西里耶秦代簡牘選釋》，《中國歷史文物》2003 年第 1 期。

三九廿七　二九十八　八₌六十四　七八五十六　六八卌八　五八卌　四八卅二
三八廿四　二八十六　七₌卌九　六七卌二　五七卅五　四七廿八　三七廿一
二七十四　六₌卅六　五六卅　四六廿四　三六十八　二六十二　五₌廿五　四五廿
三五十五　二五而十　四₌十六　三四十二　二四而八　三₌而九　二三而六
二₌而四　一₌而二　二半而一　凡千一百一十三字
J1(6)1B 面：
行郵人視□以以郵行行守敢以以
小吏有□

里耶秦簡的這枚九九表木簡共 6 欄 39 句，從“九九八十一”到“二二而四”，未列出 1 與各數的乘積，屬於“小九九”，不過多了“一₌而二”“二半而一”和“凡一千一百一十三字”3 句。在乘積爲四十、三十、二十時，分别使用了“卌”“卅”“廿”的合寫數字；在乘積爲個位數時，添加了語助詞“而”，如“二五而十”“二四而八”“二二而四”。在數字相同，即等因相乘時和“一一而二”中，使用了重文符號“₌”。在 9 段到 2 段每一段的書寫上，没有特意區分開來，而是 9 段連接着 8 段直到 2 段，以及“一₌而二”“二半而一”“凡一千一百一十三字”三句，都是接續書寫。

馮立昇總結了《算表》與里耶秦簡《九九乘法表》的异同，認爲其中一致的有兩點，一是兩者的排列順序都是由大到小，只是《算表》是從 90 至 1/2，秦簡《九九乘法表》則從 9 至 1/2；其二是兩者均出現了“半”，即分數 1/2。兩者也存在不同之處，《算表》中有 1×1 及其積數 1，秦簡并無，但有“一一而二”，即 1+1＝2。《九九乘法表》没有算表中的 1/2 與 1/2 相乘積數 1/4。更明顯的不同是，《算表》有用於聯繫乘數與被乘數的引綫，《九九乘法表》則無。[①]

關於這枚簡中的字詞和表述，學術界有不同的討論，如“一₌而二”，張春龍、龍京沙《湘西里耶秦代簡牘選釋》認爲不是相乘而是相加，“一[一]而二”和下句“二半而一”都是加法運算，而本簡内容是乘法表，將其改爲“一二而二”。[②] 但是王焕林不同意這樣的改釋，他認爲“一一而二”“二半而一”實際上也是加法運算。“凡千一百一十三字”，是上文每句口訣運算結果之和，即 81+72+63+……4+2+1＝1113。這個“字”并不是衍字，而是和算籌相關的標記或單位。[③] 馮立昇也認爲里耶秦簡九九表中“一一而二”和“二半而一”是加法運算。[④] 筆者同意王焕林的意見，本簡原文清晰，“一”字下爲重文號“₌”，應該是“一一而二”。“一一

① 馮立昇：《清華簡〈算表〉的功能及其在數學史上的意義》，《科學》2014 年第 3 期。
② 湖南省文物考古研究所、湘西土家族苗族自治州文物處（張春龍、龍京沙整理）：《湘西里耶秦代簡牘選釋》，《中國歷史文物》2003 年第 1 期。
③ 王焕林：《里耶秦簡校詁》，177 頁。
④ 馮立昇：《清華簡〈算表〉的功能及其在數學史上的意義》，《科學》2014 年第 3 期。

而二”從運算法則上來説，確實爲加法計算。那麽爲何在戰國中期的《算表》中已有 1 乘以 1—9 的乘積得數，還有 1×1/2＝1/2，1/2×1/2＝1/4 這樣的乘積得數，而在里耶秦簡的九九表簡牘中仍有“一一而二”的加法運算的殘留呢？筆者認爲這并不矛盾，誠如王焕林所認爲的那樣，“乘法産生於若干個相同數之和的運算（及同數連加）”，“先秦的九九口訣亦來源於加法”，“加法是九九口訣的數理基礎”，①李均明、馮立昇也認爲清華《算表》里的任意兩位數乘法、整數部分不超過兩位、小數位特定爲分數 1/2 的三位數乘法最後也是利用簡單的加法實現的。② 由於“九九”建立在算籌加法的基礎之上，它的使用人群多是初步學習算學的人，因此在這樣基礎的簡表中保存有“一一而二”，可能是爲了讓初步學習算學的人明瞭基礎的算籌加法運算原理。

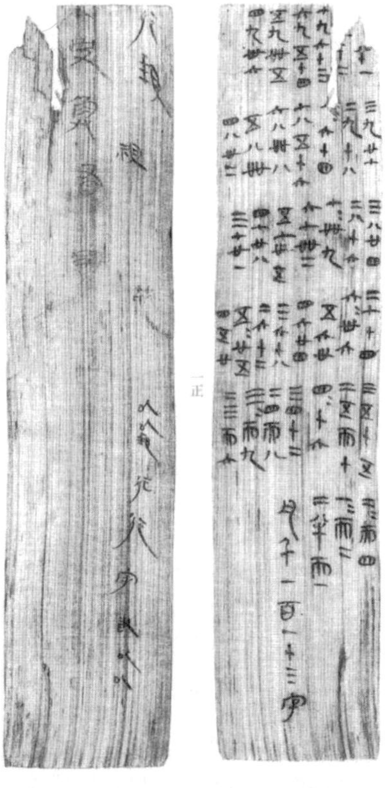

圖 1　里耶秦簡 J1(6)1A 面、B 面

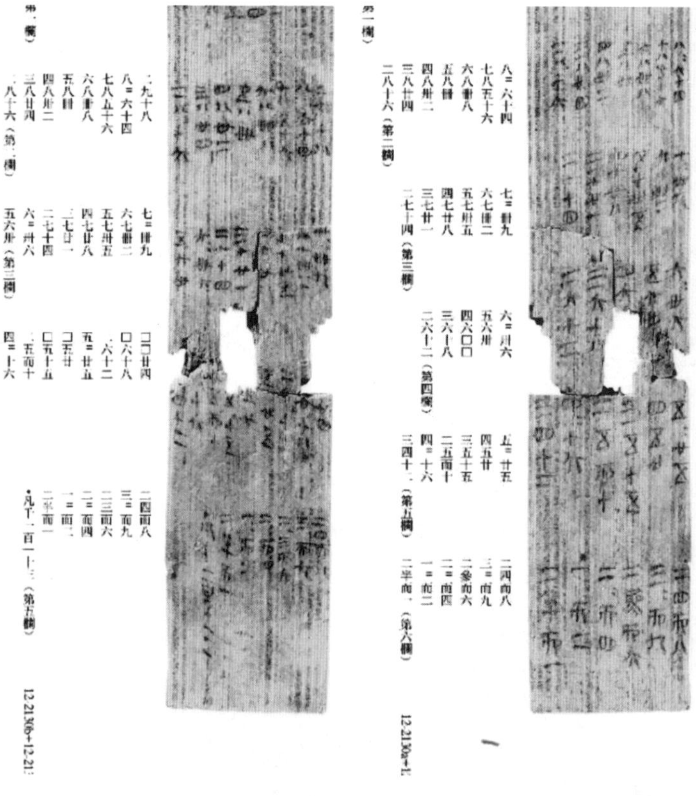

圖 2　里耶秦簡博物館藏 12-2130+12-2131+16-1335（ab 面）

里耶秦簡中還有一枚木簡，正反兩面都記載着九九乘法表的内容，現藏在里耶秦簡博物館。釋文如下：

12-2130+12-2131+16-1335a 面（共六欄）③：

① 王焕林：《里耶秦簡校詁》，186 頁。

② 李均明、馮立昇：《清華簡〈算表〉概述》，《文物》2013 年第 8 期，74 頁。

③ 圖版及釋文參見里耶秦簡博物館、出土文獻與中國古代文明研究協同創新中心中國人民大學中心編著《里耶秦簡博物館藏秦簡》，上海：中西書局，2016，63 頁。

二九十八　三九廿七　四九卅六　五九卌五　六九五十四　七九六十三　八九七十二　九$_=$八十一
二八十六　三八廿四　四八卅二　五八卌　六八卌八　七八五十六　八$_=$六十四
二七十四　三七廿一　四七廿八　五七卅五　六七卌二　七$_=$卌九
二六十二　三六十八　四六□□　五六卅六$_=$卅六
三四十二　四$_=$十六　二五而十　三五十五　四五廿　五$_=$廿五
二半而一　一$_=$而二　二$_=$而四　二參而六　三$_=$而九　二四而八

12-2130+12-2131+16-1335b 面(共六欄):

三九廿七　四九卅六　五九卌五　六九五十四　七九六十三　八九七十二　九$_=$八十一
二八十六　三八廿四　四八卅二　五八卌　六八卌八　七八五十六　八$_=$六十四　二九十八
五六卅　六$_=$卅六　二七十四　三七廿一　四七廿八　五七卅五　六七卌二　七$_=$卌九
□四十二　四$_=$十六　二五而十　□五十五　□五廿　五$_=$廿五　二六十二　□六十八　□□四六
·凡千一百一十三　二半而一　一$_=$而二　二$_=$而四　二三而六　三$_=$而九　二四而八

這枚簡兩面記録的都是九九表的内容,但是記載方式稍有不同。在每一段的區分中,a 面中 9 段、8 段、7 段、6 段、5 段分别以一欄記載,4 段和 5 段、3 段和 2 段記在一起;而在 b 面中,9 段到 2 段爲連續書寫,没有特意區分每一段。在數字的書寫上,a 面最後一欄中“二參而六”用的是大寫“參”的寫法;而 b 面中的同一句却是“二三而六”。b 面比 a 面多出“·凡千一百一十三”一句,而與 J1(6)1A 面相比,這句“凡”字前多了表總結的墨點“·”,“三”後少了“字”這個字,説明“字”并不會影響計算。在出土地點上,里耶秦簡 J1(6)1A 面和 12-2130+12-2131+16-1335 兩件九九表都出土於秦代遷陵縣衙署的古井中,由此推斷其使用者爲遷陵縣吏員。J1(6)1B 面還有習字的痕迹,J1(6)1A 面的九九表有可能是吏員爲了熟悉九九表而抄寫的習字。簡 12-2130+12-2131+16-1335a、b 兩面都抄寫有九九表,從其書寫的字迹看,可能是平時學習和對照檢核所用。

(二)北京大學藏秦簡中的九九表竹簡、木牘

在北京大學收藏的秦簡牘中,與數學相關的内容所占比重最大。據整理者韓巍介紹,與數學相關的竹簡共有 4 卷,即卷三、卷七、卷八以及卷四的一部分,總計 400 餘枚。竹簡卷三(82 枚),以及卷四的一部分(正背面合計 250 餘枚),主要内容是各種數學計算方法和例題的彙編,故整理者定名爲《算書》。《算書》甲篇的第二部分是“九九術”,共 8 枚簡,分上下五欄抄寫,始於“九九八十一”,終於“一一而二”,形式與今天的“九九乘法表”相差不大。另外,北大秦簡中的“九九術”木牘 M-025,行款、内容與竹簡“九九術”表格略有不同,篇末多出“二半而一”,故其乘積總計爲“凡千一百一十三字”,較竹簡的乘積總和多“一”。湖南里耶古城 J1 出土的秦“九九術”木牘,與北大的這方木牘内容完全相同,僅行款略有差异。韓巍認爲“九九術”所采用的表格形式至遲在戰國晚期已經定型,此後流傳過程中很少發生變化。將“九九術”表抄録於“算題彙編”之前,説明它是當時學習算術者必備的基礎知識,可能也有方便隨時查閲的用意。[①]《北京大學藏秦簡牘概述》初步判斷這批簡牘的抄寫年代大約在秦始皇時期。從竹簡中《從政之經》及《道里書》之類的文獻看來,這批簡牘的主人應是秦的地方官吏。考慮到以往出土秦簡的墓葬主要集中在湖北雲夢、荆州兩地(即秦代的安陸和江陵),推測這批簡牘也很可能出自今湖北省中部的江漢平原地區。[②] 由於還未公布圖版和釋文,我們在探討時暫不將此兩件九九表列入討論的範圍。

(三)西漢至東漢早期的九九表簡牘

張春龍在《湖南益陽兔子山遺址 J7 發掘和出土文物保護整理》一文中介紹了湖南益陽兔子山遺址 J7 中出土的西漢早期和吴姓長沙國時期的簡牘,其中有 1 枚殘斷的簡以及 3 個殘片,與九九表有關。

1. 湖南益陽兔子山遺址 J7 出土九九表木簡

釋文如下:

——[③]二九十八　八八六十四　七八五十六　六八卌八

——三八廿四　二八十六　七=卌九　六七卌二

——三七廿一　二七十四　六=卅六　五六卅

——[二][六][十][二]　五=廿五　四五廿　三五十[五]

殘簡一:

七九六[十]□六九五

殘簡二:

[三][四][十][二]　二四而八　三=而九　二参而六[④]

---

① 韓巍:《北大秦簡中的數學文獻》,《文物》2012 年第 6 期。

② 北京大學出土文獻研究所(朱鳳瀚、韓巍、陳侃理執筆):《北京大學藏秦簡牘概述》,《文物》2012 年第 6 期。

③ 此處“——”代表木簡上的墨綫欄。

④ 本圖版由張春龍先生惠示,謹致謝忱。釋文由筆者對照圖版初釋。

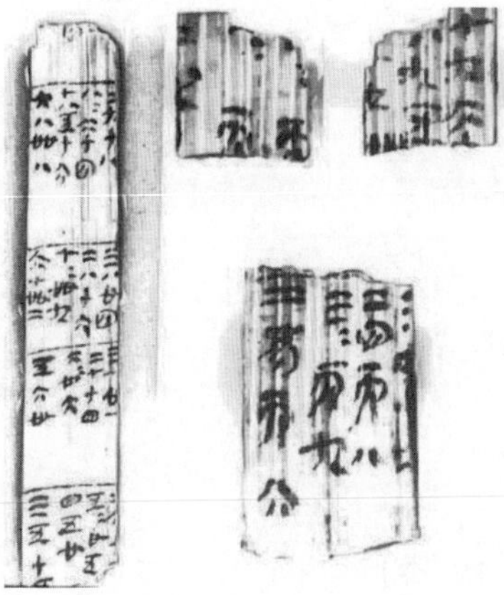

圖 3　湖南益陽兔子山遺址 J7 出土九九表木簡

雖然這個九九乘法表殘斷，但從“二八十六　七=卌九”接續書寫以及“二四而八”直接接續到“三三而九”，説明其中也没有“一九而九”這樣的表述。在數字的書寫中，殘簡二“二參而六”中“參”的書寫，與里耶秦簡 12−2130+12−2131+16−1335a 面中“二參而六”一樣，字形稍有差异。另外，該九九表還有一個很明顯的特點，便是用墨綫上下分欄，但在同一欄中，9 段和 8 段、8 段和 7 段、7 段和 6 段、6 段和 5 段仍然接續書寫，也就是説從 9 段至 2 段，并没有因爲墨綫的分欄而將其分段書寫。

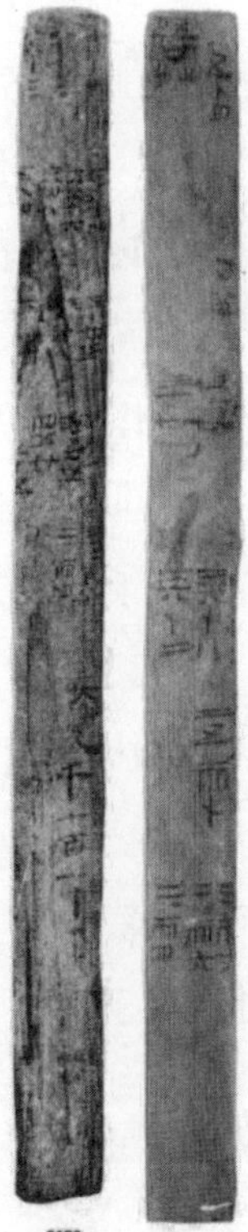

圖 4　敦煌漢簡 1062、2170

根據其他出土簡牘的内容推測，益陽兔子山遺址應該是楚秦、兩漢、六朝，乃至唐宋時期益陽縣衙署所在地，其簡牘的使用者多爲益陽縣的吏員。這枚在 J7 出土的九九表木簡可能便是益陽縣吏在平時的練習或查閱九九表時所使用。

2.敦煌漢簡中的九九表

王國維《流沙墜簡》記録了斯坦因在敦煌發現的千餘枚木簡，其中有出土於敦煌北的九九表木簡。該簡長 26.4、寬 2.4 厘米，現存文字六欄書寫。現整理編號爲敦煌漢簡 2170：

九九八十一　八九七十二　七九六十三　（第一欄）
八八六十四　七八五十六　六八卌八……（第二欄）
五七卅五　四七廿八　三七廿一（第三欄）
二六十二　五五廿五　四五廿（第四欄）
二三而六　二二而四　一一而二（第五欄）

大凡千一百一十三(第六欄)[1]

另外,還有一枚敦煌漢簡 1062:

六九五十四　五九卌□　四九卅六(第一欄)
五八卌(第二欄)
四七廿八　三七廿一(第三欄)
三六十八　二六十二(第四欄)
二五而十(第五欄)
三=而九　二三而六　二=而四(第六欄)[2]

對於敦煌漢簡 2170 號,王國維在《流沙墜簡》中以《孫子算經》九九表做了校理,頗有發明。由於當時看到的材料有限,照片不清晰,因此他對於"而"字以及"大凡千一百一十"的看法,不免有些局限。[3] 如他説,"此簡'二二而四',今法作'二二如四',參證古代文獻,以爲後來'二二如四'的説法形成較晚,"知改'而'作'如',始於宋代也。"駢宇騫指出 1987 年出土於湖南張家界古人堤的東漢木牘《九九乘法表》文作"二五如十",可證羅振玉等"改'而'作'如',始於宋代"説不確。從現在新的釋文以及紅外照片來看,敦煌漢簡 2170 號九九表,與里耶秦簡 12-2130+12-2131+16-1335b 面所載無大的區别,但在最後"凡千一百一十三"前多了"大"字。

3.居延漢簡中的九九表

1930 年西北科學考察團發掘的居延漢簡中,有九九表殘簡多枚。較爲完整的出自 A32 地點,即肩水東部塞遺址,編號爲 75.19 的簡。此簡正反兩面都有字迹,但内容完全不同,A 面記載的九九表,内容現殘存三段。首先可以注意到的是 75.19A 中有明顯的墨綫分段,在 9 段和 8 段中間分開。釋文如下:

九九八十一　八九七十二　七九六十三　六九五十四　五九卌十五(第一欄)
四九卅六　三九二十四　二九十八(第二欄)
八八六十四　七八五十六　六八卌十八　五八卌十　四八卅二　三八廿十四(第三欄)
陽　二八十六

① 白軍鵬:《敦煌漢簡校釋》,上海古籍出版社,2018,105-106 頁。圖版見甘肅省文物考古研究所編《敦煌漢簡》,北京:中華書局,1991,圖版一柒三。

② 白軍鵬:《敦煌漢簡校釋》,第 105-106 頁。圖版見甘肅省文物考古研究所編《敦煌漢簡》,圖版玖柒。

③ 王國維:《流沙墜簡》,北京:中華書局,1963。

其中不僅有明顯的計算錯誤,如"三九二十四",當然也不能排除書寫錯誤的可能;而且還有將四十合寫爲"卌"後再加"十"的寫法,不僅僅是"卌"後加"十",在"卅""廿"後也加"十",其中"三八廿十四"很清晰,當然也有不加者,如"四八卅二",因此可以看出書寫者可能對"卌""卅""廿"的具體含義并不清晰,或是囫圇吞棗似的把口訣抄寫或默寫下來。另外,在第三欄的空白處,還有一個比九九表數字都大的"陽"字,不知是否爲書寫者的名字還是有其他含義,由於其背面還有字,似爲習書。但不能肯定九九表與"陽"字是否爲同時書寫,或先後書寫。與該簡同出的簡中,紀年簡的年代集中在公元前 82 年至公元前 4 年,當爲西漢昭帝至哀帝時期。因此該九九殘簡的年代也可能是西漢晚期。

在居延其他地點出土的九九表簡牘中,還有一枚編號爲 36.5 的殘簡,其書寫方式與其他九九表簡牘不同,是從上往下接續書寫,并不像其他九九表簡牘那樣,先從右往左,之後再接着往下書寫。

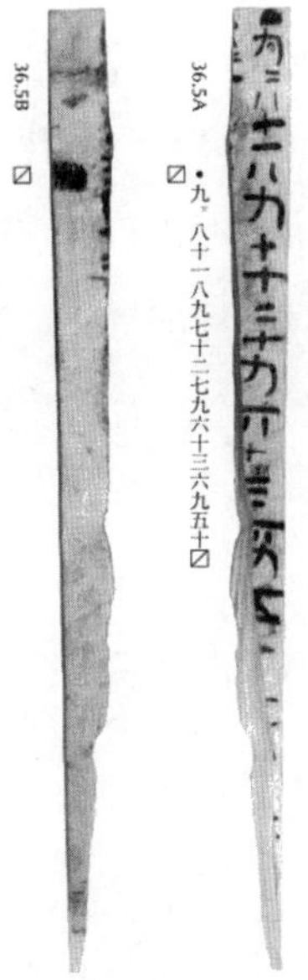

圖 5　居延漢簡 36.5A

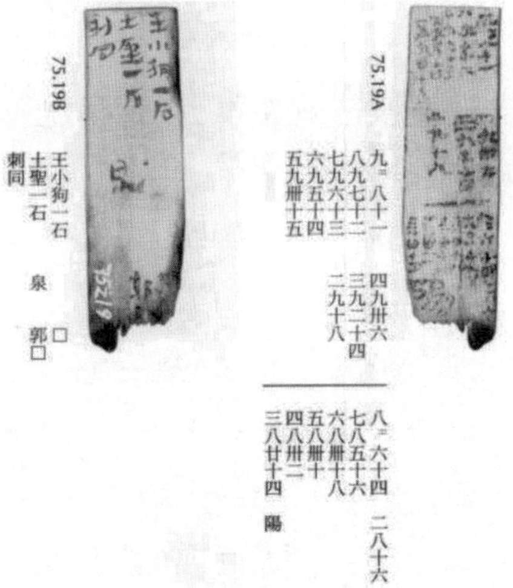

圖 6　居延漢簡 75.19A、B①

---

① 圖版 5、6 來源於簡牘整理小組編《居延漢簡(壹)》,"中研院"歷史語言研究所,2014,114、230 頁。

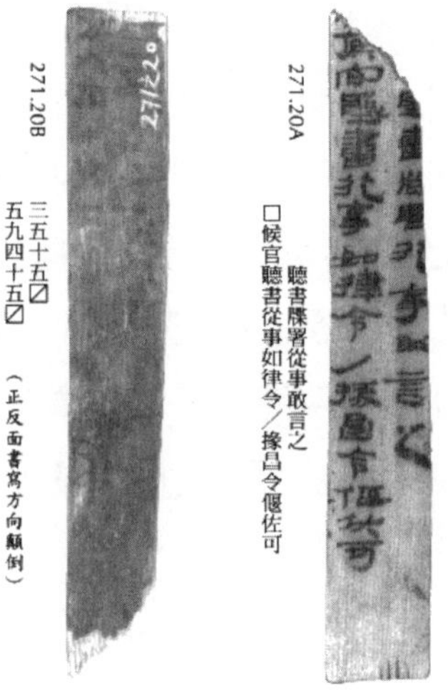

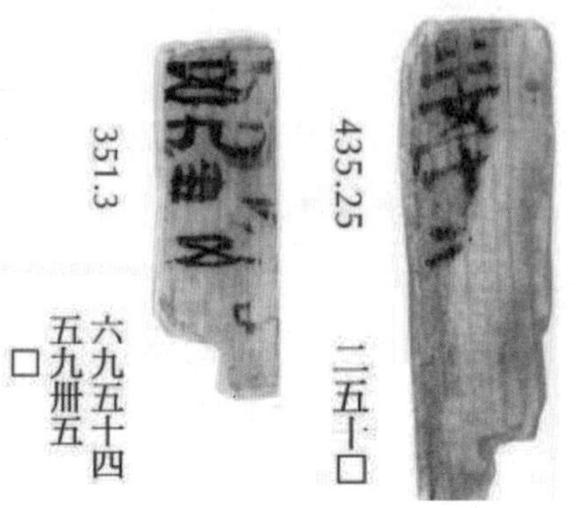

圖 7　居延漢簡 271.20A、B　　　圖 8　居延漢簡 351.3 圖 9 居延漢簡 435.25①

另外還有居延漢簡 271.20A、B，居延漢簡 351.3、居延漢簡 435.25 等九九表殘簡，這些殘簡分别出自 A33（地灣城障遺址）、A8（破城子）、A22（布肯托尼）、P9（卅井候官），同出紀年簡的年代均在西漢昭帝至東漢光武帝年間。這些九九殘簡多出土於西北邊塞的城障遺址，其書寫者可能爲守邊的戍卒或者軍吏，其用途可能是平時用來練習或背默、熟悉九九表。

4.居延新簡中的九九表

居延新簡 EPT52：189：

七卌二　五七卅五　廿八（第一欄）
五六卅　四六廿四　三六十八　二六十二（第二欄）
二五十　四=十六　三四十二（第三欄）
二四　一二　☐一　毋以☐（第四欄）

在居延新簡 EPT52：189 九九表中，有一個突出的不同處在於，不像之前的九九表簡牘中乘積爲個位數時用語助詞“而”來連接，如“二五而十”，此處省略“而”字，直接在因數相乘後加個位數的乘積，簡中清晰可見的有“二五十”。乘積爲個位數時這樣直接省略連接詞“而”的用例，也出現在傳世文獻中。如《穆天子傳》卷二中便有“二五十”，董仲舒《春秋繁露·考功名》有“二四八”；《靈樞經》卷四《脈度》有“三三九”；《淮南子》《孔子家語》《大戴禮記》中有“二三六”“二二四”等。② 雖然“二四　一二　☐一”一行下仍有空白，按照九九表的邏輯順

① 圖版 7、8 分别來源於簡牘整理小組編《居延漢簡（叁）》，“中研院”歷史語言研究所，2016，182 頁；《居延漢簡（肆）》，“中研院”歷史語言研究所，2017，55、85 頁。

② 李儼：《中國古代數學史料》“古九九表”，北京：中國科學圖書儀器公司，1954，15 頁。

序，應該書寫 3 段的内容，因此不能肯定“二四”左側釋爲“一二”的兩個字是否爲“三”？不過書寫者好似并不打算將這個九九表書寫完整，因爲在本應該書寫 3 段和 2 段的空白處，還寫上了“毋以□”。

居延新簡 EPT52：223A：

> □一　八九七十二　七九六十三　六九五十四（第一欄）
> 七八五十六　六八卌八　五八卌　四八卅二（第二欄）
> □□卌二　五七卅五　四七廿八　三七廿一（第三欄）
> 五六卅　四六廿四　三六十八（第四欄）
> 二五而十　四₌十六　三四十二（第五欄）
> 一₌而二　二半而一……（第六欄）①

這枚簡中仍然出現了“一₌而二　二半而一”，可以看出，從秦一直到漢，九九表的格式一直保持，并没有太多的改變。而這些簡牘也是軍中吏、卒用來學習、練習九九表的。

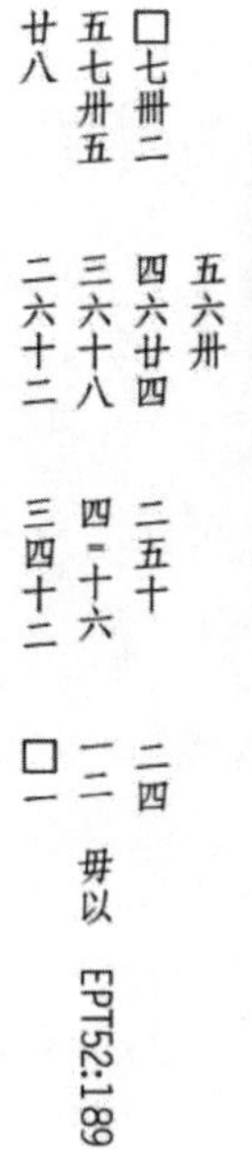

圖 10　居延新簡 EPT52：189

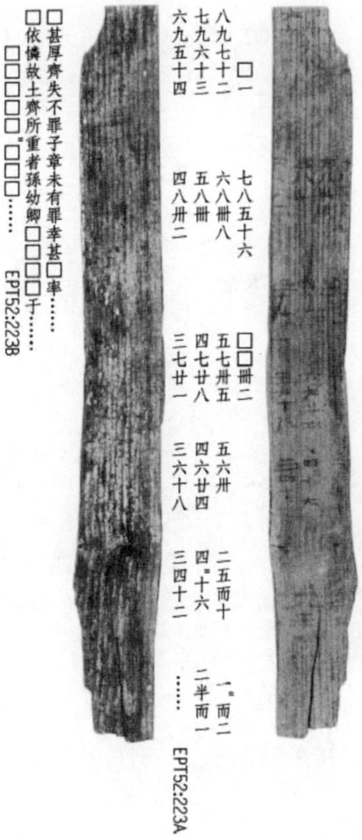

圖 11　居延新簡 EPT52：223A/B

① 釋文和圖版參見張德芳主編，李迎春著《居延新簡集釋（叁）》，蘭州：甘肅文化出版社，2016，141、145 頁。

5.肩水金關簡中的九九表[①]

在已經出版的《肩水金關漢簡》中,還保留了三枚九九表的殘簡。其中《肩水金關漢簡(壹)》中的73EJT10:7中,正面書寫着“肩水侯”,背面殘存兩行四句九九表的内容:

肩水侯 73EJT10:7A
一 十二(第一欄)
五九四十 四九三十(第二欄)73EJT10:7B

從圖版上看,在第一欄、第二欄“二”和“四”之間還有一條墨綫,不像是數字“一”。從數字計算結果來看,這四句九九表是9段中的内容。從殘存的墨迹來看,“四九三十(六)”的左邊還有口訣,可能是“三九二十七”。正面書寫“肩水侯”,背面書寫九九表,表明這枚簡之前應是官文書,書寫九九表是對木簡的二次利用,那麽可以推測其爲小吏們練習、熟悉九九口訣而留下來的産物。

《肩水金關漢簡(貳)》中還有一枚編號爲73EJT14:24的九九表木簡:

□□□　五十四　九卌五　卅六(第一欄)
五八卌[②]　四八卅二　三八廿四　二八十六(第二欄)
四六廿四　三六十八　二六十二□　73EJT14:24A
五十四　卌五　卅六 73EJT14:24B

從這枚簡背面的得數内容看,簡背記録的應該是重複簡正面相同段的内容。

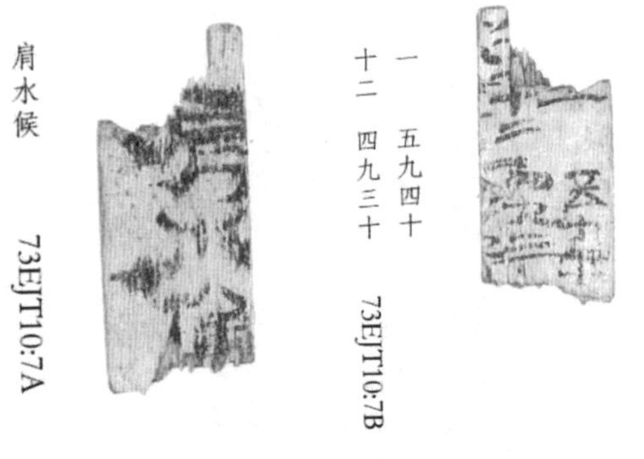

圖12《肩水金關漢簡(壹)》73EJT10:7A/B

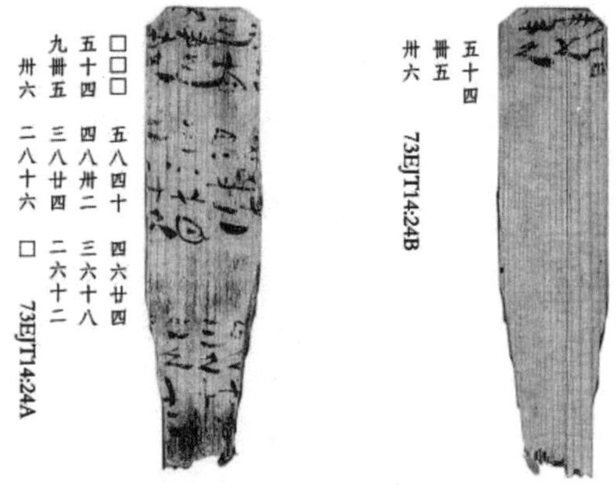

圖13 《肩水金關漢簡(貳)》73EJT14:24A、B

---

① 肩水金關漢簡中的三枚九九簡的圖版和釋文,分别參見甘肅簡牘保護研究中心、甘肅省文物考古研究所、甘肅省博物館、中國文化遺産研究院、中國社會科學院簡帛研究中心編《肩水金關漢簡》(壹—叁),上海:中西書局,2011、2012、2013,238、11、69頁。

② 卌,《肩水金關漢簡(貳)》釋文誤作“四十”。

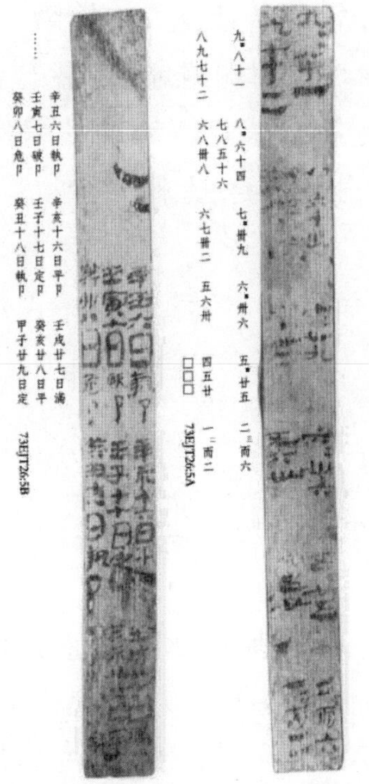

圖 14 《肩水金關漢簡(叁)》73EJT26:5A、B

另外,《肩水金關漢簡(叁)》中有 73EJT26:5A/B:

九九八十一　八九七十二
八=六十四　七八五十六　六八卌八
七=卌九　六七卌二
六=卅六　五六卅
五=廿五　四五廿
二三而六　一=而二 73EJT26:5A
辛丑六日執　壬寅七日破　癸卯八日危
辛亥十六日平　壬子十七日定　癸丑十八日執
壬戌廿七日滿　癸亥廿八日平　甲子廿九日定 73EJT26:5B

從殘存的 73EJT26:5A/B 簡的內容來看,A 面書寫的是九九表,B 面書寫的是建除,都與當時烽燧關城軍吏的生活和工作息息相關。A 面書寫九九表的 9 段、8 段、7 段、6 段、5 段,中間少 4 段和 3 段。從 9 段、8 段、7 段、6 段、5 段的等因相乘靠右書寫來看,原來簡上從 9 段到 5 段乘積應各占一欄,由於 4 段和 3 段的內容缺失,目前還不能確定 3、4 段是否被抄寫,或者是否被抄寫在 5 段之後。從圖版來看,《肩水金關漢簡(貳)》釋文"二三而六"中的"三"字可能是重文符號"="的誤釋,若是這樣的話,"二=而六"則存在計算錯誤。

6.四川渠縣城壩津關遺址出土兩漢時期九九表簡牘

2014—2018 年,在四川省渠縣城壩津關遺址 F8 出土了一批竹木簡牘,有楬、書信、爰書、户籍、簿籍、識字簡課本、九九術表、習字簡等。[①] 其中,編號爲 T3⑧:61 的九九術表,有殘缺,殘長 7.6、寬 2.8 厘米。兩面有字,分欄書寫,上欄四行:

五六卅　四六廿四　三六十八　二六十二

下面一行爲:

三四十二　二四而八　三三而九　二₌而四

從"二四而八 三三而九"接續書寫來看,城壩津關遺址出土的九九表簡牘中也没有 1 段的口訣。而從"三三而九"接續"二二而四"缺少"二三而六",從此簡背面爲習書文字以及同時出土殘存"倉頡作書,以教……"文字的習字簡來看,此枚九九木簡可能是津關吏員平日練習九九口訣所書寫。

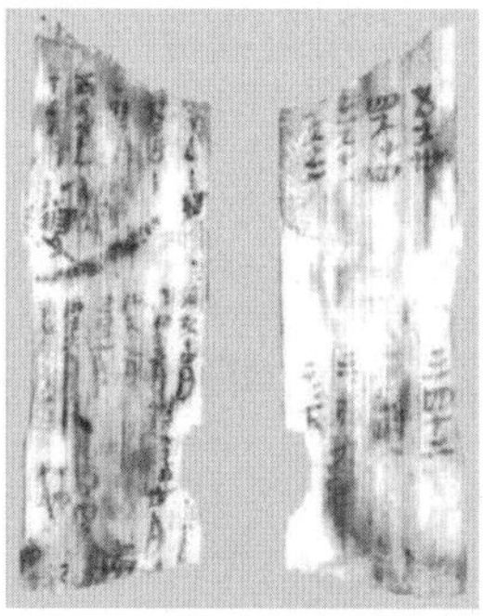

圖 15　四川城壩遺址出土九九表木簡

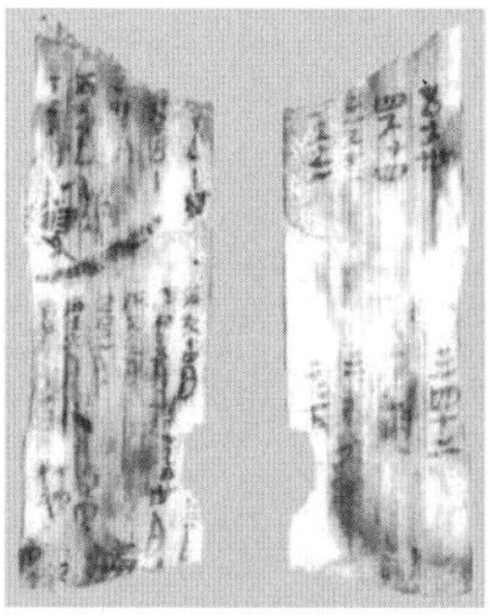

圖 16　懸泉漢簡Ⅰ90DXT0110①:114A/B

7.懸泉漢簡中出土的九九表簡牘

1990 年在懸泉置出土漢簡中也有一枚九九表木牘,此枚松木木牘長寬厚分别爲 8.6、1.4、0.5 厘米,正反面均有墨書,其中 A 面殘存九九表中 7 段、6 段、4 段和 3 段共 8 句口訣。B 面記載有干支、御者人數以及傳馬數量。[②]

懸泉漢簡Ⅰ90DXT0110①:114A:

① 四川城壩津關遺址出土九九乘法表木簡圖版來源於鄭禄紅、陳衛東、周科華、趙寵亮、胡良鴻《四川渠縣城壩遺址》,《考古》2019 年第 7 期,圖三九"九九術表"。

② 懸泉漢簡Ⅰ90DXT0110①:114A/B 圖版來源於甘肅省簡牘博物館、甘肅省文物考古研究所、陝西師範大學人文社會科學高等研究院、清華大學出土文獻研究與保護中心《懸泉漢簡(壹)》,上海:中西書局,2019,67 頁。

〼……□□□□　三七廿一　三四十二
〼……□□十四　二七十四　二四而八
〼……□□十六　六＝卅六　三＝而九

懸泉漢簡Ⅰ90DXT0110①:114B:

庚午
辛亥　御　九人
壬子　傳　馬卅二匹〼
癸丑
甲寅

敦煌懸泉遺址出土簡牘中最早的紀年爲漢武帝元鼎六年(前111),最晚的紀年爲東漢安帝永初元年(107)。這枚簡出土於探方0110最上層也即第①層,同出的125枚簡牘中有20枚載有紀年,其中包括漢元帝建昭三年(前36)、漢成帝建始元年(前32)、河平四年(前25)、陽朔四年(前21)、鴻嘉四年(前17),疊壓在下層的第③層中也出土了紀年爲漢元帝竟寧元年(前33)的木簡,那麼可以推測這枚九九表木簡的時間大概在西漢元、成帝間。由於九九表木簡出土於懸泉置,其性質爲政府專設接待過往官員、傳遞官府文書的郵驛署所,其背面書寫的也是關於傳置機構的傳馬和御者人數,由此推測九九表木簡的書寫者和使用者就是漢代懸泉置中處理日常傳置事務的小吏。由於他們經常要統計來往人員的給食、傳馬數目及其相關各種數據,熟練運用計算在他們的日常行政工作中必不可少,因此作爲算學基礎的九九表便成爲他們再學習和練習算學的材料。

(四)東漢中晚期的九九表

1.東漢中前期:湖南張家界古人堤遺址出土九九表簡牘

1987年4月,在張家界古人堤遺址探方1出土了一批簡牘,内容包括漢律、醫方、官府文書、書信及禮物謁、曆日表和九九表。根據簡牘文字中東漢永元、永初年號及簡文書法,大致可以判斷其爲東漢時期的遺物。胡平生認爲此木簡九九乘法表與樓蘭文書前表雖在表述上有些差别,但形式是基本一致的。[①] 釋文如下:

七九六十三　六九五十四　五九四十五　四九卅六　三九廿七　二九十八(第一欄)

① 湖南省文物考古研究所、中國文物研究所(張春龍、胡平生、李均明執筆):《湖南張家界古人堤遺址與出土簡牘概述》,《中國歷史文物》2003年第2期。此圖版承蒙張春龍先生惠示。

六八卌八五八卌　四八卅二　三八廿四　二八十六(第二欄)
六七卌二　五七卅五　四七廿八　三七廿一　二七十四(第三欄)
四六廿四　三六十八　二六十二(第四欄)
三五十五　二五如十(下端殘斷,左側部分破裂不存)①

圖 17　湖南省張家界古人堤遺址出土九九表簡牘

從這枚簡中我們可以看到一個明顯的變化,即連接乘積爲個位數的助詞由秦、西漢表中的"而"變成了"如"字。"而",日母之韻;"如",日母魚韻;聲同韻近,可以通轉,先秦典籍中多有二字互换的情况。如,通作而。《漢書·五行志》引《左傳》,"星隕如雨。"注云,"如,而也,星隕而且雨。"王引之《經傳釋詞》卷七中有"而犹如也""如犹而也"。② 從古人堤遺址出土九九表簡牘可見,至少在東漢中前期,九九表中出現了連接乘積爲個位數的助詞"如"字。

2.東漢中晚期:深圳紅花園墓磚上的九九表

1981 年,在深圳南頭紅花園清理的兩漢墓葬中,3 號墓出土了一方刻有九九表的青灰磚。《簡報》根據墓室類型和出土遺物,判斷深圳市南頭紅花園漢墓 M3、M5 時代爲東漢中晚期。M3 和 M5 全用青灰磚砌築,磚面多拍印菱形網格紋,有些在側面印方格紋或對角重山紋。有些磚面刻劃文字和符號,部分磚上有在製作過程中留下的手印、脚掌印。M3 出土的長方形青灰墓磚,火候極高,長 37、寬 17、厚 4 厘米。磚面拍印菱形網格紋,其中一面 2/3 爲菱形網格紋,1/3 的磚面竪刻乘法口訣:右起空半行,文爲"三九二十七二九十八四九三十六"。第二行爲"九九八十一八九七十二七九六十三六九五十四五九四十五"。字體是趁磚還未干時所刻,書寫清晰但不工整。③ 從磚面布局來看,菱形網格紋只占 2/3,而餘下部分刻寫"九九八十一"到"四九三十六"這樣的布局,不知爲製磚者刻意爲之,還是爲了填補空白而隨手寫下。而從右邊第一行將四九三十六放置在三九、二九之後,似乎可見製磚者在刻寫九九表時并没有事先特意排版,而是根據墓磚空白部分隨意地寫下。製磚者在平時的生産勞動中,要掌握土方的數目、磚的尺寸,統計磚的數目,不可避免地要與數字打交道,而數學計算最基礎的便是九九表,因此這塊墓磚上的九九表可能便是製磚者在磚面空白部分信手寫下了平時背默的九九表。

① 張春龍:《湖南張家界市古人堤漢簡釋文補正》,西北師範大學歷史文化學院、甘肅簡牘博物館、河西學院河西史地與文化研究中心、蘭州城市學院文學院主編《簡牘學研究》第 6 輯,2016。

② [清]王引之:《經傳釋詞》,長沙:嶽麓書社,1984,138、144 頁。

③ 廣東省博物館、深圳博物館(楊豪、楊耀林執筆):《深圳市南頭紅花園漢墓發掘簡報》,《文物》1990 年第 11 期。圖片分别見 33 頁圖八和 32 頁圖七。

圖 18　紅花園漢墓墓磚拓片

圖 19　紅花園 M3 出土刻有九九表的長方形青灰磚

(五)魏晋十六國、高昌、唐九九表紙本

1901 年 3 月,斯文赫定在樓蘭古城被稱爲"三間房"或"破城里的衙門"的地方,發現了紙文書。這批簡紙文書中有絶對年代的年號,最早爲曹魏嘉平四年(252 年,孔紙 16.1),最晚西晋永嘉四年(310 年,孔紙 22.8),目前所知還有晚至前涼(318-376 年)時期的張濟逞的私人信件。因此推測這批出土文書的時代可能在 3 至 4 世紀。其中,2 件殘紙上有九九乘法表,孔拉德編號爲 22.15 和 22.16。[①] 22.16 殘存"九〻八十一",左側有很粗的横劃墨痕。22.15 殘存兩行:

三九廿七　二八十六
二九十八　一八而八

在這殘存的兩行中,赫然出現了"一八而八"1 段的乘法口訣。如果這批出土文書的時代大概爲 3 至 4 世紀不錯的話,載有"一八而八"的孔紙 22.15 九九表應該是中國目前所見最早出現 1 段的出土九九表實物。杜石然認爲"把'九九歌'擴充至'一一如一',這大約是公元 5 至 10 世紀間的事",[②]看來這一時間還可以提前到 3 至 4 世紀。

胡平生根據殘存兩行數字排列規律,復原了這個九九表,認爲它是按照數字九、八、七、六、五、四、三、二、一的倒階梯形格式分列。[③]

---

① 左圖原爲黑白圖片,來源於 August Conrady, *DIE CHINESISCHEN HANDSCHRIFTEN UND SONSTIGEN KLEINFUNDE SVEN HEDINS IN LOU LAN*, STOCKHOLM GENERALSTABENS LITOGRAFISKA ANSTALT, 1920, Tafel XXV(奥古斯都·孔拉德:《斯文赫定在楼兰所得漢文文書與其他發現》,斯德哥尔摩,1920,圖版 XXV).右圖原爲彩色圖版,來源於侯燦、楊代欣《樓蘭漢文簡紙文書集成》,成都:天地出版社,1999,222 頁。感謝胡平生先生提供資料信息,感謝劉藝穎、王彬查找資料。

② 杜石然:《數學·歷史·社會》,沈陽:遼寧教育出版社,2003。

③ 胡平生:《讀里耶秦簡札記》,甘肅省文物考古研究所、西北師範大學文學院歷史系主編《簡牘學研究》第 4 輯,甘肅人民出版社,2004。

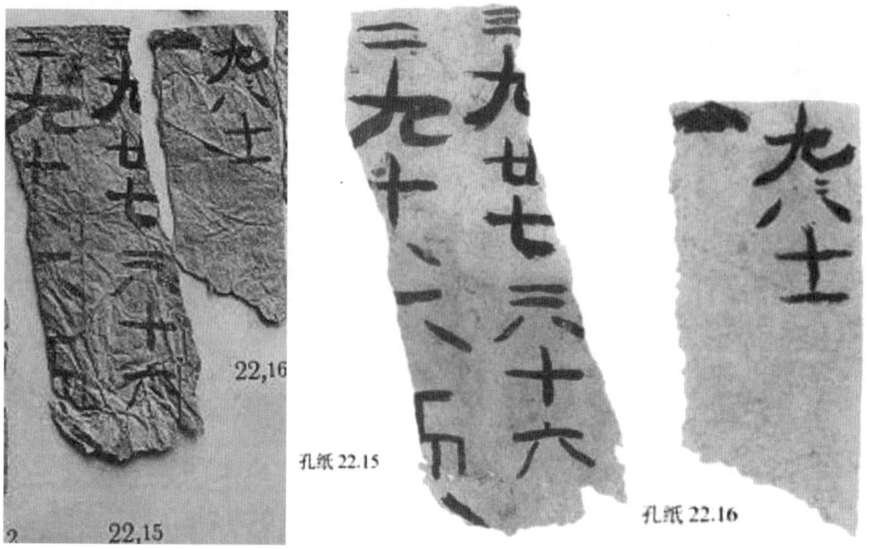

圖 19　斯文赫定發現的九九乘法表紙本,孔紙 22.15、22.16(黑白、彩色)

從殘留的字迹和内容來看,這兩篇殘紙應是一頁紙張裂開而成;從運筆和行鋒來説,并不流暢而顯乾澀;雖都是簡單的數字,但是筆劃并不匀稱,尤其其中的"而"字寫得長又扁,上面的三個"九"字没有特别的連貫性,顯示出書寫者對文字書寫和數字使用的生疏感。由此推測此"九九表"的書寫者和使用者是文化水平不高的初習者。同批出土的其他簡紙文書上不但屢見"西域長史"、長史下設的一些職能機構及其掾屬吏士,還有反映部隊屯墾、種植、領發器物、俸禄等内容,侯燦認爲出土這批文書的地點應是曹魏西晉時期的西域長史府治所和駐地。[①] 那麽可以推測,書寫和使用"九九表"紙文書的可能是西域長史府的小吏。爲了在平時處理與數字、統計相關的廩給衣物糧食、俸禄器物的發放等實際事務,他們需要熟練使用數字計算,那麽算學的基礎九九表就成爲他們學習和練習的材料。

吐魯番和敦煌地區還出土了用大寫數字書寫的紙本九九表。吐魯番阿斯塔那 316 號墓中出土的編號爲 60TAM316:08/1(b) 九九乘法口訣殘片,是用大寫數字書寫的九九乘法表。原表大部分殘缺,僅存 6 句,其中只有"究(玖)3拔(捌)拾壹""拔(捌)究(玖)柒拾貳"比較完整,背面爲"某人買田契"。其上的"玖"被寫成"究","捌"被寫成"拔"。[②] 這是目前發現最早的一份用大寫數字書寫的九九表紙文書。

敦煌出土文獻中有 15 件九九乘法表,包括 12 件漢文寫本,編號依次爲 S.19、S.930v[2]、S.4569[3]、S.6167v[4]、S.8336v[5]、P.3349[6](此件含九九乘法表兩處)、P.2502v[7]、P.

① 侯燦、楊代欣:《樓蘭漢文簡紙文書集成》,80 頁。

② 整理小組推測這份《古抄本乘法訣》殘本可能出於高昌時期。但王素將其編年定爲十六國北朝時期(317-439),并將之命名爲"十六國時期抄本乘法訣",參見王素《吐魯番出土高昌文獻編年》,臺北:新文豐出版公司,1997,117 頁。關於敦煌、吐魯番文書中的大寫九九乘法表,將另文討論。

3102v[8]、P.T.1256、俄 Дх.2145v[9]、俄 Дх.2904[10]和羽 037R(即敦散 226),以及 3 件藏文九九乘法寫本,即法國國家圖書館藏伯希和收集品之 P.T.1070、P.T.1256 和敦煌莫高窟北區出土寫本 B59:10。這 12 件九九乘法表除 S.930v、S.4569 和 P.3349 保存完整外,其餘均爲殘表。具體而言,S.4569 全,計 7 行,始“九九八十一”迄“一一如一”,總 45 句;S.6167v 殘,9 行,存“九九八十一”迄“一九如九”句;S.8336v 殘,倒寫,計 5 行;P.2502v 殘,9 行,存“九九八十一”迄“一三如三”句;P.3349、S.19 同屬一書,可相互校補。P.3349 背面爲習字書,殘存 10 餘行,多係常用字,如吾、及、在、也……等。九九乘法表與習字書同出一件,表明其可能是用於學校或私塾教育的初級數學課本。S.930v 全,自“九九八一”迄“一一如一”,有一個重要的特點是:每句口訣的乘積都用算籌記數法表示於後;表末記有“都計得一千一百五十五文”句。① 敦煌算經文書 P.3102v 分四部分,第四部分倒寫,卷末存“貳玖拾捌、三玖貳拾柒、肆玖三拾陸、伍玖肆拾伍、陸玖伍拾肆、柒玖陸拾三、捌玖柒拾貳、玖玖捌拾壹”8 句,此文書也是用大寫數字書寫,其正面抄寫《蒙要訓》。《蒙要訓》是唐、五代時在敦煌地區被廣爲傳抄的啓蒙讀物,而此九九乘法表抄寫於《蒙要訓》的背面,當亦爲唐、五代時作。而且書寫的目的也是爲了學習九九表的内容。

以上我們簡要介紹了中國 40 種與九九表相關的出土材料,其中有 22 種九九表竹簡、木牘。另外,清華簡中《算表》以九九乘法表爲基礎,更能説明九九乘法表在先秦時期已經十分成熟。出土的九九表年代,從公元前 4 世紀到公元 10 世紀,從先秦到五代,時間跨度大;從出土地點來看,從西北的居延、敦煌、吐魯番到南方的深圳、湖南,空間範圍廣;從書寫材料來看,有磚、簡牘(竹簡、木牘)、紙三種。

其書寫形式分爲兩種,一種爲寫在算經前面,如北大藏秦簡《算書》甲篇的第二部分是“九九術”,共 8 枚竹簡;《孫子算經》中的九九術,敦煌千佛洞《立成算經》紙本中的九九術,均是作爲學習算術者必備的基礎知識,寫在《算經》之前,方便查閲;一種單獨書寫在簡牘或紙文書上,用於抄寫或練習、背默九九表。其書寫方向,絶大多數從“九九八十一”的 9 段開始,從右往左,之後從上往下,分欄書寫;各段之間有時特意區分書寫,有時接續書寫,并没有特定的規律和規定;只有極少數的習書簡從上往下接續書寫。

從其内容看,九九乘法表中口訣表述,隨着時間的推移也發生了不少變化。

(1)口訣的句數上,錢寶琮指出:“現在的乘法口訣是從‘一一如一’起到‘九九八十一’止,共四十五句。古代的乘法口訣是從‘九九八十一’起到‘二二如四’止,只有三十六句。”② 實際上,保存完整的湖南里耶秦簡的九九表,没有“一九如九”到“一一如一”九句,但多了

---

① 張小虎:《敦煌算經九九表探析》,《温州大學學報(自然科學版)》2011 年第 2 期。

② 錢寶琮:《中國數學史》,北京:科學出版社,1964,10 頁。

"一一而二""二半而一""凡千一百十三字"三句,其句數既非36句,也非45句,而是39句。

(2)1段口訣的出現。秦漢九九表簡牘首句均起於9段的"九九八十一",次爲8段、7段,依次類推,被乘數漸次變小至2,到"二二而四";秦漢九九表中目前未見"一一而一"到"一九而九"這樣1段的口訣,但有"一一而二"和"二半而一"。不過年代爲戰國中晚期的清華《算表》這樣的"大九九"中不僅有1乘1-9的乘積得數,還有1×1/2=1/2,1/2×1/2=1/4這樣的乘積得數。在傳世文獻中,直到《孫子算經》中纔出現"一九如九"到"一一如一"這樣1段的口訣,而這一變化的時間即《孫子算經》的時間目前没有定論,錢寶琮認爲在公元400年前後;馮立昇認爲《孫子算經》成書於西晋(263-317)。[①] 而從樓蘭古城"三間房"出土的九九表殘紙中有"一八而八"來看 ,可能早在3至4世紀時,1段口訣便已經出現在社會流傳的九九表中;到唐代,敦煌寫本中始於"九九八一"迄於"一一如一"的九九表完全定型。

(3)口訣最後的總計文。里耶秦簡九九表末、敦煌漢簡九九乘法表末均記有各個乘積之和,如里耶秦簡九九表末記有"凡千一百一十三字"句;敦煌漢簡2170號九九殘表末也記"大凡千一百一十三"句,但在其他兩漢簡牘殘表中未見這樣的總計文,但并不能説明這一時期九九表中不存這一總計文。直到敦煌紙本文書S.930v九九乘法表末仍記有"都計得一千一百五十五文"句,這表明使用算籌來計算的方法一直存在并廣泛流傳。

從出土遺存來看,有邊塞城障遺址、内地官署遺址、基層吏員墓葬,由此推測,其使用人群,不僅僅是文獻中出現的孩童,更多的是邊塞軍中的吏、卒,基層社會的吏員以及手工業者。從其用途來看,基本上都是學習以及習字之用。從出土的九九表材料來看,其性質不僅僅是童蒙教育的教材,也是基層吏員或手工業者們再學習的教材和練習素材。

二　韓國出土的九九表簡牘

2011年,在曾爲百濟泗沘都城的扶餘郡雙北里328-2號,出土了一枚九九表木簡。木簡形制大小爲長30.11厘米、寬5.55厘米,厚1.4厘米,以松樹加工爲薄的板材形式,只有一面寫有墨書。九九表木簡從9段開始到2段爲止分段記録,9段被安排在最上端,下面分段記録9以下其餘各段,各段之間劃一條横綫隔開。此外,相同數字重複時,使用重文符號"="",十進位的數字如20標記爲廿、30標記爲卅、40標記爲卌等。

木簡的表面修治得很光滑,呈平面形,類似刀身狀,而且越往窄端的頂點處,厚度越薄,抓握感也變得越好。下端如此加工,尹善泰認爲這起到了把手的作用,它原來的樣子和發掘

① 馮立昇:《清華簡〈算表〉的功能及其在數學史上的意義》,《科學》2014年第3期。

方推定的一樣,是“直角三角形”的形狀。①

關於這枚木簡是否兩面書寫有些争議,2016 年 1 月 20 日韓國文化財團的報導材料中强調此木簡“只有一面上寫有墨書”。尹善泰也同意這一觀點,認爲九九表木簡只是單面文書。但與此不同,孫煥一認爲,在九九表木簡背面也可以確認有字迹的墨痕,雖然比起正面來很難辨識。其原因是,出土時木簡的背面裸露朝上,比起朝里的正面,墨迹的毁損速度更快。他認爲這枚木簡的兩面都記有九九表,一面没有記完的 9 段、8 段、7 段、6 段的内容,在另一面記完。②

關於記録内容,這枚木簡可釋讀的文字共 103 個字。其中 9 段和 8 段都只留下 4 行,如 8 段中只到“五八卌”,尹善泰認爲左邊五行(四八卅二)以下的公式也很清楚地記載下來了,其并非在木簡被廢弃的過程中消失的。完整地保留下來的 4 段以下各段,根據“二四八”“二三六”“二二四”的表述來看,各段最後的公式也都只是以“二”開始的演算法。即 9 段中“二九十八”、8 段中“二八十六”等爲最後一行,“一九九”“一八八”的公式最初就没有被記録下來。他認爲百濟九九表木簡的形態,爲直角三角形形狀。從九九表木簡形態和格式上看,九九表并不是單純爲了記録或背誦而書寫的。相反,用横綫將九九表的各段明確區分并將之視覺化,以便容易找出各段公式的排列目的,當初以直角三角形形態設計,他將其命名爲“九九表公式表”。③ 筆者同意尹善泰關於“一九九”“一八八”的口訣最初就没有被記録下來的看法。但關於這枚簡最初始的狀態是不是直角三角形,以及這枚簡的背面是否有書寫墨痕,還需要有更多的資料方能厘清。

關於雙北里 328-2 號遺址的性質和使用人群,尹善泰認爲該地區出土木簡大致上是涉及國家行政的文書或付札,而這一地區圍繞着扶蘇山城,擁有利用白馬江水運的優勢,可能是闕外各司及官營倉庫和工房以及管理設施密集的地方。“九九表”木簡等出土的遺址同雙北里其他木簡出土的遺址一樣,也是有官營設施的地方。因此他推測,九九表木簡是爲了官人使用而製作的。④

關於這枚簡的功用,孫煥一從其出土地是爲百濟泗沘時代官衙,推測這枚九九表木簡的用途,爲行政業務人在税務處理時使用的、最簡單的概括并被記録下來的九九表。⑤ 尹善泰認爲,古代基層官員在計算、預算、結算時,在當初預算的草稿中是按照背誦的方式計算并記

① 尹善泰:《百濟的九九段木簡與術數學》,《木簡與文字》第 16 卷,13-37 頁。

② 孫煥一:《百濟九九段的記録體系和書體——以扶餘雙北里出土九九段木簡和傳大田月平洞山城收拾九九段蓋瓦爲中心》,《韓國史學史學報》第 33 輯,2016。

③ 尹善泰:《百濟的九九段木簡與術數學》,13-37 頁。

④ 尹善泰:《百濟的九九段木簡與術數學》,13-37 頁。

⑤ 孫煥一:《百濟九九段的記録體系和書體——以扶餘雙北里出土九九段木簡和傳大田月平洞山城收拾九九段蓋瓦爲中心》,《韓國史學史學報》第 33 輯,2016。

録了九九表,在重新驗算的過程中,也有可能爲了得到確認而利用了九九表公式表。在百濟製作這種具有功能性的九九表木簡,説明算學被認爲是一種非常具有實用性的技術。[①] 筆者同意韓國學者關於這枚簡的使用人群和功用的推論。

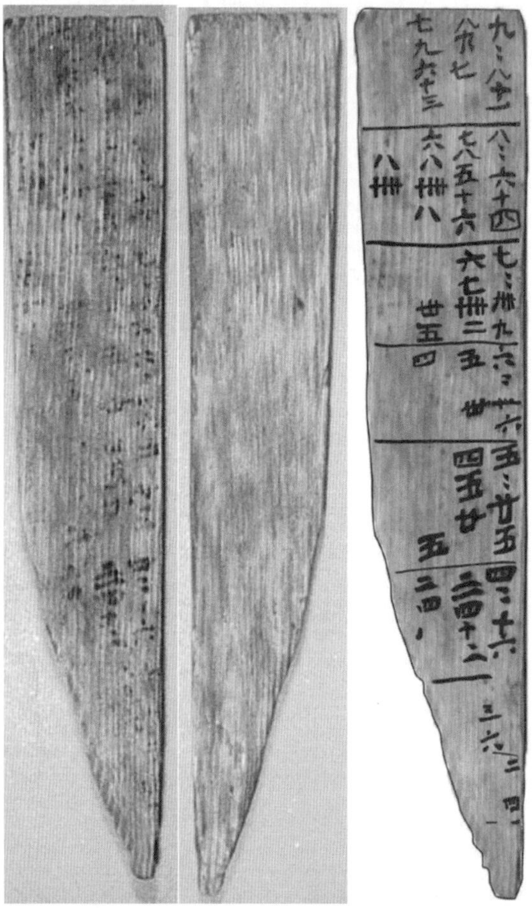

圖 20　扶餘雙北里 328-2 遺址出土九九表簡牘正、反面復原圖[②]

① 尹善泰:《百濟的九九段木簡與術數學》,13-37 頁。

② 扶餘雙北里 328-2 址出土九九簡正、反面圖片來源《木簡與文字》第 16 卷,2016,彩圖版第 2 頁;復原圖來源於尹善泰《百濟的九九段木簡與術數學》,19 頁。

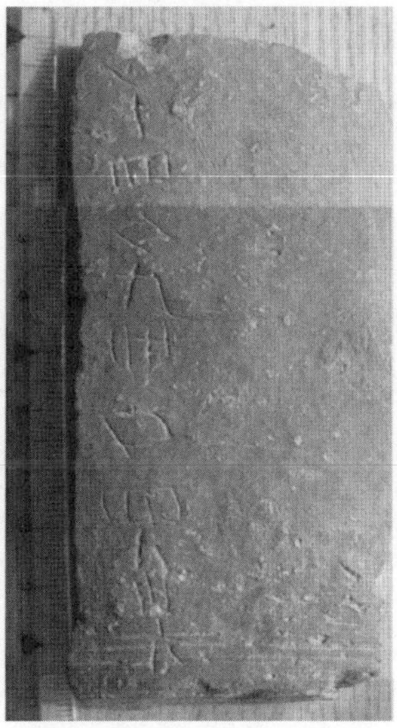

圖 21　傳大田市西區月坪洞山 12-2 出土的刻有九九表的瓦①

傳大田市西區月坪洞山 12-2 出土了刻有九九表的瓦，關於月坪洞山城形成時間，學術界認爲是 6 世紀末到 7 世紀初。考古學家在古代的夯土層中采集了 6 塊木炭，對其進行放射綫碳素年代的檢測，其中南邊壕西壁采集的木炭時間在公元 330—550 年（中心年代爲 420 年）之間。② 傳大田月坪洞山城收集的九九表瓦刻有"……五十四五九卌五四九卅六"，其中的"五"刻寫成"◇"菱形模樣。孫煥一認爲傳大田月坪洞山城九九表蓋瓦和扶餘雙北里出土九九表木簡（557 年左右）是幾乎同一時期製作的算術記録遺物。這説明 6 世紀中葉，算術概念已在百濟通用，并在行政和日常生活中使用。③

三　日本出土的九九表簡牘

根據桑田訓也的統計，截至 2016 年，在日本出土了 79 枚與九九表有關的木簡，其中 35 枚寫在咒符上。他認爲咒符簡上有關九九表的内容，與作爲計算的九九表原來的真正意義無關。④ 筆者認同這一觀點，故在此部分中，僅涉及與計算相關的 44 枚九九表簡牘。

---

① 圖片來源於孫煥一《百濟九九段的記録體系和書體——以扶餘雙北里出土九九段木簡和傳大田月平洞山城收拾九九段蓋瓦爲中心》。

② 李浩賢、樸順發（音譯），忠清文物研究院:《文物遺址調查報告》32，"大田月坪洞山城"，2003，157 頁（이호형,박순발,(재)충청문화재연구원,2003,문화 유적 조사 보고 32,대전 월평동산성, 157 쪽）。

③ 孫煥一:《百濟九九段的記録體系和書體——以扶餘雙北里出土九九段木簡和傳大田月平洞山城收拾九九段蓋瓦爲中心》,《韓國史學史學報》第 33 輯，2016。

④ 下表參照了桑田訓也的統計，參見桑田訓也《日本의구구단 · 曆관련 출토 문자 자료와 그연구 동향-木簡을 중심으로-》，195-210 頁。

日本出土九九表簡牘一覽表

簡文	長×寬×厚（毫米）	型式	出處	遺址名
·五九卌五 □□□□ ·□□□	(225)×(16)× 2	081	《平城宫木簡》2-2730	奈良·平城宫迹 22 次南（東院地區西邊）SD3154
九々八十一八九□	85 × 8 × 3	011	《平城宫木簡》7-12209	41 次（第一次大極殿院地區東南隅）SD3715
五七卅十五二七十四		091	《平城木簡概報》6-7下（87）	44 次（東院地區）SD5788
□九八七十二		091	《平城木簡概報》12-17上（139）	104 次（東院地區西辺）SD3236C
□四八卅二	不明	081	《平城木簡概報》15-31上（210	33 次（若犬養門地區）SD1250
·九廿七二九十八一九如九 ·五八卌四八卅二三八廿	(163)× 15 × 2	081	《平城木簡概報》40-9下（37）	429 次（東方官衙）SK19189
·八九七十二六九五十四□□	(158)×(6)× 4	081	《平城木簡概報》24-36下（423）	奈良·平城京左京二條二坊五坪·二條大路 198 次 B 區（二條大路）SD5300
·九々八十一七十二八十九八十六六十一及歳位 ·□麻呂歳位歳位天恩天恩□ ·文赤赤赤赤	長 169，直徑 5（箸的側面三面寫有文字）	061	《平城木簡概報》29-40下（520）	198 次 B 區（二條大路）SD5300
九々八十一	347×17×26	011	《平城京木簡》3-5094	204 次（二條大路）SD5300
九々八十一八	101×59×7	011	《平城京木簡》3-5095	204 次（二條大路）SD5300

續表

簡文	長×寬×厚（毫米）	型式	出處	遺址名
・×六九五× ×□廿七二九十八一一九如九」 ・□六六八卌八一五『主紀郡郡』 □」	(222)×(29)×3	08	《木簡研究》34-8	奈良・平城京左京三條一坊一・二坪 478 次 SE9650 下段 A
・×九卌五四九卅六	(121)×(9)×3	081	《平城木簡概報》21-36 上(416)	奈良・平城京左京三條二坊八坪 193 次 E 區(長屋王邸)SD4750
九々八十一八		091	《平城木簡概報》33-24 下(465)	奈良・平城京左京三條二坊八坪・二條大路
八九七十二五九五	(159)×(7)×4	081	《平城木簡概報》23-20 上(210)	奈良・平城京左京三條二坊八坪・東二坊坊間路西側溝 193 次 A 區 SD4699
・九々八十一八九七十四 ・九九八十一八九七十四	(98)×(24)×5	081	《平城木簡概報》23-20 上(211)	193 次 A 區 SD4699
・「別�一口内在蓋盤四口大盤一口 「九九八十一八九七十二七九六×	(235)×37×7	019	《木簡研究》17-20	奈良・平城京左京七條一坊十六坪・東一坊大路西側溝 253 次 SD6400
×二九十八×	(143)×(16)×2	081	《木簡研究》3-2	奈良・稗田遺迹人工河川
・□□□□九□□○□□ ・□□□七九六十三六□□×	(198)	081	《藤原宮木簡》2-666（飛 4-7 上(38)）	奈良・藤原宮迹 24 次東方官衙北地區
九々□□□□九□	102×(21)×4	081	《藤原木簡概報》18-18 下(64	128 次(朝堂院地區)SD9815
八九七十二 九々八十七九□	(124)×31×7	019	《藤原木簡概報》19-30 中	128 次(朝堂院地區)SD9815

續表

簡文	長×寬×厚（毫米）	型式	出處	遺址名
·九七十二六九五□·□	(115)×(14)×3	081	《藤原木簡概報》18-18下(66)	128次(朝堂院地區)SD9815
九々八 八九		091	《藤原木簡概報》19-26下(537)	128次(朝堂院地區)SD9815
九々八十一四四十六六八□□	(162)×(12)×3	081	《飛鳥藤原京木簡》2-1626	奈良·藤原京左京七條一坊西南坪115次SX501
·九々八十一	(140)×(22)×2	081	《藤原木簡概報》18-29上(184)	奈良·石神遺迹
·九々八十一八九七十二七九六十三六九五十四 ·五九卌五	247×27×5	011	《木簡研究》30-194;《木簡研究》24-30頁	京都·平安京右京六條三坊七·八·九·十町川
·廿五日 ·九々八十一	(107)×14×6	019	《木簡研究》8-28	京都·平安京右京八條二坊二町2次區畫溝
九々□□一八九七十二七九六十三	107×11×2	011	《木簡研究》8-28	2次區畫溝
五十四五九四十×	94×11×2	011	《木簡研究》8-28頁	2次區畫溝
二□十二	(123)×(10)×5	081	《木簡研究》17-60	3次積土層
·(右側面) ·卌五四九卅六三九廿七二九十八(表面) ·〔八七五十六〕七々卌九(左側面) ·廿四三六十八(裏面)	(258)×(20)×15	059	長岡左京木簡1-10號	京都·長岡京左京五條二坊十六町·三坊一町L140次SX3
九々八十一八九七十二七九六十□□	(238)×35×3	081	長岡左京木簡1-3604號	京都·長岡京左京七條三坊三町L251次SD285
九々八十一八九七十二	132×18×5	011	《木簡研究》23-55	兵庫·深江北町遺迹9次
四々十六三四十二二四八		091	《木簡研究》9-62	兵庫·深田遺迹(舊、但馬國府推定地)

續表

簡文	長×寬×厚（毫米）	型式	出處	遺址名
・□□〔請〕当之不定春初□〔及ヵ〕・【□九々八十一八九七十二七九六十三三九廿四二九十□〔八ヵ〕□】	(316)×(29)×3	081	《木簡研究》31-46	兵庫・禰布ヶ森遺迹41次SX250
・□廣長□□ ・九十九々八十一八九七	(130)×(14)×2	081	《木簡研究》31-47	41次SX250
一二[如]二		091	《紫香楽宮迹関連遺迹発掘調査概報》49頁B68	滋賀・宮町遺迹19次SD20101
・「九々[八十]一□□七十□□□六十三六九五□□(九九) □九卌四九卅三九廿七二九十八 ・「□九如□八々□十四七□ 五八卌□□三八廿四二八十六	(335)×55×5	019	《木簡研究》22-256	長野・屋代遺迹群〈六區〉SD8028(4層)
・□四七廿八四六廿四□□五七卅五五六卅 ・□金剌舎人小尼南□口人 南南南南□□北□	(278)×40×8	081	《木簡研究》22-257	SD7031
・六四六三五□十五四五廿・□□大大入入□	(199)×(40)×5	019	《木簡研究》22-257	SD7031

續表

簡文	長×寬×厚 (毫米)	型式	出處	遺址名
(從左至右書寫)/九々八十一/八九七十二/七九六十三//〇六九七十四/七九四七/四三六//〇/三九二十四/二九四八/十九々々□//〇/八々六十四/七八七十六/六八卌八//〇/*三[×五]八□□/二八□/一八□//	(209)×35×40	019	《木簡研究》31-150	新潟・大沢谷内遺迹河川迹
・「□九八十一八九七十二七九六十卅三 六九五十四五九□□□九□□ 一九又九八八六十四	167×49×3	061	《木簡研究》33-102	新潟・七社遺迹F水路
・「六八卌八五八卌四八卅三三八 ・⊏⊐八⊏⊐	253)×26×4019		《木簡研究》25-164	新潟・草野遺迹東川
・「一一卅四八卅三三八廿四三八十六一八□□□九十 ⊓⊐	(291)×(31)×7	041	《木簡研究》30-213	島根・青木遺迹SD32
××一 ×卅九二 ×廿九三 ×卅九四 ×五 ×□九六 ×九七 ××七九八 ×□十八々九	(198)×(45)×5	081	《木簡研究》10-74;大田市教育委員會:《白坏遺迹發掘調查概報》,大田市埋藏文化財調查報告書8	島根・白坏遺迹舊河道
□九 八々□ 五八□	(89)×(44)×5	081		

在以上44枚木簡中,有7枚木簡記載的九九表内容相對多、書寫形式的特點也稍明顯。1985年在現京都伏見區羽東師菱川町一帶(推測爲長岡京左京四條二坊到四條四坊),發掘出土了8世紀末的九九表簡牘木觚。在九九表簡牘出土的四條三坊二町遺迹中,有井户、石敷、灶狀遺物等出土。日本學者推定此處遺址與川原寺大衆院相關,而川原寺即平城天皇即位時被懷疑謀反的伊予親王的幽禁地。其出土遺物時間從長岡京期(784—794)到平安時代前期(794—894),物品包括大量的陶器類和瓦類。陶器上有墨書的"丁""王""田""東""南杯"等,還出土了人面墨書陶器、土馬、鳥形土製品、斎串等與祭祀相關的遺物。[①] 九九木簡四面書寫,上半部分已經殘斷,下端加工成圭狀,觚的正面書寫9段,左側面下部書寫8段和7段,第三面書寫6段,現在可確認其中的一部分,由此推測木簡的四面書寫着從9段開始到2段結束的36句的九九表。

屋代遺址出土的木簡中與九九表相關的有三枚,其中編號爲81的木簡正反兩面接續書寫9段和8段,[②]日本學者據此推測7段以下可能也是相同的記載,如7段和6段一起、5段和4段一起、3段和2段一起,九九表由4枚木簡正反兩面記載,是爲了使用方便。[③] 木簡的下端缺失,加藤和俊推測可能在下端打孔、把5枚左右的木簡連在一起做成一個完整的九九表,由此可重現默默背誦九九表的官吏的模樣。屋代遺址還出土了許多其他木簡,根據内容推測屋代遺址是古代信濃國郡家的官署衙門遺址。[④] 編號爲116正面記録九九表,反面是書寫人名等的習書;編號爲117正面爲九九,反面爲"大""入"的習書。這兩個殘斷簡屬於同一枚。[⑤] 而從已出土的九九表中乘數相同時按被乘數從大到小的順序來書寫這一點來判斷,這兩枚簡的文字書寫方向,都是從左至右書寫的。這樣從左至右的書寫還可見於藤原京128次發掘(朝堂院地區)地點爲SD9815、形制爲(124)×31×7毫米的九九表簡牘。

---

① 吉崎伸:《京都・長岡京迹3》,《木簡研究》第8號,22-23頁。圖版見此書第23頁。

② 日本道路公団東京第二建設局、長野県教育委員會、(財)長野縣埋藏文化財ヤンタ《長野屋代遺迹群出土木簡》,1996,90頁,圖版27。

③ 日本道路公団東京第二建設局、長野県教育委員會、(財)長野縣埋藏文化財ヤンタ《長野屋代遺迹群出土木簡》,第五章,"六　九九算木簡",172頁。

④ 加藤和俊:《刻瓦"九々八十一"、木簡"九九"》,《文字のチカラ:古代東海の文字世界》,2014,141頁。

⑤ 日本道路公団東京第二建設局、長野県教育委員會、(財)長野縣埋藏文化財ヤンタ《長野屋代遺迹群出土木簡》,第三章"木簡的釋文及解説",114頁。

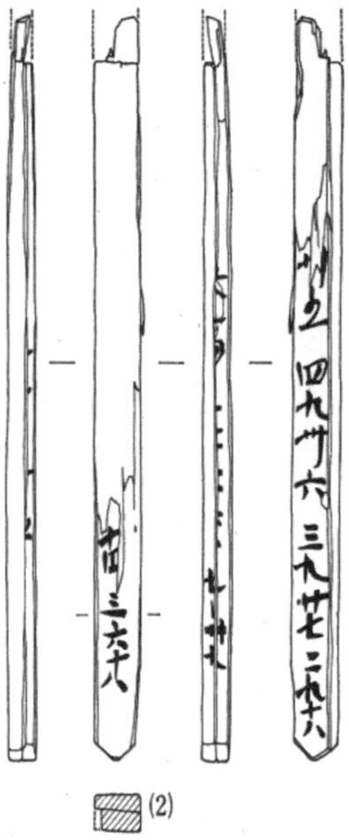

圖 22　長岡京左京四條三坊二町出土九九表觚

圖 23　屋代遺址出土九九表簡牘

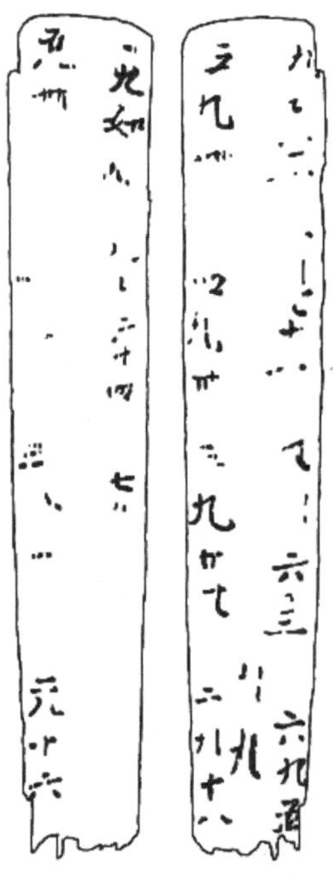

圖 24　屋代遺址出土九九簡摹寫圖

圖 25　藤原京 128 次發掘九九表簡牘

1987 年在島根白坏遺址舊河道岸邊附近出土了 25 枚木簡,其中有一枚寫有“延喜九年(909)”的墨書,其時間可以推測爲 10 世紀初期。出土的兩枚九九表簡牘的書寫方向和其他簡都不相同。這兩枚九九表簡牘爲長條形,但書寫方式不是常見的竪式書寫,而是不太常見的横式書寫。編號爲 18 的木簡上,靠長方形的短邊,從右往左書寫 9 段的内容。編號爲 19

的木簡上,在靠殘斷左側的地方從右往左分别留下了"□九八 七八",書寫者好似要書寫第8段的内容。① 對於白坏遺址的性质,報告書中認爲要等待出土文物的正式整理之後纔能確定,現階段所能認識到的它可能是鄉(里)的村落,以及各個村落所設置的倉庫。而且考慮到"九九"等木簡、墨書土器等的出土,推測當地有管理倉庫的官員。

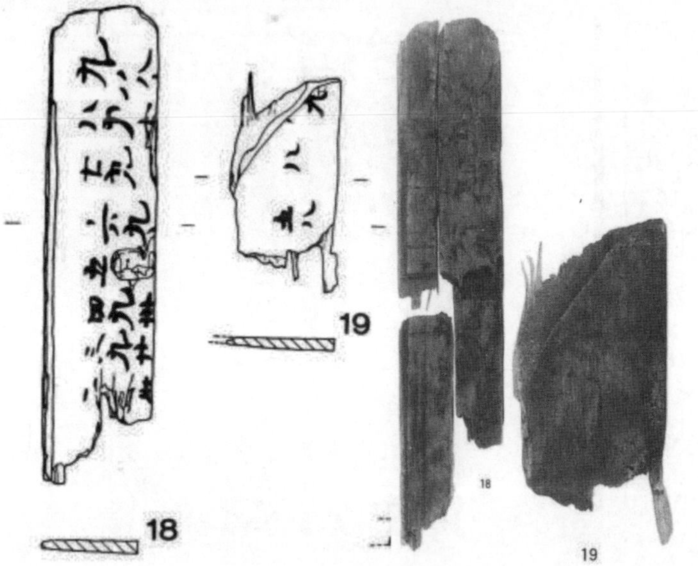

圖 26 白坏遺址出土九九木簡

2008 年,在新潟縣新潟市大澤谷内遺址出土的九九表木簡,因其書寫方向引人注目。其出土的大澤谷内遺址中,檢測出了 7 世紀後半期到 8 世紀初的 5 棟立柱建築物遺址。在遺址的南部地區檢測出的河川遺迹中,出土了 1 件九九表木簡。除此之外,在河川遺迹中,還可以看到用於祭祀的多件木製品等出土,由此能管窺在水邊進行祭祀的場景。② 出土九九表木簡的釋文如下:

七九六十三　四三六　一九々々　六八卌八　一八(第一列)
八九七十二　七九四七　二九四八　七八七十六　二八(第二列)
九々八十一　六九七十四　三九二十四　八々六十四　三八(第三列)③

這枚簡與别的九九表簡牘最大的不同在於它第一欄中不是從右往左、而是從左往右書寫的。分三欄書寫完 9 段的内容,8 段分兩欄寫完。在 9 段中,出現了"七九四七""六九七十四""三九二十四"的計算錯誤,以及"四三六"漏字的錯誤,這充分説明書寫者對九九表的不熟

① 圖片來源於大田市教育委員會:《白坏遺迹發掘調查概報》,大田市埋藏文化財調查報告書 8。
② 三上喜孝:《日本出土的古代木簡—近年(2008-2011)出土木簡》,《木簡與文字》第 7 卷,2011,194 頁。
③ 前山精明、相沢央:《新潟市歷史文化課》,《木簡研究》第 31 號,2009,149-150 頁。圖版來源於第 150 頁。

悉。而這些計算錯誤多出現在中段和後部分。"九九八十一""八九七十二"這樣高段的計算和書寫基本没有錯誤。三上喜孝提出九九表木簡不是出於實用的目的,而是出於象徵性的目的使用的看法。①

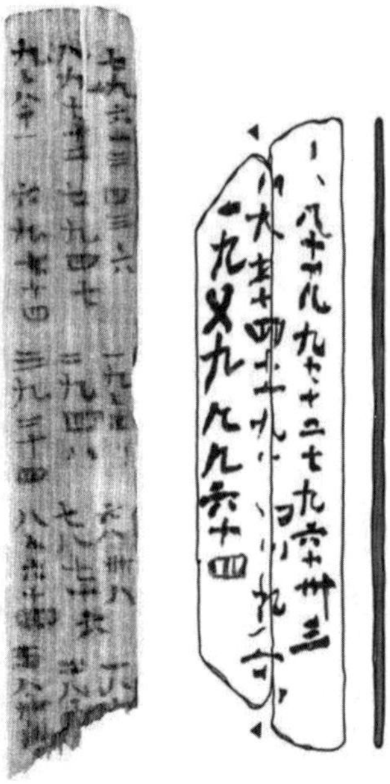

圖 27　大沢谷内遺址出土九九表簡牘 (209)mm×35mm×4mm019 型式

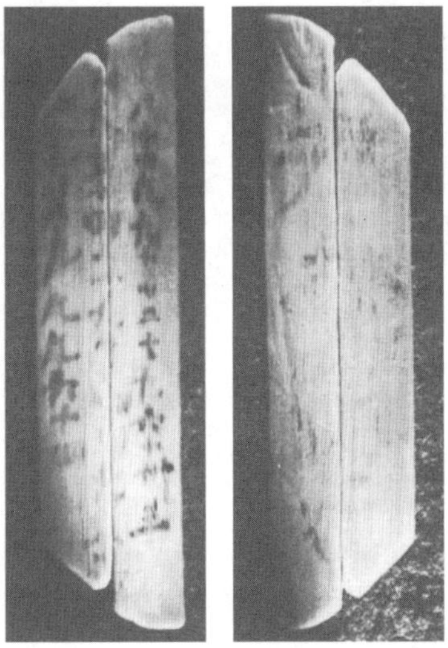

圖 28　七社遺址出土九九表簡牘 167mm×49mm×3mm 081 型式

圖 29　奈良县桜井市山田寺遺址出土的刻書瓦②

新發田市教育委員會《七社遺址發掘調查報告書》中公布了 2011 年出土的九九表簡:

九八十一八九七十二七九六十卅三
×六九五十四五九九×
一九又九八八六十四

這枚簡的書寫方式不同於大沢谷内遺址 40 出土的九九表簡牘,是從上往下、從右往左書寫的;而且其中也有計算錯誤或衍字的錯誤,如"七九六十卅三"之"卅"便是衍字。

日本出土的 44 枚九九表簡牘,年代從飛鳥時代(593—710)一直到平安時代(794—1192),其中最古老的是奈良縣石神遺址出土的 7 世紀中期的、形制爲(140)×(22)× 2 毫米、寫有"九々八十一"的九九表簡牘。

其出土地點,從都城平城京、藤原京、長岡京到地方社會的兵庫、長野、滋賀、島根、新潟

① 三上喜孝:「古代地方社会における暦」,『日本古代の文字と地方社会』,吉川弘文館,2013;「古代日本における九九算の受容と特質」,『萬葉集研究』34。
② 圖版來源於《文字のチカラ:古代東海の文字世界》,2014,141 頁,143-1"國重要文化財:刻書瓦九々八十一"圖版。

等地;出土遺址的性質多爲都城,地方官廳及相關的遺址。

書寫内容上,九九表木簡上 9 段和 8 段書寫得最多,大多是從"九九八十一""八九七十二"開頭書寫。奈良・平城宫遺址 429 次(東方官衙)SK19189、奈良・平城京左京三條一坊一・二坪 478 次 SE9650 下段 A 出土九九表簡牘中有"一九如九"口訣。新瀉・七社遺址 F 水路出土九九表簡牘中有"一九又九"的口訣,説明其爲《孫子算經》傳播至此後的九九表産物。

書寫的方向,大多爲豎着寫,從右到左。從左往右書寫的比較少見,具體來説,只有藤原宫遺址出土形制爲(124)×31×7 毫米的九九表簡牘 、屋代遺址群第 116 和 117 簡、大沢谷内遺址九九表簡牘這四種。

由於這些木簡多出土於都城平城宫、藤原宫的衙署,在長野縣的更埴市屋代遺址群等地方社會也有出土。因此我們可以推測九九木簡使用的人群,多爲都城和地方政府機構的行政人員、家臣或手工業者。因爲九九表簡牘上有一些明顯的書寫錯誤,所以這些"九九表"木簡基本上可被認爲是習字或者亂寫"塗鴉"。三上喜孝認爲從日本 7-8 世紀前後的平城宫和七社遺址等地出土的九九口訣表木簡資料中,可以瞭解古代地方名門貴族學習知識的情況和方法。①

桑田訓也在對今後九九表木簡研究進行展望時提出,根據地域差和時間差來研究的同時,也應對是否存在記載方法上的差异進行慎重的研究。② 不過,我們從中國公元前 4 世紀到公元 10 世紀這一長時間段來看,從敦煌、吐魯番西北之地到南方湖南兔子山遺址出土的九九表簡牘來看,九九表木簡中的差异,并不是由記載方法决定的,而是由於抄寫者或書寫者個人主觀原因造成的。

除了九九木簡外,在奈良县桜井市山田寺遺址還出土了飛鳥時代(7 世紀)的刻書瓦,這是目前爲止日本出土的最古老的九九表遺物,上面刻寫着"九々八十一八九七十二"。加藤和俊認爲這不是單純的九九練習,而是在瓦中包含了某種意義。③

以上我們搜集了中國出土的刻有九九表的墓磚、百濟出土的刻有九九表的瓦等材料,它們在刻寫時并没有特意的事先安排,有一定的隨意性;由於計數和計算是手工業者必須掌握的基本技能之一,因此,中日韓三國出土的刻在墓磚和瓦上的九九表殘句,有可能是當時手工者學習或練習九九表遺留下來的痕迹,并没有其他特殊的民間宗教信仰或卜筮的意義。

---

① 三上喜孝:《日本出土的古代木簡—近年(2008-2011)出土木簡》,194 頁。

② 桑田訓也:《日本의구구단・曆관련 출토 문자 자료와그 연구 동향-木簡을 중심으로-》,195-210 頁。

③ 加藤和俊:《刻瓦"九々八十一"、木簡"九九"》,《文字のチカラ:古代東海の文字世界》,2014,141 頁。

四 中日韓三國九九表簡牘的异同

根據以上的介紹，可以看到中日韓三國九九表簡牘由於時代的差异、抄寫者的差异而各有异同。其中，相同之處表現在以下六個方面：

（一）在排列順序上，三國出土九九表簡牘均采用從9段依次到下段的排列順序。

（二）在符號運用上，等因相乘時，均使用重文符號，這一點在中日韓三國出土的九九表簡牘中是一致的。

（三）在數字用法上，均用廿、卅、卌分別表示20、30、40。這一點在中日韓九九表簡牘中都有體現，而且用法一致。只有在居延漢簡75.19A中，出現了"五八卌十"，"卌"後加"十"，"卅""廿"後也加"十"，如"三八廿十四"，也有不加者，如"四八卅二"，可以看出其書寫者可能對"卌""卅""廿"的具體含義并不清晰，或是在抄寫默寫時出錯。

（四）在使用人群上，中國方面不僅僅有傳世文獻中出現的孩童，還有出土材料中透露出來的邊塞烽燧中的吏、卒，基層社會的吏員以及製作墓磚的手工業者；韓國方面不僅有官府的吏員，還有製作瓦的手工業者；日本方面不僅有都城和郡家、倉庫等地方政府機構的行政人員，也有製作瓦的手工業者。

（五）在性質和用途上，九九乘法表不僅是東亞地區在算學教育系統中使用的教材，也是基層行政吏員、手工業者再學習的教材和練習素材。

（六）在連接詞的使用上，當乘積爲個位數時，連接詞在乘數與積的三國九九表簡牘中均有省略的情況出現。早在先秦秦漢的傳世文獻，九九口訣便有省略其中連接詞的用例，如前引《穆天子傳》《春秋繁露·考功名》《淮南子》《孔子家語》中的"二三六""二二四"等。22枚中國出土的九九表簡牘中，里耶秦簡J1（6）A面、里耶秦簡博物館藏12-2130+12-2131+16-1335a、b面兩個九九表中、湖南益陽兔子山遺址J7出土九九表簡牘、敦煌漢簡2170、居延新簡EPT.52：223A、肩水金關漢簡73EJT26：5A、四川渠縣城壩津關遺址出土九九表簡牘，乘積爲個位數時乘數與積之間均用"而"字連接，如"二五而十""二四而八""二三而六"；張家界古人堤"二五如十"，乘積爲個位數時用"如"字連接。但居延新簡T52：189"二五十""二四八"這兩句寫在同一枚木簡上，應出自同一位書手，故不能完全排除由書手個人的抄寫風格導致"十""八"單用的因素；居延漢簡435.25中也有"二五十"，這兩枚九九簡中，乘積爲個位數時乘數與積之間并没有使用"而""如"這類連接詞，這可以説明至少在個人實際的使用過程中，如熟悉或背誦九九表的過程中，乘積爲個位數時乘數與積之間的連接詞會省略掉。韓國扶餘雙北里出土的百濟九九表簡牘中乘積爲個位數時乘數與積之間也没有連接詞，如直接寫成"二四八""二三六""二二四"，日本兵庫·深田遺址出土的九九表簡牘中也有"二四八"，這一方面受到書寫者個人的影響，一方面也是九九表在實際運用時的簡省形態。

值得注意的一點是，在秦漢簡、敦煌文書中有“二五而十”“二五十”“二五一十”的用法，黄悦提到至唐代，漢語的音步類型已經發生巨大轉變，雙音化已成爲漢語發展之大勢，“九九乘法表”中雙音節“一十”的使用數量亦大大超過單音節“十”的數量。他認爲其韻律節奏與同時代的詩歌韻律相關，九九乘法表中四字組和五字組的節律實際上就分别對應四言詩與五言詩的節律。魏晋時期，五言詩已流行開來。至唐，五言詩早已廣泛流行，還出現了五言律詩。① 筆者大體上認同“九九乘法表的韻律節奏與同時代的詩歌韻律相關”這一結論。但是，我們更應謹慎地看到，在寫有“二九一十八”“二八一十六”“二七一十四”“二六一十二”的同一卷敦煌千佛洞《立成算經》中，還存在着“三五十五”“二五十”“四四十六”“三四十二”這樣的單音節“十”，那麽如何來看待同一卷中“十”和“一十”共存的情況，就值得深思了。另外，黄悦所引居延新簡 EPT52：223 中的“二八一十六”是誤釋，在《居延新簡集釋（三）》中此處已改釋爲“二半而一”，因此其文中表二、表三的資料應相應地修改，這對他以上的結論也有影響。

關於中日韓三國出土九九表簡牘的不同，三上喜孝指出中日九九表簡牘的不同點表現在，中國從右至左連續書寫；日本從上至下連續書寫。② 但在我們以上的分析中可見，居延漢簡 36.5A 習字也有從上往下寫的。

尹善泰指出扶餘雙北里 328-2 遺址出土的九九表簡牘中各段之間的劃綫以及各段分欄書寫最爲獨特，“雖然中國和日本的九九表木簡從上到下分别記録了從上段到下段的情況，但都没有像百濟的九九表木簡那樣，將 9 段和 8 段等區分開來，將每個段單獨完整書寫的情況，而皆是不區分九段和八段接着寫。”③而從中國出土的九九表簡牘看，里耶秦簡 12-2130+12-2131+16-1335a 面中 9 段、8 段、7 段、6 段、5 段分别以一欄記載，4 段和 5 段、3 段和 2 段記在一起；《肩水金關漢簡（貳）》73EJT26：5A 面書寫 9 段、8 段、7 段、6 段、5 段也是一段占一欄，分段書寫。里耶秦簡和肩水金關漢簡九九表都出土於官府衙署，與雙北里 328-2 遺址性質相類。

關於九九表簡牘上的墨書劃綫，我們在湖南益陽兔子山遺址 J7 出土的西漢早期的九九表中，可以見到同樣功能的劃綫。不過在同一欄中，9 段和 8 段、8 段和 7 段、7 段和 6 段、6 段和 5 段仍然接續書寫在一欄中，也就是説在 9 段至 2 段的書寫時，并没有因爲墨綫的分欄而將各段分段書寫。這一點與百濟九九木簡還是有一些區别。在肩水東部塞遺址 A32 地點出土的編號爲 75.19 的居延漢簡中，也有明顯的墨綫分段，由於這枚簡在 8 段下便斷裂了，目前只能看到 9 段和 8 段中間的分段墨綫，但其功能與百濟扶餘雙北里 328-2 九九表簡牘中的

① 黄悦：《從出土“九九乘法表”看漢語韻律類型演變》，《韻律語法研究》第 4 輯，2019。

② 三上喜孝：《日本出土的古代木簡—近年（2008-2011）出土木簡》，194 頁。

③ 尹善泰：《百濟的九九段木簡與術數學》，13-37 頁。

墨綫分段相同。這兩個九九表出土的地點湖南益陽兔子山遺址和肩水東部塞遺址,一個是内地官府衙署,一個是邊塞軍政城障遺址,都具有官府性質,也與雙北里 328-2 遺址性質相類。居延漢簡 75.19AB 面的書寫内容不同,而且在九九表中不僅有明顯的計算錯誤,如"三九二十四",而且還有將四十合寫爲"卌"後再加"十"的寫法,我們可以推測該九九表可能是邊塞小吏平時練習所用。

從目前中日韓三國出土的九九表簡牘來看,自公元前 4 世紀到公元 10 世紀,九九表的基本框架没有變化,但其具體内容,也存在以下不同點:1)中國秦漢時代、百濟九九表簡牘中無"一九如九"到"一一如一"1 段口訣,在 7 世紀中期及以後的日本九九表簡牘中已經出現 1 段口訣;2)中國秦漢時代九九表簡牘中的"一一而二、二半而一"以及乘積之和,在韓、日九九表簡牘中無。3)句數上,中國秦漢時期完整的九九表簡牘共 39 句;韓國百濟九九表木簡可能共 36 句;日本的九九表簡牘多數殘斷,因此不能確定完整的九九表共有多少句,但是從日本木簡中出現的"一九又九""一九如九"來看,當時完整的九九表可能爲 45 句。這些不同,一是因爲時代的不同、九九表自身的完善、發展而造成的;二是因爲來自不同書寫者,其書寫目的、作用不同,導致其書寫的内容、書寫的格式稍有不同。里耶九九表簡牘可能是小吏們用來學習的木簡,所以抄寫很工整,基本上没有錯誤。而西北漢簡、日本的九九表簡牘很多都是習字簡和涂鴉簡,多爲基層吏員、手工者等在學習過程中背誦抄寫時所留下來的,所以經常會出現一些計算錯誤,或漏字或衍字。

五　公元前 4 世紀至公元 10 世紀東亞地區的數學教育及基層社會的數學學習

中日韓三國出土的與計算相關的九九表簡牘,多與基層吏員、手工者學習九九表關係密切。這便涉及公元前 4 世紀至公元 10 世紀東亞地區的數學教育及其基層社會的數學學習。

(一)公元前 4 世紀至公元 10 世紀東亞地區的數學教育

如前所述,九九表爲算學的基礎。根據《周禮》,周代教育制漸趨完備,以算數爲必修學科。《周禮·地官·司徒》載保氏教國子以六藝:"一曰五禮,二曰六樂,三曰五射,四曰五御,五曰六書,六曰九數",[①]其中算數爲必修學科。《漢書·食貨志》在叙述"先王教人之大略"時説:"八歲入小學,學六甲五方書計之事,始知室家長幼之節。十五入大學,學先聖禮樂,而知朝廷君臣之禮。"[②]

成書於西漢武帝時期《韓詩外傳》卷三第十八章記載了齊桓公時期的一個故事:

---

① [清]孫詒讓撰,王文錦、陳玉霞點校:《周禮正義》,北京:中華書局,1987,1010 頁。

② 《漢書》卷二四上《食貨志上》,北京:中華書局,1962,1122 頁。

齊桓公設庭燎，爲士之欲造見者。期年而士不至。於是東野鄙人有以九九見者。桓公使戲之，曰："九九足以見乎？"鄙人曰："臣不以九九足以見也。臣聞君設庭燎以待士，期年而士不至。夫士之所以不至者，君，天下賢君也，四方之士皆自以爲不及君，故不至也。夫九九，薄能耳，而君猶禮之，況賢於九九者乎？"……桓公曰："善。"乃因禮之。期月，四方之士相導而至矣。①

所謂"鄙人"，即居住在郊野的人。這裏將"鄙人"與"士"對稱，表明其非"士"。這個故事可作爲旁證，説明早期的"九九乘法表"是基本的計算技能，是很多人都能掌握的"小技"。而這一技能的習得，與當時的學官教育息息相關。

從睡虎地秦簡《除弟子律》及張家山漢簡《二年律令・史律》可推知，秦已經形成一定的官吏培養制度。《嶽麓秦簡(伍)》273/1774："以次爲置守、學佴。・遷吏卅三"②，里耶秦簡中有秦在新地遷陵縣設置縣學的記載：

□直學佴，令教以甲子、算、馬，大褋。③

遷陵於秦王政二十五年置縣，秦最遲於次年即在遷陵設置學室。從簡文可知，秦代官吏的培養涉及内容廣泛，包括甲子、算、馬、大褋等。其中"算學"的基礎便是九九術。

崔寔《四民月令》記載：

(正月)農事未起，命成童以上入大學，學《五經》，師法求備，勿讀書傳。研凍釋，命幼童入小學，學篇章……十一月，研水凍，命幼童讀《孝經》、《論語》篇章，入小學。④

"幼童"，原書本注云："謂九歲以上至十四。""篇章"，原書注本注曰："謂《六甲》、《九九》、《急就》、《三蒼》之屬。"石聲漢認爲："依本注的説明，篇章是《六甲》、《九九》、《急就》、《三倉》之屬；其中《急就》、《三倉》等字書，應當學會書寫，《九九》是算學初步，僅僅書寫不够，必須領會、熟練。"⑤

先秦秦漢以來，到了一定年齡的學童都應接受算術教育，《四民月令》中這個年齡一般爲9歲到14歲；東漢楊終曾引"禮制，人君之子年八歲，爲置少傅，教之書計，以開其明；十五置

---

① ［漢］韓嬰撰，許維遹校釋：《韓詩外傳集釋》，北京：中華書局，1980，100-101頁。

② 陳松長主編：《嶽麓書院所藏秦簡(伍)》，上海辭書出版社，2017，188頁。

③ 張春龍：《里耶秦簡中遷陵縣學官和相關記録》，《出土文獻》第1輯，2010，234頁。

④ 石聲漢：《四民月令校注》，北京：中華書局，1965，9、72頁。

⑤ 石聲漢：《四民月令校注》，10頁。

太傅，教之經典，以道其志。"注引《禮記・内則篇》言："十年出就外傅，居宿於外學書計。"[①]秦漢魏晋時期不僅有受過算術教育的人，還有一些善算者，[②]如"以善爲算能商功利得幸"於皇帝的耿壽昌[③]、"八歲善計"的馮勤[④]，"善《九章算術》"的馬續[⑤]，"善算"的鄭玄[⑥]，"性善算"的王粲[⑦]，曆算者李修、夏顯、劉洪等也都善於計算，[⑧]另外《漢書・溝洫志》載："（許）商、（乘馬）延年皆明計算，能商功利。"[⑨]

西晋晋武帝咸寧四年（278）初立國子學，北齊改國子學稱之爲"國子寺"。隋開皇初年，國子寺轄國子學、太學、四門學、書學、算學。據《隋書・百官志下》記載，大業三年（607）國子學爲國子監，内設祭酒一人，屬下有主簿、録事各一人，統領國子學、太學、四門學、書算學等各官學。各官學的博士、助教、生員皆有定額，"博士：國子、太學、四門各五人，書、算各二人。助教：國子、太學、四門各五人，書、算各二人。學生：國子一百四十人，太學、四門各三百六十人，書四十人，算八十人。"[⑩]國子學中不僅專門研習儒家經典，還設有算學。唐承隋制，武德元年（618）設國子學，後改爲國子監。《新唐書・選舉志》載："凡學六，皆隸於國子監。"[⑪]所謂六學，即國子學、太學、四門學、律學、書學和算學。算學館置博士、助教指導學生學習數學，唐高宗顯慶元年（656），規定《周髀算經》《九章算術》《孫子算經》《五曹算經》《夏侯陽算經》《張丘建算經》《海島算經》《五經算術》《綴術》《緝古算經》這十部漢、唐一千多年間的著名數學著作作爲國家最高學府的算學教材，用以進行數學教育和考試，後世通稱爲《算經十書》。

關於百濟的算學，由於資料的限制，我們并不清楚，在最近出土的《大周故明威將軍守右衛龍亭府折衝都尉陳府君墓誌銘并序》中記載，[⑫]墓誌主人陳法子曾祖父爲太學正、恩率，時間可能在熊津都城期。高名士結合《三國史記》的記載，認爲百濟設立學校當在4世紀中後期，即百濟近肖古王時代（346—375）。[⑬] 百濟在與東晋王朝的通使過程中，於寧康二年（374）結束了"開國以來，未有以文字記事"的歷史，立高興爲博士，以漢字爲官方文字修撰

① 《後漢書》卷四八《楊終傳》，北京：中華書局，1965，1599-1600頁。
② 蘇俊林曾在文章中搜集整理了傳世文獻中記載的秦漢時期一些接受過算術教育的人，詳見蘇俊林《孫吴吏民的數值計算與基層社會的數學教育》，341頁。
③ 《漢書》卷二四上《食貨志上》，1141頁。
④ 《後漢書》卷二六《馮烈傳》，909頁。
⑤ 《後漢書》卷二四《馬援傳》，862頁。
⑥ 《後漢書》卷三五《鄭玄傳》，1207頁。
⑦ 《三國志》卷二一《魏書・王粲傳》，599頁。
⑧ 《後漢書》志二《律曆中》，3032、3043頁。
⑨ 《漢書》卷二九《溝洫志》，1689頁。
⑩ 《隋書》卷二八《百官志下》，北京：中華書局，1973，777頁。
⑪ 《新唐書》卷四四《選舉志》，北京：中華書局，1975，1159頁。
⑫ 胡戟、榮新江主編：《大唐西市博物館藏墓誌》，北京大學出版社，2012。
⑬ 高明士：《天下秩序與文化圈的探索：以東亞古代的政治與教育爲中心》，上海古籍出版社，2008，230-231頁。

百濟國史《書記》。[①] 劉宋朝,兩國交往更爲頻繁,其中文化交流的内容尤爲豐富。元嘉二十七年(450)百濟王除獻方物外,還上表求"《易林》《式占》、腰弩,太祖并與之。"[②]《梁書·百濟傳》載:"中大通六年,大同七年,累遣使獻方物;并請涅盤等經義、毛詩博士。"[③]經過六朝時期與中國的多次友好往來和文化交流,中國的儒家經典以及醫藥、卜筮、占卜之術在百濟社會廣爲流傳。《周書·异域·百濟傳》載百濟,"兼愛墳史。其秀异者,頗解屬文,又解陰陽五行。用宋元嘉曆,以建寅月爲歲首。亦解醫藥卜筮占相之術,有投壺、樗蒲等雜戲,然尤尚弈棋。"[④]雖然没有直接提及有關算學的情况,但關於百濟儒學的發達,《黑齒常之墓誌》記其"(年)甫小學,即讀《春秋左氏傳》及班、馬兩史"便可窺其一斑。這與儒家文化向朝鮮半島的傳播息息相關。[⑤]

《三國史記·職官志》載新羅時期的"國學"云:

> "屬禮部。神文王二年置,景德王改爲大學監,惠恭王復故。教授之法……或差算學博士若助教一人,以《綴經》《三開》《九章》《六章》,教授之。"[⑥]

新羅國學中算學的教材包括《綴經》《三開》《九章》《六章》,其中《綴經》《九章》爲唐代算經十書中的二書,而《三開》和《六章》在中國傳世的文獻中未見。

但在日本文獻中,可見《三開》《六章》。養老二年(718)至五年(721),由藤原不比等爲總裁、以唐朝《永徽令》爲藍本、以文武天皇大寶二年(702)頒布的《大寶令》爲基礎而製定的《養老令》中,有關於大學寮學習算經的記載。《職員令·大學寮》:"算博士二人,掌教算術。算生三十人,掌習算術。"[⑦]另外,《學令》中還規定:

> "凡算經,孫子、五曹、九章、海島、六章、綴術、三開重差、周髀、九司,各爲一經。學生分經習業。""其算學生,弁明術理。然後爲通。試九章三條,海島、周髀、五曹、九司、孫子,三開重差,各一條。試九全通爲甲,通六爲乙。若落九章者,雖通六,猶爲不第。其試綴術六章者,準前綴術六條,六章三條,試九全通爲甲,通六爲乙。"[⑧]

---

① 《三國史記》卷二四《百濟本紀·近肖古王》,奎章閣圖書《三國史》第5册,9頁。
② 《宋書》卷九七《百濟傳》,2394頁。
③ 《梁書》卷五四《百濟傳》,北京:中華書局,1973,805頁。
④ 《周書》卷四九《异域·百濟傳》,北京:中華書局,1971,887頁。
⑤ 關於中國文化向朝鮮半島的傳播,參見戴衛紅《東亞簡牘文化的傳播:以韓國出土"椋"字木簡爲中心》,《文史哲》2017年第2期。
⑥ 《三國史記》卷三八《職官志》,奎章閣圖書《三國史》第9册,9-11頁。
⑦ 貞晃鎮夫、光直和、上田本、井関土青:《日本思想大系3·律令》,岩波書店刊行,1976,265頁。
⑧ 貞晃鎮夫、光直和、上田本、井関土青:《日本思想大系3·律令》,265-266頁。

《養老令》中有兩處提及"三開重差",根據"凡算經,孫子、五曹、九章、海島、六章、綴術、三開重差、周髀、九司,各爲一經"的排列以及與唐代算經十書相對照,"三開重差"似乎應分開,看作是兩經。但從"試九章三條,海島、周髀、五曹、九司、孫子,三開重差,各一條。試九全通爲甲"推測,"三開重差"爲一經;而且在《養老令》中提及的《海島》,即《海島算經》,是魏晋時期劉徽總結漢代天文學家測量太陽高、遠的方法著文以"重差"作篇名,附録於所注《九章算術》之後,到唐代,"重差"篇獨立成書改名而成。這里"海島"與"三開重差"并列,説明"三開重差"與劉徽的"重差(《海島算經》)"不同,爲單獨的一經。如果是這樣的話,《三國史記》中的綴經、三開、九章、六章便能與《養老令》對應起來。由此也可以看出在國家算學學習中,新羅和日本在教材和學習内容上的一脈相承。雖然現存材料所見唐代算經十書與新羅、日本的算學各經名稱有差异,但是從中國經朝鮮半島至日本列島這樣的傳承關係也很明晰。

(二)公元前4世紀至公元10世紀東亞地區基層社會的數學學習

但是,并不是每個人都有機會進入學官學習,社會普通民衆甚至基層吏員難以通過此途徑入學。那麽,這些基層社會的吏員、家臣、手工業者在哪兒學習的算術呢? 蘇俊林在《孫吴吏民的數值計算與基層社會的數學教育》一文中認爲吏員們可能主要是自學。[①] 我們從出土材料來看,也可以找到一些綫索。《蒼頡篇》《急就篇》和《九九表》這類"書數""書計""書算"的初級文化教材,在西北邊地軍事營區頻繁發現,王子今認爲戍守的成年士卒確實在應用這些蒙學課本提高自己的文化素質。當時在戍守西北邊防的軍隊中,這些教材承擔了成人掃盲和進行初級文化培訓的作用。[②] 筆者同意王子今的觀點和分析。

居延新簡 E.PT50:1A《蒼頡篇》中言:"蒼頡作書,以教後嗣。幼子承昭(詔),謹慎敬戒。勉力風誦,晝夜勿置。苟務成史,計會辨治。超等軼群,出尤别异。"[③]其中的"計會辨治"便與算學有關。居延漢簡的考課文書中有"能書會計"的記載:

肩水候官并山燧長公乘司馬成,中勞二歲八月十四日。能書會計,治官民頗知律令,武,年卅二歲長七尺五寸。觻得成漢里,家去官六百里。13·7[④]

"能書會計"是基層吏員重要的考課標準。"能書會計"包括"能書""能會計"兩項能力。

① 蘇俊林:《孫吴吏民的數值計算與基層社會的數學教育》,《長沙簡帛研究國際學術研討會論文集》,上海:中西書局,2017,337-347頁。

② 王子今:《兩漢童蒙教育》,《史學集刊》2007年第3期。

③ 甘肅省文物考古研究所等編:《居延新簡——甲渠候官與第四燧》,北京:文物出版社,1990,151頁。敦煌漢簡中也有"晝夜勿置勉成史計會辯治超等"(1459B)的記録。參見吴礽驤、李永良、馬建華釋校《敦煌漢簡釋文》,蘭州:甘肅人民出版社,1991,152頁。

④ 謝桂華、李均明、朱國炤編:《居延漢簡釋文合校》,北京:文物出版社,1987,21頁。

"能書"指能書寫，書寫内容不限於寫字，可能還包括書寫文書。"能書會計"成爲吏員的考課内容，正好與《蒼頡篇》中"苟務成史，計會辨治"的記載相吻合。面臨每年"能書會計"考課的基層小吏，已經没有機會再回到學校學習算數，只能通過自學或者同事的幫助講授來完成。出土於郡縣屬吏墓葬和官署遺址的字書、習字簡、九九乘法表和數學書等，正説明當時基層吏民的識字、書寫與計算能力普遍低下，因面臨每年的年終考核壓力，所以纔有經常使用它們來學習的必要。

日本、百濟的基層社會的吏員、手工者等的數學學習情況，可能不會强於中國古代。《日本書紀・推古天皇紀》載"十年(602)冬十月，百濟僧觀勒來之。仍貢曆本及天文、地理書，并遁甲、方術之書也。是時選書生三四人，以俾學習於觀勒矣。陽胡史祖玉陳習曆法，大友村主高聰學天文、遁甲，山背臣日立學方術。皆學以成業。"①推古天皇時期，曆本及天文、遁甲、方術之書從百濟傳播到倭國，這些知識的基礎"算學"肯定也一起帶到了倭國。其選擇學生向百濟僧人學習曆法、天文、方術，而九九乘法表便是曆法算學之基礎。

《日本書紀・孝德天皇》二年(645)正月甲子朔，即宣改新之詔，"其二曰，初修京師，置畿内國司、郡司、關塞、斥候、防人、驛馬、傳馬，及造鈴契，定山河。凡京每坊置長一人，四坊置令一人。掌按檢户口，督察奸非。其坊令，取坊内明廉强直，堪時務者宛……凡郡以四十里爲大郡，三十里以下四里以上爲中郡，三里爲小郡。其郡司，并取國造性識清廉，堪時務者，爲大領、少領，强幹聰敏工書算者爲主政、主帳。"②大化改新時，對郡司主政、主帳的選拔條件明確爲"强幹聰敏工書算者"，有了這樣的選官條件刺激，基層社會的數學學習也會受到影響。

爲了進入仕途及考課升遷，基層社會的吏員除了進入學校學習外，平時還要進行數學能力的練習，作爲數學計算基礎的九九表，就成爲人們練習的常用素材，這也就是中日韓三國都有九九表簡牘出土的原因之一。

附記 本文爲2020年8月21日參加韓國中央大學"韓中日出土文字材料國際學術workshop(2020RCCZ 한・중・일 출토 문자 자료 국제 학술 워크숍)"的會議論文。後以韓文版發表：戴衛紅「중국 출토 구구표 자료 연구」(《中國出土九九表材料研究》)，《木簡과文字》第25號，한국목간학회，2020.12；戴衛紅《中・韓・日 삼국 出土 九九表簡牘과 기층사회의 數學學習》，《中央史論》第52號，2020.12。由於字數的限制，兩篇韓文并未盡意，此次中文版補充了相關資料，并在之前的基礎上有所修改，特此説明。寫作、修改過程中，慶北大學HK+事業團方國花、橋本繁先生幫助複印、查找部分日文資料，匿名審稿專家提出了寶貴的修改意見，謹致謝忱。

① 《日本書紀》卷二二《推古天皇》，《新編日本古典文學全集》3，東京：小學館，1996，538頁。
② 《日本書紀》卷二五《孝德天皇》，《新編日本古典文學全集》4，東京：小學館，1998，128-130頁。

一部高水平的長沙簡牘研究文集*

——讀王子今《長沙簡牘研究》

□ 南京師範大學歷史系 王承乾 晋文

近30年來,長沙成爲秦漢三國簡牘出土最多的地區之一。其犖犖大者,有走馬樓吴簡、五一廣場東漢簡、走馬樓西漢簡和東牌樓東漢簡。尤其數量多達十余萬枚的走馬樓吴簡,極大彌補了三國時期傳世文獻的不足,自1996年出土以來便成爲研究孫吴基層社會的第一手資料。作爲秦漢史大家和吴簡研究的先行者之一,王子今先生在這一領域中亦有豐碩成果。其所著《長沙簡牘研究》收録以吴簡爲主要研究對象的論文23篇,另有7篇側重於長沙馬王堆出土文物、五一廣場簡和東牌樓簡,堪稱一部高水平的簡牘研究文集。①

從研究内容上看,《研究》具有明確的區域社會史意識,體現出區域史和社會史研究相結合的特點。衆所周知,區域社會史研究及其歷史圖景的探索與復原是中國古代史研究領域中的常青樹,但限於史料,對宋代以前的歷史階段的區域社會史研究存在諸多困難。僅就孫吴這一歷史時期而言,傳世文獻主要是《三國志・吴書》和《建康實録・吴》中的相關史料,其重中央而輕地方、重高層而輕基層的記敘主旨對這一時期的區域社會史研究難以提供有效的助力。《研究》立足於吴簡和其他簡牘等資料,視野寬闊而又獨闢蹊徑,頗具典範作用和啓發性。以"飲食"爲例,《研究》有兩篇相關論文,即《馬王堆一號漢墓出土有關"鹿"的文字資料與梅花鹿標本》和《走馬樓簡的"入皮"記録》,分别利用馬王堆一號漢墓出土的關於"鹿"的文字資料和標本,特别是吴簡所載"入皮"記録和"治皮師"身份,探討了長沙地區的生態環境及"獵鹿"與食用鹿肉的風習。其論證縝密,史料翔實,將"人"與"自然"緊密結合,堪稱社會史與生態史研究的範文,體現出作者深厚的學術功底。言及"飲食"也少不了農作物。在《長沙走馬樓竹簡"豆租"和"大豆租"》一文中,作者結合馬王堆漢墓出土"赤豆""大豆"和"黄卷"等資料,對吴簡中的"豆租"和"大豆租"進行了討論,認爲"豆"作爲徵納對象

---

* 本文爲國家社科基金重大項目"秦漢三國簡牘經濟史料彙編與研究"(19ZDA196)階段性研究成果。

① 王子今:《長沙簡牘研究》,北京:中國社會科學出版社,2017。以下簡稱《研究》。

和倉儲内容反映了北方的農事經驗傳播到江南的歷史事實,與這一時期的北方移民南遷和江南的開發等史實可互相印證。關於文書、稱謂與身份等問題,《長沙五一廣場出土待事掾王純白事木牘研究》《長沙東牌樓漢簡"津卒"稱謂及交通管理的軍事化形式》《説長沙東牌樓簡所見"津史"及其職任》和《蔣席・皮席・蕟席——長沙東牌樓簡牘研讀札記》對東牌樓漢簡中的"白事"文書、"津卒"與"津史"的稱謂、身份及蔣席、皮席、蕟席的名稱亦作了多有發覆的解讀。作者的觀察深入細致,聯想豐富,"在空間中理解時間",區域社會史意識鮮明,把握住了這一領域研究的特質。

從研究方法上看,《研究》運用傳世文獻和出土文獻、考古資料相結合的"三重證據法"進行了卓有成效的考辨。例如除"飲食"外,"男女"即社會性别比例也是觀察人類歷史與社會的重要參照物之一。而對於上古時期荆州的社會性别比,傳世文獻有"一男二女"和"江南卑濕,丈夫早夭"等説法。[①]《研究》有三篇系列論文,亦即《走馬樓竹簡女子名字分析》《走馬樓簡所見"小妻"與兩漢三國多妻現象》和《"寡嫂"和"孤兄子":三國孫吴鄉村家族結構考察》,結合吴簡所見婦女人名用字、"小妻""寡嫂""侄子"和"兄子"等信息對這一問題展開了深入分析。作者提出:從名字上看,這一時期的婦女可以參與財務經營和管理,能够打破"男耕女織"的固定分工而承擔農事;吴簡"小妻"稱謂與文獻記載的兩漢三國多妻(妾)現象吻合,反映了男少女多的歷史事實;"侄子"男女并用,但登記在"户人"即户主名下的"姪子"(婦女對其兄弟之子的稱呼)遠多於"兄子"(男子對其兄弟之子的稱呼),也反映出"户人"的妻子在家庭事務決策中具有一定的地位和話語權。通過對人名用字和親屬稱謂的探究,作者將傳世文獻與出土文獻中的相關資料相互關聯,得出了令人信服的結論。再如,在《走馬樓舟船屬具簡與中國帆船史的新認識》中,作者討論了吴簡中記録的孫吴船舶的"大杝"等船具,并將它們與廣州東漢墓出土的兩件陶船相聯繫,對孫吴船舶的形制和規格等歷史信息進行了探索與復原,是出土文獻與考古資料相結合的研究範例。又如,《走馬樓許迪割米案文牘試解讀》就前人釋文中的"剛用""廖直事""罪深重"和"審前後"等内容提出了新的見解,主要是從文字字形字義、簡牘和傳世文獻用例等方面來予以論證。值得注意的是,《研究》雖然討論的是兩漢三國時期的歷史問題,但在徵引傳世文獻時,作者的眼光并未局限於這一時期的歷史文本,而是尤爲關注後代的相關史料和叙述,徵引文獻的範圍亦不限於正史,而是涵蓋了經史子集,堪稱思維發散,視野廣博。在《"煮鶴"故事與漢代文物實證》中,作者便旁徵博引,將《左傳》記載的衛懿公"好鶴"故事,及唐宋元明文人將煮鶴燒琴等"殺風景"行爲視爲反文化和摧殘文化的符號的情感態度,與馬王堆一號漢墓出土的鶴骨和"熬鶮笥"等材料相結合,認爲"煮鶴""烹鶴"的行爲由飲食史的實踐轉變爲背弃文化否定文

① [漢]鄭玄注,[唐]賈公彦疏:《周禮注疏》卷三三《夏官・職方氏》,[清]阮元校刻《十三經注疏》,北京:中華書局,2009,1862頁。《史記》卷一二九《貨殖列傳》,北京:中華書局,1959,3268頁。

明的象徵,體現了人與自然關係的進步。此外,統計與列表方法的運用亦是《研究》的可圈可點之處。

從研究結論上看,鮮明的區域社會史意識和扎實可靠的研究方法使《研究》的一些結論富有新意和啓發意義。以《走馬樓簡牘所見"吏"在城鄉聯繫中的特殊作用》爲例,作者通過排比梳理吴簡中的"州吏""郡吏""縣吏""鄉吏"及各類"給吏"信息,并結合傳世文獻和已有研究成果,即認爲這些"吏"和"給吏"服務於不同層級的行政機構,活動範圍也有大小之别;活動在社會基層的"鄉吏"對下是國家和官方在基層的代表和執行人,對上則在一定程度上體現着百姓的意願和利益。因而這些"鄉吏"也就成爲高層和基層間溝通和信息傳達的中介,成爲社會結構的中間層次與環節。他們一方面參與農業生産,一方面也有機會接觸城市生活,甚至參與到城市政治事務中去。爲數衆多的"吏"的存在使得此時城鄉間的人口流動頻繁,經濟聯繫密切,這也是當時尚未形成如後世那樣嚴格的城市的原因之一。以諸如"吏"這樣的身份爲切入點,探討特定人群在兩漢魏晋時期的社會經濟生活中所扮演的角色及其意義,是一個值得借鑒的研究視角。更有意義的是,作者的結論提供了一個對這一時期"吏"的身份地位的有價值的思考方向。圍繞着中古時期"吏"的身份地位,學界形成了"吏户"論和反"吏户"論間的争論,而焦點則在於"吏"是否成爲了一個"固化"的地位低下的階層,從而失去了"向上流動"的可能。從吴簡資料及作者的研究結論看,基層的"吏"作爲高層和基層間的中間層次與環節,存在着"向上流動"的可能性與機會;他們在城鄉之間的來回往返,實際上是跨區域的"横向流動",這樣的"横向流動"無疑給他們改變自己的人生軌迹提供了一個契機。《晋書·光逸傳》載,身爲小吏的光逸"至京師"後得到名士胡毋輔之的賞識,躋身于"八達"之列而名傳後世,就是一個典型例子。[①] 從"吏"具有的"流動性"來觀察這一群體的身份和地位,無疑具有很大的啓發意義。再如,《走馬樓名籍"單身"身份》對吴簡"單身"的"師""佐"和"佐攸"等進行了探討,認爲這些人多數是專門的技術人員,受到嚴格的人身控制。從相關文獻的記載看,"單身"體現着特定背景下身份的專門化與特殊化,"單身逃役"也成爲人心浮動的表現和執政者的心腹大患。而漢末三國時期的長期戰亂使人口鋭減,由此産生的"門單户盡"和"民單户約"现象可能也和吴簡"單身"身份有關。這對於全面認識漢末三國時期的人口問題亦不無啓迪。此外,《走馬樓簡"折咸米"釋義》考證,"折咸米"即"折減米",《長沙走馬樓竹簡"地僦錢"的市場史考察》推論,"地僦錢"可能全稱原本應爲"食地僦錢",是以臨湘侯步騭"食地"的"僦税"爲名義徵收的,《走馬樓簡所見"小妻"與兩漢三國多妻現象》判定,簡 149 所載喬兄"年廿八"當爲"年卅八",《走馬樓竹簡"邪"、"耶"稱謂使用的早期實證》認爲,在東漢時期尚未出現與"爺""耶"相近的"爹"的稱謂,《走馬樓"凡口若干事若干"簡例試解讀》提出,"事"的涵義對於解讀此類簡文應最爲關鍵,均可謂慧

① 《晋書》卷四九《光逸傳》,北京:中華書局,1974,1384-1385 頁。

眼獨具,切中肯綮。

《研究》還具有内容豐富、領域寬廣的突出優點。在區域社會史的寬廣視野下,《研究》呈現出多領域多學科交叉的態勢。《研究》對未成年人的諸多討論就是一個範例。在《馬王堆三號漢墓遣策"馬豎"雜議》中,作者從文字學、考古學、社會學等層面論證了漢初未成年人充當"馬豎"即"馬僮"的情形,認爲這可以反映漢初未成年人的社會地位和社會勞動力的開發程度。在《走馬樓簡載録的未成年"公乘"、"士伍"》《關於走馬樓簡文"小口"》《走馬樓竹簡"細小"文例》和《未成年勞動者"户下奴"、"户下婢"》系列論文中,作者更圍繞吴簡中的未成年"公乘""士伍""小口""細小"及未成年"户下奴""户下婢"而展開討論,涉及未成年人得爵及其政治與社會意義,未成年人的年齡劃分、社會責任、社會權利與體徵記録,未成年勞作者的生存空間和生存狀況等問題,涵蓋了政治史、經濟史、社會史及兒童史等諸多領域。再如,在《烝姓的源流——讀〈嘉禾吏民田家莂〉札記》和《"烝口倉"考》的姊妹篇中,作者亦將"烝"字與作爲江水名和地方行政區劃建制的烝水、臨烝及烝陽相聯繫,認爲"烝姓"的起源與這些地理名稱有關,進而討論了"烝口倉"和"水口"置倉問題,涉及歷史地理學的内容。而《走馬樓簡文"枯兼波簿"及其透露的生態史信息》則對吴簡"枯兼波簿"進行了討論,認爲"枯兼"之"兼"乃是"淺"的异體字,"波"即陂的"枯淺"反映了當時氣候的乾旱與水資源狀況的惡化,爲漢魏以來氣候由暖濕向乾冷轉變的結論提供了新的史料證據,體現了文字學、簡牘學和生態史研究的綜合。還有《走馬樓簡文"郵卒"、"驛兵"與郵驛的專業化》和《走馬樓許迪案文牘所見鹽米比價及相關問題》,前者注意到"郵卒"和"驛兵"身份與職能的區别,後者結合文獻與前人研究成果,對孫吴的鹽米比價、鹽政形勢、鹽的計量精度和倉制等問題作了深度辨析,同樣都離不開扎實的文獻和文字考證功夫。

《研究》亦存在一些不足或疏漏。簡牘材料與傳世文獻的异同,特别是差异,使得研究者在借助傳世文獻解讀簡牘時要時刻注意簡牘的自身邏輯和特色。比如土地制度,在《試釋走馬樓〈嘉禾吏民田家莂〉"餘力田"與"餘力火種田"》中,作者引證傳世文獻中的"餘夫""餘子"等來解釋吴簡"餘力田"和"餘力火種田",認爲"餘力田"是"户人"之外的"其家衆男"即"餘夫"或"餘子"所耕之田,"餘力火種田"之"火種"即"伙種"或"夥種",爲合作經營農耕,共同承擔之意。但查閲簡文,此説似有考慮未周之處。《嘉禾四年吏民田家莂》中有這樣一條記録:"下伍丘男子胡諸,田十二町,凡六十一畝,餘力田。"(4·12)[①]從《田家莂》的文例看,如簡4·5"下伍丘男子五孫,田六町,凡十二畝,皆二年常限",簡4·9"下伍丘郡吏周柏,田卅二町,凡一頃六十四畝,其九十六畝,皆二年常限……其六十八畝餘力田",簡4·11"下伍丘男子胡純,田八町,凡廿一畝。其十畝,皆二年常限……其十一畝餘力田",簡4·12中記録的

---

① 本文所引長沙走馬樓吴簡簡文出自走馬樓簡牘整理組編著《長沙走馬樓三國吴簡·嘉禾吏民田家莂》,北京:文物出版社,1999;走馬樓簡牘整理組編著《長沙走馬樓三國吴簡·竹簡[壹]》,北京:文物出版社,2003。以下不再注出。

"胡諸"便應當是"户人"之名而非"餘夫"或"餘子"之名,但其名下之田却只有"餘力田"。也就是説,這些"餘力田"實際上是"户人"之田,而非"餘夫"或"餘子"之田。再如教育制度,《走馬樓簡牘"私學"身份》對吴簡"私學"的身份進行了考論,認爲"私學"是民間儒學教育體制下的受教育者,其身份的確定很可能有學歷和學績的要求,需經一定等級的官吏"舉"後方可入籍,并以明清"儒學生員"和"幼學"等記載來佐證。從相關簡文看,吴簡"私學"確與傳世文獻之儒學生有關,如《監下關清公掾張閶舉周基爲私學弟子文書》等,但吴簡"私學"也有自身的特點。除"私學"的例子外,吴簡中還存在"給私學"的事例。只有身爲非正户民的"遺脱"纔能被舉"私學",而正户民則只能"給私學"。"私學"還需要承擔"私學限米"的賦税名目,如"☑嘉禾五年私學限米☑"(壹・313)、"領私學限米八十斛"(壹・939)、"其一千一百六十一斛五斗二升,黄龍□年私學限米"(壹・1740),至於他們能否免役,亦當進一步討論。再如,《走馬樓許迪割米案文牘試解讀》認爲,"録事掾潘琬"之"録事掾"并非職名,"掾"是其職務,"録事"只是臨時性的工作,猶如現在的"記録人"。實則未必。從傳世文獻看,"録事掾"當爲從事文書工作的常職。《三國志・吴書・吕岱傳》載:"岱處法應問,甚稱(孫)權意,召署録事。"[①]吕岱所任"録事"即應當類似於"録事掾"的文書人員。兩漢三國簡牘及碑刻中亦常見"録事掾"一職,如漢靈帝中平二年《郃陽令曹全碑》中有"録事掾王畢"等,[②]且吴簡中多有"某某掾"一類的職務。可知"録事掾"當爲職名,作者的看法多少有些牽强。又如,《走馬樓"凡口若干事若干"簡例試解讀》認爲,簡中"事"字前後兩記,"或許前一個'事●',是説按照制度規定應該服役的人數,後一個'事●',則是説實際服役的人數",涉及學界對"事""算"的争議問題。儘管這種看法在傳世文獻和簡牘上確有一些依據,但能否把"事"的涵義都説成"服役"恐怕仍值得斟酌。總之,在研究中如何恰當運用"二重"乃至"三重"證據法,如何實現研究過程及結論立足於簡牘材料本身而又不使之"孤懸於外",乃是簡牘研究者應時刻關注和思考的問題。

① 《三國志》卷六〇《吴書・吕岱傳》,北京:中華書局,1959,1383頁。
② 高文:《漢碑集釋》(修訂本),開封:河南大學出版社,1997,474頁。

徵稿簡約

一、本刊作爲中國社會科學院簡帛研究中心的專業性學術刊物，歡迎與下述内容相關的論文投稿：

1. 出土簡帛的辨識、考證；2. 根據出土簡帛考辨史實，研究中國古代的各種制度、思想文化以及社會發展狀況；3. 有代表性的國外簡帛研究譯文；4. 簡帛研究綜述；5. 簡帛研究論著評論；6. 簡帛研究論著索引；7. 簡帛學理論與方法的總結、探討。

二、本刊提倡嚴謹的學風，堅持“百花齊放、百家争鳴”的方針，堅持相互尊重的自由討論。本刊發表的文章均不代表本刊意見，由作者文責自負。

三、本刊祇接受首發投稿。已在正式出版物和網絡上刊發者，均不視爲首發。

四、來稿請提交一份文本稿，一份電子文稿（電子郵件或磁盤）。

五、本刊實行雙向匿名專家審稿制度。稿件中請勿出現作者個人信息。有關作者姓名、單位、聯繫方式等，請另紙提供。

六、本刊對刊登的稿件擁有信息網絡傳播權、轉授權和爲期兩年的專有版權。作者如有异議和特殊要求，請於投稿時聲明。請勿一稿兩投。

七、本刊處理來稿期限爲60個法定工作日。逾期未接到通知，作者有權對自己的稿件另行安排。因本刊經費緊張，來稿一律不退，請作者自留底稿。

八、來稿請寫明作者真實姓名(發表時筆名聽便)、工作單位、職稱或職務、通訊地址、郵政編碼、電話號碼和電子郵箱，以便聯繫。

來函請寄：　北京市朝陽區國家體育場北路1號院2號樓
中國社會科學院古代史研究所秦漢史研究室
曾磊　收　　　　　　郵編：100101
電子郵件：jbyj2005@126.com